上海市知识青年历史文化研究会　上海通志馆　编

中国新方志

知识青年上山下乡史料辑录

金光耀　金大陆　主编

6

上海人民出版社　　上海书店出版社

西 南 卷 目 录

四川省

贵州省

云南省

西藏自治区

四川省

《四川省志·卷首》

四川省地方志编纂委员会编,方志出版社 2003 年

  知识青年上山下乡,从 1969 年 3 月开始行动,到年底,知青下乡人数已有 16 万人,到 1979 年,累计上山下乡知青人数共有 135.58 万人。

(《当代社会历史·"文化大革命"的十年》,第 488 页)

《四川省志·大事纪述》

四川省地方志编纂委员会编,四川科学技术出版社 1999 年

城市知识青年上山下乡

  (1964 年)10 月 10 日,成都市高中毕业学生孙传琪、巫方安等 400 余名城市青年到大、小凉山和西昌专区落户。四川组织城市青年上山下乡的工作,始于 1954 年,当时限于个别动员。1957 年以后开始成批组织;1961 年以后,动员的市、县增多,下乡的数量增大。据共青团四川省委本年年初统计,从 1954 年到 1963 年间共有 47 589 人下到农村,其中插场(国营农场)的 6 950 人,插队(生产队)的 40 339 人。

(下册第 120—121 页)

大批知识青年上山下乡

  1968 年 12 月,毛泽东发出关于知识青年到农村去的号召,四川的知识青年上山下乡运动开始。当年 1 月 7 日,省革委发出《关于分配城市知识青年和脱离劳动的城镇居民到农村去的通知》,要求 1966、1967、1968 届的初、高中生,一律到农村去插队落户。经过反复动员,全省一大批城镇知识青年陆续离开城镇。到 10 月,全省到农村安家落户的城镇知识青年已达 20 万人。此后每年都组织知识青年上山下乡。从 1967 年到 1979 年,全省累计有 135 万知识青年到农村插队落户。为了落实这项工作,各市、地、州、县建立了对知识青年进行"再教育"的机构,区、社、队也安排专人分管。

  知识青年上山下乡,经受了锻炼,为农村的发展作了一些有益的工作,但是这一运动中断了青年学生的正常学业教育,造成了人才成长的断层,给知识青年和接受插队青年的社队都带来很大困难,也出现了很多严重问题,成为社会不安定的重要因素之一。中共十一届三中全会以后,停止动员知识青年上山下乡。

(下册第 145—146 页)

大专院校招收"工农兵学员"

  从(1972 年)2 月起,四川大学、重庆大学等 19 所院校的 117 个专业恢复招生,招收工作

2 年以上的工人、农民和服役 2 年以上的军人（包括退伍军人和下乡、回乡知识青年）。……

（下册第 159 页）

《四川省志·财政志》

四川省地方志编纂委员会编，四川人民出版社 1996 年

　　1962 年，随着国民经济的调整，城镇精简职工、知识青年安置到农村或农场，财政预算增设城镇人口下乡安置经费。到 1965 年，安置知识青年和精简职工近 10 万人，安置经费，年均支出 470 万元。1969 年，省政府成立安置办公室，统一规定城镇知识青年上山下乡到农村落户的安置经费，每人补助 220 元。1973 年调整为：（一）城镇知识青年回农村安家落户、到农村插队或建立集体所有制场（队）的，每人补助 480 元，安置到国营农场的，每人补助 400 元，高寒地区，每人另加冬装补助费 40 元。（二）对以前下乡插队的知识青年，生活不能自给的，每人补助 100 元。（三）对以前下乡知识青年未建房的，每人补助建房费 200 元。1969—1978 年，全省安置下乡知识青年 137 万余人，安置经费，年均支出 3 120 万元。1979 年以后，下乡知识青年陆续回城就业，城镇人口下乡安置经费，改为城镇青年就业经费（包括劳动服务公司补助费）。

（第二篇第二章《经济建设费》，第 224 页）

　　"文化大革命"开始后，公社财政逐渐瘫痪，成为报帐单位。1978 年，先后在蓬溪、自贡、邛崃等 8 县、市进行恢复公社一级财政的试点。其收支分为国家预算内收支、地方预算外收支、公社集体收支三部分。国家预算内部分，收入包括公社管理的工商税、农业税和其他收入；支出包括支援农业资金、文教卫生事业费、抚恤和社会救济费、城镇知青下乡经费、行政管理费和其他支出。对这部分实行"定收定支，收入上交，支出下拨，超收（或增收）分成，结余留用，一年一定"的办法。

（第三篇第一章《财政管理体制》，第 317—318 页）

　　1966 年 8 月，按省人委财贸办公室批转财政厅适当扩大县（市）财权的规定，下列各项工商税减免权限下放专、市、州审批：手工业社为另一企业协作生产零件、配件；知识青年上山下乡开办农场、林场、从事副业生产；半工半读学校（包括勤工俭学）生产的产品，需要在税收上给予照顾的；错征、多征税款，时间超过一年，纳税人要求退税的。

（第三篇第一章《财政管理体制》，第 321—322 页）

　　1976 年，鉴于当年财政亏空较大，决算编审中不再处理以前年度财政遗留问题，地方财政支出结余限定城镇知识青年下乡补助费、各项救灾费和支援农村人民公社支出、小型农田水利补助费可结转使用。

（第三篇第二章《预算管理》，第 338 页）

粉碎"四人帮"后,大、中专院校招生实行统一文化考查,择优录取的办法。省财政学校按照这一办法招生,1978年春季,统招初、高中毕业生150名入财政专业,学制二年。同年秋季,又统招应届高中毕业生50人,财政专业,学制二年;招收初中毕业生200人(一部分为云南支边知识青年),财政专业和基建财务与信用专业,学制三年。

(第三篇第七章《财政教育与科研》,第432页)

《四川省志·出版志》

四川省地方志编纂委员会编纂,四川人民出版社2001年

中华人民共和国成立后四川出版图书简目①

类	书　名	作　者	出版时间	备　注
社科一般	毛主席的号召　无产阶级的重托——做好知识青年上山下乡工作经验选编	四川省知识青年上山下乡办公室编写	1974年	
艺术	知识青年到农村去……(毛主席语录张贴)		1968年	东方红出版社
术	知识青年到农村去,接受贫下中农再教育!(宣传画)	四川美术学院革委会供稿	1969年4月	东方红出版社

(《附录·图书、期刊、音像出版物简目》,第843、925、926页)

《四川省志·党派团体志》

四川省地方志编纂委员会编,四川人民出版社2001年

从"上山下乡"知识青年中招收干部

1966—1979年,四川省从"上山下乡"知识青年中招收干部26 420人,平均每年招收干部1 887人。

(第四篇第三章《干部队伍建设》,第150页)

知识青年上山下乡的宣传

四川省的知识青年上山下乡始于1964年初,但作为一项社会政策而得以大规模实施,是在1968年底以后的几年。

1964年3月22日,新华社发表了长篇专稿《知识青年上山下乡是移风易俗的革命行

---

① 本表内容为节选。——编者注

动》,全国各地掀起了知识青年上山下乡的热潮。3月27日,成都市上山下乡青年代表会议召开,会议提出了"到农村去,到革命最需要的地方去"的口号。这一口号得到了省内许多城市的响应。4月,成都、重庆等地召开大会,欢送近五千名城镇知识青年到西昌、凉山等地农村扎根落户,受到当地政府和群众的欢迎。省、市报刊电台对此进行了宣传,其后又配发了多种专栏,宣传报道下乡青年在当地的先进事迹,进行理想讨论等。

1968年12月22日,毛泽东通过《人民日报》发出了"知识青年到农村去接受贫下中农再教育"的指示。同月,四川省革委召开了全省首次知识青年上山下乡工作会议,提出迅速"在全省掀起上山下乡的高潮"。要求各级党组织和革委会要充分认识知识青年上山下乡是"一场伟大的社会主义革命",要认真重视,组织落实,成立机构,以狠抓阶级斗争为纲,严厉打击那些破坏知识青年上山下乡的阶级敌人,按规定全部落实上山下乡的任务,使知识青年真正插队落户。

1972年2月,四川省委、省革委向全省上山下乡知识青年发出慰问信,表彰他们扎根农村做贡献的革命精神。同月,省革委发出通知,要求各地于春节期间必须普遍对下乡知识青年进行一次慰问,关心他们的成长,解决他们遇到的困难。1973年9月,四川省委、成都军区联合召开四川省知识青年上山下乡工作会议。会议检查总结了近五年来全省知识青年上山下乡的工作,并讨论了进一步加强动员知识青年上山下乡工作的具体措施。

为配合做好知识青年上山下乡工作,全省宣传部门除配合历次会议进行宣传外,还投入大量精力宣传知识青年在农村的先进事迹,播发和刊登先进典型材料,宣传有关政策,进行人生观的讨论等等。

(第五篇第二章《群众宣传》,第248—249页)

知识青年的农业生产活动

(一)青年志愿垦荒队和50年代知识青年下乡上山

1955年,全国掀起了一片垦荒热,四川省广大青年要求开荒的热情也日益高涨,仅团省委就先后收到要求垦荒的558件,有717人。各县、市团委和文教、报社等部门也接到大批信件。为了发挥青年建设社会主义的热情,团省委向中共四川省委提出了组织青年志愿垦荒队的意见,得到了省委的同意。

1956年1月,团重庆市委根据团省委指示,开始组织到阿坝若尔盖草原唐克坝的青年志愿垦荒队的工作。重庆团市委在2 365名青年志愿者中,按照政治历史清楚,体力健壮、意志坚决、不怕吃苦、家庭赞同、18岁以上未婚(个别已婚者2年内不带家属)的四个条件,严格选出了300人组成四川省第一支青年志愿垦荒队。2月下旬这支青年志愿垦荒队出发开赴阿坝自治州若尔盖草原唐克坝。同年底,省委决定撤销唐克坝的这支青年志愿垦荒队建制,垦荒队员分别参加新建国营唐克农场,唐克农牧试验站和省农业厅垦殖局勘测队工作。1957年6月24日—1958年7月1日,团泸州市委分三批组织了有247人参加的青年志愿垦荒队到该市兰田坝飞机场垦荒。1958年7月1日该队合并为兰田乡前进高级社,青年志愿垦荒队建制随之取消。

1957年冬,年仅17岁的高县女知识青年严增品向团县委提出了参加青年垦荒队的请求。1957年12月15日,她作为一名青年垦荒队员奔向红岸山。经过一冬一春的苦战,他们共开荒80多亩,全年收获粮食2.4万斤,做到了自给自余。严增品带头学习推广新的生产技术,在高山上试种双季稻亩产达643斤,超过一季中稻产量的60%。1958年10月,青年垦荒队合并到胜天公社组建成大红岩山农牧场。严增品建起了一个饲养场,到1959年底,饲养场的猪由原来的15头增加到106头,牛增加到21头,鸡、鸭、羊、兔也有很大发展。

在组织青年志愿垦荒队的同时,全省青年团组织还配合有关单位积极组织动员城市青年以到农村插队的方式解决城市青年就业问题。从1959年开始到1960年初止,成都、重庆、万县、内江、宜宾、泸州等市地以各种形式到农村劳动的青年共计7766人。1956年没有组织城市青年下乡。到1960年上述城市下乡的青年仍然稳定在农村的只有977人,其他人都离开了农村。

(二)回乡知识青年参加农业劳动

1960年11月,共青团四川省委第三届四次委员会学习了团中央《关于动员青年投入农业生产第一线和广泛开展热爱农业劳动教育的报告》。会后,各级团组织纷纷行动起来,动员了一批家在农村的国营厂矿多余的青年工人、未能升学的中小学生回家务农,投入到农业生产第一线。

知识青年回乡,不仅充实了农业生产劳动力,还为人民公社的建立提供了各类人才,丰富了农村文化生活。据资阳县统计,1958年到1960年11月,全县回乡劳动的学生青年达2.2万多人,其中有2700多人担任了农技员、统计员、保育员,有1900多人当了教师,还有1600多人被群众选为人民公社的各级干部。威远县五区1961年统计表明全区3500多名回乡知识青年中,担任大队干部、小队长、会计、粮食保管员、食堂事务长、卫生保健员的有2100多人,占回乡青年总数的60%。

大批知识青年回乡,农村团组织工作如何跟上形势的需要?1961年7月20日,团省委发出了《关于压缩城镇人口中团的工作意见》,要求各级团组织在青年回农村后要积极协助党作好组织安排工作,使各项政策规定落实兑现:即主动派人欢迎,团小组的团员要分工固定联系回乡青年;安排好生活和生产;组织他们参加社会工作;及时接上组织关系。同时,加强经常性的思想工作,关心他们的政治进步,还要积极组织和帮助回乡青年学习生产技术和文化科学知识,适当开展一些文娱活动,丰富他们的生活。1961年8月,团省委先后推出了永川县水碾、何埂、巨美等几个回乡知识青年工作做得好的公社团组织,总结推广了他们的经验和作法,切实解决回乡学生的具体困难和问题,关心他们返乡后的生活、学习和工作。1961年7月18—22日,重庆团市委联合市农业局、教育局召开了全市农村知识青年代表会议。出席会议的共有280多名农村知识青年代表。会上表扬、奖励了一批农村的优秀知识青年,授予赵孝荣、马永链、王万崇等52人"重庆农村知识青年积极分子"的称号。8月11—

12 日,团成都市委根据市委指示召开了回乡参加农业生产的青年积极分子座谈会,参加会议的代表 85 人。会议上代表们畅所欲言,反映了他们回乡后碰到的问题,最迫切的要求,交流了体会。团市委将会议代表反映出来的情况上报给市委,市委肯定回乡青年的要求是正当的,决定为他们"一个一个"的解决具体问题,并要求团委要为回乡青年办实事。

由于切实加强了回乡知识青年的工作,加上回乡务农、大办农业、大办粮食的社会大气候已经形成,回乡知识青年的思想趋于稳定,生产工作条件也得到相应改善。更多的青年学生和被精简压缩的工矿青年职工返乡务农。

(三)城市知识青年上山下乡

1962 年国家进一步缩小文教事业,当年有不少青年学生不能升学。家在农村的学生一般都回家生产,家在城市的除一部分学生可以在城市就地安置就业外,还有不少青年要上山下乡,参加农业生产。7 月团省委在团地、市、州委书记会上,就城市知识青年上山下乡问题进行了研究。团省委副书记在省人大三次会上谈了团省委安排城市知识青年上山下乡的设想。1962 年 7 月,团省委会同成都团市委动员组织了成都市 45 名城市知识青年到彭县楠木公社落户。到年底全省共组织 5 898 名城市知识青年下乡插队落户。

1963 年,全省有 28 万小学生毕业,其中有大部分不能继续升学。团省委向省委提出联合省教育厅、省教师联合会等有关单位组成了统一的领导机构,来统筹进行此项工作。10 月全省共青团组织传达贯彻了周恩来总理"组织青年上山下乡,主要工作靠你们团来做"的指示,及时调整工作部署,下派出工作组到全省各地了解情况,全团一起努力做城市知识青年上山下乡工作,1963 年底全省 1957 年以来城市知识青年上山下乡人数达 47 589 人。

1963 年 12 月 20 日,团省委召开了城市知识青年上山下乡工作座谈会。会议总结出城市知识青年下乡发挥了积极作用,表彰了重庆市李敏其、成都市蒋熏南等一批下乡城市知识青年先进人物。会议反映了开展动员城市青年到农村去的工作存在着相当大的难度的问题,并首次提出了建立安置城市青年上山下乡的常设专门机构。1964 年 2 月 25 日,中共四川省委批转共青团四川省委"关于城市知识青年上山下乡工作座谈会的情况报告",要求现在还没有成立安置工作领导小组的地方,要尽快成立起来,及时开展工作。

1964 年,全省团组织开展了大规模的城市知识青年上山下乡的宣传动员工作。成都、重庆等各大中城市在年初分别召开了几百人到几千人的上山下乡知识青年代表大会。同时,全省各大报刊连续不断地发表社论、评论、报导上山下乡的城市知识青年的先进事迹。在较短时间内,全省很快形成上山下乡的热潮。4 月,成都市本年度首批下乡的 3 000 多名知识青年陆续出发奔赴西昌、凉山、马边等地的农业第一线。重庆上山下乡知识青年达 8 000 余人,占全市有条件下乡的社会青年中的 1/3。

在上山下乡热潮中,涌现出了一批先进人物,1964 年 5 月 3 日,共青团四川省委发出了"关于表扬优秀的上山下乡的知识青年的决定"。这次受团省委表彰的有:立志建设新农村,坚决走知识分子革命化的道路,自愿下乡落户,虚心向贫农、下中农学习的李敏其(女);有坚决和贫农、下中农站在一起,在巩固集体经济中发挥了显著作用的许世明;有带头出勤,不怕吃苦,坚持原则,服从分配的文家成;有热爱农业劳动,不怕艰苦,不怕困难,助人为乐的佘川秀(女);有响应党的号召奔赴农业生产前线,积极团结城市下乡青年,在农业战线上作出了出色的成绩的张明贵;有埋头苦干,当好保管,用自己的双手创立家业,在农村扎了根的王春芳(女);有建设大巴山,以山区为家,不怕艰苦,战胜困难,关心群众,把方便让给别人的萧宗华和任劳任怨,做好炊事员工作的王守模;有到城口县大山区落户,决心开发山区的胡孝义(女)和邓步云;有决心红在农村,专在农村,在农业科学试验中做出显著成绩的张洪道;有带领全家到农村安家落户,自愿从先进队搬到后进队,为改变生产队落后面貌贡献了力量的张官民;有自愿到最需要、最艰苦的地方去,在凉山落脚生根的孙传琪(女)、巫方安(女);有和贫农、下中农心连心,千方百计维护集体利益,勤学肯干,坚持贯彻政策的李子刚;有和群众同甘共苦,苦干实干,被群众誉为"人民勤务员"的曹恒;有热爱劳动,努力学习农业技术,热心为群众服务,和贫农、下中农建立了深厚友谊的文海全;有立志做新型农民,关心群众疾苦,热心为社员办好事,认真学习生产技术,努力做好会计工作的陈云珍(女);有刻苦钻研农业科技技术,满腔热忱地进行科学试验,在培植谷物优良品种方面作出了出色贡献的回乡知识青年马永烁;有在农业技术改革中刻苦学习技术,成为熟练的抽水机手,在雷雨中机智、勇敢地维护电机设备安全的回乡知识青年郑胜中。

1964 年底,全省共动员安置城市下乡知识青年 55 620 人。1965 年,四川省动员安置城市青年上山下乡工作逐步走上正轨,此项工作亦从上年全团性的中心工作转为团的一项日常工作,成渝两地大城市团组织还举办了常年性的上山下乡知识青年训练班。参加训练班的自愿人员,通过思想、劳动、独立生活等方面的培训,成为下乡城市青年中的骨干,他们再动员其他人一起下乡。

1966 年,团组织受到文化大革命冲击,组织动员青年上山下乡工作中断。1968 年 12 月 26 日,四川省革命委员会召开知识青年工作会,要求全省掀起上山下乡高潮。此后,知识青年上山下乡工作,已主要是政府行为,团组织不再是这项工作的主要力量,而是配合协同者。

1974 年 8 月 24 日,团省委下发了《关于做好知识青年上山下乡工作的意见》,表彰了巫方安、梅跃农、孙小欣、李莉、孙成明等先进上山下乡知识青年和眉山县将军公社团委、越西县新民公社青年队等两个先进集体。该意见要求各级团组织要加强对这一活动的领导,做好上山下乡知识青年的思想和政治路线教育,配合有关部门做好动员安置工作,关心他们的实际困难,要关心,要向有关部门反映情况,打击破坏知识青年上山下乡的犯罪分子,注意表彰先进,树立典型,发展团的组织。

1974 年 10 月 24 日,团省委向全团转发了共青团郫县县委"关于全团动手,认真抓好知识青年的再教育工作的意见"。1975 年 7 月中旬,团省委发出了"关于做好动员青年上山下乡工作的意见"。7 月 23 日,团省委授予回乡知识青年罗琼秀为"模范共青团员"的称号,表彰她为建设农村献出自己的青春和生命的优秀事迹,号召全省团员青少年向她学习。1976

年、1977年后，随着党的工作着重点的转移，共青团的知识青年上山下乡工作随之停止。

（第十九篇第三章《青年生产突出活动》，第987—992页）

《四川省志·档案志、侨务志》
四川省地方志编纂委员会编，四川科学技术出版社2000年

1973年，国务院批转外交部《关于华侨学生上山下乡问题的请示报告》，要求对违反侨务政策的作法采取有效措施，迅速纠正。但未得到认真贯彻执行。

（侨务志第二篇第二章《侨政》，第81页）

《四川省志·地理志》
四川省地方志编纂委员会编，成都地图出版社1996年

省内城乡人口迁移 大致可以分为3个阶段：……（第二阶段）1961—1976年，城市人口大规模迁往农村。1960—1962年大批城镇职工和居民迁往农村；1969年后大批城市知识青年上山下乡。净迁入农村的人口达100万人以上。

（第二篇第三章《人口分布》，第193页）

《四川省志·电力工业志》
四川省地方志编纂委员会编，四川科技出版社1995年

1966年"文化大革命"开始后，学校（重庆电力技工学校）停止招生，直到1972年恢复招生。按"自愿报名，群众推荐，县委批准，学校复查"的办法，主要招收城镇下乡和回乡知识青年。

（第八篇第一章《职业技术教育》，第322页）

《四川省志·纺织工业志》
四川省地方志编纂委员会编，四川辞书出版社1995年

1971年，上山下乡的知识青年开始返城，纺织厂为解决职工子女就业问题，采用"顶替"办法，办理了一大批老职工退（离）休，补充了一大批青年劳动力。

（第八篇第六章《劳动管理》，第400页）

《四川省志·广播电视志》

四川省地方志编纂委员会编,四川科学技术出版社1996年

同年(1978年)3月28日,四川省教育局、科委、民委、高教局、农业局、农机局、林业局、水利局、气象局、知青办和广播事业局发出《关于开展有线广播教育,大力普及科学文化知识的联合通知》,要求各地大力普及广播教育网,学习推广潼南县举办农业广播学校的经验,为快出人才、多出人才贡献力量。 (第二篇第二章《县站节目》,第170页)

从1970年筹建彩电中心起,到1973年彩电试播,电视台职工人数陆续增加到108人(其中6个临时工),38%的人员是招收的复员军人和下乡知识青年,他们中的大多数文化素质和专业能力有待提高。70年代初期,适逢全国各大专院校招收工农兵学员,根据自愿报名、群众推荐、领导批准的原则,电视台从新招收的复员军人和下乡知识青年中,选送了14名到成都电讯工程学院电视工程专业、北京广播学院摄影专业和播音专业进修。1972年以后,招收的复员军人、下乡知识青年和待业青年,一般都进行了文化补课。1979年至1985年,又有一批职工陆续报考省内外大专院校和电视大学,攻读应用电子技术专业、汉语文学专业和新闻专业。到1985年底,四川电视台历年招收的复员军人、下乡知识青年和待业青年共103人,通过专业进修,获大专学历或相当大专学历的57人。 (第三篇第一章《四川电视台》,第208页)

《四川省志·检察审判志》

四川省地方志编纂委员会编,四川人民出版社1996年

1973年5月四川省高级人民法院召开全省中级人民法院院长会议,贯彻落实中共中央及中共四川省委关于保护上山下乡知识青年,打击阶级敌人的破坏活动的精神。会后,四川各级人民法院都把打击破坏知识青年上山下乡的犯罪活动列为刑事审判工作的重点。这一年四川各级法院判处的16 437名罪犯中,破坏知识青年上山下乡的1 083名,占6.6%。

(第二篇第三章《刑事审判》,第209页)

《四川省志·教育志》

四川省地方志编纂委员会编,方志出版社2000年

1974年后,为了适应下乡、回乡知识青年学习文化科学技术的要求和提高中、小学教师业务水平的需要,在省高教局、成都市委宣传部的倡导和支持下,部分普通高校办起了函授

教育。当时,成都市委宣传部抽调干部8人成立了函授教育办公室,统筹协调全市普通高校的函授教育工作,这样,成都市和四川省普通高校的函授教育很快就开展起来了。到1976年,全省有四川大学、成都电讯工程学院、成都工学院、重庆建筑工程学院、成都地质学院、成都农机学院、西南师范学院、四川师范学院、重庆师范学院、南充师范学院、四川医学院、成都中医学院、成都体育学院、四川音乐学院等14所普通高校举办了函授教育,设置政治、经济、语言、数学、电工、常见病多发病防治、中草药、拖拉机使用和维修、农村水利工程等20个专业,学制半年至2年,围绕专业开设几门主要课程,特别强调实践教学环节,注意培养动手能力,使学员有一技之长,主要面向成都、温江、绵阳、乐山、西昌、南充、涪陵、江津、自贡、达县等地、市所属的县区农村,招收下乡、回乡知识青年和中、小学教师,在校学员达6.22万人,结业8 056人。　　　　　　　　　　(第二篇第一章《各类成人高校》,第452页)

1966—1976年"文革"期间,……普通高校举办的函授教育主要是面向农村,招收下乡、回乡知青和中、小学教师,1975年成都农机学院举办的农机函授教育主要招收下乡和回乡知青,共1 771人。　　　　　　(下册第二篇第二章《学员及教学管理》,第462页)

《四川省志·粮食志》

四川省地方志编纂委员会编,四川科学技术出版社1995年

中共十一届三中全会后,政府为了调动各方面的积极性,先后出台了一批"农转非"政策。如知识青年和下乡居民回城,允许县级以上领导干部、进入民族地区工作的干部,具有中级以上职称的知识分子、科技骨干、"三线"内迁职工、国营农林牧渔场职工、劳改部门干部和煤矿井下职工的农村家属,在规定条件和下达指标的范围内,分批"农转非",以及国家建设占地招工、职工退休农村子女顶替、平反冤假错案人员回城等,使"农转非"的人数较前大为增加。　　　　　　　　　　　(第一篇第三章《市镇统销》,第30页)

到1964年,全省实有职工87 051人。次年,县以下粮油加工下放社队。人员减至70 153人。在此水平上稳定了一段时间。1971年开始招工,安排回城知青,临时人员转正,职工人数回升,到1977年,增至12万余人。　　　　(第六篇第四章《机构人员》,第299页)

《四川省志·民政志》

四川省地方志编纂委员会编,四川人民出版社1996年

其他特殊救济有归侨,因公致残上山下乡知识青年,企业职工遗属,"文革"武斗死伤残

人员,国民党起义投诚人员,特赦刑满释放人员等。……

因公致残上山下乡知识青年,根据中央(1979)74号文件精神,由民政部门参照职工全残标准,每人每月发给35元生活费。其中生活不能自理需人护理者,则根据家庭经济状况和当地群众生活条件,给予适当补助,每人每月最高25元。医疗费用由民政部门列入城市社会救济费中报销。负伤部分丧失劳动力的,一般由父母所在单位负责,父母无工作的由街道负责,酌情安排力所能及的工作。　　　　(第七篇第一章《城乡社会救济》,第308—309页)

《四川省志·民族志》

四川省地方志编纂委员会编,四川民族出版社2000年

(1964年)10月,成都市孙传琪、巫方安等400多名知识青年到凉山州昭觉、越西等县农村安家落户。　　　　　　　　　　　　　　　　　(《附录》,第551页)

《四川省志·农业志》

四川省地方志编纂委员会编,四川辞书出版社1996年

1962—1965年,四川高等农科院校共招生2 961人。共毕业学生4 217人,全部分配到省内专区、县的农业基层单位工作。1966年停止招生,1974年恢复。取消入学统一考试,采取推荐与选拔相结合的办法。招生对象为人民公社社员、工人、下乡知识青年,具有两年以上劳动实践经验,年龄25岁以下,相当高中文化程度,不招收应届毕业生。……

1974—1976年(全省高等农科院校)入学的工人、社员、知识青年(简称"工农兵学员")4 032人,按三种不同的办法分配:1.社来社去。由公社推荐入学的,毕业后回原地;2.厂来厂去。由工厂(单位)推荐入学的,毕业后回原单位;3.哪来哪去。家住农村的回乡知识青年,毕业后仍回农村安排,家住城镇的下乡知识青年(招生时控制25%左右),毕业后由省分配到当地(下放劳动时所在地)作安排。　　　(第十三篇第一章《高等教育》,下册,第236页)

1966—1976年(全省农校)共招收"社来社去"(包括"三来三去,即社来社去,厂来厂去,哪来哪去")学生14 443人(其中三年制3 160人,二年制5 886人,一年制5 398人),毕业学生13 710人。分配情况是:1964年入学,1967年毕业的2 998人,分配去基层单位作技术员或工人。1966年以后入学,1976年前毕业的10 712人,根据其来源,按照"三来三去"的分配办法,除原来是城镇下乡知识青年的毕业生分配到基层工作外,其余的全部回原来选送单位。　　　　　　　　　(第十三篇第二章《中等和初等教育》,下册,第250页)

《四川省志·人事志》

四川省地方志编纂委员会编,四川科学技术出版社1999年

是年(1978年),考虑到税务、银行基层工作亟待加强的实际,省革委批准全省税务部门增加干部6 000人,建设银行增加干部2 000人。新增干部的来源,除统配人员和选调职工外,还包括招收城镇知青和上山下乡知青、城镇复员退伍军人。 (第二篇第一章《考选录用》,第144页)

1977年11月,国家教育部、财政部和劳动总局规定:国家职工(含国营农、牧、林、渔场上山下乡知识青年当职工的)进入高等学校和中专学校学习时间计算连续工龄。

(第五篇第二章《福利》,第387页)

正式参加工作前曾做过有关工作的人员连续工龄计算。曾任乡(小乡)、社干部或专职人员,担任民办或代课教师,曾在集体所有制或私营单位工作的人员,曾在"四清工作队"和"征粮"、"剿匪"、"土改"工作队工作的人员,城镇上山下乡知识青年等,其参与上述活动时间可按规定与参加工作后工作时间合计为连续工龄。 (第五篇第二章《福利》,第389页)

《四川省志·统计、工商行政管理、劳动志》

四川省地方志编纂委员会编,方志出版社2000年

"文革"开始后的四年中,全省不招工,不招生,给城市带来严重的就业问题,发动知识青年上山下乡支边支农成为安置待业青年的唯一渠道。1969—1976年上山下乡支边共134.5万人。

(第三篇《劳动·概述》,第327页)

1978年,为了实现第五届全国人民代表大会提出的新时期的总任务,中共四川省委决定苦战三年,初步形成支援农业的工业体系的奋斗目标。当时,全省城镇待业人员和应回城的下乡知识青年共有100万人以上需要安置,全民所有制企、事业单位计划指标有限,无论如何是消化不了这些劳动力的。经省委同意,省计委、省劳动局制定了《关于发展地方工业所需劳动力问题的通知》和《关于招工试行办法的通知》,要求各地、各部门积极试办城镇集体企业,为国营企业加工生产,加工费不计入国营单位的工资基金,加工人员不列入全民职工计划统计。这样,既解决了发展地方工业所需的劳动力问题,又安置了大批待业人员。

(第三篇第一章《劳动计划管理》,第333页)

试点动员城市知识青年下乡。结合精简工作,1961—1964年动员城市知识青年下乡

"插场"、"插队"，参加农业生产。开始主要是到国营农、林、牧、渔场"插场"、"插队"，后经国务院决定，以参加农村人民公社生产队"插队"为主。1964年初，中共中央、国务院下达《关于动员和组织城市知识青年参加农村社会主义建设的决定》，肯定了安置城市"需要就业的劳动力"的主要方向是下乡上山，其主要办法即到农村人民公社插队。1963年，四川设置了"安置城市下乡青年领导小组"和办公室，各市、地都成立了相应的机构，国务院编制委员会给四川440名编制，共动员下乡99 387人，其中插场19 632人，插队79 755人。

四川省安置城市下乡青年办公室干部编制

单位：人

地 区	1964年分配数	1965年增加数	合 计	地 区	1964年分配数	1965年增加数	合 计
合 计	339	101	440	涪陵地区	32		32
重庆市	35	10	45	达县地区	35	30	65
成都市	20	15	35	绵阳地区	25	5	30
自贡市	6	4	10	温江地区	10		10
宜宾地区	25		25	雅安地区	6		6
内江地区	15		15	乐山地区	26		26
万县地区	23		23	西昌地区	28	32	60
南充地区	12		12	凉山州	6		6
江津地区	25		25	省安置办	10	5	15

（第三篇第二章《城市劳动力管理》，第356—357页）

"文化大革命"造成的严重就业问题和全面发动知识青年上山下乡

"文革"开始后，劳动就业管理陷于瘫痪、半瘫痪状态。1966年至1969年，全省停止招工、补员和招生，原来的上山下乡工作不但停止，而且前几年下乡的人纷纷"回城闹革命"，要求把户口迁回城市。四年来积压的城市闲散劳动力，加上未升学的待业青年，形成严重的就业难题。1968年12月毛泽东发出"知识青年到农村去，接受贫下中农的再教育，很有必要"的号令，四川立即掀起知识青年上山下乡高潮。青年的就业问题，很快变为上山下乡的政治运动。下乡办法也利落，一所中学一锅端，几个班级连根拔。仅1969年至1971年即欢送下乡662 173人，成为城市青年就业的唯一渠道。城市大批知识青年下乡，缓和了当时的就业难题。动员青年下乡把尖锐的就业矛盾暂时掩盖起来。

1973年，中共四川省委决定，成立"四川省知识青年上山下乡工作领导小组"和办公室，各市、地、县也建立了工作机构，加上企、事业单位的专职干部，全省管理这项工作的人员最多时达5 100人。同年8月，四川贯彻中共中央批转《关于全国知识青年上山下乡工作会议的报告》和《关于知识青年上山下乡若干问题的试行草案》以后，知识青年下乡政策有所调整。四川省革命委员会1974年规定：(1)多子女已下乡、支边或在本市、县以外工作，身边只有一个子女可不下乡。(2)多子女中有残废，生活不能自理，需人照顾的，可另留一人在城里。(3)孤儿一般不动员下乡。(4)父母年老多病或死亡,弟妹年幼,生活不能自理而又无亲属照顾的,可以缓下乡或免下乡。1972 年至 1976 年,又动员知识青年 682 845 人下乡。

在城市大批知识青年上山下乡、支边的同时,1972 年至 1976 年却招收 31.1 万农民进城工作,造成建国以来四川城乡劳动力大对流。不仅带来当时城市就业问题的严重性,而且也加剧了以后几年就业矛盾的尖锐性。1976 年底,全省积存待业人员 107 万人(留城知识青年 25 万人,回城知识青年 50 万人,其他待业人员 32 万人),待业率高达 15%。

四川省各级知青工作办事机构人员配备情况
单位:人

| 年 度 | 各级知青办公室配备人数 | | | | | | 县以上部、局、厂矿、学校、企事业单位配备知青工作专职干部人数 |
| | 合 计 | 其 中 | | | | | |
		省知青办	地、市、州知青办	县(市、区)知青办	区一级	公社一级	
1974	1 630	41	208	1 173	145	63	
1975	1 830	33	220	1 148	279	150	3 002
1976	1 932	50	221	1 205	295	161	3 168
1977	1 964	51	228	1 208	335	142	2 646
1978	1 835	52	218	1 101	307	157	1 521

四川省历年动员、安置和留城知识青年人数(截至 1978 年底)
单位:人

| 项目 | 历年下乡人数 | | 历年安置人数 | | 历年离开农村的知识青年人数 | 在乡知识青年人数 | | | | 历年批准留城人数(截至 1977 年底) |
| | 合计 | 其 中 跨省、市、区安置人数 | 合计 | 其 中 接收外省、市、区人数 | | 合 计 | 其 中 | | | |
							在四川省的人数	在云南省人数	在黑龙江省人数	
甲	1	2	3	4	5	6	7	8	9	10
总计	1 496 647	64 187	1 411 604	2 752	987 694	287 962	255 981	27 981	4 000	351 789

四川省分年动员和安置知识青年人数(1969—1980 年)
单位:人

| 项 目 | 合 计 | 其 中 | | | | | | | | | | |
		文化大革命以前	1969—1971	1972	1973	1974	1975	1976	1977	1978	1979	1980
甲	1	2	3	4	5	6	7	8	9	10	11	12
历年动员下乡人数	1 514 713	79 755	662 173	143 348	33 287	134 257	230 842	141 111	68 062	3 812	6 873	11 193
历年本省安置人数	1 431 384	79 755	585 356	151 055	32 915	130 176	229 097	139 428	64 076	3 746	8 587	11 193

(第三篇第二章《城市劳动力管理》,第 358—359 页)

(4) 发展企业自办"大集体",调整招工次序。……从 1978 年起,还调整了招工对象的次序:①被批准留城的待业青年。②上山下乡满两年以上的知识青年。③优先安置 1 户仍有 3 个以上子女在农村的知识青年,以及 1 户 1 个子女都未参加工作或 1 户只有 1 个子女安排工作的知识青年。

（5）调整知识青年上山下乡政策。1978 年 10 月 31 日—12 月 10 日,全国知识青年上山下乡工作会议在北京召开,会议针对知识青年工作中存在的问题,对政策作了大调整。四川调整后的规定是:①今后城镇中学毕业生的分配,实行"四个面向"即进学校、上山下乡、支援边疆、城镇安排。②根据国民经济发展的需要,广开门路,逐步扩大城镇安置能力。③逐步缩小上山下乡的范围,矿山、林区、地质、石油系统职工子女,以及分布在农村的有安置条件的企业事业单位,小集镇和一般县城非农业人口的中学毕业生,不再列入上山下乡的范围,由本地或本系统自行安排。④有条件的城市和地区如渡口市、凉山州、甘孜州、阿坝州不动员上山下乡。⑤成都、重庆、自贡市,需要继续动员的县级市和县城,实行"四个面向"。⑥扩大留城政策,高小学生不下乡,一户只有两个子女的不下乡。⑦上山下乡安置形式,改变分散插队为集中安置。办好"三集中一分散"①的知识青年安置点。

（第三篇第二章《城市劳动力管理》,第 360—361 页）

彻底改变城镇知识青年安置政策。首先,省革委 1979 年起对支边到云南的知识青年决定实行新的政策。知识青年本人或家庭确有困难,不宜长期留在云南农场的,可以:①办理病退、困退回川。②父母退职、退休可由支边子女顶替。③四川的国营农场和集体所有制企业,有增人指标时,由本人申请,经劳动部门批准,逐步给予安排。④参军复员后,允许回父母身边安排。⑤大专院校、中等专业学校招生,可自愿报考。其次,1980 年四川省劳动就业工作会议后,从当年秋季起,对城镇知识青年实行自愿下乡的政策。四川自 1961 年以来延续 20 年的知识青年上山下乡问题,到此结束。不但全省不再动员青年下乡,而且已下乡的青年也陆续返回城镇逐步就业。

（第三篇第二章《城市劳动力管理》,第 361 页）

1981 年,省知识青年安置办公室合并到省劳动局,两个机关原来的安置经费合并使用,统称就业经费。

（第三篇第二章《城市劳动力管理》,第 362 页）

1971 年,省革委又补充规定:顶替补员,可以招收符合条件的应届毕业生中的子女（包括上山下乡的知识青年）;职工退休、退职后回农村居住的,本人在农村的子女也可招收一人;职工因公死亡或因职业病退休,以及"四个行业"的职工退休、退职后,其子女家居农村的,只要符合条件,均可招收一人参加工作。

（第三篇第二章《城市劳动力管理》,第 378—379 页）

1974 年,国家计委《关于全民单位补充自然减员的通知》规定:……"四个行业"职工如

---

① 指集中住宿、集中吃饭、集中学习、分散劳动。——原书注

本人无子女顶替的,可以招收本单位的职工子女;其他部门可以招收本单位经批准留城(不包括因病残留城)知识青年,下乡满两年以上的知识青年,上山下乡的独子女,父母多子女都不在身边的下乡知识青年。……

1978年,省计委、省劳动局联合发出《关于招工试行办法的通知》规定:①招工对象是,批准留城的知识青年和上山下乡满两年以上的知识青年。②优先招收的对象和次序是,一户仍有三个以上子女下乡的,选招一名,一户一个子女都未工作的,选招一名;一户只有一个子女工作(包括参军、上大学、中专、技校和在县以上大集体工作)的,选招一名。③对下乡知识青年的招工手续,改变由农村社、队推荐的办法,采取点名招收。市、地、州属以上单位招收指标和名单,由市、地、州劳动局审批,县以下单位由县劳动部门审批。④"四个行业"到农村招收职工子女,原则上招收男性青年,每户只招一名。⑤县(区)以上集体单位招工对象和办法,参照上述规定执行。 (第三篇第二章《城市劳动力管理》,第379页)

《四川省志·政务志》

四川省地方志编纂委员会编,方志出版社2000年

1968年12月22日,《人民日报》刊登毛泽东"知识青年到农村去"的号召以后,四川开始行动,1969年3月7日省革委召开了成都地区下乡知识青年再教育工作会议。据统计,截至1969年2月底,全省的中学毕业生有16万人到农村插队落户,占当年应下乡人数的40%左右。在此之前,重庆市于2月4日召开了欢送首批1.2万名城市知识青年赴农村落户的大会。同年8月11—25日,省革委再次召开全省知识青年上山下乡工作会议,要求来一次动员,凡是1966年到1968年的中学(包括初中、高中)毕业生,一律都要去农村插队落户。以后,每年一般都要召开一、二次知青工作会,研究动员组织知识青年上山下乡工作。从1967年到1979年,全省累计有135万(不含"文革"前上山下乡的7.58万人)知识青年到农村插队落户。到1979年才停止动员知识青年上山下乡的做法。

(《四川省人民政府》第六章《四川省革命委员会》,第408页)

《共青团四川省委志》

共青团四川省委青年运动史研究室编,成都科技大学出版社1996年

(1963年)12月20日至27日,共青团四川省委关于城市知识青年上山下乡工作座谈会在成都召开。 (《附录一:大事记》,第280页)

（1976 年）5 月 21 日，共青团四川省委发出《关于做好知识青年上山下乡工作的通知》。

（《附录一：大事记》，第 285 页）

伍光远（1947—1970）　四川新繁县人。生前系四川汉源县大堰公社插队落户知识青年。1970 年 10 月，他在参加当地"跃进堰"水利工程的施工中，为保护他人生命安全，奋不顾身地扑在正在爆炸的雷管上壮烈牺牲。伍光远牺牲后，共青团汉源县委追认他为共青团员；共青团四川省委授予他"模范共青团员"称号；四川省革命委员会批准他为革命烈士。

（《附录二：四川著名青年历史人物简介》，第 316 页）

《四川审判志》

四川省高级人民法院院志编辑室编，电子科技大学出版社 2003 年

1973 年 5 月四川省高级人民法院召开了全省中级人民法院院长会议。贯彻落实中共中央（1970）3 号、26 号文件和中共中央及中共四川省委关于保护上山下乡知识青年，打击阶级敌人的破坏活动的精神研究和部署以保护上山下乡知识青年为重点，开展刑事审判工作。同年 7 月，省法院又会同省公安厅、省知识青年上山下乡办公室在资阳召开了打击破坏知识青年上山下乡的犯罪活动现场会。至此四川各级人民法院都把打击知识青年上山下乡的犯罪活动列为刑事审判工作的重点。这一年四川各级法院判处的 16 437 名罪犯中，破坏知识青年上山下乡的 1 083 名，占 6.6%；判处死刑 108 名中，破坏知识青年的 27 名；判处死缓 88 名中，破坏知青的 22 名；判处无期徒刑 116 名中，破坏知青的 23 名，判处有期徒刑 7 481 名中，破坏知青的 999 名。　　　（第四篇第三章《中华人民共和国时期的刑事审判》，第 324 页）

《四川森林工业志》

四川省林产公司编，（内部刊行）1989 年

1966 年，经省人委批准，在当年安置上山下乡青年计划中，从江津专区小场镇社会青年名额内给省林业厅 500 人，发展林区多种经营。分配给川西、小金林业局及米亚罗、卧龙营林处。

（第十一篇第一章《林业企业劳动管理》，第 629 页）

1973 年，中共四川省委川委发（1973）92 号文规定："矿山井下、野外勘探、森林采伐等行业补充自然减员或按国家计划增加工人时，可由退休职工的子女顶替，或从本单位职工子女中招收"。以后，川革发（74）101 号、川劳发（75）450 号以及川革发（77）20 号文相继发出"四个行业"有招工计划时实行内招职工子女，同时职工退休和死亡可补员吸收其一名符合招工条件

的子女工作。根据这些"内招"、"补员"文件的规定,当时省属林业单位具体贯彻执行是:

(一)内招单位和招工对象

林业内招单位:省属各林业局、水运局、运输处、营林处、华云山林管处。

这些单位下达有新增或补员招工指标时,可以点名在各地招收本单位在册职工的子女,依次招收:

1. 已下乡三个知青中选招一个;

2. 一家一个子女未工作的批留城市知青、下乡知青、家居农村的回乡知青,以及应届毕业生、社青;

3. 一家已有一个子女工作的经批准留城市知青、下乡知青、应届毕业生、社青。

总的是,不管家居城市或农村,只要是本单位在册职工的子女,有当地证明的养子女、抱子女,而又不是在校学生,都属于内招招工对象。

但是,因病残批准留城的和返城的知青不能招收。家居农村已有一个子女工作,不能再招第二个,招第一个原则上招男性青年,属于唯一劳动力的不能招收,地多人少,以及领导骨干、技术骨干必须征得社队同意后才能招收。

(二)普招单位:省属各林业工厂、筑路工程处、医院、设计院(含所属一、二大队等)、林科所(含所属试验林场等)、省林业局机关(含附属单位)和两个指挥部(含附属单位)以及学徒。

这些单位下达有新增或补员招工指标时,可以招收:

1. 已下乡三个知青中选招一个;

2. 一家一个子女未工作的批准留城市知青、下乡二年以上的知青;

3. 一家已有一个子女工作的批准留城市知青、下乡二年以上的知青。

普招招工对象总的是,只能招收批准留城市的知青、从城市下乡二年以上的知青,对于家居农村的回乡知青不能招收,病残批准留城或返城知青不能招收。

成都市规定:如系下达的补员指标,由成都市劳动局"十抽一"统筹安排,所余 9 个指标可由招工单位点名招收批准留成都市的本单位职工子女(不含病残批准留的),如系下达的新增普招指标,由用工单位与成都市劳动局商议统筹多少(一般都是"三·七"开以上)所余指标可由用工单位点名招取批准留成都市的本单位职工子女(不含病残批准留的),或从成都下乡二年以上的知青。

(第十一篇第一章《林业企业劳动管理》,第 631 页)

兴办大集体

为发展集体经济,安置城镇青年就业。省属林业企业 1978 年—1979 年先后向省劳动局报批兴办大集体八个,招工 990 人。1980 年省府规定,全民所有制兴办大集体招工,由主管部门审核批准。1980 年—1983 年经省林业厅批准十个大集体(其中新办六个)招工 1 599 人。省林业直属企业兴办大集体共 14 个,经批准招工 2 589 人。这些大集体的招工对象,主要是批准留城镇待业青年和上山下乡满二年以上的知青,以及户口在森工企业单位的职工子女。他们从事为企业生产和职工生活服务的工作。 (第十一篇第一章《林业企业劳动管理》,第638页)

《成都市志·财政志》

成都市地方志编纂委员会编纂,四川辞书出版社2001年

1969年各级革命委员会相继成立,成都市财政有冻结存款收入8486万元,上解7213万元。这一年大批党政干部下放锻炼,又动员城市知识青年上山下乡,财政支出中相应增加了两项支出。 (第一篇第三章《地方财政预算管理》,第80页)

支出……1969年上升53.46%,增加1890万元,其中基本建设增加921万元,知青下放安置经费714.9万元,增加666万元,"五七"干校经费31万元,增加28万元。

(第一篇第三章《地方财政预算管理》,第81页)

1980年全地区财政收入19 151万元,上升3.31%,企业试点改革同时抓住了扭亏,企业利润回升,增长1.46倍,多收1 220万元。工商税因计划调整与减税因素下降3.62%,少收490万元。年支出1 422万元,上升9.65%,支出占收入比重76.36%。其中基本建设支出下降25.28%,支援农业支出上升22.36%,支援人民公社支出中,社队企业支出比重高达80.3%。知青经费136.7万元,少支21.8万元。 (第一篇第三章《地方财政预算管理》,第84页)

知青经费

1964年,在经济建设类新增"城市人口下乡安置费"一款。成都市年支68.2万元,次年又支出26.22万元。温江专区在1965年支17.30万元。1966年支30.01万元,下乡人口765人。1967年支14.07万元,下乡人口为1 965人。1968年支4.87万元。

1969年《人民日报》刊载"知识青年到农村去,接受贫下中农再教育"的号召,动员初中、高中、大学毕业生上山下乡。成都市上报动员人数80 492人,1970年11 332人,经1971年核实两年为76 224人,加1971年动员334人,3年共动员76 558人,每人动员费30元,包括车旅费和途中生活补助费。3年共安置265人,支出安置费3.67万元。(安置费标准:单身插队每人200元,成户插队每人120元。)温江地区动员安置本区知青同时接收安置成都市部分知青,1969年安置31 710人,列安置费714.9万元,1970年安置17 450人,支出347.84万元,1971年安置4 092人,支出82.07万元。

1972年按照财政部《关于加强城镇知识青年下乡经费管理暂行规定》,对知识青年的住房和生活补助费实行"专款专用"管理办法,并建立与健全预算、决算制度。

1974 年成都市动员 18 685 人,动员费一般为 30 元,到国营农场为 20 元。安置费共 30.45 万元,安置 1 423 人,省内不分插队、回乡、参加集体场队一律每人 454 元,到国营农场 每人 380 元,年预算 63.12 万元,实支 76.72 万元。

1974 年成都市动员人数去向表

项 目	合计	去本市			去省内各地市州				
		小计	郊区	国营农场	小计	温江	绵阳	西昌	雅安
动员人数	18 685	1 418	1 218	200	17 028	3 863	5 368	2 065	1 905

乐山	内江	阿坝	渡口	省五七干校	省内回乡	去省外	又安置吸收外地		
							合计	温江	绵阳
658	2	123	22	15	3 007	239	5	4	1

1976 年,增加到西藏知青冬衣补助每人 80 元,成都市到西藏落户的有 11 人,年列支 880 元。

1979 年 2 月,省财政局、省知识青年上山下乡工作办公室转发中央财政部、知青办的通知,根据全党工作转移的新形势,要立即开展知青经费大检查,检查 1973 年以来的知青经费、物资管理状况。省又相继发出《知青经费管理使用的暂行办法》,规定新下乡知识青年到国营农、林、牧、渔场,或机关,学校,部队,企事业单位,农、牧、副、渔业基地,五七干校和兴办集体所有制造林队,每人补助 400 元。到集体制的知青场和知青点,每人补助 580 元。这一年省财政局又下发《关于知青场队使用扶持生产资金的意见》,规定拨出部分知青经费,用于知青场队发展农、副工业。成都市动员下放 2 100 人,年支 106.24 万元,其中分散插队 1 873 人,每人 578 元。安置到农副业基地 68 人,每人 400 元。年终决算收回资金 13.98 万元,年末财政结存款 211.7 万元,知青部门结存款 33.35 万元。本年修房 34.5 间,累计修房为 19 967.5 间。温江地区安置 1 551 人,年支 205.8 万元。城镇安置 1 625 人,农村安置 125 人。

1969 年—1978 年成都市、温江地区下乡安置统计表

项目\年度		1969—1971	1972	1973	1974	1975	1976	1977	1978
成都市	动员人数	76 528	16 319	17 754	18 685	22 560	18 514	8 250	91
	支出(万元)	215	44	41	30	54	49	24	0.11
	安置人数	265	105	1 581	1 423	2 873	6 907	2 542	37
	支出(万元)	3.76	21	34	77	104	245	103	1.32
温江地区	安置人数	53 252	10 638	4 492	13 987	20 680	10 183	3 967	252
	支出(万元)	1 145	208	228	740	809	465	306	182

1982年，成都市支出扶持生产周转金135.82万元，用于89个单位，安排待业青年3132人，其中劳动服务公司兴办的单位27个543人、街道场镇举办的单位31个305人、待业青年举办的单位23个210人、团体和企事业单位举办的单位8个2065人。温江地区当年安排411人，全部安排入城市服务公司，农村未再安置，开支61万元。

（第四篇第三章《农业专项资金管理》，第341—343页）

1981年，成都市年末发放支农周转金200.7万元，贷给国营农场6.3万元、国营事业单位6.8万元、农林集体单位187.6万元。温江地区扩大发放支农周转金总额达939万元。其中财政贷出520.9万元，收回36.51万元；农林水主管部门贷出66.2万元，收回4.7万元；知识青年上山下乡工作办公室（简称知青办）贷出351.9万元，收回30万元。

（第四篇第三章《农业专项资金管理》，第354页）

《成都市志·税务志》

成都市地方志编纂委员会编纂，方志出版社1997年

(1978年)10月16日，贯彻知识青年就业给予免税照顾的规定，对安置知识青年就业的城镇新办集体企业，从投产经营的月份起，对其实现的利润免征工商所得税1年。1年以后，企业纳税仍有困难，酌情给予适当照顾。（《大事辑要》，第291页）

(1979年)2月，按照财政部通知，城市上山下乡知识青年在农村兴办的集体所有制农场（队），不分原有和新办，是年开始至1985年底，免交工商税和工商所得税。

（《大事辑要》，第291页）

《成都市志·市政建设志》

成都市地方志编纂委员会编纂，四川人民出版社1998年

1978年，随生产任务逐年增加，根据生产人员现状，为解决老职工下乡知识青年子女296人和批准留城待业子女292人就业难问题。经市政府批准，市政公司试办大集体用工形式，下达招工指标600名，结合自然减员招工205名。（第七篇第二章《职工》，第294页）

70年代，上山下乡知识青年回城，亦安置一批在市政施工及维护单位，形成职工队伍结构的多样性。

（第七篇第二章《职工》，第298页）

《成都市志·园林志》

成都市地方志编纂委员会编,四川人民出版社1998年

1977年,城市园林绿化开始恢复,管理工作繁重,按照市政府安排,招收下乡知识青年和留城青年。 （第六篇第二章《职工队伍》,第335页）

《成都市志·图书出版志》

成都市地方志编纂委员会编纂,四川辞书出版社1998年

粉碎江青反革命集团后,特别是中共十一届三中全会以来,出版发行事业由低谷走向恢复发展,人员随着形势的发展而增长,70年代末至80年代初,市新华书店招进大批下乡知青和职工子女,充实了各门市部的力量。 （第四篇第三章《队伍建设》,第223页）

《成都市志·政党志》

成都市地方志编纂委员会编,四川辞书出版社2000年

1965年至1980年,成都市从"上山下乡"知识青年中招收干部1 469人,平均每年招收91.8人。 （第一篇第四章《组织工作》,第201页）

《成都市志·纺织工业志》

成都市地方志编纂委员会编纂,四川辞书出版社2000年

纺织技工学校

1977年2月市劳动局批准在川棉一厂成立纺织技工学校,配齐40名教职员工,组建教学班子,添置教学桌凳用具,按市劳动局提出的统一招生办法,招生对象以下乡满3年的知识青年为主,学制两年,设有棉纺、棉织、印染、电子4个教学班。第一期招收知青200名,第二期147名,第三期招收知青兼社青150名,第四期招收社会青年200名,1977年至1982年4期共计毕业学员697名,均按学制完成学业,按专业分进纱、布、印染各车间工作。技校毕业生工资待遇定为三、四级,1982年技校停办。

（第十章《纺织教育》,第319页）

《成都市志·广播电视志》

成都市地方志编纂委员会编纂，四川大学出版社1997年

1971年以后，广播电台服务部在下乡知识青年中招收了30名工人，经过一段时间培训后，从中挑选一批人员充实到编采和技术部门。 （第四章《广播电视管理》，第157页）

《成都市志·公安志》

成都市地方志编纂委员会编纂，四川人民出版社1999年

1972年是扒窃案最多的一年，共立案2 827件。发案地区：公交车线1 983件，公共场所419件，街道425件。破案451件，作案成员499人，其中，上山下乡知识青年、社会无业青年和在校学生竟达411人，占作案成员总数的82.3%。

（第三篇第一章《侦察破案》，第93页）

(1969年)9月18日，外侦人员段松青等人在本市盐市口小河边发现这个集团的另一主犯吴德钧的未婚妻刘亚玲与申湘才(绰号三娃，系下放剑阁县的知青、惯扒)秘密接头，经请示领导批准，及时将申抓起来进行突击审讯。 （第三篇第四章《刑侦案例》，第135页）

《成都市志·机械工业志》

成都市地方志编纂委员会编纂，成都出版社1995年

70年代中期，国家把产品质量提到"是企业生命"的高度，强调新上岗的职工必须先进行培训。加之知识青年不再上山下乡。原已下乡的知识青年回城待业的我，城市就业压力增大。因此，工厂办技校或技工班一时形成高潮。 （第八篇第二章《职前教育》，第214页）

《成都市志·农机志》

成都市地方志编纂委员会编纂，四川辞书出版社2000年

(1975年)4月25日，成都农机学院和中共郫县县委共同举办郫县农机函授大学，首期招收800余名学生，其中下乡、回乡知识青年占80%。 （《大事记》，第186页）

(1976年)4月,由成都农机学院和新都县委举办农机函授大学,除成都农机学院10名教师外,选聘公社农机站、中学教师和县农机局技术干部共75名作兼职教师,在全县各社队招收初中以上文化程度的回乡或下乡知识青年998名,开设"无产阶级专政理论"和"拖拉机使用和维护"两门课程。月底开学,12月举行结业典礼,向939名学员颁发结业证。

(《大事记》,第186页)

《成都市志·群众团体志》

成都市地方志编纂委员会编纂,四川辞书出版社2000年

知识青年上山下乡

成都市知识青年上山下乡运动始于1957年。该年7月中旬至8月21日,经宣传动员,团市委组织39名家在城市的中学毕业生到农村落户,为我市青年就业探索出路。

1960年8月,根据中共成都市委的指示,团市委再次动员组织了77名青年到市郊两个区三个公社分散插队落户(后因其他原因,实际只有21人在农村)。次年10月24日,团市委对我市组织城市青年下乡插队落户工作作了初步总结,并上报市委。

1962年6月,根据中共成都市委和团省委的指示和要求,团市委和成都市东城区、西城区团委在金河、王家坝两个地区经过20多天宣传动员,组织28名街道青年(男青年20名,女青年8名)于7月5日出发到彭县楠木公社插队落户,并妥善解决了落户青年的口粮、食油、农具和生活用品及自留地等问题。1964年3月14日至23日,中共成都市委安置领导小组召开成都上山下乡青年代表大会,701人出席了会议。郭实夫作了报告,27名下乡、回乡青年交流了经验。市人民委员会对有显著成绩的26名下乡、回乡青年给予了表扬。会后,转发了成都市上山下乡知识青年代表大会全体代表致全市城市知识青年的一封信。9月10日,团市委向中共成都市委上报了"关于在市郊插队落户的知识青年受到歧视、打击、污辱的情况报告",中共成都市委于9月26日予以批转。10月4日,市委书记廖井丹同志在《情况报告》上批示,要求郊区各级党委加强领导,从根本上保证做好下乡知识青年的工作。该年,团市委举办了34期成都市下乡知识青年训练班,每期2月—4月不等,共有3438名未升学就业的城市知识青年参加了学习。1968年底,中共成都市委作出《关于贯彻落实毛主席最新指示动员知识青年和脱离劳动的城镇居民到农村去的决定》,1969年2月,成都市上山下乡运动掀起高潮,截至3月2日,我市已有高初中毕业生55 000余人到农村插队落户。

为了进一步做好上山下乡知识青年工作,成都市从1973年起在市属各单位抽调各级干部组成知识青年带队干部,分别到温江等7个地区和市属各区县担任知识青年带队工作。至1977年元月上旬,全市共轮换知识青年带队干部4批。1975年4月23日,成都市知青办公室、团市委、市教育局联合向中共成都市委上报《关于组织我市上山下乡知识青年汇报

团的请求报告》,先后挑选了上山下乡知识青年先进代表 10 余人组成汇报团,于 6 月上旬开始在我市各单位和学校巡回汇报。7 月初,结束汇报工作。

1977 年 6 月 2 日,成都市知识青年上山下乡工作会议召开。会上总结交流了工作经验,进一步强调了加强党对知识青年上山下乡工作的领导和把动员、安置管理、教育上山下乡知识青年工作做得更好的要求。会后,成都市在知识青年安置中开始试行集体安置和设立知识青年点。

1977 年后,成都市上山下乡知识青年陆续返回成都。

(第二章《青年团体》,第 152—153 页)

《成都市志·教育志》

成都市地方志编纂委员会教育志编委会编纂,四川人民出版社 2000 年

同年(1968 年)12 月,毛泽东"知识青年到农村去,接受贫下中农再教育"的指示公布。于是,成都市各中学 1966、1967、1968 等三个学级的所有高、初中学生,一律算毕了业;他们中的绝大多数(共 6 万余人),于 1969 年春节前夕,"上山下乡",到农村"安家落户"。

(《概述》,第 43 页)

1971 年,从成都市下乡知青中招收 582 名,经培训部分补充小学教师队伍。

(第三篇第六章《教职员工》,第 321 页)

这年(1969 年)3 月城区招收的第一批初中生,1971 年 4 月部分学生即作为毕业,到云南"支边"。其余继续留校学习,实际上多已无法上课,暑期亦"毕业"出校。

(第四篇第一章《学校》,第 487 页)

1964 年成都市高、初中毕业生升学、就业情况统计表

	应届毕业生数	升学人数	劳动就业安排情况												
			已 安 排								未 安 排				
			小计	参军	回乡生产	下乡生产	厂矿农场	财贸	机关	其他	小计	自学待考	养病	待业	其他
高中	3 749	1 137	1 675	79	75	92	249	376	113	691	937	8	14	895	20
初中	9 386	6 929	1 017	32	128	37	503	97	55	165	1 440	9	26	1 365	40
合计	13 135	8 066	2 692	111	203	129	752	473	168	856	2 377	17	40	2 260	60

动员城区高、初中毕业生"上山下乡"，在一个时期内是毕业生工作的重大任务。此项工作是从1957年开始的，到1963、1964年则有成批的学生到凉山、西昌等地区农村"插队落户"。1969年1、2月原在校的高、初中1966、1967、1968三届学生6万余人中的绝大多数，下乡"接受贫下中农再教育"。这次动员安置工作，是在成都市革命委员会的统一领导和安置地区的配合下，由各学校具体执行的。事后一段时间的巩固工作，也由学校承担。如某些年份寒暑假，组织了由领导干部带队、有教师和家长代表参加的慰问组，到安置地区走村串户、访问、座谈、了解情况，和当地政府交换意见。对已下乡毕业生中的一些遗留问题，如因病或家庭有特殊困难须回城者，亦由学校了解上报审批。1971年3—5月，动员了部分"文革"时期招收的第一批初中学生，去云南生产建设兵团"支边"。此后，高、初中毕业生上山下乡工作，改由家长单位（家长无单位的由街道办事处）进行。

升学考试制度恢复后，不再动员学生上山下乡。

（第四篇第四章《教学与教务》，第537—538页）

"文化大革命"中，因高等师范院校无毕业生，师资来源中断，曾分批调进不少部队转业干部和从"五七"干校抽调相当数量的干部到中学担任校长、主任和教员，又曾招收相当数量的下乡知识青年委托四川师范学院或在成都师范学校经过3个月至1、2年的短期培训后分配到中学任教。

（第四篇第七章《教职员工》，第588页）

中华人民共和国成立至1977年，成都各中等专业学校均以初中毕业生为招生对象。"文化大革命"中，招收下乡和回乡以及支援边疆建设、文化程度"相当于"初中毕业的知识青年，采取"自愿报名、群众推荐、领导批准、学校复审"的办法招生。

（第七篇第一章《中等专业教育》，第807页）

成都市以劳动局为主，和市计委、经委、财政等部门组成技工学校招生办公室，采取分职工子女和社会知青两部分，由省技工学校招生办公室统一命题和拟定评卷标准，由市技工学校招生办公室统一部署，进行文化考试和评卷。考试科目为政治、语文、数学、物理、化学。录取时按办学部门、单位职工子女和社会青年两条线进行测算，确定最低录取分数线，参照考生志愿，由高分到低分择优录取。招生对象是1980年8月底以前批准留城和1979年年底以前下乡的知青，年龄为16—22周岁。 （第七篇第二章《技工教育》，第864页）

1976年，为满足上山下乡和回乡知识青年学习科学文化的需要，为培训中、小学教师，成都市有10所高等院校举办了函授教育，先后在成都、温江等10余个市（县）招收学员近2万人，开设了10余个科目，培养了数千名政治理论辅导员、赤脚医生、拖拉机手和其他农业技术人员。

1976 年成都普通高等学校函授教育情况表

校　名	专　业	已毕业学员人数	在校学生人数	学时年限	办学地点
四川大学	政治、经济	300	1 385	半年、一年	龙泉驿区
四川师范学院	政治、语文、农村应用数学、电工	2 300	6 860	一年	乐山、西昌地区
四川医学院	常见病、多发病防治		800	二年	三台、绵阳、剑阁
成都地质学院	抗旱找水、水利工程地质	2 000	417	一年	剑阁
成都中医学院	中草药、针灸、中医基础	656	100	二年	什邡、金堂
成都农机学院	拖拉机使用与维修	1 771		一年	灌县
成都电讯工程学院	政治、农技	65	315	一年	金牛区
四川音乐学院	音乐、文艺	84	300	半年	金牛区
成都体育学院	体育	120	800	半年	青白江区、金牛区
成都工学院	农村水利、化工	760		一年	中江
合计 10 所		8 056	10 977		

（第九篇第一章《学校》，第 1082 页）

　　为了培养农村初级技术人才，普及农技知识，市教育局同科协、文化局、农林局、团市委、市妇联一起于 1963 年春联合举办了农业函授学校和农村科学知识普及站。农业函授学校第一期从 14 个公社招收新生 317 人，大多数是回乡、下乡知识青年，少数是社队干部。……1964 年市教育局党组《关于进一步开展农村业余教育工作的意见（初稿）》称：当前农村正处于阶级斗争、生产斗争和科学实验三项伟大的革命运动中。为了实现"三大革命"，广大农民特别是贫下中农和基层干部迫切要求掌握必要的文化工具和农业科技知识。大量回乡、下乡知青也迫切要求学习农业技术，进一步提高政治、文化水平。

（第九篇第四章《职业培训》，第 1177 页）

　　"文革"后期，非学历的函授教育，有了较大的发展。1974 年以后，为适应上山下乡和回乡知识青年学习文化科学技术的要求和提高中、小学教师业务水平的需要，在市委宣传部和省高教局的倡导和支持下，我市部分高等院校办起了函授教育。为了加强对函授教育的领导，于 1976 年 3 月 12 日，成都市委批准成立成都市函授教育办公室，编制 8 人，由成都市教育局领导。参加举办函授教育的高等院校发展至 10 所，即四川大学、四川师范学院、四川医学院、成都工学院、成都地质学院、四川农机学院、成都电讯工程学院、成都中医学院、成都体育学院、四川音乐学院,另外成都水力发电学校、成都气象学校等也举办了函授教育,先后在成都、温江、绵阳、乐山、西昌等地区 11 个县,共招收学员 10 260 人,开设了:《马克思·恩格斯·列宁论无产阶级专政》、《马列与毛主席著作选读》、《政治经济学》、《抗旱找水》、《拖拉机的使用与维修》、《中草药》、《农村多发病与常见病防治学》、《农业气象学》、《农村小型水电站》等十几个函授科目,为各地培养了 4 000 名政治理论辅导员,1 500 名赤足医生,1 700 多名拖拉机手和其他农业技术员。

(第九篇第五章《远距离教育》,第 1207 页)

(1958 年)3 月 13 日,成都市中、小学毕业生升学就业指导委员会通知:决定近期组织 200—300 名知识青年到宝兴、汉源参加农业生产。到 4 月底,实际动员本市知识青年 2 392 人到雅安地区 6 个县参加劳动。

(《大事辑要》,第 1533 页)

(1963 年)12 月,市第十一中学毕业生孙传琪、巫方安启程赴凉山州昭觉县插队落户。

(《大事辑要》,第 1541 页)

(1964 年)4 月 11 日,成都市 100 名知识青年到凉山州昭觉县插队落户。

(《大事辑要》,第 1541 页)

《成都市志·军事志》

成都市地方志编纂委员会编纂,四川大学出版社 1997 年

1974 年,成都市贯彻"知识青年上山下乡"精神,主要征集农村青年和少量志愿产业工人,以及在农村担任民办教师、"赤脚医生"工作的城市上山下乡知识青年和农村回乡担任上述工作的知识青年。

(第二篇第一章《兵役体制》,第 64 页)

《成都市志·民政志》

成都市地方志编纂委员会编纂,方志出版社 1997 年

知青上山下乡救济。1969 年底至 1970 年初,对下乡知识青年每人补助棉布 8 至 10 市尺,蚊帐布 42 市尺,补助经费人均 15 元。

下乡知识青年因公致残,完全丧失劳动能力的,据中共中央中发〔1978〕74 号文件批转的《国务院关于知识青年上山下乡若干问题的试行规定》第三十一条,由民政部门每月发给

35 元生活费,生活不能自理需要人扶持的,另发护理费,并在指定医院治疗。

(第六章《救灾　救济》,第 108 页)

《成都市志·人事志》

成都市人事局编著,四川人民出版社 1995 年

　　1967 年 3 月,成都市成立生产委员会,具体领导全市农业、工业生产和财贸等工作。市生产委员会下设政治部、办公室、农林办、工交办、财贸办、文教卫生办等 6 个工作部门。同年 11 月,市生产委员会更名为市生产指挥部,下设政治工作办公室和 7 个业务办公室(指挥部办公室,工交办、财贸办、文教卫生办、农林办、知青办、工商市场管理办公室),负责日常生产工作。

(第五章《机构编制管理》,第 211 页)

　　1981 年,市知青办与劳动局合署……　　　　　(第五章《机构编制管理》,第 212 页)

《成都市志·商业志》

成都市地方志编纂委员会编纂,四川大学出版社 1996 年

　　"文化大革命"期间,再次搞合作商店升级,多种经济形式的商业基本上由国营商业所代替,国营商业职工队伍再次急剧增加。70 年代,又先后招收了大批上山下乡的知识青年、退伍军人、退休职工子女和大中专毕业生。

(第四篇第六章《劳动工资》,第 268 页)

《成都市志·劳动志》

成都市地方志编纂委员会编纂,成都出版社 1995 年

　　1964 年,随着中央调整政策的全面贯彻实施,国民经济状况好转,四川开始大规模的大三线建设,国家在成都建设了一批军事工业,劳动力需求增大。加之中共中央、国务院发出《关于动员组织城市知识青年参加农村社会主义建设的决定》,青年学生上山下乡热情很高,成都市的就业状况开始好转。当年全市共安置待业人员 2.1 万人,其中上山下乡 4 482 人。

(第二章《劳动就业》,第 25—26 页)

　　成都市第三次就业高峰出现于 1978 年。其就业对象主要为文化大革命期间累积的城镇待业人员和返城待安置的下乡知识青年。

4139

1966—1969年，成都市基本停止招工、补员，大量小学和初高中毕业生升不了学，就不了业。1968年12月开始动员城镇知识青年上山下乡，把大批城镇新成长的劳动力，陆续转移到农村去安置，仅1968—1971年期间，全市安置到农村上山下乡的城镇知识青年就达90 584人。1971年国家计委通知，成都市动员组织家居城镇年满16周岁以上的应届中学毕业生16 468人，前往中国人民解放军云南生产建设兵团军垦农场参加边疆建设，暂时缓和、掩盖了尖锐的就业矛盾。

1970年，成都市一面继续动员城镇知识青年上山下乡，一面又从农村招收农民进城做工，出现城乡劳动力大交流。 （第二章《劳动就业》，第26页）

1978年，知青开始大批返城，成都市城镇待业人员达到16.7万人，其中，历年积累的待业人员6.7万人，按政策需要安置的下乡知青7.3万人，新成长的劳动力3万人，出现了第三次就业高峰。……1979年，成都市待业人员仍达9.06万人，其中下乡知青2.3万人，城镇待业人员4.26万人，新成长劳动力2.5万人，安置任务十分繁重。……当年全市有81 420人就业，1976年前下乡和按政策留城的知青基本得到安置，使下乡知青和留城知青构成就业矛盾为特点的第三次就业高峰基本缓解。

（第二章《劳动就业》，第27页）

1980年，成都市仍有下乡知青和城镇待业人员5万多人，加上当年新成长的劳动力3万多人，全市8万多人需要安置。市人民政府于同年5月召开了全市城镇待业人员安置工作会议，要求当年全部解决1972年前下乡老知青和赴云南支边青年，下乡满两年以上的知青大部分安排就业。 （第二章《劳动就业》，第28页）

当年（1981年），全市安置待业人员51 380人，使历年上山下乡的知识青年全部得到安置，解决了"文化大革命"期间积累下来的就业问题。 （第二章《劳动就业》，第29页）

1978—1980年，为解决城镇就业和下乡知青返城安置，成都市部分全民所有制单位还兴办了一批大集体。有的实行独立核算、自负盈亏；有的实行与全民职工混岗劳动，工资福利待遇基本与全民职工相同。 （第三章《劳动力管理》，第54页）

1968年在成都市革命委员会生产指挥组计划统计组下设劳动工资小组，劳动计划管理处于无政府状态。成都市一面动员大批城市知识青年上山下乡，一些企业又自行从城镇和农村招用大批临时工。 （第三章《劳动力管理》，第63页）

1986年4月和6月，成都市规定城镇下乡知识青年参加工作后患有血吸虫病的，全民所有制企业劳动合同制工人工作期间患职业病的,其病假待遇按职业病处理,不能坚持工作的由企业另行分配适当工作,不降低原有待遇。 （第五章《劳动保险》,第 180 页）

1978 年初,技校招生工作恢复。为配合上山下乡知识青年返城安置,确定招生对象为按政策批准留城(不包括病残批留的)以及上山下乡两年以上符合技工学校招生条件的知识青年。凡一户中子女都未工作或一户中有三个子女下乡以及父母年老或双亡的,可推选一名子女报读技校。条件为政治历史清楚,初中毕业以上文化程度,身体健康,17 至 23 周岁的未婚青年。主管部门下达各校的招生指标,市统筹 50%,用于兼顾没有技校的部门和行业,以解决一些特殊困难。

1979 年,招生重点仍为符合政策留城和已上山下乡年龄 15 至 22 周岁的知识青年。为照顾办学部门职工子女,企业办的技校的招生指标,市统筹部分由 50%调整为 30%。

（第六章《工人培训与技工学校》,第 212—213 页）

专记一　成都市知识青年上山下乡与统筹安置

知识青年上山下乡是 50 年代中期根据城市人口多、就业难以及农业合作化运动蓬勃兴起的国情提出来的。

1955 年 8 月 11 日,《人民日报》发表了《必须做好动员组织中、小学毕业生从事生产劳动工作》的社论,在倡导知识青年回乡生产的同时,首次提出动员城镇中、小学毕业生到农村参加农业生产。1957—1980 年成都市动员组织知识青年 207 447 人上山下乡,历时 24 年。分别安置在温江、雅安、绵阳、乐山、西昌、凉山、阿坝、渡口等 8 个专、州、市的 67 个县(区)和成都市的双流、金堂县、金牛、龙泉驿、青白江区以及云南省、西藏自治区的部分地区(见附表)。

一、上 山 下 乡

成都市知识青年上山下乡经历了三个阶段。第一阶段 1957—1966 年,上山下乡政策控制较严,坚持自愿,10 年间仅上山下乡 12 474 人。第二阶段 1967—1977 年,上山下乡兴起高潮,11 年中动员组织了 192 560 人奔赴山区和农村。第三阶段 1978—1980 年,留城政策放宽,上山下乡人数大大减少,3 年仅有 2 413 人。

（一）第一阶段

1957 年 6 月,成都市中、小学毕业生就业指导委员会成立,由副市长叶石任主任。委员会下设办公室,负责中、小学毕业生升学、就业、从事农业生产的组织工作。同年 8 月,成都市教育局、共青团市委联合发出《动员组织中学毕业生参加农业生产的通知》,明确规定参加农业生产的学生,必须年满 16 岁,身体健康,态度坚决,道德品质好,家长支持,本人自愿报名,经组织审查、批准,由农业合作社挑选,分期分批择优组织下乡参加农业生产。当年全市共选送了 526 名知识青年,分别安置在成都市郊及温江地区的温江、蒲江、郫县、华阳、新繁、双流、金堂县插社落户。下乡知青的一切费用自理,特殊困难由民政部门救济。

1958年,全市动员组织知青2 392人上山下乡,分别安置在雅安地区的石棉、宝兴、汉源、芦山、天全、荥经等县插队落户,费用仍然自理。

1962年8月,成都市精简委员会组织普通中学应届毕业生插队落户,再次重申必须坚持本人自愿。规定对批准下乡的要进行短期集训,安置到生产、生活条件较优、干部作风较好的社、队,住房适当集中;插社落户学生的口粮尽可能不低于所在生产队同等劳动力的水平,食油按城市标准供应到接新为止;下乡知青给以生产、生活补助,平均每人80元,并按规定划给自留地;开始选派干部设驻县工作组,协助做好知识青年的安置工作。当年共动员组织知青125人,安置在彭县和市郊青白江区的社队。

1963年,成都市劳动部门在双流、华阳两县进行知青上山下乡的试点。对当时知青上山下乡的政策、措施,知青、家长、社队干部和社员都感到满意。下乡知青的住房、自留地、口粮、生产工具、生活用具、生活补助和疾病医疗等基本落实。全年动员组织306人,安置在市郊的青白江区、金牛区、龙泉驿区,还安排中学毕业生1 005人到国营农、林、渔场。知识青年巫方安、孙传琪主动要求安置到艰苦的凉山彝族自治州昭觉县插队落户,成为当时知青中的标兵。成都市对上山下乡知青按不同地区每人补助100—145元。

1964年初,中共中央、国务院发出《关于动员组织城市知识青年参加农村社会主义建设的决定》,提出安置城市无业人员的主要方向是上山下乡,上山下乡的主要办法是到人民公社插队。同年3月,成都市召开第一次上山下乡知识青年代表会,表彰了巫方安、孙传琪、张洪道、杨元安、张官民等26名下乡、回乡知识青年。与会代表还发出了《给成都市知识青年的一封信》,号召知识青年到农村去,为建设社会主义新农村贡献青春、智慧和力量。会后,上山下乡掀起热潮,家长把子女上山下乡当成大喜事,知识青年把到艰苦的地方去插队落户引以为荣。同年4月,中共成都市委安置领导小组办公室、四川省成都市安置领导小组办公室相继成立,并对上山下乡审批工作中应掌握的政策作出规定:对名医、名厨、名工匠、名艺人等的子女已经随亲学艺的不动员,不批准下乡;在校学生、家庭经济困难以及患有慢性病不宜从事重体力劳动者暂不批准上山下乡;合作社、合作商店等集体所有制职工申请上山下乡,本人态度坚决但领导不同意或家长不支持的不批准;染不良习气太深、无悔改表现的人员,不批准下乡;对区以上民主人士的子女,要充分尊重家长意见,在下乡时间、地区的安排上尽可能给以照顾;独生子女或身边只有一个子女父母不支持的暂不动员。尽管政策控制较严,但市民下乡热情很高,全年仍有4 482名知青奔赴凉山州的越西、昭觉、普格县,西昌专区的会理、米易、德昌、盐边、冕宁、会东、宁南县,乐山专区的马边县,温江专区的彭县及市郊的龙泉驿区。安置形式采取成组插队、插场,安置经费每人平均150元,其中到林场每人平均900元、农场每人1 000元、渔场1 500元;每人补助棉布14市尺,棉花1.5市斤,蚊帐布42市尺;口粮每月30市斤,食油、肉食按城镇居民标准由国家供应1年。

1965年1月,成都市组织163人的下乡知识青年访问团,分三路赴西昌、凉山、乐山、温江四个地、州的13个县和成都市的三个郊区进行访问,历时32天。共访问了33个人民公社、96个生产大队和45个高级农业生产合作社的492个队、组及一个社办青年农场。同年12月,访问团再次访问了西昌、凉山、乐山等地的下乡知青,历时24天。同年,又组织动员2 000余人上山下乡,安置在西昌地区和市郊的龙泉驿区;有623人去云南生产建设兵团。插社办农、林、牧场的安置经费每人平均300元,投亲靠友和单身插队的230元,成户下乡插队的每人平均150元,回乡人员每人平均50元。

1966年春,共组织动员知识青年1 015人上山下乡,安置在西昌地区。6月,"文化大革命"开始,大批下乡知青陆续自行返回城镇。

(二)第二阶段

1967年,成都市生产指挥部设上山下乡知识青年工作办公室,负责动员自行返城知识青年回农村"抓革命、促生产"和解决下乡知识青年中反映的问题。

1968年7月,成都市革命委员会大专院校毕业生分配领导小组及其办公室成立,下设中、小学组,负责动员、组织1966届、1967届、1968届中、小学毕业生上山下乡的准备工作。同年12月22日,《人民日报》引述了毛泽东主席的指示:"知识青年到农村去,接受贫下中农的再教育,很有必要。要说服城里干部和其他人,把自己初中、高中、大学毕业的子女,送到乡下去,来一个动员。各地农村的同志,应当欢迎他们去。"同月,成都市革命委员会召开第七次全体会议,根据中共中央"面向农村、面向边疆、面向工厂、面向基层"的精神,提出了分配1966、1967、1968三届高中、初中毕业生到农业生产第一线的具体意见。安置经费每人平均230元,补助棉布24市尺,棉花2市斤,棉絮1床,蚊帐1床,每月口粮35市斤,食油、肉食按当地居民标准由国家供应1年。

1969年1月,成都市知识青年上山下乡掀起高潮。同时也明确规定,对身体严重伤、病、残不能参加农业生产的毕业生,经群众讨论,领导批准,可以留城。独生子女可缓下,多子女可缓下1人,父母年老无人照顾可缓下。当年,1966、1967、1968三届高、初中毕业生,除批准留城和少数该下未下外,其余6.1万名全部下乡,安置在乐山、雅安、温江、西昌、绵阳、渡口6个地市的50多个县和郊区插队落户。

1970年6月,成都市1966、1967、1968、1969届年满16周岁未升学的高小毕业生,除8 290人被分配到工厂、企事业单位外,其余4 431人分别安置到绵阳、西昌、雅安、乐山地区和龙泉驿区插队落户。当年,成都市组织700多人的慰问团赴温江、乐山、绵阳、雅安、西昌、渡口等地、市、州55个县的20 233个生产队,历时1个多月,慰问下乡知青6万余人。慰问团回成都后又组织206场汇报会、110次座谈会,听众达13万人。

1971年2月,成都市革命委员会毕业生分配领导小组成立,成都军分区司令员、市革命委员会副主任张玉成任组长,下设办公室,负责办理日常工作。同年3月至7月,根据国家计划委员会分配任务,成都市动员组织了16 468名应届初中毕业生去中国人民解放军云南生产建设兵团参加边疆建设,安置在云南省 4 个专、州的 10 个县的 17 个国营农场,2 个农垦分局。同年 9 月,根据四川省革命委员会规定,1970、1971 届年满 16 周岁未升学的城镇中、小学毕业生以及升学后无故退学的城镇学生,均为上山下乡动员对象。当年共组织知识青年 25 153 人上山下乡。参加新建、扩建生产队以及国营农场和集体所有制"五·七"农场的安置经费每人平均 370 元,省内下乡投亲每人平均 150 元。

1972 年 1 月,成都市革命委员会毕业生分配办公室提出的上山下乡审批政策中再次规定:患严重疾病、久治不愈或身残不能从事农业劳动的;父母双亡、弟妹年幼、别无依靠的;独生子女或父母身边只有一个子女的;只有父或母又患有重病,或父母在外地工作,弟妹年幼确需本人照顾的;以及家庭有特殊困难的,均不动员下乡或暂缓下乡。同年 7 月,经四川省与云南省革命委员会上山下乡安置工作办公室和云南生产建设兵团协商,成都市开始对患严重疾病久治不愈、不能从事生产劳动的成都支边青年接收回城。对家庭发生变化、有特殊困难的,由兵团按国务院有关职工退职的规定处理,回城后优先照顾就业。到年底共接收回城 253 人,动员 1971 届初中毕业生下乡 16 246 人。

1973 年 4 月 25 日,毛泽东主席对李庆霖反映知青工作中存在问题的信作了批示。同年 8 月,中共中央、国务院召开全国知识青年上山下乡工作会议。同年 10 月,中共成都市委召开知识青年上山下乡工作会议,强调知识青年仍以上山下乡为主,凡年满 17 周岁的中学毕业生和社会知识青年,除少数按政策规定可留城外,均应动员上山下乡。同时对病残青年、独生子女、中国籍的外国人子女作出不动员下乡的规定。归侨学生下乡的,主要安排到华侨农场。安置形式主要采取插队,适当集中,建立青年点和集体所有制的青年队或农场。12 月,中共成都市委知识青年上山下乡领导小组成立,市委书记熊宇忠任组长。下设成都市革命委员会知识青年上山下乡工作办公室,主任张宗仁,副主任梁光汉、张儒品。当年,全市动员组织知识青年 16 519 人上山下乡,另有 300 人安排到市农牧局下属国营农、牧、渔、茶场(站)。安置经费调整为:下乡知青每人补助 480 元,到国营农场的每人补助 400 元,到高寒地区的每人另加冬装补助 40 元。对 1973 年以前下乡的知青,生活不能自给的,每人补助 100 元,未建房的另补助 200 元。安置在成都市郊区知青的肉食品供应,实行第一年按当地居民标准供应,参加社、队分配后两年内达不到城镇居民标准的,由国家补差。

1974 年 1 月,根据中共四川省委指示,中共成都市委决定按全市上山下乡知青 1% 的比例,抽调第一批带队干部 363 人到温江、绵阳、西昌、雅安四个地区协助搞好知青工作。同年 4 月,云南生产建设兵团派出学习汇报组到成都汇报支边青年的情况和问题,征求家长意见,对回成都治病的青年补发了工资、医药费、粮票。10 月,中共成都市委知识青年上山下乡领导小组决定在郊区龙泉山开展学习株洲市厂社挂钩经验的试点,开始建立集体安置的知青点及集体所有制的知青场、队。当年按政策批准留城知青 10 895 人,其中独生子女 1 550 人,多子女身边只有 1 个子女的 2 981 人,病残 5 874 人,特殊困难 489 人,中国籍外国人子女1人。动员下乡20 108人,安置到西昌、雅安、绵阳、乐山、温江、阿坝等地的51个县和成都市郊区,另有200人到国营农、牧、渔场。

1975年1月,中共成都市委组织了成都市赴滇学习慰问团,前往云南省的临沧地区、德宏自治州开展慰问工作,历时3个月,访遍了成都市知青所在的17个国营农场,通过座谈和个别谈话与在农场的每个成都知青见了面。随团医疗队还开展了巡回医疗,为1万多人治病,为24人做了外科手术。同年4月,中共成都市委选派第二批带队干部510人分赴各地。11月,在四川省第一次知识青年上山下乡先进集体及先进个人代表大会上,成都市下乡知识青年巫方安、孙传琪、梅跃农被评为省先进知青。为了做好知青工作,到年底,成都市、区、县以及相当于县以上的机关、企事业单位共配备知识青年上山下乡工作干部1 293人,知青工作机构从上到下更为完善。当年按政策批准留城的知青6 276人,上山下乡21 739人。到牧区的每人补助700元,不再发给冬装补助费,到其它安置地区每人仍为480元。

1976年3月,成都市选派第三批带队干部930人。同年12月,中共成都市委召开上山下乡知识青年集体安置工作会议,决定从1976年起,知青上山下乡全部进行集体安置;对原有分散插队的知青采取合并、充实、调整的办法,一二年内基本实现集体安置。当年,批准留城10 869人,上山下乡18 514人,其中有10名知识青年自愿到西藏芒康县上盐井公社插队落户,成都市派专人护送,并选派一名带队干部协助管理。另有100人安排到国营农场。

1977年3月,成都市第二次组织赴滇学习慰问团,对支边青年开展慰问活动,赠送慰问品。返回成都后,又走访了支边青年家长1 116人,召开家长座谈会12次,历时3个月。同年5月,成都市选派第四批带队干部944人分赴各地、县。全年批准留城21 982人,上山下乡8 250人。

(三)第三阶段

1978年4月,成都市革命委员会知识青年上山下乡领导小组办公室由处级机构改为局级机构,编制28人。同年10月,中共中央召开全国知识青年上山下乡工作会议,制定了统筹解决知识青年问题的方针、政策和措施。同年12月,中共成都市委召开成都市知识青年上山下乡工作会议,按照中共中央"统筹兼顾,全面安排"的方针,决定对城镇中学毕业生的安排实行"进学校、上山下乡、支援边疆、城镇安排"并举的原则,对上山下乡政策作了重大调整,进一步缩小上山下乡范围,扩大留城面。规定金堂、双流县和龙泉驿、青白江区以及在这两县、两区的工矿企事业单位的城镇中学毕业生,不列入上山下乡范围,由县、区和单位自行安排;金牛区的区级机关、区属单位、场镇的中学生不列入上山下乡范围;1户只有两个子女的,不动员上山下乡;大、中专在校学生,或参军以及在外地工作的子女,不算在身边;多子女家庭未留城的允许选留1人;办好食宿集中、劳动分散的知青点,有条件的逐步办成社队企业或独立核算的知青场、队,不再搞分散插队。当年,成都市仅有91名知青上山下乡。为了进一步做好在乡知青的工作,中共成都市委选派第五批带队干部 826 人,分组下到市郊和温江、绵阳等 5 个地区,按政策解决知青困难 7 914 人次,补助金额 158 073 元,知青反应很好。

1979 年 7 月,成都市选派第六批带队干部 219 人。全年动员组织 2 100 名知青上山下乡,全部安置在市郊县、区的知青点、场、队、社办企业以及厂矿企事业单位和驻军自办农副业生产基地或农场,并规定可享受招工、招干、招兵待遇。下乡知青到国营农、林、牧、渔场以及机关、学校、部队、企事业单位举办的农、林、牧、副、渔业基地和园林部门新办集体所有制绿化造林队的,每人补助 400 元;到造林队的不下户口,吃商品粮;到集体所有制知青场队和知青点的,每人补助 580 元;到高寒地区的,每人另加冬装补助费 40 元。在农村结婚安家的下乡知青,本着对其负责到底的精神,住房解决不了的每人补助建房费 300 元。对下乡地点超过 500 公里的知青,满两年以后未婚的,每两年回家一次,补助探亲路费;已婚的共补助三次探亲路费探望父母或爱人。因工致残每月补助生活费 35 元,生活不能自理无人护理的,每月另加 25 元护理费。

1980 年 1 月,成都市工程机械厂等企事业单位开始兴办知青社会服务队、绿化队,从事服务性劳动。国家拨给的知青安置经费,全部投入作为开业基金,实行独立核算,自负盈亏,按劳分配。在队期间,可以享受参军、招工、升学或自谋职业。5 月,为了有利知青的统筹安置,中共成都市委决定将市知识青年上山下乡工作办公室由市委宣传部归口市计划委员会管理,各区、县和市级各部门也相应调整了隶属关系。

1981 年 3 月,根据中共四川省委指示精神,成都市知识青年上山下乡工作办公室与成都市劳动局合署办公,确定专人负责处理知青上山下乡的善后工作。

二、统 筹 安 置

1971 年,成都市开始对下乡知识青年进行统筹安置,至 1977 年共安置 48 692 人。1978 年起,统筹安置成批、集中、量大,通过招工、招生、招干、征兵、退休顶替、推荐上大学、就近就地安排等渠道,至 1979 年共安置知识青年 162 126 人。

1978 年 10 月,中共中央、国务院召开了全国知识青年上山下乡工作会议,调整了上山下乡政策。同年 12 月,中共成都市委召开成都市知识青年上山下乡工作会议,贯彻落实中央提出的"统筹兼顾,全面安排"的方针和"国家关心、负责到底"的精神,在放宽留城政策、缩小上山下乡范围的同时,要求采取广开就业门路、扩大城镇安置能力、国营全民企业举办大集体以及调整招工政策等措施,为下乡知识青年返城安置创造条件。规定 1972 年底前下乡的老知青除已在当地就业外,其余在 1979 年前基本都要收回安置。安置时年龄、文化程度和男女比例都适当放宽,属企事业单位职工子女的老知青,原则上由单位负责安置;城区居民子女和部队、机关团体等单位安置有困难的,由市上统筹安排。对上山下乡满两年以上的知识青年,1 户有 3 个子女下乡的知识青年,优先收回安置。对已与当地农民结婚的知识青年,原则上就地安排,使之有固定收入;与农民结婚的调离农村时可带子女 1 人迁入市、镇,吃商品粮;与当地非农业人口结婚的调离时子女随同迁入市、镇转吃商品粮;成都知青与成都知青结婚的或与成都工人、干部结婚的,纳入成都市计划安排,其子女随同迁入市、镇转吃商品粮。上述政策规定加快了统筹安置工作步伐,至年底,招工返回成都的下乡知青 5.5 万人;因病或家庭特殊困难迁回成都 8 100 人;在云南参军、升学、招工的 3 000 人;从农村参军或各专、县招工、就近就地安排以及入大学、中专等 5.1 万人。

1979 年 5 月,按中共四川省委《关于广开门路,继续抓好城镇待业人员安置工作的通知》要求,成都市革命委员会决定,积极发展商业、服务业、城市公用事业和园林绿化,多设集体所有制网点,允许待业人员从事法律许可的、不剥削他人的个体劳动。同年 11 月,成都市革命委员会召开干部大会,市委各部、委,市级各局,各区、县和市属党委、总支、支部以上单位的负责同志,各局、各区、县劳动部门及城区街道办事处的负责同志参加。要求各级领导继续解放思想,广开就业门路,加快发展第三产业,做好安置城镇待业人员和下乡知青的工作;做好退职、退休顶替工作;清理计划外的农村劳动力腾出就业岗位;兴办各种集体事业,为安置待业青年和下乡知青创造就业条件;强调参加集体企业的职工在政治、经济、生产、生活等方面与全民所有制企业职工一视同仁。为扶持集体经济的发展和鼓励知识青年到集体所有制单位就业,还从政策上规定:全民所有制单位招工和大专院校、中等专业技术学校招生及国家征兵时,允许在劳动服务公司和街道集体所有制单位工作的知识青年报名参加;城镇知识青年参加集体单位工作的,工龄从参加工作之日起计算;集体所有制单位职工的工资、福利待遇,效益好的可以高于全民所有制企业;对新办独立核算、自负盈亏的集体企事业单位,3 年内免征所得税,1 年内免征工商税;对街道企事业单位的工种粮食供应标准实行补粮差,三五年内逐步提高到与全民所有制企业同工种供应标准一致;对集体企事业单位生产所需的原辅材料,货源供应,增加网点所需要的场地等,有关部门均要大开绿灯,积极支持;老集体企业从 1978 年以来安置待业青年占职工总数 60% 的,可以免征所得税 1 年。为解决就业安置经费问题,四川省从地方财政中拨款 100 万元,支持安置任务较重的成都市作一次性补助。同时规定,成都到云南支边的知青,本人和家庭确有困难不宜长期留在农场的,可以办理病退、困退回成都;父(母)退职、退休可以从云南顶替回城;国营农场和集体所有制企业有增人指标时,逐步给予安置;由农场参军,复员后允许回成都安排;由云南国营农场调到其它全民所有制或县以上集体所有制单位的,抵扣调入单位新增职工指标(包括自然减员指标)。当年,成都市两次简化云南支边青年办理回成都的调动手续。到年底,全市安置回城知青 4.5 万人。成都市下乡的知青和云南支边的知青除已与当地职工、社员结婚和参加工作、就近就地安排的外,绝大部分已回到成都安排。

成都市在统筹安置知青的同时,对严重病残的 26 名知青,采取逐个落实的办法,进行了安排。有 9 人安置到由知青经费扶持的县、社企业中从事力所能及的工作;3 名患精神病的孤儿,市知青办公室拨给部分补助费,由民政部门安排;6 人已与农民结婚,知青部门给予一次性补助费,由其配偶照管;有 8 人迁回父母身边,知青主管部门给予一次性补助费,由父母管起来。

成都市历年知识青年上山下乡人数及安置去向

下乡人数及去向 下乡时间	下乡人数	安 置 去 向
合计	207 447	安置在 8 个专、州、市和成都市郊区,共 67 个县(区)。
1957 年	526	
1958 年	2 392	
1962 年	125	
1963 年	1 311	
1964 年	4 482	
1965 年	2 623	1. 绵阳地区的广元、绵阳、梓潼、平武、安县、盐亭、德阳、旺苍、江油、剑阁、青川、北川、绵竹、中江县。
1966 年	1 015	2. 温江地区的温江、郫县、灌县、彭县、什邡、广汉、新都、新繁、崇庆、大邑、新津、邛崃、蒲江、华阳县。
1968 年 1969 年	61 000	3. 乐山地区的青神、彭山、夹江、眉山、仁寿、峨嵋、丹棱、井研、沐川、洪雅、马边县。
1970 年	4 431	4. 西昌地区的西昌、会理、会东、宁南、德昌、米易、冕宁、盐源、盐边县。
1971 年	25 153	5. 雅安地区的天全、汉源、宝兴、石棉、名山、荥经、芦山县。
1972 年	16 246	6. 阿坝州的汶川、茂县。
1973 年	16 819	7. 凉山州的越西、昭觉、普格县。
1974 年	20 308	8. 渡口市郊区。
1975 年	21 739	9. 成都市郊的龙泉驿、青白江、金牛区,双流、金堂县。
1976 年	18 614	10. 内江地区的简阳县。
1977 年	8 250	
1978 年	91	
1979 年	2 100	
1980 年	222	

(《专记一:成都市知识青年上山下乡与统筹安置》,第 305—315 页)

《成都市志·文化艺术志》

成都市地方志编纂委员会编,四川辞书出版社 1999 年

创作、改编演出剧目①

　广阔的天地

---

　① 以下内容为节选。——编者注

上演剧目

下乡之前 （第一篇第二章《话剧》，第 38、40 页）

该团（成都市曲艺团）及其前身多次为中央工作会议及中央领导人毛泽东、周恩来、朱德、刘少奇、陈毅等作汇报演出，并多次参加国家组织的重大演出活动。如 1952 年、1953 年两次赴朝鲜慰问中国人民志愿军，……1972 年去云南慰问支援边疆建设的四川知识青年……

（第三篇第一章《曲艺》，第 161 页）

70 年代末到 80 年代，全国美术创作呈现繁荣景象。四川青年油画家在其中崭露头角。在 1979 年、1980 年举办的全国建国 30 周年美展、四川省青年美展、第二届全国青年美展中，四川美术学院一批学生展出了他们的油画作品。其中成都籍学生程丛林创作的《1968 年×月×日雪》、王亥的《春》、王川的《小路》和在这以后何多苓的《春风已经苏醒》，用娴熟的写实技巧，深刻地反省了"文化大革命"和"知识青年上山下乡运动"，这些作品和《父亲》（罗中立），在全国掀起了一场批判现实主义美术思潮。

（第六篇第二章《创作》，第 282 页）

（1970 年 8 月）成都市文化局革委会动员所属单位职工子女首批 121 名知识青年上山下乡，分别在名山县解放公社、城南公社安家落户，并轮流派出干部协助管理。

（《大事辑要》，第 506 页）

《成都市志·川剧志》

成都市地方志编纂委员会编，方志出版社 1997 年

1959 年（成都市川剧院）集中所属各团随团学员成立少年队。翌年，将成都市戏剧学校川剧班学员分配到各团随团进修。1963 年 5 月，集中随团学员 80 余人在成都杜甫草堂内训练，名为成都市川剧院训练班，1965 年春更名为成都市川剧院农村演出一、二队，年底命名为成都市文化工作队。一队队长李笑非、副队长杨为，二队队长熊正堃、副队长唐剑青。指导教师阳友鹤、白美琼、周天万等。两个队以演川剧为主，要求队员"一专多能"，学习、掌握话剧、曲艺、魔术舞蹈、民歌、乐曲等多种技艺，学习"乌兰牧骑"，分成 8 个小分队上山下乡，先后到中国人民解放军空字 028 部队体验生活，到川北地区、西昌、汉源、石棉、川南地区巡回演出，并慰问上山下乡知识青年及修筑成昆铁路的铁道官兵。

（第三篇第一章《专业演唱团体》，第 180 页）

《成都市志·医药志》

成都市地方志编纂委员会编纂,四川辞书出版社 2000 年

随着生产的发展,该厂(成都医疗设备厂)调进了一批技术工人,并招收了一批上山下乡的知识青年和城市社会青年,企业的技术素质和文化素质均有提高,职工发展到 300 余人。

(第四章《医疗器械生产》,第 140 页)

《成都市志·人民代表大会志》

成都市地方志编纂委员会编纂,四川辞书出版社 2001 年

(1968 年)12 月 27 日至 29 日,召开市革委第七次全委会议。通过《关于召开成都市首次活学活用毛泽东思想积极分子代表大会的决议》和《关于贯彻落实毛主席最新指示,动员知识青年和脱离劳动的城镇居民到农村去的决定》。 (第五篇《大事辑要》,第 182 页)

(1969 年)3 月 4 日至 15 日,召开市革委第八次全委会议。传达省革委第三次常委(扩大)会议精神,讨论关于"清理阶级队伍"、"知识青年下乡"及"分期分批开展整党建党工作"等问题。 (第五篇《大事辑要》,第 182—183 页)

《成都市志·政协志》

政协成都市委员会编纂、成都市地方志编纂委员会编审,四川人民出版社 1997 年

(1965 年)6 月 26 日,与市级各民主党派、市工商联联合召开会议,200 余人参加,会上传达市委书记郭实夫在欢送上山下乡知识青年大会上的报告,10 位自愿上山下乡知识青年发言。

7 月 1 日,组织欢送上山下乡知识青年座谈会。上山下乡知识青年及家长在会上发言,市委统战部部长雷汉统讲话。 (《附录》,第 152 页)

《成都法院志》

成都市中级人民法院编纂,四川人民出版社 1997 年

1973—1978 年,成都市两级人民法院以保护上山下乡知识青年为重点,集中审判

了一批强奸、迫害女知识青年的犯罪案件。据 1975—1978 年统计,全市审结破坏知识青年上山下乡案 164 件共 182 人。其中,判处五年以上有期徒刑刑罚的 136 名(以上数字不含原温江地区)。罪犯王连珠于 1972 年以耍朋友、帮找医生开病情证明、将女知识青年户口转回成都、招工等手段,骗奸上山下乡女知青 5 人。经成都市东城区人民法院审理,于 1974 年 7 月 18 日判处王连珠无期徒刑。

(第五篇第一章《刑事审判》,第 138 页)

1981 年 6 月,在成都市集中打击严重刑事犯罪的统一行动中,全市两级人民法院审结重大刑事犯罪案 66 件,判处罪犯 127 名,召开宣判大会 30 次。在强大政治攻势的威慑和政策的感召下,杀死 3 人潜逃五年的故意杀人犯唐立于 1982 年 3 月 11 日从河南省兰考县回成都市向公安机关投案自首,坦白交待了 1976 年 11 月 30 日晚在龙泉驿区平安公社团结大队第六生产队知青点因与同队知青汪龙伦、吴世超、韩奎发生矛盾,用锄头等凶器打死汪、吴、韩 3 人并埋于地窖的严重罪行。经成都市中级人民法院于 1982 年 6 月 2 日公开审理,对主动投案自首,彻底坦白杀人罪行的唐立依法从轻判处无期徒刑,剥夺政治权利终身。

(第五篇第一章《刑事审判》,第 138—139 页)

《成都市东城区志》

锦江区地方志编纂委员会编纂,成都出版社 1995 年

是年(1957 年)—次年,组织知识青年 1 271 人"上山下乡",分赴石棉县等 10 个地区安家落户,参加农业生产。

(《大事记》,第 9 页)

(1964 年)3 月—次年,组织知识青年 3 679 人"上山下乡",分赴凉山州、西昌等 13 个地区。

(《大事记》,第 11 页)

是年(1969 年),组织知识青年"上山下乡",到 1978 年底,全区有初中生、高中生及部分小学超龄生 20 667 人分赴绵阳、乐山、雅安等 104 个县区农村人民公社插队落户。

(《大事记》,第 12—13 页)

(1975 年)12 月,区委、区革委组成 553 人的下乡知识青年学习慰问团,分赴北川、龙泉等县、区的 118 个公社、603 个生产大队、2 350 个生产小队,看望下乡知识青年 9 000 余人。

(《大事记》,第 14 页)

1961—1977 年,共迁入 309 758 人,迁出 397 083 人,机械变动减少 87 325 人。迁入人口中,属工作调动,毕业分配的有 78 753 人,招工 33 390 人,招生 34 029 人,征用土地 290 人,随迁家属 29 710 人,投亲退休等 28 066 人。迁出人口中,属工作调动、毕业分配的 113 699 人,招工 15 246 人,招生 3 582 人,随迁家属 16 862 人,投亲、退休等 24 953 人,参加农业生产 102 162 人(仅 1962 年就精简下放城镇人口 36 329 人,1969 年动员知识青年下乡 26 902 人)。

1978—1990 年,共迁入 233 322 人,迁出 103 479 人,机械变动净增 129 843 人,盖因大批上山下乡、支边知识青年返城,城市建设规模扩大,城郊农业人口转为非农业人口。

(第三篇第二章《人口变动》,第 77—78 页)

(1979 年)配合有关部门将机关职工的下乡子女全部招收回城并安排了工作。

(第四篇第一章《中国共产党东城区委员会》,第 114 页)

区政府(人民委员会、革命委员会)工作部门①

政府名称	代表年	数量	工 作 部 门
东城区革命委员会	1973	19	办公室(1973.8 复设)　计委(1973.8 复设)　民政科(1973.8 复设)　财税局(1973.8 复设)　劳动科(1973.8 复设)　交通局(1973.8 复设)　工业一局(1973.8 复设)　工业二局(1973.8 复设)　城建局(1973.8 复设)　工商行政管理科(1973.8 复设)　商业局　物资局　教育局　知青办(1973.7 复设)　体委(1973.7 复设)　卫生局(1973.7 复设)　文化科(1973.7 复设)　人防办(1973.7 复设)　机关行政科(1973.7 复设)

(第五篇第二章《东城区人民政府》,第 162 页)

1973 年冬,从严打击破坏知识青年上山下乡的犯罪分子。其中,判处死刑缓期 2 年执行×名,无期徒刑 3 名,有期徒刑 6 名。　　　(第六篇第四章《法院》,第 200 页)

(1959—1962 年)同时进行了动员知青上山下乡的工作。"文化大革命"开始后,招工基本停止,主要开展动员知青上山下乡的工作,区属企事业单位仅在 1972 年转正 152 名,1974 年补员 180 人。1976—1978 年,招工对象主要是下乡知青和留城知青,共安置 22 075 人。

(第七篇第二章《劳动》,第 222 页)

---

① 本表内部为节选。——编者注

4152

知识青年上山下乡　建区后,共组织了3次知青上山下乡:1957—1958年,组织1 271名知青到省内农村参加生产;1963—1965年,共动员3 679名知青到省内农场、农村参加生产;1969—1981年,除独生子女或因病留城者外,所有初中、高中毕业的学生和部分小学超龄生被动员到农村插队落户,"接受贫下中农的再教育"。区内共有21 102名知青到省内农村或投亲靠友到省外农村插队。

前两次的下乡知青,先后由当地或成都招工,作了安置。第三次的下乡知青,在1976年以前,主要是照顾有病知青或家庭有特殊困难者,予以调回安置;1976年以后,采取退休顶替或单位下达指标调回。1977—1981年,采取退休顶替,各单位负责包干安排职工子女,下达招工指标给企事业单位等招工办法,全区共招回下乡知青9 343名,下乡知青基本安置完毕。

第一次知青上山下乡情况表　　　　单位:人

人数\项目\年度	人数	去向									
		石棉县	汉源县	芦山县	温江县	新繁县	邛崃县	华阳县	双流县	蒲江县	郊区
1957	240				64	60	17	32	2	49	16
1958	1 031	485	290	256							
合计	1 271	485	290	256	64	60	17	32	2	49	16

第二次知青上山下乡情况表　　　　单位:人

人数\项目\年度	人数	去向												
		龙洞坪茶场	红旗农场	青年农场	机耕农场	龙泉驿区	会理县	米易县	宁南县	普格县	马边县	会东县	西昌县	盐源县
1963	138	138												
1964	2 108						727	331	222	205	623			
1965	1 433		41	135	110	56						33	756	302
合计	3 679	138	41	135	110	56	727	331	222	205	623	33	756	302

第三次知青上山下乡情况表　　　　单位:人

人数\项目\年度	人数	去向						
		绵阳	乐山	雅安	西昌	温江	郊区	投亲靠友
1969	6 357	3 081	1 922	1 354				
1970	6 735	2 639	2 376	1 213	177	298		32

项目 / 年度 人数	人数	去向						
		绵 阳	乐 山	雅 安	西 昌	温 江	郊 区	投亲靠友
1972	1 697	1 619						78
1973	1 354	1 245						109
1974	956	807						149
1975	1 719	572	554				406	187
1976	1 076	430	222				424	
1977	658						658	
1978	115						115	
1979	114						114	
1980	237						237	
1981	84						84	
合计	21 102	10 393	5 074	2 567	177	298	2 038	555

* 1971 年由市统一组织 16 300 人到云南生产建设兵团,区仅做协作工作,未统计人数。

(第七篇第二章《劳动》,第 223—225 页)

《成都市西城区志》

青羊区地方志编纂委员会编纂,成都出版社 1995 年

(1957 年)11 月、12 月,首次知识青年上山下乡,两批共 171 名知识青年落户蒲江县。

(《大事记》,第 8 页)

(1964 年)5 月底,2 470 名知识青年上山下乡到凉山彝族自治州。

(《大事记》,第 11 页)

是年(1969 年),贯彻毛泽东主席关于知识青年"接受贫下中农的再教育"的指示,掀起知识青年上山下乡高潮,6 034 名知青上山下乡。　　　　(《大事记》,第 12 页)

是年(1977 年),陆续安置下乡知青回城工作。　　　　(《大事记》,第 13 页)

区政府(人民委员会、革命委员会)工作部门①
(1953.6—1990.12)

时　　期	代表年	数量	名　　　　称
区革命委员会	1976	20	办公室　劳动科　知青办(1973.7 设)　民政科(1973.3 从民卫局析设)　卫生局　计委(1973.3 复设)　工商行政管理科(1973.3 由工商管理处改)　文化科(1973.3 由文教局析设)　教育局(与文化科同)　交通局　城建局　战备人防办　财税局　商业局　工业一局(1973.3 由工业局改)　工业二局(1973.3 设)　机关行政科　体委　物资局　公安分局
	1980	27	办公室　劳动局(1978.10 科改局)　民政局(1978.10 科改局)　知青办　计委　人事局(1979.8 科改局)　工商行政管理局(1978.10 科改局)　教育局　交通局　城建局　环保办　战备人防办　财政局(1980.6 从财税局析设)　税务局(与财政局同)　一商业局(1979.10 设,商业局撤)　二商业局(1979.10 设)　三商业局(1979.10 设)　工业一局　工业二局　档案局(1980.11 设)　科委(1977 年恢复)　机关行政科　体委　物资局　计划生育办公室(1979.7 设)　公安分局　司法局(1980.10 设)

(第九篇第二章《区人民政府》,第 303 页)

　　"文化大革命"后期,下乡知青大批回城,形成了城市待业严重的社会问题。1978 年以后,劳动就业安置工作步入正轨。1979 年至 1982 年,共安置就业 75 362 人(含知青安置)。

(第十一篇第二章《劳动》,第 349 页)

第二节　知　青　下　乡

　　1957 年 10 月动员知识青年上山下乡,未升学的高、初中毕业生 171 人于 11 月、12 月分两批到蒲江县安家落户。次年第一季度又有 1 498 名中、小学毕业生和社会青年到雅安地区宝兴、天全、荥经 3 县落户参加农业生产劳动。1964 年 3 月 15 日至 24 日召开西城区知识青年代表大会,大会请上山下乡知识青年代表作典型报告,此后,动员全区知识青年"把党的需要作为自己的志愿","到农村去,到祖国最需要的地方去",掀起知识青年上山下乡高潮。5 月底,有 2 470 人到凉山彝族自治州的西昌、德昌、冕宁、盐边、越西、昭觉等县的农村安家落户。1969 年再次掀起上山下乡高潮,当年有 6 034 人上山下乡,1970 年以后,每年都有 1 000 人以上下乡,1971 年,到云南支边,1978 年 12 月开始调整知青上山下乡政策,下乡人数减少。1969 年至 1978 年,共有 17 425 人上山下乡。1977 年开始陆续安置下乡知青回城工作,至 1981 年 7 月,下乡知青回城就业基本解决,区内商业、工业、交通、城建等系统按劳动指标自行安排了本系统的下乡子女。　　　　(第十一篇第二章《劳动》,第 349—350 页)

---

　　① 本表内容为节选。——编者注

《成都市金牛区志》

金牛区地方志编纂委员会编纂,四川大学出版社1996年

（1970年）6月中、下旬,区革委会组织上山下乡知识青年慰问检查组,对全区20个公社的回乡、下乡知青进行慰问,检查了安置和管理工作,并尽可能解决存在的问题。

（《大事记》,第29页）

（1970年）8月10—14日,区召开首届回乡知识青年活学活用毛泽东思想讲用会。

（《大事记》,第29页）

（1973年）11月14—17日,区委召开知识青年上山下乡工作会议。1970年以来,全区有3400名城镇知识青年奔赴西昌专区、云南生产建设兵团或在本区安家落户。1972年以来,金牛区共安置外地知青1613人。

（《大事记》,第31页）

1959年底,为了于次年建立区属拖拉机站,由农机系统国营企事业单位及区政府部门抽调干部、技术人员到农机站从事管理工作;正式建站后,又从大中专毕业生和复员、转业军人中抽调技术人员到拖拉机站工作。其后,又在农村招收部分下乡知青进厂、进站,以师傅带徒弟的方式,培训初级技工。

（第七篇第四章《农机事业》,第182页）

1972年,金牛区法院恢复,先后对破坏交通运输和工农业生产,以及凶杀、纵火、抢劫、流氓集团、重大盗窃、投机倒把、破坏知青上山下乡、拐卖妇女儿童等犯罪给予坚决打击。

（第十九篇第三章《法院》,第414页）

第五节　知识青年上山下乡
一、上　山　下　乡

50年代中期起,即有少数城镇知识青年(简称"知青")自愿到农村、边疆插队落户。1969年,金牛区城镇知识青年响应毛主席关于"知识青年上山下乡接受贫下中农再教育"的号召,开始大规模上山下乡。到1979年,历时10年,共计安置知青4200余人,分布在全区18个公社,148个大队,403个生产队。其中区外城镇知青到金牛区农村插队落户的1618人,金牛区赴西昌专区和云南建设兵团的知青计800余名。在区内安置的3100余名知青,有住房3123间,其中生产队公房1302间,租私人住房183间,集中建点住房1638间。

为做好上山下乡知青的教育管理工作,中共金牛区委成立了知识青年上山下乡工作领导小组,区政府成立了知识青年上山下乡办公室。各级党组织、共青团、妇联、工会和区公

安、法院等部门都把保护上山下乡知青作为一项政治任务。区知青领导小组和办公室，还从机关、厂矿、学校抽调人员任上山下乡知青的带队干部。至1979年，先后共抽派知青带队干部150余人，他们与上山下乡知青同吃、同住、同劳动，做他们的知心朋友。

上山下乡知青普遍表现较好。其中有13人先后入党；973人入团；42人成为社队领导；227人被选为理论学习骨干；1 509人分别担任生产队会计，出纳，保管，民兵连、排长和农科员、农机员、赤脚医生、民办教师、政治夜校教员；7人出席省第一次上山下乡知青先进集体、先进个人代表大会。龙潭公社1957年自愿下乡知青张官民曾几次出席省、市、区知青先代会，后被提拔担任公社党委书记、区城管委副主任等职务。

二、回城安置

1978年党和国家对知青上山下乡政策进行调整，规定"一般县城非农业户口的毕业生，不再列入上山下乡范围，由本地区或本系统自行安排就业"。金牛区遵照上级部署，从1978年7月至1979年5月的10个月中，共安置返城知青1 733人。1979年8月，区劳动服务公司建立，把继续安置回城知青作为首要紧迫任务，与区知青办公室、区计经委和各街道工委相配合，对返城的上山下乡知青进行登记、建卡，并通过招工、补员、报考大中专、参军、办理职工退休、退职"顶替"等，多渠道地解决上山下乡知青回城安置问题。仅1979年，全区就安置上山下乡回城知青和留城待业人员2 910人。至1982年底，上山下乡知青除少数因与当地社员结婚，按政策规定留当地就业外，其余全部回城并得到妥善安置。

（第二十二篇第一章《劳动》，第453—454页）

《成都市龙泉驿区志》

龙泉驿区地方志编纂委员会编纂，成都出版社1996年

(1969年)1月，动员区内知识青年上山下乡。至1979年共动员本区城镇知青94名到温江、洪雅、郫县插队落户和到云南支边。外地知青，从1962年起陆续来区插队落户。至1979年，区内共接收安置外地和区内知青6 148人。1979年后，绝大部分返城安排工作。

（《大事记》，第17—18页）

(1974年)3月25日至30日，区委召开首届知识青年先代会。会后，在大兴公社胜利大队进行集体安置知识青年试点工作，建立以知青为主，有带队干部、贫下中农代表参加的集体所有制形式的青年队。

（《大事记》，第19页）

知识青年上山下乡

1962年，成都城区135名中学生先后到界牌、茶店等公社插队落户。1969年初，贯彻毛

泽东主席关于"知识青年到农村去,接受贫下中农再教育"的指示,区建立知识青年上山下乡工作办公室,动员 16 岁以上的城镇知识青年上山下乡、插队落户。1969 年—1979 年,区内共动员 594 人,到温江、洪雅、郫县插队落户和到云南军垦农场支边。同期,区内各公社接收安置外地和区内知识青年 6 148 人。1970 年,区内共建有知青点 854 个,知青队和知青农场 18 个。这期间,部分知青因升学、参军离开农村。到 1979 年,停止知青上山下乡运动。以后知识青年陆续返回城镇就业,个别就地安置(参见民政、人事、劳动篇)。

(第六篇第四章《主要政务》,第 192 页)

1973 年,转 213 名临时工为固定工。此后,主要招收下乡知识青年。程序是先由贫下中农推荐,经公社革命委员会审查,再由用工单位会同区知识青年安置办公室复审,最后经劳动局审批录用。

1983 年,下乡知识青年陆续回城后,开始实行内招,即由各系统安置本系统职工子女参加工作。

(第八篇第六章《劳动就业与管理》,第 236 页)

第一节　知识青年上山下乡

1962 年,成都城区 11 名中学毕业生来到界牌公社插队落户。1964—1966 年期间,先后有 124 名学生到茶店、大兴、长松 3 个公社插队落户。1968 年,毛主席发出"知识青年上山下乡,接受贫下中农的再教育"的号召后,1969 年大批城市知识青年上山下乡。区革命委员会专门建立知识青年工作办公室,办理接待安置工作。1969—1979 年,11 年中区内动员城镇知识青年 594 人分赴温江、洪雅、郫县插队落户和到云南军垦农场支边。同期,区内共接收安置外地或本地上山下乡知识青年 6 148 人,在 22 个公社、170 个大队、964 个生产队插队落户。

1974 年 10 月,建立知识青年点,进行集中安置,每个点 5 人左右。集体吃、住、学习、劳动。至 1977 年,全区共建立知识青年点 854 个。1979 年建立知识青年队、知识青年农场 18 个,集中安置知识青年 4 058 人,占知识青年总数的 93%。其安置经费由财政拨款。18 年中,共拨安置费 245.3 万元,人平 320 元。下乡第一年的口粮由国家供应,第二年参加劳动分配,口粮低于 400 市斤的由粮食部门在返销粮中补足。

1979 年,停止知识青年上山下乡工作,已经下乡的知识青年陆续返回城镇安置工作。城镇招工安置 5 100 人,升学 441 人,参军 771 人,提干 7 人,迁出区境 56 人。因病残等提前回城 447 人,死亡 17 人,违法犯罪被判刑 23 人。至 1982 年底绝大部分已经安置就绪,对个别年龄偏大,有拖累的已婚知识青年视其具体情况,采取就地就近安置在社办企业,或城镇集体企业工作。

(第八篇第九章《上山下乡》,第 244 页)

《成都市青白江区志》

青白江区地方志编纂委员会编纂,成都出版社 1995 年

(1962 年)9 月 23 日,成都市 68 名高、初中毕业生响应党的号召,到华严公社、大同公社插队落户。后两年,又有两批 21 人到 3 个公社插队落户。　　　　　(《大事记》,第 16 页)

(1969 年)1 月,"文化大革命"以来的历届城镇初、高中学生被动员到广元、绵竹等县农村插队落户,接受贫下中农的"再教育"。　　　　　　　(《大事记》,第 22 页)

行政管理费,含党政机关、人大、政协、群众团体、城镇知识青年安置、其他事业费等。1960—1990 年,行政管理费共支出 2 535.1 万元,占区内总支出的 13.85%。

(第十一篇第一章《财政》,第 446 页)

1965 年,团区委对下乡知识青年进行热爱社会主义新农村和爱国、爱社、爱集体的教育,帮助他们解决生产、生活等方面的困难。　　(第十三篇第四章《群众团体》,第 551 页)

为保证兵员质量,严格执行《关于征集公民服现役的政治条件的规定》和《应征公民体格检查标准》,1960—1990 年,人武部征集的兵员为义务兵。征集对象主要是农村家庭劳动力比较充裕、年龄在 18—21 周岁的男性公民。1960—1978 年,比较注重兵员的家庭出身,优先征收贫下中农、革命干部、革命军人、革命职工、革命知识分子家庭的青年。1969—1980年规定,上山下乡的知识青年占一定比例。　　(第十四篇第八章《地方武装》,第 602 页)

第六节　知识青年上山下乡

1962 年,共青团成都市委组织 50 多名知识青年下到弥牟、华严、大同 3 个公社。次年,又组织 17 名知识青年下到青白江区。区内大批城镇知识青年上山下乡从 1969 年 1 月开始,到 1972 年底,共计动员了 262 名知识青年上山下乡。其中,到广元的 63 人,到绵竹的130 人,到温江的 69 人。当年,还动员了 193 名知识青年到解放军云南建设兵团参加橡胶生产。

1974 年至 1979 年,全区动员了 818 名知识青年上山下乡。其中,回老家落户的 105人。1976 年实行下乡知识青年集中安置办法,在弥牟公社东风大队、曙光大队,华严公社革新大队,大同公社新建大队设知青点。

1974 年 11 月,区组织慰问团赴广元、绵竹、温江 3 个县慰问。1976 年,赴云南建设兵团慰问。1974—1980 年,区抽调 5 批知识青年带队干部共 32 人,协助社队作好知识青年的政

治思想工作,解决其生活困难。

从 1971 年开始,逐步解决知识青年回城就业问题。1979 年,根据调整后的上山下乡政策,做好知青安置收尾工作。到 1980 年底,弥牟、华严、大同 3 个公社仅有 4 名知识青年未能安排就业。1981 年,因扩区从金堂县拨来知识青年 72 人,除 18 人自谋职业外,其余人员已全部安置就业。   (第十五篇第三章《劳动》,第 636—637 页)

《重庆市志(第一卷)》

重庆市地方志编纂委员会总编辑室编,四川大学出版社 1992 年

(1966 年)2 月 15 日,重庆市上山下乡知识青年代表大会在市人民礼堂举行。会议报道,近两年,全市已有 2 万余名城市知识青年上山下乡。   (《大事记》,第 400 页)

4 月 8 日,中共重庆市委批准人民银行重庆分行在农村大队建立亦工亦农信用社。信用社人员从贫下中农或知识青年中选用,实行亦工亦农、工分补贴方式。

(《大事记》,第 401—402 页)

(1969 年)1 月 7 日至 9 日,根据毛泽东主席"知识青年到农村去,接受贫下中农再教育"的指示,市革委召开动员组织知识青年到农村去工作会议。要求各级革委会举办各种毛泽东思想学习班、大造舆论,迅速掀起"知识青年到农村去安家落户的热潮"。 (《大事记》,第 419 页)

1 月 17 日,巴县 360 名家住农村的知识青年首批"返乡落户"。随后,市内各校家住农村的数千名知识青年陆续"返乡落户"。   (《大事记》,第 419 页)

2 月 4 日,15 万军民在大田湾体育场集会,欢送全市首批 1.2 万名城市知识青年分赴内江、涪陵、万县等地区农村插队落户。   (《大事记》,第 419 页)

是月(4 月),全市已有 12 万知识青年到农村插队落户。   (《大事记》,第 420 页)

(1971 年 7 月)自 3 月份以来,全市已有 24 000 多名知识青年支援边疆,到云南生产建设兵团"支边"。   (《大事记》,第 430 页)

12 月 20 日,市革委在劳动人民文化宫举行报告会,总结重庆市知识青年上山下乡工作。3 年来全市已有 20 万人到农村。   (《大事记》,第 432 页)

(是年)数万下乡知识青年陆续被招收回重庆市各机关、厂矿、事业单位工作。

(《大事记》,第 432 页)

(1972 年)3 月 18 日,省革委慰问赴滇支边青年代表团重庆分团启程前往云南省边疆地区开展慰问工作。该团于 6 月 6 日回到重庆。　　　　　　　　(《大事记》,第 433 页)

(1973 年)7 月 15 日至 20 日,重庆市上山下乡知识青年代表会议在市人民大礼堂召开。近几年,重庆市已有 25 万余知识青年到涪陵、万县、达县、江津、宜宾、内江、南充等地区及云南生产建设兵团落户。　　　　　　　　　　　　　　　　(《大事记》,第 439 页)

(1975 年 1 月上旬)重庆市按知识青年安置地区组成 50 个学习慰问队,分别到四川省内对口安置专县慰问。赴云南慰问团 5 月 6 日返渝。　　　(《大事记》,第 447 页)

6 月 17 日至 20 日,中共重庆市委召开知识青年上山下乡工作会议,学习推广株洲经验,实行厂社挂钩,对口安置下乡知青。　　　　　　　　(《大事记》,第 449 页)

8 月 6 日,中共重庆市委、市革委举行大会,热烈欢送重庆市上山下乡的 33 000 余名知识青年和增派的一批带队干部。是年,重庆市开始按株洲市厂社挂钩、集体安置的办法开展上山下乡工作。至 1976 年 5 月,全市办起青年场、队 600 多个,青年点 1 500 多个。

(《大事记》,第 450 页)

(是年)全市全年有 63 500 多人下乡落户。自 1968 年以来,全市已有 32 万知识青年到农村和边疆。　　　　　　　　　　　　　　　　(《大事记》,第 452 页)

(1977 年)3 月 7 日至 13 日,重庆市 1977 年上山下乡知识青年先进集体、先进个人代表大会召开。会上公布:9 年来,重庆市先后有 36 万名知识青年到农村插队落户,有 2.1 万名知识青年到云南支边。　　　　　　　　　　　　(《大事记》,第 459 页)

9 月 1 日,重庆市欢送 8 500 多名知识青年到农村插队落户。　(《大事记》,第 461 页)

(1979 年)1 月 5 日至 9 日,中共重庆市委召开知识青年上山下乡工作会议。会议认为,重庆市先后有 40 万名知识青年到农村和边疆落户,其中有 27 万名知青已陆续安置工作,对尚未安排工作的下乡知青和留城知青,应当调整政策,广开就业门路。

(《大事记》,第 470 页)

重庆市从 1964 年起就开始动员知识青年上山下乡。从 1964 年至 1966 年的两年时间里,全市有 2 万余名城市知识青年到农村。

"文化大革命"打乱了国家正常的经济秩序,正常的生产受到干扰,积压了几届的大专、中专、中学毕业生无法分配或就业,开始成为一个严重的社会问题。在这种情况下,重庆市和全国各地一样,开展了"接受贫下中农再教育"的"知识青年上山下乡"运动,数以万计的城镇"知识青年"被迁移到了市内外农村。这场人口大迁移使重庆市在人力、物力、财力上都付出了难以得到补偿的巨大代价。从 1968 年到 1977 年的 9 年时间里,重庆市先后有 36 万余名知识青年到农村插队落户,有 2.1 万余名知识青年到云南支援边疆建设,形成重庆市解放后人口迁移的第三次高潮,9 年间净迁移为 8.6 万人。

由于城市待业人员大量迁往农村,造成了城市劳动力缺乏,随着时间的推移,这个问题日益严重。从 1971 年起,知识青年开始陆续回城,招收到各机关、厂矿、事业单位工作。即便如此,仍然是迁出的多,迁入的少;下乡的多,回城的少。1977 年知识青年开始停止下乡,到 1979 年形成了一个回城高峰,迁入和迁出相抵,机械增长 6.7 万人,净迁移率为 1.07%。

(人口志第三章《人口构成》,第 790 页)

《重庆市志(第三卷)》

重庆市地方志编纂委员会编著,西南师范大学出版社 2004 年

1979—1982 年,全市共安排就业 36.5 万人,基本解决了"文革"造成的大量"上山下乡"知识青年的回城安置就业问题,就业者人均负担人口由 1976 年的 1.87 人下降为 1.5 人。

(综合经济志第五章《国民经济的恢复和再次调整》,第 47 页)

《重庆市志(第四卷下)》

重庆市地方志编纂委员会编著,西南师范大学出版社 2004 年

20 世纪 70 年代后,为适应面粉销量比例提高,对挂面、切面需求量增加的形势,安排"上山下乡"知识青年返城就业,重庆制面业有很大发展。

(食品工业志第一章《食品加工业》,第 311 页)

1970 年 8 月以后,贯彻省、市安置城镇和下乡知识青年就业的指示,执行职工退休、退职、补员等规定,各企业陆续办理职工退休、退职手续,招收顶替的职工子女。

(冶金工业志第六章《主要管理》,第 550 页)

《重庆市志(第六卷)》

重庆市地方志编纂委员会编纂,重庆出版社 1999 年

1960 年,大部分下放干部调离和陆续安置知识青年,人员结构发生重大变化,经中共重庆市委同意,将缙云山林场交给中国农业科学院柑桔研究所,改称缙云山农场;林场所辖 1 600公顷森林则交重庆市园林局接管。　　　　　　　　(农垦志第三章《农垦企业》,第 215 页)

在此期间(1975—1979 年),茶场先后接纳、安置上山下乡知识青年 837 人,……
　　　　　　　　　　　　　　　　　　　　(农垦志第三章《农垦企业》,第 219 页)

《重庆市志(第八卷)》

重庆市地方志编纂委员会编著,西南师范大学出版社 2004 年

在"知识青年到农村去"的号召下,全市 1969—1978 年,共动员下乡知识青年 469 042 人,其中永川地区 92 821 人。实际安置知识青年总计 182 475 人,其中永川地区 105 123 人。这个时期的经费主要用于城市人口中的知识青年下乡插队、插场、建场的开支及其住房、生产、生活的补助费用。为帮助知识青年解决个人下乡时准备工作中存在的困难,1971 年以前,对下乡知识青年每人补助 30 元,后减为 20 元。据统计,1969—1978 年的 10 年间,全市总计支出知青经费 8 635 万元,其中永川地区支出 4 223 万元。1978 年以后,停止动员知识青年下乡,并于 1979 年起,陆续招收下乡知识青年回城工作。为解决知青的就业问题,从 1980 年起,市、区有步骤地建立劳动服务公司,担负组织生产、服务和进行职业培训任务,财政也相应增设劳动服务公司补助费项目。从这时起,财政每年所拨的经费主要用于安置城镇待业青年举办的集体所有制生产网点的生产周转金和组织城镇待业青年就业前的技术培训费用。　　　　　　　　　　　　　　(财政志第四章《财政支出》,第 49 页)

《重庆市志(第十卷)》

重庆市地方志编纂委员会编著,西南师范大学出版社 2005 年

1973 年,四川省革命委员会转发省财政厅、省教育厅《关于中等专业学校和技工学校学生待遇的请示报告》,对中等专业学校和技工学校学生待遇规定为:(1)入学时满 5 年工龄的国家职工和 1 年以内短训班的国家职工,工资由原单位照发,学校不再发给伙食费和津贴费;(2)入学时工龄未满 5 年的国家职工(包括学徒工)、退伍回乡军人、民办小学教师、赤脚

医生和上山下乡、回乡知识青年,由学校发伙食费和津贴费。其标准为见下表:

四类专业学校、技工校人民助学金标准(1973 年)　　每生每月　单位:元

四川省中等专业学校、技工校人民助学金标准(1973 年)　　每生每月　单位:元

类　　别	标　　准	其　　中	
		伙　食　费	津　贴　费
四类工资区	15.5	12.5	3
三类工资区	15	12	3

(教育志第一章《教育机构与教育管理》,第 53—54 页)

　　1970 年底,重庆市 6 所中等师范学校恢复招生,实行"自愿报名,群众推荐,领导批准"的办法,招收 17—30 岁的具有相当于初中以上文化程度的工人、贫下中农、复员转业军人、上山下乡知识青年。毕业后原则上"厂来厂去"、"社来社去",上山下乡知识青年根据需要调剂余缺。1971 年 2 月,招收上山下乡参加生产劳动一年以上、活学活用毛主席著作好、接受贫下中农再教育有成效、身体健康、年龄在 17—30 岁、有脱产学习条件的往届高中毕业生。

(教育志第六章《中等师范教育》,第 155 页)

　　1977 年,基本上恢复了"文化大革命"前的高等学校全国统一新生入学考试制度。招生对象和条件为:凡是工、农、上山下乡和回乡知青(含政策留城而尚未分配工作的)、复员军人、干部和应届高中毕业生,20 岁左右,不超过 25 岁,未婚;对实践经验较丰富并钻研有成绩或确有专长的,年龄可放宽到 30 岁,婚否不限,要注意招收 1966、1967 两届的高中毕业生。

(教育志第七章《高等教育》,第 198 页)

《重庆市志(第十一卷)》

重庆市地方志编纂委员会编纂,重庆出版社 1999 年

　　1979 年 1 月,中共重庆市委召开上山下乡知识青年工作会议、改正错划右派分子工作会议。会议后有 13 万余上山下乡知青回城安排了工作,平反冤假错案政策开始落实。

(社会科学志第二章《主要学科活动》,第 274 页)

《重庆市志(第十二卷)》

重庆市地方志编纂委员会编著,西南师范大学出版社 2005 年

知识青年上山下乡运动

　　"文化大革命"开始后,由于工业停顿、大学停招,积压了大量中学生,知识青年上山下乡

成为解决城市失业问题的惟一办法。1969年,根据毛泽东"知识青年到农村去,接受贫下中农的再教育"的指示,重庆市开始动员组织知识青年到农村去。家住农村的知识青年陆续返乡落户,同时,首批1.2万名城市知识青年奔赴农村。1970年,掀起以动员城镇居民为重点的上山下乡群众运动的新高潮,各区县建立起上山下乡办公室。到1971年底,全市有20万余人到农村。当年,数万名下乡知识青年陆续被招回市各机关、厂矿、企事业单位。至1973年7月,全市有25万名知识青年上山下乡及到云南生产建设兵团落户。当年,中共重庆市委召开知识青年上山下乡工作会议,要求继续掀起全市知识青年上山下乡新高潮,保证完成全年动员任务。1975年,对上山下乡知识青年采取集体安置的办法。次年,全市办起青年场、队600多个,青年点1 500多个。至1979年,重庆市先后有40万名知识青年上山下乡。该运动于1980年结束,绝大部分知识青年在历次"返城风"中回城,留在农村"扎根、开花、结果"的寥寥无几。

(中国共产党志第七章《重要历史事件》,第166页)

第六节　知识青年上山下乡

1956年2月25日,重庆青年志愿垦荒队300人出发到四川阿坝藏族自治州若尔盖草原的国营农场、勘察队和农牧试验站参加垦荒工作。全市人民和青年给予垦荒队的物质支援总数达10多万元。

1960年9月13日,中共重庆市委批转团市委《关于安排好中、小学超龄生从事农业生产的报告》。当时,根据清理超龄生增加农业劳动力政策,全市投入农业生产战线的超龄学生达5万多人。1960年9月—1961年6月,广阳坝、长寿湖等7个国营农场共吸收了学校超龄生和清理、压缩的中小学生2 387人,占职工总数的28.73%。1961年8月7日,中共重庆市委批转团市委《关于对家在城市分配到农村参加农业生产的中小学生进行调整的请示报告》(以下简称《请示报告》)。《请示报告》建议将2 000多名家住城市于1960年7月分配到近郊公社参加农业生产并在劳动和生活中存在着许多特殊困难的下乡学生调整回城市。市委同意这个《请示报告》,并批示:"望即执行"。1962年5月全市动员城市青年上山下乡,安家落户,至9月,全市有5 000多名城市青年奔赴农业生产第一线。1962年8月8日,团市委发出《关于组织团员、青年学习讨论"共青团中央给走向农业战线的团员和青年的一封信"的通知》。9月10日,中共重庆市委批转团市委《关于安置闲散在街道上的大学生的报告》,市委责成市人事局负责,一两个月内安置完毕,对闲散在街道的中专生也应按此精神办理。当时需安排工作的大专学生约400多人。1963年12月23日,团市委召开四届十二次全体委员会议,讨论团市委《关于进一步动员和组织全市青年学习毛主席著作的决定和关于进一步动员和组织城市青年上山下乡的工作意见》。1964年1月,团市委召开城市团的基层工作会议,提出《关于进一步动员和组织城市青年上山下乡的意见》。从1957—1964年1月,全市除大批青年返乡参加农业生产外,有6 000多名城市知识青年上山下乡,其中有3 000多名到各地农村生产队插队落户。

1968 年 12 月 22 日,毛泽东关于"知识青年到农村去,接受贫下中农的再教育,很有必要"的指示经新华社发布后,在重庆掀起了知识青年"上山下乡"的热潮。到 1969 年 9 月,全市有 13.5 万多名知识青年奔赴涪陵、万县、达县、江津、宜宾、内江、南充等地区广大农村。1971 年 2 月,根据国家计委指示和四川省的安排,动员组织应届中学毕业生到中国人民解放军云南生产建设兵团去开发边疆,建设边疆,保卫边疆。1973 年 10 月 30 日,中共重庆市委发出《关于贯彻执行中央[1973]21 号、30 号文件和省委[1973]92 号文件,认真做好知识青年上山下乡工作的意见》,并具体地制定了"统筹解决"各种问题的办法和措施,做好知识青年上山下乡的各项工作。此时全市已有 25 万知识青年上山下乡,遍布涪陵、万县、达县、宜宾、江津、内江、南充 7 个专区 60 个县及市郊 3 个县和南桐矿区。

　　1975 年 7 月 3 日,团市委在市人民礼堂召开"重庆市中学高中毕业班共青团员、红卫兵代表大会"。号召应届毕业的共青团员、红卫兵走与工农相结合的道路,做上山下乡的带头人。从 1968—1975 年的 8 年中,全市已有 30 万知识青年到农村和云南边疆。1 300 多人入党,6 900 多人入团,1.68 万余人被选进各级领导班子。1976 年 5 月 21 日,重庆市革命委员会知识青年上山下乡办公室、教育局、团市委联合通知,要求抓紧对应届高中毕业生进行上山下乡教育,用进一步做好上山下乡的实际行动来反击"右倾翻案风"。1976 年 6 月 30 日,市革委在市人民大礼堂隆重召开"全市应届中学毕业生代表大会",发动广大应届中学毕业生以上山下乡铁心务农的实际行动回击"右倾翻案风",迅速掀起知识青年上山下乡新高潮。1977 年 4 月 22 日,市教育局、团市委、市革委知青办公室发出《关于对应届高中毕业生进行上山下乡教育和定向工作的意见》,要求各学校以揭批"四人帮"为纲,坚持知识青年上山下乡的正确方向,认真做好毕业生上山下乡的思想教育和初步定向工作。1977 年 4 月统计,全市先后有 36 万多知识青年上山下乡,在重庆市安置的 6 万多名知识青年中,有 326 人入党,2.7 万多人入团,9 200 多人担任了社、队干部,1.2 万多人担任了理论骨干。

　　　　　　　　　　　　　（群众团体志第二篇第四章《参与经济建设工作》,第 252—253 页）

　　在社会主义建设中,青联动员和组织城市知识青年、工商青年、宗教事业中的青年积极参加建设活动,通过上山下乡、下车间、上柜台以及在全民炼钢运动中的劳动锻炼,青年接触了工农,学到了技能,为社会做出了贡献。

　　　　　　　　　　　　（群众团体志第二篇第五章《青年联合会与学生联合会》,第 261 页）

《重庆市志(第十三卷)》

重庆市地方志编纂委员会编著,西南师范大学出版社 2005 年

　　1976 年底,市委、市革委所属部、委、局、办机构共有 54 个,即:……知青办、公安局、法

院、民政局、复员退伍军人办公室。　　　　　（政府志第四章《重庆市人民政府》，第 133 页）

　　1970 年 10 月，县（巴县）革委裁群工小组，设上山下乡办公室，卫教小组改隶生产指挥组。　　　　　　　　　　　　　　　　（政府志第五章《区县政府》，第 172 页）

　　干部管理工作包括干部调配、调整、培训、考核、晋升、任免、奖惩等工作。1950—1985年，市人事局共调配干部 176 227 名。其中，……为配合党在各个时期的中心任务工作调配干部 35 829 名（包括土地改革、城乡社会主义教育运动、知识青年下农村带队干部等）……

　　　　　　　　　　　　　　　　　　　　　　　　　　　（《人事志·概述》，第 346 页）

　　1980 年，重庆市人民银行录用干部 300 名，市属各区、县、公社录用计划生育专职干部370 名。其中计划生育干部从公社雇用的计划生育人员中优先录用，不足数从城镇待业知识青年中录用。人民银行干部从上山下乡知识青年中选录。

　　　　　　　　　　　　　　　　　　　　（人事志第四章《录（聘）用》，第 396—397 页）

　　2. 照顾性调动。1980 年 1 月，中央组织部、公安部、民政部、国家劳动总局联合下发《关于逐步解决职工夫妻长期两地分居问题的通知》后，重庆市与成都、自贡、渡口等市进行一批工人互换，解决 138 名（调入重庆市 81 名、调出重庆市 57 名）职工夫妻长期两地分居。1984 年与上海市劳动局协商，将上海宝山钢铁总厂家住重庆市郊县农村的 157 名工人，同上海市在 60 年代支援"三线"建设内迁职工中，单身在重庆、生活基础仍在上海的工人和 70 年代初重庆市城市知识青年与上海郊县农村青年赴云南省边疆农场工作结婚，1979 年各自回城、回乡形成夫妻两地分居的工人，进行相等数量的对调安置。……

　　3. "四场"工人调动。重庆市在 1978 年以前国营农、林、牧、渔场"四场"工人调动极少。1978 年以后，全市从"四场"调入的工人就逐年增多，特别是 1971 年动员去云南边疆农场工作的 8 000 名城市知识青年，多数已与农村青年工人结婚，也要求调回城市工作。重庆市使用职工退休、退职、死亡后的减员指标（包括全民所有制、区县属以上集体所有制以及办理退休、退养或退职的街道工业单位）商调到其父母所在单位，少数也占用新增劳动指标调动"四场"工人。"四场"工人从 1979—1983 年共被调回 15 147 人，其中，1979 年 10 677 人、1980年 130 人、1981 年 155 人、1982 年 45 人、1983 年 40 人。

　　4. 全民所有制与集体所有制单位之间的工人调动。1979 年以来，重庆市集体所有制职工调入全民所有制单位有 3 种情况。1976—1977 年区县属以上集体单位或相似集体单位的街道工业更新和新增劳动力，招收了数千名上山下乡多年在农村的独子女、多子女无一人工作以及 1 户 3 个以上子女在农村的知识青年回城工作。1979 年 11 月，根据四川省关于国营企、事业新办的集体所有制单位工作的知识青年,其在全民所有制单位的父母退休、退职或死亡需要补员时,家中无其他待业青年,本人又符合招工条件的,可以商调到全民单位补员的规定,重庆市结合实际情况并报市、省的同意,对省的文件补充作出规定:全民所有制职工退休、退职或死亡后,其子女属 1977 年以后参加街道工业和区(县)属以上集体所有制单位(含老集体所有制单位)工作的,可以商调补员;小集体单位职工可以补员商调到区(县)以上大集体所有制单位工作。……

(劳动志第一章《劳动管理》,第 529—531 页)

1977 年,针对有些单位大量使用劳动力、私招乱雇的现象,重庆市进行了一次清查处理。其清理的范围是:全市各企业、事业单位、机关、团体、部队(包括集体所有制单位以及街道工业、厂矿、"五·七"组织等)。清理对象是:……私招乱雇的应下乡未下乡的知识青年,已下乡的知识青年和退休职工。　　　(劳动志第二章《劳动就业》,第 540—541 页)

1968 年按照中央"知识青年上山下乡、接受贫下中农再教育"的要求,基本上将全市中学毕业生全部动员到农村安家落户,使全市严重的劳动就业问题得到暂缓解。……

"文化大革命"结束后,为安置大批城镇待业人员和下乡知识青年,1977 年成立重庆市安置城镇待业人员领导小组。1979 年在区县成立劳动服务公司,动员待业人员组织起来,创办集体企业就业和自谋职业,变招工单一的就业渠道为多种门路的就业渠道;变单一的靠国家安排就业为自找门路就业。1980 年成立重庆市劳动服务公司总管全市劳动就业工作。

(劳动志第二章《劳动就业》,第 543 页)

1974 年,重庆市按有关规定在冶金、石油等系统招工,其招收对象可以是经过批准不上山下乡而留在城镇的中学毕业生(不包括因病、残留下来的);可以招收已经上山下乡的独生子女和已上山下乡、其父母多子女都不在父母身边的知识青年 1 人;也可以招收经过 2 年以上锻炼的上山下乡知识青年。　　　(劳动志第二章《劳动就业》,第 545 页)

1978 年,根据中央和省的有关规定,重庆市的招工对象,一是经批准留在城镇的知识青年(全民所有制单位不招收因病残留城返城的);二是城镇上山下乡满 2 年以上的知识青年。

1980 年 7 月 29 日,为贯彻四川省劳动局《关于试行招工全面考核办法的通知》,重庆市规定:全民所有制单位招工(包括招收职工子女)都要从生产建设的需要出发,逐步实行德智体全面考核。实行学徒制的技术工人和某些专业人员重点进行文化考试;熟练工、壮工、普工、清洁工、勤杂工等侧重进行德、体考核。招收对象主要是按政策留城、返城和城镇上山下乡满 2 年以上的知识青年,矿山井下、野外勘探、森林采伐、盐业生产工作岗位。招收对象的年龄,实行学徒制的技术工种一般应为 16—25 周岁的未婚青年;招收普工、熟练工的年龄一般女性不超过 30 周岁,男性不超过 35 周岁。凡是女青年可以做的工作必须招收女青年。招收办法,可以由劳动部门将招收名额分配到知青动员、批留部门、单位,采取自愿报名,单位审查提出推荐名单,报县(市)以上劳动部门审定后,送交有关部门、单位参加考试,也可以由县(市)以上劳动部门或招工单位公开发招工通知,自由报名应考。

(劳动志第二章《劳动就业》,第 545—546 页)

1971 年,省委规定:企、事业单位的职工退休、退职后,他们家居城镇的子女(包括上山下乡的知识青年)符合企业单位招工条件的,可以吸收 1 人参加工作。

(劳动志第二章《劳动就业》,第 550 页)

第四节　城市居民"上山下乡"

一、组 织 机 构

城市人口"上山下乡",就是动员、组织城市居民到农村落户,也称"插队落户"。1962年,中共重庆市委上山下乡领导小组成立。1968 年,重庆市革委在原"老安办"和大专毕业生分配办公室的基础上,组建了毕业生分配领导小组办公室,直属市革委领导。办公室下设秘书组、安置联络组、中小学动员组、大中专毕业生分配组。1970 年,四川省下达动员居民下乡的指示后,又增设了城市居民动员组,办公地点设在市委。1972 年,市委机构调整,毕业生分配办公室改为市革委政工大组学校组领导。

1973 年,市委决定,原市革委毕业生分配组改为四川省重庆市革命委员会上山下乡办公室,属市委直接领导,日常工作归口市计委管理,定编为 35 人(后陆续配备 31 人),办公地点迁至市计委。1973 年 10 月 19 日,成立市委知识青年(简称:知青)上山下乡领导小组,领导小组下设办公室,设有秘书科、城市动员科、市郊安置科、带队联络科。

1982 年 1 月,市知青办与市劳动局合并,设立知青科,办公地点迁至市劳动局。

二、城市居民"上山下乡"

重庆市从 1962 年市委上山下乡领导小组成立后,开始动员与组织城市居民"上山下乡"。

1962—1963 年,重庆市下乡、回乡的城市知识青年和城市居民共 226 000 余人。其中,下乡 26 000 人。1964—1968 年,下乡人数为 23 297 人。下乡、回乡分全家下乡落户、单身插队、三五成群插队落户 3 种形式。下乡的办法有自己挂钩和组织安排 2 种。

1969—1977 年下乡的知青人数 379 241 人。下乡的形式有:(1)适当集中,建立知青点;(2)有条件的可以回老家落户;(3)以下乡知青为主,由带队干部各部分贫下中农参加建立集体所有制农场;(4)在土地较多的地方,单独建立以知青为主,由带队干部和部分贫下中农参加建立集体所有制农场;(5)到生产建设兵团和国营农、林、牧、渔场。1974年以前,下乡知青被对口安置在7个专区、46个县。1975年后,在重庆市周围的33个县(区)农村建立知青场、队、点。

1979年,重庆市委《关于贯彻中央和省知青工作会议精神的意见》中决定:全市除矿山、林区、地质勘探和石油系统的职工子女不动员下乡外,巴县、綦江、长寿、江北4个县和南桐、双桥2个远郊区和在以上地区的市属以上工矿企事业单位,不再组织上山下乡,由本地区、本系统自行安排。同时,以对继续动员上山下乡的市中区、江北区、沙坪坝区、南岸区、九龙坡区、大渡口区的中学毕业生、肄业生也适当放宽了留城政策。即:病残、独生子女、归侨、学生、中国籍的外国子女、父母双亡的孤儿和家庭有特殊困难的不动员下乡;1户有2个子女在乡,可再留1人;高小毕业生(包括历届应下未下的)不列入动员下乡对象;过去选留的子女,考入大、中专学校和入伍参军的,可以再留1人;凡是多子女家庭过去没有选留过的,不论身边是否有子女,允许选留1人;1户只有2个子女的,可不动员下乡;父母分居两地,只有一方在继续动员"上山下乡"的7个区的范围内,又没有选留过的,可以选留1人。由于适当扩大留城范围,上山下乡的知识青年相对减少。1978年、1979年、1980年3届城镇中学毕业生共136 700人,实际下乡8 440人,占毕业生总数的6.2%。下乡知青主要是在厂矿企业、机关、学校、部队的农副业基地,原"五七"干校和郊县农村条件较好的"三集中一分散"的场、队、点举办知青农场和绿化队。

为配合安置地区加强对下乡知青的管理教育,全市先后派出7批带队干部10 493人,其中到专县9 493人,重庆市知青场队1 002人。

1980年,重庆市对应下乡的知青又进一步放宽了留城政策。在应下乡的对象中,凡有就业、就学门路的,不动员他们下乡。以后中学毕业也不再办理留城手续,不再发放留城证明。招工、招生不分留城和下乡,也不受下乡时间的限制,均可参加报考。1981年,全市实际下乡人数230人。

1982年2月,重庆市再次强调,以后城镇升学的中学毕业生,不再划分留城和下乡的界限,一律作为城镇待业人员实行统筹安排。对于已下乡的知青,重庆市自1971年开始,通过招工、病退顶替、特困安置、参军、升学等多种途径,绝大多数知青已陆续回城。到1981年底,全市仅有在乡知青33人。至此,重庆城市知识青年"上山下乡"工作基本结束。

三、知识青年赴滇支边工作

1971年,重庆市按照省委指示,对家居城镇,年满16—22周岁的1971年中学毕业生中动员24 000人去中国人民解放军云南生产建设兵团参加边疆建设。支边青年的男生比例要求占总人数的60%。同年3月6日,沙坪坝二中、红岩村、华村、建设、大坪5所中学已有1 015人首批赴滇。全市共有24 198人赴滇支边青年分布在云南省河口、思茅的2个师、16个团、84个营、853个连。

从1979年2月起,重庆市开始分轻重缓急,有计划有步骤地解决赴滇支边青年的回城问题。

截至 1979 年 4 月 18 日,全市共办理 10 275 人回城手续,其中由市劳动局批准的 3 878 人(全民 3 288 人、集体 590 人);退休顶替的 3 778 人(全民 3 281 人、集体 497 人),"几优先"调工的 504 人(全民 7 人、集体 497 人)、市知青办批准的 2 115 人(病退 1 300 人、困退 815 人)。

对于批准返城安排工作的支边青年的工资待遇,重庆市按全省统一规定办理。即:在兵团、农场劳动满 2 年以上的,享受学徒第二年的待遇,工作满 1 年后享受学徒工第三年待遇,工作满 2 年后享受一级工待遇;在兵团、农场劳动满 3 年以上的,享受学徒工最后一年的待遇,工作满 1 年后享受一级工待遇;在兵团、农场劳动满 5 年以上的享受一级工待遇。支边青年 9 月以后经组织批准调到其他单位工作的,其工资等级是二级农工的,熟练期间工资可按 36 元发给,熟练期满后如 36 元低于现任工种定级的,改按定级工资执行;如 36 元高于现任定级工种的,36 元可不变动,工资等级是三级农工的,工资按 38 元的标准执行。

四、安置"上山下乡"知青经费

1971 年 11 月 8 日,重庆市对知识青年、城镇居民上山下乡的经费开支和物资补贴作出通知,在动员地区、市属 3 县和南桐区就地安置的人员,每人平均 20 元;跨地区安置的每人平均 30 元;回乡人员(户口在城镇,农村又有家可归者),每人平均 50 元。以上经费用于困难补助。单身下乡每人平均 16 元,成户下乡每人平均 10 元,回乡人员每人平均 36 元。在安置地区,单身下乡的知识青年和居民每人平均 200 元。其中,用于解决住房 110 元,购置农具家具 40 元,生活补助 50 元。成户下乡的每人平均 100 元。其中,用于解决住房 60 元,购置农具 10 元,生活补助 30 元。在物资供应上,知识青年最高不超过棉布每人 24 尺,单人蚊帐 1 床,5 斤棉絮 1 床,棉花 2 斤;城市居民不超过动员下乡的 30% 以内,棉布每人最多不超过 5 尺,蚊帐和棉絮按户补助 1 床。

1977—1981 年,重庆市城镇知识青年"上山下乡"安置经费实际支出 12 357 061 元。其中,学习材料费 139 734 元,建房补助费 3 075 175 元,家(农)具补助费 502 618 元,生活补助费 3 449 447 元,旅运费 56 858 元,医药费 411 898 元,特殊开支费 165 215 元,扶持生产资金 1 434 637 元,动员费 78 523 元,属包干使用单位的开支费 2 343 687 元。

(劳动志第二章《劳动就业》,第 552—555 页)

《重庆市志(第十四卷)》

重庆市地方志编纂委员会编著,西南师范大学出版社 2005 年

1973 年 12 月市法院对破坏知识青年上山下乡、奸污女知识青年的罪犯余坤利、周本伦、石曾海、李永福 4 人执行死刑。 (审判志第三章《刑事审判》,第 297 页)

《重庆市志·国防科技工业志》

重庆市经济委员会、重庆市国防科学技术工业办公室、重庆市地方志总编辑室编，(内部刊行)1996年

巴山仪器厂技工学校,1978年6月开办。学生来源为待业青年、工厂在职工人和按重庆市劳动局安排统考生中择优录取。学制一般为两年。江陵厂技工学校开办时,在江津招收两年以上"知青",学制两年。 （第五篇第二章《中等专业教育》,第224—225页）

《重庆市志·烟草志(1621—2003)》

重庆市地方志编纂委员会编,西南师范大学出版社2005年

1978年为解决职工子女就业,创建了新集体企业——重庆卷烟综合加工厂,安排接收了一批返城知识青年和职工家属子女。是年,职工人数增至1 420人。

（第七篇第二章《人事劳资管理》,第960页）

1978年,重庆卷烟厂招收部分计划外用工。招收一批返城知识青年就业,并实行职工退休后由子女顶替的办法。招收的新工人多数为混岗集体工。

（第七篇第二章《人事劳资管理》,第961页）

《重庆市市中区志》

重庆市渝中区人民政府地方志编纂委员会编,重庆出版社1997年

(1969年)2月13日,全区首批知识青年8 026人到四川省涪陵地区各县插队落户。

（《大事记》,第32页）

是年(1970年),全区继续动员、安置城镇居民与知识青年上山下乡。

（《大事记》,第33页）

是年(1971年),市中区数千名知识青年到云南建设兵团"插队落户"。

（《大事记》,第33页）

是月(1978 年 10 月),市中区数万名下乡及支边知识青年开始陆续返城。

(《大事记》,第 36 页)

1969 年,成立人民防空领导小组办公室、知识青年上山下乡办公室。

(第十三篇第二章《市中区人民政府》,第 457 页)

特殊安置

1969 年,市中区开始办理外地入伍的退役军人的特殊安置。其对象是:(一)家庭变迁、无家可归的;(二)照顾夫妻关系的;(三)农转非的;(四)下乡或支边青年在插队所在地参军的。据统计,1970—1985 年间,异地入伍,或服役期间因父母调动家庭变迁而安置的有 46 人;照顾夫妻关系而安置的 330 人;因父母农转非而安置的 86 人;下乡、支边知识青年参军退役安置的有 2 913 人。

(第十六篇第二章《优抚安置》,第 506 页)

在"文化大革命"期间,国民经济遭到严重破坏,生产和工作陷于瘫痪状态,上山下乡知识青年和城镇待业青年纷纷要求安排工作,劳动就业矛盾大、任务重。根据生产发展的需要,省、市逐级下达招工计划,制定并实行了在上山下乡知识青年中招收独(独生子女)、多(3 个以上子女无 1 人工作)、特(父母身边无子女工作)子女参加工作,县以上集体所有制企业可以吸收城市病残知识青年参加工作。职工退休可吸收 1 名子女参加工作,企事业单位补充自然减员,以及街道企业职工退休、退职、退养招收 1 名子女参加工作等一系列政策和办法。1966—1976 年根据知青上山下乡有关政策,因病、残、独生子女及特殊困难等原因,回城有 21 468 人。1978 年全国知青工作会议召开以后。1972 年下乡和支边青年,除在当地结婚不回城的外,均已作回城安置。

(第十七篇第三章《劳动》,第 531 页)

第六节　上　山　下　乡

一、机　　构

1964 年区建立安置工作领导小组,下设办公室。1969 年,建立动员组织知识青年到农村去的工作办公室。1973 年,成立知识青年上山下乡工作领导小组,下设办公室。1982 年,知识青年上山下乡办公室与区劳动局合并,成为知青就业和处理上山下乡遗留问题的机构。

二、上　山　下　乡

1954 年—1955 年,动员少量应届初中毕业生到四川若尔盖垦荒。"文革"期间,区内知识青年上山下乡对口地区有涪陵地区 10 个县,达县地区两个县,重庆地区 3 个县。到云南生产建设兵团 4 师 16、17 团和两个独立营。"文革"以前下乡 4 715 人(包括插队,到国营农场和回乡生产),1969—1971 年下乡 35 762 人(包含云南生产建设兵团 7 426 人),1972 年

14 500 人，1973 年 525 人，1974 年 6 938 人，1975 年 11 989 人，1976 年 5 156 人，1977 年 3 071 人，共 82 626 人。知识青年在农村锻炼。据 1973 年不完全统计，有 68 人加入共产党，2 129 人加入共青团，2 243 人出席县以上各级知青代表会议。有 15 350 人受到公社、生产队表扬，有 1 163 人担任生产队以上干部职务，有 8 693 人担任生产队会计等"五员"。在云南建设兵团四师 5 126 名支边青年中，有 733 人加入共产党、共青团，有 573 人担任连队文书、卫生员、保管员、班、排长职务。　　　　　　　　　（第十七篇第三章《劳动》，第 538—539 页）

《重庆市江北区志》

重庆市江北区地方志编纂委员会编，巴蜀书社 1993 年

（1969 年）1 月 7 日，1968 年 12 月 21 日《人民日报》发表毛泽东"知识青年到农村去，接受贫下中农再教育"的指示，江北区革委会部署各级革委会、各地驻军、工人毛泽东思想宣传队，举办各种以知识青年上山下乡为内容的毛泽东思想学习班，迅速掀起知识青年到农村去安家落户的热潮。1 月 20 日，市十九中、四十五中等学校近千名知识青年到农村安家落户。　　　　　　　　　　　　　　　　　　　　　　　　　　　　（《大事记》，第 47—48 页）

10 月 22 日，区革委、支左办发出《关于立即动员知识青年上山下乡的紧急通知》，要求立即动员 1966—1968 年 3 届初中、高中毕业生准备行装，携带户口到农村落户。
　　　　　　　　　　　　　　　　　　　　　　　　　　　　　　（《大事记》，第 48 页）

（1973 年）2 月 16 日，组建江北区对下乡知识青年慰问分团，下设 10 个慰问队，分别去江北、合川、江津等 12 个县，对江北区落户各专县知识青年普遍进行一次慰问。慰问工作至 4 月初结束。　　　　　　　　　　　　　　　　　　　　　　　　（《大事记》，第 50 页）

是年（1974 年），全区知识青年上山下乡插队落户 8 670 人，其中市属以上单位职工子女 7 220 人，区属单位职工子女 1 450 人。　　　　　　　　　　（《大事记》，第 52 页）

"文化大革命"开始后，学校一度瘫痪，停课近 3 年。1969 年秋，动员"老三届"（六六级、六七级、六八级）毕业生上山下乡，首批 2 000 余名。1971 年春动员学生"支边"，有 2 000 人去云南景洪专区劳动落户。　　　　　　　　　（第十八篇第四章《中等教育》，第 742 页）

1966—1976 年的"文化大革命"期间，就业和安置工作遭到严重干扰。但党和政府采取了一些措施，解决群众就业问题。重点是解决高小毕业超龄生和下乡知青的就业问题。

1970—1976 年全区安置就业 5.17 万人,其中知青 2.02 万人,高小毕业超龄生 3 282 人,其他 2.82 万人;到全民企业就业的 3.39 万人,集体就业的 1.77 万人。同时还安置临时工 4.03 万人。

(第二十三篇第一章《劳动》,第 876 页)

1964—1966 年,全区动员组织知识青年 3 380 人到农村安家落户。⋯⋯1969—1978 年,为响应"知识青年到农村去"的号召,全区动员城市知识青年 45 127 人先后到农村插队落户。1971 年开始在下乡知青中招收部分回城安置工作。1977 年前"四场"(国营农、林、牧、渔场)工人的调动是个别的。1978 年后,对于下到"四场"的城镇知识青年,其在城市工作的父母退休、退职或死亡后,可以商调一名回区安置工作。特别是动员去云南农场支边的青年,要求调入父母所在单位工作,其安置任务大大增加。同时全区开始办理集体职工商调到全民,小集体商调到大集体的调配工作。至 1985 年,办理"四场"知青回区安置和集体与全民,小集体与大集体之间的职工调配共计 1 776 人;⋯⋯

(第二十三篇第一章《劳动》,第 883 页)

1962 年 10 月,区成立上山下乡办公室,设在劳动科内,与区精简压缩办公室合署办公,其主要工作是动员安置被精简的职工和城镇居民、知识青年上山下乡。⋯⋯1964 年,成立江北区上山下乡安置办公室,由区精简办公室、粮司、公安、劳动科抽调干部办理上山下乡安置工作。⋯⋯1969 年,区上山下乡安置办公室改为区革委毕业生分配办公室。1971 年 11 月,区革委生产指挥组设计划劳动小组,负责劳动管理方面的工作。1973 年 8 月,成立区知识青年上山下乡办公室,主要是动员组织、安置城镇知识青年上山下乡。1974 年 11 月,区劳动部门改称区革命委员会劳动科。1979 年 9 月,各街道成立劳动服务站,业务上受区劳动科领导。1981 年,区劳动科改称劳动局。1982 年 3 月,区知识青年上山下乡办公室与区劳动局合并,由劳动局统一处理有关知识青年上山下乡的善后工作。

(第二十三篇第三章《机构》,第 896 页)

《重庆市沙坪坝区志》

重庆市沙坪坝区志编纂委员会编纂,四川人民出版社 1995 年

(1964 年)8 月 29 日,自 1962 年 7 月开展"上山下乡"运动以来,全区上山下乡人数达 3 673 人。

(《大事记》,第 49 页)

(1969 年)1 月 14 日,区革委"知识青年上山下乡办公室"成立。15、16 两日召开动员大会,大规模的知识青年上山下乡运动开始。次月 4 日全区 5 万军民在市三中体育场集会,欢

送首批 6 500 名城市知识青年到万县地区农村插队落户。　　　　（《大事记》，第 52 页）

9 月 24 日，区革委在重庆师专召开沙坪坝区知识青年、城镇居民上山下乡工作会议。区革委主任董寿山作《高举"九大"团结胜利的旗帜，进一步迅速掀起上山下乡的新高潮》的报告。是月底，全区已有 13 868 名知青到农村落户。　　　　（《大事记》，第 52 页）

(1974 年)4 月 10 日，区知识青年上山下乡工作会议召开。同月 30 日，区城镇居民上山下乡办公室成立。截至 4 月，全区又有 1 028 名知识青年奔赴农村。　　（《大事记》，第 56 页）

(1975 年)8 月 31 日，全区 1975 年度动员知识青年上山下乡达 7 325 人。

（《大事记》，第 56 页）

是月(1978 年 10 月)，区内下乡及支边知识青年开始陆续返城。　　（《大事记》，第 59 页）

区知青办公室

1962 年 6 月，成立沙坪坝区上山下乡办公室，与劳动科合署办公。1964 年 3 月，改建为沙坪坝区安置办公室。1969 年 1 月 14 日，成立沙坪坝区组织动员知识青年上山下乡办公室，负责组织动员城镇中学生到农村去，日常工作与 1968 年成立的毕业生分配办公室合署办公，对外统称沙坪坝区革命委员会毕业生分配办公室，使用分配办公室公章。1974 年 1 月 17 日，更名为沙坪坝区革命委员会知识青年上山下乡工作办公室。1980 年 9 月 3 日，再定名为沙坪坝区知识青年上山下乡办公室。1982 年 4 月 20 日，知青办公室撤销，其扫尾工作并入劳动局。　　　　　　　　　　（第十九篇第三章《劳动》，第 577—578 页）

1960—1962 年贯彻中央制定的国民经济"调整、巩固、充实、提高"的方针，精简企业职工，压缩城市人口，对 1958 年后进城的 15 415 人，动员回农村。同时还动员城镇居民 2 223 人，学生 2 303 人下了乡。1968 年，继续动员下乡居民 797 人，学生 277 人。

1964—1966 年，解决城镇青年就业，动员组织城市知识青年 4 020 人去农村安家落户。

1969—1978 年的 10 年间，92 718 名城镇知识青年分期分批去农村落户。1971 年开始直到 1982 年，下乡知青中的绝大多数被招工回城，有的因病以及特殊原因也回城安置了工作。　　　　　　　　　　　　　　　　（第十九篇第三章《劳动》，第 578 页）

知识青年上山下乡

1957 年，为解决城市中学生就业，第一次动员 117 名青年到农村去安家落户。1962—1965 年，先是压缩城市人口，后是到农村就业，相继动员安置 4 273 名青年学生到通江、巴中、宣汉的农村人民公社林场、茶场、蚕种场参加生产劳动。1969—1978年下乡92718人。十年动乱结束后,党中央、国务院调整知青政策,制定新的劳动就业方针,改变上山下乡做法,发展城乡经济,广开就业门路,广泛安置城市青年就业,上山下乡从此结束。对已下乡两年以上的知青,通过企、事业招工,学校招生,部队招兵,绝大多数离开了农村。

(第十九篇第三章《劳动》,第580页)

1957—1978年期间,沙坪坝区教育事业有很大发展,教师队伍不断扩大。中小学教师来源,在"文化大革命"前主要是来自师范院校毕业的大、中专(师)学生。"文化大革命"十年中,增加了从工农分子及下乡回乡知识青年(高初中学生)中招收的、经过短期培训的人员……

(第二十一篇第二章《机构 管理》,第619页)

80年代初,中专技校开始逐渐恢复招收应届毕业生(70年代只招收上山下乡和回乡知青及工农兵学生),高中进行了结构改革,压缩了普高招生规模。

(第二十一篇第四章《中等教育》,第638页)

沙坪坝区从1954年起,开始组织学生下农村参加劳动,培养劳动观点,端正劳动态度和锻炼劳动能力。1957年号召毕业生上山下乡……

(第二十一篇第四章《中等教育》,第639页)

《重庆市九龙坡区志》

重庆市九龙坡区地方志编纂委员会编,重庆出版社1997年

是年(1969年)冬,全区1966至1968年中学毕业生、社会青年1.5万余人到农村插队落户。

(《大事记》,第17页)

(1971年)3月11日,区首批950名支边青年启程,至7月22日共4批3500人奔赴云南。

(《大事记》,第17页)

(1973年)10月22日,区委知识青年上山下乡工作领导小组成立。

(《大事记》,第18页)

(1975年)8月6日,知识青年上山下乡带队干部开始进驻知青落户地区。

(《大事记》,第18页)

"文化大革命"中知识青年上山下乡,1974 至 1976 年 3 年迁出上山下乡知识青年 20 264 人。

(第三篇第一章《人口变化及结构》,第 27 页)

1964 年 3 月 31 日,区成立上山下乡工作领导小组,1968 年底建上山下乡办公室,1981 年 4 月,区知识青年上山下乡工作办公室并入劳动局。

(第十五篇第一章《劳动人事机构》,第 374 页)

1970 年,为解决下乡后回城镇的知识青年安置,招工的主要对象由招收城镇社会闲散劳动力转向招收下乡锻炼两年以上的知识青年。

(第十五篇第四章《劳动就业和劳动力管理》,第 385 页)

第四节　知识青年上山下乡

知识青年和城镇居民下乡安置

1957 年,团区委组织一批志愿到农村的中学生下乡到区内土桥、人和等乡(据 1965 年登记,当时尚留在农村的有 102 人)。

1963 年,8 个街道动员 103 名知识青年到长寿湖农场。1964 至 1966 年"文化大革命"爆发前,全区动员 2 717 人(男 1 197 人,女 1 520 人)到江津、涪陵、巴县农村插队和到宣汉、平昌两县林、茶场(1965 年撤场插队),部分人员到省外投靠亲友插队落户。

1969 年 1 月 21 日,区革委欢送 2 万多人下乡,到 1972 年,动员下乡的主要对象是:1966 级、1967 级和 1968 级中学毕业生,1970 级、1971 级和 1972 级年满 16 周岁的中学毕业生以及无职业的城镇居民、社会青年。

1957 至 1980 年,全区动员 59 965 名知识青年到内江、宜宾、江津、涪陵、达县等 17 个县的农村或茶场、林场落户,投靠亲友落户的知识青年遍及 22 个省 513 个县,此外,区还有 17 个知青场、队。

1965 年,招收 186 名知青到云南西双版纳州的农场工作。1971 年,动员 3 475 人到中国人民解放军云南建设兵团独立五团、一师二、五团和热带作物研究所(后改为东风、黎明、惠民、江城孟垠农场)开发森林,种植橡胶、金鸡纳和水稻等。1975 年后,在热带作物研究所的 170 人全部调往云南维尼伦厂(知青上山下乡情况详见表 15-6)。

1962 至 1963 年,动员无职业的居民 621 户 1 772 人到巴县和区内农村落户;招工 246 人到城口茶场。1964、1965 年动员 401 户 1 161 人到巴县农村。1971 年动员 54 户 249 人(包括社会青年 109 人)到奉节、开县和云阳下乡落户。

1962 至 1971 年,全区共动员城镇居民(含社会青年)1 076 户 31 829 人到农村落户(详表见 15-7)。

表 15-6 九龙坡区下乡知青统计表

安置县	下乡人数			下乡时间				安置数										
	总数	男	女	1957—1963	1964—1966	1969—1978	1979—1980	省市	县	区	社	大队	生产队	林茶场	知青农场	绿化队	厂	知青点
宣汉	592	237	355		592				1	1	32			34				
平昌	228	92	136		228				1	1	9			9				
涪陵	409	164	245		409				1	3	3	35	94					
江津	753	285	468		753													
资阳	12 671	8 772	5 899			12 671			1	9	82	970	3 055		2			981
资中	10 403	5 771	4 637			10 408			1	11	82	401	1 673					291
荣县	7 961	5 421	2 540			7 961			1	7	70	1 075	2 665					196
安岳	6 167	3 198	2 969			6 167			1	10	93	631	1 440					
威远	3 934	2 142	1 792			3 934			1	7	54	343	780		11			30
乐至	557	321	236			557			1	3	16	124	255					
古蔺	3 091	1 774	1 317			3 091			1	5	63	357	1 411					8
珙县	868	515	353			868			1	4	16	106	271					
兴文	697	427	270			697			1	2	6	56	198					
巴县	1 924	1 025	399		52	1 872			1	11	76	423	1 132					
綦江	170	85	85			170			1	9	32	76	95					
长寿	188	80	103			188			1	14	39	154	188					
云南支边	3 661	1 893	1 768		186		3 475		4									

4179

安置县	下乡人数			下乡时间				安置数										
	总数	男	女	1957—1963	1964—1966	1969—1978	1979—1980	省市	县	区	社	大队	生产队	林茶场	知青农场	绿化队	厂	知青点
长寿湖农场	103	42	61	103											1			
本区	1 573	837	736	102			1 471								15	2	1	
投亲	4 010	1 982	2 028	205	688	3 327		22	513	964	1 966	1 966	2 650					
合计	59 965	33 063	26 902	205	2 903	55 486	1 471	22	532	1 061	2 639	6 717	15 907	43	29	2	1	1 506

表 15-7 城镇居民(含社会青年)下乡统计表

城镇居民(社青)下乡统计

落户县	1962—63年下乡				1964—65年下乡			1971年下乡			落户地				备注
	户	人	其中青年	社会闲劳	户	人	其中青年	户	人	其中青年	区	社	大队	生产队	
城口茶场	15	52		246											
本区															
开县									99						
云阳								54	10	109	6	8	38	127	
奉节									31						
巴县	248	831	190		401	1 161	1 161				2	9			
投亲	358	889													
合计	621	1 772	190	246	401	1 161	1 161	54	140	109	8	17	38	127	

4180

教育与管理

1974 年 3 月,九龙坡区开始向知青安置地区派带队干部。到 1979 年,派往内江、宜宾的带队干部 6 批 1 067 人;派往巴县、綦江、长寿 3 县和本区知青场、队的带队干部 135 人。

知青带队干部协助安置地区各级组织加强对知青的培养、教育,向有关部门推荐知青中的优秀分子;贯彻落实国家对上山下乡知青的政策;协助解决知青遭打击、迫害的事件(全区下乡知青此类事件据不完全统计,计有 228 件,其中被打死 31 人,被迫害自杀 1 人,被奸污 106 起,被关、斗等 90 余人);配合当地搞好知青招生、招工等。

1974 至 1979 年,带队干部走访生产队 34 754 个,访问 138 288 人(次),调查了解 324 660 余人(次)的生活、思想状况。1964 年,区组织 163 人慰问下乡知青。1970 至 1975 年,组织 6 次 1 077 人到内江、宜宾、云南慰问下乡知青和支边青年。

回城安置

1957 至 1980 年,共安置 59 965 名(含支边青年)知识青年回城市就业。其中男 33 063 人,女 26 902 人;共安置 1 076 户 3 519 名原城市居民回城市(含社会青年)。

1969 至 1979 年,根据各个时期的政策,共办理 14 059 名知识青年留在城市(知青留城)。

(第十五篇第四章《劳动就业和劳动力管理》,第 386—389 页)

"文化大革命"开始后,中学 3 年未招生。到 1969 年初中恢复招生时,学生人数猛增,中学师资严重不足。区除先后接收大中专毕业生 60 多人外,从退休教职工子女、修铁路的民工及下乡知识青年中招收了 200 多人补充教师队伍。由于教师队伍中吸收了大量不合格的教师,学校中出现小学生教小学,中学生教中学的情况。

(第二十一篇第七章《教师》,第 546 页)

1967 至 1968 年间,部分中学的少数学生参加了武斗。在毛泽东主席"知识青年到农村去,接受贫下中农再教育"的指示下,对学生进行"上山下乡扎根农村干革命"的教育,全区组织学生"上山下乡"形成热潮。　　(第二十一篇第八章《学生的教育与管理》,第 550 页)

《重庆市南岸区志》

重庆市南岸区地方志编纂委员会编,重庆出版社 1993 年

(1973 年)2 月,抽调 165 人组成南岸区春节慰问团,慰问下乡知识青年。

(《大事记》,第 36 页)

9 月,南岸区知识青年上山下乡领导小组成立。　　　　　　　　　　《大事记》,第 37 页)

1966 年至 1970 年第三个五年计划时期和 1971 年至 1975 年第四个五年计划时期,处于"文化大革命"动乱期间,财政收入水平逐年下降而支出增加。十年中,全区财政支出达 5 001.8 万元,平均每年支出 500.2 万元,超过了前几个时期的水平。主要支出项目为:经济建设支出 883.2 万元、占 17.66%,文教卫生事业 2 962.4 万元、占 59.23%,抚恤和福利救济费 271 万元、占 5.42%,行政经费 671.9 万元(含城镇知青下乡安置费 122 万元)、占 13.43%,其他支出 213.3 万元、占 4.26%。　　　(第十一篇第二章《财政收支》,第 344—345 页)

1962 年 7 月,成立南岸区知识青年上山下乡办公室。1964 年成立中共南岸区委知识青年上山下乡领导小组,"文化大革命"开始后,停止工作。1969 年 1 月,成立区革委会知识青年上山下乡办公室。1973 年 9 月,恢复中共南岸区委知青上山下乡领导小组,下设办公室。1981 年 11 月,区知青办合并到区劳动局。　　　(第二十二篇第一章《机构》,第 576 页)

1970 年,为解决已下乡的城镇知识青年回城安置问题,招工的主要对象由招收城镇社会闲散劳动力转向招收下乡锻炼两年以上的知识青年。

(第二十二篇第四章《劳动就业和劳动力管理》,第 587 页)

第三节　知识青年上山下乡

下乡安置

1957 年,南岸区动员 227 名知识青年到农村插队落户。

1962 年 7 月,动员 30 人到广阳坝农场。至 1965 年,共安置 5 462 人,其中到农村人民公社插队落户的 2 710 人,到市、区国营农场、林场、渔场、园艺场的 968 人,自行挂钩到省外农村落户的 1 253 人,支援云南边疆建设 171 人,回乡 86 人,其他安置 274 人。

1966 年"文化大革命"开始至 1968 年,未动员知青上山下乡。1969 年至 1972 年,是全面动员知青上山下乡的高潮时期。动员对象是:1966 级、1967 级、1968 级中学毕业生,1970 级、1971 级、1972 级年满 16 周岁的中学毕业生和无职业的城镇居民、社会青年。在宣传教育的基础上,1969 年 2 月,动员 1 567 名知识青年下乡。至 1973 年末,共计动员知青下乡 4.29 万人,主要安置在邻水、大竹、万源、平昌、南江、宣汉、开江、忠县、奉节等对口县农村插队落户,其余的自行挂钩到农村落户和支援云南边疆建设。

1974 年开始,逐步缩小知青上山下乡的范围,扩大留城面。对因病残不能参加农业生产劳动、独生子女、孤儿、多子女身边只有 1 个子女的,不动员下乡。1976 年,粉碎江青反革命集团后,进一步缩小了动员下乡范围,扩大了留城面。1974 年至 1978 年末,动员知青下乡 1.49 万人。

4182

1978年12月,中共中央发文,对知青问题作了一系列规定,对城市中学毕业生的安排,按照进学校、上山下乡、支援边疆、城市安排的原则,下乡范围又进一步缩小。至此,南岸区不再动员知青去专县落户,主要安置在本区农村及企事业单位办的知青农场、工厂、绿化队。1979年至1980年,安置在本区农村的知青524名,辖区企事业单位办的知青场、厂、队安置509名。1980年10月起,从有利于解决劳动就业的原则出发,实行城乡统筹,因地制宜,有就业门路的,不动员下乡。1982年,停止动员知青上山下乡,待业的由劳动部门统筹安置。

南岸区下乡知青统计表

年度\人数\安置	合计	对口县农村插队	投亲靠友	本区农村	支边	返乡	其他
1969	13 115	10 494	2 581	40			
1970	11 738	11 729		9			
1971	7 350	3 844	29	1	3 392	4	80
1972	8 064	7 342	497	8		33	184
1973	2 706	2 704		2			
1974	3 943	3 598	310	3			32
1975	6 782	6 650	116	16			
1976	3 074	2 403	660	11			
1977	1 107	900	201	6			
1978	22		3	19			
合计	57 901	49 664	4 397	115	3 392	37	296

教育与管理

1974年,南岸区派出首批知青带队干部62人,下设6个分队,分别驻邻水、大竹、万源、平昌、南江等县。至1979年先后派出6批带队干部,共计672人。知青带队干部协助安置地区各级组织加强对知青的培养、教育,向有关部门推荐知青中的优秀分子;贯彻落实国家对上山下乡知青的政策,切实解决好他们在生产、生活、医疗上存在的困难和问题;协助当地组织打击迫害、摧残知青的坏分子,协助有关部门,保护下乡知青;协助当地用好知青经费,做好对部分知青的困难补助;对在乡知青进行调查登记,配合做好招生、招兵、招工工作。1981年5月,鉴于大多数下乡知青已回城或就地安排了工作,南岸区第6批带队干部撤离安置县。1964年至1965年,1970年至1978年春节期间,重庆市统一组织上山下乡知青慰问团,南岸区为分团,对本区在铜梁、万县、达县地区农村落户的知青以及去云南支边的青年进行慰问。1973年,在达县、大竹、邻水等11个县慰问知青中,召开慰问大会761次,参加会议的有1.79万人;召开座谈会2 124次,参加会议的有1.92万人,个别走访677人次。慰问团给知青送去了慰问信、慰问品、电影、文艺节目、书籍;了解安置情况;协助安置地区解决下乡知青在学习、生活、劳动方面的实际问题。

回城安置

1970 年 10 月,开始招收在农村劳动锻炼 2 年以上的城镇下乡知青回城工作。1971 年至 1972 年招回 1 795 名。1973 年停止招收下乡知识青年,1974 年起又恢复招收。以后招收单位和范围逐步扩大,对 1972 年以前下乡的知青优先安排。至 1982 年,全区共招收下乡和支边青年 6 046 人回城安置了工作,同时,按照有关政策规定,1969 年至 1980 年,共批准下乡和支边青年 4 150 人回城。市属以上单位也招收了大批南岸区动员下乡的知青。至 1982 年底止,除参军、升学、死亡和 11 人自愿留在农村、3 人坚持留在云南边疆的青年外,其他知青都招收回城或就地安排了工作。

(第二十二篇第四章《劳动就业和劳动力管理》,第 588—590 页)

1971 年,教师缺编。将政治条件好、具有初中以上文化程度、30 岁以下的工人、贫下中农、复员退伍军人和经过一年以上劳动锻炼的知识青年充实教师队伍。

(第二十三篇第六章《教师》,第 633 页)

《重庆市北碚区志》

重庆市北碚区地方志编纂委员会编,科学技术文献出版社重庆分社 1989 年

(1969 年)2 月 2 日,欢送首批知识青年上山下乡,统一安置到南充、达县地区。

(《大事记》,第 29 页)

(1971 年)6 月 23 日,欢送 1 001 名知识青年去云南生产建设兵团,参加边疆建设。

(《大事记》,第 30 页)

1961 年—1977 年,处于人口缓慢增长期。17 年中,经历了三年自然灾害,清退"大跃进"时期的盲流人口,知识青年上山下乡……

1978 年—1982 年,处于人口增长回升时期。粉碎"四人帮"后,大批知识青年,下放干部返回城市,以及各项事业得到恢复、发展。五年之中,增加 28 254 人,年平均增加 5 651 人,递增率为 16.89%。(人口志第一章《人口增长及构成》,第 53 页)

(1969 年)3 月 1 日,区革委、"支左"办公室组织欢送知识青年上山下乡,有 2 000 多名中学生到农村"落户"。(政权政协志第二章《北碚区人民政府》,第 97 页)

(1970 年)9 月 25 日,区革委发出《关于进一步做好动员知识青年下乡工作的意见》——全区三届毕业生 14 065 人,时已先后下乡 13 450 人,除病残的外,尚有 332 人待动员下乡。

（政权政协志第二章《北碚区人民政府》,第 97 页）

(1971 年)5 月 21 日,区革委、"支左"办公室召开动员知识青年"支边"工作会议。6 月 23 日,组织本区首批"支边"青年 1 001 名去云南生产建设兵团。

（政权政协志第二章《北碚区人民政府》,第 97 页）

北碚区安置工作领导小组,1964 年成立,1969 年单独成立北碚区革命委员会毕业生分配办公室,1973 年改为北碚区革委知识青年上山下乡工作办公室。1982 年安置知青工作完成后,与劳动局合并。　　　　　　　（劳动人事志第一章《劳动管理》,第 147 页）

知识青年、居民上山下乡

1964 年 2 月,根据中共中央《关于动员和组织城市知识青年参加农村社会主义建设的决定》,开展动员城镇知青上山下乡工作。到 1981 年停止动员时,全区先后动员安置下乡知青 32 383 人,国家拨给安置知青经费 440 多万元。

1964 至 1965 年中,全区动员城镇待业知识青年回乡下乡 1 868 人,安置合川、丰都、南江、宣汉等县插队落户的 1 167 人,在北碚就地落户的 37 人,自行挂钩回老家落户的 350 人。通过计划招工,安置去万县药林场、云南景洪农场、南盘江林场作为国营企业职工的 314 人。

1969 至 1975 年中,全区动员知青下乡 18 790 人。其中安置到对口地区南充、苍溪、阆中、南部、仪陇、西充、巴中、南江等县插队落户的 16 738 人,去云南生产建设兵团支边的 2 052 人。

1975 年以后,推广株洲市厂社挂钩,干部带队,集体安置的经验,创办集体所有制的知青农、林、茶、渔、牧场 147 个和 72 个知青点,后调整合并为知青场,国家拨给安置经费 174 万多元,至 1981 年,先后安置知青 7 298 人。1976 年,区知青办联系在区的一些工业单位帮助知青场创办了 52 项小工业,以发展集体经济,增加知青收入,参加工业生产的知青计 430 人。1979 年开始,采取单位包干,不下户口,不建住房,就近建队,就地安置的形式,各单位先后建立 11 个知青绿化队,安置知青 273 人。创办独立核算、自负盈亏的集体所有制农工商联合企业知青厂场 5 个,安置知青 322 人。同时,还着重办理了下乡知青就业安置工作,到 1981 年,除在农村结婚安家、参军的外,全部知青招收回城。

1968—1970 年,在"我们也有两只手,不在城市吃闲饭"的口号下,全区动员城镇无业(指无固定工作)居民,到苍溪、阆中等专县落户 219 户、578 人。1983 年开始对其落实政策,除已工作、参军的外,全部迁户回城。　　（劳动人事志第一章《劳动管理》,第 148—149 页）

《重庆市南桐矿区志》

重庆市万盛区人民政府地方志办公室编,重庆出版社 2002 年

(1964 年)7 月 7 日,全区首批动员城市知识青年 307 人上山下乡到区内农村"插队落户"。 　　　　　　　　　　　　　　　　　　　　　　　　(《大事记》,第 26 页)

(1969 年)2 月,动员知识青年上山下乡,全区有 2 094 名知识青年安排到南川县插队落户,有 701 名知识青年挂钩到区内和省内外农村插队落户。 　　　(《大事记》,第 29 页)

(1970 年)7 月 2 日,区革命委员会抽调干部 90 人组成慰问队,在重庆市革命委员会慰问团的统一领导下,分赴南川和本区各公社,对下乡知识青年开展为期一个月的慰问活动。 　　　　　　　　　　　　　　　　　　　　　　　　(《大事记》,第 29 页)

是月(1971 年 1 月),开始招收上山下乡知识青年回城就业,当年共计安置 65 人。 　　　　　　　　　　　　　　　　　　　　　　　　(《大事记》,第 30 页)

是月(4 月),区 508 名知识青年赴云南生产建设兵团,支援边疆建设。 　　　　　　　　　　　　　　　　　　　　　　　　(《大事记》,第 30 页)

(1973 年)2 月 19 日,由区委副书记鄢嵩山任分团长的重庆市上山下乡慰问团南桐矿区分团,分赴南川县及全区农村,对下乡落户的知识青年、城镇居民进行慰问。 　　　　　　　　　　　　　　　　　　　　　　　　(《大事记》,第 30 页)

(1977 年)7 月 10 日,重庆市知识青年上山下乡安置工作会议在区召开。 　　　　　　　　　　　　　　　　　　　　　　　　(《大事记》,第 32 页)

是月(1979 年 1 月),停止知识青年上山下乡工作。 　　(《大事记》,第 33 页)

1961 年,在国民经济困难期间,动员城镇无业人员、知识青年到农村,并精简下放干部到农村,非农业人口减少,至 1965 年,全区农业人口 104 958 人,占人口总数的 63.91%;非农业人口 59 265 人,占总人口的 36.09%。此后,全区农业与非农业人口比重稳定在这个比例上下。

1978 年后,落实历次政治运动中错误处分人员的政策、下乡人员返城及工厂招工、恢复

高考招生、实行政策性农转非、实行经济上放开搞活政策等,全区非农业人口比重相对增大。1985年,全区农业人口149 079人,占总人口的62.32％;非农业人口有90 146人,占全区人口总数的37.68％。

(第三篇第二章《人口分布》,第105页)

(1969年)2月,全区动员知识青年上山下乡,安排到南川县插队落户2 094人,在区内和省内外投亲、挂钩插队落户农村的有701人。

(第六篇《政事记要》,第194页)

1964年—1966年底,全区共安置城镇36人就业,知识青年上山下乡307人,仍有待业人员4 591人。1966年秋后,由于"文化大革命"的影响,中学毕业生积累,待业人员急剧增加。1969年,全区开始大规模动员城镇知识青年上山下乡。1971年,区内开始全面实行职工退休后的子女顶替招工制度,对固定职工当年因退职、退休、死亡、参军、入学及开除等情况离开职工队伍而出现的缺额,按照先减后补的原则进行补充。同期在计划指标内安排部分上山下乡知识青年返城就业。

1979年,停止动员知识青年上山下乡,全区共有11 239名上山下乡知识青年(从1967年计)。为解决大批下乡知识青年需要回城安置,区部分全民所有制单位兴办集体企业(称为大集体),以安置本系统、本单位的职工子女(包括上山下乡子女)就业。

(第九篇第二章《劳动》,第266页)

1956年—1985年,南桐矿区劳动部门共办理劳动就业手续103 554人。……上山下乡知识青年回城安置10 390人。

(第九篇第二章《劳动》,第267页)

第六节　知青工作
一、上山下乡

1964年4月,根据国务院《关于动员和组织城市知识青年参加农村社会主义建设的决定》,成立南桐矿区安置工作领导小组,下设办公室,工作人员2至6人。7月,动员城市知识青年(简称知青)307人到景星、两河、青年3个公社"插队落户"。1966年春节后,307名知青分别安置在3个公社组建的"青峰"、"红鹰"、"南天门"知青茶场,由区派干部管理,拨给知青生活费,供应口粮。1967年2月后,区安置工作领导小组办公室瘫痪,知青茶场也瘫痪。1968年12月21日,毛泽东号召"知识青年到农村去,接受贫下中农再教育很有必要,……各地农村的同志要欢迎他们去"。是月,撤销知青茶场,3个茶场的知青重新插队安置。

1969年2月,南桐矿区掀起上山下乡高潮,除小学生、独生子、孤儿、多子女父母身边无人可留1人及病残青年不动员下乡外,不论初中、高中毕业生,都要下乡"接受贫下中农再教育"。全年全区安排到南川县插队落户有2 094人;到区内和省外农村挂钩、投亲靠友插队落户有701人。是年后,由区毕业生分配办公室兼管知青工作。1971年4月,根据云南、四川两省下达的计划,区内动员508名支边青年,到中国人民解放军云南生产建设兵团参加边疆建设。

1972年起,不再安排知青到外地落户,每年1批知青在区内就地安置。1973年3月,区毕业生分配办公室改名为区知识青年上山下乡办公室。1979年1月起,停止知青上山下乡。全区知青上山下乡共11 546人,其中安排到南川县插队落户2 094人;安排到区内各公社知青点5 285人、知青农场(包括林、茶场)1 969人;自行投亲靠友到区外下乡落户912人;安排到云南生产建设兵团508人;安排到区内国营九锅箐茶场和区畜牧场778人。为支持知青上山下乡,南桐矿区财政累计安排知青专款285.5万元;先后派出知青带队干部418人次,与知青同吃、同住、同劳动,分片负责知青教育管理;先后组织10次慰问团队,慰问上山下乡知青;全区下乡知青中,有48人加入中国共产党、1 974人加入共青团,先后有1 144人进入区、公社、大队、生产队领导班子。

二、回 城 安 置

1971年1月开始,在计划招工指标内,从下乡知青中招工,全年共招收知青回城安置就业65人。此后,每年都有一批知青回城就业安置,主要是安置到全民所有制和集体所有制企事业单位。1981年后,主要是安置到全民企业办的集体企业(简称大集体)。1982年1月,区知识青年上山下乡办公室撤销,并入区劳动局。1983年,大部分知青已安置回城就业,所余少数知识青年主要安排到大集体企业和个体经济就业,全区上山下乡知青安置工作结束。南桐矿区共安置知青回城就业10 390人,其中全民所有制单位招工补员安置5 060人,区属集体所有制单位招工补员2 659人,大集体单位安置2 248人,个体经济就业423人。此外,有部分支边青年自行回城待业,有的知青在南川县企事业单位招工就业,有的留在农村、农场,有的升学、参军,有的死亡、犯罪入狱,共约1 156人。

(第九篇第二章《劳动》,第276—277页)

1975年4月,重庆市"五·七"干校撤销,移交重庆市国营农场管理局,更名为"重庆市九锅箐茶场",开始安置城市知识青年,到1978年,共安置知识青年837人。

(第十二篇第一章《农业生产关系》,第351页)

1956—1985年,南桐矿区财政其他支出累计为1 255.60万元、占区财政30年总支出的13.70%。分别用于:区属地方"五小"企业技术改造补助费129.51万元、城镇人口下乡安置费(1958年压缩城镇闲散人口下乡定居安置和1964年后的知识青年上山下乡安置)300.70万元、人民防空支出45.87万元、新产品试制费19.79万元、兵役征集费5.24万元、营房修缮支出1.15万元、犯人给养支出4.85万元、收容站经费3.61万元、城市维护费支出551.37万元、税务费支出(农业税助征员、城镇协税员、乡村社队会计人员培训)8.79万元、"文化大革命"经费支出(区"文革"办公室的经费及区内外学生串联发生的费用)7.40万元、基本路线教育费（粉碎"四人帮"后，区城乡进行社会主义基本路线教育专项经费）8.34 万元、城镇青年就业费 36.35 万元、其他费用（无明细资料记述）132.63 万元。

（第十七篇第一章《财政》，第 575 页）

同时（1968 年秋）动员城镇高、初中毕业生上山下乡，到农村去接受贫下中农再教育（即知识青年上山下乡运动）。

（第十九篇第二章《普通教育》，第 640 页）

1958 年，区内大办农业中学，有重庆市高等院校到区体验生活的师生、机关下放锻炼的干部、首批上山下乡知识青年等 51 人任教。

（第十九篇第五章《教师》，第 654 页）

《重庆市双桥区志》

重庆市双桥区人民政府编著，西南师范大学出版社 2005 年

（1969 年）3 月，响应毛泽东主席"知识青年到农村去"的号召，全公社动员首批 31 名城镇知识青年下乡落户。

（《大事记》，第 16 页）

（1975 年）7 月 25 日，设立双桥区知识青年上山下乡办公室，陈禹孙任办公室主任。是年，动员 175 名知识青年上山下乡。

（《大事记》，第 19 页）

城镇知识青年上山下乡 知识青年上山下乡起始于 20 世纪 60 年代中期，1969 年方形成一种制度，并设置专门机构"知识青年上山下乡管理办公室"（简称知青办）管理有关工作。按当时政策规定，凡年满 16 周岁（1973 年调整为 17 周岁）的小学毕业生、初中毕业生、高中毕业生或肆业生且未升学者及无职业或无固定职业，能自食其力的城镇居民和社会青年均属上山下乡对象。

1964—1977 年，区境内下乡插队落户参加农业生产的共 378 人（其中境外来者 11 人）。1978 年以后，不再动员知识青年上山下乡，同时对已上山下乡的知青，除 1 人生病死亡外，其余均按当时的政策规定，先后回到城镇并安排工作。

1964—1977 年城镇知识青年上山下乡人数

年度	1964	1969	1970	1971	1972	1973	1974	1975	1976	1977
人数	1	6	36	20	4	1	73	106	78	54

（第三篇第二章《人口异动》，第 145—146 页）

区知识青年办公室（简称区知青办）

为加强对知识青年上山下乡工作的领导，1976年3月，成立区知青办，有工作员4名，其中主任1名。1979年2月，根据中央政策规定不再动员知识青年上山下乡，将知青办并入区计建委，知青工作统一由计建委负责。　（第二十六篇第一章《管理机构》，第1204页）

1980年前，根据国家政策规定，全民和集体所有制企业招收固定职工都应纳入国家计划，由上级计划主管部门下达招工指标，劳动部门统一招收。招收范围除矿山、码头搬运等少数特殊行业可招农业人口外，其余只限于招收城镇失业、待业人员，复员退伍军人，户口在农村锻炼两年以上的城镇上山下乡知识青年。招收办法是生产大队、公社、区层层推荐，劳动部门考察政治、劳动表现，体检，合格者由劳动局发录取通知书。

（第二十六篇第二章《劳动》，第1206—1207页）

城镇下乡知青安置

根据中共中央文件规定，双桥境内自1969年开始动员城镇知识青年下乡劳动锻炼，1978年根据中央文件停止知青下乡，其间全区下乡368人，外地转来11人（其中1人为1964年下乡知青）。在知青下乡期间，根据有关政策规定又陆续安置知青回城工作。全区除1名知青在下乡期间病亡外，其余378人都先后招工回城镇安置就业（其中区外安置6人）。　（第二十六篇第二章《劳动》，第1210页）

《重庆市财政志》

重庆市财政志编纂委员会编，成都科技大学出版社1995年

城镇青年就业经费支出

城镇青年就业经费在1962年到1973年期间，称为城市人口下乡安置经费，1974年到1979年期间，改称城镇人口下乡经费，1982年起，才称城镇青年就业经费。

1968年以前，我市有少部分青年和城镇闲散人员，及部分精简的职工回乡或安置到农场落户，当时规定的经费开支标准是：凡成户下乡到人民公社插队落户的，其生产、生活补助费按四口之家掌握在250元至300元发放，每户如增加一个成年下放人员，可增发补助费40元到50元，增加一个未成年的下放人员，可增发补助费30—40元。对到农场落户的，则按每人100元的标准，发给所落户的农场包干使用。

在"知识青年到农村去"的号召下，全市从1969年—1978年期间，共动员下放知识青年469 042人，其中永川地区92 821人。实际安置知识青年总计182 475人，其中永川地区105 123人。这个时期的经费主要用于城市人口中的知识青年下乡插队、插场、建场的开支，

及其住房、生产、生活的补助费用。为帮助知识青年解决个人下乡前准备工作中存在的困难,1971年以前,对下乡知识青年每人补助30元,后减为20元。据统计,1969年—1978年的十年间,全市总计支出知青经费8 635万元,其中永川地区支出4 223万元。

1978年以后,停止动员知识青年下乡,并于1979年起,陆续招收下乡知识青年回城工作。为解决知青的就业问题,从1980年起,市、区有步骤地建立劳动服务公司,担负组织生产、服务和进行职业培训任务,财政也相应增设劳动服务公司补助费项目。这时起,财政每年所拨的经费,主要用于安置城镇待业青年举办的集体所有制生产网点的生产周转金和组织城镇待业青年就业前的技术培训费用。重庆市1969年至1978年知青经费支出如下表:

重庆市1969年—1978年知青经费支出表

时 间	支出金额(万元)			下放知青人数			安置知青人数		
	合计	重庆	永川	合计	重庆	永川	合计	重庆	永川
1969年	703.3	703.3		129 422	129 422		1 323	1 323	
1970年	560.1	71.5	488.6	42 558	18 620	23 938	11 773	996	10 777
1971年	310.9	52.6	258.3	24 421	13 351	11 070	16 506	3 006	13 500
1972年	624.6	402.6	222	78 529	62 485	16 044	30 185	13 135	17 050
1973年	72.9	17.8	55.1	1 824	281	1 543	1 871	35	1 836
1974年	1 518.7	559.3	959.4	45 799	39 011	6 788	17 452	6 599	10 853
1975年	2 192.1	1 061.5	1 130.6	84 083	62 232	21 851	61 161	25 862	35 299
1976年	1 477.9	950.7	527.2	43 276	35 669	7 607	30 450	19 911	10 539
1977年	859.8	476.5	383.3	18 068	14 111	3 957	13 167	7 924	5 243
1978年	315.4	116.6	198.8	1 062	1 039	23	387	361	26
合 计	8 635.7	4 412.4	4 223.3	469 042	376 221	92 821	184 275	79 152	105 123

(第三篇第三章《中华人民共和国成立后重庆市的财政支出》,第86—87页)

(1974年)5月30日,四川省革命委员会批转省财政局《关于改进财政管理体制的报告》。从1974年起,省对我市试行"收入按固定比例留成,超收另定比例分成"的办法。规定我市收入固定留城比例为1%(即按全年收入总额市留1%作机动财力),收入超收部分,除上缴中央70%外,上缴省12%,市留18%;财政支出除了基本建设拨款和城镇人口上山下乡安置经费以外,其余各项支出由市在省核的指标总额内包干使用,结余归市支配,超支由市自行弥补。

(《大事记》,第243页)

《重庆市供销合作社志》

《重庆市供销合作社志》编辑室编，(内部刊行)1992 年

"文革"十年动乱，就业矛盾十分突出，增加了职工生活困难和社会不安定因素。市供销社直属各单位至 1978 年底止共有中学毕业的职工子女 1 077 人待业，其中 336 人属于病残、独子、多子女身边留一人办理了留城手续，741 人为动员下乡的知识青年(简称"知青")。

(第二篇第五章《劳动人事》，第 63 页)

1966 年"文革"期间，市内铁锅生产再度下降，省外货源紧缺，加上知识青年上山下乡落户自炊用锅的需求，市场再次出现严重供不应求的状况。为缓解市场需求矛盾，自 1969 年 1 月开始，对城乡居民家庭用锅由区县日用杂品公司根据货源状况，发放票证分配供应；对知识青年上山下乡落户炊用铁锅和单位生产、伙食用锅，以及其他特殊需要，列为专项安排，控制供应；……自 1978 年 5 月 8 日起，全市铁锅取消凭票购买的办法，实行敞开供应。

(第三篇第十八章《日用杂品》，第 483 页)

《重庆市法院志》

重庆法院志编辑委员会编，(内部刊行)1995 年

(1973 年)5 月 28 日至 30 日，市中级法院召开各区县法院院长、刑庭庭长会议，传达贯彻中央关于保护上山下乡知识青年、打击阶级敌人破坏活动会议精神，市委负责同志到会讲了话。

(《大记事》，第 31 页)

12 月 3 日至 4 日，全市法院集中判处破坏知识青年上山下乡和严重危害治安秩序的罪犯，参加公判会群众 20 万人，工农兵代表讲话，判处罪犯 66 名，其中对余坤利、周本伦、石曾海、李永福 4 名判处死刑，判处死缓 3 名，无期徒刑 2 名，有期徒刑 53 名，管制 2 名，免刑 2 名。印布告 35 000 张，法制宣传资料 12 万份。

(《大记事》，第 31 页)

1973 年 12 月市法院召开 20 万人公判大会，对破坏知识青年上山下乡、奸污女知识青年的罪犯余坤利、周本伦、石曾海、李永福 4 名执行死刑。

(第三篇第二章《人民法院刑事审判》，第 134 页)

铁道部第二工程局工人潘××1968 年 3 月与江北县龙王乡社员傅××(女，28 岁)结婚，双方感情尚好，生一男孩。1972 年潘××选派出国修坦赞铁路后，下乡知青姜××即对

傅××进行勾引,1975年4月一天晚上乘在傅家代为写信之机,纠缠,同居一夜。此后长期通奸。1976年5月,潘返家探亲中,姜仍去屋后抛瓦块、写纸条,要求与傅发生关系,被潘拿获。江北县人民法院除对姜判刑外,根据潘之请求,鉴于夫妻感情确已破裂,调解离婚。

(第四篇第二章《人民法院民事审判》,第 201 页)

荣昌县黄泥乡程××(男)于1968年与喻××结婚,生育小孩两个。夫妻关系不好,1973年7月程××奸淫下乡女知识青年犯罪,判刑十五年。

(第四篇第二章《人民法院民事审判》,第 205 页)

《重庆市房地产志》

重庆市房地产志编纂委员会编纂,成都科技大学出版社1992年

(1971年)招收学工73名(小学超龄生50名,回城"知识青年"23名)。

(《附录》,第 343 页)

《重庆市防空志》

重庆市人民防空办公室编,西南师范大学出版社1994年

1970年,省人防领导小组办公室确定重庆市在年底前疏散20至30万人。6月4日市人防领导小组办公室立即作出部署:要求市中区不再新建、扩建工厂,以免农业人口大量流入城市使人口集中的矛盾加剧;……尚未到农村去的1.5万名知识青年,应继续动员"上山下乡"(截至5月底,全市已有3万知识青年奔赴农村安家落户)。……是年底,全市结合上山下乡、精简机构、工业搬迁、支边支农、清理整顿户口等工作,累计疏散人口已达45万余人。……

1973年5月,四川省人防领导小组根据近几年各地疏散城市人口的情况,提出应严格控制大中城市人口总数,对疏散工作应统一政策、采取谨慎措施。此后,重庆市按照省的要求,除结合动员上山下乡、支援重点建设和转移易燃、易爆有害物资等工作进行疏散外,主要拟定和修改完善疏散方案,不再大张旗鼓地疏散城市人口。　　(第四篇第四章《疏散》,第 318 页)

《重庆市公用局组织志》

重庆市公用事业局修志办公室编,(内部刊行)1995年

4. 兴办第三产业,安排待业职工子女就业。这期间出现了两次就业高潮。一次在1979

年。全局当时有待业青年 1 950 人,除下乡不满两年和应下放知青 310 人外,尚有 163 人待安置。局采取措施,广开门路,兴办集体企业和技工校等,到年底已安置 884 人,占应安置的 54.1%。……

(第二篇第一章《局机关行政组织》,第 194 页)

(1973 年)10 月,市人交公司知识青年上山下乡办公室成立。

(第二篇第二章《重庆市公共交通公司行政组织》,第 204 页)

1978 年 4 月 14 日,市人交公司改名为市公交公司。是时公司机关设有营运、安全、机务、技术、器材、计划、财务、劳工、行管、保卫等科和办公室、知青办公室、支农办公室、"五·七"办公室及驾训班等科室及附属机构。

(第二篇第二章《重庆市公共交通公司行政组织》,第 204 页)

1984 年 2 月公司机构调整前后设置对照表

时　间	设置机构名称
调整前	办公室、研究室、总工程师室、知青办公室、节能办公室、退委会办公室、科研所、业务科、安全科、财务科、器材科、机务科、票务科、教育科、劳工科、基建科、保卫科、计划科、行管科、服务质量管理科
调整后	办公室、研究室、总工程师室、节能办公室、科研所、业务科、安全科、财务科、器材科、机务科、教育科、劳工科、基建科、保卫科、计划科、行管科

(第二篇第二章《重庆市公共交通公司行政组织》,第 206 页)

1973 年 11 月 26 日,公司成立知青上山下乡领导小组,下设办公室(简称知青办)。

(第二篇第三章《重庆市自来水公司行政组织》,第 253 页)

装修厂则是"文革"期间组织家属生产自救搞起来的"五·七"工厂,1978 年为安置回城"知青",报经批准改为集体性质的、改装小型面包车(旅行车)的装修厂。

(第二篇第五章《重庆市客车总厂行政组织》,第 295 页)

《重庆市计划生育志》

重庆市计划生育委员会编,(内部刊行)1991 年

"无产阶级文化大革命"之初,正常的经济秩序、生产秩序和社会秩序被搅乱,以致从学校毕业的大中专学生、初高中毕业生无法就业,成为社会不安定因素之一,为了解决这一社

会问题,重庆市从1964年起就开始动员知识青年上山下乡。1966年2月15日,重庆市上山下乡知识青年代表大会在重庆市人民礼堂举行。从1964年到1966年的两年时间里,全市已有2万余名城市知识青年到农村。

1968年12月21日,《人民日报》正式发表了毛泽东主席关于"知识青年到农村去,接受贫下中农再教育"的指示。全国各地掀起了知识青年上山下乡的热潮。从1968年到1977年的9年时间里,重庆市先后有36万名知识青年到农村插队落户,有2.1万名知识青年到云南支援边疆建设。形成建国以来重庆历史上人口迁移的第三次高潮。九年间净迁移为-8.6万人。

由于城市待业人员大量迁往农村,又造成了城市劳动力缺乏。随着时间的推移,这个问题日益明显地显现出来。从1971年起,知识青年已开始陆续回城,招收到各机关、厂矿、事业单位工作。即便如此,仍然是迁出的多,迁入的少;下乡的多,回城的少。1977年知识青年开始停止下乡,并大批回城,到1979年形成了一个回城高峰,迁入和迁出相抵,机械增长6.7万人,净迁移率为1.07%。 (第一篇第四章《人口迁移》,第85页)

《重庆市乡镇企业志》

重庆市乡镇企业管理局编,(内部刊行)1995年

七十年代初,随着知识青年上山下乡运动的深入发展,带动了城乡经济技术协作开展,以落户的知识青年为联系纽带,城市国营企业以淘汰的废旧设备扶持农村,在巴县、江北县、北碚区等地建立起一批小织造厂和土丝厂,如巴县红旗织布厂、三桥棉织厂、北碚转龙丝厂(84年更名为北碚丝绸厂)。 (第四章《工业》,第66页)

1969年开始的知识青年上山下乡运动,客观上推动了城乡交流的发展。成千上万知识青年来到广大农村,带来新的活跃的思想。一些城市工业企业出于改善本单位职工子女在农村的生活状况的目的,利用本单位淘汰设备、技术力量、扶持农村建立起一批小水电、农机、化工、纺织、食品加工企业。 (第六章《建筑业》,第140页)

《重庆市总工会志》

重庆市总工会编纂委员会编,重庆出版社1996年

由于三线建设的需要,新建了许多项目,知青又大量回城,至1975年底,职工猛增到32 000人。 (工会组织篇第五章《产业工会组织》,第151页)

《重庆市粮油志》

重庆市粮食局编,(内部刊行)1995 年

据统计:1980—1985 年粮食定量供应人口,平均每年净增 58 775 人,增长率为 2.21%;其中招工、招生、下乡知识青年返城和职工家属按国家政策规定迁入城市等项占"农转非"人口的 88.07%。 （第三篇第一章《粮食销售》,第 95—96 页）

70 年代以后,为适应面粉配售比例提高后对挂切面需求量增大的形势,安排"上山下乡"子女返城就业,重庆市制面业有很大发展。 （第五篇第四章《其他加工》,第 198 页）

《重庆市农牧渔业志》

重庆市农牧渔业局编,(内部刊行)1993 年

1963 年 9 月 13 日从江北区招收高、初中毕业生 107 名,调入大洪湖渔场工作。 （水产志第一章《渔业行政》,第 444 页）

《重庆市轻工业志》

重庆市轻工业志编纂委员会编,四川科学技术出版社 1995 年

1978 年,为了安置上山下乡回城工作的知识青年就业,解除职工后顾之忧,在所属 37 家全民所有制企(事)中,兴办了集体所有制企业 41 家,安置青年 2 000 余人。 （第四篇第二章《社团管理》,第 280 页）

《重庆市水利志》

重庆市农机水电局编,重庆出版社 1996 年

(1974 年)9 月,重庆市水利局依托重庆市农业学校,举办水利中专班。班主任何定英、杜代成。招收重庆市上山下乡知识青年 50 名。 （《大事记》,第 345 页）

《重庆文化艺术志》

重庆市文化局编,西南师范大学出版社 2000 年

该队(市中区曲艺队)除坚持日常演出外,还于 1965 年分两个队分头到本市各区县和泸

州等地慰问下乡知识青年与石油工人；1970年和1971年两度赴川北和广安、达县等地，慰问人民解放军和地方民兵；1972年到云南边陲慰问支边青年。

（第四篇第一章《曲艺》，第237页）

1972年3—6月，该团（重庆市曲艺团）派出演员徐勋、邓碧霞等8人和创作人员2人，参加四川省慰问赴滇支边青年代表团，到云南省的昆明、河口、金边等进行慰问演出。70年代中期，该团先后于1973年、1975年两次参加四川省文艺调演，演出创作改编节目：《石头后面》、《丰收曲》、《红石匠》、《下乡看女》……

（第四篇第一章《曲艺》，第240页）

1981年（永川地区文工团歌舞队）改称永川地区文工团后，分为舞蹈队、唱队、乐队，但仍是同台演出歌舞节目。曾先后演出过芭蕾舞剧《白毛女》、歌剧《三月三》、《洪湖赤卫队》、大合唱《长征组歌》及本团创作的歌舞《高粱秆节节甜》、《拾豆叶》、民歌《知识青年下乡来》等大小节目800余个，是永川地区的专业歌舞团队。

（第六篇第二章《舞蹈》，第368页）

（重庆市歌舞团）建团后，又在"反右斗争"、"大炼钢铁"、"人民公社化"、"四清运动"以及慰问下乡知识青年中进行多次演出。

（第六篇第二章《舞蹈》，第370页）

重庆市戏曲现代剧目联合公演

重庆市文化局主办，1958年9月15—25日在重庆剧场演出。……广元豫剧团演出豫剧《朝阳沟》……

（第十篇第二章《专业剧团会演、调演》，第501页）

国内表演艺术团体来渝演出简表①

演出团体	艺术形式	演出时间	演出地点	主要剧（节）目
河南省豫剧院	豫剧	1966.4.12—23	重庆剧场	《打铜锣》、《补锅》、《借牛》、《焦裕禄颂》、《朝阳沟》

（第十篇第三章《出访、来访演出活动》，第511页）

《长寿县志》

长寿县地方志编纂委员会编，四川人民出版社1997年

（1968年）11月20日，长寿县知识青年上山下乡办公室成立。

（第二篇《大事记》，第55页）

---

① 本表内容为节选。——编者注

（1962 年）动员城市 1 500 名知识青年上山下乡落户，参加农业生产劳动。

（第六篇第五章《群众团体》，第 243 页）

（1968 年）动员知识青年上山下乡，到农村去接受贫下中农再教育。

（第六篇第六章《重大政事要事》，第 265 页）

长寿县主要临时机构表

名　　　称	成立时间 （年月）	工　作　任　务
	……	
知识青年上山下乡办公室	1973.12	动员城镇知识青年上山下乡到农村落户，1976 年 10 月撤。
	……	

（第八篇第三章《办事机构》，第 333 页）

1966 年—1976 年，信访工作受到"左"的思想影响，强调"以阶级斗争为纲"、"以无产阶级专政下继续革命"的理论为指导思想，这时期来信来访主要反映 60 年代下放人员和下放知识青年要求得到妥善安置，以及"文化大革命"中被查抄户要求退还查抄物资和群众揭发少数干部搞派性、违法乱纪等问题。11 年中，共处理来信来访 40 977 件，平均每年 3 725 件。

（第八篇第六章《政务》，第 345 页）

第三节　知 青 安 置

1964 年，根据中央"知识青年上山下乡劳动锻炼的指示"，动员一批城镇未升学就业知识青年（简称知青）和闲散人员，下放农村、国营农场、林场、社办农、林场劳动锻炼。当年市下放知青 36 名，县城镇 32 名，文教系统 150 名，社会闲散人员 636 名，共 854 名。安置县内 8 个公社，10 个社办农、林、茶场落户。其中云集东山茶场 100 名，玉华茶场 96 名，团结农场 37 名，但渡公社红旗农场 44 名，大堡公社高峰农场 63 名，扇沱公社东升林场 74 名，十字公社青年茶场 39 名，幸福山公社"五四"茶场 70 名，义和公社青年茶场 92 名，太平公社建新农场 21 名，农村插队落户 217 名。

1966 年"文化大革命"开始，知青下乡停止。1968 年贯彻中央、省、市"关于动员组织知识青年到农村去接受贫下中农再教育"的指示。全县动员知青上山下乡形成高潮。将 1966、1967、1968（年）级三届中学毕业生，一律列为下乡对象，对无职业或无固定职业的城镇居民、社会青年都动员下农村插队落户，有老家的可回原籍。县三届毕业生和市分配来县的知青、社会青年、城镇闲散人员共 6 017 名。1969 年在县内 10 个区社农村落户。其中江南区分配 313 名,安置 179 名;晏家区分配 552 名,安置 357 名;渡舟区分配 759 名,安置 749 名;兴隆区分配 396 名,安置 100 名;石堰区分配 726 名,安置 262 名;葛兰区分配 844 名,安置 509 名;龙溪区分配 616 名,安置 418 名;洪湖区分配 400 名,安置 115 名;双龙区分配 660 名,安置 281 名;云集区分配 510 名,安置 60 名;复元公社分配 131 名,安置 126 名;幸福山公社分配 110 名,安置 6 名。全县安置 3 162 名,占应安置的 52.6%。以后采取按系统、单位对口挂钩的办法安置,1970 年—1971 年全县安置下乡知青 1 535 名。

1970 年—1977 年下乡知青逐步回城安排工作,1978 年后知青下乡逐步减少,1981 年知青不再下乡。全县共回城知青 13 725 名,其中市下放 7 750 名。回城知青中,升学 2 166 名,参军 918 名,招工 9 992 名,病残 446 名,独子照顾 151 名,转业 19 名,死亡 28 名,其他 5 名。

1964 年—1981 年,国家拨知青经费 549 万元,其中用于建房 206.7 万元,生活补助 133.7 万元,困难补助 5.25 万元,家具、农具 165.5 万元,其他费用 37.85 万元。

(第十一篇第二章《劳动就业》,第 399 页)

1968 年到 1969 年各中学陆续复课。确定六六级、六七级及六八级(称老三届)全部毕业,动员上山下乡。

(第二十六篇第三章《普通教育》,第 853 页)

戴久碧(1961 年—1981 年),四川省重庆市长寿县但渡乡人。读书时多次评为"三好"学生。1978 年高中毕业后回家务农。1981 年 7 月 19 日上午,到池塘洗衣,遇生产队少年魏小容掉入池塘,不顾自己不会游泳,纵身跳入 3 米—10 米深的水中,救活了小容,而自己不幸牺牲。共青团重庆市委授予她"雷锋式模范共青团员"的光荣称号,并在但渡乡召开命名大会,号召团员、青少年,学习他舍己救人的英雄事迹。

(第三十三篇第一章《传略》,第 1173 页)

《綦江县志》

綦江县志编纂委员会编,西南交通大学出版社 1991 年

(1964 年)5 月,开始动员城镇知识青年上山下乡落户,当年下乡共 1 000 余名。

(《大事记》,第 29 页)

(1969 年)5 月,贯彻"知识青年到农村去,接受贫下中农再教育"的指示,再次动员城镇知识青年上山下乡,一直持续到 1980 年,共计下乡 3.3 万多人。(《大事记》,第 30 页)

第六章　知　青　工　作
第一节　知　青　下　乡

根据中共中央、国务院《关于动员和组织城市知识青年参加农村社会主义建设的决定》，綦江县于1964年成立城市知识青年参加农村社会主义建设领导小组，下设办公室具体办理城镇知识青年下乡事宜。开始，在城关、东溪、赶水、石角、三角、桥河6个场镇，动员1 003人到农村插队落户。重庆市沙坪坝区也动员82人到綦江的石壕、郭扶两区农村安置落户。1965年，在北渡、古剑、新民、丁山、福林、石龙、大罗、羊叉等地举办8个林场，在三会、三角、丁山、石壕、罗家、永乐、镇紫、莲花等地举办8个茶场，在盖石举办1个蚕场，将分散插队的知青集中劳动。1966年，"文化大革命"开始，各场知青纷纷"造反"，"杀回城市闹革命"。1968年毛泽东主席发出"知识青年到农村去接受贫下中农再教育"的号召，1969年，綦江县重新成立知识青年上山下乡领导小组，下设办公室(1982年并入劳动局)，抽调专门班子，办理知青下乡具体事宜。工作开展后，除撤销林场、茶场、蚕场，仍将知青分散安置在生产队参加农业劳动外，又继续动员知识青年上山下乡。1980年为止，县内到农村插队落户的知青共32 870名，外地来县插队落户的共211名。

为加强下乡知青的教育管理，县里于1974年3月抽调干部45人组成上山下乡知识青年带队干部学习慰问组，分赴各区工作。同时，农村各社队建立知识青年再教育领导小组。下乡知青经过劳动锻炼和教育，有的加入了中国共产党和共青团组织，有的担任各级干部和农村各种工作员。据1978年统计：加入共产党的392人，加入共青团的5 962人，进入市、县、区、社、大队各级领导班子的3 666人，担任大队、生产队会计、出纳、保管、记分员的1 813人次。

第二节　知　青　回　城

在綦江下乡落户的知识青年，从1966年起，到1985年止，除死亡57人，迁出县外564人和其他原因离队20人外，其余32 440人根据党和政府各时期的政策及有关规定，通过各种途径，先后全部回城。其中：属于不该下乡而下了乡的高小毕业生返城的1 472人，属于病残丧失劳动能力回城的739人，属于独生子女，其父母身边无人照顾而回城的310人，参军退伍安排工作回城的1 561人，招工回城的18 226人，1972年参加战备团修筑襄渝铁路完工后安排工作回城的1 183人，代课老师转为正式老师后回城的362人，考入技工校和大中专校回城的1 854人，顶替父母工作回城的6 670人，提拔到各级领导机关当脱产干部后回城的63人。

（第六篇第六章《知青工作》，第260—261页）

1963年，在农场(綦江县卫东农场)劳动锻炼的工商业者陆续回县，小鱼沱铁厂转入的非农村人员亦由市里另行安排，农场解体。是年6月，中共綦江县委派员再次建场，招收知识青年120人为该场职工，属綦江县农林水利局领导。

（第八篇第八章《农业企业》，第325页）

《巴县志》

巴县志编纂委员会编,重庆出版社1994年

(1966年)1月10—12日,巴县人委会召开上山下乡知识青年代表会议,出席代表190人。　　　　　　　　　　　　　　　　　　　　　(《大事记》,第22页)

是月(1969年1月),巴县首批场镇知识青年到农村插队落户。　　(《大事记》,第22页)

(1970年)1月,巴县革委会组织上山下乡知识青年慰问团,在春节期间分赴各地慰问知青,历时月余。　　　　　　　　　　　　　　　　　　(《大事记》,第22页)

(1973年)6月27日—7月3日,巴县上山下乡知识青年代表会议在鱼洞召开,1 100人出席。动员广大知识青年积极投入"三大革命"(阶级斗争、生产斗争、科学实验)运动,选举出席市知青代表会议代表。　　　　　　　　　　　　　　(《大事记》,第23页)

(1975年)12月3—7日,巴县知识青年第二次代表大会召开。　　(《大事记》,第23页)

知识青年上山下乡办公室　1968年11月成立,1982年1月并入县人民政府劳动局。
　　　　　　　　　　　　　　　　(第三篇第一章《中国共产党》,第421页)

一、招　　工

……

1973年,招工对象以城镇下乡知识青年为主,并对独生子女和多子女父母身边无人以及一户有3个子女下乡的给予优先照顾。1977年到1985年间,由于城镇待业人员增多,大批知识青年返城,就业矛盾突出。……

二、下　　乡

1955年为响应毛主席"一切可以到农村工作的这样的知识分子,应当高兴地到那里去,农村是一个广阔的天地,在那里是可以大有作为的"号召,由中共巴县县委宣传部负责,在鱼洞镇和县属各完中,动员了未升学的中学生110余人到农村插队落户。1962年为贯彻国民经济"调整、巩固、充实、提高"的方针,部分工业企业撤、停、并、转,大批职工被精简。为了解决城镇劳动力就业难的问题,于7月开始,又动员1958年从农村流入城镇和有一定劳动力而生活较为困难的无业居民以及未升学的城镇学生下乡插队落户,参加农业生产。到1966年5月止,县内共动员组织了城镇居民、学生2 472人下乡落户(其中城镇学生747人),接

收安置重庆市下乡职工家属和居民 3 122 人。

1966 年 5 月"文化大革命"开始以后,工业生产处于瘫痪状态,学校不招生,企业不招工,大批城镇新成长的劳动力等待就业。1969 年巴县根据毛主席"知识青年到农村去"的号召,动员城镇年满 16 周岁的六六、六七、六八级初中、高中和小学毕业生、社会青年和能劳动的城镇居民 4 418 人下乡落户(其中高初中毕业生 2 295 人,小学生 531 人,社会青年 1 111 人,场镇居民 127 户 481 人),接收安置重庆市知青 5 551 人。此后,巴县革命委员会每年对知识青年下乡工作进行全面规划,统筹安排。下乡对象是:年满 17 周岁的应届和往届高、初中毕业生以及社会青年、病残青年,经县级医院证明,不列入下乡对象。1973 年 9 月起,根据省的规定,病残、独生子女、多子女父母身边仅有的一个子女、中国籍外国人的子女不动员下乡。从 1962 年起至 1979 年元月停止下乡为止,全县共安置下乡人员 41 793 人,其中享受下乡知青待遇的有 37 448 人(巴县的 11 849 人,重庆市 25 599 人)。

1962—1968 年,下乡安置采取成户下乡插队,单身自行挂钩插队,集体组织到国营农、林场等三种形式。1969 年大规模动员知青下乡时,采取由县统一安置、投亲靠友、分散插队等方式。1975 年采取成组插队办法,实行三集中一分散,即住宿、吃饭、学习集中,分散在生产队参加劳动和分配。同年秋,推广株洲知青下乡实行厂社挂钩、集体安置的经验,采取大厂带小厂、全民带集体、工厂带机关、学校、街道,集中安置下乡知青的办法,以大队为单位办知青场(农、林、菜、茶、药场)、知青点。到 1977 年,知青场、点发展到 639 个,安置 10 094 人,占当年末在乡知青 19 051 人的 53%,占应集体安置人数(不含已婚、回老家和担任生产队工作不宜集中的)16 573 人的 61%。

1962 年国家补助单身下乡每人 80 元,成户下乡每户 200 元,集体安置的 120—150 元。1965 年安置到社办场每人 300 元,插队每人 230 元,成户下乡每人 150 元,主要用于购买生产、生活用具和补助生活费。1973 年起改为分散插队人平补助 480 元,到国营农场人平补助 400 元,主要用于建房、购买生产、生活用具以及生活、医疗等费用。知青下乡,每人免票供应棉絮 1 床、棉花 1 公斤、布票 8 米、蚊帐 1 床(费用由个人支付),供应建房木材人平 0.5 立方米。对困难者给予适当补助,因病死亡发给丧葬费 150 元,因工残废发给生活费。对下乡离家单程超过 500 公里的未婚青年每 2 年补助一次探亲路费,对已婚知青只补助三次探亲路费探望父母。1962 年到 1978 年底止,国家共拨给巴县知青安置经费 11 024 970 元(其中 1968 年前为 431 050 元),建房木材 11 565 立方米,共建房 14 862 间,建筑面积 194 815 平方米。知青下乡落户后,分给下乡知青与当地社员同等数量的自留地、柴山、草山和宅园地,与社员同工同酬。

1969 年,县、区、社成立上山下乡知青办公室。全县建立了有贫下中农参加的大队知青再教育小组 1 033 个,做到政治上有人抓,生产上有人教,生活上有人管。1973 年,实行按下乡知青人数 1% 的比例调配了带队干部,协助社队干部做好下乡知青的管理教育和培训工作。县成立了知青带队干部工作队,下设办公室,负责带队干部日常工作。1977 年,带队干部达 1 275 人,农村选派干部和贫下中农 1 325 人进驻知青场(队)和知青较集中的大队,参加领导和管理,与知青同住、同吃、同劳动、同学习。

1970 年,根据重庆市下达的招工指标,按男女比例社队推荐的办法,招收了部分下乡锻炼 1 年以上的知青当工人。1971 年改招下乡已满 2 年以上的知青。同时,办理职工退休、退职,子女补员。1970 年到 1974 年,全县共招收下乡知青 8 298 人,其中 1974 年优先招收了下乡知青中的独生子女、多子女父母身边无人和 3 个子女下乡 1 个都未招回的知青 524 人。1977 年恢复高考制度,优先照顾下乡知青升学。1978 年,对 1972 年底前下乡知青(简称老知青)3 490 人优先照顾回城就业,并作统筹安排。1979 年,对余下的 430 名老知青,采取就地就近和各部门包干负责安置,或者动员他们回城镇自谋职业。到 1981 年底,在县内下乡落户的 37 448 名知青,除 1 人自愿留在农村(给予一定扶持资金)和死亡、外出下落不明以及犯罪判刑的外,其余均回城就业或待业。其中:招生、招工、招干、参军 35 796 人。1979 年 4 月,四川省公安局、劳动局、粮食局、省知青办公室联合通知规定,对与农民结婚的知青回城后,允许其 1 个 15 岁以下的子女转为城镇人口。1983 年 10 月至 1984 年 1 月,全县批准回城的知青子女有 200 人。

下乡落户的城镇居民,也先后由民政部门按照党的政策审查批准,迁回了城镇。

下乡知青在 1978 年底前参加工作的初期待遇,按同时进厂的新工人待遇执行。1979 年元月起,分配到技术(业务)工作岗位当学徒或练习生的,下乡两年以上的,享受学徒工第 2 年待遇,工作满 1 年后,享受学徒工第 3 年待遇,工作满 2 年后,享受 1 级工待遇;下乡 3 年以上的,享受学徒工第 3 年待遇,工作满 1 年后,享受 1 级工待遇;下乡 5 年以上的,享受 1 级工待遇。知青下乡劳动的时间,根据中央 1985 年规定,计算为连续工龄。

三、退 休 补 员

1962 年至 1966 年 5 月精减职工期间,根据省的指示,对已精简返乡的退休、退职老职工,生活有严重困难、子女又符合招工条件的,可在原单位的增人指标内,吸收 1 名参加工作,全县工交系统共办理 10 人。

1971 年,省规定,职工退休后,家居城镇而子女符合招工条件或家居农村而本人户口迁回农村的,均可招收 1 名子女参加工作。1971 年至 1972 年 11 月,全县共招收退休职工子女 810 人(含县外单位招收 535 人),其中农村 476 人,下乡知青 228 人,城镇 106 人。于 1972 年 12 月 21 日停止办理。

1976 年,重庆市革命委员会规定,对城镇集体所有制工业运输、建筑、商业企业中已满"三龄"(年龄、连续工龄、一般工龄)符合正常退休条件的职工办理退休后,可招收 1 名子女参加工作。到 1977 年 2 月,共招收子女 743 人,其中家居城镇的 272 人。1977 年在全民所有制企业继续办理职工退休、退职工作,当年共补员子女 532 人,其中城镇 116 人,下乡知青 339 人。

1978 年,国务院和省规定,工人、干部退休、退职后,家庭生活确有困难的,或多子女下乡、子女就业少的,原则上可招收其 1 名符合招工条件的子女参加工作。家居农村的退休、退职职工本人户口迁回农村的,也可以招收他们在农村的 1 名子女参加工作。退休、退职职工回农村后,其口粮由所在生产队供应(1982 年 2 月起,改由国家供应)。1983 年 9 月,国务院规定,废止招收离、退休和退职干部子女补员的办法,对 1957 年以前参加工作,家居农村正常退休的工人子女补员,仍继续办理。对因病提前退休或不具备退休条件而退职的工人不再实行子女补员。1978 年到 1985 年,全县共招收补员子女 11 510 人,其中城镇 1 675 人,农村 6 552 人,下乡知青 3 283 人(县属全民单位招收补员 3 568 人,集体所有制单位 1 638 人,县外全民单位 5 601 人,集体单位 703 人)。

四、办 大 集 体

1978 年开始由部门或企业办大集体解决城镇待业青年的就业问题,办法是采取全民所有制企业扩散产品和零部件加工,增设商业服务网点。所需资金、场地、用房、设备由主办单位负责,实行独立核算、自负盈亏,劳动部门对大集体单位新进工人进行统一安排。1978 年 7 月至 1979 年 9 月,经重庆市计划委员会批准,全县共办大集体企业 56 个,从城镇待业青年和下乡知青中招收职工 1 380 人⋯⋯   (第三篇第十五章《劳动人事》,第 515—518 页)

《自贡市志》

自贡市地方志编纂委员会编,方志出版社 1997 年

同月(1964 年 5 月)21 日,召开全市社会青年代表大会,动员知识青年上山下乡。

(《大事记》,第 60 页)

(1969 年)2 月 20 日,1 600 多名知识青年赴宜宾、乐山等地插队落户,“接受再教育。”

(《大事记》,第 63 页)

城镇青年就业费,1964 年开始动员和组织城市社会知识青年到农村插队落户,1969 年动员知识青年到农村安家落户,开支建房补助费、生活补助费、医疗补助费、学习费、会议费、宣传教育费、培训费等。1964 至 1985 年支出 1 442.6 万元,占 12.48%。

(第十七篇第二章《财政支出》,第 695 页)

1968 年 12 月 15 至 22 日,中共自贡市革委会核心领导小组在市沙湾招待所召开党员代表会议,出席会议代表 551 人,列席代表 606 人。会议传达毛泽东在党的八届十二中全会上的讲话并总结自贡市开展“文化大革命”运动以来全市的基本情况,动员部署知识青年上山下乡。

(第二十篇第二章《会议》,第 796 页)

（1970 年）10 月，撤销市革委生产指挥组，设计划委员会、工交组、农业组、财贸组、基建组；同时恢复文教局、劳动局、卫生局、民政局、轻工局，财政局和税务局合并组建财税局；成立知识青年上山下乡办公室……　　　　　　　　　　（第二十二篇第二章《机构》，第 878 页）

（1981 年）9 月，知青办公室并入劳动局。　　　（第二十二篇第一章《机构》，第 879 页）

第一个五年计划期间，师范院校毕业生逐年增加，成为中小学教师队伍补充的主要渠道，民办中小学的师资来源主要是农村回乡高、初中毕业生。

（第三十篇第二章《教师》，第 1148 页）

1979 年后，教育事业迅速恢复和发展，根据省教育厅关于公开向社会招聘教师的精神，自贡市招收城镇上山下乡和批准留城现在担任民办和代课教师、户口在城镇的民办和代课教师、按政策留城和城镇上山下乡满两年的知识青年、城镇复员军人充当中小学教师。

（第三十篇第二章《教师》，第 1148 页）

"文化大革命"时期，各乡镇普遍组织毛泽东思想宣传队，其成员多为"上山下乡"知识青年，演出"样板戏"和其他文艺节目，许多文艺节目是自编自演。

（第三十二篇第五章《群众文艺》，第 1230 页）

《自贡市自流井区志》

自贡市自流井区志编纂委员会编，巴蜀书社 1993 年

是年（1963 年），共青团区委首次动员 10 余名社会知识青年去农村安家落户。

（《大事记》，第 25 页）

（1964 年）4 月，全区动员 598 名知识青年去珙县、荣县插队。　　（《大事记》，第 25 页）

1966 年至 1976 年"文化大革命"期间，生产力遭到严重破坏，国民经济徘徊停滞，社会闲散劳动力增多，而政府劳动管理部门被撤并，人员被调离，劳动就业遇到严重困难，加之，50 年代出生的人口已达到劳动年龄。待业人员猛增。为解决这一问题采取中学生除一部分参军外，大部分动员上山下乡。……

1979 年，大批下乡知青回城，全区待业人员增至 6 400 余人。1980 年，区人民政府贯彻执行"在国家统筹规划和指导下，执行劳动部门介绍就业，自行组织起来就业和自谋职

业相结合"的方针,采取兴办劳动服务公司,积极发展集体经济和个体经济,实行退休职工子女顶替及开展就业前培训等途径,妥善安置了前后 18 年的上山下乡知青和批准留城知青以及大量的城镇待业青年、社会闲散劳动力。仅 1979 年至 1981 年三年共安置待业人员 11 561 人,其中,区属单位安置 4 551 人。至此,区内大批城镇待业人员的就业问题已基本得到解决,1982 年以后进入正常安置的轨道。

(第四篇第五章《劳动管理》,第 111—112 页)

第六节　知识青年上山下乡

知识青年(简称知青)上山下乡是在一定历史条件下发生和发展起来的。早在 1955 年,中共中央提出把组织知青上山下乡作为解决就业问题的一种尝试。1963 年,共青团自流井区委动员组织了 10 余名城市社会知识青年和团员到区属农村安家落户。1964 年成立"中共自流井区委革命化领导小组"领导全区知青的上山下乡工作,办公室设在区劳动科。这一年动员的对象是城市中的社会青年、社会闲散劳动力和应届未升学的中学毕业生。第一批下乡的 598 人,分别到珙县、荣县和区属 3 个农村人民公社插队落户。1965 年各街道动员 204 名城市社会青年分赴西昌地区螺吉山畜牧场和会东县一区新荣公社落户。从 1969 年到 1973 年上半年,知青上山下乡进入高潮,特别是 1969 年 3 月至 6 月短短 3 个月时间就下乡 6 667 人。这一批动员的对象主要是:至今未下乡的 1966 年至 1968 年的三届高、初中毕业生;无职业或无固定职业的城镇居民、社会青年;闲散居民;期满的合同工、临时工;小商贩;国营、集体的职工家属。在此期间出现过"一刀切"的现象,硬性规定各厂矿企事业单位不得在 3 个年级的高、初中毕业生中招收职工,已招收的立即退回原地区,动员他们到农村去。

1973 年至 1980 年,每年继续按政策规定动员知青上山下乡。从 1964 年起至 1980 年止,全地区共动员安置符合下乡对象的知青 11 030 人,其中,男性 5 483 人,女性 5 547 人。下乡到区农村的 1 457 人,分布在红旗、凤凰、和平 3 个公社 101 个生产队;到外地落户的 9 573 人,分布在凉山州金阳县,乐山地区仁寿县、乐山县,宜宾地区富顺县、珙县、筠连县,自贡郊区等 8 个县、区,42 个公社,152 个生产大队,417 个生产队。1971 年起区革委抽调 40 余名干部,分别派往乐山县、珙县建立《知青上山下乡安置工作联络组》,协助对口县做好知青的安置和再教育工作。1972 年根据省革委的规定,对动员对象中的个别病残或特殊困难确实不能下乡的,由本人申请、群众评议、区革委会批准缓下或免下。对应下乡而未下乡的 1966 至 1968 级"三届"高、初中毕业生,确因患有严重疾病、长期治疗不愈,已全部或部分丧失劳动能力等特殊困难,长期不能从事农业生产劳动的,批准留城;对患一般疾病短期可以治愈,经医院证明,群众评议,组织批准缓下农村。全年共批准留城 392 人,其中,病残 353 人,特殊困难 39 人。1974 年,进一步放宽知青中留城对象的条件,对多子女已下乡,支边或在本市县乡、父母分居两地城镇,各带有子女,可由一方的身边留一人,多子女中有病残、生活不能自理,需要照顾的,可另留一人;孤儿一般不动员上山下乡;个别父母年老多病或死亡,弟妹年幼,生活不能自理而又无亲属照管的,可缓下乡或免下乡。

1976 年除原规定的病残、特殊困难可以留城外,还规定独生子女可以不下乡;多子女的父母身边可以选留一人。

根据上述规定,1972 年到 1980 年共批准留城知青 1 902 人;1978 年到 1980 年批准迁返知青 479 人。对批准留城或特殊困难迁返知青,根据国家建设需要,结合本人政治、身体等条件,劳动部门和街道革委会给予安排适当工作;对已丧失劳动能力而又无依无靠的病残知青,生活确有困难的,由民政部门予以适当照顾。

1975 年至 1976 年,全区先后组织 3 次大型慰问知青活动。1975 年 11 月,组成 80 人参加的区上山下乡知青慰问分团。分赴 5 个对口安置组,对 2 950 名知青进行慰问。1976 年春节组成 27 人的慰问分团,分赴 7 个对口安置地区慰问 2 659 名知青。同年 12 月,至 1977年 2 月,再次组成 60 人的区慰问团,分赴 6 个对口安置县、区进行慰问活动。

1979 年开始,上山下乡的知青通过招工、招生、参军等形式陆续回城就业。到 1980 年末,全区上山下乡的知青,除个别已在农村结婚的按政策规定在当地就业外,已全部通过各种方式回城安置了工作。

(第四篇第五章《劳动管理》,第 121—122 页)

1969 年 11 月增设人民防空办公室、知识青年上山下乡办公室。……1974 年 2 月区革委毕业生分配组更名为知识青年上山下乡工作办公室,10 月设街道工业办公室。……到1976 年 10 月区革委会内设机构如下:

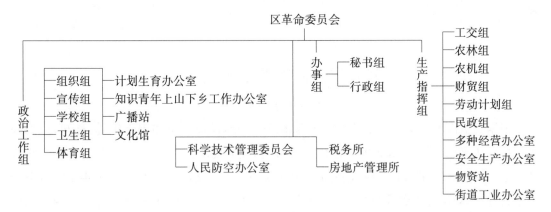

1977 年 3 月,撤销区革委会各组,建立……知识青年上山下乡工作办公室、地区战备人防领导小组办公室、档案馆。……1980 年 11 月恢复区人民政府后,内部机构作了调整,设置有办公室、……知青办公室、安全生产办公室、物价办公室、环境保护办公室等 27 个部门。12 月成立区司法局。1981 年 2 月撤销知青办公室。

(第十一篇第二章《政府》,第 314—315 页)

《自贡市贡井区志》

自贡市贡井区地方志编纂委员会编纂,四川人民出版社 1995 年

同年(1969 年),全区动员 1966 级、1967 级、1968 级三届高、初中毕业生 1 868 人到农村去接受贫下中农再教育。 （《大事记》,第 23 页）

"文化大革命"初期,招工冻结。1971 年,区革委《关于开展职工退休和劳动力更新的工作意见》发出后,全年更新、顶替父母参加工作的有 508 人,其中属下乡知青回城顶替的 224 人。……1971 至 1976 年在就业总数的 3 100 人中(不含"三工"转正),有下乡知青 1 109 人,占就业总人数 35.77%。

1977 年,安置就业 907 人(知青 324 人),其中,企业招工 200 人,补员 707 人。1978 年起,实行市下达安置计划 1 718 人,实际安置 1 954 人(城镇待业人员 1 154 人),其中,市属单位安置"大集体"职工 598 人。同年,区属单位招工 802 人,市属单位来区招工 2 395 人;区里另招"大集体"职工 598 人;因自然减员,即补员 562 人。全年共安置就业 6 311 人(含下乡知青 1 970 人)。1979 年,贯彻"统筹兼顾,分片包干"原则,广开就业门路,实际安置待业人员 2 338 人(其中,市属单位安置 1 041 人),比市下达计划超 1.75 倍;还有集体企业招工和全民企业招收"大集体"职工 939 人;自谋职业 822 人。三项合计就业 4 099 人中,知青 468 人。1977 至 1979 年总计就业 11 317 人中(含下乡知青 2 762 人)。

1980 至 1985 年,共安置就业 5 612 人,知青 600 人。1971 至 1985 年,共安置下乡知青 4 471 人回城就业。 （第四篇第五章《劳动管理》,第 93 页）

第五节　知识青年上山下乡

一、动　员　下　乡

根据自贡市城镇革命化领导小组的部署:1964 年,动员城镇知识青年(简称知青)到荣县农村插队落户,计 237 人;1965 至 1966 年 5 月,经分批动员,前往西昌农村的知识青年有 331 人。"文化大革命"后,连续几届高、初中毕业生升学、就业均暂停。1968 年 12 月,毛泽东主席号召"知识青年到农村去,接受贫下中农再教育"。翌年,贡井地区各中学相继动员 1966 级、1967 级、1968 级高、初中毕业生 1 868 人到省内的南溪、江安、珙县、甘洛、富顺、荣县等 19 县和江苏、江西、河南、河北、湖南、湖北等 12 个省的农村及本市郊区农村插队,加上境内市、区属单位和街道先后动员 530 人,全年计有下乡知识青年 2 398 人,其中省内 19 个县 1 848 人,回省外老家插队落户 43 人,到市内农村 95 人,安置到区内 4 个农村公社 412 人。1970 至 1976 年,先后动员各届中学毕业生共 3 638 人上山下乡,到 1979 年,中共中央调整知识青年下乡政策后,动员工作随即停止。境内除因病残、特困、独生子女、一户多子女

下乡等原因有 2 666 人被批准留城外,先后共有下乡知青 6 833 人:分布在省内 24 个县的 4 250 人,市内的 98 人,区内农村的 2 392 人,回省外老家插队的 93 人。

选派带队干部:1975 年起,各动员单位先后选派带队干部 252 人,到境内农村 17 个知青场、48 个知青点与下乡知青同吃、同住、同劳动,帮助下乡知青解决具体问题。截至 1979 年,国家和单位共向区属农村拨给安置经费 119.39 万元,木材 525 立方米,修建知青住房 936.5 间,面积 2.29 万平方米。

二、回 城 安 置

1969 年,经市革委毕业生分配领导小组办公室批准 1 名在 1966 年下乡到会东县的病残知青回城开始,到 1979 年先后因病残、特困等原因批准回城的知青共 765 人。

1970 年,贡井盐厂、长山盐矿、106 工程队等单位首批从下乡知青中招收学工 78 人。1971 年起,企事业单位实行减员"顶替",以后又在下乡知青中招工、招生、招兵,直至 1982 年,共有回城招工顶替知青计 4 471 人,招生、招兵、提干计 107 人。下乡到省内外农村安置的知识青年 4 343 人,经当地推荐参军、升学或就地招工、提干的外,少数与当地农民结婚的知识青年,亦按政策规定,获得就地安置。至此,下乡知识青年的安置工作,全部结束。

贡井区知识青年上山下乡情况统计表

项目\年份	下乡知青人数合计	其中		安置地区				合计	"三招"就业数				特困病残回城	批准留城人数
		本区动员	中学及市属单位动员	本区	本市	省内	省外		招工顶替	招生	招兵	提干		
1964	237	237				237								
1965	150	150				150								
1966	181	181				181								
1969	2 398	530	1 868	412	95	1 848	43						1	
1970	253	191	62			253		78	78				2	
1971	1 044	686	358			1 044		224	224				30	47
1972	245	245				245		99	99				122	
1973	162	162		162									130	52
1974	367	196	171	54		287	26						149	
1975	893	77	816	868	3	5	17	2			2		87	313
1976	674	212	462	667			7	714	708		6		31	576
1977	167	103	64	167				333	324	2	7		64	20
1978	17	2	15	17				2 060	1 970	59	30	1	139	633
1979	45	35	10	45				468	468				10	1 025
1980								290	290					
1981								274	274					
1982								36	36					
合计	6 833	3 007	3 826	2 392	98	4 250	93	4 578	4 471	61	45	1	765	2 666

(第四篇第五章《劳动管理》,第 98—99 页)

《大安区志》

自贡市大安区地方志编纂委员会编,四川辞书出版社 1991 年

(1964 年)4 月 17 日,动员城镇知识青年上山下乡,去西昌、珙县插队落户。

(《大事记》,第 28 页)

本月(1969 年 7 月),1 040 名知识青年响应毛泽东号召,到农村落户。

(《大事记》,第 30 页)

1972 年实行招工、职工退休顶替,下乡青年陆续回城安置。……1980 至 1985 年,通过各种渠道安置 1.22 万人。至此,基本上解决了"文化大革命"10 年滞留下来的大批城镇及下乡返城的待业青年就业问题。　　　　(第四篇第五章《劳动管理》,第 115—116 页)

知识青年上山下乡

1964 年动员没考上高一级学校的高、初中毕业生 353 人到西昌、荣昌插队落户。1966 年停止招工招生,连续几届高、初中毕业生不能升学、就业。1968 年毛泽东主席发出"知识青年到农村去,接受贫下中农再教育"的号召,动员 1966、1967、1968 届和 1970、1971 届高、初中毕业生和社会青年上山下乡。除 1 562 人因系病残、独生子女、孤儿、特困……被批准留城,给予妥善安置外,至 1980 年,有 2 667 人下乡,其中 619 人在省内长宁、古蔺、筠连、珙县、江安、仁寿、会东、丹棱等地区和回老家投亲靠友、自动挂钩插队落户;有 2 048 人到区属各公社集体农场、知青点参加劳动。国家拨知青安置费每人 455 元,1973 年提高到 480 元(到国营农场者每人 440 元)。1964 至 1981 年,动用知青安置费 183.87 万元(含扶持无线电厂等 4 个单位生产资金),建知青农场 14 个、知青点 40 个,修筑知青住房 1 292 间半。1971 年始,企事业单位实行减员顶替,有的知青顶替父母回城就业。1972 年开始在下乡知青中招工招生。至 1980 年,先后安置就业 2 613 人,占总数的 97.97%。其中:招工 2 305 人、招生 112 人、征兵 62 人,因系病残、独生子女、孤儿或其他原因批准回城就业 134 人。至此,除少数已与当地社员结婚,按政策规定在当地就业者外,其余全部回城安置就业。

(第四篇第五章《劳动管理》,第 116—117 页)

《自贡市沿滩区志》

自贡市沿滩区地方志办公室编纂,四川人民出版社 1997 年

是月(1964 年 4 月),区内首批城镇知识青年 65 人到农村落户务农。(《大事记》,第 15 页)

（1969 年）3 月，区"知识青年"上山下乡办公室成立。 （《大事记》，第 16 页）

1978 年，大批下乡知识青年回城就业，有 648 人被录用为全民所有制职工。

（第二十四篇第一章《职工队伍》，第 310 页）

二十世纪七十年代末、八十年代初，城镇知青下乡从逐渐减少到完全停止，原下乡知识青年也全部陆续回城待业。 （第二十四篇第一章《职工队伍》，第 312 页）

第五章　知识青年工作

第一节　下　乡

1964 年 4 月，区内首批城镇知识青年 65 人到农村落户务农。文革开始后，招工、招生停止，大批中学毕业生不能升学就业，社会无业青年增多。1969 年，毛泽东发出知识青年到农村接受贫下中农再教育的指示后，区府即动员 1966 年到 1969 年四届高、初中毕业生和其他无业青年到农村落户。1970 年，到本区各公社落户的本区知青共 264 人。1971 年到 1972 年，先后到区内各公社落户的本区知青共 95 人；到区外农村落户的本区知青共 654 人，其中，到仁寿县 596 人，到凉山州 31 人，到兴文县 27 人。1973 年到 1978 年，先后到区内各公社落户的本区知青共 690 人。1969 年至 1978 年，还先后安置区外知青 5 052 人到区内各公社落户。区内外知青分布在全区 16 个公社，150 个生产大队，1 434 个生产小队；并建立知青点 312 个，知青农场 50 个。以知青点为单位集中学习、住宿、吃饭，以生产小队为单位分散劳动。

1978 年，全国知青工作会议召开。根据会议精神，区里不再动员知青下乡。知青办公室于 1981 年撤销。

1964 年到 1981 年，全区共开支知青安置费 44 万元，建房 68 357.72 平方米。

第二节　回　城

从 1969 年开始，在动员新知青下乡落户的同时，根据当时的政策，部分老知青也被准允陆续回城。对回城知青的就业问题，政府作了妥善解决，除利用国家下达的招工招干指标进行招收外，还先后投资 23.7 万元扶持区内袜厂等 7 个生产单位以安排部分回城知青就业。从 1969 年至 1981 年间，有 1 673 名本地知青先后回城，其中，招收为工人的 1 325 名；招收为干部的 2 名；升学 172 人；从军 168 人；病故 3 人；其余 3 人已在农村安家，自愿不回城，国家给予了一次性补助，每人 700—1 000 元。

（第二十四篇第五章《知识青年工作》，第 323 页）

《攀枝花市志》

《攀枝花市志》编纂委员会编著,四川科学技术出版社1994年

　　从1974年起,国家有关部和省劳动局继续下达劳动指标,至1976年共下达15 869人,出现了劳动指标多和劳动资源不足的矛盾。市劳动部门招收了秋季下到厂办农场的知青和部分家住农村的职工子女,缓解矛盾。　　　　　　　　　（第二十四篇第二章《劳动》,第742页）

　　1977年至1983年7年中,省下达新增补员指标17 293人,实际招收18 134人（有结转指标）,平均每年2 591人。其中下达指标较多的1978年为3 230人,实际招收2 882人,主要是招收下乡知识青年。　　　　　　　　（第二十四篇第二章《劳动》,第742—743页）

　　1978年根据上级安排,确定从社会上招工要"统筹兼顾,全面安排",对批准留城和上山下乡满两年以上的知识青年,一户有3人下乡和一户无一子女安排工作家庭有实际困难的,可优先选招1人,方法是经群众评议推荐,单位审查、体检,由当地劳动部门办理手续。1980年,根据国家劳动总局有关文件精神,对招工试行全面考核办法。即德智体全面考核,择优录用。考虑到当时市内知青多就业困难的实际情况,市里采取既考核又照顾的办法。对增人单位的职工子女和上山下乡知青,在文化考试分数上给予照顾……

（第二十四篇第二章《劳动》,第743页）

　　子女顶替　早在1971年5月,四川省规定:企事业单位的职工退休、退职后,其家住城镇的子女（包括下乡知青）,符合招工条件的,可以招收1人参加工作;如职工本人愿意迁回农村居住的,其在农村的子女也可以招收1人参加工作;因职业病退休和死亡、因工死亡,以及矿山井下、森林采伐、地质勘探、码头搬运单位的职工退休退职后,其子女不论在城镇或农村,只要符合招工条件,都可以优先吸收1人参加工作。这项政策,于1973年曾因在职工中出现突击退休而一度停止执行。经过整顿,从1974年起又予以恢复。1978年至1985年全市全民所有制单位共招收职工子女补员9 440人。其中城镇子女4 450人,农村子女4 990人。　　　　　　　　　　　　　　　　　（第二十四篇第二章《劳动》,第743页）

　　1968年市劳动部门兼管知青上山下乡工作。1973年12月,成立知识青年上山下乡领导小组,下设办公室。1979年知青上山下乡工作基本结束,办公室的工作转为处理知青遗留问题和安置城镇待业人员。同年8月成立市城镇待业人员安置工作领导小组,下设办公室。1981年12月,将市知青办公室和市待业人员安置办公室并入市劳动局,成立市劳动服务公司。1982年9月,市待业人员安置工作领导小组更名为市城镇劳动

就业委员会。

1969 年至 1978 年,主要是动员知青上山下乡,同时也安置了一些返城知青和城镇待业人员。先后共安置 1.94 万人(不含米易县 1 092 人,盐边县 442 人),其中安置市里下乡的知青 1.45 万人,安置成都对口下乡来市的知青 0.49 万人。这些知青中的 1.09 万人安置到厂办农场,0.84 万人安置到农村插队落户,0.01 万人安置到国营农场当农业工人。到 1980 年底,省、市财政共拨知青安置经费 734.15 万元,共支出知青安置经费 651.43 万元,结余知青经费 82.72 万元(不含米易县和盐边县数字)。

1979 年至 1982 年主要是返城知青安置。由于大批知青回城,市内首次出现就业高峰。各区县相继成立劳动服务公司,有些市属局、办和省属以上企业,包括二级厂矿也先后成立劳动服务站(科)。到 1982 年底,全市有劳动服务公司 18 个。全市集体所有制企业安置待业人员 2.18 万人,自谋职业 0.11 万人,使全市平稳地渡过了就业高峰。待业率从 1978 年的 4.76%,下降到 1982 年的 2.21%。　　　　　　　　　(第二十四篇第二章《劳动》,第 744 页)

《绵阳市志》

《绵阳市志》编纂委员会编,四川人民出版社 2007 年

(1969 年)1 月 13 日,地革委发出《关于分配知识青年和脱离劳动的城镇居民到农村去的通知》,要求全区 1966 年、1967 年、1968 年的初、高中毕业生到农村去插队落户,接受贫下中农再教育。到年底,全区共 6.4 万名知识青年下乡,成都市知青到绵阳地区安家落户的有 1.02 万人,同时还动员城镇居民和社会青年 5 000 人到农村安家落户,总数共 8 万多人。

（《大事记》,第 46 页)

(1973 年)11 月 7 日,中共绵阳地委在三台县召开打击残害知识青年现场会,三台县菊河公社党委副书记、革委会主任、武装部长蒋青云利用职权奸污女知识青年多人,被依法判处死刑。

（《大事记》,第 48 页)

(1977 年)2 月 1—7 日,绵阳地区第一次上山下乡知识青年先进集体、先进个人代表大会在绵阳召开。全区先后共有 12.7 万多名知识青年上山下乡。会议总结经验,表彰先进,树立标兵,并通过向中共中央的致敬信。

（《大事记》,第 50 页)

(1978 年 12 月)根据国务院规定,绵阳地区停止知识青年上山下乡,转向就地消化安置。

（《大事记》,第 52 页)

知识青年上山下乡

绵阳知识青年上山下乡从 1964 年开始,至 1979 年结束,先后动员 142 133 名城镇知识青年上山下乡。其中吸收安置成渝两市及省外知青 40 216 人,按绵阳市辖境范围统计,动员安置知青 62 150 人,其中吸收安置成、渝两市及省外知青 19 802 人。1964—1966 年,各县共动员 8 479 名城镇知识青年上山下乡。仅 1964 年,绵阳专区成批上山下乡的 3 499 名知识青年,首先在区内的山区和深丘地带兴办知青农、林、茶、园艺、药、畜牧等场队,集体安置 2 800 余名,这些知青场、队分布在平武、青川、广元、江油、安县、盐亭等县。其次是分散插入一些农业生产队,安置 600 余人。

知识青年插队安置费标准为人平 143 元(含动员费人平 18 元)。每人每月由国家供应贸易粮 30 市斤,食油 3 两(从离开原住城镇到参加生产队的粮食分配为止)。同时给下乡人员补助棉布人平 14 市尺,蚊帐布人平 42 尺,絮棉人平 1.5 市斤。同年 10 月,省上规定,棉布增加到人平 20 市尺,絮棉增加到人平 2 市斤(1966 年又增加到人平 5 市斤)。

1968 年 12 月 22 日,《人民日报》发表社论,公布毛泽东主席"知识青年到农村去,接受贫下中农再教育,很有必要。要说服城里干部和其他人,把自己初中、高中、大学毕业的子女,送到乡下去,来一个动员。各地农村的同志,应当欢迎他们去"的指示;《社论》还把知识青年上山下乡提高到具有"反修防修"、"缩小三大差别"的重大政治意义。12 月 26 日,绵阳地革委和绵阳县革委联合召开大会,落实毛泽东主席指示,动员知识青年上山下乡。全地区随即掀起知识青年上山下乡高潮。

1969 年 1 月 13 日,绵阳地革委发出《关于分配知识青年和脱离劳动的城镇居民到农村去的通知》,要求全地区 1966 年、1967 年、1968 年的初、高中毕业生,一律到农村去插队落户,接受贫下中农再教育。1 月 20 日,绵阳地、县革委召开群众大会,欢送首批 364 名城镇知识青年到农村插队入户。其他各县城镇的初、高中毕业生,也陆续到农村插队入户。9 月 13—21 日,绵阳地革委召开贯彻毛泽东主席对知识青年接受再教育指示讲用会,会议提出的下一步工作是:做好"老三届"(指 1966 年、1967 年、1968 年的高、初中毕业生)应下乡的 4 100 多人和下乡后倒流回城镇人员的下乡安置和再教育工作,以及城镇无业居民的上山下乡工作。9 月 17 日,绵阳地革委确定的 20 名到北京参加建国 20 周年国庆观礼的代表中,安排了 3 名下乡知识青年的代表。当年单身插队的知青平均每人补助 230 元,并以分散插队落户为主;回乡人员(非农业人口,在农村有家可归者)平均每人补助 50 元。

1971 年 8 月 23—30 日,绵阳地革委召开知识青年上山下乡工作会议,传达四川省革委知识青年上山下乡工作会议精神,交流做好上山下乡工作经验。

1973 年绵阳地区共安置知识青年 1 940 人。全区在乡知青总人数 49 426 人,其中分散插队的有 43 886 人,占 89%;知青点 1 494 个,安置 5 163 人,占 10%;国营农、林、牧、副、渔业安置 377 人,约占 1%。安置补助费为:城镇知青回老家落户,到农村插队和建立集体所有制场、队的提高到每人 480 元,到国营农场的每人 400 元;建房补助费人平 200 元,生活补助费人平 185 元等。知识青年从上山下乡之月起,口粮按每人每月 35 市斤,食油按当地城镇居民定量标准,由国家供应一年。1974 年,绵阳地区共安置应届初、高中毕业生 1.36 万人,至 1976 年全区在乡知识青年总人数为 59 150 人。

为了加强对上山下乡知识青年的教育管理工作,1973 年 8 月,绵阳地革委成立"绵阳地区上山下乡知识青年工作领导小组"和"绵阳地区上山下乡知识青年安置办公室"。先后派出上山下乡知识青年带队干部 1 754 人,协助接纳安置知识青年的基层党委做好知识青年的考察教育工作,并帮助解决知识青年生产生活方面的实际困难。绵阳地革委先后拨出上山下乡知识青年安置经费 4 260 万元,供应建房木材 3.677 万立方米,并提供返销口粮,供应必要的副食品等,以保证上山下乡知识青年的基本生活。在全地区上山下乡的知识青年中,先后有 642 人加入中国共产党,2.11 万人加入中国共青团;611 人被选进生产队以上领导班子,2 379 人担任生产队会计、出纳、保管等职务,1.63 万人担任民办小学教师、农民夜校教师、赤脚医生。1977 年 2 月 1—7 日,绵阳地革委召开绵阳地区上山下乡知识青年先进集体和先进个人代表大会,树立先进标兵 11 人。

为了让知识青年在农村安心接受再教育,保障知识青年合法权益不受侵犯,对少数贪污挪用上山下乡知识青年安置经费、打击迫害知识青年的不法之徒和违法犯罪分子及时给予了严厉惩处。1973 年 11 月 7 日,绵阳地革委在三台县城召开保护上山下乡知识青年、打击阶级敌人破坏活动现场会。会上学习了毛泽东主席给上山下乡知识青年家长李庆霖的复信和中发[1973]30 号文件、中共四川省委[1973]92 号文件,传达了全国和四川省知识青年工作会议精神,并将利用职权残酷迫害知识青年、罪大恶极的三台县菊河公社革委会一名副主任,依法判处死刑立即执行。1974 年 8 月 26—29 日,绵阳地革委在江油县城召开保护上山下乡知识青年现场。会议期间,依法将江油县新安公社打死上山下乡知识青年的主犯判死刑缓期两年执行,另一同案犯判有期徒刑。

从 1971 年起,中国人民解放军、各级党政机关、国营企事业单位陆续开始在上山下乡满 2 周年的未婚城镇知识青年中,通过推荐招兵、招工;一些高等院校也在上山下乡满 2 周年的未婚城镇知识青年中,通过推荐招收工农兵大学生。此后,每年均有一部分上山下乡知识青年参军和回城就业、升学。1979 年 1 月 8 日,中共绵阳地委发出《关于贯彻执行中发[1978]74 号和省委[1978]11 号文件的通知》,决定以后原则上不再动员城镇中学毕业生上山下乡;至此全区尚有在乡知识青年 24 988 人,而全地区 1978 年以前下乡、留城的知识青年和城镇待业人员共约 8.8 万人,需作统筹安排。要求各级党委加强领导,各系统、各单位紧密配合,共同做好就业安置工作。到 1981 年 10 月,绵阳地区上山下乡知识青年基本上回城安置就业,地区知识青年上山下乡工作领导小组及其办公室撤销,遗留工作交地区劳动局办理。到 1982 年底,绵阳地区上山下乡知识青年全部回城安置就业。

(《专题纪事》,第 115—116 页)

知识青年上山下乡与返城安置

绵阳动员城镇知识青年上山下乡始于1964年,1969年后规模更盛。自1964年起到1979年停止动员止,全区先后动员安置14.21万名城镇知识青年上山下乡,其中吸收安置成渝两地及省外知青4.02万人。安置形式主要为分散插队。

1. 知青工作机构

1964年1月14日,中共绵阳地委决定成立绵阳专区安置工作领导小组,并在专署设立领导小组办公室。其主要任务是负责城镇人员和知识青年到国营农、林、渔场及下乡插队人员的安置。各县亦相继成立安置工作机构,配备了专职干部。

1968年2月4日,绵阳军分区党委批准专区生产指挥组下设知识青年上山下乡安置办公室,专门负责城镇知识青年上山下乡的动员安置工作。工作人员由原专区安置办公室的干部担任。

1969年12月20日,绵阳地革委决定将绵阳地区大专院校毕业生分配办公室与知识青年上山下乡安置办公室合并,成立绵阳地区革命委员会毕业生分配组。

1973年9月27日,为了贯彻落实全国知识青年上山下乡工作会议精神,加强领导,统筹解决知识青年上山下乡中存在的问题,中共绵阳地委决定成立绵阳地区知识青年上山下乡工作领导小组。同时将绵阳地革委毕业生分配组改为绵阳地区知识青年上山下乡工作办公室。

1979年,绵阳地区停止动员城镇知识青年上山下乡,知青机构的工作重点转向对城镇下乡知青的回城安置工作。

1981年10月4日,绵阳地区行署决定知青办合并到地区劳动局,实行一个机构、两块牌子。

1983年,绵阳地区机构改革后,知青办不复存在。知青工作遗留问题由地区劳动局处理。

2. 下乡知青返城安置

1970年,专区开始采取"推荐与选拔相结合"的办法,招收部分在农村锻炼两年以上的上山下乡知青进入大专院校学习深造。

同年,根据省革委精神,绵阳地区开始推荐上山下乡知识青年到工交战线工作的试点,并根据政策招收一部分上山下乡两年以上的知青回城当工人。

1974年9月开始,绵阳地区部分集体所有制企业按照"在地区安排集体所有制招工时,对已下乡的独生子女或多子女身边无人已下乡的子女,具备招工条件的可以招收"的政策规定和有关条件,相继招收一部分知青回城镇工作。

1979年停止动员城镇知青上山下乡时,绵阳地区尚有在乡知青2.5万人。根据中央"城乡广开门路,妥善安排知识青年"的指示精神,绵阳采取"统筹安排、分口包干、充分调动各系统各单位的积极性,大力兴办城镇集体经济和个体经济,全民、集体、个体安置一起上"的办法,至 1982 年底,将尚在农村的知青全部作了妥善安置。其中,全民所有制单位安置 3 498 人,集体所有制单位安置 2.04 万人,参军和升学 620 人,病残知青因人制宜扶持其个体开业的有 60 人,因与农村社员结婚而安排到社队企业工作的有 320 人。

(第十篇第一章《劳动》,第 859—860 页)

《绵阳市劳动志》

绵阳市劳动局编,(内部刊行)1991 年

第七章　城镇知识青年上山下乡

1955 年,党中央毛泽东主席指出:"农村是一个广阔的天地,在那里是可以大有作为的"。并号召一切可以到农村中去工作的知识分子,应当高兴地到那里去。自此,先后有不少城镇知识青年响应号召到农村去。1968 年 12 月 22 日,《人民日报》发表毛主席"知识青年到农村去,接受贫下中农的再教育,很有必要"的指示后,在全国很快掀起了知识青年上山下乡的高潮。

绵阳专区的知识青年上山下乡工作,自 1964 年开始至 1979 年停止动员城镇知识青年上山下乡为止,先后动员了 14 万余名城镇知识青年到农村去。广大下乡知识青年在农村各级党、政组织和贫下中农的关怀教育下,经受了锻炼,提高了觉悟,增长了才干,作出了贡献。但是,国家为解决下乡知青在生产生活中的实际问题花费了大量的安置经费,安置人数过多的地方也增加了农民的负担。

第一节　知青上山下乡的动员与安置
一、知青工作机构

根据中共中央、国务院(1964)40 号文件《关于动员和组织城市知识青年参加农村社会主义建设的决定(草案)》和四川省委的部署,1964 年 1 月 14 日,中共绵阳地委发出《关于成立专区安置工作领导小组的通知》,决定领导小组由汤成功任组长,梁紫来、王来宏、赵大兴、李贵良、苗满山、李培芳、陈美焕、陈明箴、高光洁、高明伦等为成员。并在专署设立领导小组办公室,编制 5 名专职干部。办公室主任暂由专区劳动局副局长梁紫来兼任。其主要任务是,负责城镇人员和知识青年到国营农、林、渔场及下乡插队人员的安置。随之,各县亦相继成立了安置工作机构,配备了专职干部。同年 9 月,省编委决定给绵阳专区专、县两级安置办公室增拨行政编制 25 名。

1965 年 6 月,绵阳专署任命杜松为专区安置工作领导小组办公室副主任。

1968 年 2 月 4 日,绵阳军分区党委(当时处于"文化大革命"中的"三支两军"时期)批准专区生产指挥组下设知识青年上山下乡安置办公室,专门负责城镇知识青年上山下乡的动

员安置工作。工作人员由原专区安置办公室的干部担任。

1969年12月20日,绵阳地革委决定:"绵阳地区大专院校毕业生分配办公室"与"知识青年上山下乡安置办公室"合并,成立"绵阳地区革命委员会毕业生分配组"。由孙家秀任组长,刘达通任副组长。

为了贯彻落实全国知识青年上山下乡工作会议精神,加强领导,统筹解决知识青年上山下乡中存在的问题,1973年9月27日,中共绵阳地委发出《关于成立绵阳地区知识青年上山下乡工作领导小组的通知》,决定由李国超任领导小组组长,吴儒玢、王干任副组长,高凤藻、于明亮、高光洁、赵光荣、苗满山、胡大鹏、周启亚、黄文富为领导小组成员。同时,地委还决定:将绵阳地革委毕业生分配组改为"绵阳地区知识青年上山下乡工作办公室"。由胡大鹏兼办公室主任,王怀文任副主任,办公室由地革委直接领导。此时,地区知青办公室工作人员由5名调整增加到了12名。

1974年3月,地委决定,绵阳地区知识青年上山下乡工作领导小组由16名同志组成,对原有的个别领导小组成员作了调整,由李国超任组长,杨振道、吴儒玢、王干任副组长,有关部门的负责人为成员。此时地、县两级知青工作机构工作人员达到135人,其中地区知青办13人。

1976年4月,绵阳地委发函增补周昌瑞为地区知识青年上山下乡工作领导小组专职副组长。

1978年12月,中共中央(1978)74号文件决定:"调整政策、逐步缩小上山下乡范围、积极地稳妥地解决好在农村的下乡知识青年的问题"。据此精神,1979年绵阳地区停止了动员城镇知识青年上山下乡,知青机构的工作重点转向了对城镇下乡知青的回城安置工作。

1981年10月4日,绵阳地区行署发出《关于行署知青办与地区劳动局合并办公的通知》,决定知青办合并到地区劳动局,实行一个机构、两块牌子。工作人员亦合并到地区劳动局。

1983年,绵阳地区机构改革后,知青办机构及牌子消失。知青工作中遗留问题,由地区劳动局处理。

二、动员与安置形式

1964年至1966年,各县(主要是南边几县)共动员有8 479名城镇知识青年到平武等北边县上山下乡。全专区大量动员城镇知识青年上山下乡是从1969年开始的。从1964年起到1979年止,全区先后共动员安置了142 133名城镇知识青年上山下乡。其中吸收安置成渝两市及省外知青40 216人,按绵阳市辖境范围统计,动员安置了知青62 150人,其中吸收安置成、渝两市及省外知青19 802人。

1964年,绵阳专区成批上山下乡的3 499名知识青年的安置形式是:首先在区内的山区和深丘地带兴办知青农、林、茶、园艺、药、畜牧等场队,集体安置了2 800余名,这些知青场、队分布在平武、青川、广元、江油、安县、盐亭等县境内。其次是分散插入一些农业生产队,安置了 600 余人。

1973 年,中共中央(1973)30 号文件中提出了四种知青安置形式,即"分散插队,适当集中建立知青点和回原籍落户";"以下乡知青为主,由带队干部和贫下中农参加建立集体所有制的青年队";"单独建立以下乡知青为主,由带队干部和贫下中农参加的集体所有制农场";"到生产建设兵团和国营农、林、牧、渔场"。绵阳地区在贯彻上述精神时,结合本地实际情况,主要采取了分散插队为主的形式。以 1973 年和 1976 年为例:1973 年全区在乡知青总人数 49 426 人,其中分散插队的有 43 886 人,占 89%;知青点 1 494 个,安置的有 5 163 人,占 10%;国营农、林、牧、副、渔业安置的有 377 人,约占 1%。1976 年全区在乡知青总人数 59 150 人,其中分散插队的有 47 072 人,占 79.5%;知青点安置的有 6 432 人,占 10.8%;集体场、队安置的有 4 536 人,占 7.7%;国营农、林、牧、副、渔场安置的有 1 110 人,约占 2%。

三、安置经费的使用

国家历年拨给绵阳地区的知青安置经费,累计为 47 295 294 元(含 1981 年国家拨给的扶持生产资金 4 695 900 元)。知青安置经费的使用办法和开支标准不同阶段有所变化。

1964 年,根据省下达给绵阳专区的知青安置经费控制指标数,专区对安置经费开支标准的规定是:插队安置费标准为人平 143 元(含动员费人平 18 元)。各县开支标准是:跨县安置的人平安置费 130 元,本县安置的人平 120 元;动员费,不分跨县和本县,有动员知青下乡任务的,人平均为 18 元。

1965 年 5 月,绵阳专区安置办公室在《下乡人员几项费用开支标准》中又规定了知青的四种费用及其开支标准:生活费用,按每人每月当地供应、补助的主、副食和油、盐等标准价算。一般 5 元左右,最高不得超过 6 元;临时费用,女知青购卫纸,男知青理发和买肥皂等零用钱,每人每月可按一元至一元五角借用,年终决算分配时,从本人收入帐上扣还;医药费用,原则上由知青自理,但可同就近公社医院订立合同,知青治病后,由医院记帐,年终决算分配时,从本人收入帐上扣回;特殊费用,如知青的亲属患重病或去世,要求本人回城镇探望或料理后事,需借用差旅费时,安置地区凭亲属所在地城镇人民政府函电,酌情借支,年终决算分配时扣还。

1968 年 12 月,毛主席发出"知识青年到农村去"的指示后,四川省革委生产指挥组在《动员组织知识青年到农村去经费开支及物资补助问题的通知》中规定:单身插队的知青平均每人补助 230 元,回乡人员(非农业人口,在农村有家可归者)平均每人补助 50 元。

1970 年 5 月,四川省革委在转发国家计委《关于处理城镇人口跨省区回乡插队户的复函》的通知中又规定建房补助标准为:单身插队人平 100 至 120 元,成户下乡人平 70 元。

1973 年,四川省委在川委发(1973)92 号文件中进一步规定:安置补助费为城镇知青回老家落户,到农村插队和建立集体所有制场、队的提高到每人 480 元,到国营农场的每人 400 元;建房补助费为人平 200 元(主要用于材料开支,给每个知青建房 8 至 10 平方米);生活补助费为人平 185 元(主要用于吃、穿、用等生活必需品的开支补助),要求掌握在下乡第一年每人补助 100 元,第二年生活不能自给但经济条件好的地方,每人补助 40 元,经济条件差的地方,每人补助 50 元,第三年对少数生活不能自给的,酌情予以补助。同时还规定,发给每个下乡人员家具购置补助费 50 元,学习及医疗补助费 10 元,运输费 5 元等。

1979 年,四川省知青办、财政局在《关于印发"知青经费管理使用暂行办法"的通知》中,再次调整安置知青的几项经费标准规定:新到国营农、林、牧、渔场,及机关、学校、部队、企事业单位的农、林、牧、副、渔业基地、五·七干校和城市绿化单位兴办的集体所有制育苗场的,每人补助安置费 400 元,到集体所有制知青场、队、点的,每人补助安置费 580 元;建房补助费人平 300 元,新下乡的知青应尽量利用空房,必须新建房的,要根据实际情况,对取材方便的地方少补助,取材困难的地方多补助;生活补助费每人 180 元,第一年补助 120 元,第二年补助 60 元;家、农具补助费每人 40 元;学习费每人 10 元;医疗补助费每人 15 元;旅运费每人 5 元;特殊开支费每人 15 元;冬装补助费每人 40 元等。

在下乡知青的各种困难补助方面,自 1973 年四川省革委川革计(73)282 号文件《关于解决下乡知识青年生活困难问题的意见》下发后,绵阳地区各县知青办随即组织力量对下乡知青的生活困难情况进行逐户了解,按照文件精神,本着精打细算,合理安排的原则,区分不同情况,对下乡知青中在口粮、房屋维修、家具、农具、生活、医疗等方面确有实际困难的,给予了适当的困难补助。仅据 1978 年统计,全区知青中有各种困难得到解决的人数达 17 868 人,补助金额达 899 068 元。

四、下乡知青的粮、油、副食等补贴

1964 年,四川省粮食厅、省安置办在《关于城市上山下乡人员粮油供应工作的具体规定》中规定:城镇凡插队参加农业生产的,从离开原住城镇到参加生产队的粮食分配为止,每人每月由国家供应贸易粮 30 市斤,食油 3 两;到国营农、林、牧、渔场参加农业生产的,从到场的第二个月起,由所在场按本场职工的吃粮标准供应。

1969 年,川革生(69)709 号文件又规定:城镇下乡知青的食油和肉食品,头年按当地场镇居民的标准由国家供应。参加社队分配后,二年内达不到当地场镇居民标准的,由国家补差。并规定由粮食、商业部门具体办理。

1973 年,又对城镇下乡知青的粮油供应标准作了调整。四川省粮食局川粮发(73)670 号文件《关于城镇上山下乡知识青年粮油供应几个问题的通知》中规定:"一九七三年城镇上山下乡知识青年,从他们上山下乡之月起,口粮按每人每月 35 市斤,食油按当地城镇居民定量标准,由国家供应一年。下乡知青参加集体收益分配后,正常出勤的,应不低于当地单身整劳力的实际吃粮水平。如所在社队分粮水平过低,知青口粮全年达不到贸易粮 380 至 420 市斤的,由国家在农村统销粮中补差。"据此,全区各级粮食部门给予了知青相当数量的粮、油供应。

国家对棉布、棉花实行定量供应时期,为解决知识青年下乡后生活中的实际困难,国家对下乡知青还给予了定量供应以外的照顾。1964 年 4 月,四川省安置办、省商业厅、省供销社在安办(64)第12号文件中规定:给下乡人员补助棉布人平14市尺;蚊帐布人平42尺;絮棉人平1.5市斤。同年10月,省上规定,棉布增加到人平20市尺;絮棉增加到人平2市斤(1966年又增加到人平5市斤)。

下乡插队知青的住房问题,一般是本着就地取材,因陋就简和群帮公助的原则解决的。但对部分为知青建房需用的木材,国家也作了计划安排。绵阳地区的供应标准是,按国家价格给知青人平供应建房木材0.5立方米。全区供应此项木材累计达36 779立方米。有关社、队为知青建房46 751间,计631 194平方米,以解决知青的住房问题。

附:表7-1-1 绵阳地区历年动员安置城镇知识青年下乡人数统计表

表7-1-2 绵阳地区1978年度下乡知识青年困难补助情况表

第二节 下乡知青的教育与管理

一、选派带队干部

1974年5月,根据省革委川政发(73)50号《关于抽调上山下乡知青带队干部的通知》精神,绵阳地委决定在有下乡知识青年的县里,首批选派174名行政干部担任下乡知识青年的带队干部,分别下到知青所在场、队,与知青一起劳动、生活,负责知青的教育管理工作,协调知青与所在场、队的贫下中农之间的关系等。随着下乡知青人数的增加,后来省和地区又决定,由动员地区和安置地区共同选派带队干部。至1977年全区的知青带队干部增加到1 754人。这些知青带队干部,协助安置社队做上山下乡知青的安置、教育、管理、保护工作,做了大量艰苦细致的思想政治工作,处理了许多具体问题。不少知青带队干部为做好工作,经常怀揣干粮、渴饮泉水、翻山越岭,常年在平武、青川、广元、旺苍等山区县的农村往返。他们中有人曾写诗自题道:"野餐于我是寻常,高山深谷无村庄。日午冷饼吞一块,赛过席上酒肉香。脚踏当年红军路,继续革命斗志昂,为使红旗飘万代,面向深山育栋梁"。

二、知青的教育与成长

1969年9月,绵阳地革委召开知识青年上山下乡活学活用毛主席著作积极分子讲用会,会上有近20个单位代表和个人发言,分别谈了做好知青动员下乡教育、管理工作和个人扎根农村,接受贫下中农再教育的体会。会后组织宣讲团,先后赴江油、射洪等县作了宣讲。

1977年2月,绵阳地区召开第一次上山下乡知识青年先进集体、先进个人代表大会,参加会议的先进集体和先进个人代表共有987人。会议由地委常委、宣传部长吴儒玢致开幕词。会上,绵阳地委、地革委授予了何琼华等11名同志"上山下乡知识青年先进标兵"的称号。有20余名先进集体和先进个人代表在大会上介绍了经验。地委书记李国超在大会上讲了话,地委知青工作领导小组副组长、地革委副主任周昌瑞致闭幕词。地区先代会以后,各县亦相继召开了知青先代会。全区受到各级表彰的知青人数达2 929人。此外,为激励广大知青安心农业生产劳动。在每年春节前后,地区行署和各县政府向下乡知青发出慰问信,并且还多次组织慰问团,深入到知青场、队、点,进行慰问。

大多数知识青年到农村后,学到了多种生产技能,提高了思想觉悟,增强了独立生活能力,许多人还为农村的科学种田、文化教育、医疗卫生等事业作出了贡献。据统计,全区历年下乡的知识青年中,先后有642人加入了中国共产党,有21 128人加入了共青团,有611人被选进过生产队及以上的领导班子,有3 625人兼任过农业技术员,有2 379人担任过生产队的会计、出纳、保管员,有16 071人担任过夜校或民办学校教师,有297人担任过"赤脚医生"。

但是,也有少数下乡知识青年表现不好。其中亦有极少数人因违法犯罪而被劳教、劳改。

三、对知青的保护

1973年8月4日,中共中央转发《关于全国知识青年上山下乡工作会议的报告》后,绵阳地区及时建立了保护知青工作领导小组。领导小组办公室设在地区公安局,由地区公安局、地革委知青办、中级人民法院抽调干部负责办公室日常工作,并参与查处打击残害下乡知青的重大案件。各县亦抽调干部相继建立了保护知青的机构。在落实各项保护措施的同时,对残害上山下乡知青的犯罪行为进行了认真查处。在1973年第一次打击残害知青的犯罪分子时,有7名身为公社干部、村小教师、派出所民警等奸污下乡女知青的犯罪分子经地革委绵革函(73)485号文件批准开除公职,由政法部门依法惩办。全区共打击残害知青的犯罪分子194人,其中逮捕、拘留153人,判刑27人。

1977年绵阳地区公安局、地区中级人民法院、地革委知青办以绵公发(77)第11号、绵地法(77)第08号联合发出《关于切实加强知青保护工作的意见》后,充实加强了地区保护知青工作领导小组及其办事机构。按照上级有关指示,绵阳地区通过运用法律手段和各种行政措施,较为有效地保护了上山下乡知青的合法权益。

第三节　知青下乡政策的调整与回城安置

一、下乡政策的调整

1964年,在贯彻执行中共中央、国务院《关于动员和组织城市知识青年参加农村社会主义建设的决定(草案)》时,绵阳专区有个别县没有完全按照中央和省委的指示精神办事,把不符合规定条件的人员送上了山。为此,绵阳专区安置工作领导小组办公室,在同年7月14日以(64)专安办字第011号文件作了两条规定:"(1)对已送上山的老弱病残人员和四类分子,各安置地区必须认真严肃地整顿。把个别老弱病残人员,应安置在地势比较平坦,经济收入比较富裕的地方,以保证其基本生活;对少数不良分子,可安置在人口比较集中、领导力量较强的地方,以便监督改造。个别确实不宜留在山区的,可退回原县自行安置。(2)今后动员的对象,必须按照中央规定的:年满十六周岁,具有高小毕业文化程度以上,身体健康的人;对患有严重慢性病、残疾人员和有重大政治历史问题的人员,不能动员去。动员去的有劳动能力的闲散劳动力,只能占知识青年数的百分之三十,各安置地区按此比例掌握"。

1965年4月,根据省安置工作会议精神,专区再次规定动员对象以年满十六周岁、身体健康、在城市未能升学、就业的知青为主,社会闲散劳动力也要动员他们下乡,但必须是具备自食其力条件的。

1969年,中共中央中发(1969)26号和四川省委川委发(1969)45号文件又规定:"凡是有劳动力而无职业固定收入的城镇居民和家居城镇的一九六八年高、初中毕业生、一九六六年以来的中学毕业生、肄业生、高小毕业生、年满十七周岁者,除按规定不动员下乡的几种人外,都要动员下乡。"

1971年,省革委川革发(71)29号文件提出:"七一、七二年中学毕业生中的农村人口应回原籍农村参加农业劳动,家居城镇的毕业生中年满十六周岁以上的,应到农村去插队落户。对少数病残学生确实不能参加农业劳动等特殊情况,可由本人申请,群众评议,县以上毕业生分配组批准缓下另作处理。"

1974年,省革委在川革发(74)125号文件中,对各地在贯彻执行中发(73)30号文件和省委(73)92号文件时,遇到的一些急需解决的问题又进一步作了一些规定。对多子女身边留一个子女的问题分别规定为:(1)多子女下乡、支边或本市、县城以外工作,身边只有一个子女,可不下乡。子女在本市、县城上大学(含中专)的应按身边有子女对待;(2)父母分居两地、城镇各带有子女、只能一方身边留一个人;(3)多子女中有病残、生活不能自理,需要照顾的,可以留一个人。另外还规定了"孤儿一般不动员上山下乡,自愿上山下乡者,应安置在国营农、林、牧、渔场";"家庭特殊困难问题,个别知识青年父母年老多病,弟妹年幼,生活不能自理而无亲属照顾的,可以缓下或免下乡"等。在贯彻执行这些规定的过程中,绵阳地区先后批准13 123名城镇知识青年为不动员下乡对象,其中:独生子女有2 196人,多子女身边一人的有4 927人,病残不能参加劳动的有4 198人,家庭有特殊困难和其他原因免下的有1 802人。

1978年12月,中共中央在中发(78)74号文件中指出:"粉碎'四人帮'之后,各项事业发展很快,为城乡广开升学和就业门路安排知识青年创造了有利条件。今后,留城政策、下乡范围,都要从实际出发,作适当调整。城市中学毕业生的安排,实行进学校、上山下乡、支援边疆、城市安排四个面向的原则。留城面要逐步扩大,矿山、林区、分布在农村的有安置条件的企事业单位,小集镇和一般县城非农业户口的中学毕业生,不再列入上山下乡范围,由本地区或本系统自行安排。有条件的城市,也可以不动员上山下乡。"

1979年8月,根据中央文件和省的部署,绵阳地区行署召开了全区知识青年和城镇待业人员安置工作会议,李玉良副专员在会上宣布:"今年我区不动员知识青年上山下乡了"。知青工作转为了对大量下乡知青的回城安置。

二、回城安置

1970年,遵照毛主席关于"从有实践经验的工人农民中间选拔学生"的指示,根据"自愿报名、群众推荐、领导批准、学校复审"的原则,各地开始对在农村中锻炼两年以上的上山下乡知青采取"推荐与选拔相结合"的办法招生,相继从农村招走了一些上山下乡知青进入大、专院校学习深造。

同年,根据省革委川革发(1970)135号文件精神,绵阳地区开始进行推荐上山下乡知识青年到工交战线上去工作的试点。同年12月,省革委毕业生分配组以川革毕(70)13号、省劳动局革命领导小组以川劳革(70)42号联合行文转发了"绵阳县五一公社新民大队推荐知识青年到工交战线工作座谈记录",向全省各地推荐这个大队依靠贫下中农,做过细的思想政治工作,把推荐工作和"再教育"工作紧密结合起来的经验和做法。在此之后,绵阳地区动员全民企、事业单位,根据有关政策先后招收了一部分上山下乡两年以上的知青回城当工人。

1974年9月初,绵阳地区计委和地区知青办联名向四川省劳动局写了《关于补充集体所有制企、事业人员可否吸收已下乡的独生子女的请示报告》。9月27日,省劳动局以川劳发(74)136号文件函复绵阳地区计委和知青办说:"根据……省委川委发〔1973〕92号文件《关于贯彻'中共中央转发国务院关于全国知识青年上山下乡工作会议的报告'的意见》附件规定:'已下乡的独生子女和多子女身边无人的按国家计划招工时,应予照顾'的精神,在地区安排集体所有制招工时,对已下乡的独生子女或多子女身边无人已下乡的子女,具备招工条件的可以招收"。据此,绵阳地区部分集体所有制企业按这个范围和有关条件又相继招收了一部分知青回城镇工作。

1979年停止动员城镇知青上山下乡时,绵阳地区尚有在乡知青24 988人。根据中央"城乡广开门路,妥善安排知识青年"的指示精神,全地区在各级党委的统一领导下,采取统筹安排、分口包干、充分调动各系统各单位的积极性,大力兴办城镇集体经济和个体经济,全民、集体、个体安置一起上的办法,至1982年底将这部分尚在农村的知青全部作了妥善安置。安置的去向分别是:全民所有制单位安置了3 498人,占14%;集体所有制单位安置了20 490人,占82%;参军和升学的有620余人,占2.5%;病残知青因人制宜扶持其个体开业的有60人,约占0.2%;因与农村社员结婚而安排到社队企业工作的有320余人,约占1.3%。

第四节　下乡知青遗留问题的处理

一、病残知青的安置

病残知青人数虽少,但安置难度较大。从1973年起至1978年底,根据中央和省的有关文件精神,地区和各县知青办、劳动局及其它有关部门,按照"统筹兼顾,全面安排"的原则,本着"国家关心,负责到底"的精神,对病残知青分期分批作过一些安置。此后,在知青全部回城安置的过程中,又采取逐个走访病残知青,了解有关情况,向他们宣传"三结合"的劳动就业方针,并反复与病残知青的家长和有关单位商量安置办法。与此同时,根据文件规定要求病残知青父母所在的单位或系统负责包干安置。要求各有关单位要作为一项政治任务尽快完成。经过这些工作,大部分病残知青很快被安置到了有关单位举办的集体所有制经济组织中就业,另一些病残知青则帮助其自谋职业或个体开业,得到了安置。此外,知青部门还根据有关单位安置病残知青的人数和经济条件，适当借给了一定数量的安置经费，作为对其生产、经营的扶持。据1982年底统计，全地区先后从知青经费中拨出用于安置病残知青的扶持生产经费达200余万元，共安置了病残下乡知青和年龄较大的"老知青"2 697人。

二、知青经费的清理与知青场队财产的处理

1979年上半年，根据财政部1973年颁发的《关于加强城镇知识青年上山下乡经费管理的暂行办法》，绵阳地区知青办和地区财政局开展了一次知青经费和物资使用情况大检查。通过检查统计，1973年至1978年间，全区动员了城镇知青40 804人下乡，加上区外知青，共吸收安置了知青56 976人。按规定应开支动员、安置经费2 661.77万元，实际支出2 134.02万元，结存527.75万元。经过检查了解到的情况是：对结余经费的管理和使用，绝大多数是作得很好的，但也发现有贪污、挪用、虚报支出、转移资金等问题。对查出的问题，区别不同情况，由有关单位给予了责任者适当处理，对贪污挪用知青经费者，令其在限期内进行了退赔和退还。

1979年，省知青办和省财政局在《关于知青经费管理使用的暂行办法的通知》中规定："知青调离生产队和场队后，闲置的房屋和家、农具，由县知青部门统一调配给下乡知青使用。今后不再安置知青的社、队对知青的房屋，经过县知青办公室批准，可以按照国家所拨建房费和房屋的新旧程度，适当折价处理给社队。对闲置的大幢知青房屋，国家投资大的，社、队无力购买的，可以按房屋的实际投资和新旧程度，折价处理给所在地的学校，社、队企事业和其他单位，折价按国家和社、队投资比例分摊。对家、农具的处理，小型易损的留给生产队使用，大型的要按新旧程度折价处理"。据此精神，全区各县对知青场、队的财产进行了全面清理和处理。在进行这项工作时，地区和各县还进行了试点，明确了清理的范围及办法等。全区经过对1 005个有关公社的清理，共折价处理了知青房屋45 763间，明确应收回各县知青办的房屋及家、农具折价款243.04万元。

1979年，地区和各县全面清理各项知青经费之后，全区将1978年底以前的知青结余经费和知青场队的房屋、家具、农具折价收入，全部转为了各县财政的扶持生产周转金，用于扶持发展本地的经济事业，安置城镇待业人员。

（第七章《城镇知识青年上山下乡》，第425—442页）

《中共绵阳市志》

《中共绵阳市志》编纂委员会编，四川人民出版社2002年

（1964年）12月6—12日，地委召开城镇工作会议，要求加强对城镇社会主义教育工作的领导，妥善安排城镇闲散劳动力，组织好上山下乡、搞好计划生育等工作。

（《大事记》，第26页）

(1968年)12月26日,绵阳地、县革委会召开了"热烈欢呼、坚决落实毛主席最新指示知识青年到农村去"的动员大会和《毛泽东选集》1—4卷精装合订本在绵阳地区首次发行,以及"毛主席革命路线胜利万岁学习馆"开幕式,绵阳城区6万军民参加了大会。 　　(《大事记》,第28页)

(1969年)1月13日,地革委发出《关于分配知识青年和脱离劳动的城镇居民到农村去的通知》,要求全区1966年、1967年、1968年的初、高中毕业生到农村去插队落户,接受贫下中农再教育。到年底,全区有6.4万名知识青年下乡,成都市知青到绵阳地区安家落户的有1.02万人,同时,还动员了城镇居民和社会青年5 000人到农村安家落户,总数共8万多人。

(《大事记》,第28页)

(1979年)1月8日,地委发出《关于贯彻执行中发(1978)74号和省委(1978)11号文件的通知》,决定今后原则上不再动员城镇中学毕业生上山下乡。 　　(《大事记》,第32页)

《江油县志》

江油市地方志编纂委员会编纂,四川人民出版社2000年

第三节　知识青年上山下乡

一、知青管理

1964年4月,根据中共中央、国务院《关于动员和组织城市知识青年参加农村社会主义建设的决定》,成立了江油县安置城镇下乡青年领导小组及办公室。1966年"文化大革命"开始后,机构瘫痪,动员安置城镇上山下乡知识青年的工作中止。1968年12月20日《人民日报》发表毛主席"知识青年到农村去,接受贫下中农的再教育,很有必要"的指示后,为适应大批知识青年上山下乡的需要,12月28日成立江油县革命委员会毕业生分配组,除负责全县知识青年上山下乡的管理工作外,还负责大学、中专毕业生的分配工作。1972年8月,县革委撤销毕业生分配组,知青工作机构合并于县文教局,设知青工作组。1973年全国知识青年上山下乡工作会议后,县革委会决定成立江油县知识青年上山下乡领导小组。1974年2月县文教局知青工作组改名为江油县知识青年上山下乡工作办公室。各区、公社亦设立相应的机构负责此项工作,农村各大队建立了由贫下中农、干部、下乡知识青年组成的"三结合"再教育小组。同时,县境内中央、省、地属厂矿也配备了知青工作专(兼)职干部或建立了相应机构。1980年10月,县知识青年上山下乡工作办公室机构撤销,人员经费并入县劳动局,继续办理知青管理遗留工作。

二、知青安置

1964年,县内开始在江油中学毕业生中和马角坝劳动服务站,动员家居城镇尚未就业

的知识青年 299 人下乡插队落户,分别安置在东安、中兴、重兴、云集、北城、西屏等公社,在战旗公社试办了蚕桑场安置下乡知青 12 人。1965 年,把分散插队的知识青年统一组织到知青农场内,以利于管理教育。"文化大革命"期间的 1966—1968 年,中止了动员知青上山下乡工作。1967 年,"文化大革命"开始,大批下乡知青纷纷回城"造反"。中共中央及时发出有关通知,县上组织干部动员回城知青返回农村安心生产,到 1968 年末,绝大部分下乡知青返回了农村。1968 年 12 月毛主席发出"知识青年到农村去,接受贫下中农再教育"的号召后,县内动员大批城镇知识青年上山下乡,到农村插队落户参加农业生产劳动。1969 年 1 月 8 日,成都、江油首批 300 名知识青年在江油农村落户。1970 年后,江油县每年动员一批知青下乡。成都市在县境农村先后安置知青 700 人。安置形式初期主要采取 3—5 人单身插队。1974 年后,对下乡知青采取集体安置办法,兴办知青场、队、点,动员单位和安置社队对口扶持。到 1977 年底,全县已安置知青 1 600 余人,先后在社、队场园的基础上共建知青场、队、点 106 个。各知青场、队、点普遍建立了学习制度,设有图书室、文娱室、球场等。县知青办和动员单位先后赠送图书、学习资料 14 万册。集体安置对提高知青的文化科学水平,保护知青的人身安全起到了良好作用。广大下乡知识青年经过劳动锻炼和贫下中农的"再教育",在政治上、思想上、知识上、生产技能上都有不同程度的提高。到 1977 年末,全县知青有 41 人加入中国共产党,有 4 100 多人加入共青团,有 5 300 人担任过大队、生产队干部和民兵连、排长,有 1 800 多人担任民办教师,有 3 500 人担任过农业技术员,有 637 人担任过赤脚医生和卫生员。全县知青中,有 3 837 人被评选为出席省、地、县先进代表会议代表(其中:省先进代表 18 人,地区先进代表 91 人,县级先进代表 3 728 人)。

1964—1978 年的 15 年中,全县共动员、安置城镇下乡知识青年 14 575 人,其中本县动员下乡 10 614 人,接收安置外地知青 3 961 人。安置到国营农、林、鱼场 59 人,联系到外县农村落户 164 人,其余安置在全县 9 区、43 个公社(除城郊、德胜、三合、河西、枫顺 5 个公社外)的 436 个大队、3 068 个生产队插队落户。国家先后共拨给知青安置经费 532.65 万元,建房木材 3 601 立方米。全县共派出 5 批知青带队干部,共 314 人(其中成都市派出干部 99 人,县境内各单位派出干部 215 人)。

1978 年 12 月由于国家调整知青政策,一般县城不列入上山下乡范围,知青工作由过去动员安置转到统筹安排下乡知青就业,大批知青升学、参军、招工,县内各单位招工 8 746 人。到 1979 年底,全县下乡知青只剩下 50 余名,1980 年 8 月下乡知青的就业安置工作结束。对于安置知青而在农村兴建的住房 5 380 间,计 64 656 平方米,家具、农具 6.2 万余件,清理后全部作价处理。至 1980 年底,共清出在队的下乡知青结余经费 16 万元,已收回 15.3 万元,折价处理房屋、家农具 39.1 万元,已收回 26.5 万元。

(卷十第二章《劳动管理》,第 492—493 页)

从 1954 年开始,党和政府号召高小、初中毕业生回乡参加农业生产,政府作了安置工作,就业问题基本得以解决。1965 年江油县动员高、初中毕业生上山下乡共 33 人,"文化大革命"期间凡年满 16 岁的中、小学毕业生一律到农村安家落户,国家拨款进行安置。江油县安置知青总人数达到 14 575 人(包括外地知青)。以后又陆续全部迁离农村回城就业。

(卷二十第八章《教师与学生》,第 1016—1017 页)

《青川县志》

《青川县志》编纂委员会编,成都科技大学出版社 1992 年

　　(1974 年)10 月 11 日—15 日,召开知识青年代表大会。总结知识青年"上山下乡,安家落户"的经验。表彰了一批先进集体和个人。
(《大事记》,第 42 页)

　　根据中发〔1964〕40 号文件精神,为负责动员城镇知识青年"上山下乡"的教育,保护就业、经费管理等,于 1964 年 6 月成立青川县知识青年上山下乡安置办公室。1966 年解体,次年复置。1981 年 12 月 30 日更名青川县人民政府知识青年上山下乡工作办公室。次年合并于青川县劳动局。
(第八篇第四章《管理》,第 319 页)

第五节　知　青　安　置

　　根据 1964 年 5 月拟定的《十八年长远设想》所提出的"积极安置好城镇知识青年",决定"集中全力打歼灭战和组织专业队伍,插社插队,治山治水"。从 1964 年下半年开始有本县和三台、射洪、蓬溪、中江及成都等处的知识青年 470 人,先后到白水、永红、东风(三锅石)、桥楼、关庄、青溪等公社去落户。

　　1969—1973 年,共有 2 104 名城镇知青到农村安家落户。从 1974 年开始,采取:"厂、社挂钩对口安置"的办法,对成都 23 中、机械局系统和万众、新光两厂插队的 1 092 人,分别安置在青溪、房石、乔庄、骑马、白水五个区的 22 个公社。县内落户的知青共 2 892 人。截至 1975 年 4 月,除陆续有 1 270 人参军、招工、升学和被批准转回城市外,尚有 1 622 人,分布在一个国营农场和 35 个公社的 558 个生产队(包括 108 个知青点)。1975—1976 年又下放知青 244 人。全国知青工作会后,通过参军、升学、招工等渠道,又有 422 个知青离开农村。1977 年根据"若干年内还要继续动员知青上山下乡"的精神,又下放 78 人。同时按"广开门路,妥善安排"的原则,招工转迁 300 人。1978 年贯彻"小城镇非农业户的待业中小学生,不再列入上山下乡范围,由本地区或系统自行安排"的指示,未再动员知青"上山下乡"。并转迁安置了 810 人。知识青年在农村中担任干部、教师、赤脚医生的 329 人。受到各种表彰奖励的 475 人。也有少数违法乱纪的人和事,个别人甚至触犯刑律。迄至 1979 年招工和转迁安置 123 人,并按知青农转非的有关政策,转了 251 个知青在农村的子女。1980 年招工安

置 274 人，从此结束了耗资 124 万元，安排知青 3 214 名"上山下乡"，又转迁安置就业的这段历史。 （第八篇第四章《管理》，第 323 页）

《平武县志》

平武县县志编纂委员会编，四川科学技术出版社 1997 年

(1968 年)12 月 26 日，县革委发出贯彻毛泽东关于知识青年到农村去的最高指示的通知，要求各级革委会动员 66 届、67 届城镇高初中毕业生到农村插队落户，接受贫下中农再教育。 （《大事记(一)》，第 31 页）

(1969 年)2 月 28 日，第一批成都知识青年到平武农村插队落户。

（《大事记(一)》，第 31 页）

(1970 年)3 月，第二批成都知青到平武插队落户。 （《大事记(一)》，第 32 页）

(1973 年)9 月 27 日，县知识青年上山下乡领导小组成立。 （《大事记(一)》，第 34 页）

1964 年组织城镇知识青年和社会闲散劳动力上山下乡，试图解决就业问题，到 1979 年，共计动员了 3 762 人到农村去(含外地 2 619 人)，后来用招工(2 752 人)、招生、参军、提干等形式解决就业 3 716 人。1970—1978 年，除去上述在下乡知青中的招工人数，全县还向社会招收了 816 人(含集体 143 人)。1979 年底，县劳动局建立，1982 年 8 月，组建县劳动服务公司。通过广开门路，多层次、多渠道解决城镇待业人员就业，实行"三结合"(国家安置、集体组织和自谋职业)的就业方针，1980—1990 年，城镇就业实际安置人数达 5 352 人(含全民 1 497 人)，全县城镇就业压力有所缓解。 （第七篇第二章《劳动》，第 386 页）

1971—1979 年，招收按政策留城的中学毕业生和锻炼两年以上的下乡知青，县内实行了群众推荐、民主评议的招工办法。 （第七篇第二章《劳动》，第 386 页）

第二节 知青工作

1957—1963 年，外地知识青年 280 余人响应党的号召上山下乡，来平武农村安家落户。根据中央、省、专的指示，1964 年 5 月设立安置办公室。1970 年 1 月，成立毕业生分配办公室与安置办合署办公。1974 年 4 月设知青办公室，办理知识青年上山下乡的接收安置工作。1963—1978 年，总计安置了 3 762 名知识青年到农村。知识青年为农村社会主义建设作出了贡献。为解决下乡知青在生产生活中的实际问题，国家也花费了大量的人力、物力和

财力。特别是安置人数过于集中的地方,甚至成为基层干部和农民的负担。

一、动 员、安 置

1964 年,由绵阳专区南边五县(三台、射洪、蓬溪、遂宁、中江)动员到平武上山下乡的知识青年和社会闲散劳动力 1 834 人(女 789 人),其中知青 767 人。安置形式有:插在社办 11 个林场的有 510 人。集体插入 13 个公社 25 个生产队的有 312 人。分散到 112 个生产队落户的有 282 户 1 012 人。此外,还有成都市动员到平武安排在高庄、南坝两个国营林场的知青 288 人。

1965 年底,在平武农村的知青和社会闲散劳动力为 1 731 人。其中,知青 841 人(女 385 人),分布在 12 个公社的 14 个社办林场和 2 个大队林场。其中豆叩公社先锋与红旗、平通公社金星、桥头公社前进、新民公社红星、里加公社花园、马家公社前锋、同兴公社宽坝、锁江公社花桥、大印公社东风、响岩公社涪江一场、南坝公社火炬、坝子公社东方红与曙光等 14 个社办林场共计 710 人,枕流公社新生、白草公社建新 2 个大队林场 131 人。分布在豆叩、桥头、新民、里加、徐塘、马家、同兴、锁江、大印、响岩、白庙、坝子等 12 个公社中全家落户的共计 373 户 890 人。

1966 年 5 月至 1968 年,"文化大革命"初期,红卫兵串连,学校停课,派性武斗,知青上山下乡处于停顿状态。

1968 年 4 月 3—14 日,绵阳专区生产指挥部召开"上山下乡知识青年工作会议",会上提出了认真做好安置形式的调整工作,坚决贯彻中央关于知识青年下乡上山以插队为主的方针。同年 8 月,中共绵阳地委在江油召开撤场插队现场会议后,平武县陆续撤销 12 个公社内的社办林场,绝大部分知识青年已插队落户,平武县革委拨出每人 30 元的安置费,以解决撤场插队知青在生产生活,特别是住房方面的一些具体困难。

1968 年 12 月《人民日报》发表毛泽东主席"知识分子到农村去,接受贫下中农的再教育"的指示,开始了全国范围内的知识青年上山下乡运动。1969 年以后,成都市和绵阳地区南边五县等地来平武县插队落户的知识青年逐年增多。

平武县 1969—1973 年安置下乡知青情况表

项 目	现有安置人数	其中:历年安置人员						1969 年以来累计安置人数	其中社会知青
		"文化大革命"前	1969 年	1970 年	1971 年	1972 年	1973 年		
安置对口地区	2 424	721	489			623	591	2 045	109
安置本地区	469	35	123	56	54	72	129	961	31
其中安置本公社	46		5			20	21		
合 计	2 893	756	612	56	54	695	720	3 006	140

注:表列 1969 年以后累计安置人数 3 006 人,减去历年招工、招生、参军、回城、死亡等 1 279 人。1973 年底,在农村的下乡知青实有 1 727 人,其中,安置在全县 33 个公社中的 66 个青年点的有 264 人,分散插队的有 1 463 人。

平武县1974—1981年安置下乡知青情况表　　　　　　　　　　单位:人

年度	本年实际下乡人数	本年调离农村人数							本年安置人数						年底在农村人数
		合计	招生	征兵	招工	提干	批准回城	其他	合计	青年点	集体农茶果药场	国营农场	分散插队	其他	
1974	221	198	119	5	59		13	2	221	105		20	96		1 750
1975	215	399	70	7	280		42		215	48	24		129	7	1 566
1976	191	303	52		239	2	5	5	191	165		9	17		1 454
1977	110	483	33	205	235	1	9		110	46	14		20	3	1 081
1978	5	512	23	27	428	8	25	1	5		3		2		574
1979		503			493	4	6								71
1980		41			31	1	8								30
1981		26			19		5	2							4
合计	742	2 465	297	244	1 784	16	113	11	742	364	41	29	264	10	

注:1. 调离农村人数的"其他"栏,包括转点外地、回老家落户、拘捕、死亡等。

　　2. 本年安置人数的"其他"栏,系到外省、区、县安置。

1963—1978年,全县下乡的城镇知识青年3 428人,截至1981年,国家先后拨出知青安置经费总额为147.1万元,人均422.45元。包括动员费,安置费,建房补助,生活补助,家、农具、医疗、学习、旅途运输等补助。省革委规定,城镇下乡知青的食油和肉食品,第一年按当地城镇居民的标准由国家供应。下乡知青参加社队分配后,两年内还达不到当地城镇居民标准的,由国家(粮食、商业部门办理)补差。全国实行棉花、棉布定量供应时期,国家对下乡知青还给予了定量以外的照顾,以解决知青下乡后的实际困难。对下乡插队知青的住房问题,一般本着就地取材,因陋就简和群众帮助的原则解决。条件好的地方,集体或私人有多余的房屋可以借住的,就不新建。1973年中共四川省委知青工作会议后,全县已解决住房407间(13—14平方米),每间住一人,到1978年底累计建房965间13 100平方米总共开支经费27.5万元。后因招工、招生、参军、批准回城等,知青大量离开农村,到1978年底已有656间闲置房屋。县内在1980年清理知青房屋和家、农具时,作了折价处理。

二、管　　理

(一)调派驻场骨干

全县社办林场由1964年的11个,安置下乡知青510人;到1965年发展为16个场,安置下乡知青710人。为了帮助知青学习生产技术,掌握农事季节,熟悉土壤、气候等自然条件,中共平武县委知青工作领导小组决定由公社从生产队中抽调农民技术员作为驻场骨干。据1966年2月统计,先后共调进36名驻场骨干和45名农民技术员。驻场骨干与知青中的骨干5—7人组成领导班子,组织学习,安排生产生活。领导带头参加集体生产劳动,按农业与林业生产季节,灵活掌握,交叉进行。农民技术员亦场亦队,两者兼顾。

（二）选派带队干部

1974年5月四川省革委《关于抽调上山下乡知青干部的通知》下达后，中共绵阳地委决定在有下乡知青的县，首批选派行政干部担任下乡知青的带队干部，分别到知青所在场、队，与知青一起劳动、生活，负责知青的教育和管理工作，协调知青所在场队与当地贫下中农之间的关系等。平武县有"南五县"首批选送的带队干部10名。之后，省委和地委决定，由动员地区和安置地区共同选派带队干部，协助安置社队做好上山下乡知青的安置、教育、管理、保护工作。1975—1978年共计选派带队干部25名（包括：成都13名，国营九〇三厂2名，绵阳地区伐木厂1名，平武县9名）。加南边五县带队干部共有35名。

选派的知青带队干部都具有艰苦奋斗的精神和良好的工作与生活作风，他们在协助安置社队做好下乡知青的安置、教育、管理、保护工作方面，做了大量艰苦细致的工作，处理了许多具体问题。

（三）会议、短训、组织慰问活动

1965年1月—1976年5月，中共平武县委、县人委、县革委召开了6次规模较大的上山下乡知青积极分子代表会、先代会、讲用会。累计参加会议的知青代表达1 662人，会议表彰知青先进集体69个，先进个人813人。还表彰了再教育先进的3个区、13个公社、20个大队、10个生产队和82名个人。

县委、县人委、革委办公室每10—15天印发《情况简报》；县安置办公室不定期印发《安置工作简报》，交流下乡知青在农村锻炼成长情况，宣扬好人好事，达到互相学习，取长补短，共同提高的目的。

1965年冬，专、县安置工作组在豆叩举办了四期知青短训班，每期培训200人左右，学习党的方针政策和毛主席著作。对提高下乡知青的政治思想觉悟，安心农村，奋发向前，起到积极作用。

县委、县人委、革委在每年元旦至春节期间向下乡知青发出慰问信，并组织慰问团，分区分片配合区乡干部深入到各场、队、点进行慰问，知青们受到激励和鼓舞。各动员县也派代表进行了慰问活动。

（四）知青表现

广大知识青年在农村，努力学习，勤劳耕作，不少人学会多种生产技能，成为能文能武的新型农民。还有不少人为农村的科学种田、文教、卫生、交通和水利电力建设等事业作出了贡献。据统计，全县历年下乡的知识青年中，先后有9人加入中国共产党，有834人加入共青团，有582人被选进生产队及以上的领导班子，有173人兼任过农技员或水利农电员，有432人担任过生产队的会计、出纳、保管员，有592人担任过夜校或民办学校教师，有17人担任过"赤脚医生"。

历年下乡知青中，也有少数人表现不好，其中有极少数人违法犯罪，在县内被拘捕判刑的21人（1人因强奸杀人于1971年5月被判处死刑），在县外被捕的有5人。截至1979年8月停止动员下乡时仍有17人在押。

三、知青保护

中共中央(1970)26号文件下达后,省、地、县革委发文,要求切实做到对下乡知识青年"政治上有人抓,生产上有人教,生活上有人管"。经检查发现,县内有少数生产队干部对知青"重使用,轻管理"、"重生产,轻生活",尤其是不注意女青年的生理特点,和男青年同样分配农活,致使有些女青年经期得不到休息,患病后未能及时治疗;也有一些女青年缺乏生理知识,在经期抢干重活或下水田,因劳累过度或下水着凉而致病。对此,各区、公社党委一是强调对知青的健康保护,二是检查纠正,三是对患病者及时治疗。

1973年5月,绵阳地区召开打击破坏知识青年上山下乡的阶级敌人的工作会议后,中共平武县委召开了各区、公社书记和各单位负责人会议,传达地区会议精神,大张旗鼓地宣传毛泽东主席关于知识青年上山下乡的革命路线,发动群众检举揭发,并抽调公、检、法机关及毕业生分配办公室等单位干部12人,配合区、社干部进行调查,到6月中旬,就掌握和处理了19起奸污下乡女知青的犯罪案件,受到开除公职、开除党籍和撤职等处分的案犯11人,继续查处的8人。

中共平武县委、县革委,遵照上级有关指示,运用法律手段和各种行政措施,较为有效的保护了上山下乡知识青年的合法权益。

四、政 策 调 整

1964—1978年,动员与安置上山下乡知青的政策经过6次调整。

1964年,鉴于有些动员县把不符合规定条件的人员送到了农村,绵阳专区安置工作领导小组办公室(64)专安办011号文件作了两条规定:(一)老弱病残人员应安置在地势比较平坦,经济收入比较富裕的地方;对少数不良分子,可安置在人口比较集中,领导力量较强的地方,以便监督改造。个别确实不宜留在山区的,可退回原籍自行安置。(二)今后动员的对象,必须按照中央规定:年满16周岁,具有高小毕业以上文化程度,身体健康的人;对患有严重慢性病、残疾人员和有重大历史问题的人员,不能动员去。动员去的有劳动能力的闲散劳动力,只能占知识青年数的30%,各安置地区按此比例掌握。

1965年4月,省安置工作会议后,专区再次规定动员对象以年满16周岁,身体健康,在城市未能升学、就业的知青为主;社会闲散劳动力也要动员他们下乡,但必须是具备自食其力条件的。

中共中央(1969)26号和四川省革委川委发(69)45号文件又规定:"凡是有劳动能力而无职业固定收入的城镇居民和家居城镇1968年高、初中毕业生,1966年以来中学毕业生、高小毕业生,年满17周岁者,除按规定不动员下乡的几种人外,都要动员下乡。"

省革委川革发(1971)29号文件提出:"71、72年中学毕业生的农村人口应回原籍农村参加农业劳动,家居城镇的毕业生中年满16周岁以上的,应到农村去插队落户。对少数病残学生不能参加农业劳动等特殊情况,可由本人申请,群众评议,县以上毕业生分配组批准缓下,另作处理。"

省革委川革发(1974)125号文件中,对各地在贯彻执行中发(1973)30号文件和中共四川省委(73)92号文件时,遇到的一些急需解决的问题又进一步作了一些规定。对多子女身边留一个子女的问题分别规定为:(一)多子女下乡、支边或本市、县城以外工作,身边只有一个子女,可不下乡。子女在本市、县城上大学(含中专)的应按身边有子女对待;(二)父母分居两地城镇,各带有子女,只能一方身边留一个;(三)多子女中有病残、生活不能自理,需要照顾的,可以留一个人。另外还规定了"孤儿一般不动员上山下乡,自愿上山下乡者,应安置在国营农、林、牧、渔场";"家庭困难问题,个别知识青年父母年老多病,弟妹年幼,生活不能自理而无亲属照顾的,可以缓下或免下乡"等。在贯彻执行这些规定过程中,平武县革委先后批准384名城镇青年为不动员下乡对象,其中独生子女有58人,多子女身边留一个的有208人,病残不能参加劳动的有63人,家庭特殊困难和其他原因免下的有55人。

1977年12月,中共中央中发(78)74号文件中指出:"粉碎'四人帮'之后,各项事业发展很快,为城乡广开升学和就业门路安排知识青年创造了有利条件。今后留城政策、下乡范围,都要以实际出发,作适当调整。城市中学毕业生的安排,实行进学校、上山下乡、支援边疆、城市安排四个面向的原则。留城面逐步扩大,矿山、林区、分布在农村的有安置条件的企事业单位,小集镇和一般县城非农业户口的中学毕业生,不再列入上山下乡范围,由本地区或本系统自行安排。有条件的城市也可以不动员上山下乡。"

1979年8月,绵阳地区行署召开全区知青和城镇待业人员安置工作会议,李玉良副专员在会上正式宣布,停止动员知识青年上山下乡。

五、回城安置

1970年,开始对在农村锻炼两年以上的下乡知青采取"推荐与选拔相结合"的办法招生,按照"自愿报名,群众推荐,领导批准,学校审查"的原则,全县先后从农村招收159名下乡知青进入大专院校深造。

贯彻中共四川省委(1973)92号文件和四川省革委川革发(1970)135号文件精神,每年陆续招收了一部分下乡知青回城镇工作。全县历年上山下乡知识青年回城总人数(包括县内及南边五县、成都等地下乡知青)为3716人,占历年下乡知青总人数的98.77%。安置去向:招生484人(含推荐、选拔名额),参军265人,招工2725人,提干18人,批准回城191人,其他33人(包括外地安置、回老家落户等)。此外,历年下乡知青总人数3762人中包括死亡18人、捕判11人、在押17人,共占1.23%。

六、处理遗留问题

(一)病残知青安置

1964—1978年,全县病残知青共有72人。其中有38人(女18人)系1972年以前的老知青,他们在患病期间,社队照顾,尽力治病,医疗费向县上报销。1972年后的34名病残知青,仍然按照"统筹兼顾,全面安排"的原则,本着"国家关心,负责到底"的精神,对病残知青先后安置到社队企业、或自营服务行业,国家拨出生产扶持资金6.5万元。

（二）清理、处理财产

1963—1978 年，国家共计拨出知青经费 141.1 万元。县委知青工作领导小组、县财政部门先后派出人员对全县 39 个公社中安置知青的 37 个公社的经费使用情况进行了清理。到 1980 年春，37 个公社共计应退缴县财政 15.6 万元。

1980 年 3 月 19 日，县革委发出(80)20 号文件，对全县下乡知青遗留的房屋、家具、农具进行清理，并印发了白草公社试点情况的总结。全县对 37 个公社的清理，共计折价处理了房屋 947 间，县革委应收回折价款 78 166 元，占国家投资的 29%，房屋产权属生产队或大队所有，由队安排使用或处理。知青的家、农具 3.6 万余件（一般是床、柜、桌、凳、锄、桶等，一部分赠送安置队，一部分存放集体保管室或留给贫困户），县革委应收回折价款 2 960 元，占国家下拨家、农具费的 2.2%。

全县清理知青安置经费结余款，及房屋和家、农具折价款合计 237 126 元，全部转为县财政扶持生产周转金，用于扶持发展全县的经济事业，安置城镇待业人员，国家应收款，统一由公社收齐上交县财政，留社 20% 部分再由县划拨公社使用，坚持先收后拨，一次结清，不留尾巴。

1981 年 8 月，县知青办公室撤销，成立平武县待业人员办公室（设在劳动局内）。知青工作的遗留问题由县劳动局处理。

（第七篇第二章《劳动》，第 389—394 页）

《广元县志》

广元市地方志编纂委员会编，四川辞书出版社 1994 年

(1969 年)秋，县毕业生分配安置领导小组，动员初高中六六级、六七级、六八级学生及社会知识青年到农村去接受贫下中农再教育。此后，连年动员知青下乡，直到 1977 年止。

（《大事记》，第 37 页）

(1973 年)10 月 14 日，成立广元县知识青年上山下乡领导小组，县委书记于济舟任组长。

（《大事记》，第 38 页）

新中国建立后，广元人口经历过四次比较大的流动，……各次迁入迁出还包括城乡青年入伍退伍、外地城镇知识青年上山下乡和回城安置工作、大中专毕业生分配来广工作、纠正冤假错案，落实政策恢复工作、照顾关系调动、婚配调动、工作调动、招工顶替、经商学艺等迁入迁出在内。

（人口卷第一章《人口发展》，第 139 页）

为解决 10 年内乱造成就业难的问题，1976 年招收城镇社会闲散劳动力包括免于下乡和已下乡的独生子女、多子女下乡后，父母身边无人的、一户下乡三人以上无一人回城的知

识青年等 0.30 万人。1977 年 2 月,根据中共四川省委的通知,主要招收留城和下乡两年以上的知识青年,发展集体经济,兴办街道工业,交通运输和商业服务行业,到 1978 年共安置 0.50 万人,其中大集体 0.11 万人。

(民政劳动人事卷第二章《劳动》,第 256 页)

1971 年,四川省革命委员会下达 54 号文件规定:"企事业单位的职工退休、退职以后,他们家居城镇的子女(包括上山下乡的知识青年)符合企事业单位招工条件的,可以吸收一人参加工作。如本人愿意迁回农村居住的,他们在农村的子女也可以吸收一人参加工作。下乡的知识青年符合企事业单位招工条件的,可以吸收一人参加工作。……"

(民政劳动人事卷第二章《劳动》,第 258 页)

第五节 下乡知识青年

1964 年,开始动员城镇知识青年(主要是初高中毕业生)上山下乡。1968 年 12 月 22 日,《人民日报》发表中共中央主席毛泽东关于"知识青年到农村去,接受贫下中农再教育,很有必要"的指示。1969 年,大量动员城镇知识青年上山下乡,到农村插队落户。到 1978 年止,全县上山下乡城镇知识青年 18 146 人,其中成都等外地 5 813 人,占总数的 32.03%。

从开始动员起,广元县人民委员会即成立上山下乡知识青年领导小组和办公室。1982 年,知青办公室并入县劳动局设知青工作股。1964 年下乡的知青,一般都集体下放到农场、林场、茶场参加劳动。1969 年以后,大都分散到人民公社生产队劳动。各单位均派带队干部长驻知青所在地,协助当地政府做好管理工作;区、乡(社)、大队也配有兼管干部。知识青年的住房,开始以公房暂住,后由国家拨款 137.02 万元,由生产队修建房屋 7 792 间,每年县、区、乡和知识青年父母所在单位都要组织力量前往慰问。至 1978 年,国家拨给下乡知青的经费达 444 万元。

1971 年到 1980 年止,根据国务院有关规定,对除个别在农村结婚安家、不愿回城的以外,均通过"三招"(即招工、招兵、招生)的途径,先后安排工作。对仍留在农村的知识青年,鼓励其立志务农,并对生活有困难的给予照顾和经济补助;在安置中,无论全民或集体企业招工都实行优先和包干办法安置;无归属单位的由劳动部门统筹安置。年龄适当放宽,参军的在同等条件下,优先录取;退伍后,由劳动或民政部门安置就业,自谋职业的在资金、技术上予以扶持。与农民结婚的回城就业可带一个 15 岁以下的子女迁入城镇吃商品粮。

(民政劳动人事卷第二章《劳动》,第 266—267 页)

《朝天区志》

广元市朝天区地方志编纂委员会编,方志出版社 2007 年

当年(1969 年)秋,县革委建立"毕业生分配安置领导小组"。动员初、高中 66 级、67 级、

68级学生及社会知识青年到农村接受贫下中农再教育,第一批899人在北路五区一些生产队落户。

(《大事记》,第21页)

1966年7月开始"停课闹革命",1970年2月复课。恢复初中招生后,校校爆满,城区小学和乡中心小学都戴上初中班帽子,造成初中教师紧缺。县文教局革命领导小组根据上级批示,从上山下乡知识青年和退休教师子女中招收了一部分教师,经短期培训后派到学校任教,还从小学教师中抽调了一部分人到中学或戴帽初中班任教。

(《教育·教师》,第489页)

《旺苍县志》

旺苍县志编纂委员会编纂,四川人民出版社1996年

60年代初期至1978年,政府大量动员城镇中学毕业生到农村去,称为"知识青年上山下乡",或集中插队,或分散落户,以缓解城镇就业困难。1964年1月,安置城关公社(县城)38名知识青年在南阳公社何家垭办集体农场,由县财政支付建房、购置生产工具费用,拨给生活补助费人平130元。1965年,接收省林业厅下乡知识青年22人,安置在松米山林场。1966年,又安置城关公社知识青年60人去何家垭林场。1968年12月,知识青年上山下乡出现高潮,旺苍被列为安置成都市知识青年的重点县之一。至1978年,全县安置下乡知识青年4 563人,其中县内301人。分散安置在9个区、37个公社、216个大队、2 010个生产队。其中,集体办场、队18个。国家拨给旺苍县下乡知识青年安置费145.64万元。1978年党的十一届三中全会后,停止动员知识青年下乡,并大力拓宽城镇就业门路,收回下乡知青。到1981年,县内和成都市等地来县上山下乡知识青年,陆续招生、招工、招干,全部就业。

(民政、劳动、人事篇第二章《劳动》,第495页)

《剑阁县志》

剑阁县志编纂委员会编,巴蜀书社1992年

(1968年)12月,县革委动员城镇知识青年上山下乡插队落户,从事农业劳动。次年,四川大学、川师、川医、成都体院、地质学院等大学职工的子弟陆续来县插队,到1978年底,全县插队落户的知识青年6 062人,其中成都等地知青4 124人。　　　(《大事记》,第42页)

(1978年)3月16日至19日,剑阁县上山下乡知识青年先进代表会议在县城召开,到会知青代表、带队干部及家长代表共500人。　　　(《大事记》,第47页)

至 1980 年,县革委直属工作机构增为 43 个,有……知青、信访、招生、能源、沼气等办公室和公安……等局。

(第五篇第五章《人民政府》,第 255 页)

第二节　知识青年安置

1968 年 12 月,县革委会贯彻中央指示,动员和组织城镇知识青年(简称"知青")上山下乡,到农村插队落户,接受贫下中农再教育,参加农村社会主义建设。县上成立知识青年上山下乡安置领导小组及办公室,配备专职干部 4 人,由 1 名县委常委和 1 名县革委副主任管理知青工作。区、公社、大队、生产队,分别建立了有贫下中农、干部和知青代表参加的"三结合"再教育委员会或小组,具体管理知青工作。

1969 年,全县下乡知青 574 人,成都市"川医"、"川师"、"体院"等大专院校和一些省级机关的知青先后到剑阁农村插队落户,至 1978 年,剑阁县下乡知青 1 938 人,接收安置成都等地知青 4 124 人。全县共有下乡知青 6 062 人,分布在 54 个公社,308 个大队,945 个生产队和 26 个知青农场。

知识青年到农村劳动,与贫下中农建立广泛的联系,有的成为生产能手,受到县、区、公社革委表彰的有 1 499 人,被群众推选进入公社、大队、生产队担任一定职务的有 542 人,作民办教师 293 人,农业技术员 860 人,"赤脚医生"108 人。

从 1971 年开始,推荐在农村劳动两年以上的知青参军、参加工作和升学。1978 年停止知青下放农村,采取条条、块块包干负责的办法,安置知青就业。至 1981 年,知青参军 350 人,招工 4 678 人,升学 593 人,招干 46 人,因病残和独生子女批准回城就业 241 人,其它安排 123 人,共计 6 031 人,占下乡知青总数的 99.5%,还有个别知青在农村安家落户。

剑阁县自动员知青上山下乡以来,上级支拨经费 167.58 万元,建房 1 436 间,支用 31.6 万元,购制农具、家具、生活用具费用 3.94 万元,知青生活补助 81.96 万元,其它费用 10.45 万元,结余部分收归财政安排。

(第十篇第一章《劳动就业》,第 333—334 页)

四川省剑阁师范学校　1974 年 9 月,经绵阳专署批准在剑中附设剑阁县师范班,学制二年,由基层推荐下乡知青 100 人入学,分两个班授课。……

(第二十七篇第一章《学校设置》,第 756 页)

《梓潼县志》

四川省梓潼县地方志编纂委员会编,方志出版社 1999 年

(1969 年)春,梓潼县接收成都市首批上山下乡知识青年 758 人,安置到农村社队从事生产劳动。

(《大事记》,第 41 页)

（1969 年）7 月 18 日,省革委常委、省知青领导小组组长、成都军区后勤部部长贾青山到梓潼参加知识青年接受再教育工作会议,并作了讲话。

8 月 14 日,交泰公社革委会主任杨木易参加四川省知识青年上山下乡工作会议并发言。

（《大事记》,第 41 页）

1965 年“四清”运动期间,县委决定从农村中选拔 49 名贫下中农、知识青年和优秀大队干部为公社半脱产干部,1969 年 3 月,部分转为正式干部。

（第三编第二十一篇第一章《任用》,第 890 页）

第五节　知识青年上山下乡

1955 年 12 月,梓潼县成立回乡下乡知识青年接待办公室,由县人委文教科负责。当时只作了宣传,未组织实施。1964 年,接待办公室撤销,建立工作领导小组,负责动员安置工作。因“文化大革命”中止。1968 年 12 月 22 日,毛泽东主席要求全国知识青年到农村去,接受贫下中农再教育。翌年,梓潼县接收成都市首批下乡知识青年 758 人,其他 16 人,安置梓潼县回乡、下乡知识青年和城镇闲散居民共 1 752 人,分布在全县 33 个公社,163 个大队。1973 年,成立县革命委员会知识青年上山下乡工作办公室,负责上山下乡知识青年的安置工作。1969—1977 年,全县共安置下乡知识青年 6 411 人,其中县内知青 2 161 人,成都及外地知青 4 214 人,其他 36 人。分别安置在全县 33 个公社、275 个大队、1 193 个生产队。1978 年中共中央调整政策,未再动员知青下乡,并逐渐回收下乡知青到城镇就业。到 1980 年,共收回 6 356 人。1982 年 8 月,县知识青年上山下乡办公室合并到劳动局办公,遗留问题由劳动部门负责处理。

历年安置城镇下乡知识青年统计表(1969—1977 年)

项目 人数(人) 时间	安置情况			
	合　计	本　县	对口地区	其　他
总　计	6 411	2 161	4 214	36
1969—1972	3 193	1 050	2 143	0
1973	611	15	596	0
1974	1 048	219	799	30
1975	718	396	316	6
1976	611	337	274	0
1977	230	144	86	0

历年安置知青人数统计表(1972—1980 年)

项目 人数 年度	调离 总人数	其 中						备 考
		招工	招生	征兵	提干	回迁	其它	
1972 年 (含 1972 年以前)	1 401							调离人数未标明去向
1973	1 430	1 208	95	44	18	61	7	
1974	176	28	103	37		7	1	
1975	329	173	82	26		48		
1976	509	405	30	35	1	34	4	
1977	769	690	48	4	2	11	12	
1978	463	143	179	130	2	9		
1979	1 988	733	213	137			5	
1980	193	189				2	2	分类合计时应加入
合 计	6 356	3 569	750	413	23	172	31	1972 年的 1 401 人

(第四编第二十五篇第二章《劳动》,第 1028—1029 页)

1968 年 2 月,贯彻毛泽东"知识青年上山下乡接受贫下中农再教育"的指示,9 个班的学生全部离开学校回到农村。　　　　(第五编第二十七篇第四章《中等教育》,第 1094 页)

《三台县志》

三台县地方志编纂委员会编纂,四川人民出版社 1992 年

(1969 年)1 月,全县 1 998 名知识青年上山下乡,接受贫下中农再教育。

(《大事记》,第 28 页)

是年(1973 年),建立知识青年上山下乡办公室。　　　　(《大事记》,第 30 页)

解放后,人口流动主要是行政区划变动,招工、升学、参军、婚娶、知青上山下乡和人口外流等因素。　　　　(卷三第一章《人口变化》,第 123 页)

1965 年,县妇联从回乡女知青中选拔 150 余名积极分子,分配到县、区、社担任妇女干部,对社、队基层妇女组织进行整顿,有 24 名妇女担任大队正副支部书记,54 人担任正副大队长,397 人担任生产队正副队长,192 人担任大队贫协正副主席。

(卷四第五章《群团组织》,第 171 页)

（1973 年 11 月后县革委会）同时设置计划、物价、科学技术、体育运动等委员会以及增产节约、多种经营、沼气、计划生育、知识青年上山下乡等办公室。

（卷五第三章《行政机构》，第 193 页）

附：三台县"革命委员会"1968 年 7 月至 1980 年机构设置情况

机 构 名 称	设置及演变情况
······	
知识青年上山下乡办公室	1973 年设
······	

（卷五第三章《行政机构》，第 201 页）

附：三台县人民政府 1981 至 1987 年机构设置情况

机 构 名 称	设置及演变情况
······	
劳动局	1982 年 4 月知青办并入劳动局
······	

（卷五第三章《行政机构》，第 202 页）

省革委规定从 1972 年 9 月 30 日起除下乡知青和死亡职工子女补员除外，停止从社会上招工。

（卷九第二章《劳动管理》，第 284 页）

为安置、培训城镇待业青年和解决在乡的下乡知青生产、生活中的困难，省财政厅、省劳动局、省知青办及市、县财政部门 1981 至 1985 年，共拨给全县就业经费 66.69 万余元。其中：用于扶持生产企业经费 56 万元，就业培训经费 7 万元。

（卷九第二章《劳动管理》，第 285 页）

第三节　知识青年上山下乡

1964 年 4 月，县根据中央《关于动员和组织城市知识青年参加农村社会主义建设的决定》，成立了知识青年安置领导小组及办公室。1966 年 9 月以后由于"文化大革命"的开展，机构瘫痪，动员安置城镇上山下乡知识青年的工作停止。1968 年 8 月，县革命委员会生产指挥组又设上山下乡知识青年工作领导小组。9 月设毕业生分配接收安置领导小组办公室。1971 年 12 月成立城镇知识青年和居民上山下乡动员安置领导小组办公室。各区镇、公社亦设立相应的领导机构负责此项工作。1982 年 4 月，撤销知识青年上山下乡领导小组,其办公室并入县劳动局。

1964年1月,县内开始动员家居城镇尚未就业的16岁以上知识青年和社会闲散人员上山下乡,到1965年共动员601人(其中知识青年245人)。主要安置到青川(191人)、平武(232人)等县,对去平武的首批上山下乡的91人,县城组织群众进行了欢送会。截至1966年底,全县共动员754人。其中属于知识青年的276人,属于城镇居民及家属的478人,1967年、1968年所有下乡知青人员均全部返回城镇,要求安置工作。1968年12月,毛泽东号召知识青年到农村去,全县又动员知识青年上山下乡。1968至1978年,全县又动员8 516人。1964至1978年,全县总共动员下乡落户的9 270人。其中知识青年8 524人。上山下乡人员主要到县内农村插队落户,也有自行挂钩到外省、市、县农村落户的577人,也有外省、市、县挂入我县农村插队落户的166人。在县内农村落户的8 693人。属于独生子女、孤儿、病残和有特别困难的知识青年不动员下乡,多子女职工身边也可留1人不动员下乡。留城知识青年需办理留城手续,全县共办理1 359人。同时对已动员上山下乡的病残和有特别困难的知青276人也办理了回城手续。从1979年1月起,对城镇中学毕业生不再动员上山下乡。对已下乡的知识青年从1971年开始也分期、分批收回城镇,通过招工、招生、征兵等渠道给予了安置。至1985年底止,除因与农村社员结婚、外出外流、犯罪人员和其他原因未收回城镇安置外,其余的均得到了安置。

附:三台县1964至1978年知识青年上山下乡及安置情况

年份	上山下乡情况					安置情况			
	总人数	知识青年人数	非知青人数	下到外省、市、县人数	外省、市、县下入本县人数	总人数	其 中		
							全民所有制单位	集体所有制单位	其他安置就业
1964	533	200	333	388					
1965	68	45	23	45					
1966	153	31	122	50					
1967									
1968									
1969	1 998	1 798	200	39	43				
1970	1 824	1 763	61	24	52				
1971	79	75	4	4		1 078	1 064	4	10
1972	2 435	2 435			2	1 015	893	122	
1973	87	87		3		266	246		20
1974	397	397		2	16	755	637	39	79
1975	807	807		8	32	508	388	40	80

年份	上山下乡情况					安置情况			
	总人数	知识青年人数	非知青人数	下到外省、市、县人数	外省、市、县下入本县人数	总人数	其　中		
							全民所有制单位	集体所有制单位	其他安置就业
1976	497	494	3	5	17	549	258	273	18
1977	355	355		8	4	547	67	462	18
1978	37	37		1		1 597	323	1 246	28
合计	9 270	8 524	746	577	166	6 315	3 876	2 186	253

（卷九第二章《劳动管理》，第 291—292 页）

　　"文化大革命"时期，行政事业财务先后增列"串连费"、"知青经费"、"武斗外流人员接待费"、"三代会"（工代会、农代会、红代会）等经费支出。　　（卷十六第一章《财政》，第 549 页）

　　此外，对城镇下乡知识青年，区、乡畜牧兽医、乡卫生院医务人员、参加国家批准的基本建设、公路、桥梁、水利电力工程的民工等均从农业返销粮和县机动粮中按不同标准给予供应或补助。　　（卷十八第三章《生活资料采购供应》，第 630 页）

《盐亭县志》

盐亭县志编纂委员会编，四川文艺出版社 1991 年

　　（1969 年）1 月，知识青年首次集中上山下乡插队落户，包括外地来县的共计 707 人。

（《大事记》，第 30 页）

　　知青因病、困、退回城镇的、凭知青办的证明办理入户手续，其在农村所生的子女由知青办查实并签具意见，报县公安局审查后签发准迁证，然后办理迁出（入）手续。

（第十六篇第一章《公安》，第 493 页）

　　"文化大革命"的头三年，大中学校未招生，当时毕业的高初中学生，家在农村的都回乡从事农业劳动；家居城镇的，都闲散在社会上部分暂时到了农村。为了解决这些城镇知识青年的职业问题，从 1971 年开始，招工对象都是城镇待业的上山下乡的知识青年。家在农村的知识青年，除少数参军外，主要是就地从事农业生产，也有少数通过一些特殊关系和渠道，谋得"脱产"或"半脱产"职业的。1971 年，成都市部分单位及本县企事业共招收下乡

知识青年 619 人。……1978 年,成都市来县招收成都在盐亭的下乡知识青年 616 人,本县招工 609 人。

（第十八篇第二章《劳动》,第 535 页）

第四节　知　青　下　乡

1964 年前,全县约有农村知识青年 600 余人,城镇知识青年 500 人,除参军、招工以外,其余大部分都在农业战线上。1965 年,全县新增加知识青年 200 多人,在城镇毕业生 97 人中,动员了 40 人到农村落户。1968 年秋,县成立了盐亭县知识青年安置办公室,具体负责知识青年上山下乡的安置工作。并于安家乡的邓家坪办起了知青农场,先后集中城镇知识青年近 100 人在此生产劳动。"文化大革命"开始以后,大部分又流回城市参加"造反"活动。1968 年,掀起了知识青年上山下乡的高潮。对 1966 年至 1968 年毕业的城镇中学生达到上山下乡年龄的,以及原来应下乡而未下乡的城镇知青,进行了全面的动员。1969 年 1 月,本县便有 366 名知青下乡安家落户。其中中学生 283 人,城镇社会知青 83 人,成都市及外地区分配来县下乡落户的 505 人,合计 871 人,分别安置到大坪、柏梓、黑坪、富驿人口较少的 4 个区的 21 个公社、123 个大队,275 个生产队。1970 年,县内知青下乡 43 人。1971 年,本县知青下乡 305 人,外地 5 人。1972 年,本县知青下乡 19 人,外地 462 人。1973 年,本县知青下乡 6 人,外地 360 人。1974 年,本县知青下乡 67 人,外地 293 人。1975 年,本县知青下乡 171 人,外地 18 人。县批准不下乡的知青 36 人,其中独生子女 10 人,身边留一的 16 人,病残的 4 人,孤儿 6 人。下乡知青中批准返回城市的 24 人。1976 年,本县知青下乡 117 人,外地区来县落户 52 人。本县批准免予下乡的知青 41 人。1977 年,本县知青下乡 33 人,外地区来县落户 16 人。本县批准不下乡的 60 人,其中独生子女 4 人,身边留一的 14 人,病残的 33 人,有特殊困难的 9 人。1978 年,本县知青下乡 8 人,外地区来县下乡的 1 人。1969 年至 1978 年,10 年中共有下乡知青 2 847 人,其中本县 1 135 人,外地区 1 712 人。安置在 7 个区的 58 个公社,211 个大队,311 个生产队。1978 年到 1981 年,通过招工、安置及返回城镇就业,盐亭农村基本上没有上山下乡的知识青年了。后由县知青办全面清理了知识青年上山下乡的各项经费,处理了留下的一切财物及种种善后问题。1982 年,撤销县知青办,工作人员编入县劳动局。由县劳动服务公司,具体负责在全县城镇和企事业单位广开门路,全面解决知识青年就业的问题。

上山下乡知识青年的教育管理,除县上成立知识青年上山下乡安置办公室专门管理此项工作外,区、社各级党政,还确定专人长期配合县知青办具体解决下乡知青的生活、生产、教育、管理等方面的问题。外地知青来县,知青所在地政府或有关部门还专门派人领队,做好安置工作后,长期住下或经常来县加强对下乡知青的管理教育工作。每年春节或节假日,成都市及其他地区凡有知青来县插队落户的单位,大多派干部带领下乡知青慰问团,深入知青所在社队进行慰问和鼓励。县上还印发慰问信,勉励知青安心农村,不断前进。省、地、县曾分别召开下乡知青代表会,总结交流经验,表彰先进事迹。政法部门对破坏知青上山下乡政策,制造下乡知青事端,危害下乡知青安全健康,勾引知青违法乱纪的犯罪活动,经常进行揭露和打击,维护下乡知青的一切合法权益。不少知青在下乡期间积极争取进步,入了共青团,参加了中共党组织,有的还当了社队干部、民办教师、业余文艺团体骨干。有的下乡知青由于爱上了盐亭山乡,喜欢劳动人民的气质,永远扎根农村当农民,不愿返回城市干工作。但到"文化大革命"后期,打、砸、抢之风造成的社会动乱,一些知青受到坏人的影响,也出现了一些问题。

知识青年上山下乡,县区乡人民政府从经济上及时解决了各方面的困难。1975年以前,先后拨款22次,总金额达216 789元。1974年,除政府原已解决148人的住房外,当年又拨给木材692立方米,解决1 026人的住房问题。1978年,又拨木材80立方米,为下乡知青修建房舍。1981年,县知青办对全县历年下乡知青经费和财产进行了清理。1969年至1980年,除社队解决的住房、农具,成都市部分单位支援的经费和物资外,国家共拨给上山下乡知青安置经费1 067 714元,其中用于建房补助358 222元,家农具201 311元,生活补助309 615元,学习、医疗、扶持生产102 024元,为知青修建住房657间,共有面积13 767平方米;购置家农具及炊具13 399件。　　　　　（第十八篇第二章《劳动》,第539—541页）

1973年,大中专学校规定招收具有一年以上实践经验的青年工人,上山下乡和回乡知识青年,大专等学校新生年龄不超过25岁,中等专业学校不超过23岁,在坚持"自愿报名,群众推荐,领导批准,学校复审"的同时,增加文化考查。

（第十九篇第五章《选拔制度》,第581—582页）

《射洪县志》

射洪县县志编纂委员会编,四川大学出版社1990年

中共十一届三中全会后,劳动部门认真贯彻中央、省、地(市)有关劳动就业的方针政策,广开就业门路。到1980年底止,将下乡知识青年全部安置就业。

（第二十卷《劳动人事》,第739页）

1966年—1976年10年中,从工人中选拔录用67人、从贫下中农中选拔录用788人、从上山下乡知识青年中选拔录用68人、从复员退伍军人中选拔录用165人、从集体所有制单位中转为干部的31名,合计共吸收干部1 119人。　　　（第二十卷第一章《人事管理》,第746页）

知识青年的下乡与安置

1964年5月,根据中共中央、国务院《关于动员和组织城市知识青年参加农村社会主义建设的决定》,射洪县成立了"安置工作领导小组办公室",有计划地动员和组织城镇知识青

年上山下乡。到 1966 年止,共动员 544 名知识青年到青川、平武、绵阳 3 县农村安家落户。

"文化大革命"中,毛泽东号召"知识青年到农村去,接受贫下中农的再教育",全县掀起了上山下乡高潮。从 1969 年—1978 年 10 年中,全县共动员 4 242 名知识青年上山下乡,其中外地来县下乡的 213 名,外地下乡转点来县农村的 29 人。1978 年 10 月,中央规定:"一般县城非农业人口的中学毕业生,不再列入上山下乡范围",停止了知识青年上山下乡工作。下乡知识青年分布在全县 10 个区、75 个公社、469 个大队、3 228 个生产队接受"贫下中农再教育",经受了锻炼。有 71 人加入中国共产党,1 334 人加入中国共产主义青年团,445 人进入各级领导班子,77 人任大队会计,95 人任民兵连长,800 人任生产队会计、出纳、保管,2 063 人任生产队记分员,747 人任民办教师,71 人任赤脚医生,1 636 人任政治宣传员,899 人任农业技术员,121 人任拖拉机手;有 333 人出席了省、地、县的各级先代会。

从 1970 年起,县根据上级的有关规定,在继续动员城镇知识青年上山下乡的同时,通过企业单位招工、大中专院校招生、应征入伍、转干等途径,逐步地有计划地安置上山下乡知识青年。全民所有制单位招收新工人时,在同等条件下,优先照顾下乡知识青年。集体单位招工时,对本系统的下乡知识青年包干安置就业,无归属单位的,由劳动部门统招统配,年龄可以适当放宽。下乡知识青年参军从部队复员、退伍后,由民政部门安置就业。凡外地来射洪的未婚知识青年,原则上回动员地安置,对无法招工就业的,均允许回城待业;对有专长的已婚知识青年,支持他们自谋职业,本人户口转为居民户口,由国家给予适当的补助费。全县为支持知识青年就业,共借贷款生产扶持资金 26.35 万元。到 1980 年为止,除按政策批准回城的外,全县共安置下乡知识青年 4 105 人,安置去外县下乡的老知青 22 人。至 1984 年,全县下乡知识青年基本安置完毕。　　　　　　（第二十卷第二章《劳动管理》,第 756—757 页）

《遂宁县志》

遂宁市地方志编纂委员会编,巴蜀书社 1993 年

是年(1969 年),成立县知识青年安置办公室。　　　　　　　　（《大事记》,第 33 页）

(1973 年)10 月 13 日,成立知识青年上山下乡领导小组。　　　　（《大事记》,第 34 页）

1980—1982 年共安置待业青年(包括回城知青)9 261 人。其中全民所有制企事业招工 2 452 人,升大、中专学校 553 人。　　　　　　（第十九篇第二章《劳动管理》,第 649 页）

第二节　"知识青年"上山下乡

1964 年 1 月 16 日,中共中央和国务院发出了《动员和组织城市知识青年参加农业社会

主义建设》的指示,遂宁县立即成立了"知青上山下乡领导小组"。经过宣传动员,截至5月20日止,城关镇报名申请上山下乡的达425人,首批批准到平武响岩公社安家落户的235人。其中知识青年122人。以后又陆续动员了五批。至1966年共计有700名遂宁城镇知识青年到平武山区落户。为了加强对去平武"知青"的管理,县委派城关镇区委副书记、副镇长到平武与当地干部一起领导遂宁知识青年。由国家拨款分别在平武响岩、白庙、东方红、涪江等公社建立了8个遂宁"知青"林场。

　　1966年"文化大革命"开始后,部分"知青"起来"造反""串联",大部分回流城市,少数留下坚持生产。1968年毛主席发出"知识青年到农村去,接受贫下中农再教育"的指示,"知青"下乡运动进入高潮。大批知识青年到本县农村插队落户。在平武的遂宁知青也撤场就近插队落户(回流遂宁知青大部分动员回平武)。

　　在本县插队落户的"知青",由国家拨木材和经费交生产队修建知青点或住房。区、公社均有干部专管"知青"工作。原规定高中毕业生和初中毕业生未考入高中的下乡,但是,在遂宁县动员时,有部分未满16周岁的未考入初中的小学毕业生也被动员上山下乡。至1978年遂宁县先后共有10 092名知识青年到农村落户,到外地落户的749人,外地来县落户的322人,本县农村共有知青9 665人。

　　在整个知青落户安置工作中,国家开支各种经费1 932 486元,调拨木材4 000多立方米,修建知青住房3 279间(部分生产队利用旧房安置),购农具65 044件。

　　经过锻炼,知青中535人被录用为乡临时干部;有2 463人提任了大队、生产队会计员、出纳员、保管员、民兵连长、团支部书记等;有18人加入了中国共产党,有2 237人加入了中国共产主义青年团。1971年以后,上级规定,开始在知青中招工、招生、征兵,至1978年共有6 474名知青招离农村返城市。1978年12月,国务院指示结束知青上山下乡工作。四川省革委对结束知青工作做了具体安排。遂宁县委调整充实了知青安置领导小组。由县委书记和县长任正副组长,统筹兼顾,全面安排,从多种渠道陆续安置好仍在农村的全部知青。除因犯罪被捕和死亡者外,其余下乡知青全部返回城镇。在平武的遂宁知青,多年来通过招工、招生、参军大部分已调离农村,从1972—1982年,全县下乡知青升学的677人,参军735人,招工走的5 145人,提干8人,安置到集体单位2 445人,迁回城市待业的387人,总计9 010人。

(第十九篇第二章《劳动管理》,第650—651页)

《遂宁市志》

遂宁市地方志办公室编,方志出版社2006年

　　(1964年)6月,蓬溪县组织动员第一批城镇知识青年208名上山下乡,到平武、青川两县落户。

(《大事记》,第36页)

"知青"安置

1964 年 1 月 16 日,中共中央和国务院发出了《动员和组织城市知识青年参加农业社会主义建设》的指示,遂宁、蓬溪、射洪各县成立了"知青上山下乡领导小组",有计划地动员和组织城镇知识青年上山下乡。经过宣传动员,遂宁县城关镇报名申请上山下乡的达 425 人,首批批准到平武县山区安家落户的 235 人。至 1966 年遂宁县城镇有 700 名知识青年到平武山区落户,蓬溪县城镇有 306 名知识青年去青川、平武县落户。各县县委派出领导干部与当地干部一起领导知识青年,并由国家拨款建立"知青"林场。

1968 年毛泽东主席发出"知识青年到农村去,接受贫下中农再教育"的指示,知青下乡进入高潮,大批知识青年到本县农村插队落户,由国家拨木材和经费交生产队修建知青点或住房。区、公社均有干部专管知青工作。原规定高中毕业生和未考入高中的初中毕业生下乡,但是,各县在动员时,有部分未满 16 周岁的未考入初中的小学毕业生也被动员上山下乡。至 1978 年遂宁县共有 10 092 名知青到农村落户,有 749 名知青到外地落户,也有外地知青 322 名来遂宁县落户;蓬溪县下乡知青 4 546 人,其中外地来县下乡知青 282 人,分布于 879 个生产队及两个国营农场,县政府历年共拨安置经费 157 万元,为知青建房 728 间 1.3 万平方米;射洪县下乡知青 4 242 人,其中外地来县下乡知青 213 人。

1971 年开始在知青中招工、招生、征兵,1978 年 12 月,国务院指示结束知青上山下乡工作,并采取多种渠道陆续安置下乡知青,至 1981 年,下乡知青通过"三招"基本安置完毕。参加工作后即从下乡插队之日起算参加工作时间,计算为连续工龄。

(第二十七篇第一章《劳动就业》,第 1638 页)

《蓬溪县志》

四川省蓬溪县志编纂委员会编,四川辞书出版社 1995 年

(1969 年 1 月)城镇初、高中毕业知识青年,响应毛泽东主席号召,到农村插队落户,接受贫下中农再教育。

(《大事记》,第 28 页)

(1974 年 2 月)25 日,动员往届城镇初、高中毕业生和城镇知识青年上山下乡当农民。4 月 29 日,县委成立知青上山下乡工作领导小组,安置 1 000 人上山下乡。

(《大事记》,第 30 页)

解放初,城镇居民纷纷回农村分土地,城镇人口大幅度下降,至 1952 年统计,全县非农业人口仅 38 410 人,只占总人口的 4.62%。其后 1962—1970 年两次动员城镇居民和知识青年上山下乡,因此,城镇非农业人口所占比例减少。至 1976 年全县非农业人口 41 361

人,仅占总人口的 3.82%。党的十一届三中全会后,落实党的政策,下乡知识青年、部分城镇居民和冤假错案下放人员复职回城,加上农转非,农民进城务工经商等,1985 年全县非农业人口增长到 74 247 人,占总人口的 6.6%。

(第三篇第二章《分布与结构》,第 140 页)

城镇青年就业费

包括城镇知识青年下乡补助和城镇待业青年安置补助。县从 1964 年起列支知青经费,当年动员城镇知识青年下乡人数 472 人,按规定标准共开支经费 7.2 万元。以后各年均有一些业务费开支。1969 年和 1970 年先后安置下乡 2 769 人。1974—1977 年又先后安置下乡 1 464 人。在安置中还对已下乡人员的困难,如住房、生活、疾病等给予适当补助。

(第十一篇第二章《财政支出》,第 419 页)

1978—1984 年安置城镇待业人员和下乡知识青年 9 165 人,其中全民所有制招工 3 743 人,集体所有制就业 4 215 人,从事个体劳动 1 207 人,集体和个体占安置总数的 59%。

(第十六篇第二章《劳动管理》,第 551 页)

第三节　知识青年下乡与安置

1964 年 1 月,根据国务院《关于动员和组织城市知识青年参加农村社会主义建设的决定》,动员和组织大批知识青年(下简称知青)下乡参加农业生产。是年动员城关、蓬莱两镇知青 306 人去青川、平武县落户。文化大革命中,毛泽东号召"知识青年到农村中去,接受贫下中农再教育",掀起上山下乡热潮。1969—1970 年,县、区、乡场镇知青去农村落户 2 246 人。1971—1978 年,先后动员知青 1 800 人插队或安置到国营农场。至此,先后动员知青下乡计 4 546 人,其中外地来县下乡 282 人。分布全县 879 个生产队及两个国营农场。知青下乡采取集体插队,集中食、宿和学习,分散劳动的办法,曾举办双江、永明集体所有青年队;天福五龙盘、西华、常乐高成山、八里八大队林场和高坪茶场。组织 15 个知青点。历年拨安置经费 157 万元,为知青建房 728 间、1.228 2 万平方米。

知青下乡,经过劳动锻炼,有 505 人评为先进个人,42 人出席省、地先进生产者代表会。12 人参加中国共产党,626 人参加共产主义青年团,132 人先进各级领导班子,581 人分别担任农业技术员、赤脚医生、民办教师、会计员、保管员和记分员。

根据有关规定,在继续动员知青上山下乡的同时,通过企业招工、大专院校招生、应征入伍和转干等途径,逐步进行安置。1978 年底,按国务院决定"一般县城非农业户口的中学毕业生不列入上山下乡范围,有安置条件的也可以不动员知识青年上山下乡"。从 1979 年开始停止动员知青上山下乡,发动城乡广开门路,做好安置工作。优先招收大中专学生 315 人,征兵 469 人,招工 2 594 人。到 1883 年底止,除已结婚安家,随该地参加社队企业安排工作外,下乡知青均通过"三招"回城安置。1984 年,对 72 名下乡知青与社员结婚的并在下乡期间所生的子女1人办理城镇户口,解决粮食供应问题。工作后从下乡插队之日起,即算参加工作时间,并计算为连续工龄。 (第十六篇第二章《劳动管理》,第552—553页)

鉴于县境地少人多,安置工作确有困难,1963年组织知识青年到青川、平武两县安家落户,共动员下乡上山居民1 256人。1968年7月人民日报发表"我们也有一双手,不在城里吃闲饭"的文章后,又动员325人就近下乡从事农业生产,1969年有部分人员自流回城镇。1974年对下放青川、平武的知青按知识青年下乡安置政策收回安置了工作。

(第十七篇第一章《优抚安置》,第573页)

《潼南县志》

潼南县地方志编纂委员会编纂,四川人民出版社1993年

(1969年)5月5日,县知识青年上山下乡办公室成立。 (《卷首·大事记》,第50页)

是年(1969年),动员城镇居民500人和知识青年1 675人到农村"安家落户"。

(《卷首·大事记》,第50页)

(1978年)12月30日,自1969年起到本年底止,全县共动员城镇知识青年5 812人上山下乡。中央(1978)74号文件下达后,知青停止下乡,且陆续返回城镇安置工作。

(《卷首·大事记》,第56页)

城市人口下乡安置费

1968年12月22日,党中央号召:城镇知识青年到农村去,接受贫下中农的再教育。潼南于1969年开始组织大批城镇知识青年下乡,年末达1 152人,支出安置费23.30万元。1971年又安置下乡知青1 210人,支出经费22.59万元。1971年后,每年安置下乡知青逐步减少,到1978年止,共安置下乡知青5 647人。后奉上级指示停止动员知青下乡,并于1985年以前将安置到农村的知青,全部收回城镇就业。从1969—1985年,共支安置经费216.69万元。 (《财政》第二章《财政支出》,第410页)

知识青年上山下乡

1968年底,毛泽东提出:"知识青年到农村去,接受贫下中农的再教育,很有必要。"自此,在全国范围内掀起了知识青年上山下乡高潮。

1969—1978年,全县动员知青5 240人下乡,接收安置外地知青584人。1978年底停

止知青下乡。

　　为了加强知青管理工作,县成立知识青年上山下乡工作办公室。国家拨款 159 万多元,解决下乡知青的安置、生活、学习、医疗等费用。先后召开 6 次知青代表大会,多次组织慰问团深入知青场、队、点进行慰问。10 年间,多数知青虚心学习,刻苦钻研,增长了才干,提高了思想觉悟。有 108 名知青加入中国共产党,1 951 人加入共青团,161 人被选任生产队以上领导干部,1 172 人担任农业技术员,353 人担任夜校和民校教师,74 人担任赤脚医生,分别为建设社会主义新农村作出了贡献。1980 年止,通过招工、招生、补员、参军,共安置下乡知青 2 049 人,其余知青(除因病、因故死亡 10 人外),全部回城就业。

(《政权》第四章《政事纪要》,第 571 页)

　　1973—1974 年,公安局狠抓破坏知识青年上山下乡的刑事案件,特别是奸污、迫害女知识青年案件的侦破。两年破获奸污、迫害知识青年案件 19 件,逮捕罪犯 15 名。

(《政法》第一章《公安》,第 616 页)

　　1973 年至 1976 年,政法部门把打击锋芒对准反革命和刑事犯罪分子的现行破坏活动,如行凶杀人,组织反革命集团,阴谋叛乱,奸污女知青等罪犯。但因执行政策过"左",对反革命的概念不清,审理中量刑过重和株连无辜的事,时有发生。

(《政法》第三章《审判》,第 625 页)

下乡知青安置

　　1968 年底,中共中央主席毛泽东提出:"知识青年到农村去,接受贫下中农再教育很有必要"。1969—1972 年,全县动员下乡知识青年 3 456 人,城镇居民 500 人;另有外地来县下乡知青 312 人。其后,陆续有知青下乡,到 1978 年停止知青下乡。下乡知青总计为 5 824 人。

　　在动员知青下乡的同时,中央和省又指示:对家庭就业人口少,下乡子女多和下乡时间长,有一定困难的知青,可以放宽政策,准许回城就业。1969—1972 年,安置知青 2 000 人。1973—1977 年安置下乡知青 626 人。1978—1980 年安置下乡知青回城就业 2 049 人。至此,城镇再无下乡知青。

(《劳动人事》第一章《劳动》,第 634 页)

《中江县志》

中江县志编纂委员会编纂,四川人民出版社 1994 年

　　(1969 年)9 月,2 139 名知识青年上山下乡,占应动员人数的 87%。

(《大事记》,第 24 页)

（1972 年）秋，成都知青 300 余名来永兴、万福、冯店三区安家落户；城关知青 1 000 余名多数由集凤、永太、辑庆三区安置，各区知青由本区自行安置。 （《大事记》，第 25 页）

1972 年，逮捕破坏知识青年上山下乡刑事犯罪分子。

（《公安 司法》第一章《公安》，第 525 页）

1973 年，严厉打击破坏知识青年上山下乡的罪犯，审理案件 20 件，对破坏知识青年上山下乡的罪犯均判有期徒刑。 （《公安 司法》第三章《审判》，第 537 页）

第三节 知青安置

1964 年 1 月，县人民委员会贯彻中发(1964)40 号《关于动员和组织城市知识青年参加农村社会主义建设的决议(草案)》文件精神，成立上山下乡领导小组，下设安置办公室，由副县长邹瑞增分管该项工作。当年动员安置 16 周岁以上未能升学就业的城镇知识青年 136 名，在平武县落户，参加农业生产。其中豆叩先锋林场 26 名，徐塘、桥头公社 110 名。1965 年 1 月至 10 月，先后分两批动员安置 409 名知识青年赴平武、青川两县插队落户。两年共安置上山下乡知识青年 545 名，其中 16—21 周岁以上 305 名，21—31 周岁 240 人。县财政拨出安置经费 11.8 万余元，其中每人 140—180 元补助用以解决住房、生活问题。1968 年 12 月，县革委会根据毛泽东主席发出的"知识青年到农村去，接受贫下中农再教育，很有必要"的指示，成立分配安置组，城乡配合，共同动员，至 1969 年 9 月，组织 2 139 名上山下乡知识青年在县内 85 个公社插队落户。其中全户下乡 66 名，回原籍 64 名，单身插队 2 009 名。国家拨出安置经费 48 万余元。以后每年都有一批城镇知青上山下乡到农村社队插队落户。至 1977 年，县内先后安置上山下乡知青 5 884 名，其中外省 45 名，成都市 596 名。

知识青年上山下乡，受到各级党政重视关怀。但由于极"左"思潮猖獗，短期内涌入农村的知青出现不稳定因素，尤其林彪叛逃事件以后，知青思想混乱。个别坏人迫害、拐骗、奸污女知青严重事件也有发生，知青住房、口粮存在许多问题。据 85 个公社统计，60％以上的知青在年终决算中倒补口粮款。1973 年，贯彻中共中央(1973)30 号文件精神，县革委在县区抽调 85 名干部担任带队干部，成都市有关单位派来干部到公社担任带队干部，在当地党政统一领导下，成立公社、大队、生产队"三结合"(当地贫下中农代表、带队干部、知青代表)领导小组，共同做知识青年安置教育工作，帮助他们过好政治、劳动、生活三关。在劳动中做到同工同酬；口粮不低于当地单身劳动力水平。对迫害、拐骗、奸污知青案件 8 件进行处理，使广大知青安心农村。

1974 年 2 月，县革委按照湖南株洲经验，将知青上山下乡插队安置形式改为"厂社挂钩"，各单位按系统集体安置知青到社队和农、林、牧、副、渔场。同时按照新政策缩小下乡范围，下乡知青年龄由 16 岁延至 17 周岁；独生子女或多子女身边只有一个的，不动员下乡；病残知青或家有特殊困难的可以不动员下乡；中国籍外国人子女、孤儿不再动员下乡。当年安

4252

置 471 名知青,国家财政拨出安置经费 18 万余元,按每人 451 元补助,解决口粮、住房、医疗等实际困难。各级党政加强对知青培养,1975 年统计,在知青中有 8 人加入中国共产党,885 人加入共青团,114 人进入各级领导班子,1 300 余人担任政治夜校或民办教师。1976 年安置知青 646 名;1977 年有 281 名知青上山下乡。1978 年县革委贯彻中发(1978)74 号和省委(1978)110 号文件通知,决定原则上不再动员城镇知青上山下乡。

1978 年至 1982 年,将大批上山下乡知青招工回城镇。1980 年有 2 300 名知青回城镇,招工 842 名,其余 1 458 名先后由城关、仓山、龙台三镇逐步招工安排工作。1982 年末,除个别知青愿意留在农村外,绝大部分返城得到妥善安置。

(《劳动 人事》第一章《劳动就业》,第 564—565 页)

1971 年,按照上级指示,教师纳入干部序列统计,并从上山下乡知识青年中,录用干部 305 人补充自然减员。　　　　(《劳动 人事》第二章《职工队伍》,第 566 页)

1977 年,先后吸收上山下乡知识青年、农村基层干部 110 人为行政干部。

(《劳动 人事》第二章《职工队伍》,第 567 页)

1965 年,从返乡知识青年中选送 90 人到中江师范学校学习,毕业后回原公社担任耕读小学教师。　　　　(《教育 科技》第三章《教师》,第 603 页)

《德阳县志》

德阳县志编纂委员会编纂,四川人民出版社 1994 年

(1969 年)1 月,贯彻毛主席"知识青年到农村去,接受贫下中农再教育"指示,全县下放城镇知识青年 2 885 人,至 1978 年共下放 15 181 人。　　　　(《大事记》,第 34 页)

1971 年充实财贸队伍和"五小"工业,在农村贫下中农、下乡两年以上的知识青年中招收 730 人,安置复员退伍军人 3 人。1972 年 8 月,中央、省、地和外地厂矿企业招收家居城镇的下乡知青 76 人。　　　　(第六篇第二章《工人》,第 228 页)

第六章　知青工作

第一节　上山下乡

1964 年 8 月,欢送首批城镇知识青年 15 名到和新公社 4 大队。8 月底,分别安置在 5

个生产队。1965年8月,城镇又有155名知识青年踊跃报名,批准116名。10月15日,机关、学校、居委会向下乡青年赠送学习资料443件,生产工具246件,生活用具397件。分别在和新公社建立青年先锋林场,寿丰公社建立青年建设林场。

1969年1月,家住城镇的1966年至1968年的中学毕业生,共2 885名城镇知识青年分别下放34个公社落户。另有成都市及外县城镇知识青年101人来德阳农村落户。1970年至1972年,到农村落户的知识青年共6 494人,其中本县5 091人,成都市和外县的1 403人。

1973年10月,按照规定,"除国家计划直接升学和不动员下乡的5种人,即病残不能参加劳动的、独生子女、多子女身边只有一个子女的、孤儿,中国籍的外国人外,其余年满17周岁(下同)的城镇非农业户口的中学毕业生(含城镇社会知识青年)都要动员下乡"。当年城镇知识青年下乡共292人(本县101人,成都市和外县的191人)。1974年至1978年共下乡5 248人(本县4 560人,成都市和外县的688人)。1964年至1978年共下放知青15 181人。

城镇知识青年上山下乡动员安置情况表　　　　　　　　单位:人

年　份	动员数	合　计	安　置　数	
			本　县	外　县
1968年以前	128	161	128	33
1969	3 072	2 986	2 885	101
1970	717	1 447	717	730
1971	2 073	2 101	2 097	4
1972	2 497	2 946	2 277	669
1973	101	292	101	191
1974	957	1 135	943	192
1975	1 582	1 787	1 563	224
1976	1 450	1 623	1 421	202
1977	615	672	604	68
1978	29	31	29	2

第二节　知青教育

1964年至1965年,各级政府指定专人负责知青教育,县安办派人管理。1969年底,全县下乡知青3 147人,县革委1名副主任分管教育,各公社、大队革委会建立了以贫下中农为主体,社队干部为骨干,有知青代表参加的再教育领导小组。1971年,县委确定1名副书记分管知青工作,各公社也落实1名副书记分管,配备专职干部,生产队建立知青再教育领导小组。1974年至1978年,县级各单位派带队干部266名,到本系统、本单位的知青所在公社,知青教育工作,做到了政治上有人抓,生产上有人教,生活上有人管。

一、思想教育

在知青下乡前,层层召开动员会、欢送会;下乡后,各社队组织干部和贫下中农热情接待和欢迎。有的公社还以社或大队组织干部和贫下中农给下乡知青讲社史、村史、家史和阶级斗争史,有的公社还请老红军讲党的革命光荣传统和优良作风。并经常同下乡知青开展谈心活动,鼓励他们努力学习、积极劳动。1973 年,县举办下乡知青学习班 18 期,公社办了 12 期,从政治理论、文化科学技术等方面培训了 4 277 名骨干。1976 年,县上举办有 208 名知青参加的理论骨干学习班,之后,公社又相继举办了下乡知青学习班 293 期,培训下乡知青 4 028 人,建立学习小组 458 个,有 1 208 名下乡知青担任了学习辅导员。1972 年至 1976 年县上共召开 4 次上山下乡知青先代会,代表 2 547 人。会后,组成 11 人汇报团到 34 个公社、3 个镇和两个厂巡回汇报。县委每年组织慰问团,慰问下乡知青,县团委、妇联、文化馆多次为知青联合举办"下乡知青在农村茁壮成长"的图片展览,县广播局经常播送下乡知青的先进事迹。

二、农业科学技术教育

1964 年至 1965 年,城镇知识青年下放到和新、寿丰公社林场后,大队党支部给每个知青小组指批 1 名党、团支部委员或小组长同他们一起劳动,帮助熟悉生活,学习农业生产技能,下乡知青除积极参加开荒、挖塘、积肥、修蓄水池和晒坝外,还种桃树 1 000 余株,栽桑树 7 000 多株,修牛舍 3 间,寿丰林场的知青,用 1 个月的时间,在贫下中农的帮教下修了 1 个水轮泵站,1966 年元旦开始运转发电,用于照明、碾米等。1973 年,县、社分别举办农机、农技、化学除草、菌肥、沼气等农业技术培训学习班,从知青中培养了一批农业技术骨干。1974 年,先后建立起知青场(站)14 个,知青队 38 个,知青点 17 个。广福公社齐心大队茶场知青队由 19 名下乡知青组成,大队派 1 名干部和 3 名贫下中农带领开荒 130 亩,种茶 45 亩,自己动手烧砖,盖了 6 间新房办食堂,养猪、养家禽。扬嘉公社青春大队选了 11 名下乡知青到大队科研站建立知青队,在农技员和贫下中农的帮助下搞了 20 亩农作物高产试验田,搞了气象、植保、种子、肥料、土壤等科研活动。当年,大队推广农科站培育的大麦早熟 3 号,平均亩产 800 斤,圆麦"757"平均亩产 690 斤。文星公社 10 大队组织 4 名下乡知青办的农药场,一年开荒 27 亩,栽果树 1 500 多株,育果树苗 1 万多株,种植名贵药材 10 余种。

三、文化知识教育

1977 年,改革大学招生制度。1978 年,许多社队党组织积极帮助下乡知青制订学习规划,组织学习小组,建立学习制度,4 月,县委要求:"以公社为下乡知青学习文化科学的辅导点,平时在生产队坚持业余自学,每周星期日到公社听辅导课,由动员单位派出教师和工程技术人员到对口公社上课。"孝泉区和城关镇邀请孝泉师范、德阳中学的老师上辅导课,东方电机厂、水泥制品厂也分别派出教师、工程师、技术员到对口公社上辅导课,其他公社也陆续开展。

10 多年来,上山下乡知青中先后有 30 名加入了中国共产党。1 977 名参加了共青团,有的成为农村优秀干部,选入领导班子。

第三节　知　青　安　置

1964 年至 1978 年,全县城镇知识青年(含成都市及外县)先后上山下乡到农村生产队及知青场、点落户的共 15 181 人(本县 12 765 人,成都市及外县 2 416 人),经过一段时期的锻炼,先后安排就业。

1978 年底以前,提干 7 人,参军 667 人,升学 1 437 人,招工 9 960 人,因病返城 258 人,迁往外地 127 人,判刑 53 人,死亡 61 人,合计 12 570 人。

1979 年 1 月,柏隆、天元、和新、金山等公社统筹安排已婚下乡知青和场镇下乡知青 27 人到社办企业工作。至 6 月底,全县统筹安排下乡知青 785 人。11 月,孝泉、黄许、罗江镇将最后一批下乡知青安排到镇办企业和街道企业。当年,全县知青参军 7 人,升学 8 人,招工 2 140 人,因病返城 45 人,迁往外地安置 6 人,其他安置 227 人,死亡 2 人,合计 2 435 人。

1979 年和 1980 年绵阳地区知青办拨扶持生产资金 58 万元,先后安排扶持扬嘉、柏隆、和新、金山、广福等 5 个公社和城关、罗江、黄许、孝泉 4 镇及丝绸厂、游泳池等单位生产资金 52.70 万元,安排 210 名下乡知青就业。1980 年安置下乡知青 132 人,返回城镇的 4 人,1981 年,安置 37 人,返回城镇的 2 人。1982 年将尚在农村的 1 名下乡知青安置。

下乡知青返城安置情况表

单位:人

年份	提干	参军	升学	招工	因病返城	迁往外地	其他安置	判刑	死亡	合计	备考
1971		32	9	1 481	25	26		20	18	1 611	
1972	7		42	3 583	50	38			19	3 739	
1973			176							176	
1974		173	295	284	21	4			3	780	
1975		40	165	930	58	12			2	1 207	
1976		45	171	963	51	22		7	4	1 263	
1977		6	130	631	32	16		23	8	846	
1978		371	449	2 088	21	9		3	7	2 948	
1979		7	8	2 140	45	6	227		2	2 435	
1980				132	1		3			136	
1981				37	2					39	
1982				1						1	
合计	7	674	1 445	12 270	306	133	230	53	63	15 181	

(第六篇第六章《知青工作》,第 248—252 页)

1973 年 10 月 5 日,对奸污下乡女知识青年的犯罪分子进行审理,依法判处罪犯梁××有期徒刑 7 年。……1977 年 3 月至 9 月,人民法院对公安机关逮捕、检察机关起诉的 160件反革命和刑事案件,经过审判,判处犯罪分子 271 名。其中,现行反革命分子 19 名,贪污盗窃、投机倒把犯 81 名,骗卖妇女犯 10 名,打砸抢犯 4 名,赌头、赌棍、窝主、诈骗犯 32 名;凶杀投毒盗窃 69 人,强奸女知青 56 人,依法判处死刑 4 名,无期徒刑 3 名,有期徒刑 10 年以上 78 名、10 年以下 171 名,管制 6 名,免予刑事处分 9 名。

(第七篇第三章《审判》,第 272 页)

《德阳市志》

德阳市地方志编纂委员会编纂,四川人民出版社 2003 年

(1964 年 2 月)月内,中江县首先建立城市知识青年上山下乡领导小组。当年首批安置136 人到平武县农村安家落户。
(《大事记》,第 19 页)

(1969 年 1 月)6 日,绵竹县上山下乡知识青年 8 042 人,其中本县籍 4 831 人。至年末,广汉下乡知青 2 157 人,什邡 1 111 人,中江 2 139 人,德阳 2 885 人。 (《大事记》,第 22 页)

(1972 年 8 月)月内,成都知识青年 300 余名到中江县永兴、万福、冯店 3 区安家落户;中江城关镇 1 000 余名知青多数由集凤、永太、辑庆 3 区安置,各区镇知青由本区自行安置下乡。
(《大事记》,第 25 页)

城镇青年就业费 用于城镇街业青年举办的集体企业的周转金和进行技术培训及劳动服务公司的业务费。1979 年前,主要用于城镇青年上山下乡的安置费;1979 年后,实行专款专用,专户储存。就业经费分为生产周转金、技术培训费、安置费、业务费和其他费用。全市从 1983—1994 年累计支出 679.30 万元。 (第十三篇第三章《支出》,第 866 页)

《绵竹县志》

四川绵竹县志编纂委员会编纂,四川科学技术出版社 1992 年

(1969 年)1 月 6 日,上山下乡知识青年达 8 042 人,其中县籍 4 831 人。至 1982 年底,除 11 人因结婚等原因外,其余知识青年均回城安置了工作。 (《大事记》,第 22 页)

第四章 知识青年
第一节 上山下乡

1964年中共中央、国务院下达了《关于动员和组织城市知识青年到农村参加农业生产建设》的文件;遵照文件的要求,县府设立了安置办公室,开始了规模较大的动员城镇知识青年上山下乡。按规定,城镇未升学的或未能就业的知识青年,除少数病残不能参加劳动外,都应上山下乡。12月27日,首批上山下乡的135名知识青年,安排到齐福公社和清平林场。接着,1965年第二批安排下去90人,1966年第三批安排下去57人。是年"文化大革命"开始。1967年"革命"声势波及每个角落,上山下乡的知识青年纷纷回城"闹革命"。1968年县上对自动返城的192名知识青年,经教育后进行了重新安排,分别安置在全县14个公社,县安置办公室拨出专款1万元,给他们维修住房、添置生活、生产用具,另外,还补助了部分生活费用,实际开支超出3 790元。

1968年12月21日,毛泽东主席发出了关于:"知识青年到农村去,接受贫下中农再教育很有必要。要说服城里干部和其他人,把自己初中、高中、大学毕业的子女,送到乡下去。来一个动员,各地农村的同志应当欢迎他们去。"的指示。29日,县革委召开了全县各公社负责人会议,学习、宣传、贯彻毛主席指示,部署知识青年上山下乡工作。

根据中发〈68〉54号和川革发〈68〉542号文件精神,对县内知识青年进行了统一规划,分批安排。1969年,全县先后共动员七批知识青年,1 945人到23个公社插队落户。本年,还对口安置了成都市区的知识青年1 198人。此次下乡的知识青年,在安排工作上比过去有一定进步,做到了人人"住有房、睡有床、吃有粮、生产有工具、生活有家具。"安置工作告一段落后,县革委和各学校及时派出干部、教师下乡到"知青"住地,检查、了解安置工作情况,督促和协助社、队解决存在的问题。

对于知识青年工作,各级政府、各单位都很重视,专门设有管理知识青年工作的机构,并有领导同志负责此项工作。各地还建立了有干部,贫下中农和知青代表参加的"三结合"领导小组和干部、职工、家长代表参加的"再教育"小组。多渠道、多方面的教育和关心下乡知识青年。

1974年12月9日,四川省革命委员会发出125号文件,对各地在安排知识青年上山下乡工作中遇到的一些急待解决的问题,作了新的规定。县知识青年安置办公室按省革委文件的规定,对多子女父母身边需要留一个的,是孤儿的,以及因病等特殊情况的,都作为"缓下"或"免下"安排。

为了进一步完善和落实知识青年下乡后的管理、教育和帮助工作,1975年后按上级要求,采取了"四对口"和"三带"的办法。即:知识青年对口下、管理教育对口抓、带队干部对口派、支援农业对口帮;大厂带小厂、全民带集体、厂矿带机关、学校、街道。

至1978年,绵竹县共安置县内外知识青年8 042人。

附:绵竹县安置下乡知识青年历年统计表

时间(年)	安置实绩(人)			时间(年)	安置实绩(人)		
	合 计	本 县	外 地		合 计	本 县	外 地
总　　计	8 042	4 831	3 211	1972	778	332	446
1964	135	135		1973	634	359	275
1965	70	70		1974	957	702	255
1966	78	78		1975	954	620	334
1969	1 945	747	1 198	1976	916	640	276
1970	628	334	294	1977	354	232	122
1971	562	557	5	1978	31	256	6

第二节　回城就业

根据中央1978年74号文件的精神,绵竹县从1979年起,就不再动员知识青年上山下乡,并着手安排下了乡的知识青年回城就业。原则上是由各单位与所在公社主动配合,根据情况进行安排。

在安排过程中,外地(主要是成都市)的知青,主要由外地负责消化,绵竹县采取全民、集体招工、退休补员等办法。为尽好地完成就业安置,当时还用了一些特别办法,如:全民所有制企业办"大集体",发展城镇、街道办工业,兴办服务行业,扩大商业网点,延长营业时间等。有些单位新办商业和服务业,缺乏资金时,银行专门贷给部分周转性资金予以扶持。经批准动用了知青安置经费210 200元,扶持兴办了19个企业。

中共四川省委〈78〉110号文件中决定:"关于安置条件较好,本人自愿留在农村的知青,要鼓励,支持他们为建设社会主义新农村,实现农业现代化作贡献。"据此精神,1984年经过深入细致的工作,对11名已婚的、自愿留在农村的知青,县知青领导小组给予了支持鼓励,按照政策规定,对他们的住房、农具、家俱及生活困难作了一次性补助,共计补助了3 450元。

绵竹县知识青年回城就业的安排工作于1982年底基本结束。8 042名下乡知青,除扎根农村的11人,死亡的16人,因刑事犯罪依法受到处理的38人外,7 977名知识青年全部安排回城,走上了工作岗位。

据财政部门提供的资料,从1964—1985年,按规定标准核定知青下乡经费共3 816 578元,其中,动员安置费和生产资金3 237 590元,解决知青生产、生活困难补助33 750元,处理遗留问题经费50 500元,业务费和周转金190 988元。历年财政决算核销数总计为3 359 840元。结余256 738元,除绵阳地区财政局1969年核定上交1 389元外,实余255 349元,全部拨交县劳动服务公司管理,用于待业青年的劳动就业。

(第九篇第四章《知识青年》,第231—233页)

1982 年初,知青待业办公室合并于劳动局。　　（第九篇第五章《管理机构》,第 234 页）

第三个五年计划时期(1966—1970 年)　　文化大革命动乱中,财政收入剧降,各项经费支出均有增无减。五年共支出 2 016.22 万元,其中,经济建设费 959.92 万元,社会文教费 666.21 万元,行政管理费 292.27 万元,其它支出 97.82 万元。1969 年,红岩煤矿重新上马,新建氮肥厂及红岩支渠水利工程等基本建设拨款增至 590.58 万元,支农资金加上水利基本建设拨款达 440 万元。大批城镇知识青年下到农村安家落户,财政增拨知识青年安置费 83.77 万元。"文化大革命"中,搞"大串连"、"红海洋",设置文革接待站,成立革命领导小组、革命委员会时,讲排场,闹阔气,大势铺张浪费,因而行政费支出大大上升。

第四个五年计划时期(1971—1975 年)　　文化大革命动乱后期,生产、工作稍转正常,财政工作立足生产,大力支援工农业发展。五年财政共支出 2 760.51 万元,其中,经济建设费 1 243.71 万元,社会文教费 993.43 万元,行政管理费 420.12 万元,其它支出 103.25 万元。这一期间,拨付各项支农资金 475.70 万元(其中水利建设 238.26 万元);工业企业基本建设投资及增拨流动资金 390.62 万元(红岩煤矿掘井工程、氮肥厂续建、新建金家山煤矿和汉旺水泥厂);知识青年安置费 167.45 万元。　　（第十八篇第一章《收支》,第 495 页）

《安县志》

安县志编纂委员会编纂,巴蜀书社 1991 年

(1968 年)2 月 13 日,县上山下乡知识青年办公室成立。　　（《大事记》,第 35 页）

(1969 年)1 月 13 日,县革委发出通知,动员一批中小学毕业生和社会知识青年和场镇居民到农村安家落户,接受"再教育"。至 9 月底,共安排 7 764 人(包括成都等市来安县知青)下乡。　　（《大事记》,第 36 页）

建国初期干部来源主要是在优秀工人、农民中吸收选拔。此后到 80 年代,吸收选拔干部范围扩大到农民、工人、城镇待业青年、复退军人、知识青年等。

（第十四篇第一章《中国共产党》,第 462 页）

1971 年,从上山下乡知识青年和农村回乡知识青年中吸收 528 人,充实教育,财贸和乡镇干部队伍。1972—1980 年期间,每年从农村下乡知青、回乡知青、农村基层干部以及城镇待业青年中吸收几十至百余人,充实教育、财贸及乡镇计划生育等部门为专职干部。

（第十八篇第一章《人事》,第 550 页）

知青安置

1964 年,安县首批上山下乡知识青年 117 人,由安县安置办公室分别安排在原梓潼、黄土两个公社的部分大队插队落户。后因不便管理教育,1965 年 9 月,又将两社知青集中安置在雎水农场和黄土公社林场。1968 年 12 月 22 日,党中央发出"知识青年到农村去接受贫下中农再教育"的号召后,12 月底开始,成都市和县内动员大批城镇知识青年上山下乡,到安县农村插队落户参加农业生产劳动。从 1964—1978 年,安置外地和县内的上山下乡知青 8 101 人。其中接收安置成都知青 4 415 人,成都以外的其它市、地的知青 70 人,县内知青 3 616 人,分别安置在全县 19 个公社的 168 个大队 2 100 多个生产队和 5 个农场。国家共拨出安置经费 267.38 万元,木材 1 875 立方米,先后共派出知青带队干部 127 人,其中成都市派出 57 人,安县 70 人。各乡镇和大队成立了以当地党政领导、贫下中农和知青代表组成的"三结合"再教育委员会或小组,对知青进行管理和教育。1976 年起,对全县分散插队的知青转为以集体安置为主的形式。到 1979 年底,全县在农村共建知青农场(队)58 个,国家下拨安置费 58 万元,共建下乡知青住房 1 257 间,面积 2.77 万平方米。还建有 3 人以上的小集中知青点 68 个,建图书阅览室 31 个,购置图书 7 万余册;一些场、队还兴建了篮球场、文娱室、学习室、举办起文化补习班或自学小组,使在农村的绝大多数上山下乡知识青年的政治上、思想上、知识上、生产技能上都有所提高。到 1976 年 9 月,有 33 人加入中国共产党,1 056 人加入共青团,142 人担任了生产队、大队的领导职务,1 804 人担任农村的民办教师、生产队会计、赤脚医生、夜校教员、农机手和农技员等工作,472 人被评为农村积极分子。下放安县农村的知识青年,通过 2—3 年以上的劳动锻炼,根据国家征兵、招生、招工、劳动就业计划指标,每年陆续输送一批回城就业。到 1978 年底,留在农村继续锻炼的知识青年人数下降到 1 305 人。1979 年又下降到 115 人。1980 年再次下降到 10 人。1981 年全部就业安置完毕。对于安置知青而兴建的住房、农具、家具也逐步通过清理作变价处理。1985 年底共清出在队的下乡知青结余经费 70 124 元,已收回 13 100 元,房屋、家具、农具变价款21.9万元,已收回 8.8 万元。

(第十八篇第二章《劳动》,第 558—559 页)

《北川县志》

北川县志编纂委员会编,方志出版社 1996 年

(1969 年)1 月,根据中央统一部署,县革委动员县内知识青年上山下乡,并相继接收安置大批成都等地知识青年到农村插队落户。到 1978 年,全县先后安置下乡知青 3 883 人,其中本县 1 111 人。

(《大事记》,第 32 页)

第二节　知 青 安 置

1968年12月,毛泽东主席发出"知识青年到农村去,接受贫下中农的再教育"的号召后,县革委抽调干部组成专门机构负责下乡知青安置工作;区、社、队分别建立由干部、贫下中农、知青代表组成的"三结合"的再教育领导小组,具体负责知青的管理。1969—1978年,全县34个公社798个生产队先后接纳安置城镇下乡知识青年3 883人,其中本县1 111人,成都等地2 772人。安置方式主要是分散插队落户。1974年以后,在12个公社建立15个知青场(队),集体安置知青。知青插队期间,受到干部群众的关心和帮助,"政治上有人抓,生产上有人教,生活上有人管";动员知青下乡的地区先后派出六批带队干部协助做知青教育管理工作。下乡知青中,有6人加入中国共产党,638人加入共青团,437人担任生产队以上领导职务。按照政策规定,在农村劳动两年以上的知青可以参军、升学、参加工作。从1970年底开始,下乡知青陆续离队回城就业。1979年以后,不再动员知青下乡。1980年3月,全县在农村的下乡知青仅余15人,其中本县籍10人,成都籍5人。遗留问题基本得到妥善解决。

1968年以后,国家共拨专款108.36万元、木材指标1 400余立方米用于知青安置。知青离队后,将所建1 600余间知青用房及用专款置办的农具、家具、生活用具折价处理,回收款用于城镇待业青年安置。 　　　　　　　　　　　　　　　　　　(第十一篇第一章《劳动》,第338—339页)

1969年秋,贯彻毛泽东"五·七"指示精神,以铁家园原绵阳专区公安处收容所农场作校舍开办"五·七"农校。招收高小和初中文化程度的知识青年225人,分文化补习和农机、兽医、会计、卫生5个班,学制二年。除了基础学科外,卫生班学中草药、西药常识和针灸,农机班学柴油机安装与维修,会计班学会计业务常识,兽医班学畜禽饲养、疫病防治、骟割等。因学校位于高山上,交通不便,1971年起停止招生;1973年秋最后1班学生毕业后停办,校产移交给川中矿区知青农场。 　　　　　　　　　　　(第二十六篇第一章《学校设置》,第631页)

《南充市志》

南充市地方志编纂委员会编纂,四川科学技术出版社1994年

(1964年4月)30日,首批57名年满16周岁以上在城市待业的中小学毕业生到苍溪县农村安家落户。 　　　　　　　　　　　　　　　　　　　　　　　　(《大事记》,第21页)

(1972年)1月7日,成立市革委知识青年上山下乡工作领导小组及办公室。进一步动员知识青年上山下乡。至年底,又有248名年满16周岁中小学毕业生到农村插队落户。

　　　　　　　　　　　　　　　　　　　　　　　　　　　(《大事记》,第26页)

是年(1978年),停止动员知识青年上山下乡。全市自1964年以来到农村插队落户的知识青年累计15 146名。年底绝大多数回城安置工作。 　　　　　　　(《大事记》,第29页)

1966—1976年间,因支援"三线"建设,高等院校学生毕业分配和知识青年上山下乡,全市年平均人口总迁移量为13 165人,年平均总迁移率67.27‰,迁入68 690人,迁出76 128人,11年净迁出7 438人。

1977—1985年,由于企业实行退休顶替办法,使一大批农业人口迁入城市;下乡知识青年回城;大、中专学校恢复招生,本市人口迁入量大于迁出量。年平均人口总迁移量是15 649人,年平均总迁移率为71‰,迁入80 578人,迁出60 265人,净迁入20 313人,年平均净迁入2 257人。 　　　　　(第二篇第二章《人口变动》,第68页)

第三节　知识青年上山下乡办公室

1956年7月,建立招收知识青年工作组,并在劳动科内设办公室,负责安置城市高初中毕业生就业。1967年11月,建立市上山下乡知识青年办公室,负责动员安置1966年、1967年、1968年三届高初中毕业生到广安、岳池、武胜等县及市郊农村插队落户。1969年,市革委生产指挥组下设大中专毕业生分配组,兼管知识青年上山下乡安置工作。1973年,建立知识青年上山下乡工作领导小组。大中专毕业生分配组撤销,改为知识青年上山下乡工作办公室(简称知青办)。动员安置城市高初中毕业生下乡插队落户,承办回城知识青年就业安置工作。有工作人员9名。1978年,停止动员知识青年上山下乡。1980年,由省知青办和劳动局投资,市知青办承办,建立果城绸厂,安置回城的下乡知青。1982年,知青办并入市劳动局,保留牌子,确定专人承办知青工作。1984年撤销。 　　　　(第十一篇第一章《管理机构》,第278页)

1972年,贯彻国务院《关于改革临时工、轮换工制度的规定》,控制农村劳动力流入城市,禁止企事业单位使用农村劳动力。同时用大力发展街道工业,动员知识青年上山下乡等方法安置城市劳动力。1977—1978年,上山下乡知识青年陆续返回城市,待业人数迅速增加。实行国家计划统筹就业、劳动部门介绍就业与自愿组织就业、自谋职业等办法,多渠道开辟就业门路。1979年,全市有待业人员7千余名,当年安置5 689名。 　　　　(第十一篇第二章《劳动就业》,第279页)

第四节　知识青年上山下乡

1964年4月,首次动员待业知识青年到农村安家落户。57名高、初中及高小毕业生响应号召上山下乡,被安置到苍溪县农村安家落户。到1965年2月,全市有1 700名知识青年分批到仪陇、苍溪、凉山等地农村落户。1969 年 3—12 月，动员 1966、1967、1968 三届高、初中毕业生到农村插队落户。规定凡年满 16 岁的男女知识青年，除独生子女、患有慢性疾病、有残疾者可免予上山下乡外，均应到农村去接受锻炼。若父母身边无人者可免 1 人上山下乡；应上山下乡而拒不下乡者，不得在城市就业，亦不得报名参军。下乡知识青年采取投亲靠友或政府集中安置插队落户，由国家发给每人安置费 300—500 元，按原在城市标准，供应口粮、副食品一年。并分别情况拨给建房补助费人平 150—250 元，由市知青办一次拨给接受安置知青的社队。知青参加所在队当年分配，按壮劳力标准分配口粮。知青因病或因所在队受灾减产，生活困难者，政府发给适量生活补助费并供应部分口粮。到 1973 年，全市共有"三届"毕业生 4 639 名分期分批到广安、岳池、仪陇、苍溪、南充等县及本市郊区农村落户。1974 年中共南充地委、市委、南充地区、市革命委员会组织联合慰问团（本市有 1 名市革委副主任、4 名工作人员参加）赴凉山州慰问落户的知识青年。1976 年 3 月 16 日，召开市知识青年先进集体、先进个人代表大会，出席会议代表 400 名，受表彰的先进集体 61 个，先进个人 339 名。为便于知青学习、生活，市郊农村先后将下乡知识青年集中办"知青点"。1976 年，在郊区各乡兴办知青农场 8 个，政府在物力财力上给予适当扶持，帮助知青农场（点）建设果园，发展工副业。同年，本市有 120 名知识青年到黑龙江省逊克县落户。凡下乡劳动年满两年的知青，可以参军、报考专业技校或高等学校，或被招工。下乡期间因病或伤残者亦可回城安置。1978 年，停止动员知识青年上山下乡，并着手安置要求返城的知识青年就业。自愿申请下乡的知识青年，在安排落户的同时，落实返城就业单位。1978—1981 年共安置下乡知识青年 596 名。到 1981 年安置工作基本结束。1964—1981 年，全市先后动员下乡知青共 15 146 名，除招工、参军、招生等已离开农村的 3 000 余名外，有 12 000 余名先后返回市内安置就业。个别已在农村结婚者，就地转为非农业户口。

（第十一篇第二章《劳动就业》，第 281 页）

1964—1977 年，共动员城镇知识青年 15 542 人上山下乡安家落户。1978 年后陆续回城。至 1985 年，共支出安置费 342 万元。　　　　（第十三篇第一章《财政》，第 311 页）

《南充县志》

南充县志编纂委员会编，四川人民出版社 1993 年

（1964 年）县内首批知识青年 50 名到凉山州插队落户。　　　　（《大事记》，第 32 页）

（1969 年）3 月 23 日，重庆北碚知识青年首批到县落户。　　　　（《大事记》，第 34 页）

同月(1979 年 5 月),新复公社 9 大队 5 生产队回乡知识青年蒲传永坚持自学,培育出多种小麦新品种,团省委授予"新长征突击手"称号。地区农科所破格吸收为国家正式职工。

（《大事记》,第 39 页）

是年(1980 年)底,全县安置下乡知识青年就业 5 222 人。1982 年全部安置就业。

（《大事记》,第 40 页）

1964 年,城镇知识青年开始到农村去,国家规定从下乡起,第一年由每人每月供应大米 17.5 公斤,第二年参加生产队分配,分配口粮全年不足 200 公斤的,国家补供到 200 公斤,三年后国家停止供应和补助。……知识青年下乡安家落户,1980 年停止。随即停止供应和补助。

（第十三篇第三章《粮油购销》,第 357—358 页）

(1971 年)以后,知识青年上山下乡安置经费和支援农村生产支出不断增加,1975 年支出总额达到 943 万元,比 1965 年支出增加 1 倍。

（第十四篇第三章《财政支出》,第 411 页）

1971 年后,招工范围,除地质勘探、森林采伐、矿山井下和盐业生产四大行业,可招收家住农村符合条件的职工子女外,着重招收城镇待业人员和上山下乡知识青年。……(1978 年)县氮肥厂、机制砖瓦厂、农机厂、农修厂、磷肥厂和酒厂等 11 个企业,在批准留城镇的青年和上山下乡劳动锻炼两年以上的知识青年中,招收固定职工 330 人。

（第二十三篇第一章《工人》,第 621 页）

【知青安置】 1964 年,中共中央号召知识青年到农村去,县内开始动员城镇知识青年上山下乡。龙门、东观两镇中、小学毕业生 50 人去凉山、雷波、喜德、美姑县插队落户。到 1978 年止,全县先后动员安置城镇知识青年 5 524 人上山下乡,其中本县 766 人,重庆 1 083 人,南充市 3 586 人,其他地方 89 人。政府拨给下乡知青建房木材 2 943.1 立方米,修建知青居住点 605 个,共建住房 2 525 间。用于知青安置的建房、生活补助、购置生活用具、书报、医药等专款 268.3 万元。1979 年,中共中央指示停止动员知识青年上山下乡,已下乡的知识青年统筹安置就业。从 1971 至 1980 年,通过招工、招生、招干、参军等渠道,先后解决知青就业 5 222 人(县内安置 3 478 人)。1982 年上山下乡知青全部安置就业。与农民结婚的 20 名知青,转为非农业人口,就近就地作了安置。

（第二十三篇第一章《工人》,第 622 页）

南充县 1970 至 1985 年招工(含自然减员补充)情况统计表

数\项\目\年度	合计	招收对象			安置范围		性别	
		农民	知青	待业青年	全民	集体	男	女
1970	158	149	—	9	107	51	126	32
1971	2 536	—	261	2 275	2 173	363	1 772	764
1972	939	678	92	169	704	235	634	305
1974	63	—	—	—	63	—	61	2
1975	863	415	217	231	798	65	487	376
1976	914	286	483	145	804	110	607	307
1977	1 528	601	691	236	1 289	239	1 052	476
1978	2 662	1 458	773	431	1 267	1 395	1 665	997
1979	3 391	2 197	747	447	2 150	1 241	1 943	1 448
1980	2 888	2 221	214	453	2 173	715	1 779	1 109

······

注:1973 年及 1969 年前资料无考。

（第二十三篇第一章《工人》,第 623 页）

《苍溪县志》

苍溪县志编纂委员会编,四川人民出版社 1993 年

（1964 年)5 月 2 日,苍溪县城知识青年开始上山下乡,并开始接收安置南充市上山下乡知识青年。翌年 1 月还开始接收安置重庆市等地上山下乡知识青年。（《大事记》,第 28 页）

是年(1981 年),1964 年以来全县共接收安置城镇下乡知识青年 8 479 人,城镇下乡居民 467 户、1 643 人,合计 10 127 人。（《大事记》,第 38 页）

1970—1972 年县革委又招收农村青年 1 554 人到机关企事业单位工作,仅安置城镇待业人员 136 人、下乡知识青年 183 人。······

1977 年全县有城镇待业人员 1 385 人急待安置。这年成立苍溪县城镇待业人员安置领导小组,本着发展集体经济,兴办街道工业、交通运输业和商业服务业,组织起来从事集体生产劳动的安置原则,安置 1 151 人,其中包括安置下乡知青 855 人。1978 年安置 1 014 人,其中下乡知青 506 人,城镇待业人员 509 人。1979 年,停止动员知识青年下乡。

（第九篇第二章《劳动就业》,第 303 页）

第三节　知识青年安置

上山下乡安置

1964年，苍溪县首次动员城镇非农业人口中年满16周岁、高小以上文化、尚未升学或就业的知青和社会闲散劳动力上山下乡。5月、12月城关镇动员知青到龙王50人、两河84人插队落户。同时，接收南充市下乡知青893人，分组安置到五龙、永宁、两河、龙王、小新、雍河、运山7个公社。1968年12月毛泽东关于"知识青年到农村去接受贫下中农再教育很有必要……"指示发表后，知青下乡呈现高潮。凡1966年以后城镇年满16周岁，高小以上文化、未升学、就业知青，全部到农村插队落户。以后每年未升学的知青中除病、残、独生子女的，多子女父母身边只有一个子女的，家庭有特殊困难的免下或缓下外，其余全部动员到农村去，"接受贫下中农再教育"。1964—1978年，全县各生产队，安置下乡知青8 479人，其中本县1 187人、重庆市5 784人、南充市1 508人；接收安置城镇居民467户、1 643人，其中本县365户、1 314人、重庆70户、234人，南充市32户、95人。

安置形式

分组插队。每组3—5人，共安置6 949人。

建青年点。全县设336个知识青年点，安置1 160人。

集体安插。有162名知青被集体安插到38个国营及公社、大队兴办的农、林、牧、渔场。

成户插队或投亲靠友安置。成户下乡插队27户、88人；投亲靠友安插125人。

安置经费。提倡自力更生，政府补助。1964—1981年，国家拨给苍溪县知青下乡安置费318万元，每人补助100—200元不等。

离乡回城市安置

1970年10月，省革委规定，招工、招生、征兵可以从农村劳动锻炼一年以上、表现好的城镇知识青年中按招收条件招收一部分。1972年改招工来源为"在上山下乡两年以上的知识青年中招收"。此后，每年均有一批下乡知青得到安置。招收办法为：贫下中农和社队推荐，知青领导小组评议，带队干部加具意见，县革委会批准。1967年以前招工、招干、参军安置163人，1970—1980年招工、招干6 980人，征兵350人，按政策规定批准返城待业495人。至1981年止，下乡"知青"除死亡43人、失踪1人、判刑劳教54人、自愿在农村长期落户7人外，全部安置完毕。历时15年的知青工作至此结束。　　（第九篇第二章《劳动就业》，第304—305页）

《阆中县志》

阆中市地方志编纂委员会编著，四川人民出版社1993年

知识青年上山下乡

1964年初，中共中央、国务院发出《关于动员和组织城市青年参加农村社会主义建设的

决定》。3月,成立阆中县安置城镇下乡知识青年领导小组及办公室,副县长何清淼任组长。5月4日,县城首批动员组织86名知识青年到河楼公社插队落户。12月16日,又动员组织城镇知青315人到河楼、木兰、桥楼公社部分生产队落户。1965年,动员知青345人下乡。其中,有272人到凉山州越西县的新民、大河、大瑞、城郊、丁山、大屯、春景7个公社插队落户。当年,阆中除接受县内城镇下乡知青外,还担负重庆、南充下乡知识青年的安置任务。安置形式:除国家计划分配插入县农场、蚕种场,分散投亲靠友,回老家安置外,大量的是2至3人或3至5人成组插队落户。同年,白塔、木兰、解元、新建、柏山、西山、丰占、三庙、望垭公社各试办一个知青农场,河楼、桥楼公社各试办两个知青农场,集中安置下乡知青。

"文化大革命"开始后,初、高中毕业生既不能升学,也无法分配工作。1968年12月,毛泽东主席发出"知识青年到农村去,接受贫下中农的再教育,很有必要"的号召。1969年初,县人民武装部成立知识青年上山下乡安置办公室(4月更名为县支左领导小组下乡上山知识青年工作办公室,6月又更名为县革命委员会毕业生分配、下乡上山安置办公室),2月起,连续几次掀起动员知识青年上山下乡高潮。知识青年插队落户后,公社、大队、生产队确定干部和贫下中农代表,负责进行"再教育"并帮助指导生产和生活。1974年起,全县先后抽派6批共130人(其中重庆35人)下乡协助农村干部进行知识青年的管理教育、培养和保护工作。1964—1978年,全县共动员知识青年6 451人上山下乡,共接受安置7 168人(其中重庆1 082人,南充市和外地回老家28人)。

1978年下半年,停止知识青年上山下乡,并陆续进行知青回城的安置工作。1980年12月,县政府成立知识青年上山下乡工作办公室(后与劳动局合并)。1981年5月,基本结束在乡知青回城安置工作。　　　　　　　　　　　　　　　　　　　(《大事记》,第51—52页)

阆中县人口流动量小。解放后,婚嫁、工作调动、服兵役、退伍转业、知识青年上山下乡、回城、升学、支援边疆建设、援外、招工、招干、大中专毕业生分配等,是影响人口流向和流量的因素。　　　　　　　　　　　　　　　(第三篇第一章《人口数量和分布》,第123页)

1970年,城镇劳动力不断增长,国家改变"城市大下、农村大上"的招工政策,将招工对象改为"从城镇闲散劳力和在农村锻炼满两年以上的下乡知识青年以及符合招收条件的复退军人中招收"。在农村中的招工对象仅限于地质勘探、森林采伐、矿山井下和盐业生产4大行业职工的符合条件的子女。1970—1977年,全县共招工4 235人。1978年后,招工以安排待业人员就业为主。　　　　　　　　　　　　　　(第八篇第二章《劳动安置》,第253页)

1978年,国家宣布不再执行知识青年上山下乡的政策,中学毕业生改由各行各业分口包干,安排就业。劳动用工由从社会招收工人为主,改为以安置城镇待业青年为主。同时,对1964—1978年下乡的7 168人陆续回城安置。1981年,改革"统包统分"和"铁饭碗"的用工制度,推广"在国家统筹规划和指导下,实行劳动部门介绍就业,自愿组织起来就业和自谋职业相结合的办法",县劳动管理部门和企业组建"劳动服务公司",开展培训和指导,组织、安排待业青年就业。

(第八篇第二章《劳动安置》,第 254 页)

1979 年,下乡 2 年知青参加工作,作为学徒工第二年对待,2 年后定为一级工工资,下乡 3 年以上的执行学徒工最后一年的生活补贴标准,工作满一年后定一级工工资,下乡 5 年以上的执行一级工工资标准。

(第八篇第三章《劳动工资》,第 260 页)

从 1971 年起,四川省规定:"企业单位的职工退休、退职(指老、弱、残退职)以后,可将他们符合招工条件、家居城镇的子女(含应届毕业生和上山下乡知青)吸收 1 人参加工作。如本人退休、退职后,愿意回农村居住的,他们在农村的子女,也可以按招工条件吸收 1 人参加工作"。"企业单位职工因工死亡,因职业病退休和矿山井下、森林工业、地质勘探、码头搬运的职工退休、退职以后,他们的子女不论家居城镇或农村,只要符合招工条件的,都可以优先吸收 1 人参加工作"。1986 年 7 月,停止执行"退休顶替政策"。

(第八篇第四章《劳动保护及保险》,第 265 页)

知识青年及城市人口安置费

为了安置城镇知识青年上山下乡和少数自愿到农村安家落户的城镇待业人口,1966 年县财政支出安置费 7 万元。1968 年安置工作陷于停顿,当年仅支出 1 万元。1969 年各级革委会建立后,恢复安置工作,支出增至 51 万元。1974 年、1975 年分别增至 60 万元、70.5 万元。到 1985 年累计支出安置费 280.3 万元,占经济建设费支出的 4.73%。

(第二十二篇第二章《支出》,第 713 页)

《仪陇县志》

四川省仪陇县志编纂委员会编著,四川科学技术出版社 1994 年

(1964 年)成立知识青年上山下乡安置办公室,接受安置南充市和重庆市下放知识青年。1966 年开始动员县城待业青年去凉山州雷波西林茶场落户。1968 年底动员全县城镇待业青年和城镇居民到农村去安家落户。至 1978 年下放到全县 68 个公社,3 871 个生产队和 8 个知青农场的知识青年共 4 555 人(其中重庆 3 103 人,南充市 267 人)。

(《大事记》,第 28 页)

(1973 年)5 月,贯彻中共中央关于保护上山下乡知识青年的指标,法办迫害女知识青年的犯罪份子 32 人。

(《大事记》,第 33 页)

是年(1979 年),停止下放知识青年,并开始知识青年安置工作。到 1981 年止,共安置知识青年 4 506 人。同时,对 1968 年以来下放到农村的城镇居民,也于 1982 年底前收回城镇落户。

(《大事记》,第 36 页)

第二节　知　青　安　置

1964 年根据国务院《关于动员组织城市知识青年参加社会主义建设的决定》,县成立知识青年上山下乡办公室,首批接收安排南充市知识青年 215 名到茶房公社插队落户。1966 年 6 月动员县籍城镇待业青年 83 人去凉山州雷波县西林茶场等地落户。"文化大革命"开始后,大割"资本主义尾巴",限制个体经营活动,城镇待业人员逐年猛增。1968 年毛泽东主席发出"知识青年到农村去接受贫下中农再教育"指示后,1969 年,县革命委员会设立毕业生分配组,办理知识青年(下简称"知青")上山下乡工作。非农业人口中,凡初、高中毕业学生和 16 周岁以上的城镇社会青年,以及部分无业居民户(老弱病残等特殊情况除外),均动员他们到农村与社员同吃、同住、同劳动,接受贫下中农再教育。当年安排县籍青年 213 人,重庆知青 1 666 人,南充籍知青 52 人去农村插队落户。此后,每年均有一批初、高中毕业学生和 16 周岁以上的城镇社会青年去农村落户。1973 年 10 月,"毕业生分配组"更名为"知识青年上山下乡工作办公室"。农村生产大队、生产队分别建立知识青年"三结合"(贫下中农,革命干部,下乡知识青年)再教育领导小组。区和公社确定一名副书记专管下乡知青工作。重庆北碚区派来 20 多名干部常住县、区协助当地党政管理重庆籍到仪陇落户的知青。到 1978 年底,全县共接受上山下乡知青 4 555 名,其中重庆市 3 103 人(含居民 74 户 268 人),南充市 267 人(含居民 9 户,18 人),仪陇 1 159 人(含居民 140 户 512 人),其它省、县 26 人。这些知青分别被安置到 68 个公社的 3 871 个生产队和 8 个知青农场劳动。下乡知青的住房、生产生活用具由国家拨款解决,口粮第一年由国家供应,每人每月 17.5 公斤,第二年由所在生产队或知青农场分配。场、队分配量低于单身标准劳力的实际吃粮水平者,由国家用统销粮补足。食油和食肉第一年按当地城镇居民标准供应,第二年由所在场、队分配,不足标准的由国家补差。1969—1978 年,国家先后拨发知青安置费 191.6 万元(其中用于知青生活、医疗、学习、建房、旅差、特殊困难补助等费 149.24 万元,知青困难补助和落户场、队定额补助款 11.5 万元,扶持生产周转金 22.8 万元,知青管理部门业务费 8.06 万元),拨付知青建房专用木材 2 040 立方米。1978 年,停止下放知青,并逐步转入回收安置工作。(重庆、南充市等县外知青除在仪陇已婚者由县安置外,其余调回原籍安置),并首批安置 1972 年前下乡的知青 994 人,接着先后多批安置所有下乡的知青和与知青同时下乡的居民,到 1981 年底,通过招工、参军及调回原籍等途径安置下乡知识青年 4 506 人(其中招工 3 938 人,参军 79 人,升学 290 人,提干 6 人,回城镇 184 人,转他省 9 人)。

第三节　待　业　安　置

1978 年停止知识青年上山下乡,在收回下乡知青优先安置的同时,"统筹兼顾"安置城镇待业人员。但由于需就业者多,安置渠道窄,待业人员逐年增加。1980 年有待业人员 95 人,次年底增至 311 人。

1982 年 3 月,成立县劳动服务公司,主管待业人员登记、培训、安置工作和指导各系统服务公司或服务站,安置本系统待业人员。……1977—1985 年,全县共安置知识青年、待业人员 5 856 人(其中全民所有制 3 268 人,集体所有制 1 641 人,组织起来就业和个体开业 947 人)。1985 年南充地区进行劳动就业检查,仪陇居第 3 位,被评为劳动就业安置先进单位,获奖金 240 元。 （第二十一篇第一章《劳动就业》,第 588—590 页）

《南部县志》

南部县志编纂委员会编纂,四川人民出版社 1994 年

(1969 年)3 月,动员组织城镇"知识青年到农村去",在全县掀起上山下乡高潮。

（《大事记》,第 36 页）

同月(1978 年 7 月),安置一批待业青年和下放已满两年的知青共 980 名。

（《大事记》,第 39 页）

第三节 知 青 安 置

1964 年,成立中共南部县委知识青年上山下乡领导小组办公室(1981 年改为南部县人民政府上山下乡知识青年安置办公室,随即并入劳动局),将县城 57 名知识青年安排到升钟区皂角公社(今皂角乡)插队落户。此后,历年均安排一批知青上山下乡,到 1978 年已达 5 809 人,其中外省、外县到南部县插队落户 1 882 人。本县知青除 182 人到美姑、普格两县落户,77 人投亲靠友外,其余 3 927 人分别安置到全县各区社落户。当年 12 月,知青上山下乡工作完全停止。1979 年,遵中共中央指示,本县收回知青,并作妥善安置。一般收回城镇安排工作,但对已结婚一方系农村户口的,采取就近安置办法。如结婚已有子女,女知青系城镇户口的,子女随母迁回城镇;女青年系农村户口的,第一个子女转为城镇户口。收回安排结果情况是:参军 259 人,考入各类高等院校、中等专业学校 487 人,招工 3 304 人。

（第十篇第五章《就业》,第 274 页）

《西充县志》

西充县志编纂委员会编,重庆出版社 1993 年

同月(1969 年 4 月),县革委上山下乡知识青年安置办公室成立。（《大事记》,第 31 页）

（1973 年）夏，全县对迫害女知识青年的犯罪分子进行严厉打击。（《大事记》，第 32 页）

第四节　知 青 安 置

　　1968 年 7 月 23 日，县知识青年上山下乡工作安置办公室布置，城镇的知识青年，从动员之日起，凡年满 16 岁以上的初中、高中毕业生或小学生要到农村去"接受贫下中农的再教育"。后又补充规定独生子女、病残子女持证明者可不下乡，留在其母身边安排工作。1968 年底至 1969 年初，重庆市北碚区 400 名知识青年首批来县插队落户。从 1969 年 3 月起，对县内知识青年陆续动员下乡落户，到 1978 年止，全县先后下乡的知青有 800 人。知识青年下乡以后，由国家拨出专门经费，主要用于下乡知青的建房补助，生产补助，生产工具和生活用具的购置补助。以及确有困难的衣、被、蚊帐补助等。每个下乡知青，由国家发给安置地点每人 100—200 元的安家费。下乡知青的口粮供应，原则上由国家供应 1 年，下乡之日起就参加生产队分配，和其他社员一样划分自留地、自留坡，并由国家配给木料，修建"知青点"，全县共拨出木材 800m³。下乡的知识青年，有些人得到锻炼，安心农村，虚心向贫下中农学习，思想和技术都得到了提高，有的成为基层干部，有的成为农业技术员，有的成为幼儿园和小学教师，有的参加文艺宣传队，成为农村文化生活的骨干力量，还有的知青，被选为团县委副书记。但由于多种原因，知识青年到农村去后，有的人回流城市，有的人懒于干活，没有受到教育。因此，从 1979 年起，根据中央指示，用新增劳动指标和其父母退休补员的指标对下乡较早的知识青年，通过招工补员，分期分批安置回城劳动就业。到 1983 年止，原下乡的 800 名知识青年基本安置完毕。在安置顺序上，首先安排 1972 年以前下乡的知青；下乡已满两年以上的知青。为照顾配偶关系，凡下乡知青与当地农民和职工结了婚的，一般由动员下乡的地区负责安排。夫妻双方都是下乡知青，双方都调离农村的，其子女可以随其迁入城镇；下乡知识青年与农民结婚的，坚持就地就近安置的原则，对调离农村的知青，可以允许带 1 个子女迁入市镇。对安置在乡镇企业的老知青，也妥善解决其户口和粮食关系。

（第七篇第一章《劳动管理》，第 212—213 页）

《营山县志》

营山县志编委会编，四川辞书出版社 1989 年

　　（1969 年）4 月 9 日，按照毛泽东"知识青年到农村去接受贫下中农的再教育"的号召，下放知识青年 270 人到本县农村插队落户。至 1978 年，全县先后下放知识青年 2 542 人，并接收重庆、南充等地插队落户的知识青年 1 798 人。1976 年到 1981 年，下乡知识青年都先后回城。

（《大事记》，第 33 页）

第三节　知识青年安置

1964年首批下放城镇知识青年85人到合兴、悦中公社插队落户。1966年5月下放知识青年117人去雷波县西宁茶场。1969年起,动员家住城镇未升学的高、初中毕业生和年满16岁的青年去农村插队落户,称作"接受贫下中农的再教育"。到1978年止,共下放知识青年2744人,并接收重庆、南充等市下放营山农村的知识青年1798人。1979年以后不再动员知识青年上山下乡。

1971年,渡口市在营山招收劳动两年以上的知识青年100人。1972—1974年下乡知识青年参军18人,升学95人,招工665人,批准回城46人。1977—1978年,凡已上山下乡的独生子女、多子女均不在父母身边和1户有3个子女下乡的知识青年优先解决,指名招收。两年内安排下乡知识青年3065人。1981年上山下乡知识青年仍在农村的,年底前全部收回安置。

(第二十一篇第一章《就业》,第541页)

70年代,从工、农业生产积极分子、上山下乡知识青年、代课教师、复员退伍军人中吸收了一批干部。

(第二十一篇第二章《职工队伍》,第541页)

《营山县志》

《营山县志》编纂委员会编,成都时代出版社2007年

【知识青年上山下乡】　1968年川革发(68)542号文,传达了毛主席指示:"知识青年到农村去,接受贫下中农再教育,很有必要。要说服城里干部和其他人,把自己初中、高中、大学毕业的子女,送到乡下去,来一个动员。各地农村的同志应当欢迎他们。"

1969年2月20日,县生产指挥部转发南充地革委生产指挥部发出《关于我区农村中小学毕业生回农村去的通知》,要求1966、1967、1968年中小学毕业生,凡属农业户口的,都应一律回乡参加农村社会主义革命和建设,城市户口的毕业生,由知识青年办公室有计划、有步骤地动员和组织到农村去插队落户,接受贫下中农再教育,走与工农相结合的道路。

《通知》发出后,县革委首次会议作出决议,要求广大干部要把自己初中、高中、大学毕业的子女送到农村去,接受贫下中农的再教育。4月9日,县革委按照毛泽东的号召下放知识青年270人到本县农村插队落户。

当年6月28日,全县计有522名知青下到农村,占应下去的82.5%,吸收重庆及南充等地分来知青187人,分配来的大、专院校学生214名。7月,各区、社革委会指定了1名副主任负责管理知青工作。

同日,县革委发出《关于做好知识青年到农村去的五点意见》,指出:1.高举毛泽东思想伟大红旗,乘全面贯彻、落实"九大"精神的强劲东风,大造革命舆论,继续深入广泛宣传落实

毛主席的最新指示,排除一切干扰,及时揭露和打击造谣破坏知识青年上山下乡工作的一小撮阶级敌人,把县城、区、社场镇未下去的知识青年和社会青年在7月底前全部动员下去。2.各区、社革委会要加强对知识青年的教育、管理工作,每个革委会必须指定1名副主任(领导干部)具体负责此项工作。区、社革委会建立"再教育"小组,不断加强自身革命化,把知青工作摆在重要位置上抓紧、抓好。3.认真解决知识青年学习、生活、住房、家具、劳动工具、参加田间劳作、推广科学技术等具体问题,对安置经费,总的精神是贯彻自力更生精神,依靠集体力量、发动群众予以解决。经费按规定(统一分配的每人200元,投亲的120元),拨给生产队,包干使用,有病就地治疗,原则上自理,重病住院按川革生字(68)709号通知规定办理。4.知识青年同社员有不同观点,各级革委会,要教育社员和知青搞好团结,防止阶级敌人挑拨离间,煽动闹事,制造事端,挑起武斗。5.做好城镇人口下放农村的摸底、安排等准备工作。

地处山区的曙光(今涌泉)公社吸纳知识青年28名,全部安置在较好的14个生产队。泉水村3队、元庙村6队,群众帮工,集体帮料,为知青修好两座新房,安置4人。5队贫农老大娘刘素华,把新修的瓦房两间主动腾出1间让给知青住。深沟村党支部书记李忠怀让出瓦房1间,自己住茅屋。许多队给知青做木床、凳子、桌子、柜子等,打石桌子、石水缸。队里帮助知青种菜,安排好生活。这个公社大队、生产队都建立了再教育领导小组,队有政治辅导员、生产辅导员、生活辅导员,对知青的各方面都有专人管。康寨村干部王祥斋发现知青刘继红来队后一两天不吃饭、不说话。王亲自与她谈心,讲述自己的苦难家史,感动得刘继红热泪满面,将自己心爱的毛主席像章赠送给王祥斋。从此改变了态度,积极参加生产队劳动,教社员唱革命歌曲。许多男知青学会了耕田、耙田、挖田边,女知青学会了栽秧、种菜、料理家务。晚上知青还动员社员上夜校,识字扫盲,社员同知青和谐相处。

同年8月,县革委召开知识青年活学活用毛主席著作积极分子代表大会,会上涌现出的积极分子和做到安置工作"六落实"的区、社,交流了经验。

这年冬天,县里在"我们也有两支手,不在城里吃闲饭"的口号下,县城、场镇下放、遣送了一批城镇所谓无业人员到农村去,安家落户,将户口、迁移手续一并办到指定去的村社接受贫下中农再教育,实际上在这批人员中有相当一部分被暗地划为"五类分子""牛鬼蛇神",遣送农村"监督劳动"。这批人员直至1980年才返回。

1972年4月12日,县革委办事组发出当前知识青年上山下乡工作中的几个问题的通知,对动员和安置工作提出要求,进一步作好知青下放、安置、教育工作。

1973年12月20日,县委决定建立知识青年上山下乡领导小组和办事机构,主管知识青年上山下乡工作。

1974年3月6日,县委提出1974年春季动员城镇知识青年上山下乡的意见。春季全县动员安置1300名城镇知识青年上山下乡,其中重庆知青1100名,营山县城镇知识青年

200 人。3 月大动员,4 月大下,"五一"前下放完。

至 1978 年,全县先后下放知识青年 2 542 人。接收重庆、南充等地插队落户知青 1 798 人。1976 年至 1981 年,下放知青先后回城,并安置就业。

(《附录·营山县"文化大革命"运动始末》,第 832—834 页)

《蓬安县志》

蓬安县志编纂委员会编,四川辞书出版社 1994 年

(1964 年)5 月 26 日,蓬安县城镇知青和城镇青壮年 143 人,到兴隆公社落户。同年秋, 又下放 27 人到凉山州落户。 (《大事》,第 18 页)

是年(1968 年),重庆、南充两市知识青年下放蓬安各公社生产队落户。至次年,全县共 接收 3 632 人。 (《大事》,第 19 页)

70 年代,由于招工招干、知识青年安置等,1978 年城镇非农业人口增至 2.39 万人,占总 人口的 4.11%,农村农业人口为 55.77 万人,占总人口的 95.89%。

(《人口》第一章《人口规模》,第 66 页)

知识青年上山下乡

1964 年,蓬安县人民委员会,先后两次动员周口、锦屏 130 余名知识青年到县兴隆区排 山和四川凉山州等地,安家落户,接受贫下中农再教育。1968 年,开始接收重庆市和南充市 知识青年 3 632 人,来县插队落户。1973 年 1 月 14 日,县革委成立知识青年上山下乡领导 小组,下设办公室,区、乡一级也建立了相应的机构,动员本县 1965 年以来的城镇高初中毕 业、待业青年 856 名,分别到平头、锦屏、徐家、盘龙、河舒、罗家等地插队落户,在平头办有 "知青农场"。1974 年,县级各部、委、局,各区、乡党委、革委再次动员知识青年 750 人分赴 农村插队落户。上山下乡知识青年的住房、口粮、生活用具、生产工具等均由县革命委员会 拨专款解决。1973 年至 1977 年,先后拨款 130 万元。同时县、区、乡常派干部住知青点与 知识青年同吃、同住、同劳动,帮助了解和解决再教育的问题。

1977 年后,下乡知识青年陆续回城安排就业。

(《政权 政协》第五章《人民政府》,第 145 页)

第四节 知识青年上山下乡办公室

1973 年 1 月,成立蓬安县知识青年上山下乡领导小组,由县委副书记兼组长,下设办公

室,负责知识青年上山下乡的动员、安置、教育、管理等工作。1979年上山下乡知识青年安置处理工作基本结束。1982年领导小组撤销。 （《劳动 人事》第一章《管理机构》,第165页）

"文化大革命"期间,又招收了农村劳动力1 501人,使蓬安县900余名留城青年和其他社会劳动力待业。1978年,根据四川省委和南充地委指示,成立"蓬安县城镇待业人员安置工作领导小组",为待业人员广找就业门路,实行分口负责包干安置的原则。贯彻"劳动部门介绍就业、自愿组织起来就业和自谋职业相结合"的方针。1982年成立了"劳动服务公司",对待业人员进行登记、颁发待业证。待业培训后,介绍到全民或集体单位就业。1978年至1984年,共安置待业人员4 219人(含知青安置)就业难的问题基本解决。

（《劳动 人事》第二章《就业》,第166页）

第三节　知识青年安置

1964年至1978年,全县先后动员下乡和外县(市)到蓬安下乡落户的知识青年3 852人,其中到本县农村落户的1 473人,到外县农村落户的189人,接受外县(市)来我县农村落户的2 190人。在本县落户的分别安置在全县49个公社,一个县办农场,1 283个生产队,12个知青场、队、点。

1978年后,根据中共中央2号文件精神,不再动员知识青年上山下乡,并对下乡知识青年就业问题统筹解决,到1980年止,上山下乡知识青年全部安置。

（《劳动 人事》第二章《就业》,第166页）

《广安县志》

广安县志编纂委员会编纂,四川人民出版社1994年

(1973年)5月,县政法机关遵照中共中央关于保护上山下乡知识青年的指示,开始对奸污或以其他方式迫害女知识青年的罪犯进行严厉打击。 （《大事记》,第38页）

1978年以后,随着机构增设,县人事部门又按照"面向社会,公开报名,统一考试,择优录取"的原则,从农村基层干部、回乡知识青年、复员退伍军人、民办教师中选录了一批干部。

（第十篇第一章《职工队伍》,第208页）

第三节　知青安置

1964年1月,县根据中共中央、国务院有关指示,县成立城镇居民点、知青办公室(后改为县知识青年上山下乡办公室),配备专职人员,随即按照有关政策规定,动员城镇中未能升

学且年满 16 岁的高小、初中、高中毕业生上山下乡,从事农业生产。从这年起至 1977 年,全县上山下乡知青共 6 877 人(含外地来县 2 738 人,去外地落户 128 人)。12 年里,县财政支付上山下乡知青的建房、购家具、棉被、蚊帐、棉衣等安置费累计 324 万元。

1970 年,省革委遵照国务院指示发出通知,要求各县在招工、招生、招兵(统称"三招")中,对劳动锻炼满三年的知青,陆续给予安排。1971 年县劳动部门开始这一工作,并决定 1 户有 3 个下乡知青者,优先安置 1 人。其余陆续予以安排。至 1981 年,在县的 6 749 名上山下乡知识青年中,除提干 82 人、转队 14 人、死亡 19 人、劳改 12 人外,全部安排完毕,其中安排作工人、升学、参军的计 6 600 余人。　　　　(第十篇第二章《劳动就业》,第 212 页)

《岳池县志》

四川省岳池县志编纂委员会编纂,电子科技大学出版社 1993 年

(1964 年)5 月 4 日,岳池县首批城镇知识青年(包括闲散青年)51 人到东板公社插队落户。　　　　　　　　　　　　　　　　　　　　(《大事记》,第 25 页)

(1969 年)4 月,558 名城镇知识青年到农村插队落户。　　　(《大事记》,第 28 页)

第二节　知识青年安置

1964 年 4 月,根据国务院《关于动员城市知识青年参加农村社会主义建设的决定》,成立县知识青年(简称知青)上山下乡安置领导小组,设办公室,动员城镇知青和居民 51 人到东板公社插队落户。1965—1966 年动员城镇知青 136 人到东板公社农村落户,70 人到城郊、兴隆区等地农村落户。后从全县下乡知青中调 95 人去阳和公社茶场,71 人去凉山州普格县落户。

1968 年,毛泽东发出"知识青年到农村去,接受贫下中农的再教育"的号召,城镇知青陆续去农村落户。到 1978 年,全县农村共接受下乡知青 8 781 人,其中外地来县落户的 3 890 人。岳池去外地插队的 97 人。

为安置知青下乡,政府先后拨建房木材 2 345 立方米,修建知青居住点 25 个,建房 194 间,建筑面积 2 795 平方米。拨知青安置专款 310.9 万元,其中建房费 95.7 万元,书报、医药费 1.6 万元。

1979 年,根据国务院《关于知识青年上山下乡若干问题的试行规定》,停止动员知青下乡。到 1981 年,下乡知青 4 859 人通过招工、招生、征兵等渠道陆续安置就业。

(第十六篇第三章《劳动就业》,第 401 页)

《岳池县志》

《岳池县志》编纂委员会编，天地出版社 2009 年

接收安置军转干随迁家属 15 人、军队离退休干部家属及子女 4 人、"三州"林业系统带资转产工人 5 人、退休补员子女 5 人，安置各类技工校毕业生 25 人、下乡知青 1 人、城镇待业人员 1 035 人。

（第二十一篇第三章《工人》，第 477 页）

知识青年上山下乡

1964 年 4 月，贯彻中共中央、国务院《关于动员城镇知识青年参加农村社会主义建设的决定》（草案），成立县知识青年上山下乡安置领导小组，下设办公室，开展岳池知识青年（简称"知青"）上山下乡的工作。5 月 4 日，县委召开动员大会，城关镇首批 51 名知青上山下乡参加农业生产劳动，分别安置在东板公社的 3 个大队 8 个生产队。

1965 年 1 月，动员城镇知青和居民 163 人到农村去，其中投靠亲友 2 人、成户插队 3 户 17 人、成组插队落户 129 人，分别安置到东板公社的 8 个大队 31 个生产队。及时做到下乡知青的口粮、住房、自留地、生产生活、思想教育工作"五落实"。

1969 年 3 月，动员城镇知青 70 人到农村落户。尔后，根据省、地委指示精神，将已落户的知青 70 人调整到阳和茶场、71 人到凉山州普格县。

"文化大革命"初，一部分知青返回原户口所在地参加"文化大革命"，县知青办公室停止工作。

1968 年 12 月，毛泽东发出"知识青年到农村去，接受贫下中农再教育"的号召后，成立县知识青年上山下乡工作领导小组及其办公室，动员知青上山下乡。次年，动员已回原户口所在地的知青陆续返回农村。动员下乡知青 3 865 人到农村接受再教育，其中南充、重庆到岳池落户 3 307 人。根据知青情况和农村实际，一般安置在生产条件好、社员生活较好、交通方便、农村干部能力较强的地方。全县共设知青点 516 个，安置知青 2 064 人。安置到国营农场、渔场 10 人，其余为投亲靠友等分散安置。1974 年，岳池安置知青 981 人。其中接收外地知青 168 人、县内动员 813 人，安置在全县各知青点。

1975—1977 年，推广株洲"厂社挂钩，干部带队，集体安置"的经验，除补充到因招工、招生、招兵离去的知青点外，其余多数安置在农科队、果园、茶场。全县安置知青 2 705 人，其中外地知青 371 人，共拨知青安置费 310.99 万元。其中建房费 95.71 万元，家具、农具购置费 6.39 万元。全县创办以下乡知青为主的知青队 15 个、知青场 10 个。

1978 年 12 月，中共中央 74 号文件和国务院《关于知识青年上山下乡若干问题的试行规定》下发后，岳池的知青工作由动员下乡转为就业安置。采取条块结合、城乡配合、统筹兼顾等办法，广开就业门路。至 1981 年，通过招工、招生、招兵，上山下乡知识青年全部回城

镇,安置就业 4 859 人。 (《附录》,第 683—684 页)

《华蓥市志》

四川省华蓥市志编纂委员会编纂,四川人民出版社 1995 年

(1964 年)10 月,贯彻国务院《关于动员和组织城市知识青年参加农村社会主义建设的决定》,境内场镇知识青年和部分居民下放农村落户。 (《大事记》,第 23 页)

(1969 年)1 月,贯彻毛泽东主席"知识青年到农村去,接受贫下中农再教育,很有必要"的指示,此后有大批城镇高中、初中毕业生到农村落户。 (《大事记》,第 25 页)

10 月,永兴区各公社动员和接收知识青年及部分城镇居民下农村插队落户。

(《大事记》,第 25 页)

第三节　知青安置

1979 年,全市接收知识青年共 566 人,其中岳池县 418 人,广安县 153 人。遵照国务院《关于知识青年上山下乡若干问题的试行规定》,安排回城就业。1980 年,安置 418 名,其中由本市安置的 147 人,由地属以上厂矿安置的 220 人,外县安置 51 人。到 1981 年已全部安置。 (第二十篇第三章《就业安置》,第 542 页)

《武胜县志》

武胜县志编纂委员会编,重庆出版社 1994 年

(1968 年)7 月 3 日,中共武胜县人民武装部委员会决定,原武胜县抓革命促生产委员会改为四川省武胜县生产指挥部,原委员会各办公室改为指挥部下属的办公室,并增设增产节约办公室和下乡上山知识青年办公室。 (《大事年表》,第 40 页)

(1969 年)3 月 2 日,武胜县欢送知识青年上山下乡大会在县城召开,549 名知青到农村插队落户,接受贫下中农再教育。至年底,全县插队落户知青达 1 286 人。

(《大事年表》,第 41 页)

(1973 年)5 月,中共武胜县委贯彻中共中央关于保护上山下乡知识青年的指示,开展打

击迫害知识青年的犯罪活动。 （《大事年表》，第 44 页）

第三节　知识青年安置

下乡安置　1964 年,根据中共中央、国务院《关于动员和组织城市知识青年参加农村社会主义建设的决议(草案)》的精神,成立武胜县城镇知识青年上山下乡领导小组,下设办公室负责城镇知识青年上山下乡具体工作。后更名为县知识青年安置办公室。公社、大队、生产队均设知识青年三结合(贫下中农、革命干部、下乡知青)再教育领导班子。1964 年首批动员城关镇、烈面公社非农业人口中未升学和就业的知识青年 39 人到沙溪、胜利公社插队落户。1965 年,又动员城镇知青 20 人到农村落户。1966 年,动员上山下乡知青面向边疆。经本人申请,领导批准 92 名知青集训一月后,到凉山地区集体落户。“文化大革命”开始后,上山下乡知青回城“造反”,下乡安置工作中断。1968 年 12 月,遵照毛泽东主席“知识青年到农村去,接受贫下中农的再教育,很有必要”的指示,恢复了知青下乡安置工作。1969 年,南充地区革命委员会 2 号文件规定:凡县内 1966—1968 年的初中、高中毕业生和年满 16 周岁的城镇知识青年,除病残外,都一律到农村插队落户,接受贫下中农的再教育。在安置本地知识青年的同时,又接受外地知青来县内农村落户。当年,全县共安置知青 1 286 人到农村插队落户,其中重庆市、南充市等外地知青 229 人。1970—1971 年,根据中共中央转发毛泽东主席批示“照办”的国家计委军代表《关于进一步做好知识青年上山下乡的报告》,先后动员年满 16 周岁未升学或升学后无法退学的城镇中小学生 343 名下乡插队落户。截止1974 年底,全县下乡落户的知青已达 2 745 人。1975 年,学习推广株洲市由干部带队建设知青点,集体安置知青的经验,全县先后建知青点 114 个,住房 883 间,集体安置知青 1 405人。截止到 1978 年,全县农村 42 个公社中的 479 个大队、2 074 个生产队,先后接受安置下乡知青 4 127 人,其中本县知青 3 038 人,重庆市、南充市及其他外地知青 1 089 人。是年底,根据全国知识青年上山下乡工作会议精神,和中共四川省委的指示,城镇非农业户口的中学毕业生,不再列入上山下乡范围,知识青年下乡安置工作就此结束。

回城安置　1965 年底,为安定首批下乡知青,对 3 名病残知青收回城镇安置。1969 年5 月,执行省革委《关于知识青年到农村去几个具体问题的通知》对下乡后丧失劳动力,在农村没有依靠,城镇有家可归的 5 名知青,经本人申请,医生证明,群众讨论,县革委审定批准,转回户口及粮食关系,回城安置。1970 年 10 月至年底,执行四川省革委《关于安排 1970 年新增固定工来源的通知》,县灯泡厂、水泥厂、缫丝厂、背脊岭煤矿等厂矿企业,分别按国家下达的新增固定工指标和审批程序,从农村劳动锻炼一年以上的城镇下乡知青中,招收固定工338 人;外地企事业单位来县,在知青中先后招收固定工 141 人。1973—1978 年,下乡知青中,除病故 3 人,失踪 1 人外,县农场、园艺场、鱼种站,先后招收下乡知青 106 人为场、站工人。同时,外地冶金、石油等单位招工,大专院校、中等专业学校招生和部队征兵,先后招走在农村经过两年以上锻炼的知青 3 024 人。至 1978 年底,全县留在农村尚待回城安置的下乡知青仅 506 人。1979 年,尚待回城安置的知青,先全部转为非农业户口,供应商品粮,待有招工指标即正式安置。是年 7 月底前,对 1972 年前下乡的老知青 242 人,通过招工,首先安置完毕。1980 年,国家拨扶持基金 23.88 万元,补给县内 13 个企事业单位,安置下乡知青 198 人;通过职工退休、自然减员补充 21 人;对年龄过大、不合招工条件的 40 人,组织他们自谋职业,每人一次性补助开业费 250—433 元;对患有慢性病的 5 人,每人补助医疗费 100 元,回家疗养。至此,全县知青回城安置工作全部结束。1981 年,撤销县知识青年安置办公室。知青安置工作的遗留问题,由县劳动局负责处理。

（《劳动人事志》第一章《劳动就业》,第 780—781 页）

《达县志》
达县志编纂委员会编,四川辞书出版社 1994 年

是月(1964 年 8 月),重庆市第一批知识青年来县下乡落户。　　（《大事记》,第 42 页）

(1979 年)春,全面安置下乡知识青年回城镇就业。至 1982 年,8 000 余人安置结束。

（《大事记》,第 52 页）

1952 年,全县登记有城镇失业人员 1 009 人,当年安置就业 448 人。1953 至 1957 年,国营企事业招收固定工、临时工和发展集体企业,陆续安置失业、待业人员 3 000 余人(包括参加川黔、成昆铁路建设 500 人),全县城镇失业、待业人员基本安置就业,并从农村复退军人和回乡知识青年中招收 240 名工人。随着人口增长,城镇待业人员不断增多,1973 年待业人数(含下乡知青)6 017 人。经过逐年安置,1985 年建卡、登记,待业人员减至 1 552 人。

（第七编第二章《工人》,第 252 页）

上山下乡知识青年安置

1964 年 4 月,按照《中央关于动员城镇知识青年到农村的指示》,成立达县上山下乡知识青年安置领导小组,下设办公室,动员、接收、安置知识青年上山下乡。开初,采取小集中办林场的形式。1969 年撤场插队,县内知识青年在农村有亲友的投亲靠友。1975 年,新安置的厂矿知识青年采取厂社挂钩,对口安排。1964 至 1978 年,下乡知识青年 13 390 人,其中重庆下乡知识青年 4 336 人。下乡知识青年口粮,第一年由国家供应,第二年由所在社队或林场分配,标准每人每月 35 斤,不足部分由国家在统销粮中补助供应。生活费补助标准:1964 年每人每月 6 元,1974 年后,新下乡知识青年,第一年每人补助 100 元,第二年起,生活仍不能自给、分配差的地方,每人年补助 40 至 50 元,第三年少数不能自给的,年补助 20 至

30元。知青下乡落户时,由国家拨款,生产队帮工,修建住房,并购置家、农具。

下乡知识青年中,65人加入中国共产党,2 017人加入共青团,39个场、队被评为先进集体,1 347人评为先进个人,1 885人受到表扬奖励。928人担任干部,其中生产大队、生产队干部803人,区、社干部113人,地、县贫协、团委、妇联干部12人。

1971年开始,逐步安置就业,1981年安置结束。

达县上山下乡知识青年离队情况表 单位:人

年　份	离队人数	其　中						
		参工	升学	参军	病退	特退	死亡	其他
1964—1973	3 991	3 118	243	169	359	24	39	39
1974	628	81	358	148	26	1	5	9
1975	994	705	149	7	91	34	8	
1976	1 571	1 161	36	258	72	14	4	26
1977	969	793	78	1	37	20	3	37
1978	2 977	2 248	238	402	55	29	5	
1979	1 932	1 781	1	145				5
1980	291	282			5	1	2	1
1981	37	34			2	1		
合　计	13 390	10 203	1 103	1 130	647	124	66	117

注:"特退"指父母年老体弱,身边无子女回城镇的。

(第七编第二章《工人》,第253—254页)

《达县市志》

达县市地方志工作委员会编,四川人民出版社1994年

从城镇入伍的,1979年前退伍后实行按行业归口安置,1980年改为按系统分配任务、包干安置。入伍时户口在城镇的,退伍后由城镇接收安置。原是"知青"的,由父母所在单位接收安置;是国家机关、人民团体、企事业单位或集体所有制单位的正式工、合同工、轮换工、长期临时工的,退伍后由原单位安置为正式工人。　　(第十五篇第二章《优抚安置》,第462页)

知识青年

达城的知识青年上山下乡工作,始于1964年。到1976年达县革命委员会先后动员7 500多名知识青年在达县农村插队落户(现市属5个农村公社有573名),接受贫下中农"再教育"。

1976 年 11 月成立市知识青年上山下乡领导小组及办公室。1977 年实行厂社挂钩、集体安置的办法,建立知青点 14 个,安置知识青年 88 人。其中南外公社 10 个点安置 71 人,被达县地区评为安置知识青年先进单位。1978 年知青点增至 22 个,对 1977 年下乡的 71 人和建市前下乡未集中安置的 573 人,一并实行集体安置。

1979 年后,继续动员部分知识青年上山下乡。对年满 17 周岁的应届和往届高、初中未能升学的毕业生,采取就地、就近一次性就业安置。到 1981 年,先后安置到知青绿化队、园艺场、知青农工商联合公司等单位的共 318 人。

1980—1981 年将历年下乡的知识青年全部收回重新进行就业安置。家长在地、市、县工作的,由单位分别负责安置;家长是居民的,由市统一负责安置。本着"统筹兼顾、全面安排"和"先下先安置、困难大的先安置"的原则,对 1976 年前下乡的 573 人,除少数升学、参军、提干、留乡(3 名知青与当地社员结婚,自愿留在农村)者外,都作了妥善安置。

1982 年知识青年上山下乡办公室并入民政劳动局,其遗留问题由民政劳动局确定专人办理。

(第十六篇第一章《劳动》,第 471 页)

1977 年起吸收干部的渠道有从工人、农民和知青中培养提拔的,有分配的大、中专毕业生和部队转业的,还有集体单位转入、社会招聘、以工代干人员、落实政策收回的人员,更多的是从市外各地商调来的人员。到 1985 年底全市行政、事业单位干部共有 4 462 人。

局级以上单位干部来源表 单位:人

来源 人数 年度	工人中提拔	农民中提拔	知青中选拔	大专院校毕业生	中专毕业生	复员军人	部队转业干部	集体转入	招考招聘	以工代干	外地商调	落实政策收回	其他
······													
1977	40	20	4	18	81						268		12
1978	121	10	13	11	23	2	70	2			259	4	2
1979	42	1	26	2	48		29	1			144	103	108
······													

(第十六篇第二章《人事》,第 480 页)

《万源县志》

万源县志编纂委员会编纂,四川人民出版社 1996 年

1964 年 3 月,县知识青年安置领导小组成立,下设知识青年下乡办公室,归县人委领导,主事重庆、万源下乡知识青年插队(场)落户安置工作。

(《政事》第一章《劳动管理》,第 650 页)

"文化大革命"期间,城镇知识青年上山下乡。1972年企事业单位开始从农村招工,安置下乡知识青年参加工作,到1977年职工人数为23 220人。

(《政事》第一章《劳动管理》,第651页)

上山下乡知识青年安置

1964年,全县共建2个社办(农、林、牧、茶、药)场,开始接收安置上山下乡知识青年,到1965年共安置上山下乡知识青年1 277人,其中重庆知识青年1 227人,本县知识青年50人。"文化大革命"初期,中断安置工作。1968年恢复安置工作,同年撤销知青(农、林、牧、茶、药)场,转为个人插队落户。1969年,知识青年中因病、残丧失劳动能力,经医院证明、群众讨论,会同动员、安置两地县(市)革命委员会共同审定,可将粮食、户口转回城镇,当年转回城镇病残知青74人。1971年开始在农村插队落户劳动锻炼两年以上知识青年中进行"三招一提"(招工、招生、招军、提干)。1974年建立知识青年上山下乡集体青年点,实行集体安置(5人以上)。1979年由动员知识青年上山下乡转向返城镇安置就业。1981年知识青年返城安置工作结束。知识青年插队落户安置费由国家拨款,生产队扶持,修建住房,购置家具、农具,生活费补助标准为:第一年每人每月6元。1974年实行第一年(全年)一次性每人补助100元,以后对生活不能自给、条件差、生活困难者实行适当补助。年补助金额20—50元。口粮供给:第一年由国家供应至大春收获之时,每月定量为35斤。

知识青年上山下乡安置情况统计表 单位:人

年 份	上山下乡人数	来 源		
		本 县	重 庆	外 县
1964	767	50	717	
1965	510		510	
1969	726	381	345	
1970	818	184	634	
1971	634	561	73	
1972	1 491	48	1 443	
1973	3	3		
1974	919	303	616	
1975	827	361	466	
1976	316	260	56	
1977	423	336	81	6
1978	26	25		1
合 计	7 460	2 512	4 941	7

上山下乡知识青年离队情况统计表　　　　　　　　　　　　　　　　单位：人

时　间	离队人数	其　　　中					
		参　工	升　学	参　军	病　退	死　亡	其　他
1966—1970	160				129	21	10
1971	554	432	11	10	98	3	
1972	1 001	826	77	19	71	7	1
1973	243	3	117	5	117	1	
1974	269	11	174	29	44	1	10
1975	608	378	115	37	75	2	1
1976	769	593	16	66	75	1	18
1977	726	542	98		45		41
1978	1 525	888	36	110	54		437
1979	1 042	1 008	2	6	26		
1980	257	237			19		1
1981	8	3			3		2
合　计	7 162	4 921	646	282	756	36	521

（《政事》第一章《劳动管理》，第 655—656 页）

1977 年冬恢复高考制度，2 130 名考生参加高考，录取 20 余名，多为重庆上山下乡知识青年，万源籍学生仅数人。　　　　　　　　　（《教育》第一章《普通教育》，第 757 页）

（1963 年）秋，首批重庆市上山下乡知识青年 211 人来万落户。　　（《大事记》，第 981 页）

（1964 年）12 月，罗文公社回乡知识青年王绍南当选为第三届全国人民代表大会代表。

（《大事记》，第 981 页）

（1969 年）1 月 26 日，一批重庆市和县内知识青年及城镇居民计 7 000 人（其中重庆市 5 000 人），安置到全县各区农村。　　　　　　　　　　　（《大事记》，第 984 页）

《宣汉县志》

四川省宣汉县志编纂委员会编纂，西南财经大学出版社 1994 年

（1964 年）6 月初，首批动员安置重庆和县内知识青年 611 人上山下乡，接受贫下中农再教育。　　　　　　　　　　　　　　　　　　　　　（《大事记》，第 28 页）

解放后,因政治、经济、文教事业需要,有大批外地人员迁入,包括解放初期来县的南下干部、调进的外省外县干部和技术人员。分配来县的大学中专毕业生,下乡插队落户的重庆知识青年,转业回县的军人及其眷属和资遣复员人员。　　（人口志第一章《人口发展》,第 132 页）

1950—1985 年财政其它支出共 1 307 万元,占财政总支出的 5.1%。……先后支出项目达 34 个,其中支出较多、时间较长的有:1964 年至 1985 年支出城市人口就业费(知识青年上山下乡安置费)369.4 万元……　　　　　　　　（财政志第二章《支出》,第 482 页）

知识青年安置

1964 年,开始动员城镇知识青年到农村去,接受贫下中农再教育,1978 年 12 月停止。15 年中,全县共动员城镇知识青年 4 024 名和接受重庆市知识青年 8 248 人到农村,安排在 12 个区、71 个公社、673 个大队、2 417 个生产队。1966 年以前,集中安排在国营五马林场,县办黑天池林场及各人民公社林场。1967 年,公社林场及黑天池林场解体,改为分散插队落户。1970 年以后,实行厂、社挂钩,建立知识青年场队,全县建立 66 个知青场队,40 个知青集体插队点。

1971 年起,开始安置下乡两年以上的知识青年回城就业,至 1978 年底,共回城安置 2 725 名。1979 年,本着"统筹兼顾,全面安排"的原则,劳动就业优先安置下乡知识青年。当年全县安置 1 000 人。其余 299 人,于 1980 年安置 207 人,1981 年安置 92 人。重庆市来县知识青年除极少数因婚姻等关系县内安置外,绝大部分回重庆市安置就业。

（劳动人事志第一章《劳动管理》,第 639 页）

《开江县志》

四川省开江县志编纂委员会编纂,四川人民出版社 1989 年

(1975 年)5 月,县召开上山下乡知识青年先进集体、先进个人代表大会。

（《大事记》,第 39 页）

(是年)安置知青就业 655 名,其中重庆知青 402 名。　　　　（《大事记》,第 39 页）

(1978 年 6 月)省评开江为"知青工作先进县"。县委副书记刘昌喜参加全国知青工作会议。　　　　　　　　　　　　　　　　　　　　　　　（《大事记》,第 41 页）

(1978 年)9 月,停止知识青年上山下乡工作,安置知青回场镇就业。

（《大事记》,第 41 页）

"文化大革命"期间到 1978 年,按国家规定的招工对象:一是城镇退伍军人,二是家居城镇的个别应届高中毕业生,三是经过两年以上锻炼的下乡知青,四是矿山、井下、森林、地质勘探部门职工的子女。1974 年—1976 年,专门招收批准留城镇和下乡两年以上的独生子女,或一家 3 个以上下乡超过两年没有 1 个就业的知青。

1977 年 9 月,县委、县革委成立待业人员安置领导小组办公室,首先对私招乱雇的人员清理辞退,放回原籍;其次是统一规划,广开门路,安排城镇待业人员(含知青)220 人。

(社会编第一章《劳动》,第 638—639 页)

安置知识青年

1964 年 4 月首批下放林场(集体性质)劳动锻炼的知青 100 名,"文革"中,部分知青回场镇未返原场。1964—1968 年间分配到林场 613 名,后全部撤场插队。1970 年下放生产队知青 1 141 名,安置费 411 300 元,人均 400 元;1974 年集体安置,以大队建修知青点,实用安置费 33.42 万元。

1975 年,实行对口的安置办法,1977—1978 年,主要解决下乡知青的缺粮生病等特殊困难问题。1978 年停止知识青年上山下乡,转入知青回城就业安置工作。

1976 年起,首先点招在农村两年以上属独生子女的知青就业,其次招收一户有 3 个以上知青未有 1 人就业的。1983 年,下放生产队的知青 2 550 名,除 1 名患病未归外,均作了妥善安置。

知识青年上山下乡安置情况

项　　目	计量单位	1968 年以前	1969	1970	1971	1972	1974	1975	1976 至 1977	1978	合计
安置总人数	人	353	339	1 702	22	89	240	655	756		4 206
其中安置重庆市人数	人	3	120	560	2	4	1	402	704		1 796
安置本县人数	人	350	263	1 141	20	85	238	253	52		2 402
安置省外知青数	人		6	1			1				8
安置费用	万元		7.78	41.83	0.51	1.78	33.42	26.99			

(社会编第一章《劳动》,第 639—640 页)

《邻水县志》

四川省邻水县地方志编纂委员会编纂,四川科学技术出版社 1991 年

(1964 年)4 月 30 日,县委成立安置委员会,下设办公室,负责上山下乡知识青年的安置工作。

(《大事记》,第 26 页)

是年(1981年),全县下乡知识青年10 678人中,除死亡、犯罪、外迁567人外,全部安置回城镇。

(《大事记》,第35页)

(1975年)11月2日至9日,召开县、区、社、大队四级干部和上山下乡知识青年代表共计908人参加的会议,贯彻全国农业学大寨会议精神。

(《政事纪要》,第58页)

知识青年安置

1964年4月30日,根据中共中央、国务院《关于动员和组织城市知识青年参加农村社会主义建设的决定(草案)》的指示,成立中共邻水县委安置委员会(后更名为安置工作领导小组),下设办公室。负责动员安置城镇知识青年(简称知青,下同)上山下乡。1964年至1965年,全县安置重庆市知青979人,县内知青72人,共计1 051人。其中1 015人被安置在38个社办农、林、茶、果场,36人被安置在古路公社三大队的二、五、六、七生产队。

1969年,响应毛泽东主席"知识青年到农村去,接受贫下中农再教育,很有必要"的号召,成立县革委上山下乡知识青年安置办公室。对知青安置,改集体落场、落户为单个插队落户。1969年至1973年,全县安置重庆市知青4 164人,县内知青1 068人,共计5 232人。分别安置在10个区,54个公社,469个大队,2 836个生产队。

1974年,学习株洲市厂、社挂钩,集体安置知青的经验。对知青安置,除少数回老家外,其余大量安置在知青点。1974年至1978年,全县安置重庆市知青3 383人,县内知青995人,外地知青17人,共计4 395人。其中除迁往老家和外地安置432人、自愿插队916人外,其余3 047人均安置在知青点。1977年3月6日,县委成立保护上山下乡知识青年领导小组。

1978年后,按照中共中央转发《全国知识青年上山下乡工作纪要》和国务院《关于知识青年上山下乡若干问题的试行规定》,对城市中学毕业生的安排实行"进学校、上山下乡、支援边疆、城市安排"四个方面的原则进行安置。1964年至1978年,全县下乡知青10 678人(其中重庆市8 524人、县内2 135人、外地19人),除死亡、犯罪、外迁、病残567人外,其余10 111人通过招工、招生、参军、提干和自谋职业等途径,至1981年底,均安置工作。

(劳动人事篇第一章《劳动工作》,第508—509页)

《大竹县志》

四川省大竹县志编纂委员会编,重庆出版社1992年

(1964年)11月,第一批城镇知识青年上山下乡参加劳动,计506人。

(《大事记》,第26页)

(1967 年)12 月,县人武部组织知识青年上山下乡,各区抽 5 至 7 人组成工作小组,负责安置本县及重庆知识青年,计 619 人。　　　　　　　　（《大事记》,第 27 页）

1957 年 3 月—1985 年底,县政协共举行常委会和常委扩大会 611 次,座谈会 22 次,进行协商,主要内容是:……森林保护、知识青年上山下乡,实行计划生育,压缩城镇人口等重要条例和工作;……　　　　　　　　（政权志第三章《政协》,第 150 页）

1971 年 5 月 10 日,川革发(71)64 号文件规定:"企、事业单位的职工退休、退职后,他们家居城镇的子女(包括上山下乡的知青)符合企、事业单位招工条件的,可以吸收 1 人参加工作,如本人愿意迁回农村居住的,他们在农村的子女,也可吸收 1 人参加工作"。后时停时复。1977 年 2 月,恢复对机关、人民团体和其他企事业单位正常退休和因工残废而退休的职工子女实行招工顶替,采取"先退后补,退一补一"的办法当年招收其 1 名符合招工条件的子女参加工作。1983 年 9 月 9 日起,离休、退休、退职的干部,一律不再实行招收其子女顶替的制度。1985 年 9 月 2 日起,对正常退休的工人和死亡职工补招职工子女,一律实行劳动合同制。　　　　　　　　（人事劳动志第四章《劳保福利》,第 256—257 页）

解放后,县财政除前面所列专项支出外,还有:

城镇待业青年就业经费,1964 年,开支 40.6 万元,平均每人 148 元。1966 年安置费提高到每人 250 元。1968 年,知识青年到农村接受再教育进入高潮,1969、1972、1974、1975 等年度,年年开支超过 60 万元。1978 年,知识青年下乡工作停止。14 年来,开支知识青年下乡安置经费 415 万元(未包括列入经济建设科目 59 万余元)。1979—1985 年下乡知识青年陆续回城就业者 10 170 人,开支就业经费 35 万元。其中,就业培训支出 7.33 万元,扶植生产支出 20.6 万元。1964—1985 年共支出 450 万元。　　（财政志第二章《财政支出》,第 463 页）

《渠县志》

四川省渠县志编纂委员会编,四川科学技术出版社 1991 年

(1963 年 8 月)28—30 日,团县委召开农村知识青年代表大会,与会代表 200 余人。

　　　　　　　　（《大事记》,第 31 页）

本月(1964 年 10 月),成立知识青年上山下乡办公室。　　　　（《大事记》,第 32 页）

本月(1977 年 11 月),恢复大、中专升学统一考试制度,"老三届"(66—68 级)高中毕业

生和上山下乡知识青年纷纷报名参考。（《大事记》，第 41 页）

（1978 年 12 月）水口下乡知青王碧恒（女）被选为共青团第十次全国代表大会代表。
（《大事记》，第 42 页）

"文革"期间，城镇招工量少，城镇待业人员急剧增加。1976 年底，城镇待业人员 9 535
人，其中下乡知青 4 387 人，占城镇人口 14%。1971 年按国务院改革临时工、轮换工制度的
通知，将 1971 年以前参加工作的常年临时工、合同工，大部分转为固定工，两种劳动制度停
止执行。（《政权　政协》第二篇第四章《劳动　人事》，第 599 页）

知青下放与安置　1964 年，城镇知识青年上山下乡安置领导小组成立。下设办公室，
动员知识青年上山下乡。

1964—1966 年 4 月，城镇知青下乡 575 人，分别到贵福、义和、大义、柏林、蔡和、农乐、
东安、龙潭等 11 个林场和卷硐"五四"茶场。

1970 年，贯彻中央指示，掀起知识青年上山下乡热潮。后每年有计划地组织城镇高、初
中毕业生和其他知青上山下乡。1964—1978 年，下乡知青 7 386 人，招工、招生、征兵调离农
村和因病残、特困等返回城镇 3 424 人，到 1978 年底，在乡知青 3 962 人。

1978 年 12 月，按中央指示，城镇知青不再上山下乡，原下乡知青收回城镇，安置工作。
当年安置 1 581 人，次年安置 784 人，第三年安置 236 人，到 1981 年，除一名知青自愿扎根
农村外，均先后回城就业。

1970—1976 年，先后召开五届知青代表大会，表彰先进集体和先进个人。1973 年，政法
部门成立保护上山下乡知识青年办公室，保护知青健康成长。1975 年，县、区、社组织各方
面代表 1 000 余人，检查知青工作，走访知青 3 300 多名。经过锻炼，7 386 名知青中，入党
160 人、入团 4 800 人，担任各级领导 530 人，担任生产、技术骨干 4 600 人。水口公社下乡
知青王碧恒，1978 年出席共青团第十次全国代表大会，后任岩丰区团委书记。

1964 年，国家给每个知青拨款 150 元，下乡后一段时间每人月补助生活费 4 元。1973
年后，生活不能自给的知青，每人补助 100 元，未建房的补助 200 元，回农村老家落户插队或
建立集体所有制场队的，安置经费提高为每人补助 480 元。1964—1979 年，国家拨给渠县
知青补助经费总额为 284.45 万元。

（《政权　政协》第二篇第四章《劳动　人事》，第 599—600 页）

解放后，部分教学人员由基层从农村返乡知识青年和城镇待业青年中推荐，经乡民办委
员会批准，作民办教师或代课教师。（《教育》第二篇第一章《教师》，第 665 页）

1969—1976年,城、乡高中毕业生回乡或者上山下乡安家落户,称为"回乡知青"或"下乡知青"。

(《教育》第二篇第二章《学生》,第 672 页)

《南江县志》

《南江县志》编委会编,成都出版社 1992 年

(1964 年)10 月 16 日,县城首批知识青年和部分居民下农村落户。

29 日,重庆上山下乡知识青年 185 人,到大坝森林经营所落户。

(《大事记》,第 35 页)

(1965 年)1 月,重庆市慰问上山下乡知识青年代表团到南江开展慰问活动。

(《大事记》,第 35 页)

(1969 年 5 月)县革委成立上山下乡知识青年工作办公室。 (《大事记》,第 38 页)

(8 月)团结公社、新店公社发生打死和打伤知识青年事件。后经最高人民法院核准,于 1971 年 8 月,将制造事件的首犯 2 人处决。 (《大事记》,第 38 页)

(1973 年)12 月,召开上山下乡知识青年先代会,到会代表 131 人。 (《大事记》,第 41 页)

第三节 知 青 安 置

1964 年起,南江开始动员城镇知识青年上山下乡。至 1966 年上半年,全县动员家居城镇尚未就业的 16 周岁以上的知识青年 155 人,到社办林场落户。同时,接收安置重庆等地下乡插队落户的知识青年 1 421 人。插队知识青年,由 3 至 5 人组成小组,分别安置到农村各生产队落户;去社办林、牧场的知识青年,由 15 至 20 人组成一个社办林、牧、茶场,属公社直接领导。"文革"开始后,大批下乡知识青年纷纷返回城市"造反","闹革命",知青工作处于无政府状态。1969 年起,再次大量动员城镇知识青年上山下乡。至 1974 年,共动员城镇知识青年 713 人到农村插队落户,并接收安置重庆等地下乡知识青年 2 917 人。1975 年至 1978 年,学习推广"株洲经验",办集体所有制的知青农、林、茶、果、牧场 27 个和 5 个知识青年点,动员下乡知识青年 473 人,安置外地知识青年 485 人。自 1964 年以来的 15 年间,先后动员和接收下乡知识青年 6 164 人(本县下乡知青 1 341 人),国家拨给知青安置费用 135.63 万元。

1979 年,调整知识青年留城政策,紧缩下乡范围,改变安置形式,把动员下乡改为城乡

广开门路,统筹安置。1981年对当时在乡的5 218名知识青年,除已在农村结婚安家的,就地就近安置到社队企业或其他工作外,其余全部迁离农村,"三招"回城(包括外地知识青年回原地),安置就业。

对申请终身务农的知识青年,补助400—500元的安家费和建房费。女知青终身务农,允许将1名15周岁以下子女转为非农业人口。全县计有近30名已婚知青,愿意长期在农村安家落户。

全民所有制招工,在同等条件下,优先照顾下乡知识青年;集体单位招工,对本系统下乡知青包干安置。无归属单位的,由劳动部门统招统配。

下乡知识青年参军从部队复员、退伍后,由劳动部门安置就业。

外地在南江的未婚知识青年,回动员地安置就业。

广开就业门路,提倡知识青年自谋职业,对有一定专长的已婚知青,支持他们就近开业,有困难的给予适当补助,本人户口转为居民户口。

对丧失劳动力的知识青年,拨给一次性补助费。

至1985年,全县下乡知识青年基本安置完毕。

城镇知识青年上山下乡情况统计表(1963—1978)

年度	本县知青在本县插队人数	重庆知青在本县插队人数	其他省、地、市知青在本县插队人数	小计	年度	本县知青在本县插队人数	重庆知青在本县插队人数	其他省、地、市知青在本县插队人数	小计
合计	1 341	4 742	81	6 164	1972	193	1 050	17	1 260
1963		102		102	1973	130	256		386
1964	46	774	4	824	1974	183	799	11	993
1965	96	388	17	501	1975	294	258	16	568
1966	13	136		149	1976	152	165		317
1969	96	235	11	342	1977	12	9		21
1970	84	312	2	398	1978	15	37		52
1971	27	221	3	251					

说明:1979年重庆市还动员成户居民上山下乡来本县插队落户317人;本县动员城镇成户居民301人在农村插队落户。

(第十七篇第四章《劳动就业》,第574—575页)

对于城镇入伍的退伍军人实行按系统分配任务,包干安置的办法。入伍时本人户口在城镇的,由户口所在单位接收安置。原是上山下乡知青的,退伍后由父母所在单位接收安置。

(第十八篇第二章《安置》,第584页)

《巴中县志》

四川省巴中县志编纂委员会编,巴蜀书社1994年

是年(1964年),开始动员安置城镇知识青年上山下乡。(《大事·大事纪年》,第29页)

(1966年)冬,莲花山林场知识青年"卫红战斗组"在县委门口贴出第一张大字报,标题:"闹翻巴中县,闹翻大巴山,闹翻全中国"! 全县为之震动。 (《大事·大事纪年》,第30页)

是年(1979年),原上山下乡知识青年10 153人(包括外地来县插队落户)全部得到安置。 (《大事·大事纪年》,第36页)

1963—1966年,⋯⋯增设农林办公室、工商行政管理科、计划生育委员会、知识青年上山下乡工作办公室。至"文化大革命"前夕,县人委共有办事机构32个。

(卷十四第二章《政府》,第647—648页)

1964—1976年,动员巴中城镇初中以上文化程度的青年4 652人,接收重庆等外地知青5 501人,合计10 153人,分别下到农村人民公社的2 844个生产队、10个农科队、33个林场和园艺场落户。后根据其表现,逐年在招工、升学、参军等方面优先推荐安排,至1979年底全部得到安置。其中:升学320人,参军158人,特困回城553人,县内招工3 829人,县外安置4 782人,其它安置511人。1977—1985年,共安置就业14 358人,其中:招工5 302人,补员1 838人,其它渠道就业7 218人,平均每年就业1 595人。

(卷十四第四章《民政 劳动 人事 侨务》,第672页)

《平昌县志》

四川省平昌县地方志编纂委员会编,四川科学技术出版社1990年

1964年开始动员城镇知识青年和少数无业居民"上山下乡"。此后招工对象多为农村青壮年。 (卷8第一章《劳动管理》,第196页)

1979年后,实行劳动部门介绍就业、自愿组织起来就业和自谋职业相结合的就业方针。着重解决城镇待业人员和上山下乡的知识青年回城镇就业。至1980年,上山下乡的知识青年全部安置就业。 (卷8第一章《劳动管理》,第197页)

第三节　城镇知识青年上山下乡

　　1964年4月3日,中共平昌县委成立知识青年上山下乡安置工作领导小组,下设办公室,配备专职干部3人,列入行政编制。是年,城关公社有未升学和未就业的青年93人,经动员后,自愿报名下乡85人,批准50人分别去笔山、石板、镇龙、麻石公社的社办林牧场落户。同时,首批接待重庆来平昌知识青年101人也分别安置到上述公社插队。1965年安置工作办公室工作人员增到6人。先后共接收、安置知识青年894名,社会闲散劳动力26人,共计920人(其中重庆市870人)。

　　1968年,上山下乡的范围扩大到高小毕业未升初中的青年以及无职业或无固定职业能自食其力的城市居民,知识青年上山下乡人数增多。县生产指挥部设上山下乡知识青年工作办公室,专管上山下乡工作。1973年12月,成立知识青年上山下乡领导小组,下设办公室,配备10名专职工作人员,到1978年底,全县累计有下乡知识青年7100人,城镇居民422人,共计7522人,分布于全县57个公社。知识青年下乡后在住房、生活上的困难由国家下拨专项经费解决,不足部分由地方筹集。全县共支付知识青年上山下乡经费1620万元,其中统筹解决33.56万元,建知识青年专用住房2400多间。从1979年起,县内不再动员知识青年上山下乡,转入有计划的安置就业,到1980年底,除已陆续回城安置就业的知识青年5624人外,对尚在农村的1476人全部收回安排适当工作,其中,属重庆市下乡的973人由重庆市收回安置,本县城镇居民422人,亦先后收回城镇由国家统一安排或自谋职业。

(卷8第一章《劳动管理》,第199页)

《通江县志》

通江县志编纂委员会编纂,四川人民出版社1998年

　　(1964年)4月20日,首批重庆上山下乡知识青年抵县,共96人。(《大事记》,第36页)

　　(1967年)11月24日,抓革命促生产委员会增设棉花标准改革、上山下乡知识青年工作、接待、处理查抄物资等4个办公室。旋即更名为生产指挥部。　　(《大事记》,第38页)

　　(1968年)夏,城关镇动员居民35户、知青142人上山下乡落户。(《大事记》,第38页)

　　是年(1969年),接受安置上山下乡知识青年8100人,内重庆知青7700人。

(《大事记》,第38页)

　　(1970年)3月30日,接收安置重庆上山下乡知识青年2000人。(《大事记》,第38页)

第三节　下乡知识青年

1964 年 3 月 20 日,中共通江县委成立"安置领导小组办公室",由一名县委副书记和一名副县长兼管。至 5 月 6 日,接收重庆上山下乡知青 161 人,其中 148 人安置在民胜、铁佛、麻石等区 12 个社办林场,有两家 13 人安置在春在公社。到 1965 年底,全县 11 个区共建"知青林场"62 个,加上插队落户,共安置知青 1 679 人,其中女知青 908 人。1968 年,毛泽东主席发出"知识青年到农村去,接受贫下中农再教育很有必要"的号召,形成上山下乡热潮。1969 年 2 月,县设立"上山下乡政治工作办公室";9 月,与"大专院校毕业分配组"合并为"通江县革委毕业生分配组"。1970 年 10 月,县革委设"知识青年上山下乡领导小组",至是年底,全县下乡知青已达 3 718 人,其中重庆知青 3 404 人,县籍知青 314 人,先后安置在74 个公社、429 个大队、1 475 个生产队。1972 年,各区先后配备知青工作专职干部,接收安置重庆知青 1 356 人,县籍知青 109 人。是年,知青参军 12 人,招工 1 305 人,升学 67 人,死亡 31 人,病退回城 85 人,迁入县外农村 61 人。1973 年 11 月,县委成立"知识青年上山下乡工作领导小组",县革委设"知识青年上山下乡工作办公室"(简称"知青办")。从 1974 年起,重庆先后选派 6 批带队干部共 131 人协同工作。是年安置 1 104 人,其中重庆知青 922人。1978 年按中央的规定,对知青进行统筹安排,回城就业 1 295 人。

自 1964 年起,全县先后安置下乡知青 7 877 人(县籍知青 720 人),耗资 329 万元。1980 年 10 月全面结束知青工作,累计参军 280 人,升学 553 人,参工 6 712 人,病退回城 203人,判刑 79 人,死亡 50 人。 　　　　　　　　　(政治志卷三十二第二章《安置》,第 613 页)

1964 年起,实行"统筹安排,城乡并举,以上山下乡为主"的方针,城镇青年有计划地上山下乡、插队落户。企事业单位有增人计划和补充自然减员时,优先安排留城青年就业。1976 年安置应届中学毕业生 35 名到国营林场当工人。1977 年起,大办大(新)集体、街道工业、交通运输业、建筑业和增设商业、供销服务网点,至 1979 年安置城镇待业人员和下乡知青 1 749 人,1980 年 8 月,贯彻"在国家统筹规划和指导下,实行劳动部门介绍就业、自愿组织起来就业和自谋职业相结合"的方针。　　(政治志卷三十三第一章《劳动管理》,第 624 页)

《万县志》

万县志编纂委员会编,四川辞书出版社 1995 年

(1969 年)2 月,为响应毛主席知识青年到农村去接受贫下中农再教育的号召,重庆沙坪坝区首批知识青年到万县落户。 　　　　　　　　　　　　　(《大事记》,第 35 页)

9 月 7 日,万县推选在走马公社落户的重庆知青张玉珍,赴北京参加新中国建国 20 周

年国庆观礼。 (《大事记》,第 36 页)

是月(1973 年 7 月)22 日,地区革命委员会在万县召开"保护知识青年上山下乡、打击阶级敌人破坏活动"现场会议。 (《大事记》,第 37 页)

(1974 年)12 月 21 日,万县召开知识青年上山下乡代表大会,学习毛主席有关知识青年上山下乡的重要指示,深入开展批林批孔。 (《大事记》,第 38 页)

是年(1981 年),万县停止接收和安置上山下乡知识青年。 (《大事记》,第 40 页)

1973 年,县革委与新恢复的县委合署办公,对办事机构作较大调整。撤销原 4 个大组,成立办公室和组织、宣传、群工、工交、农工、财贸、人保 6 个部及知识青年上山下乡办公室(简称知青办);恢复公安局、人事局;增设科委、体委;财税局分为财政局、税务局。

(第十七篇第三章《人民政府》,第 485 页)

1981 年,增设文教办公室、司法局、文化局;恢复财办、农办、经委。次年,增设农行;改沼气办为沼气建设局;知青办并入劳动局。 (第十七篇第三章《人民政府》,第 486 页)

1977—1980 年,县商业、粮食、供销等系统从返城知识青年中,招收集体所有制工人 2 300 多人,其中一半进入全民所有制单位混岗作业。

(第二十二篇第二章《劳动》,第 582 页)

1981 年,招工实行德、智、体全面考核,对象主要是回城"知青"和城镇待业人员,全县当年招工 1 020 人。 (第二十二篇第二章《劳动》,第 583 页)

第七节　知识青年上山下乡

一、农村落户

1958 年 3 月,万县市团委组织中小学毕业生 89 名到本县白土区支援农业合作化,此为知识青年(简称"知青")上山下乡之始。

1968 年 12 月 22 日,毛泽东主席发表"知识青年到农村去,接受贫下中农的再教育"的指示后,县于次年 1 月成立万县革命委员会上山下乡安置办公室(简称"下乡安办"),专门负责动员安置县内城镇及县外知青到县农村插队落户的工作。至 3 月,在县农村落户的知青 3 162 人,其中本籍 580 人,对口联系市——重庆沙坪坝区和万县市籍 2 582 人。

1970 年,县下乡安办更名万县革命委员会毕业生分配组,负责动员、安置知青到农村落户和大、中专毕业生分配工作。1973年7月,县成立知识青年上山下乡工作领导小组,下设办公室(简称"知青办"),取代毕业生分配组。

1977年,县部分社队为便于对知青的统一管理和培养,始办"青年点"、"果园"、"知青点",将本社队知青集中到一起劳动。1978年,城镇高中毕业生可不通过下乡途径直接升学、参军和工作,故知青到农村落户人数减少。1979年,农村知青(包括当年下的),大都由各社队安置到"青年点"、"果园"、"知青点",基本结束了插队落户的历史。

截至1980年,全县先后动员和安置知青到农村落户1.36万多人,其中本籍3 415人。1981年,不再要求知青上山下乡,动员安置工作到此结束。

二、落户待遇

安置经费 初为每人350元,1973年后提高为480元。在寒冷地区落户的,每人另增冬装补助费40元。该费开支为:建房补助费200元,用于购买材料,不足部分由社队帮助解决;生活费用185元,用于购买吃穿用等生活必用品;家具、家具补助费50元;学习、医疗补助费10元;旅运费及其他费用35元。

生活用品供应 知青到农村时,由国家供应棉絮、蚊帐各1床、棉花1公斤、棉布8米,其购置费用自理。其他生产和生活用具,由当地农村供销社组织供应。

口粮供应 知青到农村第一年,口粮由国家按每人每月17.5公斤供应。国家口粮停供后,如还接不上秋粮分配,则由所在生产队从头年提留中,继续按17.5公斤标准供应,直到接上分配。此后,知青所在生产队分配口粮,如每年低于190—210公斤,差额部分由国家补供。

副食品供应 知青到农村第一年,由国家按当地城镇居民标准供应副食品。参加社队分配后,两年内达不到当地城镇居民标准的,由国家补差。

享有社员同等待遇 知青与生产队社员在分配上同工同酬,自留地、柴山的数量和质量也完全同等。

三、回　城

1969年,县下乡知青在农村锻炼1年时间以上者,可通过升学、参军、招工等渠道回城,至1972年,回城4 567人,其中升学345人、参军109人、招工3 339人、提干(区社级)5人、因病和其他769人。

1973年规定,下乡知青回城,必须在农村锻炼两年时间以上。升学、参军、提干,必须是生产、工作积极,思想进步,身体健康,政历清楚的,并要由群众推荐,各级党组织和革命委员会(革命领导小组)审核批准。招工除点名招的之外,同样要由群众推荐,各级领导机关审核批准。属其他原因回城就业者,均由县知青办审批。1978年,知青开始通过各种渠道大批回城,1982年10月,全县知青回城完毕,县知青办并入劳动局而消亡,此后,有关知青上山下乡遗留问题,由劳动局办理。

1985年6月28日,国家劳动人事部《关于解决原下乡知识青年插队期间工龄计算问题的通知》规定："原下乡插队的知识青年参加工作以后,其在农村参加劳动的时间可以计算为连续工龄"。县里及时组织贯彻落实,将各行各业原属下乡知青的工龄,全部改从下乡插队之日算起。 　　　　　　　　　　　　　　　（第二十二篇第二章《劳动》,第 593—594 页）

70 年代初,农村普通聘请下乡或回乡知识青年为老师,以生产队为单位办起管教结合的幼儿班。 　　　　　　　　　　　　　　　（第二十三篇第一章《学校教育》,第 596 页）

《万县市志》

重庆市万州区龙宝移民开发区地方志编纂委员会编,重庆出版社 2001 年

(1969 年)1 月上旬,开始动员知识青年上山下乡。 　　　　　　　　（《大事记》,第 23 页）

迁入小于迁出的主要原因有:1958—1961 年精简职工和干部下放城口、巫溪劳动锻炼、"文化大革命"前期大量劳动力外出寻找职业和妇女外流湖北、河南等省;动员数万名知识青年插队落户;外地到万县市招工、招生、招兵等。

迁入大于迁出的主要原因有:国家进行三线建设内迁厂矿增加;1980 年后知识青年大量返城;乡镇建筑队、农民进城从事第三产业;干部、科技人员家属"农转非";招收农村合同工等。 　　　　　　　　　　　　　　　（第三篇第三章《人口变动》,第 85 页）

城市人口下乡安置费 　1964 年万县市动员知识青年 301 人及城市闲散人口 53 人上山下乡,市财政支出下乡人口安置费 3.76 万元。自此以后下乡人口安置费即成为定制,历年财政开支情况视当年下乡人数多少而定,最低为 1972 年支出 1.02 万元,最高为 1980 年支出 64.06 万元。 　　　　　　　　　　　　（第十三篇第一章《财政》,第 539—540 页）

70 年代组织知识青年上山下乡,后又返城安排就业。

（第十八篇第一章《劳动》,第 773 页）

知青安置 　1964 年初成立万县市安置城市下乡青年领导小组办公室,组织动员未能升学的初中毕业生和社会青年上山下乡。1968 年 12 月 28 日,中共中央主席毛泽东发出"知识青年到农村去,接受贫下中农的再教育"的指示后,掀起知识青年上山下乡高潮。1964—1980 年,全市共动员 17 054 名知青下乡,走与工农相结合的道路。这些下乡青年大多经受住艰苦劳动的锻炼和考验,其中 2 500 多人加入党团组织,450 多人选进社队领导班子,4 000 多人担任会计、农业技术员、赤脚医生和民校教师。1971 年起,根据上级规定,凡在农

村劳动锻炼满两年以上的知青,经贫下中农推荐,可以招工回城。1971—1981年全市共招工回城知青15 819人。此外因病残、独生子女、家中已有3名子女下乡而一个都未招回的以及父母退休等原因回城安排的864人;安排到知青厂、场、店就业的371人。1978年12月,中央调整政策,规定城镇高初中毕业生实行"四个面向"(农村、工厂、部队、基层),并实行"身边留一"(独生子女、多子女身边只有一个子女的免予上山下乡)的政策,1980年改进安置形式:不下户口,吃商品粮,分配到各系统自办的农工商集体企业、知青商店、国营农林场当工人、农民。1981年后,根据上级指示,允许应下乡知青留城自谋职业,知青安置工作即告结束。

万县市上山下乡知识青年人数统计表(1964—1980年)

年份	下乡知青人数	年份	下乡知青人数	年份	下乡知青人数	年份	下乡知青人数
1964	327	1970	4 222	1974	709	1978	301
1965	254	1971	3 437	1975	2 437	1979	302
1966	210	1972	277	1976	941	1980	371
1969	2 547	1973	270	1977	449	合计	17 054

(第十八篇第一章《劳动》,第773—774页)

1958年"大跃进"浪潮冲击学校,教师队伍迅速扩大,一批回乡知识青年被聘为民办教师,还吸收少数社会知识青年到中小学校担任代课教师。

(第二十三篇第五章《教师》,第957页)

《开县志》

四川省开县志编纂委员会编,四川大学出版社1990年

(1964年)4月中旬,县委成立城镇知识青年上山下乡安置领导小组,随后在城关、临江、温泉镇动员知识青年和闲散劳力168人到天白、四合公社插队落户。

(第二篇《大事记》,第23页)

(1969年)2月8日,重庆知青2 225人,首批来开县插队落户。到2月底,开县知青885名亦先后下乡。
(第二篇《大事记》,第26页)

4月中旬,开江、宣汉、万源一批武斗队员流入开县,逗留于和谦的700多人,县城200多人。28日,开江"6711派"武斗人员将4名知青打成重伤。 (第二篇《大事记》,第26页)

第七节　知识青年上山下乡

一、动　员　安　置

1964 年,在城关、临江、温泉 3 镇,动员 168 名知识青年(简称知青)去天白、四合两个乡的 80 个村落户。1968 年起开始大批动员全县知青上山下乡和安置县外知青,"文革"中全县共动员、安置下乡知青 13 046 人。1976 年前下乡的知青多是分散落户安置,1977 年改为集体安置,组建知青农场(队、点),采用乡办、村办或乡、村联合办 3 种形式,有条件的可以单独核算。实行知青户口、分配在村,学习、劳动、吃住集中,当年全县有下乡知青 4 112 人,应进农场(队、点)2 900 人,已进 976 人,占 33.7%,共办起知青农场(队、点)76 个,仅对安置知青的 3 个农场、3 个工厂、1 个店就投资安置经费 47.14 万元。1976 年停止接收、安置重庆市知青。1979 年停止动员县内知青上山下乡。

开县历年安置知青人数表　　　　　　　　　(单位:人)

年度	小计	开县	万县市	重庆市	其他	年度	小计	开县	万县市	重庆市	其他
1964	168	168				1975	634	325	188	121	
1965	183	183				1976	1 197	1 104	76		17
1968	337	337				1977	392	325	51		16
1969—1973	9 348	3 040	437	5 842	29	1978	394		309		85
1974	744	235	30	466	18	合计	13 397	5 717	1 091	6 429	160

二、安　置　经　费

知青安置所需要的动员费、安置费、建房费、农(家)具费、搬运费、生活补助费、医疗补助费、伤残特殊费等,由省、地拨给专款,不足部分由县财政解决。开县"文革"中地方财政用于知青安置的款额共 255.9 万元,开县下乡知青平均每人 476.9 元。

开县地方财政用于知青安置经费表　　　　　　(单位:元)

年度	金额	年度	金额	年度	金额	年度	金额
1964	11 489	1970	42 856	1976	403 404	1982	78 529
1965	35 419	1971	284 463	1977	32 526	1983	102 630
1966	4 769	1972	383 964	1978	295 651	1984	76 786
1967	30 145	1973	35 597	1979	153 414	合计	2 610 678
1968	2 705	1974	55 433	1980	85 000		
1969	14 709	1975	457 880	1981	23 309		

三、知　青　就　业

开县动员和接收、安置的知青,在农村劳动锻炼一段时间后,绝大多数先后被推荐升学、参军、回城就业,少数人与当地群众结婚成家。前期,每年招工、招生名额少,知青多,推荐全凭基层干部意志决定,每到招生、招工时节,知青家长远道赶来乡间求情送礼,不堪其苦。个别干部贪吃受贿,风气极为败坏。1975 年大量招收知青回城工作,风气才稍有好转。

开县知青就业人数表

(单位:人)

年　度	小计	就业人数				其　他		
		升学	参军	工人	干部	回城	迁出(县)	死亡
1964—1973	5 023	495	242	3 657	11	147	438	33
1974	1 409	301	196	434	3	464	6	5
1975	2 198	135	160	1 884		19		
1976	980	28	208	710		29	5	
1977	722	108	141	458	1		14	
1978	1 465	166	185	1 064	3	65		
1979	1 157	6	7	984		160		

四、保护下乡知青

知青下乡初期,居住分散,困难很多;在招工、招生时推荐之权握在基层干部手中,说情送礼成风;更有不良分子迫害知青,出现了一些事件,引起家长和社会的关注与不安,纷纷要求保护知青的安全和权益。在中共中央发出保护知青的文件以后,1973 年开县成立保护知青办公室,与政法部门密切配合,专门查处迫害知青案件。1976 年统计,全县发现污辱、奸污女知青、毒打知青致残、致死等严重迫害下乡知青案件 59 起,及时查处 48 起,共处理 53人,其中:判处有期徒刑的 25 人,死刑缓期两年执行的 1 人,无期徒刑的 1 人,免刑和缓刑的各 1 人,已捕待判的 4 人,拘留的 2 人,教育释放的 1 人;给中共党纪、政纪处分的 2 人,批判斗争的 2 人,批评教育的 10 人。　　　　　　　　(第十六篇第二章《劳动》,第 389—391 页)

《城口县志》

城口县志编纂委员会编纂,四川人民出版社 1995 年

是年(1969 年),动员城镇知识青年到农村插队落户。　　　(卷二《大事记》,第 28 页)

1961 年,团组织开展为农业丰收贡献力量的"五好青年"活动,号召团员和青年"人人出全勤、个个超定额"。北屏公社回乡知青陈云秀月月全勤,多次评为"五好青年";复兴公社东方红一队 27 名青年,将原亩产 120 斤的 20 亩低产田精心管理,使产量提高到 300 斤,受到团县委通报表扬。　　　　　　　　　　　　　　　(卷十九第三章《群团》,第 544 页)

第八节　知识青年上山下乡

机构设置　1964 年,城口县成立毕业生分配组,负责安置城镇高、初中毕业生的上山下乡

事宜。1968年12月,始设城口县上山下乡知识青年工作办公室。毕业生分配组随之撤销。凡安置了知识青年的各区、公社、大队、生产队相继建立再教育小组。并由各级主要负责人担任组长,负责对知识青年的再教育工作。1981年8月,县知青办公室与县劳动局合署办公。

动员安置 1964年,城口县先后在高观、高燕、鸡鸣、石坊、修齐、周溪、明月、厚坪、新城公社召开下乡青年安置工作会,动员区、公社作好安置知识青年的准备。

1965年10月,咸宜、明月、岚溪、修齐、明通、北屏、新民7个公社首次接受安置万县市西城办事处动员来县的253名(含耕小教师35名)上山下乡知识青年;城口县新城公社动员的32名初中、高中毕业生分别安置在复兴公社红岩大队、高燕公社。上述9个公社办起下乡青年茶场、茶园、农药场(简称知青社办场)。社办场的正副场长、会计、出纳由该场所在地的公社任命。场长全由大队党支部书记担任。副场长、会计、出纳由下乡青年中表现好、劳动积极者担任。场里实行集体劳动、食宿。1966年城口县安置71名下乡知识青年,其中万县市40名,本县31名。分别安置在北屏(8人)、高燕(11人)、黄溪(13人)、新民(4人)、高楠(4人)、咸宜(3人)、修齐(16人)、岚溪(12人)。1966年至1969年,进行撤场插队。1969年春,本县大批知青被动员到农村插队落户,并安排重庆市25名知识青年。以后几年,知识青年被陆续动员下乡插队落户。或分散,或数人到一生产队插队组成知青点。1976年,城口县40名高、初中毕业生安置到国营农场、茶场。1978年,不再动员知识青年上山下乡。城口县在14年里共安置知识青年2 206人,其中万县市546人,重庆市358人。"知青"落户覆盖面为39个公社370个大队1 080个生产队。

1965—1977年安置知识青年上山下乡统计表

年 度	农场	单身	成户	返乡	合计	人员来自何地			回老家或外迁
						城口县	万县市	重庆市	
1965		285			285	32	253		
1966		71			71	31	40		
1966—1969 撤场插队		263			263	48	215		
1969		262	181	21	464	439		25	
1970		75			75	66	2	7	
1971		35			35	34		1	
1972		353			353	39		314	
1973		4			4	4			
1974	1	90			91	88	2	1	4
1975		217			217	196	15	6	3
1976	40	174			214	199	11	4	
1977		134			134	126	8		2
合计	41	1 963	181	21	2 206	1 302	546	358	9

安置经费 1965 年的城镇人口下乡安置经费,分开办费、公用经费、生产经费、个人生活部分经费。经费由省、地拨给专款。不足部分由县财政解决。开办费以每人 30 元的标准分期拨付;小农具、家具购置费以每人 20 元的标准拨付,用于新购三锄(羊角锄、挖锄、薅锄)、蓑衣、斗笠、弯刀、斧头及新购集体伙食团使用的炊事用具,下乡青年的木床、桌凳等;公用经费有公杂费、报刊订阅费、医药费。个人部分经费有生活补助费、零用钱补助。上列经费均由县安置办公室统一核算。对各场的经费由县拨付给区,再由各区分别汇给有关公社,各社办场直接向公社领取、结帐。

1966 年以后,上山下乡知识青年的安置经费包括动员费、建房费、生活费、农用家具费、旅运费、医疗补助费、特殊开支费、扶持生产资金等。其标准是:单身插队平均每人 230 元,成户下乡平均每人 150 元,返乡知青平均每人 50 元,经费一次拨给生产队掌握,包干使用。在农村结婚的知识青年可领取适当的建房补助费。

1964—1978 年知识青年安置经费表　　　　　　　单位:元

年度	金　额	年度	金　额	年度	金　额	年度	金　额
1964	3 500	1969	133 956	1974	9 370	1979	8 150
1965	1 612	1970	48 457	1975	95 954	1980	780
1966	40 394	1971	32 284	1976	58 183	1981	162
1967	30 580	1972	72 406	1977	45 936	合计	
1968	11 879	1973	878	1978	29 402		

知青就业 上山下乡的知识青年,在农村锻炼一定的时间后,陆续被贫下中农推荐升学、参军、招工,或因病回城。1977 年以前,每年招工、招生名额少,知青多,推荐大权多为基层干部掌握,每到招生、招工时节,知青或知青家长向有关干部求情送礼,苦衷甚多。1977 年,恢复高考和大量招收知青回城工作后,求情送礼之风稍有好转。1964 年至 1973 年,知青升学的有 86 人、参军 16 人、招工 262 人。到 1979 年底,上山下乡知青均通过各种途径全部安排就业。

"会计妹" 1956 年 1 月至 3 月,万县市和开县的 323 名城镇初中毕业生,经短期培训后,分别从万县市、开县步行到城口县,分配到各地农村合作社任会计。因绝大部分是女青年,城口人称之"会计妹"。60 年代,"会计妹"陆续转为机关、企业的职工。70—80 年代,这批老知青成为城口各条战线的骨干人物。1990 年统计,"会计妹"任职在副县级以上的 4 人,副区级以上的 92 人(含外调人员),她(他)们为城口的建设事业作出了很大的贡献。

(卷二十第二章《劳动》,第 573—575 页)

1973—1979 年,从农村基层干部和上山下乡知识青年及城镇待业人员中吸收干部408 人。
(卷二十第三章《人事》,第 577 页)

到 1980 年,全县农村人才发展到 1 000 余人。返乡知青施裕民出席了四川省科学大会,被誉为"农民育种家"。

(卷二十六第二章《科技队伍》,第 757 页)

《巫溪县志》

巫溪县志编纂委员会编,四川辞书出版社 1993 年

(1966 年)5 月,县成立知识青年上山下乡领导小组,开始动员城镇知识青年到农村插队落户。

(《大事提要》,第 29 页)

农业合作化初期,在上级党政部门的统一安排下,从云阳、忠县、万县输送一批支援巫溪山区建设的知识青年。

(第二十一卷第一章《编制及任用》,第 529 页)

1973 年以后,招工对象主要是上山下乡知识青年,经批准留住城镇的知识青年和复员退伍军人。

(第二十一卷第三章《劳动就业》,第 533 页)

《巫山县志》

巫山县志编委会编纂,四川人民出版社 1991 年

(1969 年)1 月 17 日,成立县革命委员会知识青年上山下乡指挥部,下设办公室负责日常工作。

3 月 11 日,县革命委员会决定:凡是 1966、1967、1968 年三届中学毕业生,不许参军、招工、留城就业,一律到农村去插队落户。

(卷一《史迹述略》,第 25 页)

(1973 年)10 月 2—8 日,县委召开首届知识青年上山下乡工作会议。

(卷一《史迹述略》,第 27 页)

1967 年初,县人民委员会部分职权由县监察工作委员会、生产委员会取代;4 月,改县生产委员会为"抓革命、促生产委员会";10 月,复改称生产指挥部,下设政治部、生产委员会办公室、工业交通办公室、防洪指挥部、防疫指挥部、财贸办公室、文教卫生办公室、农林办公室,原有科、局、委、室全部撤销;增设上山下乡知识青年办公室。1968 年……同年,上山下乡知识青年办公室改称青年工作办公室。1969 年,农业局、林业局、水利局合并成立农林水革命委员会领导小组;粮食局、商业局、工商行政管理局均成立革命委员会领导小组;青年工作组改称知识青年上山下乡指挥部、县革委广播站改称县人民广播站。

(卷二十第三章《人民政府》,第 387 页)

知识青年上山下乡

1964年,遵上级规定,成立县安置城市下乡知识青年领导小组及办公室,并在大昌等区设置临时办公点,负责接待安置重庆、万县两市来县落户锻炼的知识青年(简称知青),全县共安置下乡知青405人,其中重庆市132人、万县市273人。"文化大革命"开始后,下乡知青陆续返回原地。

1967年11月,根据中央《关于动员下乡知识青年及其他人员迅速返回单位抓革命促生产的紧急通知》,成立县上山下乡知识青年工作办公室,动员下乡知青返回农村。1969年,根据毛泽东"知识青年到农村去,接受贫下中农再教育"的指示,县革委成立知识青年上山下乡指挥部,负责接待安置城市下乡知青及动员本县知青下乡,县革委同时决定1966年、1967年、1968年三届初、高中毕业生一律不招工征兵,到农村插队落户。全县共安置下乡知青775人,其中本县528人。此后,本县下乡知青逐年增加。同时,对知青下乡亦改动员为强制,凡初中毕业除病残外均注销城镇户口。部分家长为免子女下乡,让子女中途辍学。1971年后,遵上级指示,本县始对下乡知青实行"三招"(招工、招生、招兵)。由国家下达"三招"计划,统一部署,由贫下中农推荐,当地党委审查,报县批准。1978年12月,国务院发出"关于知识青年上山下乡若干问题的试行规定",对城镇中学毕业生分配,实行"四个面向"(进学校、上山下乡、支援边疆、城镇安排),逐步缩小知青上山下乡范围。此后,对上山下乡知青安置增多,下乡知青逐渐返城就业。1980年底,"三招"工作基本结束,全县"三招"下乡知识青年共3 112人,其中本县招工1 704人、外地招工1 408人,录取高等院校96人、中专540人,应征入伍285人。下乡知青绝大部分返城。

部分年份下乡知青统计表

单位:人

年份	合计	秀峰	大昌	福田	双龙	大庙	官渡	河梁	骡坪	官阳	林场农场
1964	414	17	56	277	64	—	—	—	—	—	
1969	775	218	64	61	4	191	195	25	15	2	
1970	282	138	13	4	2	21	82	8	11	3	—
1971	201	21	131	2	4	16	12	6	2	7	
1972	1 382	165	4	122	5	386	233	253	96	18	—
1973	14	—	—	—	—	—	—	—	—	—	14
1974	367	95	17	15	14	46	92	49	11	12	16
1975	366	93	17	37	9	37	102	35	21	3	12
1976	279	70	20	25	15	29	42	22	28	8	20
1977	255	72	25	33	25	31	25	21	12	11	—
总计	4 285	889	347	576	142	757	783	519	196	64	62

　　　　　　　　　　　　单位:人

年　份	合　计	招　工			招　生			招　兵
		小　计	本县招工	外地招工	小　计	大　专	中　专	
1971	303	280	155	125	—	—	—	23
1972	361	271	77	194	90	8	82	15
1973	124	—	—	—	96	20	76	28
1974	295	64	64	—	137	15	122	47
1975	476	386	318	68	90	14	76	—
1976	577	376	197	179	75	11	64	126
1977	470	394	170	224	76	14	62	—
1978	740	632	214	418	62	11	51	46
1979	536	526	381	145	10	3	7	—
1980	163	163	128	35	—	—	—	—
合计	4 033	3 112	1 704	1 408	636	96	540	285

（卷二十三第一章《劳动》,第 426—427 页）

《奉节县志》

奉节县地方志编纂委员会编,方志出版社 1995 年

（1972 年）安置上山下乡的城镇知识青年及居民 2 000 人。　　　（《大事记述》,第 43 页）

1969—1970 年知识青年上山下乡,重庆知青 2 532 人迁入奉节,后逐步迁出。

（卷三第一章《人口概略》,第 99 页）

70 年代从下乡知青、代课教师、复退军人中招收了一批优秀青年（干部）。

（卷二十五第一章《干部》,第 541 页）

"文化大革命"初期,劳动就业渠道被堵塞,待业人数与日俱增,到 1978 年止,先后接转知青 9 284 人到农村安家落户,其中重庆知青 4 121 人,万县市知青 62 人,其他县知青 55 人,调入 8 人,本县知青 5 038 人。到 1981 年,全部知青基本安置妥当,其中参军 465 人,升大学 113 人,升中专 829 人,招工 7 132 人,招干 66 人,批准回城 385 人,就地落户 6 人,迁出县外 232 人,其他 53 人。

（卷二十五第四章《劳动》,第 549 页）

《云阳县志》

云阳县志编纂委员会编纂,四川人民出版社1999年

(1964年)4月24日,县安置办公室召开城镇知识青年大会,动员知识青年到农村安家落户。28日,城关、云安两镇首批80名知识青年到石门公社插队落户。

(《大事记述》,第33页)

(1969年)2月9—11日,县召开知识青年上山下乡"三级"干部会,传达毛泽东主席"知识青年到农村去,接受贫下中农再教育,很有必要"的指示,部署知识青年上山下乡工作。

3月,重庆市首批知识青年1486人到云阳农村落户。 (《大事记述》,第35页)

(1973年)10月21日,建立云阳县革委"知识青年上山下乡工作领导小组"。

(《大事记述》,第36页)

1969年1月9日,中国人民解放军云阳县支左领导小组成立。随后,开始制止武装,收缴武器,恢复生产,动员知识青年上山下乡,促进两派联合,学校复课。

(《大事记述》,第65页)

第三节　知识青年安置

一、下　　乡

1964年初,县成立动员城镇知识青年上山下乡安置领导小组。当年4月,动员首批城关、云安两镇未能升学和就业的知识青年(简称"知青")80人到南溪区石门公社落户。次年又动员城镇"知青"131人到七曜山药场落户。1969年,根据毛泽东主席"知识青年到农村去,接受贫下中农再教育很有必要"的指示,县革委成立知识青年办公室,动员1966—1968年三届城镇中学毕业生下乡落户,同时接收安置县外"知青"。同年3月,重庆市首批"知青"1486人到云阳,全部安置到县内农村插队落户。此后,城镇中学毕业生除病、残者外,均注销户口,限期下乡。1977年,改分散落户安置为集中安置,全县共组建"知青"生产队1个、"知青"农场12个、"知青"点70个。1978年12月,国务院颁发《关于知识青年上山下乡若干问题试行规定》,县及县以下小城镇停止"知青"下乡。至此,全县共已安置下乡"知青"9 923人,其中重庆市"知青"3 842人、万县市"知青"105人、本县"知青"5 976人。

二、安　　置

知识青年在农村劳动锻炼一段时间后,绝大多数先后被推荐升学、参军、回城就业。1970年开始,重庆市部分工厂、企业按分配的招工指标,直接来云阳招收本系统职工下乡子

女。1972 年,本县"知青"首次被推荐到云阳师范学校及省内、外大中专院校读书,拉开了本县下乡"知青"安置的序幕。以后,逐年都有部分"知青"被安置就业,但数量不多。1978 年,县革命委员会为了加快下乡"知青"返城安置速度,决定 1972 年以前下乡的"知青",由劳动部门统一下达招工指标,不限性别、年龄、文化、婚否,从快安置就业。1980 年,县"知青"安置办公室动用"知青"安置费 76.975 万元,扶持东风水泥厂、双江糖厂生产,使两厂招收 345 名"知青"进厂务工。1983 年底,全县下乡的"知青"(包括万县市、重庆市到云阳落户的"知青")除 24 人死亡外,全部返回城镇,其中招工 6 087 人、入学 1 496 人、参军 875 人、返城待业 751 人、从事其它行业 690 人。　　　　　　（第二十四篇第一章《就业》,第 784—785 页）

　　1972 年,为了向所谓"资产阶级知识分子成堆"的地方"掺砂子",从复转退伍军人和知识青年中招收教师 40 名。　　　　　　　　（第二十七篇第四章《教师》,第 896 页）

《忠县志》

忠县志编纂委员会编,四川辞书出版社 1994 年

第七节　知识青年上山下乡

一、动 员 安 置

　　1964 年,忠县成立安置下乡知识青年办公室,动员 115 名知识青年(以下简称知青)上山下乡,其中女知青 70 人,组成 26 个小组,每组一般为 3 至 5 人,最多有 7 人,最少有 2 人,成组插入忠县边远山区的石子公社 4 个大队、21 个生产队落户;其中有 13 人自行挂钩,投亲靠友下乡落户,乌杨公社 2 人、东溪公社 4 人、瀼井公社 2 人、天堑公社 1 人、两河公社 1 人。当时动员下乡者不全是知青,其中有一部分人员系城镇无业者。

　　1965 年,忠县将城内未能升学的应届中学毕业生和少数社会青年共 125 人,安排到与垫江县交界的金华山,开办金华林场和长岭林场。

　　1968 年,忠县广泛动员城镇知青下乡落户,到年底连同以前下乡知青共计 415 人。

　　1969 年初,开始接收安置重庆知青下乡落户。1970 年全县有下乡知青 6 334 人,其中重庆籍知青 5 254 人。从 1964 至 1977 年,忠县共安置知青 1.126 8 万人,其中重庆籍和其他外籍知青有 9 903 人,后到 1977 年底,除去先后升学、就业和迁出忠县的以外,尚有在乡知青 4 084 人。1978 年底停止动员和安置知青上山下乡。以后通过招收知青当工人,以及招生、征兵、选拔当干部、回城就业等渠道,到 1980 年已将全部下乡知青安置完毕。

二、安 置 补 助

　　政府在动员和安置知青上山下乡的同时,给予经济和物质上的补助。在经济上:1964 年和 1965 年对每个下乡知青人平包干补助 130 元,其中 18 元作动员费(即下乡车船费、途

中伙食费、衣物蚊帐补助费等），其余为安置费，一次发到生产队，用于解决住房、购买小农具、家具和粮、油、医药等。1968 年对知青单身插队的每人补助 230 元，成户插队的每人补助 150 元，其中分别提取 30 元和 15 元作动员费，其余为安置费，一次性发到落户生产队包干使用。1971 年降低补助标准，单身插队知青每人为 200 元，成户插队知青每人 100 元。1973 年又对下乡知青第二年生活不能自给者，每人补助 40 至 50 元。1978 年对在 1972 年以前下乡并已在农村结婚的知青 473 人，给予临时生活补助，发生活补助费共 3.028 4 万元。在物质上：1964 年和 1965 年下乡的知青每人给予免票证购买棉布 6.7 米、棉花 1 公斤、蚊帐布 14 米的照顾；对 1968 年后下乡知青改为免票证购买棉絮 1 床、棉花 1 公斤、棉 8 米、单人纱布蚊帐 1 床。知青下乡未参加生产队集体分粮前，由国家供应人月口粮 17.5 公斤、人月生活费 7 元。从 1973 年起，对分配口粮不到贸易粮 190 至 210 公斤的知青，由国家补供其差额。

三、保护下乡知青

1964 年，中共中央发出指示：要保护知青，对于打击、压制、报复知青的坏分子，应当严加制裁。1973 年，忠县成立保护知青办公室。是年 6 月 8 日，县人民法院决定，凡是强奸下乡女知青的都要依法严惩，对下乡女青年进行逼婚、诱婚的，要坚决进行批判斗争；干部利用职权，为非作歹的要撤职查办；对罪大恶极的要处以死刑。据统计，忠县曾发生强奸女知青案 98 起，知青被打、被杀致死的有 3 人，政法部门先后对这些违法乱纪的犯罪分子作了严肃处理，其中有的被处以死刑。　　　　　　　　　（第十五篇第一章《劳动》，第 469—470 页）

《梁平县志》

四川省梁平县地方志编纂委员会编纂，方志出版社 1995 年

（1964 年）3 月，知识青年开始上山下乡。　　　（第二卷《大事记·大事年表》，第 21 页）

知识青年上山下乡

梁平知识青年上山下乡工作自 1964 年 3 月开始，至 1979 年底全部回城镇就业，历时 15 年。下乡知青共计 6 990 人，其中重庆知青 986 人，万县市知青 2 015 人，梁平知青 3 989 人。安置知青的公社 63 个、大队 631 个、生产队 3 179 个。

1964 年 3 月，开始动员城镇青年下乡。5 月 16 日，首批 127 人（城关镇 76 人，屏锦镇 51 人）到蟠龙公社插队落户，以三五人为一组进行安置。1969 年，动员 1966—1969 级年满 16 周岁、未升入中学的高小及初中毕业生下乡，主要以单身插队方式落户。1973 年规定：多子女家庭留 1 人不下乡，孤儿一般不下乡，家庭特别困难的可以缓、免下乡。1974 年，符合规定不动员下乡的知青有 227 人，已下乡知青中应免下的收回城镇 334 人。同年 7 月，实行以

集体落户为主,以建立5人以上的知青点为原则,并提倡回原籍落户。自1975年7月21日起,应下乡的毕业生一律在学校报名,由其父母所在系统、单位组织对口下乡。各区、社的知青在本区、社范围内安置;县城知青对口安置在礼让、仁贤、中城3个区;重庆知青安置在云龙、袁驿、虎城、屏锦4个区;万县市知青安置在福禄、合兴、新盛、竹山4个区。同年底,全县下乡知青已达5 500多人,建立知青点84个,办起农业科研组织781个,参加科研的知青1 788人,种植各种试验田1 686亩。至1979年3月,全县累计下乡知青6 990人。

知青下乡后,国家给予适当的补助。1964年规定:发给每人安置费150元及被盖、蚊帐等生活用品,月供粮食20公斤。1969—1971年下乡的知青,发给安置费230元,免票供应棉絮1床、棉花1公斤、蚊帐1床。1972—1974年,单身插队的知青补助200元,成户插队的每人补助100元,单身投亲的补助120元,成户投亲的每人补助70元;口粮供应,16周岁以上的每人每月供应17.5公斤,全家落户的未满16周岁的按城镇居民标准供应;肉油补助,按居民标准供应1年。1973年,分配给全县知青经费56.7万元,补助4 776人,占当年知青5 028人的94.9%。1974年底,新建和修补房屋2 148间。1975年3月,本着"以国家补助为主和社队扶持、群众补助为辅"的原则,对新落户的知青拨安置费420元,其中知青生活费170元,建房费200元,其他50元。

知青下乡工作一开始,就列入各级党组织议事日程。区、社由1名党委副书记及青年干部分管;公社和大队分别建立"知青再教育"领导小组,公社5—9人,大队3—5人组成。1974年,县属各单位按下乡知青1‰的比例选派带队干部19人,分别参加县、区、社各级党组织或革委会领导班子,重庆市选派8人,万县市选派1人驻进社队。他们对知青在政治上热情关怀,生产上耐心帮助,生活上体贴照顾。1975年,全县知青中已有44人加入中国共产党,1 865人加入共青团,701人进入各级领导班子(公社党委委员及其以上的75人),1 499人在大队、生产队任职,4 012人任民校教员、卫生员、农科员,957人出席了县及其以上的各级代表大会。

知青落户后,经过一段时间的锻炼,便陆续以招工、招干、招生、补员、参军等方式调离农村。1977年10月8日,成立梁平县知青,待业青年安置工作领导小组,由13人组成,具体工作由县劳动局、城关镇负责办理。至1979年3月31日,全县农村尚有知青1 673人。当年底,下乡知青全部收回城镇,安排就业。　　　(第二卷《大事记·大事本末》,第69—70页)

下乡知青就业

1964年3月,城镇(知识)青年开始上山下乡。大致经历单身插队安置、分点安置、厂社挂钩对口安置、1979年全部收回城镇就业等几个阶段,历时达15年之久。全县分期分批动员安置梁平、重庆市、万县市等地的下乡知青共达6 990人,其中梁平3 989人,重庆986人,万县市2 015人。安置知青的公社63个,大队631个、生产队3 179个。自60年代末起,逐渐从下乡知青中招工、招干、招生、补员、参军。1977年10月8日,成立梁平县知青、待业青年安置工作领导小组,具体工作由县劳动局、城关镇负责。县文教局、卫生局、粮食局、财政局、商业局、广播站、卫生院、供销社、银行、合作商店、乡兽医站等单位先后招工达 604 人。至 1979 年 3 月 31 日，全县农村尚有下乡知青 1 673 人，其中梁平 1 165 人，重庆 204 人，万县市 286 人，其他县市 18 人。当年底，所有知青全部收回就业。安排原则是先下先安，困难大的先安；对 1972 年以前下乡的 771 人和已婚知青优先安排。梁平 1 165 人按其父母所在单位归口安排，工交系统 223 人，农林系统 26 人，财贸系统 370 人，文卫系统 161 人，党群系统 6 人，街道企业 379 人。重庆、万县市等地的知青亦由其父母所在单位同时招工收回。

（第十九卷第一章《就业》，第 483 页）

劳动局　……1981 年 8 月，与县知识青年上山下乡工作办公室合署办公。

知青办公室　1964 年 3 月，设县安置城镇青年上山下乡领导小组。1968 年 10 月，改称知识青年上山下乡工作办公室。1973 年 11 月 16 日，设县委知识青年安置工作领导小组。

（第十九卷第二章《人事》，第 488 页）

《内江地区教育志》

四川省内江市教育委员会编，四川辞书出版社 1991 年

1975 年初，部分公社兴办财经、会计、农技等专业班，吸收下乡、回乡知识青年和社队干部、社员参加学习。　（学校教育编之五第三章《职业（技术）培训》，第 242 页）

另一次是"文革"中，由于盲目发展初中和高中，加之高等学校停止招生几年，合格师资来源枯竭，中学所需师资只得一面从小学中抽调，一面从下乡知识青年、农村干部、民办和代课教师中吸收。小学发展所需师资，公办学校补充了不少退休教职工顶替的子女，民办学校吸收了大量下乡回乡的知识青年。因此，中小学教师质量下降。

（教师编第一章《任用考核》，第 270 页）

（1964 年）秋，内江市动员初、高中毕业的知识青年上山下乡，到农村安家落户。本年有402 人下乡，多数集中在简阳县龙泉山一带的公社林场。　（《大事纪年编》，第 406 页）

（1969 年）年初，根据毛泽东主席"知识青年到农村去，接受贫下中农的再教育，很有必要"的指示，内江市动员初、高中 1966 级至 1968 级毕业生及社会知识青年和 1966 级小学毕业生上山下乡，绝大多数集中到简阳、乐至两县农村安家落户。此后每年都有一批知识青年下乡。自 1964 年开始到 1977 年，内江市共有 18 799 人下乡。其余各县城镇中学毕业生亦上山下乡。

（《大事纪年编》，第 407 页）

《内江市志》

内江市市中区编史修志办公室编,巴蜀书社 1987 年

　　(1964 年 6 月)10 日至 12 日,召开内江市上山下乡青年代表会议。

(第一编《大事记述》,第 16 页)

　　(1969 年)1 月,根据毛主席知识青年上山下乡的指示,本市第一批知识青年到简阳上山下乡。

(第一编《大事记述》,第 19 页)

　　5 月 16 日,简阳县青龙公社发生本市上山下乡知识青年与当地农民武装事件。本市知识青年被打死 5 人,负伤 37 人;农民被打死 1 人,负伤 5 人。大批知识青年涌回城市。

(第一编《大事记述》,第 20 页)

《乐至县志》

乐至县志编纂委员会编纂,四川人民出版社 1995 年

　　当年(1964 年),首批县城初中程度青年 60 名到朝阳公社安家落户,次年 40 人,1966 年 65 人。均在朝阳公社林场集中务农。

(《大事记》,第 21 页)

第三节　知识青年工作

　　1964 年 7 月开始知识青年下乡,首批 60 人,次年 40 人,1966 年 65 人,均集中朝阳林场。"文化大革命"开始后,第三批 65 人全部回城。1969 年撤销林场,100 人插队落户。同年毛主席发出"知识青年上山下乡"号召,大批城镇知识青年下乡。至 1978 年,全县下乡知识青年共 3 186 人,接收外地来县插队知青 5 916 人,分别在县属社、队落户。1971 年 3 月开始回收知识青年,至 1972 年底离开农村 2 585 人,其中参军 41 人、招工 1 318 人、升学 86 人、有特殊困难和疾病 459 人批准迁回、提为国家干部 2 人、外地知青回原籍 679 人。1978 年底,全县回城知青共 6 646 人,留住农村 2 456 人。1979 年 4 月,县停止动员知青下乡。县委提出"广开就业门路,统筹安排下乡知青",特别对 1972 年前下乡的老知青突破年龄、文化、性别限制,优先安置。1985 年县共收回知青 9 050 人,占下乡人数的 99.4％。其余人员延至 1985 年后才完成回收工作。

(第二十一篇第二章《待业安置》,第 596 页)

《安岳县志》

安岳县志编纂委员会编纂,四川人民出版社1993年

当年(1966年),县城107名知识青年分赴朝阳和城郊公社开办知青农场。

(《大事记》,第30页)

(1976年)6月28日,召开首届上山下乡知识青年农业学大寨积极分子代表大会。

(《大事记》,第34页)

(1978年)年初,全面停止安置城镇知识青年"上山下乡",并逐年收回已下乡知青,在城镇安排工作。

(《大事记》,第34页)

1969年恢复招工(含计划内的合同工、临时工、亦工亦农工和季节性临时工)。招工对象是下放农村的两年以上、思想品质好、身体健康、年龄在16至25周岁的未婚知识青年。按指标在城镇招收部分留城镇待业青年、接收安置退伍军人和退职退休职工补员的子女,至1977年,全县共招工2.20万余人(含计划内、计划外临时工8 541人、补员1 111人、复退伍军人531名)。城镇待业人员逐年增多,下乡知青急待回城安置工作,致使个别家长为子女招工、入学、参军拉关系"走后门",滋长了不正之风。因此,1978年国家调整招工政策,即由农村转向城镇,主要招收回城的下乡知青和城镇待业人员、家居城镇退伍军人、补员职工的子女。招收新职工,一律实行德、智、体全面考核,择优录取,全年共招职工4 051人。

(劳动人事篇第一章《劳动就业》,第557—558页)

第五节　知识青年上山下乡

1957年10月,团县委干部谭文秀、罗光玲等带领县城首批知识青年(简称"知青")袁德君、袁德斌、刘超良、赵星归等4人到复兴乡落户。至1966年,全县先后有197名城镇知青到农村安家落户。

1968年动员"知识青年到农村去,接受贫下中农的再教育"。动员对象是:凡家住城镇的高中、初中毕业生和1966年以后的中学肄业生、高小毕业生及待业青年,年满17周岁者,除病残、独生子女、归侨学生、无依靠的孤儿、父母多子女身边留1个外,均动员上山下乡。1957至1978年,全县动员城镇知青下乡落户1.59万人,其中安岳城镇知青4 331人,外地回老家26人,重庆知青1.15万人,分别到10区93个公社安家落户。全县共支付知青下乡安置费553万元,木材5 734立方米,原煤650吨。

1977年12月,调整知青政策,知青去向分别为升学、上山下乡、支援边疆或城镇安置工

作。从 1979 年起,知青不再上山下乡,由县劳动人事部门根据国家计划统筹安置就业或自谋职业。1978 年后,知青招工实行专项指标下达,以保证知青回收城镇安置。至 1981 年,全县共安置知青就业 1.59 万人。 （劳动人事篇第一章《劳动就业》,第 560 页）

1970 年后,陆续招收上山下乡知青和城镇待业人员。

（劳动人事篇第二章《职工队伍》,第 561 页）

《威远县志》

四川省威远县志编纂委员会编,巴蜀书社 1994 年

第二节　知　青　安　置

1964 年 6 月,成立威远县知识青年上山下乡安置领导小组,开始动员城镇知识青年下乡,到 1969 年底,全县下乡知识青年共 174 人,主要安置在新场、越溪的茶、果场。

1969 年 1 月,设县知识青年上山下乡安置办公室,负责办理知识青年上山下乡事宜,开始成批组织知识青年上山下乡。到 1979 年为止,全县共有下乡知识青年 9 763 人,其中威远知青 6 451 人,重庆和内江知青 3 312 人。知青分布在全县 65 个公社、389 个大队和 1 173 个生产队,其中奉龙区 1 049 人,新店区 1 404 人,龙会区 1 586 人,镇西区 1 744 人,新场区 1 565 人,山王区 1 131 人,越溪区 1 284 人。知识青年上山下乡经费,主要是国家拨款,1969 年至 1979 年,全县知青安置经费共 3 556 466 元,知青人平 357.9 元,共建房 4 031 间,面积约 52 403 平方米。1979 年底前,对回城的知青财产做了折价处理,收回资金 222 322 元,加上节余部分,总共节余知青经费 410 970 元。

1973 年,在上山下乡知识青年中开始招工、招生和征兵。1979 年,按本地区、本系统自行安排的原则,统筹安置下乡知青回城就业。到 1981 年止,共在知青中招工 7 584 人、招生 765 人、征兵 573 人。此外,按政策批准返城的有 343 人、死亡 28 人,其余下乡知青,以后均进行了妥善安置。在知青安置工作中,仍坚持"三结合"的就业方针,广开就业门路,省、地共拨生产扶持金 358 431 元,加上本县节余知青经费,共计借款 620 200 元扶持县塑料厂等 20 个企业发展生产,安置知青 717 人。 （第十九篇第一章《劳动就业与保护》,第 578—579 页）

《荣县志》

荣县志编纂委员会编纂,四川大学出版社 1993 年

(1974 年)11 月,留佳公社回乡知识青年刘泽先,因抢堵山湾塘漏眼牺牲,团县委追授他

为模范共青团员。 (《大事记》,第19页)

1964年农村安置城镇知识青年,农业人口年均增加2.07万人。1976年底,农业人口74.96万人,占94.86%;非农业人口4.07万人,占5.14%,下乡知识青年先后回城安置。

(卷三第二章《构成》,第84页)

第二节　知识青年上山下乡

1964年4月建立县安置工作领导小组,下设办公室。1973年11月改为县知识青年上山下乡领导小组,下设知青办;1981年10月与县劳动局合并。1985年12月撤销领导小组。

1964年动员城关镇(今旭阳镇)知青84人,接收安置自贡市知青504人、内江市230人,共818人。分别安置到4个区10个公社(乡)插队落户。1968年12月,采用单身插队、对口安置集体插队、建立知青点和回老家安置等形式。到1978年,全县共安置下乡知青16 030人。本地知青6 059人、重庆、内江、自贡外地知青9 971人。

党的十一届三中全会后,调整知识青年上山下乡政策,截止1981年底分期分批收回安置16 025人,占下乡知青总数的99.97%。 (卷二十二第六章《下放下乡》,第432页)

《资中县志》

资中县志编纂委员会编纂,巴蜀书社1997年

(1968年)12月25日,县革委召开"欢呼毛主席'知识青年到农村去,接受贫下中农再教育'号召"誓师大会。年底,掀起知识青年上山下乡运动。 (《大事记》,第33页)

(1969年)5月26日晨,由重庆乘车来县的8名知识青年路过银山区大联公社红旗大队五生产队时肇事,引起公愤,农民当场打死知识青年4人,重伤3人。

30日,数百知识青年,持械前往大联公社红旗大队五生产队,捣毁财物,杀抢牲畜家禽,准备血洗银山,经反复劝解,始散。

6月26日,重庆某知青在陈家场因搭车同红卫4矿司机发生矛盾,同行工人张国大用手榴弹炸伤群众35人。 (《大事记》,第33页)

年内,县知识青年1 687人,重庆知识青年3 000人在县境农村落户。

(《大事记》,第33页)

(1970年)1月15至21日,县"知识青年和再教育工作活学活用毛泽东思想积极分子代

表大会"召开。

（《大事记》,第 33—34 页）

第三节　知识青年安置

1964 年开始动员城区 18 至 25 周岁知识青年(知青)126 人、社会闲散劳动力 14 人下乡参加农业劳动,县财政拨给每人安置费 100 元。次年知青到农村落户 79 人。1967 年成立上山下乡知识青年工作办公室。翌年,知青办公室、街道居委会、学校组成动员小组,入户宣传动员,1969 年插队落户知青(含重庆等外地县、市知青)5 098 人。1970 年厂矿企业开始招收下乡知青,至 1972 年底,招工、征兵、招生、提干调离农村知青 4 134 人。至 1978 年县共接收外市、县知青 11 155 人,资中县下乡知青 6 742 人,合计 17 879 人。1979 年停止动员城镇知青下乡工作。1981 年底,除重庆市 3 人、内江市 1 人、县 4 人外,下乡知青均调离农村。1964 年至 1981 年,县支出动员、安置知青经费 759.5 万元。1982 年 3 月,县知青办公室并入县劳动局。

资中县城镇知识青年上山下乡安置简况

年　度	下乡人数	安置支出(万元)	调离人数	在乡人数
1964	140	17.3		140
1965	79	3.1		219
1966 至 1968		4.6		219
1969	5 098	127.8		5 317
1970	905	14.2		6 222
1971	856	20.1		7 078
1972	2 081	47.6	4 134	5 025
1973	23	46.8	208	4 840
1974	2 240	154.5	777	5 787
1975	3 466	143.7	1 044	8 124
1976	2 172	71.8	1 249	8 967
1977	762	65.5	2 115	7 590
1978	57	29.9	4 348	3 300
1979		9.6	2 571	770
1980		2.4	700	31
1981		0.6	23	8
合计	17 879	759.5	17 169	

注:调离农村人数中,1972 年含上年调离数,以后各年不含转队及部分补员招工数。

(第二十一篇第一章《劳动就业》,第 527 页)

《资阳县志》

四川省资阳县志编纂委员会编,巴蜀书社 1993 年

(1964 年)5 月,成立资阳县城市下乡青年领导小组。8 月、9 月分两批动员县城知识青年 80 人,到方朝、大腰公社落户。　　　　　(《大事记》,第 58 页)

(1969 年)7 月 23 日,重庆市下放资阳农村劳动锻炼的知识青年 10 余人,结伙与杨柳公社八大队二生产队的农民发生斗殴,4 名知青被打死,2 名受伤。　　　　　《大事记》,第 63 页)

(1969 年)12 月 21 日,毛主席发出"知识青年到农村去,接受贫下中农再教育"指示后,全县掀起动员知识青年下乡高潮。截至 1978 年,全县有 4 402 名知青下乡,加上重庆等城市下放来县知青共计 15 659 人。经过农村广阔天地锻炼,有 117 人加入中国共产党,4 922 人加入中国共产主义青年团,3 600 人进入县、区、社、大队、生产队领导班子,以及担任民办教师、赤脚医生、农机员等职。　　　　　　　　　　　　　　　　(《大事记》,第 64 页)

第二节　知青安置

一、动员下乡

动员知识青年上山下乡始于 1964 年 5 月,止于 1978 年底。在这 15 年间,全县动员知识青年 4 402 人下乡插队落户;并接收重庆下乡知识青年 10 522 人,其他省、区县 471 人,外县迁入 264 人。除 70 人安置在国营农、林、渔场外,其余均安置在公社生产队落户。安置最多的太平公社,达 515 人。最少的金带公社 23 人。丹山、中和、小院、祥符、南津等 5 个区为重庆九龙坡区下乡知识青年安置地区。1974 年后,伍隍、保和两区列为重庆、资阳两地知青共同安置区。投亲、回老家、迁队调点的按各自联系的社队入户。

二、成长　调离

为使下乡知识青年健康成长,各级政府对知青人身安全给予了保护,对破坏知青工作的案件及时进行了严肃处理。1964 年至 1978 年,先后下乡落户的城镇知识青年 15 659 人中,有 117 人加入中国共产党,4 922 人加入中国共产主义青年团,3 600 人进入县、区、社、大队、生产队领导班子,还有相当部分人担任或兼任民办教师、夜校辅导员、赤脚医生(不脱产农村卫生员)、农机员、广播宣传员等。1979 年 1 月停止动员城镇知识青年下乡后,知青工作重点转入安置下乡知识青年回城。除在征兵、中专、技工校招生中增加名额、放宽条件外,在全民所有制和集体所有制单位招工中,优先招收下乡知青的已婚人员和 1972 年底前下乡人员。至 1981 年底,全部安置完毕。其中,除外迁、死亡等 278 人外,招工 12 786 人,升学 1 364 人,参军 844 人,招干 9 人,因病残、特殊困难等原因收回城镇安置 378 人。

(劳动人事志第四章《劳动就业》,第 643—644 页)

《简阳县志》

简阳县志编纂委员会编纂,巴蜀书社 1996 年

(1965 年)8 月,内江、简阳等地首批下乡知识青年 150 人在贾家区安家落户。

(《大事记述》,第 22 页)

（1969 年）5 月 16 日，青龙观公社、云龙公社下乡知识青年，分别与当地群众发生斗殴。云龙公社多人受伤。青龙观公社打死"知青"5 人、转业军人 1 人，打伤 64 人。

（《大事记述》，第 24 页）

（1969 年）安置下乡知识青年 5 927 人，支付安置费 117 万多元。 （《大事记述》，第 24 页）

（1979 年）3 月，开始安置返回城市的下乡知青工作。 （《大事记述》，第 28 页）

1964 年到 1978 年，动员全县城镇知识青年到农村插队落户（其中含有部分成都、重庆、内江知青）；1972 年以后到 1981 年，"上山下乡"知识青年陆续全部回城安排工作。

（第三篇第一章《人口状况》，第 76 页）

《永川县志》

永川县志编修委员会编纂，四川人民出版社 1997 年

（1969 年）动员知识青年上山下乡接受贫下中农再教育。 （《大事记》，第 36 页）

知青回收安置

1964—1978 年，全县共动员上山下乡知识青年 11 519 人。按照"关于对知识青年要在招工、招生、征兵和补充中、小学教师队伍中进行统筹安排"的政策，从 1966—1980 年的 15 年间，全县共安置知青 9 761 人，另外，因病残、家庭有特殊困难以及其他情况迁回城镇或自愿留农村的共 1 758 人。至此，知青回收安置完毕。 （第五篇第四章《劳动》，第 255 页）

知识青年上山下乡

永川县城镇知识青年上山下乡是分两个时期进行的，全县共动员 11 519 名知青上山下乡，另接收安置重庆知青（含少数其他外地）4 152 人，总共 15 671 人，开支经费 354.5 万元。

第一个时期 1964—1966 年

1964 年、中共中央、国务院 40 号文件指出："在今后一个相当长的时期内，有必要动员和组织大批的城市知识青年下乡参加农业生产。"同年省委 25 号和江津地委 215 号文件强调："为了实现城镇革命化，要组织城镇知识青年和闲散劳动力上山下乡。"5 月，县委决定成立永川县城镇知识青年上山下乡安置工作领导小组，下设办公室负责日常工作。1964—1966 年，以城关镇为主，先后动员 489 名知识青年到双石、新店、文峰、东南、工农公社办青年茶场、农场。在党委领导、城乡配合、各方支援下，这些茶、农场都取得一定成绩，比较突出

的是城关镇办的双石青年茶场多次受到省、地、县的表扬。

"文化大革命"开始，这些青年除少数守场外，纷纷回城"闹革命"，有的茶（农）场被丢荒，由就近生产队照管。1970 年作了撤场插队处理。

第二个时期 1969—1978 年

1968 年 12 月 22 日，毛主席号召："知识青年到农村去，接受贫下中农再教育很有必要。要说服城里的干部和其他人，把自己的初中、高中、大学毕业的子女送到乡下去，来一个动员。各地农村的同志应当欢迎他们去。"1969 年，中共中央 26 号和省委 45 号文件，要求年满 16 周岁的城镇初中以上毕业生都要下乡插队落户。1973 年，规定独生子女，多子女留 1人，病残和有特殊原因等知青可以免下或缓下。1969—1978 年，全县共动员 11 030 名知青上山下乡，接收安置重庆（少数其他外地）知青 4 152 人。

经过动员、安置、管理、保护、教育、培养、使用、就业等一系列工作，至 1980 年，除因病残或特殊原因回城、病死、已婚自愿留乡等外，其余全部安置就业 9 761 人。其中参军 1 152人，招工 6 352 人，升学 2 246 人，提干 11 人。重庆知青大部分由重庆市收回安置。随后，按规定处理遗留问题，收回各种经费 92.8 万元，用于支持发展乡镇企业。至此，整个知识青年上山下乡工作全部结束，知青安置办公室也随之撤销。　　（第十二篇《政事纪要》，第 585 页）

第四届委员会常务委员会，在两年中召开 9 次会议，先后就深入开展社会主义教育运动进行学习讨论，并协助政府动员知识青年上山下乡。

（第十六篇第三章《中国人民政治协商会议永川县委员会》，第 668 页）

1973 年 5 月—1975 年，侦破伤害、抢劫、强奸、盗窃上山下乡知识青年的案件 86 起，逮捕案犯 43 人。……

对那些重大贪污、投机倒把分子、贩卖妇女、残酷迫害上山下乡知识青年的犯罪分子，给予打击。　　　　　　　　　　　　　　　　　　（第十八篇第一章《公安》，第 697 页）

《大足县志》

大足县县志编修委员会编纂，方志出版社 1996 年

本月（1968 年 12 月），响应毛泽东主席"知识青年到农村去，很有必要"的号召，初、高中 66、67、68 级毕业生，一律动员上山下乡。1969 年 1 月 30 日，县革委发出动员知识青年到农村去的意见，并计划当年安置知青 4 150 人（含重庆知青）。　　　（《大事记》，第 44 页）

（1981 年）除个别不愿回城外，下乡知青，全部收回安置工作。　　（《大事记》，第 51 页）

第一节　知　青　工　作

上山下乡　1954年开始动员城镇知识青年上山下乡,至1964年6月有556名城镇初高中毕业生,下放农村集体垦荒或插队插场。1964年县府成立城市下乡青年领导小组,下设办公室。1964年7月至1965年有157名知青下乡落户。1966—1968年"文革"初期无知青下乡。1968年毛泽东主席发出"知识青年到农村去,很有必要"的号召。是年12月县革委成立中小学毕业生分配办公室及上山下乡知识青年工作办公室,次年1月两机构并为毕业生分配安置组,各公社设毕业生分配安置小组。是年7月省革委发出通知,要求年满16周岁城镇往应届初中以上毕业生下乡插队落户。1969—1973年本县下乡知青3 275人,重庆下放到县知青3 330人(含少量他地知青)。1973年10月、12月相继成立县知识青年上山下乡工作领导小组、县革委知识青年上山下乡工作办公室,原毕业生安置组撤销。知青下乡政策有所调整:年龄必须满17周岁,多子女、有残疾、生活不能自理者,身边可留一人。身边只有一个子女不下乡,孤儿不下乡。知青患病负伤可迁回城镇。父母多病或死亡,弟妹年幼生活不能自理,可缓下或免下。安置方式以插队或建立知青点为主,过于分散的可适当集中,选派带队干部管理。从1976年起,对下乡第二年生活不能自给知青补助40—50元,第三年仍不能自给的酌情补助,3年生活补助额以不超过170元为限。1974—1977年本县下放知青2 860人,重庆到县知青1 720人。1978年下放知青本县4人,外地4人。至1978年底共下乡知青11 906人,内本县6 852人,重庆5 054人。

1979年省通知,停止动员知青上山下乡。1981年11月知青办与县劳动局合并,实行两块牌子,一套班子。

收回安置　1972年开始对下乡锻炼两年以上的知青收回安置,有招工、顶替、招生、招干、征兵等安置方式,均实行推荐制度。至1981年底,除不愿回城1人,死亡27人,外迁39人外,全部下放知青收回作了安置,其中招工、顶替、招生、招干、征兵11 267人,病残特困回城572人。

(第二十四篇第六章《知青与老龄工作》,第796—797页)

1981年知青办并入劳动局。

(第二十四篇第七章《管理机构》,第797页)

1970年中学教育体制变革极大:……初高中毕业生上山下乡接受贫下中农再教育等。

(第二十八篇第一章《普通教育》,第960页)

《铜梁县志》

铜梁县志编修委员会编,重庆大学出版社1991年

(1964年)3月,重庆南岸区动员知识青年281人分三批来县农村落户劳动锻炼。

(《大事记》,第28页)

(1964 年)5 月 26 日,城关(巴川)镇开始动员知识青年上山下乡,先后三批 141 人到农村落户劳动锻炼。
(《大事记》,第 28 页)

(1969 年)2 月,动员城镇初、高中毕业生一律到农村插队落户,接受贫下中农再教育。至 1977 年底止,有 6 647 名城镇知青到农村落户。
(《大事记》,第 31 页)

1964 年,民政科、劳动科、知识青年上山下乡安置办公室、退伍军人安置办公室合并办公,分别行使各自职权。
(第八篇第一章《民政》,第 267 页)

复员、退伍军人的安置,原则是"从那里来,回那里去"……

复员、退伍后无家可归者,其住房由公房调剂或盖新房解决,政府给予适当补助。生活确有困难的,优先给予贷款、贷粮。原是城镇知识青年下乡入伍的,到其父母所在地分配工作或由征集地分配工作。
(第八篇第一章《民政》,第 272 页)

知识青年安置办公室

1955 年,毛泽东提出知识青年上山下乡的号召。1963 年 7 月,中共铜梁县委成立安置委员会办公室。1966 年 5 月,改为铜梁县安置城镇下乡青年领导小组办公室。1968 年 10 月,在铜梁县革命委员会办事组下设知识青年安置办公室。1969 年与毕业生分配办公室合并,成立铜梁县革命委员会毕业生分配安置办公室。1973 年 10 月,改为县革委知识青年上山下乡工作办公室,直至 1981 年 12 月与劳动局合并。
(第八篇第二章《劳动人事》,第 276 页)

铜梁县知识青年上山下乡办公室历届负责人名表

单 位 名 称	姓 名	职 务	任职时间(年.月)
县安置委员会办公室	赵特民	主 任	1963.7—1968.12
县安置委员会办公室	刘希奎	副主任	1963.7—1966.5
县安置委员会办公室	邹绍荣	副主任	1963.7—1967.1
毕业生分配安置办公室	陈丙南	主 任	1973.3—1973.10
知识青年上山下乡工作办公室	陈丙南	主 任	1973.11—1981.12
知识青年上山下乡工作办公室	张明均	副主任	1975.3—1981.12

(第八篇第二章《劳动人事》,第 277 页)

1969—1976 年企事业招工,主要招收城镇下乡两年以上的知青和经批准留城青年。由群众评议推荐,基层革委会逐级上报,招工单位复查,经县人民医院体检合格,县革委会批准,县劳动局发录取通知。1976年9月,成立铜梁县招工领导小组。1977年,由招工单位和知青下乡动员地区提名,县劳动局审定名单,征求区社队意见,经县人民医院体检合格后,由县招工领导小组批准,县劳动局发录取通知。 （第八篇第二章《劳动人事》,第278页）

1978年,恢复办理技校招生工作,招收下乡两年以上的未婚知青和经批准留城知青,年龄17—23岁,初中以上文化,由单位推荐报名。 （第八篇第二章《劳动人事》,第278页）

"文革"期间,劳动就业工作受到严重干扰,前三年仅外地来铜梁招工350人。后七年采取知识青年上山下乡、招工补员,以减轻城镇闲散劳力的压力。

（第八篇第二章《劳动人事》,第281页）

知识青年上山下乡

知识青年上山下乡,是毛泽东1955年提出的。1964年1月,中共中央、国务院(1964)40号文件正式作出决定。1964年3月铜梁县首批城镇知识青年下乡,同时接收安置了重庆首批知识青年到农村。1968年毛泽东再次号召:"知识青年到农村去接受贫下中农的再教育。"从而掀起了全国性的知识青年上山下乡高潮。1978年国务院调整了知识青年下乡政策,"小集镇和一般县城不再列入上山下乡范围",从而停止了知识青年上山下乡的动员工作。

1964—1977年,全县动员了知识青年6 856人上山下乡,加上外地知青,共下乡知青1.16万人,国家拨给经费443.3万元。知青安置经历了三个阶段。

第一阶段(1964—1968年):1964年3、4月间,重庆市南岸区知青分三批共281名到铜梁县农村安置。5月26日,城关(巴川)镇开始动员,先后三批共141名知青上山下乡。1965年2月对领导薄弱、工分值太低(每个劳动日不足0.3元),历年分粮水平低的生产队,进行了调整。1965年9月,对所住生产队条件太差的知青,集中了264人到岚峰公社鸭公山林场,27人到石鱼公社开办青年林场。以种植经济林木药材为主,兼种少量粮食。鸭公山林场还开办了白泥厂,生产耐火料材。

1966年,铜梁县城关镇领导带领该镇68名知青到旧县公社大观大队开荒,开办城关镇青年林场。

1966年下半年,"文革"开始,三个林场的知青大部分外出串联。1967年3月,党中央发出停止串联后,才陆续返回。

1968年冬,社会秩序开始好转,根据上级指示,撤销了三个知青林场,重新安排他们插队落户。

这一阶段共动员下乡知青209人,安置下乡知青490人,其中重庆281人,铜梁209人。国家拨给每人宣传动员和补助经费18元,安置地生产队130元。共拨经费23.8万元。每人另发给布票6.7米,棉絮2.5公斤,蚊帐一笼。供应口粮17.5公斤,食油150克。安置形式以成组插队为主,也可投亲靠友,回老家落户。

第二阶段(1969—1972 年):主要是动员场镇 1966—1968 年三个年级的高、初中毕业生。先后共动员下乡知青 4 204 人,安置下乡的 6 443 人。其中:铜梁 4 147 人,重庆江北区 2 049 人,其他地区 237 人。安置形式:插队的 6 074 人,投亲的 237 人,回老家的 57 人,就地转向(注:在家吃住,到附近生产队劳动)65 人。下乡经费,插队的每人 230 元,投亲的每人 150 元,回老家的每人 50 元,转向的每人 80 元。国家共拨给经费 191.5 万元。

第三阶段(1973—1977 年):按国家规定,除少数升学、独生子女,包括夫妇年老身边可留一子女的照顾对象和因病残不能参加农业劳动的不动员下乡外,其余年满 17 周岁(含历届未下乡的毕业生)都要动员上山下乡,实行单位、系统、厂矿与社队挂钩对口安置。农、林场站的子女参加本单位生产劳动。其待遇是:到国营农场的每人 400 元,其余的为 480 元。口粮供应仍按前办法不变。两年内分配后达不到年平均贸易粮 190—210 公斤的,由国家在返销粮中补足。安置形式,除回老家落户的外,不再分散插队,一律集体安置(含 1972 年前下乡的,但不含已婚知青),建立三集中(学习、吃、住集中)、三到队(户口、分粮、劳动到队)或四集中(学习、吃、住、劳动集中)、两到队(户口、分粮到队)的知青点和知青场。可以一个生产队办,也可以几个队联办或者一个大队办一个。人数最少五人,最多十几人。1976 年 2 月,司马公社首先建好知青点,将全社 9 个大队、41 个生产队的 57 名知青,住进 8 个知青点,实现下乡知青安置集体化,受到省、地、县的表彰。1977 年底止,全县共建知青点 216 个,进住知青 1 344 人。这阶段共动员下乡知青 2 443 人,其中回老家的 31 人,共安置知青 4 453 人,其中:重庆知青 1 685 人,外地知青 356 人,铜梁知青 2 412 人(含到国营农场的 68 人)。国家拨给经费 228 万元。同时有 810 名知青办了免予下乡的手续。

1969—1972 年,还动员了城镇无职业和无固定职业的成户居民 269 户 879 人到农村插队或落户。下乡居民口粮供应,成人每月 17.5 公斤,不足 16 周岁的 12.5 公斤,供应期一年。安置经费平均每人 140 元,其中动员费 20 元。国家共拨成户下乡经费 12.78 万元。这部分人员,以后经政府批准,已陆续回城。

1978 年,铜梁县停止动员城镇知识青年上山下乡。1979 年开始处理在乡知青的就业安排,知青离队后的住房、农具、家具等问题。

1978 年底,铜梁县实有在乡知青 3 135 人,其中 1972 年底前下乡的 1 615 人,已婚知青 746 人。县革委决定,分级分口负责,包干安置,首先安排 1972 年前下乡的老知青,然后再安排 1972 年后的知青。1979 年安排回城就业的 2 433 人,占应安排人数的 77.6%。对教育系统、安居木船社职工子女及纯居民户在乡知青的安置,采取统筹解决的办法,交叉安置。借给二轻针织厂等 9 个企业 68.89 万元发展生产,安置知青 381 人。通过广开门路,多渠道安置,1982 年底基本安置完毕。已婚知青安置后,允许办一个 15 周岁以下的子女回城,参加工作后,其在农村劳动的时间可以计算为工龄。

(第八篇第二章《劳动人事》,第 284—285 页)

1983年,全民制企业调资,把调整工资与经济效益及个人劳动态度挂钩,凡当年9月30日在册的1978年底前参加工作的固定职工,未列入前两次"切块"调资范围的1978年底前参加工作的固定工、1971年底前参加工作的计划内长期临时工、上山下乡满5年的城镇知识青年、1979年1月1日以后参加工作、1983年9月底前已是正式工的,都属这次调资范围。多数人升一级,起骨干作用的中年知识分子按规定增加两级,调资资金由企业自负。县属企业有6 493人升级,月增资总额4.59万元,人平增资7.06元。

(第八篇第二章《劳动人事》,第295页)

知识青年经费支出。主要用于下乡知识青年生活、生产、建房的困难补助,以及县知青办的业务费用等。 (第十四篇第二章《财政》,第501页)

农业银行建立和恢复以后,把农业拨款监督拨付,作为一项重要工作任务。1964年7月接收全县农、林、水、民政等系统的县、区两级54个拨款单位,按规定先后开立了155个帐户,建立了拨款登记卡、拨款登记簿,能随时掌握各单位的拨款进度和资金使用情况。是年7至12月共监督拨付各项农业款31万元,其中:农村救济款5万元,支援穷队投资3.07万元,小型农田水利费3.97万元,抗旱经费9 800元,防汛费3 700元,知青下乡安置费8 663元,水库移民建房费1 240元。 (第十五篇第二章《金融》,第546页)

1970年学校组与知青办等组合并,称毕业生分配组。次年又分出来称学校组。

(第十八篇第一章《机构沿革》,第612页)

《合川县志》

合川市地方志编纂委员会编著,四川人民出版社1995年

(1964年)4月,县委、县人民委员会动员并安排合川城镇社会青年上山下乡为农村建设服务,并在沙溪九峰山办了青年农场。 (《大事记》,第16页)

(1969年)2月,县支左办公室、生产委员会,召开全县抓革命、促生产四级干部会,落实当年生产任务。并响应毛主席"知识青年到农村去接受贫下中农再教育"的号召,安置2万名知识青年分期分批下到农村。 (《大事记》,第18页)

(1976年)1月,17日,合川县革委召开上山下乡知识青年先进集体、先进个人代表会。表彰先进集体2个、优秀知青14名、优异知青254名。 (《大事记》,第19页)

1981 年,县委、县府正式分署办公,恢复了原党、政办事机构分别设置的格局,……原县革委知识青年上山下乡办公室改为合川县知识青年上山下乡办公室。("知青办"在改名后不久,编制撤销,业务并入劳动局)上述单位在改变以后,划归合川县人民政府领导,列入政府编制序列。

(第二卷第二篇第三章《政府》,第 126—127 页)

70 年代初期,强奸、迫害下乡女知识青年的案件增多,根据上级指示,重点打击了破坏知识青年上山下乡的犯罪分子。

(第二卷第四篇第一章《公安》,第 153 页)

60 年代初,由于严重自然灾害的影响,部分城镇职工私自离职到农村生活和随后的大批城镇知识青年上山下乡,人口异动频繁,户政管理工作出现混乱。

(第二卷第四篇第一章《公安》,第 159 页)

1969 年 9 月县革委成立以后,根据上级指示,开始从工人、贫下中农、上山下乡知识青年和复员退伍军人中吸收录用干部。到 1977 年,全县共吸收录用新干部 1 110 名。

(第二卷第五篇第二章《人事劳动》,第 183 页)

从 1978 年到 1985 年,全县共吸收录用干部 2 876 人。其中从全民、集体所有制工人中录用 81 人,从城镇青年及上山下乡知识青年中录用 203 人,从农民中录用 615 人,从复员退伍军人中录用 127 人,从"以工代干"人员中转干的 676 人,从集体所有制单位职工中转干的 85 人,从其它人员中录用的 475 人,招聘的乡镇合同制干部 614 人。

(第二卷第五篇第二章《人事劳动》,第 183 页)

第五节　知识青年上山下乡

下乡落户　根据中共中央、国务院 1964 年关于动员和组织城市知识青年参加农村社会主义建设的决定,从当年起,全县每年都有一大批城镇知识青年下乡落户。1978 年底,中央召开全国知识青年工作会议,调整上山下乡政策,重新规定"一般县城非农业户口的中学毕业生,不再列入上山下乡范围",从此,全县城镇上山下乡工作即告结束。据统计,从 1964 年到 1978 年,全县共有 26 933 名城镇知识青年下乡落户,其中本县青年 16 171 人,外地来县落户的青年 10 762 人。

1964 年,动员下乡的对象是城镇知识青年和社会闲散劳动力。1969 年,动员的重点侧重历届高初中毕业生。1972 年以后,又侧重年满 16 周岁,未升入中学的城镇高小毕业生和升学后无故退学的学生,以及无固定职业不能自食其力的城镇居民。继后,下乡对象虽有调整,但未作大的变动。在安置形式上,1964 年以集体插队为主,投亲靠友、自行挂钩为辅。当年全县农村共安置城镇知识青年和社会闲散劳动力 1 694 人(包括沙坪坝区和北碚区 969

人），其中集体插队 1 463 人，自行挂钩 231 人。1965 年，对上山下乡落户的知识青年，调整出 611 人，在九塘、清平、三汇、草街等 7 个公社，创办了 7 个青年农场。1966 年，又从当年下乡落户的知青中，动员了 453 人，在沙溪、保合等公社创办了 4 个青年农场。1968 年，因农场办理不善，粮食和经费都难以自给，1973 年相继撤销，对全部知青，分别安置在就近的 33 个公社插队落户。1973 年以后，学习湖南株洲的经验，实行厂社挂钩和按系统按单位对口安置的办法，对青年实行比较集中的安置。1975 年，在全县安置的下乡知青 8 120 人中，插队的 6 871 人，知青点安置的 947 人，国营农林牧渔场安置的 39 人，回乡的（非农业户口，农村有家可归者）263 人。

为了支持城镇知识青年上山下乡，国家还拨给专项补助费，用于解决下乡青年的住房和生活等方面的困难。口粮，从下乡之日起至第一年秋收分配时止，每人每月由国家供应 17.5 公斤；经费，1967 年以前，下乡知识青年人平补助 210 元，成户下乡的平均每人补助 150 元，回老家落户的人平补助 50 元。1973 年以后，改为回老家落户、到农村插队的和建立集体所有制农场的，安置经费均提高为每人补助 480 元；到国营农场的，每人补助 400 元。从 1964 年到 1978 年，国家共拨给知青补助经费 812 万元。

回城（镇）安置 从 1970 年起，政府开始通过招工、招生、征兵等渠道，对下乡知识青年陆续收回城镇安置就业。当时就业的门路还比较狭窄。1978 年，贯彻全国知青工作会议精神，拓宽了知识青年就业的门路，安置的渠道除全民、集体招工，以及国家招生、招兵外，还采取全民所有制兴办集体企业，发展城镇街道工业和社办企业等多种形式进行安置。至 1981 年底，全县下乡知识青年，除个别长期外出未归者外，其余都已全部安置。据统计，从 1970 年到 1981 年，全县共安置回城（镇）知识青年 26 202 人（包括县外知青 9 445 人），占下乡知青人数的 97.4%，其中招工 21 981 人，招生 1 884 人，参军 1 327 人，提干 36 人，按政策批准回城（镇）806 人。

（第二卷第五篇第二章《人事劳动》，第 199 页）

"文化大革命"后，初中发展快，教师补员多，补员的多是回城知识青年。

（第四卷第一篇第一章《教育行政》，第 581 页）

《江北县志》

重庆市渝北区地方志编纂委员会编纂，重庆出版社 1996 年

是年（1964 年），县内动员安置城镇下乡知识青年，至次年，共安置 185 人，为重庆市江北区安置 785 人。1965 年，两路区安置城镇青年 85 人在石坪公社新坪大队办新坪农场。

（《大事记》，第 38 页）

(1970 年)10 月,县内开始动员城镇知识青年到农村安家落户,至 1979 年,全县下放 9 053 名知识青年到农村。从 1978 年始至 1984 年底,将 10 407 名知识青年陆续收回城镇安置。

(《大事记》,第 40—41 页)

(人口)增加的年份以 1964 年三线建设厂矿内迁、城市知识青年上山下乡,迁入县境胜过迁出,增加 1 336 人为最多……

(第三篇第一章《人口分布及普查》,第 139 页)

1975 年,成立县计划委员会、工业交通站,供销联社、标准计量所、知识青年上山下乡办公室。

(第十六篇第二章《行政机关》,第 553 页)

1980 年 12 月 8 日,在县第九届人民代表大会第一次会议上,决定恢复县人民政府。县人民政府设置县府办公室、计划建设委员会、科学技术委员会、体育运动委员会、农业办公室、工交办公室、财贸办公室、环境保护办公室、知识青年上山下乡办公室……

1981 年,分文教局为文化局、教育局,知识青年上山下乡办公室并入劳动局,新增司法局。

(第十六篇第二章《行政机关》,第 554 页)

原城镇居民、学生、待业青年以及城镇上山下乡知识青年退伍后,由民政部门会同劳动部门与有关厂矿、企事业单位进行协调、安排就业。　(第十八篇第一章《优抚安置》,第 616—617 页)

江北县革命委员会机构设置(1979 年)

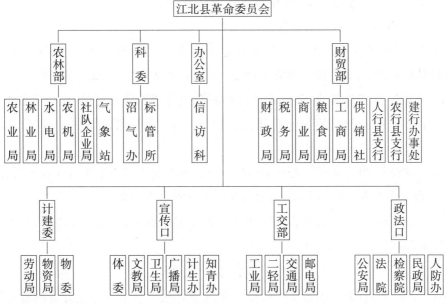

(第十九篇第一章《人事》,第 637 页)

1968 年 12 月，江北县掀起城镇知识青年上山下乡高潮，城镇知青纷纷上山下乡。……1977—1985 年，累计安置城镇待业人员 15 120 人，其中上山下乡知青 5 120 人，城镇待业人员 1 万人。

（第十九篇第二章《劳动》，第 646 页）

1970 年招知青 590 人，农民 748 人，复退军人和高小毕业生 280 人。1972 年停止普招。1975—1978 年，矿山、井下等重体力行业、新办集体企业招收新工人，贯彻先城镇（包括知青）后农村原则。

（第十九篇第二章《劳动》，第 650 页）

1975 年，招矿工农村子弟 42 人、知青 4 人。1983 年，县劳动局规定，四大产业招工，农村人口每家只照顾招收 1 人，其余限招城镇待业人员、知青，年末，招待业青年 116 人，农民 74 人。

（第十九篇第二章《劳动》，第 651 页）

第六节　知识青年上山下乡

一　动　员　安　置

1964 年，遵照国务院"动员组织城市知识青年参加农村社会主义建设决定"，成立安置工作领导小组，设安置办公室，开始在水土镇试点，动员初、高中毕业生和部分闲散人员 100 人上山下乡，并组织安置江北区来县插队知识青年（简称知青）750 人。安置方式是插队（生产队）、插场（社办林牧场）并举。1966 年，全县 11 个社办知青林牧场，配备干部、骨干社员 52 人，安插知青 787 人。

1968 年 12 月，毛泽东提出"知识青年到农村去接受贫下中农再教育，很有必要"指示后，县内逐年动员组织知青上山下乡。

1969 年，按江北县驻军生产办公室决定，区社撤销知青林牧场，全部知青安排插队。1970 年按县革委决定，动员安置对象中，年满 16 岁高小毕业生，全部下队落户。

1972—1975 年，安置知青，坚持成组插队原则，女青年不单独安置，并逐步建立知青点，将分散的知青集中，新建知青房坚持建点。1975 年末，全县建成知青点 43 个，未完工点 52 个。

1978 年，按照中共中央政策精神，县城、小场镇非农业户口中学生、矿山、林区等系统职工子女，不再上山下乡。1979 年，江北县停止动员知青上山下乡。

1964—1979 年，全县安置知青 10 428 人。其中县外前来 5 613 人；动员、安置、建房补助各费共 306.43 万元。

二　教　育　管　理

1964—1969 年，江北县安置工作领导小组、安置办公室负责对全县知青的教育管理，公社以党委副书记为首组成知青领导小组，有知青插队的大队党支部亦成立领导小组，知青按人数分小组设正副组长；县外知青单位，派知青带队干部来县参与组织、领导、管理；社办知青林牧场，由公社副社长以上干部任场长管理。1970年，区建立教育革命和再教育领导小组，社队由干部、贫下中农、知青代表组成"三结合"再教育领导小组。1973年，成立江北县知青上山下乡领导小组代替安置工作领导小组，设办公室负责知青工作。

1964—1969年，区、社、场、共青团组织，按"表扬先进、树立旗帜、鼓舞干劲"精神原则，适时召开知青大会，评选"五好"青年、先进小组，或请老贫农讲家史、村史等进行阶级教育。1966年并选拔61人出席江津专区知青积极分子大会。1970年以后，县、区、社广泛召开知青代表大会、知青大会，交流工作经验、表扬好人好事、评"五好"青年、选出席上级代表会代表。1975年，按县委、县革委指示，知青点实行吃、住、学习、劳动四集中，户口、分配两到队，各区、社每季度一次知青评比活动，年终总评，形成制度。至1979年末，全县计11人出席四川省知青代表会，1人获全国"三八"红旗手称号。

三　回　城　就　业

1974年，遵照省革委规定，国营企事业单位自然减员缺额，招收一名家居城镇非农业人口、符合条件的知青补充；矿山、井下，招收本单位符合招工条件知青；其他单位招收经批准留城的健康中学生、已上山下乡独生子女和父母身边无人的知青、或上山下乡两年以上知青。1975年，省劳动局规定，一家下乡3名以上知青，招收1名回城就业。

1979年2月开始，城市广开门路，全县统筹兼顾，全面安排下乡和留城知青就业。首先安排1972年前下乡部分，从城乡两方面逐人逐户落实。其次按计划、按步骤安排1973年下乡部分。1984年，知识青年回城就业完毕，全县回城就业10 407人。

（第十九篇第二章《劳动》，第656—657页）

《荣昌县志》

《荣昌县志》编修委员会编，四川人民出版社2000年

（1969年9月）永荣矿务局首批知识青年到荣隆区许溪、临江公社插队落户。

（《大事记》，第37页）

12月，县革委动员城镇知识青年到农村安家落户。到1977年底止，全县安置下乡知青15 811人，其中荣昌下乡12 011人，外地来荣昌落户知青3 800人。　　（《大事记》，第37页）

（1972年）4月11日，县革委在全县抽调150名农村回乡知识青年积极分子参加整顿财贸队伍。

（《大事记》，第38页）

解放后,荣昌人口的机械变动(迁入迁出),与国家统一招工、招生、抗美援朝、应征服兵役、知青上山下乡、兴办厂矿企事业及其"关停并转"密切相关。

(第三篇第一章《人口动态》,第 127 页)

1969 年开始,动员城镇知识青年上山下乡,到 1977 年,先后有重庆及其他城市的知青计 3 800 人来荣昌插队落户,后来,通过招工、招干、参军、升学等途径,大部分离荣返回原籍,亦有少数人在荣就业,分散在机关、厂矿、学校等单位工作、安家落户。

(第三篇第一章《人口动态》,第 127 页)

知青口粮

1971 年荣昌县对城镇下乡知识青年原则上供应口粮一年,每人每月供应 15 公斤。1974 年,中共四川省委规定,参加社队分配口粮的知青,其一年口粮不少于 190—210 公斤,不足部分由国家在返销粮中补足差额,中共荣昌县委规定知青口粮一年标准为 200 公斤。1979 年知青大部分返城,知青口粮不再供应。

荣昌县历年农村粮食销售分项实绩表　　　　单位:贸易粮吨

粮食年度	销售合计	统销人口粮			借销粮	种子粮	奖销粮			统销饲料		民工补助	
		小计	其中				小计	其中		小计	其中	小计	其中
			菜农	知青				农副产品	肥猪		仔猪		水利补助
......													
1975	7 595	2 390	1 475	575	1 745	550	1 555	85	1 470	1 020	855	335	
1976	8 850	2 775	1 735	480	3 020	645	1 270	85	1 185	780	705	360	90
1977	7 465	2 535	1 675	275	2 195	330	1 545	85	1 460	560	490	300	260
1978	6 625	2 350	1 675	115	1 170		1 960	290	1 670	905	815	240	160
1979	7 205	2 175	1 630	10	170	75	3 350	300	3 050	1 210	1 085	225	165
......													

(第十三篇第二章《粮油销售》,第 468—469 页)

1974 年 5 月,对下乡知识青年的口油,按居民标准计算,凡 1971 年下乡的补足差额一年,1972 年下乡的补足差额两年,1973 年下乡的供应一年,此后下乡的均补差两年。

(第十三篇第二章《粮油销售》,第 471 页)

1978 年 5 月,根据上级指示,县属各部门撤销"革命委员会"或"革命领导小组"的称谓,陆续恢复县属机构交通局、……知青办公室、环境保护办公室、多种经营办公室等机构。

(第十七篇第二章《政府》,第 660 页)

1977 年以后，劳动就业主要解决安置返城的上山下乡知识青年和新增长的城镇劳动力。1977—1980 年共安置 10 079 人，其中 1980 年安置 3 779 人。1981 年安置 3 413 人，1982 年安置 2 824 人，1983 年安置 2 373 人，1984 年安置 2 230 人，1985 年安置 2 029 人。劳动就业安置工作逐步走上适应国民经济发展需要的正常轨道。

（第二十一篇第一章《劳动》，第 797 页）

第四节　城镇知识青年上山下乡

一、机　　构

1964 年 5 月，成立中共荣昌县委安置工作领导小组。1968 年 9 月，荣昌县安置工作办公室更名为中国人民解放军驻荣昌县毕业生分配办公室。1974 年 2 月，又更名为荣昌县革命委员会知识青年上山下乡工作办公室，同时成立中共荣昌县委知识青年上山下乡工作领导小组。1982 年 2 月，荣昌县知识青年上山下乡工作办公室并到县劳动局，合署办公。

二、上　山　下　乡

1964 年 3 月，荣昌县人委召开全县城镇上山下乡安置工作会议。全年先后动员、安排上山下乡 730 户、1 385 人（含县外来荣昌落户的）。在下乡人员中有知青 249 人，社会青年 307 人，闲散劳动力 477 人，老年和小孩 352 人。有 43 人安排在三层岩农场，其余 1 342 人分别安排在全县的 7 个区、43 个公社、197 个大队、303 个生产队。

1969 年，响应毛主席关于"知识青年到农村去"的号召，城镇知青下乡工作开始恢复，进一步落实初、高中毕业生和脱离劳动的其他闲散人员到农村插队落户。明确规定，凡年满 16 周岁以上的城镇人员都必须下乡。但对残疾不能参加劳动的、独生子女、父母身边只有一个子女的和中国籍的外国人的子女可以不下乡。到 1977 年止，全县下乡知青 15 811 人，其中荣昌下乡知青 12 011 人，外地来荣昌落户 3 800 人。1974—1977 年，经县有关部门批准留城的知青 1 183 人，其中独生子女 70 人，选留一个子女在父母身边的 804 人，因病残、特困等原因的 309 人。1978 年，荣昌县暂停动员城镇知青上山下乡工作。

三、管　理　教　育

1974 年起，对下乡知青较多的区和有 100 人以上的公社配备一名专兼职管理干部，负责处理日常工作。1978 年，全县区、社的带队干部有 84 人，协助当地党委开展各项知青管理工作。各级党委、政府定期组织慰问，召开先代会。这期间，吸收下乡知青入党 101 人，入团 2 421 人，提拔脱产干部 15 人，任大队、生产队干部 589 人，担任各级贫协、共青团、妇联、民兵领导 161 人，任公社、大队、生产队会计、出纳员、保管员、公社八大员、赤脚医生、民办校教师 1 959 人。有 25 名下乡知青被选出席地区、省级先代会的代表。在打击迫害知青案件中，其中有轮奸、奸污案 17 件，杀害知青案 1 件，其他破坏案 142 件，处理结案 84 件，占立案总数的 51％。1978 年经四川省、重庆市两级公安部门查处，枪毙了奸污女知青罪犯史贤树，保护知青工作得以顺利进行。

四、安 置 经 费

1964 年下乡知青安置经费每人为 80—90 元,后改为每人 148 元。1966 年,知青安置经费每人平均按 250 元支付。1964—1968 年,全县共拨安置经费 262 237 元。1969 年,下乡知青安置经费标准定为每人 200 元。1973 年,知青安置费标准提高为每人 480 元。1969—1981 年,知青下乡安置费共拨 6 728 308 元。1981 年底,对全县知青安置所拨结余经费进行清理,收回余额 33 254 元。折价处理房屋 11 501 间,家具、农具 14 815 件,共折价 701 253 元,根据上级文件规定,县知青办回收 561 002 元。1973—1981 年,全县下乡知青困难补助金额共计 2 635 928 元。其中,用于知青生活补助 1 505 670 元,建房补助 655 056 元,添置家具、农具 446 710 元,医药补助 24 436 元,其他费用 4 056 元。

五、就 业 安 置

1974 年起,县以上集体所有制单位新增人员,按规定优先招收下乡的独生子女、多子女下乡其父母身边无人和在农村锻炼两年以上的知青。同时规定知青下乡在农村社队,也同当地农村青年一样参加"三招"。1975 年,招工指标分配到动员地区的各部门、各单位,经当地群众评议、招工单位提名、县劳动部门核审,办理录用手续。1978 年按照统筹兼顾、全面安排、系统负责、条块结合、任务包干的办法安排下乡知青工作。1980 年安排下乡知青就业按照中共中央提出的"三结合"就业方针办理,改变了由劳动部门统包统配的办法。鼓励下乡知青开展个体经济活动。到 1981 年,全县各系统除有知青 470 人升学、参军外,已先后分期分批安排 8 033 人就业。还由县知青办公室以无息借贷 105 万元给各系统、单位新办集体企业 10 个,安排就业 490 人,其中有下乡知青 331 人。

(第二十一篇第一章《劳动》,第 804—806 页)

《涪陵市志》

涪陵市地方志编纂委员会编,四川人民出版社 1995 年

(1957 年)9 月 17 日,重庆市 60 余名高、初中应届毕业生响应国家号召下乡当中国第一代新式农民,本日乘船抵涪,中共涪陵县委、县人民委员会组织各界群众数千人到龙王沱码头欢迎。次日,安排到马鞍、北拱、世忠 3 乡落户,与农民实行"三同"(同吃、同住、同劳动)。

(《大事记》,第 54 页)

(1964 年 4 月)15 日,重庆市 124 名赴涪下乡知识青年在蔺市区堡子公社等地落户。

(《大事记》,第 62 页)

(1967 年)12 月 16 日,县生产指挥部下乡上山知识青年工作办公室成立。此前全县已安排下乡知识青年 2 600 多人。 (《大事记》,第 66 页)

(1969 年)2 月 11 日,涪陵城数万人隆重集会,欢送城关镇首批知识青年 1 000 余名到农村安家落户,接受贫下中农再教育。 (《大事记》,第 68 页)

(1974 年)3 月,各公社在回乡青年、复员军人或基层干部中聘请农技员、植保员各 1 人,由农业部门和供销社开支经费,并进行业务指导,负责农技、植保工作。全县大面积推广双季稻。两年后,农技员解聘,公社农技、植保工作由植保员 1 人承担。 (《大事记》,第 71 页)

(1975 年)11 月中旬,中共涪陵县委召开农业学大寨会议。县、区、社、大队、生产队五级干部,工交、财贸、文卫等企事业单位及国营农、林场和上山下乡知识青年代表共 1.5 万余人出席,会议传达全国农业学大寨会议精神,进一步掀起农业学大寨高潮。提出"全党动员,苦战 4 年,为建成大寨县而奋斗。"此后 4 年中,虽在治山治水方面取得一定成绩,但也执行了一些"左"的政策和搞了一些形式主义的东西,造成许多人力物力上的浪费。

(《大事记》,第 73 页)

本年(1978 年),不再继续动员城镇中学毕业生上山下乡。全县从 1964 年以来共有下乡知识青年 18 964 人(其中本县 10 522 人)。1971 年起,陆续通过招工等形式安排就业或转回城镇,至 1980 年全部安置结束。 (《大事记》,第 76 页)

1958 至 1962 年迁入 98 557 人,迁出 121 712 人,净迁出 23 155 人。这一时期迁入的主要是回乡支援农业的干部、工人和学生,迁出的大多是到东北北大荒和新疆支援边疆建设。1963 至 1965 年,人口出入变化不大。1966 至 1978 年迁入 197 186 人,迁出 181 151 人,净迁入 16 035 人,主要是省外几个工厂迁入的人口,以及重庆等地上山下乡知识青年的迁进迁出。 (第三篇第二章《人口变动》,第 234—235 页)

1974 年,设城建委办公室,知识青年上山下乡办公室(简称知青办)。撤多经办。

(第十五篇第三章《政府》,第 948 页)

1971 至 1976 年,根据中央、省有关文件规定,开始办理退休、退职职工子女的顶替招工;招收上山下乡落户知识青年回城参加工作;进行"三工"制度改革,即企事业单位常年使用的临时工、轮换工(亦工亦农部分),确因生产、工作需要,本人表现好,适于继续工作的,经批准可转为固定工。 (第二十篇第一章《劳动就业》,第 1152 页)

知青安置

1964 年贯彻中共中央和国务院指示,动员年满 16 周岁、身体健康、未能升学的城镇知识青年及少部分社会闲散劳动力下乡参加社会主义建设,至 1966 年止,安置下乡知识青年 3 078 人(含安置重庆知识青年 419 人)。1968 年,毛泽东发出"知识青年到农村去"的号召后,涪陵城镇大批知识青年到农村插队落户,至 1978 年底,先后安置下乡知识青年 16 305 人(含重庆等地知识青年 8 023 人)。其安置的主要形式有:成组插队、投亲靠友、回老家落户等。1973 年以后,将一部分知识青年安置在集体所有制的农、林场。

1971 年以后,政府通过招生、招工、参军和准许迁回城镇等途径陆续对下乡知识青年进行安置。至 1978 年底,全县在乡知青只余下 1 864 名,至 1980 年全部安置结束。

1964 至 1985 年,市(县)财政共支付上山下乡就业安置费 630.2 万元。

(第二十篇第一章《劳动就业》,第 1154 页)

1970 年成立涪陵县劳动局,1982、1983 年,县知识青年上山下乡工作办公室及县安全生产办公室先后并入办公。

(第二十篇第五章《管理》,第 1171 页)

《垫江县志》

《垫江县志》编纂委员会编纂,四川人民出版社 1993 年

(1969 年)2 月 25 日,全县开始全面动员,安置城镇知识青年到农村插队落户,接受贫下中农再教育。到 1978 年,共下乡插队落户 4 783 人,其中重庆知青 2 698 人。

(《大事记》,第 35 页)

知青安置

1964—1978 年,全县先后动员和安置城镇上山下乡知识青年 4 783 人,其中接收安置重庆市知识青年 2 698 人,外省、市回籍投亲靠友插队落户的知识青年 122 人,安置在全县各社队的有 3 895 人,国营农场 63 人,集体场队 825 人。国家拨给建房、家农具、生产扶持和生活、学习、医药等安置经费 1 865 395 元。1979 年不再动员城镇知识青年上山下乡。

1970 年起,根据上级有关指示,逐年安排城镇上山下乡知识青年离开农村,至 1980 年共安置返城就业知识青年 4 671 人,其中招工 3 316 人,招生 769 人,征兵 584 人,被录为国家干部 2 人。另外,因病残丧失劳动能力退回原籍的 86 人,其他原因离开农村的 26 人。到 1981 年 1 月,返城知识青年全部安置完毕。
(第八篇第一章《劳动》,第 245 页)

1966 年"文化大革命"开始后,招工对象调整为复退军人,家居城镇的应届高中毕业生,

经过锻炼两年以上的下乡知识青年及矿山井下、森林采伐、野外勘探行业符合条件的职工子女。

（第八篇第一章《劳动》，第 246 页）

"文化大革命"期间，新增"五小"企业技术改造和城市青年下乡安置等项支出，年均总支出 576.04 万元，比调整时期增长 1.66 倍，支大于收 719.1 万元。

（第十六篇第一章《财政》，第 510 页）

《丰都县志》

四川省丰都县地方志编纂委员会编纂，四川科学技术出版社 1991 年

（1964 年）6 月 9 日，重庆江北区 303 名知识青年首次来丰都落户。截至 1978 年，重庆下乡知青达 8 931 名，丰都下乡知青 2 900 名。至 1982 年，均安排回城就业。

（《大事记》，第 33 页）

1955 年，修建狮子滩水库，县境在三元、社坛等地修房屋 438 间，利用公房 81 间，安置由长寿县来丰都的移民 1 310 人定居。其余年代县内人口迁移变动属工作调动、参军、支援国家建设、知识青年上山下乡、结婚等等原因。　（第二篇第三章《人口变动》，第 87 页）

（1973 年）10 月，设县委知识青年上山下乡领导小组办公室。

……

1979 年 3 月，撤知青领导小组办公室。　（第十四篇第一章《中共丰都县委》，第 352 页）

（1964 年）6 月，复设人事科；增设知识青年上山下乡安置办公室；农林水利科分为农业科、林业局；文教卫生科分为文教科、卫生科。……

1966 年 11 月，人事科、民政科并入县人委办公室；农业科、林业局并入农林办公室；计划委员会、物价委员会、统计局、劳动科、知青安置办公室合并为计统办公室；文教科、卫生科合并为文卫办公室；县供销社、工商行政管理局并入商业局；水利电力局、工交科、手工业管理局等单位并入工交办公室；财政科、税务局合并，复名财政税务局。

（第十六篇第二章《人民县政权》，第 407 页）

1964 年 12 月，全县待业人员有 840 名。当年，开始动员知识青年上山下乡。

（第十八篇第二章《人员选用》，第 440 页）

第六章　知识青年上山下乡
第一节　管 理 机 构

1964年6月，建立丰都县安置城市下乡青年领导小组，下设安置办公室。

1966年11月6日，知青安置办公室并入县计统办公室。"文化大革命"开始，机构一度瘫痪。

1968年10月30日，设丰都县革委知识青年上山下乡安置办公室。1969年1月与丰都县革委毕业生分配领导小组合署办公。

1973年10月7日，建立中共丰都县委知识青年上山下乡领导小组，下设办公室。

1981年11月4日，县知青办公室与县劳动局合署办公。

第二节　接收安置教育

1964年6月9日，重庆市首批来县下乡落户知识青年303人。当年先后三批到县共892人。县城、高家镇下乡知青96人，分布在丰都4个区的11个公社，59个大队，129个生产队，插入国营林场50人。

1966年安置重庆知青1 075人，县内知青331人，多数落户在社办林场，安置费每人300元，投亲靠友230元。

1968年后，知识青年上山下乡形成高潮。1969年至1972年，全县共接收安置下乡知青6 137人，其中重庆4 865人，丰都1 272人。1973年至1976年每年接收安置200—400名。

1973年起，在区和接收下乡知青人数多的公社配备专职管理干部。重庆市对口单位派知青带队干部，分驻县、区、社加强教育管理。县、区、公社从政治思想教育入手，帮助解决生产上的实际问题，并注意培养先进典型。大多数知识青年在农村得到锻炼成长。全县有14人加入中国共产党，1 631人加入了共产主义青年团。有564人分别担任了区团委书记，区、社妇联主任，公社正、副党委书记、正、副革委（管委）会主任，大队和生产队正、副大队长、队长、会计、出纳及民兵连长等职务。至1978年11月，累计接收、安置知识青年11 831人，其中重庆市知青8 931人。除陆续安排部分人回城市工作外，尚有3 411人在农村。贯彻中共中央、省委文件后，至1982年12月全部回城作了统筹安排。

（第十八篇第六章《知识青年上山下乡》，第452—453页）

《石柱县志》

石柱县志编纂委员会编，四川辞书出版社1994年

（1963年）1月23日，县首批知识青年105名，到农村插队落户。

（《大事记述》，第25页）

(1964 年)8 月 1 日,重庆市知识青年 253 人到黄水黄连农场当工人。

9 月,城关镇 38 名知识青年到楠木公社黄连湾建立青年农场。(《大事记述》,第 26 页)

(1969 年)8 月 25 日,召开县首次上山下乡知识青年代表大会。(《大事记述》,第 28 页)

(1973 年)7 月 3 日,召开县第二次下乡知识青年代表大会。 (《大事记述》,第 29 页)

1964 年 8 月,重庆市江北区 253 名(男 125、女 128)知识青年来黄连农场落户。1969 年至 1978 年,重庆等地大批知识青年上山下乡,到石柱农村落户的共 6 916 人,其中 1969 年 3 239 人,1972 年 1 362 人。除极少数留居石柱外,大多随每年的招工、招生、征兵和病残照顾等迁出。1970 年,重庆市在石柱知识青年中招工 550 人,涪陵地区茶园煤矿招工 75 人,汽车运输公司招工 4 人,共 629 人。   (卷三第二章《人口变动》,第 98 页)

知识青年上山下乡

1964 年,执行中共中央、国务院《关于动员和组织城市知识青年参加农村社会主义建设的决定(草案)》,8 月 1 日,重庆市首批知识青年 253 人,集体下乡到石柱黄水坝国营县黄连农场落户当工人。9 月 24 日,石柱城关镇知识青年 20 人,到楠木公社黄连湾创办青年农场,参加农业生产劳动。1968 年 12 月,响应毛泽东"知识青年到农村去,接受贫下中农再教育,很有必要"的号召,知识青年下乡形成热潮。至 1978 年停止知识青年上山下乡为止,全县接收安置到农村插队落户的城镇知识青年共 8 371 人,其中接收重庆市等外地知识青年 7 053 人。1971 年开始,通过参军、招工、升学等渠道安置下乡劳动两年以上的知识青年就业。1978 年开始,分别由重庆、石柱等动员下乡单位,对口分期分批收回下乡知识青年安置就业。至 1980 年,在石柱下乡落户的知识青年,全部回城就业。

(卷二十四第二章《劳动》,第 468 页)

《秀山县志》

秀山县地方志编纂委员会编,中华书局 2001 年

(1969 年)1 月 26 日,动员城镇 1966、1967、1968 年的高、初中毕业生下到农村插队落户,接受贫下中农再教育。   (《大事记》,第 28 页)

(1974 年)8 月 3 日至 12 日,县委在龙凤区召开全县知识青年上山下乡工作会,重庆带队干部出席了会议。   (《大事记》,第 30 页)

1968 年,毛泽东主席号召"知识青年到农村去,接受贫下中农再教育",广大知识青年成批上山下乡,至 1977 年止,全县共有初中、高中毕业的知识青年 1 362 人到农村插队落户。

……1981 年,改革劳动就业制度,实行由劳动部门介绍及待业人员自愿组织和自谋职业相结合的方针,把发展集体经济和个体经济作为安置待业人员的主要去向,并对所有下乡插队落户的知识青年,全部收回城镇就业。 　　　　　(第二十篇第一章《劳动》,第 467 页)

1971 年至 1976 年,从上山下乡两年以上知识青年和参加农村社会主义教育锻炼的积极分子中选拔 338 人作为干部使用。 　　　　　(第二十篇第二章《人事》,第 470 页)

《黔江县志》

黔江土家族苗族自治县志编纂委员会编,中国社会出版社 1994 年

(1969 年)1 月,城镇首批知识青年 122 人下乡插队落户。 　　　　　(《大事记》,第 18 页)

县革命委员会设 5 个大组、13 个小组:办事组下设秘书、行政、信访 3 个小组;政工组下设组织、宣传、人事、教育、卫生、群工 6 个小组;生产指挥组下设农林、财贸、工交、计划 4 个小组;毕业生分配组,人民保卫组。与小组同级的还有知识青年上山下乡办公室和复员退伍军人安置办公室。 　　　　　(政治编第十四章《人民政府》,第 156—157 页)

成立县待业人员安置领导小组,负责安置业务。安置对象主要是复员退伍军人,城镇应届高中毕业生,下乡两年以上的知识青年以及矿山、森工、地质等单位中符合招工条件的职工子女,1977 年,全县安置 115 人到厂矿就业。 (政治编第二十章《劳动　人事》,第 206 页)

知识青年上山下乡

1964 年,成立黔江县城市青年上山下乡领导小组,负责县城街道居民中闲散人员上山下乡安置工作,至 1966 年安置县内城镇居民上山下乡 64 人。1967 年机关工作瘫痪,上山下乡安置工作中断。1968 年,成立县知识青年工作办公室,具体负责知识青年上山下乡安置工作,次年改为毕业生分配组,负责大中专毕业生和动员安置城镇知识青年、闲散劳动力上山下乡。1974 年,大中专毕业生分配改由组织人事部门管理,恢复知识青年工作办公室。1969—1978 年,共有重庆知青 4 489 人,县内知青 824 人,在全县 51 个公社、359 个大队、1 242 个生产队插队落户。

1977 年底,停止动员城镇知识青年上山下乡,采取招工、招干、招生、退休职工子女可以顶替的办法,安排上山下乡知识青年回城就业。对 1972 年以前下乡的"老知青",实行文化、

年龄、婚否、性别四不限的政策,安排回城就业或在区、社工作。对 1972 年以后下乡的知识青年,实行分期分批安排,招工招干优先照顾下乡知识青年。已与当地农民结婚的知识青年就地或就近安排工作。

上山下乡知识青年的安置,根据国家有关规定,原则上本县知青县内安置,重庆知青由重庆安置。到 1980 年 3 月,安排工作的上山下乡知识青年共计 4 471 人,其余的通过其它渠道安置,知青回收安置工作至此结束。 （政治编第二十章《劳动　人事》,第 208 页）

解放以后,除各专类支出外,先后增加计划生育经费、知识青年上山下乡安置费等其他事业费。其中计划生育经费开支,1972 年以前列在卫生事业费内支出。1972 年,开始将计划生育经费单列。1964—1985 年,计支出 248.79 万元,年均支出 11.3 万元。知识青年上山下乡安置费始设于 1969 年,作为县财政开支单列项目,到 1978 年停止动员知识青年上山下乡为止,县财政计拨付安置费 133.79 万元,年均支出 13.38 万元。

（经济编（下）第三十三章《财政》,第 404 页）

《彭水县志》

彭水县志编纂委员会编纂,四川人民出版社 1998 年

同年(1969 年),县内 389 名城镇中学毕业生下乡落户,重庆及外省首批知识青年 2 305 人来彭水农村落户。 （《大事记》,第 24 页）

1971—1976 年,开始办理退休、退职职工子女的顶替招工;招收上山下乡落户的知识青年回城镇参加工作。 （第三编第二十九章《人事》,第 565 页）

代外地在县境内招工从 70 年代始,主要招收重庆市到彭水落户的知识青年。

（第三编第二十九章《人事》,第 566 页）

知识青年上山下乡

1964 年开始,郁山镇动员和组织部分知识青年下乡支援农业生产。1965 年,汉葭镇又动员和组织 73 名知识青年上山下乡,采取投亲靠友等方式到农村插队落户。1969 年,县革委成立毕业生分配小组后,全县掀起了动员知识青年上山下乡的高潮。当年除县内有 389 名城镇中学毕业生下乡外,重庆及外地首批知识青年 2 305 人也来县内农村落户。各级革委会拨出专款为他们修建房屋、添制家具、农具,给予生活、医疗等方面的经济补助及发放生产扶持资金,其他方面也进行了妥善安排。1974 年起,改分散插队安置为集体安置,并以

社、队为单位建立青年点 66 个,安置知青 584 人,到 1978 年 3 月止,全县累计安排下乡知识青年 6 264 人,其中,彭水知识青年 1 675 人(女 584 人),重庆等外地知识青年 4 589 人(女 1 858 人)。县财政拨付安置补贴知识青年经费超过 215.30 万元,人平 344 元。随着城市经济建设的逐步发展,各行各业需要各类人才增多,县以下小城镇停止动员知识青年下乡,并将已下乡知识青年收回城镇安排就业。至 1979 年底,知识青年已陆续调回安置就业。

(第三编第三十章《政务纪要》,第 588 页)

《武隆县志》

武隆县志编纂委员会编纂,四川人民出版社 1994 年

(1968 年)12 月,动员知识青年到农村去,接受贫下中农的再教育。至 1978 年有 1 516 名知识青年到农村安家落户。同时安置重庆知识青年 3 823 人。 （《大事记》,第 27 页)

"上山下乡"人员返回城镇就业 1969 至 1977 年,武隆动员"知识青年到农村去接受贫下中农再教育"2 106 人,1978 年 10 月底在农村的还有 303 人,年底全部安排就业。原"上山下乡"的城镇居民也回城镇,或重操旧业,或重新安排工作。

(第六篇第二章《解放后政事辑要》,第 163 页)

"文化大革命"中,固定工减员,又有 1 500 多名城镇知识青年和部分居民下放到农村插队落户,企、事业单位劳动力缺乏。 (第十篇第一章《劳动管理》,第 204 页)

1978 年开始调整上山下乡政策,下乡知识青年、城镇居民,以及冤、假、错案平反尚有工作能力者,由县劳动管理部门采取扶持集体经济、发展个体经济方法,广开就业门路,帮助就业。至 1979 年有 422 人招收在全民所有制中以大集体性质混岗就业。1980 年采取劳动部门介绍就业、自愿组织起来就业和自谋职业相结合的方法,区、社,县级各单位,对待业人员进行登记建卡,试行公开招工。招工单位按国家批准的劳动力招收计划,规定录取条件,进行文化考试,及德、智、体全面考核。当年全民所有制的企事业招收 413 人,技工学校学生 10 人。另对剩下的 303 名下乡回城知识青年就地安排在工业、二轻、商业、党政群团等单位。

(第十篇第一章《劳动人事》,第 205 页)

1978—1985 年,吸收大中专毕业生、回乡知识青年、转业军人共 1 000 人进入干部队伍。1985 年底全县干部达到 4 750 人。 (第十篇第二章《人事管理》,第 209 页)

《南川县志》

南川县志编纂委员会编纂，四川人民出版社1991年

(1968年)12月，县革委、武装部动员知识青年和城镇居民上山下乡，接受贫下中农的再教育。以后，每年动员一批知识青年上山下乡。至1978年，全县下乡插队落户11 176人，其中，本县3 595人，外地7 581人。历年共开支经费329万余元。至1984年，对下乡知识青年陆续全部安排就业。 　　　　　　　　　　　　　　　　　　（《大事记》，第27页）

(1970年)7月12日，县革委抽调129名干部组成"慰问上山下乡知识青年代表团"，对全县下乡落户的知识青年进行慰问。 　　　　　　　　　　　（《大事记》，第28页）

1971年招工，主要是从退伍军人、城镇应届高中毕业生、经过两年以上劳动锻炼的上山下乡知识青年和矿山、井下、森工、地勘单位符合条件的职工子女；在农村招工，必须经省批准。 　　　　　　　　　　　　　（第十七篇第一章《劳动就业》，第459页）

第三节 上山下乡知识青年安置

1964年，县委、县政府分批动员城关（今隆化）、南平、水江3镇未升学、就业的知识青年180余人，到三汇公社（今丁家嘴乡）的桃花山、黄泥垭、靛厂沟和永安公社（今岭坝乡）的八角大队、水江公社的大地大队落户参加农业生产劳动。

1967年7月，成立县知识青年上山下乡办公室，办理知识青年上山下乡工作。从1969至1978年，共动员城镇（含区、公社企事业非农业人口）知识青年上山下乡3 595人，代重庆市及驻县中央、省、地厂矿安置7 581人。在此期间，国家拨建房及购置家具、农具、炊具款和生活、医药费等329.84万元。

城镇知识青年下乡落户开初分住贫下中农家。1976年改为区、公社集体安置。全县建"两到队"（户口、粮食分配到队）、"四集中"（学习、劳动、吃饭、住宿集中）青年场18个、青年队221个，新建住房62 700平方米，经营劳动基地1.5万余亩，集体安置知识青年3 603人，占应集中安置人数的90.4%；派管理干部141人（重庆市99人、本县42人）与区、公社专兼职管理干部共同驻场、队加强领导。11月，省、地知青办公室来县召开管理现场会。

1978年12月，根据全国知识青年上山下乡工作会议决定，小集镇和县城非农业户口的中学毕业生不再列入上山下乡的范围，由各县安排就业。

1979年，对下乡、留城知识青年和待业青年实行"条条包干、块块负责、统筹兼顾、全面安排"的原则安排就业。至1984年底，在乡知识青年除县外的回原籍外，全部就地就近安排工作（包括外地知识青年在县结婚落户的）。对知识青年下乡与农民结婚的调离农村时，允

许带子女 1 人,全县办理 101 人。

1964—1978 年下乡知识青年统计表

年 份	知识青年安置人数			备　　　注
	合　计	县　籍	外　地	
1964	180	180		
1969	2 952	46	2 906	
1970	45	45		
1971	634	634		
1972	3 282	795	2 487	
1973	114	114		
1974	754	146	608	去外地老家落户 70 人
1975	1 636	965	671	
1976	806	535	271	去外地老家落户 97 人
1977	874	275	599	
1978	79	40	39	
合 计	11 356	3 775	7 581	

(第十七篇第一章《劳动就业》,第 461—462 页)

《宜宾市志》

宜宾市地方志办公室编,新华出版社 1992 年

　　(1964 年)5 月 17 日,宜宾市 8 万余人夹道欢送首批下乡上山的 340 多名城市知识青年到筠连县山区安家落户。　　　　　　　　　　　　　　　(第一篇《大事记》,第 20 页)

　　(1969 年)1 月 18 日,宜宾市知识青年 800 名到屏山县、宜宾县农村插队落户。从是年至 1978 年,宜宾市城镇知识青年共 1.9 万余人先后"上山下乡"到 20 个省、市落户。加上 1969 年前下乡的 1 200 多人,全市下乡知青共 2 万多人。至 1981 年底,下乡知青除个别外均作了安置。　　　　　　　　　　　　　　　(第一篇《大事记》,第 24 页)

　　1969 年中央解决四川问题的"一二・二五"批示下达后,经过多次调整,市革委会所属机构不断有所变动。其办事组、政工组、生产指挥组、人民保卫组,于 1973 年 4 月撤销。直至 1976 年 10 月,市革委会下属机构有:……知青办、计划生育办、街道工业办、物价办、供销社、人民银行。
　　"文化大革命"结束后,市属机构不断有所变动。1978 年,根据五届全国人大第一次会议精神,各机构去掉了"革命领导小组"或"革命委员会"的称谓。直至 1980 年 12 月,市革委会下属机构有:……知青办、计划生育办、沼气办、环保办、供销社、人民银行、建设银行、农业银行、信访科。

1980 年 12 月,市人民政府恢复成立后,直至 1983 年 11 月,其下属机构有:……知青办、市志办、安全办、环保办、供销社、人民银行、建设银行、农业银行、保险公司。

（第六篇第二章《人民政府》,第 148—149 页）

按照国家当时劳动就业政策的规定,从"德、智、体"三方面进行全面考核基础上,择优招收下列人员:家居城镇的复员退伍军人;精简机构、下放劳动的人员;1966 年以来,家居城镇,年满16 岁,未升学的高小毕业生;1968 年以来,家居农村无家可归、安置不落实的复员退伍军人;经过两年以上劳动锻炼,由贫下中农推荐的下乡知识青年;矿山、森工、地质勘探单位符合招工条件的职工子女;批准留城的初、高中毕业生;部分死亡、退休、退职职工符合招工条件的子女。

1977 年至 1985 年,粉碎"四人帮"后,特别是党的十一届三中全会以来,劳动就业和劳动管理进入了新的历史时期。在国家"统筹兼顾,全面安排"方针的指引下,实行了以国家计划安排为主体,兼以自愿组合、自谋职业、介绍就业、转化农村劳动力和全部收回安置在乡知识青年等有力的政策措施。

（第九篇第一章《管理体制》,第 207 页）

第三节　知青安置

宜宾市于 1961 年至 1978 年,先后动员下乡知青人数为 20 473 人。根据中共中央有关文件精神,至 1981 年 12 月止,除极个别特殊原因外,通过升学、参军、招工、回城待安置等途径,共安置 20 469 人,占动员下乡人数的 99.98％。凡是经过下乡后返回城镇安置到全民和集体单位工作的知青,按照国家劳动人事部文件规定,从安置下乡之日起与回城安置工作合并计算连续工龄。

（第九篇第二章《调配　录用　安置》,第 209 页）

1965 年,由市农业、教育部门合办 1 所农业技术学校,校址设在盐坪坝,当年和次年招有农业技术、兽医、蔬菜各 1 班,会计 2 个班,学生 250 人,1970 年停办时,学生全部上山下乡。"文化大革命"结束后,原由城镇下乡的 2 万余名知识青年回城亟待安置就业,一些部门和企事业单位纷纷开办技工学校和职业培训班。

（第十九篇第三章《职业　中专　高等教育》,第 556 页）

《翠屏区志（1986—2000）》

《翠屏区志》编纂委员会编,方志出版社 2004 年

知识青年上山下乡

一、知青下乡由来

1953 年 12 月,《人民日报》发表题为《组织高小毕业生参加农业生产劳动》的社论,开始

提出"知识青年上山下乡"。1955年9月,毛泽东在《中国农村的社会主义高潮》一书的按语指出:"农村是一个广阔的天地,在那里是可以大有作为的",成为"知识青年上山下乡"号召。1956年,共青团中央先后在北京、天津、上海、武汉、成都等几个城市进行了动员知识青年到农村去的试点。1957年9月,中共八届三中全会通过的《一九五六年到一九六七年全国农业发展纲要修正草案》第38条规定:"城市的中小学毕业青年,除了能够在城市升学、就业的以外,应当积极响应国家的号召,上山下乡去参加农业生产,参加社会主义农业建设的伟大事业。到农村去工作是非常必要的和极其光荣的。"到1958年,全国已有下乡知识青年1.5万多人。宜宾市参照全国知识青年上山下乡试点经验,由共青团宜宾市委主办、中共宜宾市委农村工作部、市文教局配合,于1958年初组织动员首批60名城市知识青年到本市郊区农村担任民办教师、会计、出纳等。1962年在"精简职工,压缩城镇人口"中,宜宾市又动员95名知青下乡插队落户。1964年2月,中共中央、国务院下发《关于动员和组织城市知识青年参加农村社会主义建设的决定(草案)》指出:"在今后一个相当长的时期内,有必要动员和组织大批的城市知识青年下乡参加农业生产"。"下乡插队的知识青年,要达到生活自给,一般需要两年左右;要建立像普通农民那样的一个家底,约需三、五年;要使他们从思想上把建设社会主义新农村当作自己的终身事业,所需时间还要更长一些"。《决定(草案)》对上山下乡知识青年的宣传动员、安置方向、安置形式、国家投入和扶持等方面,均作了明确规定。

二、下乡知青安置

(一)动员安置

1969年初,成立"宜宾市知识青年上山下乡工作办公室"(简称"知青办"),负责组织动员、联系安置地区、处理知青日常事务等。1964年5月,"知青办"按照宜宾地区安置办公室的部署,动员组织了641名知识青年到筠连县插队落户。1966年初又动员组织了451名知识青年到凉山地区插队落户。1966年,"文化大革命"开始至1968年,全国有三届城镇初、高中毕业生近400万人积压在城市。

1968年12月22日《人民日报》以"我们也有两只手,不在城里吃闲饭"为题,报道了甘肃省会宁县部分城镇居民奔赴农业生产第一线,到农村安家落户的消息,并在编者按中发表毛泽东主席的指示:"知识青年到农村去,接受贫下中农的再教育,很有必要。要说服城里干部和其他人,把自己初中、高中、大学毕业的子女,送到农村去。来一个动员,各地农村同志应当欢迎他们去"(简称"一二·二二"指示)。由此,全国掀起知识青年上山下乡运动高潮。宜宾市迅速行动,在校学生以学校为主、其他青年以街道为主,进行广泛动员,于1969年1月8日,组织800名城市青年去宜宾县、屏山县插队落户,拉开了知青下乡高潮的序幕。接着动员了第二批、第三批,凡符合条件的一律上山下乡,以各种手段在城镇落户或安排工作的一律无效。知青不愿下乡的,由家长做工作,家长思想不通的,由所在单位、街道工宣队或军宣队做工作,直到知青下乡为止。是年底,共有4478名市籍知识青年上山下乡。为了有序有效地进行工作,1970年4月起,知识青年上山下乡工作调整为单位负责,将300多个单位编列为 24 个系统(单位):地级单位为 6 个,市级单位为 8 个,中央、省属为 10 个。各系统(单位)都设立知识青年上山下乡办公室,由领导干部挂帅,办公室配强有力的工作人员(高潮时多达 400 人),进行知青上山下乡动员。其基本做法是:万人次以上参加毛泽东思想学习班,万人做思想工作,万人以上欢送,上山下乡高潮一浪接一浪。1969 年至 1978 年,全市城镇上山下乡人数为 19 226 人,占上山下乡总人数 20 721 人的 92.78%。此外,按照上级政策规定:共批准留城知识青年 8 417 人,因病残批准不下乡的知识青年 2 224 人,批准从农村迁回的知识青年 1 100 人。

宜宾市上山下乡知识青年人数统计

去向 \ 年份	1958	1962	1964	1966	1969	1970	1971	1972	1973	1974	1975	1976	1977	1978	1981
市　内	60	95			163	16	11	5	1	96	233	176	6		248
专区内			641		2 814	2 511	4 858	90	8	978	2 465	1 673	660	22	
省　内				451	1 181		9		1	12	28	188	27	4	
省　外					320		18	32	10	59	125	163	258	5	
合　计	60	95	641	451	4 478	2 527	4 896	127	20	1 145	2 851	2 200	951	31	248

(二)安置形式

对口安置。宜宾地区革命委员会确定宜宾、屏山、筠连、高县、南溪、江安等 6 个县为宜宾市对口安置县。先后安置了宜宾市上山下乡知识青年 17 470 人,占知青总数的 84.33%。

分散安置。1968 年毛泽东"一二·二二"指示发表后,大批知识青年上山下乡,安置主要是分散插队,结果,下乡知识青年的生产、生活得不到保障,社、队对知青的管理也出现困难。

集中安置。1973 年,中共中央发文提出,今后城镇知识青年上山下乡,主要采取集中安置:插队的要适当集中,建立知青点、青年队;在土地比较多的地方,单独建立以知青为主的集体所有制农场;到生产建设兵团和国营农、林、牧、渔场落户。

(三)安置经费

宜宾市知识青年上山下乡安置经费,根据中央规定,一律由国家财政拨款支付,专款专用。上山下乡知识青年的经费标准多次变动。1968 年至 1972 年前,省地规定:动员地区对单身插队每人 30 元,对成户下乡每人 20 元,对回乡人员每人 50 元。安置地区对单身插队每人 200 元,成户下乡每人 120 元,对省内投亲安置的,动员地区发给每人 30 元,安置地区发给每人 120 元。1973 年至 1977 年间,根据中央规定,上山下乡知识青年安置费标准提高为 300 元。1978 年,全国知识青年会议决定,再次提高下乡知识青年安置费标准,规定:到国营农、林、牧、渔场、"五·七"干校的,每人补助 400 元;到知青场、队的,南方各省每人补助 580 元,北方各省每人补助 600 元;到牧区的每人补助 800 元。

三、下乡知青状况

在知识青年上山下乡热潮中，安置地区普遍准备不足，不少社队干部和农民认为，知青下乡是来争饭吃、添麻烦，不能硬顶就采取软拖方式对待，知青生活条件极其艰苦。有的地方，虽建成少量土墙草房，但位置偏僻，且不能满足知青居住需要，多数只能分散安置在社员家中，个别知青下乡近一年仍无固定居所。一些合伙或单独居住的知青，没有锅灶、水缸等生活用具，粮食、蔬菜、燃料等也无基本保障。农村的艰难现实，使部分知青"扎根农村"的激情受挫，思想产生波动，下乡不数月即出现返城浪潮。1970年12月，宜宾市组织500人参加的知青慰问团，奔赴宜宾市籍知青安置的宜宾县、屏山县、筠连县、高县、南溪县、江安县进行慰问，了解知青情况，据不完全统计，知青倒流城市现象普遍存在。落户到宜宾县某公社的3名女知青，挤住在一间草房里，下雨屋漏，衣被均湿，慰问团与当地区、公社、生产队3次协商，才让搬到生产队一间公房暂住。1名到本市近郊某公社落户的知青，因户籍迁移未办妥，1年多没有分到口粮，他本人曾向市、区、社反映24次，写信10余次，仍未解决。在突击动员中，个别病残知青亦在下乡之列，有3名知青到农村不足半年即病发身亡。

1971年宜宾地革委发出通知，对下乡知识青年的口粮、食油供应和疾病治疗问题作出明确规定："下乡知识青年，国家供应粮食、食油时间，规定一年。国家停止供应后，参加生产队粮食分配。接不上产新分配季节的，生产队应在前一个分配季节作出安排，按单身劳动力实际吃粮标准留足口粮、食油，由队保管，按月发给至产新分配季节。生活补助费原则上不少于半年，补助标准逐月减少，具体金额各县规定。生活费停止补助后，购粮经费可在本人劳动报酬中预支。"《通知》还规定："今后个别知青因患重病或遭受其他自然灾害而造成特殊困难，自己和家庭无力解决的，按有关救济政策的规定，经社员讨论评定，社、队审查，报经民政部门（或区）批准，可酌情给予适当救济。"此后，下乡知青生活状况有所好转。但仍有个别地方对地革委文件执行不力，1973年落户到宜宾县某公社的知青李某，下乡仅4个月就突患疾病，未得到及时治疗而去世，年仅16岁。

宜宾市属的上山下乡知识青年，多数人怀着"接受贫下中农再教育"的初衷，虚心学习生产技能，与农民相处融洽，农民也把他们视作子女弟妹。家住宜宾城区的曹昌惠1969年到南溪县志城乡落户，她积极参加劳动，争干重活，经常抽空帮助五保户冯妈妈挑水、劈柴、缝补衣服；有农民生病缺药，她立即送去；平时，还为妇女们剪裁衣服，在夜校辅导农民学政治和文化；她与农民结下了深厚情谊，大家选她为民兵排长。1971年夏，她带领民兵，协助公安机关捕获2名罪犯。1972年2月，曹昌惠被招工回城，后在李庄区供销社棉布百货商店当售货员，1974年7月24日凌晨与盗贼搏斗中牺牲，成为革命烈士。丁洪佑在宜一中初中毕业后，即到云南省水富县安富乡插队落户，被推举为生产队副队长，1977年1月参军入伍在部队多次立功，1979年2月，在对越自卫还击战中壮烈牺牲，部队党委为他追记一等功。1964年下乡到筠连县插队落户的丰贵琼，曾两次放弃招工回城，1974年当选为第四届全国人民代表大会代表。1969年插队落户到屏山县的一名女知青，在一次火灾中因抢救群众被烧成重伤,生产队干部和社员把她背到公社医院,不能治,又连夜背到县医院,仍不能治,即包船送回宜宾,留人守候数日,至脱离危险后方放心离去。据宜宾市知青办1972年初统计,下乡知青中,有7人加入中国共产党,893人加入共青团,93人参加中国人民解放军,757人进入县、区、社、队各级领导班子,有2870人评为先进个人,约3000人招工回城,输送到各条战线。1974年4月,宜宾市召开上山下乡知识青年先进代表大会,代表总数220名,下乡知青168名,回乡知青11名,社、队干部和贫下中农代表41名。

由于下乡知青自幼生活在城镇,一时难以适应农村艰苦环境,有的抱怨说:"城里走的是大街马路,吃的是白米细面,农村吃的是包谷面面,出门坡坡坎坎,下雨又溜又滑。"有的懒于出工,得不到工分,分不到口粮,就说:"工分呀,工分呀,知青的命根呀!"更有甚者,三五结伙,东游西荡,估吃霸赊,公然捕杀农民的鸡、鸭,抢夺农民的蔬菜、粮食,农民稍有不愿,即拳脚相向或举刀威胁,为此,知青与农民斗殴时有发生。

四、关心、保护知青

知青落户农村后,生产、生活普遍遇到困难。一些不良分子又乘机对他们在思想上进行打击、生产上进行刁难、生活上进行虐待、身体上进行摧残,迫害下乡知青的事件时有发生。据宜宾市知青办统计,截至1973年,共收到知青本人或知青家长的控告、申诉、举报材料44起,其中:强奸女知青13起,诱奸女知青6起,企图强奸8起,诱婚4起,强奸后造成怀孕1起,企图强奸造成死亡1起,知青遭捆绑吊打11起。根据党中央对迫害下乡知识青年,特别是奸污女知青的犯罪分子给予严厉打击的指示精神,宜宾市对管辖地的5名奸污女知青的犯罪分子进行了严厉打击。

从1970年开始,宜宾市在每年元旦、春节期间,组织300至500人的知青慰问团,由领导干部带领,深入到安置县的公社、生产队看望和慰问在乡知青,好人好事给予表扬,对住房、分配、生活、学习、管理、保护等方面的问题,向县里如实汇报,共同解决。同时,派出驻县、驻社干部到对口安置的6个县、130个公社常驻(每个公社1—2名),与安置地区密切配合,及时化解各种矛盾,对确有病残或实际困难的知青给予推荐招工、升学等回城照顾,达到共同做好下乡知青工作的目的。1973年,对新下乡的知青实行集中安置,通过创办集体所有制的知青场(点)、队等形式,使下乡的知青政治思想有人关心,生产有人帮助,生活有人照顾,人身安全有人保护。至1977年底,对口安置县共建立了知青场(点)、队576个,安置知青5848人,占在乡知青的35%。其中:宜宾船厂与宜宾市前进公社联合开垦烂泥塘60亩,办起知青点,安置知青48人;八一二厂在宜宾县、高县办起知青农场,先后安置知青300余人。同时将分散插队的知青适当集中安置,使大部分知青的处境得到了一定改善。

五、招 工 回 城

1971年,全国计划会议确定:"招工资源包括经过劳动锻炼两年以上的上山下乡知识青年。"同年,宜宾地革委明文规定:"从劳动锻炼两年以上的上山下乡知识青年中,经过贫下中农推荐,招收一部分",并向上山下乡知识青年下达第一批招工计划。财贸部门从1958年至

1969年上山下乡的5 725名知青中招回600人,占上山下乡两年以上知青人数的10.48%。以后,每年均有一定的招工计划解决知青回城就业安置。据1972年初统计,宜宾市1971年底前下乡知识青年1.1万多人中,参军的93人,招工回城的近3 000人。

1973年4月,国务院科教组下发了《关于高等学校1973年招生工作的意见》,提出"上山下乡知识青年比较集中的地方,可适当多分配名额"。7月国务院决定全国中等专业学校、技工学校开始招生,上山下乡知识青年也列为招收对象。1978年5月,国务院知青领导小组与教育部联合发出通知,鼓励上山下乡知识青年参加高考,要求知青所在的生产队、农场为符合条件的知青每天给一定时间,组织他们复习应考;宜宾市当年考上全国大专院校49人、中专19人。是年,国家制定《关于安置老弱病残干部的暂行办法》和《关于工人退休、退职的暂行办法》,规定:工人退休、退职以后,家庭生活确实困难的,或多子女上山下乡,子女就业少的,原则上可以招收其一名符合招工条件的子女参加工作。这项规定,到1979年元月发展为:城镇职工退职退休后,可以由其子女顶替。当年,就有2 448名下乡知识青年顶替回城。

在知青招工、升学过程中,个别干部乘"推荐"、"政审"之机勒财索物,也有知青家长为使子女早日回城,请客送礼,不惜钱财"上贡"。

六、知青下乡终止

1978年3月,邓小平在同胡乔木、邓力群谈话时指出:"现在搞上山下乡,这种办法不是长久办法,农民不欢迎,城市人下去实际上形成同农民抢饭吃。我们第一步应该做到城市青年不下乡,然后解决从农村吸收人的问题。"1980年5月,中共中央总书记胡耀邦参加中央书记处讨论教育问题时指出:"要把让城市青年上山下乡种地的办法改过来,要用其所长,不要强其所难。过去的办法是一举两害,现在要一举两得,不要再搞上山下乡"。1981年10月,国务院知识青年领导小组办公室《关于二十五年来知青工作的回顾与总结》,对知识青年上山下乡运动的起因、发展、失误、教训等若干重大问题进行了回顾、分析后指出:"第一、知识青年上山下乡是50年代,根据我国人口多、底子薄、就业难的国情提出来的,是我党解决就业问题的一次大试验,它不是文化大革命的产物。第二、知识青年上山下乡本来是一个就业问题,但是在文化大革命的十年中,当作政治运动去搞,指导思想偏了,工作上有严重失误,造成劳民伤财,人民不满意,也损坏了上山下乡的声誉"。

宜宾市知识青年上山下乡工作办公室,在中共宜宾市委和市政府的领导下,本着"组织关心,负责到底"的精神,密切配合劳动部门,分片逐个单位落实在乡知青回城就业安置。1978年尚有6 000余名下乡知青,到1981年,除4名知青不愿回城外,其余都回城就业。对4个留乡知青每人赠送缝纫机1台,住房补助费300元。1982年元月,宜宾市知识青年上山下乡工作办公室撤销,宜宾市知识青年上山下乡运动宣告结束。

1985年6月,国家劳动人事部发出通知,明确规定:"由国家统一组织下乡插队的知识青年,在他们参加工作后,其在农村参加劳动的时间,可以与参加工作后的时间,合并计算为连续工龄。"这一通知规定,在宜宾市党政机关、企事业单位均获得全面地贯彻执行。

(特约撰稿人:廖汉瑞)

《附录》,第 666—671 页)

《宜宾县志》

四川省宜宾县志编纂委员会编纂,巴蜀书社 1991 年

　　(1970 年)4 月,宜宾县知识青年上山下乡工作办公室成立。　　　《大事记》,第 29 页)

　　(1979 年)1 月,停止知识青年"上山下乡",已"上山下乡"的知识青年陆续回城镇安排工作。

《大事记》,第 31 页)

　　1969 年 12 月 26 日,毛泽东主席发出"知识青年到农村去"的号召,全县从 1969 年起到 1979 年止,共安置知识青年上山下乡 17 642 人,其中,去黑龙江八五三农场 101 人,县黄山茶场 344 人,其余则分别安排在 3 060 个生产队和 329 个知青场、队、点上。

　　1970 年后,实行"计划招工",主要招收场镇待业青年和下乡知识青年。"自然减员指标"则由地区统筹分配,实行推荐——选拔——报劳动部门审批的招工方法。1972 年,县革委根据国务院(71)91 号文件和川委发(72)11 号文件规定,将县属企事业单位 1971 年 11 月 30 日以前参加工作的 1 743 名临时工改为固定工。1979 年起,将原安置在农村的知识青年逐步收回城镇,安置工作,或创造条件使其自谋职业。同时,对 1969 年以前下乡人员也作了处理。

(第三编第五章《民政　劳动人事》,第 432 页)

　　1969 年开始,先后有 17 642 名(含县外 7 423 名)知识青年被安排上山下乡,"接受贫下中农再教育"。县、区、社分别成立知青领导机构,大队、生产队干部有 1 名分管知青工作。至 1979 年 1 月,停止"上山下乡"工作。全县共拨出知青安置款数百万元。

(第三编第六章《重大政事记述》,第 457 页)

《泸州市志》

泸州市地方志编纂委员会编,方志出版社 1998 年

　　(1969 年)2 月 11 日,本市初、高中"老三届"知青 720 人到农村插队落户。

《大事记》,第 38 页)

"文化大革命"时期,劳动就业出现新问题,产生了城乡劳动力大对流的现象,新的待业人员不断增多。全市从 1967 年起开展大规模的知识青年上山下乡运动。据统计 1967 年至 1976 年全市上山下乡知识青年有 5 万多人。"文化大革命"后期,针对知识青年上山下乡中存在的问题,中央作出了关于统筹解决知青问题的指示。1973 年,全国知识青年工作会议作出调整措施,规定了"病残"、"特困"、"留城、回城"的政策。至 1978 年,全市病残、特困留城、回城的知识青年有 10 200 多人。由于 1973 年以前的城镇知识青年基本上都上山下乡,城镇企业单位用人按当时的规定只能到农村去招收,结果造成大批农村人口进城,形成了城乡劳动力的大对流。70 年代末,随着上山下乡知识青年纷纷回城,城镇待业问题表现得十分突出。1979 年和 1980 年连续两年待业率高达 13% 以上。

(第十九篇第二章《劳动管理》,第 924 页)

《泸州市市中区志》

泸州市市中区地方志编纂委员会编,四川辞书出版社 1998 年

(1966 年)2 月 23 日,泸州市 520 名知识青年赴西昌上山下乡落户。

(《大事记》,第 20 页)

(1969 年)2 月 11 日,泸州市知识青年 720 人到农村插队落户,"接受贫下中农再教育"。1979 年知青下乡停止。
(《大事记》,第 22 页)

1966 年,城乡劳动力大对流,劳动就业困难。时值新中国成立后出生的人陆续进入劳动年龄,对既不允许在城镇就业,又不具备继续升学条件的,除动员一部分参军外,大多数知识青年(简称知青)只能安排到农村"接受贫下中农再教育"。10 年"文化大革命",市区共动员知青 5 万余人上山下乡。大多集中插队落户或举办知青场队安置;少数留城知青,通过发展集体企业,进行安排。

1973 年起,调整知青政策,对疾病伤残、独生子女和留父母身边的独生子女,不动员上山下乡;已上山下乡两年以上的,通过招工回城就业或入学;对在农村患病、不适应劳动条件,或父母年老无人照顾的,经批准可以回城待业安置。是年,回城知青 10 200 名等待就业。但按当时政策规定,用人单位只能对农村知青招工。由于不正之风影响,劳动就业矛盾突出。

粉碎"四人帮"后,上山下乡知青纷纷回城,待业率达 13%。

1978 年,根据全国知青工作会议精神,市人民政府采取 4 个面向安置:即安置进学校、上山下乡、支援边疆、城镇就业,着重是城镇就业。城镇安置,以知青家庭所在单位系统安排

为主,优先安排 1972 年前下乡的知青,有的由外地招工单位安排接收,有的经考试升入大中专或技工学校。至 1979 年,共安置 75 124 人。　　　　　(第十六篇第一章《劳动》,第 564 页)

1987 年,组织清理全区街、乡、镇解放以来积存档案,共整理出文书档案 6 500 卷(册)。内容主要包括农村工作、农业生产情况、四类分子、社教工作、选举、贫协会、党团工作、救济、民兵、阶级成分、土地、婚姻、计生、治安、知青入户、退伍军人安置、人口普查、教育、文化、科技等。　　　　　(第二十一篇第一章《机构》,第 737 页)

《富顺县志》

四川省富顺县志编纂委员会编纂,四川大学出版社 1993 年

知识青年上山下乡

1964 年,富顺县首次动员城镇知识青年 400 人到筠连县农村落户,从事农业生产劳动,其中城关镇 200 人,牛佛、邓关、赵化镇各 50 人,代寺镇 30 人,怀德镇 20 人。下乡对象是年龄在 16 岁以上,没有升学的待业青年,其中有一些是小学毕业生。主要安排在筠连县巡司、大乐、武德、平安、巩固等人民公社(乡)。1967 年因“文化大革命”学校停止招生,本届城镇高、初级中学毕业生 263 人被动员去本县农村安家落户。1968 年 12 月,《人民日报》发表毛泽东关于“知识青年到农村去”指示,1969 年起,历年小学毕业生在 16 岁以上者和当年中学毕业生一律下乡落户,接受贫下中农的再教育,成为制度。1969 年至 1978 年的十年间,下乡落户的知识青年共计 15 221 人,其中有 3 200 人是成都、重庆、自贡等大中城市安排来县落户的。政策规定,独生子女和病残青年免下乡,多子女户、特殊困难户、家长身边无人户允许一名子女免予下乡或缓期下乡。下乡后发生严重疾病和残废者可收回城镇。十年中,缓、免下乡的青年 5 944 人;因病残收回城镇 755 人。这一时期,城镇人口招工、高等院校、中等学校招生,主要在下乡知识青年中招选。也招收了一批农村知识青年。1979 年起,停止上山下乡。到 1980 年,“文革”期间下乡的知识青年全部收回城镇,安置工作。

　　　　　(卷十四第四章《劳动管理》,第 283 页)

(1970 年)10 月,知识青年上山下乡,至 1978 年共下乡落户 11 000 人。

　　　　　(卷三十《大事记》,第 819 页)

(1973 年)9 月,成立富顺县知识青年上山下乡领导小组及办公室,管理知青工作。

　　　　　(卷三十《大事记》,第 820 页)

《隆昌县志》

隆昌县志编纂委员会编纂,巴蜀书社 1995 年

同月(1964 年 6 月)中旬,城关镇动员 300 多名知识青年和社会青年到珙县农村插队落户。

(《大事记》,第 23 页)

同月(1966 年 5 月),城关镇动员组织 244 名城镇知识青年和社会青年到云顶青年茶场落户。

(《大事记》,第 24 页)

(1970 年)8 月 10 日,全县各单位动员知识青年上山下乡。至 9 月底,近 2 000 名知识青年下乡插队落户。

(《大事记》,第 26 页)

(1971 年)9 月 3 日至 15 日,县革委组织 200 多名干部、教师和知青家长慰问下乡知青,并检查安置工作。

(《大事记》,第 27 页)

(1972 年)9 月,全县 480 名职工申请病休,让其上山下乡或回乡务农的子女补员,参加工作。

(《大事记》,第 27 页)

(1976 年)9 月 7 日,148 名城镇知青赴黑龙江省孙吴县农村插队落户。

(《大事记》,第 29 页)

同月(1977 年 8 月)下旬,恢复高等院校和中等专业学校招生考试制度,全县应届、往届高中毕业生(包括下乡和回乡知青)纷纷报名应考。

9 月 17 日,全县 417 名城镇知识青年去黑龙江省宝清县国营 853 农场 3 分场落户。

(《大事记》,第 30 页)

(1978 年)全县停止动员知识青年上山下乡,并开始陆续优先安排下乡知青回城就业。

(《大事记》,第 30 页)

第六节　知识青年上山下乡

1964 年 6 月,成立隆昌县安置工作领导小组,县长兼任组长。负责动员组织城关镇知识青年和闲散劳力上山下乡。组织了 300 名知识青年及少数闲散劳动力到珙县孝儿区所属的恒丰、杨义、宝山、天堂、仁义等五个公社的 64 个生产队插队落户,参加农业劳动。

1966 年 5 月,城关镇和部分场镇组织了 244 名知识青年下乡,安排在云顶青年茶场劳动。1967 年春,在珙县农村和云顶茶场落户的青年,大都自动返城参加"文化大革命"。1968 年,县革委决定解散云顶青年茶场,将 244 名青年动员到龙市、黄家区农村插队落户。1969 年,县革委成立毕业生分配组,主管大、中专毕业生分配和知识青年上山下乡工作。次年,更名为知识青年上山下乡办公室。全县开展了"知识青年到农村去接受贫下中农再教育"的动员工作,要求 1966 年至 1968 年的高中、初中、高小毕业生,年满 16 周岁以上的到农村插队落户,没有经过下乡劳动锻炼的知识青年,不得招工、参军、升学。1974 年,对丧失劳动能力的青年、独生子女、父母身边只有一个子女的,经本人申请,组织批准,可以不下乡。

1975 年,全县下乡插队落户青年达 8 364 人,因县内人多地少,安置知识青年到农村有困难。1976 年 9 月,动员 148 名知识青年到黑龙江省孙吴县的腰屯、辰清、奋斗三个公社插队落户。1977 年 9 月,动员 417 名城镇知识青年到黑龙江省宝清县国营 853 农场 3 分场落户。

1978 年,全县上山下乡知识青年共 10 176 名,分布在 2 700 多个生产队,每个生产队平均安置知识青年 3 人至 4 人,多者 6 人至 7 人。

知识青年下乡,由国家补助建房费、生活费、医疗费、学习费等。1969 年,下乡青年每人补助 300 元。1973 年,每人补助费增至 480 元。全县共使用知识青年下乡补助费 4 097 053 元,建房木材 3 166 立方米,床、柜、桌等家具 7 000 余件,以及大量的口粮和食油。

县、区、社各级都确定一名领导分管下乡知识青年工作。1974 年,对下乡知识青年在住房、家具、农具等生活上存在的困难,由县拨出专款给予统筹解决。是年,统筹经费支出 400 286 元。1975 年,县委、县革委在单位抽调 32 名知识青年带队干部到部分公社协助作好知识青年的管理工作。1977 年,县召开首届知识青年上山下乡先进集体、先进个人代表会,出席会议的知识青年、家长、贫下中农代表 536 人。

隆昌县 1964 年至 1981 年知识青年上山下乡情况统计表

年　度	动员下乡人数	经费支出(元)	其　　中	
			动员安置支出(元)	统筹解决支出(元)
1964	300	13 400	13 400	
1965		121	121	
1966	244	30 193	30 193	
1967		23 654	23 654	
1968		25 912	25 912	
1969	956	368 112	368 112	
1970	2 900	583 043	583 043	
1971	801	190 627	190 627	
1972	1 947	423 929	423 929	
1973	1	691	691	
1974	207	465 311	59 350	405 961
1975	1 308	492 811	434 138	58 673

年　　度	动员下乡人数	经费支出(元)	其　　中	
			动员安置支出(元)	统筹解决支出(元)
1976	820	390 119	364 193	25 926
1977	677	202 312	169 918	32 394
1978	15	334 539	64 066	270 473
1979		117 532	117 532	
1980		421 914	412 745	169
1981		12 833	12 833	
合　　计	10 176	4 097 053	3 303 457	793 596

　　知识青年到农村落户后,在农村加入中国共产党的有 13 人,加入共青团的 155 人,担任大队、生产队干部的 191 人,担任民办教师、农科员、赤脚医生(大队合作医疗站医生)766人,担任夜校教师的有 1 913 人。

　　1970 年,开始在城镇下乡知识青年中招工、招兵、招生。企业需要培训技术工人,可以从农村锻炼一年以上的城镇下乡知识青年中招收。城镇下乡的高小毕业生和社会青年,招工时不受劳动锻炼时间的限制。至 1972 年,城镇下乡知识青年被招收为工人的有 654 名。

　　1973 年,在招工、招生、征兵中,按国家下达的招工计划招收部分在农村经过两年以上劳动锻炼的知识青年,由生产队、生产大队、公社逐级推荐,县主管部门审批。已下乡的独生子女,多子女父母身边无人的,在按国家计划招工时,给予照顾。多子女户已下乡三个以上的,可优先选招一人。1977 年,学校招生恢复考试制度后,下乡知识青年可直接报考大、中专院校。至 1978 年,城镇下乡知识青年被招收为工人的 3 685 人,考入大、中专院校的 980人,参加中国人民解放军的 1 132 人。同年冬,县城知识青年不再列入上山下乡范围。

　　1979 年,全县知识青年工作转向安置就业。成立隆昌县城镇待业人员安置工作领导小组,下设办公室,负责下乡知识青年和城镇待业人员的安置工作。按下乡知识青年人数,分年将安置指标落实到各系统,由系统包干安置。居民或街道企业职工的下乡子女,由县和城镇统筹安置。外地来县和县内到县外下乡落户的知识青年,由动员、安置两方协商解决。下乡已婚知识青年就地安置或因人制宜安置,大龄下乡知识青年,安置时不受年龄、婚否和文化程度限制。为扩大下乡知识青年安置渠道,1979 年至 1980 年,各区、社新办商业、服务业、建材业等集体企业 28 个,各系统、单位办集体企业 59 个,共安置下乡知识青年 1 343 人(含县知识青年上山下乡办公室拨款 69 万元,扶持新老企业 19 个,安置下乡知青 364 人)。至 1980 年,在县内下乡的知识青年基本安置完毕。1981 年,县知识青年上山下乡办公室撤销,知识青年上山下乡中的遗留问题,由县劳动局办理。1985 年,县内到黑龙江省孙吴县插队的 148 名知识青年除 2 名就地安置外,其余均返回隆昌安置。到黑龙江省宝清县国营853 农场的 417 名知识青年,有 284 名回隆昌安置。

全县有 8 名下乡知识青年,因犯罪判刑,刑满后,仍按知青对待,作了妥善安置。

(第二十四篇第二章《劳动》,第 569—571 页)

《南溪县志》

四川省南溪县志编纂委员会编纂,四川人民出版社 1992 年

(1964 年)秋,城关和李庄两镇知识青年 80 人,首批上山下乡,到农村插队落户。

(《大事记》,第 36 页)

是月(1978 年 10 月),贯彻中央通知,知识青年停止上山下乡。对已下乡的知青,逐步收回城镇安排就业,当年安排 2 122 名。 (《大事记》,第 43 页)

第一节　知青回收

1964 年 5 月,在城关镇、李庄镇开展首批城镇知识青年上山下乡动员工作,下乡知青 80 人。

1978 年,全县动员知青下乡 6 132 人,其中宜宾、自贡来县插队 4 380 人,共计 10 512 人。其中 1969—1976 年是城镇知青下乡的高潮时期。8 年共下乡 10 073 人,占知青下乡总人数 95.82%。1979 年底停止动员知识青年上山下乡。1969—1978 年通过招工、招生、参军、补员安置以及病残和其他原因离队的 7 590 人。由于未停止动员下乡,且安置、就业渠道单一,至 1978 年底尚在农村的知识青年仍有 2 922 人。1979 年起,又分别不同情况进行安置,到 1981 年底才全部安排完毕。

城镇知识青年上山下乡安置统计表　　　　　　　　单位:人

年　度	下乡数	安置数	年　度	下乡数	安置数
1964	80		1974	921	654
1966	45		1975	1 423	643
1969	2 230	392	1976	1 050	689
1970	1 546	223	1977	258	633
1971	1 448	799	1978	56	2 122
1972	1 062	884	1979—1981		2 922
1973	393	551	合计	10 512	10 512

注:安置数含离队数

支援边区是城镇知识青年"四个面向"之一。1977 年黑龙江省宝青国营八五三农场新增农工指标,在南溪县录取 67 人,其中男 34 人、女 33 人。有 3 对结婚回场,其余至 1980 年已先后调回。

(第十九篇第一章《安置就业》,第 532—533 页)

《江安县志》

四川省江安县志编纂委员会编,方志出版社1998年

是年(1969年),大批动员知识青年上山下乡,插队落产达3 000余人。

(《大事记》,第35页)

(1979年)1月,决定知识青年不再"上山下乡"。对历年已"上山下乡"的知识青年逐步安排回城镇工作。

(《大事记》,第37页)

12月,各单位开始办"大集体"企业,解决回城知青和城镇待业青年就业问题。

(《大事记》,第37页)

知识青年安置

1964年7—9月,初次分两批下放城镇知识青年共97名到怡东公社插队落户。1966年,再次动员53名城镇知青到农村落户。1969年,知识青年上山下乡达到高潮,规定城镇(孤儿、独子女、病残特困户,多子女户可选留子女1人在身边)凡年满16周岁的城镇知青都要下乡。至1978年底,全县下乡知青已达7 661人(其中,本县知青5 400人,接收外地知青2 261人),分布在全县1 700个生产队内。县财政连年累计支拨下乡知青动员费、统筹费和安置费等专项经费达253.6万元。1978年9月,始停止动员上山下乡。

在上山下乡的同时,国家又历年通过工厂招工、学校招生、部队参军等途径,划出一定指标,在下乡知青中,由基层推荐,通过政审,分别把他们安置在工厂、学校和部队,至1978年,尚有下乡知青1 088人。1979年,安排大批下乡知青回城工作。采取归口安置(其中父母有工作单位的960人)、介绍安置办法,分别安置在粮、农、财、税、工、商等对口单位。至1981年3月,除有4人自愿留在农村外,其余下乡知青,全部回城就业。

历年城镇下乡知识青年就业情况统计表(1964—1981年)　　　　　单位:人

年　　度	下乡数	就业数	年　　度	下乡数	就业数
合计	7 661	7 629	1973	55	218
1964	97	/	1974	348	454
1966	53	14	1975	1 210	743
1969	2 462	438	1976	569	770
1970	505	350	1977	866	1 093
1971	1 199	440	1978	17	1 530
1972	280	491	1979	/	/
			1981	/	1 088

1976年9月25日,经本人申请,县知青领导小组批准,有25人去西藏落户,在当地分别享受"三招"待遇(招工、招生、招兵)就业。1977年,又经批准去黑龙江国营八五三农场490名,其中全民职工子女110名,其余为纯居民和集体所有制职工子女,分三批由县护送前往,后由于气候寒冷,主食不习惯,纷纷要求调回,经过由死卡、限制到放宽政策,至1985年,多数知青先后调回,并安排了工作,至今留场知青尚有百余人。

(第十九篇第二章《劳动管理》,第625—626页)

1971年,从农村选拔回乡知识青年、转业军人和上山下乡知识青年189名去泸州师范学校短训3月,75人去宜宾师范学校学习一年半至二年回县担任小学教师,至1975年计补充"工农兵教师"和大中专生420人,时有公民办中小学教职工2610人。

(第二十篇第四章《教师》,第675页)

《纳溪县志》

纳溪县志编纂委员会编,四川科学技术出版社1992年

(1969年)3月,纳溪县革命委员会毕业生分配组成立。年底动员第一批高、初中毕业生近500名上山下乡。1973年6月更名为纳溪县革命委员会知识青年上山下乡办公室。

(《大事记》,第32页)

本月(1975年12月)底,县内在乡知识青年有6571人,为在乡知青最多的一年。

(《大事记》,第34页)

第三节　知识青年安置

60年代初,本县组织一批城镇知识青年到珙县插队落户,1969年起,正式动员城镇知识青年上山下乡。到1978年底止,全县共有上山下乡城镇知识青年10699人,其中,本县6558人,泸州市4141人。1979年,停止动员上山下乡。

从1972年起,一面动员城镇知识青年上山下乡,一面采取以下办法逐步安排知识青年工作:全民所有制单位招工时,拨出一定数额的指标照顾下乡知青。对已担任农村公社以上单位的临时干部和民办教师,经过实践、考察符合条件的,在全民所有制指标中择优转正。

集体企业招工时,本着"自行消化,单位系统包干,条块结合"的原则,由本系统对知识青年包干安置。无归属单位的由劳动部门统招统配。

下乡知识青年参军从部队复员、退伍后,由县劳动部门安置就业。

在职职工退休、退职,无子女补员的自然减员指标,作安置下乡知识青年就业使用。

在有固定收入,吃商品粮的乡镇企业中,优先安置知识青年。为扶持乡镇企业安置知识青年,县人民政府拨款 35.7 万元,安置知识青年 380 人和城镇其它待业人员 844 人。

提倡知识青年自谋职业。对有专长的知识青年,支持他们就近开业,资金由国家提供贷款,本人转为城镇户口。1980 年,全县自谋职业的知识青年 14 人。

鼓励知识青年在农村安家落户,立志务农。1981 年,在最后一批知识青年的安置中,有少数已与农民结婚定居,申请终身务农。县人民政府发给每人建房补助费 300 元,安置物资 10 件,价值 270 元。安置物资有缝纫机、被盖、蚊帐、衣料、棉衣棉裤等。

对少数犯罪判刑或劳动教养的知识青年,刑满释放后不再回农村,作待业安置。

至 1982 年,全县下乡知识青年全部安置完毕。

纳溪县城镇待业人员安置情况表

年度	地市下达安置任务	实际安置就业人数				就业途径				本年结转待业人数
		合计	占下达任务%	城镇待业人员	下乡知识青年	全民	集体	个体	其它	
1978	1 100	2 070	188.9	929	1 141	144	1 334		592	
1979	900	2 091	232.2	916	1 175	247	1 593		251	
1980	2 100	2 145	102.1	1 816	329	524	986	447	188	
1981	1 400	1 783	127.4	1 738	45	302	432	887	162	
1982	1 500	2 627	175.1	2 623	4	190	1 440	312	685	
1983	900	1 258	139.8	1 258		156	405	434	263	
1984	1 100	1 551	141	1 551		211	713	413	214	
合计	9 000	13 525	150.3	10 831	2 694	1 774	6 903	2 493	2 355	370

(第十五卷第五章《劳动就业》,第 398—399 页)

《纳溪区志(1986—2005)》

四川省泸州市纳溪区区志办公室编,方志出版社 2006 年

知识青年上山下乡

1968 年 12 月 22 日,中央传达毛主席关于"知识青年到农村去,接受贫下中农的再教育,很有必要"的指示。纳溪县革命委员会于 1969 年 10 月,成立知识青年上山下乡办公室,负责组织全县知识青年上山下乡。从 1969 年开始动员知识青年上山下乡起,到 1978 年改为知识青年不动员上山下乡止,这 9 年时间,全县共动员安置下乡知识青年 11 168 人,其中纳溪县直接动员的下乡知识青年 4 141 人(含支边青年 144 人),安置外地的城镇下乡知识青年 6 421 人,接收外地农村插队的知识青年 606 人。按各个时期知青安置经费的不同标准,共使用安置经费 351.96 万元,基本上解决上山下乡知识青年的吃、住、用、医等方面的具

体问题,顺利地完成知识青年上山下乡的历史使命。知识青年上山下乡工作,大体可分为三个方面,即:动员安置、教育管理、解决遗留问题。

一、动 员 安 置

动员知识青年上山下乡,从 1969 年起,主要动员"老三届"的知识青年和城镇居民以及社会青年的上山下乡。所谓老三届:即六六、六七、六八三个年级的高初中毕业生,1972 年起,主要动员"新三届"的知识青年上山下乡。所谓新三届,即六九、七〇、七一这三届的高初中毕业生。到 1972 年 1 月,全县共动员安置下乡知识青年 5 174 人,全县 7 个区 31 个公社(乡)都不同数量的安置有下乡知识青年,一般区安置人数都在 800 人以上,其中安置人数最多的上马区,共安置下乡知识青年 1 167 人,安置人数最少的是江北区,共安置下乡知青 212人。以后,每年三招(招兵、招生、招工)都要招走一部分知识青年。但每年都要动员一批知识青年上山下乡。至 1978 年 6 月,全县累计动员安置 11 168 人,9 年之间,平均在乡人数都在 4 090 人以上,按全县 31 个公社平均,每社达到 131 人以上。是宜宾地区 18 个县市安置人数最密的地方。

二、管 理 教 育

成千上万的知识青年上山下乡,要安置教育好他们,当时是个难事,虽然一开始县、区、社都指定专、兼职干部管理知青工作,农村社队办相继建立知识青年再教育小组,但是由于"文化大革命"的影响,无政府主义思潮泛滥,使一部分知识青年深受其害。有的人户口下乡,人仍没有下乡;有的人拿着自己的户口满天飞;有的人,人虽在社队,但思想也不安心;有的人成群结伙打群架、闹事、吃大户,闹得乡镇不安、鸡犬不宁。

随着中央处理四川问题,发出"12·25"批示,"刘结挺、张西挺、王茂聚、郭林川"彻底倒台。随后中央又发了[1970]26 号文件,各级领导对知青工作更加重视,知青机构不断健全。各地农村再教育的有力配合,部分下乡知识青年,思想觉悟普遍提高,政治表现逐渐好起来,由不安心农村,转变为以农为荣,以农为乐。在生产劳动实践中,努力锻炼自己,虚心接受贫下中农的再教育,一批有知识有文化的劳动者,在实践中,不断健康成长。到 1973 年底统计,全县知识青年 3 人入党,782 人入团,担任生产队会计的 20 人,民兵副连长的 65 人,被提为公社以上脱产干部的 2 人,教师 306 人,赤脚医生 32 人,毛泽东思想宣传员 892 人,记分员 236 人,科学实验员 139 人。有 1 149 人被评为先进,受过表扬和奖励的达 1 570 人,其中出席过县以上各种代表会的 409 人,其中,有出席省的 7 人,地区的 7 人。经过三招,有116 人光荣应征入伍,有 2 150 人应招为工人,有 252 人进入大中专学校深造,其中大专 39人,中专 213 人。

随着知识青年上山下乡的不断深入,在乡知识青年的不断增多,知青工作中的问题不断反映出来。由于青年上山下乡是一项新的工作,时间短,没有实践经验、政策上不够完善,所以一开始,不分青红皂白,只要是知青,通通动员下乡,没有区别对待,因此知识青年下乡后,一系列问题反映出来了,如独生子女下乡、多子女下乡后,父母身边无人,知青下乡后家庭产生特殊困难,以及在已下乡的知青中,分配的口粮不够吃、没有房子住、生病无钱医治等,使得家长担心,社会同情,群众反映强烈。上述问题,各级党委虽然做了大量工作,但当时有江青反革命集团的破坏干扰,以致未能达到事半功倍的效果。中共四川省委于 1973 年 8 月 11 日召开全省知识青年上山下乡工作会议,总结知识青年上山下乡的工作,肯定上山下乡工作成绩,交流工作经验,找出存在问题,讨论统筹解决的方针,制发中共四川省委[1973]29 号文件,对知识青年上山下乡工作中存在的问题进行逐个的解决。

知识青年上山下乡工作的过程中,各级党委重视和农村广大贫下中农的支持,各项工作进展都比较顺利,无论是动员安置、或再教育方面,都取得较好成绩,保护广大下乡知识青年在农村接受再教育过程中,生产上有人教,生活上有人管,基本上做到:政治上关心,生活上照顾,生产上帮助,法律上保护,从而保证广大下乡知识青年在农村生产劳动实践中,不断健康成长。

统筹解决知识青年的实际困难。1973 年 8 月 11 日,中共四川省委知识青年上山下乡工作会议后,纳溪县调整充实县委知青工作领导小组,同时加强知青工作的办事机构。并于 1973 年 10 月召开全县知识青年上山下乡工作会议,传达贯彻中央和四川省委上山下乡工作会议精神,从县级机关抽调强有力的工作干部组成工作组,赴上马区试点,摸索统筹解决的经验,经过 1 个月的实验,在总结点上经验的基础上,制定统筹解决的方案。1973 年 11 月 26 日,纳溪县革命委员会、计划委员会、财贸组、知青办联合发出"关于解决下乡知识青年生活困难问题的意见",到 1976 年 6 月底止,对 5 247 名在乡知识青年,共支出"统筹解决"经费 38.96 万元,其中建房费支出 22.70 万元,共补助建房人数 2 242 人,共建房 1 040 间,另外还扩建 741 间;对生活不能自给的知青,补助 3 771 人,共补助 14 万元,平均每人达 37 元,对 531 名知青的历年口粮欠款,进行必要的补助,补助金额达 18 413 元,每人平均约34.7元;对 189 名知青的医疗欠款,补助 159 人,补助金额 3 608 元,每人平均 22.7 元。知青实际分粮达不到 380—420 斤贸易粮的,从 1973 年起,由所在区社的粮食管理部门核实后,分别给予补助供应。基本上解决下乡知青存在的实际困难,促使其安心农村劳动。

正确执行知识青年上山下乡政策,有利于促进上山下乡的顺利发展。

其具体问题的处理政策:知识青年的上山下乡和留城问题。从 1971 年起,把知识青年中的独子女、孤儿(女)、有病的、病残的、多子女下乡后,父母身边的最后 1 个子女等,政策上为缓下乡或不下乡。从而区别该下乡和不该下乡的界限,明确规定该下不下者,不能享受三招,而必须下乡 2 年以上,经过劳动实践,方可享受三招,凡属不下乡对象的知识青年,可以留城享受三招就业,这样就明确下、留的出路。

对已下乡的独子女,孤儿(女)或多子女下乡后,父母身边无人者,或其子女下乡后,家庭特殊困难者,可以通过家长申请,经县以上革命委员会批准,办理回城,回到父母身边,以解决其家庭困难。但不愿回城者也可仍留农村,在三招中予以照顾(即三招中的独、多、特的照顾政策)。是走是留任其家长选择。对于病残知青,可以通过医院检查鉴定,凡不宜留农村得,经本人申请,经所在地县以上医院检查证明,县市审查批准,可以办理回城,回城后,经过治疗,痊愈后可以享受三招,不受限制。同时在政策上加以适当照顾。

为鼓励下乡知识青年安心农村,努力为建设社会主义新农村贡献力量,政策上知识青年除生活上与社员一视同仁外,政治上一律平等。在入党、入团、提干等方面,凡符合条件者,均一样对待,不得歧视。特别是在三招中在贯彻党的阶级路线的同时,要注意贯彻党的"有成份论,而又不唯成份论",重在政治表现的无产阶级政策。凡是表现好,符合三招条件者,都一样录取,不得附加条件,对那些表现较差,而又不符合三招条件者,不管是什么人,一律不予录取,这样就有效地制止三招中的不正之风,从而赢得广大知青和家长的拥护。

在整个知识青年上山下乡工作过程中,由于正确贯彻执行上山下乡的各项方针政策,具体地解决知青中存在的实际问题,从而促进知识青年上山下乡工作的正常发展,使知识青年上山下乡工作取得可喜成绩,培养锻炼一批有文化知识有社会主义觉悟的一代新人,在社会主义建设的各线战线上,发挥着不可估量的作用,更多的是已经成为建设社会主义的中坚力量和各项事业的佼佼者,其中有不少人,已经成为各级领导岗位的领导人。

三、调整政策、解决遗留问题

到 1978 年 10 月底止,纳溪县尚有在乡知识青年 2 831 人,从下乡时间看,文化大革命以前下乡的 10 人,1969 年以后下乡的 2 796 人,1978 年以后下乡的 25 人,其中属本县动员下乡的 1 187 人,非标准场镇下乡的 502 人。党的十一届三中全会以后,党中央调整知识青年上山下乡政策,缩小上山下乡的范围,改变只上山下乡的一个面向为"进学校,上山下乡、支援边疆、城市安排"的四个面向。从而扩大留城面,缩小下乡面。一般县城和小集镇中非农业人口的中学毕业生,也不再列入上山下乡范围,《全国知识青年上山下乡工作会议纪要》还规定:"就是城市,只要自己有安置条件的,也可不再动员上山下乡","城乡广开门路,妥善安排知识青年"的原则,以及"国家关心、负责到底"的精神,对在乡知青进行妥善处理。从1978 年起,解决在乡知青问题,除按常规,每年三招,按政策招收一部分,和机关厂矿、企事业单位职工的死亡、离休、退休后顶替解决一部分外,还采取各系统统筹解决的办法。由各系统兴办集体企业、扩大就业门路,以及国家拿出一部分资金扶持集体事业的发展,安排下乡知青。仅就扶持集体事业发展一项,知青部门就拿出扶持资金 36.78 万元。扶持城镇大小集体和乡镇企业及二轻企业 56 个,解决 379 名在乡知青的就业问题。比较突出的是上马糖果厂、护国糖果冰糕厂、纳溪航运公司的灰沙砖厂。从 1979 年起至 1982 年 6 月止,经过3 年零 6 个月的时间,全部在乡知青,都得到妥善安置,比较顺利地完成知识青年上山下乡的历史任务。1983 年 3 月 4 日,县知青办与县劳动局合并,知青工作纳入劳动就业范畴。

1985 年 6 月,国家劳动人事部发出通知,明确规定:"由国家统一组织下乡插队的知识青年,在他们参加工作后,其在农村参加劳动的时间,可以与参加工作后的时间,合并计算为连续工龄"。

(《附录》,第 543—545 页)

《泸县志》

泸县县志办公室编纂,四川科学技术出版社 1993 年

(1970 年)1 月 27 日,县革委会决定:1969 级初中毕业生和年满 16 周岁的 1966—1969 级初中毕业生,一律到农村插队落户;年满 16 周岁未升入中学的 1966—1969 级场镇户口高小毕业生,除少数分配到工厂外,其余都到农村插队落户,接受贫下中农的再教育。自此全县开始大规模的知识青年上山下乡运动。 　　　　　　　　　　　　　　(《大事记》,第 35 页)

1980 年,为解决场镇新成长的劳动力和回场镇上山下乡知识青年的安置,贯彻中央提出的"三结合"就业方针,在国家统筹规划指导下,实行劳动部门介绍就业、自行组织起来就业、自谋职业的办法,以缓解就业矛盾。1983 年,对统包统配的单一固定制度进行改革,实行固定工、合同工、临时工等多种用工形式,推行劳动合同制;县以上集体企业,可以"自愿组合,进人入股";企业的富余人员,可以申请"停薪留职",期限为一年。

　　　　　　　　　　　　　　(第十七篇第二章《劳动》,第 484 页)

知青安置　1964 年 8 月,根据国务院《关于动员和组织城市知识青年参加农村社会主义建设的决议(草案)》的指示,泸县首次动员场镇知识青年 104 人赴云龙、石桥、华阳、杨九公社插队。1966 年夏动员 62 人赴石桥公社优胜大队兴办茶场。1969 年 1 月,成立"泸县革命委员会毕业生分配办公室"(1973 年更名知识青年上山下乡工作办公室),开始动员场镇高、初中毕业生和待业青年到农村接受贫下中农再教育。初期是分散插队,1974 年起实行分散与集体安置相结合的办法,相继举办知青点 268 个,集体场、队 86 个,安置下乡知青 2 558 人。至 1977 年,共组织动员场镇知识青年 11 261 人下农村;142 人赴黑龙江省支边;接收外地来县插队知识青年 8 556 人。为知青修建住房 1.5 万余间,国家支出动员、安置费 650.2 万余元。

从 1970 年起,安排部分下乡满 1 年(后改为两年)、符合招工条件的知青回场镇就业。1978 年,按中共中央、国务院指示,不再动员知识青年上山下乡,已下乡知识青年逐步转回场镇,统筹安置就业。1971—1981 年,批准病残知青回场镇 806 人;安排就业 10 956 人,其中:大中专学校招生 575 人,征兵 968 人,招工 9 390 人(含"顶替"),其他 23 人。基本安置完回场镇的知识青年。 　　　　　　　　　　　(第十七篇第二章《劳动》,第 485 页)

《叙永县志》

四川省叙永县志编纂委员会编,方志出版社 1998 年

1961 年 7 月—1967 年 1 月,先后召开 41 次县府行政办公会议,讨论研究 89 个专题,其

中,主要研究进一步加强农业生产、缩短工业战线、精简机构、压缩城镇人口、开展第二次人口普查、知识青年上山下乡、以及有关商业、财贸、教育、卫生等专题。

......

1979年1月—1981年1月,先后召开27次县府常务会议,讨论研究了51个专题。其中,主要研究了贯彻中共中央十一届三中全会精神、农村联产承包责任制、恢复工业生产、人事安排、慰问受灾农民和知青安排等专题。　　　　　　　　　　（第十九篇第一章《政府》,第472页）

知青上山下乡与回城安置　　1963—1980年,按国家及省的指示,共安置城镇知识青年14584人到农村插队落户,其中,接收成都、泸州等地知识青年3851人。1980年,停止动员城镇知识青年上山下乡工作。

70年代,开始进行知识青年回城安置。1970年,招工165人,招兵6人。以后,各部门兴办大集体,增加招生、招干等渠道,每年都进行知识青年回城安置,至1979年,共安置知青回城就业13498人。其中,招工5412人,招生1121人,征兵833人。至1982年,基本结束知识青年回城安置工作。　　　　　　　　　　（第二十一篇第二章《劳动》,第518页）

《长宁县志》

长宁县志编纂委员会编,巴蜀书社1994年

（1978年）停止动员知识青年上山下乡。　　　　　　　　　　（《大事记》,第24页）

60—70年代,自贡、泸州市及本县城镇知识青年下乡安家落户。70—80年代初,知青陆续返回城镇就业,农村部分青壮年安排去芙蓉矿区务工,国家机关、企业的部分人员家属办理"农转非"迁入城镇。　　　　　　　　　　（第三编第一章《人口概况》,第117页）

1969年开始,工人死亡实行补员,1970年10月停止,1971年根据省革委(1971)101号文件精神,全民所有制单位职工死亡后实行补员,但补员只能是城镇待业人员和上山下乡知识青年。　　　　　　　　　　（第二十二编第二章《工人》,第631页）

第三节　知识青年安置

1964年,开始动员城镇知识青年上山下乡。至1978年,全县共动员城镇知识青年上山下乡2975人,其中到黑龙江省八五三农场支边的106人。另外接收自贡市、泸州市、重庆市、家宾市等外地城镇知识青年4022人。安置工作,从1971年起逐步进行,至1978年仍有1142人待安置。其中本县知识青年903人。1979年后,县采取措施加快安置步伐。在

全民所有制单位招工指标中,除优先招收本系统上山下乡知识青年外,并需接收 30% 系统外的知青;集体单位招工,对本系统的下乡知识青年实行包干安置就业;支持全民所有制单位兴办大(新)集体,优先安置本单位的下乡知识青年;无归属单位的由劳动部门统筹安置就业;外地来县招工,应按一定比例招收本县下乡知青,提倡回城镇的知识青年自谋职业,由国家扶持每人生产金 200 元。乡镇企业、城镇集体企业(包括下乡知识青年举办集体企业)每安置下乡知识青年一人,国家扶持生产资金 500 元。全县共扶持乡镇企业、城镇集体企业 42 个,安置下乡知识青年 532 人,支持回城镇个体开业 82 人。1981 年,全县下乡知识青年全部安置完毕。

动员去黑龙江省八五三农场支边的 106 名城镇知识青年,本人要求商调回本县工作的,劳动部门积极联系办理。至 1985 年,已商调回县工作 64 人。

(第二十二编第六章《劳动就业》,第 644 页)

《长宁县志》

《长宁县志》编纂委员会编,中国文史出版社 2008 年

知识青年上山下乡

(一)知青上山下乡由来

"知识青年上山下乡"最早提出于 1953 年 12 月《人民日报》社论《组织高小毕业生参加农业生产劳动》。1955 年 9 月,毛泽东在《中国农村的社会主义高潮》一书的按语指出"农村是一个广阔的天地,在那里是可以大有作为的",成为知识青年上山下乡运动的号召。1956 年,共青团中央先后在北京、天津、上海、武汉、成都等几个城市进行了知识青年到农村去的试点。1957 年 9 月,中共八届三中全会通过的《一九五六年到一九六七年全国农业发展纲要修正草案》第 38 条规定:"城市的中小学毕业青年,除了能够在城市升学、就业的外,应当积极响应国家的号召,上山下乡去参加农业生产,参加社会主义农业建设的伟大事业。到农村去工作是非常必要的和极其光荣的。"至此,全国有知识青年陆续被动员下乡。但尚未全面铺开,也未成为制度。1964 年 2 月,中共中央、国务院下发《关于动员和组织城市知识青年参加农业社会主义建设的决定(草案)》指出:"在今后一个相当长的时期内,有必要动员和组织大批的城市知识青年下乡参加农业生产。""要使他们从思想上把建设社会主义新农村当作自己的终生事业。"这样,知识青年上山下乡作为国家的一项重大方针政策被确定了下来。

(二)上山下乡运动概况

上山下乡运动较为复杂,实际上是一笼统称谓,既有真正的城镇知识青年,又有闲置的社会青年,还有被驱赶到农村落户的"四类分子"及其子女,只是后者除有点安置费外,享受

不到下乡知青待遇。以 1970 年 10 月统计为例,长宁下乡人员共 5 513 人,其中知青为 2 772 人,社会居民为 2 741 人。知青中,本地知青为 757 人,外地知青(主要是自贡、泸州知青)为 2 015 人。长宁上山下乡运动大致为五个阶段。

第一阶段为文革前。1964 年初,县上设立"长宁县知识青年上山下乡工作办公室"(简称知青办)当年 5 月,知青办按照宜宾地区安置办公室的部署,动员组织了 76 名知识青年到县内偏远的仰天窝林场插队落户。这既是长宁县首批知青下乡,也是 1968 年掀起上山下乡运动高潮前的唯一的一批。

第二阶段,1968—1971 年。1968 年 12 月 22 日《人民日报》发表毛泽东指示:"知识青年到农村去,接受贫下中农的再教育,很有必要。要说服城里干部和其他人,把自己的初中、高中、大学毕业的子女,送到农村去。"由此掀起了全国范围上山下乡运动高潮。1969 年元月,经过各单位和街道居委会宣传动员,组织了第一批城镇知识青年下乡插队,拉开了长宁县上山下乡运动高潮的序幕。由于文革开始后,初中停止招生达三年,1969 年至 1971 年没有毕业生,因而这期间按政策规定属于下乡对象而滞留城中的人不多,所以,自组织第一批知青下乡后,没再成批地组织知青下乡,只是零星地有人下乡。

第三阶段,1972—1977 年,长宁 1969 年恢复初中招生,招收了积压三年的小学毕业生。1972 年,仅长宁中学就有 10 个班 400 多人毕业,并且,大部分毕业后就下乡,这年是长宁本县知青下乡人数最多的一年。以后年年都有高中(长宁自 1971 开始办高中)、初中生毕业,每年便都有一大批知识青年插队下乡。由于这期间国家招生、招工、征兵政策明确,除农村青年外,只招经过劳动锻炼两年以上的上山下乡知识青年,上山下乡是城镇青年解决工作的必经之路,用不着大规模的宣传动员,大部分知识青年都是自愿主动报名下乡,因而不再是成批成批地组织和欢送。这一阶段是长宁上山下乡运动持续发展阶段,下乡知青主要集中在这一阶段。

第四阶段,1977—1978 年,为上山下乡运动尾声。1977 年底恢复高考,招生对象面向全社会,上山下乡不再是城镇青年寻求出路的唯一途径,从而使上山下乡运动根基受到极大冲击。国家虽然仍鼓励知识青年上山下乡,但只是作为既往政策的延续,既淡化了政治宣传,也不再作强迫,因而下乡知青陡然减少,呈零星状。至 1978 年 10 月中发(78)74 号文件下达,知识青年上山下乡正式停止。

第五阶段,1978—1982 年,为善后工作阶段。这段时期知青不再下乡,但知青办工作尚在进行,还得安置处理尚滞留于农村的知青和由财政拨款的知青财产。1982 年知青办撤销,标志长宁县知识青年上山下乡运动终结。

在整个上山下乡运动中,长宁县共安置了本县城镇和自贡、泸州知识青年 6 937 人,其中,自贡知青 1 015 人,泸州知青近 1 000 人。至停止下乡时,大部分下乡知青已通过招生、招工、征兵、办病残等途径陆续返城,尚存农村知青 1 142 名。其中本县 903 人,外地 239 名,之后,外地知青纷纷返回原地安置,本地知青 1979 年安置了 363 名,1980 年安置了 226 人,两年回迁

114 人,剩下 200 人,1981 年由知青办协调有关单位和部门,全部予以安置或解决回城。

（三）知青安置有关政策

1. 安置形式。主要是对口安置。即按单位系统,街道居委会确定对口公社。除城关公社外,全县 25 个公社都对口安置有知青。但这一政策也并不限得太紧,还是有相当部分知青是自己联系下乡地点。

2. 安置经费。根据中央规定,知青下乡安置经费一律由财政拨款,经费标准,变更多次。按照省地规定,1972 年前为每人每年 230 元,1973 年出现李庆霖上书毛泽东事件后,国家提高了知青安置经费标准,为每人每年 300 元,1978 年又提高到每人每年 400 元。

3. 知青待遇。由于知识青年上山下乡运动已提升到了无以复加的政治高度,因而"知青"已成了上上下下不敢怠慢的敏感问题。知青的工分标准要求不低于或高于同等劳动能力的农民,知青下乡第一年吃供应粮,标准为每月 35 斤,还可在生产队分配工分粮,第二年开始在生产队分粮。粮食分配受到优待,若分配低于 360 斤纯粮,将由国家补足。各公社每年都要数次召集知青开会,并给知青打打牙祭,以示关心。县上和有关系统年年都要组织慰问团,下乡慰问知青。知青有什么困难,像被盗、房塌、生病等,只要反映上去,也能引起各级政府重视,并尽可能给予处理、解决。如果有伤害知青的事件,也将受到严肃处理。当时"强奸知青"罪已如同"破坏军婚"罪一样,是从重从严判处的对象。

（四）知青下乡状况

上山下乡再早是国家作为解决城市就业问题的一种尝试,以后随着越来越左的形势发展,被宣传为"接受再教育"、"反修防修"、"走又红又专"、"练就革命接班人"的必由之路,被宣传到无以复加的政治高度,并成为文化大革命的一个部分,这就不但乏善可陈,而且为害不可低估。

上山下乡本来是知青及家长都不愿的事,之所以每年都有大批知青报名下乡,多数知青在乡下表现积极,这除了被宣传愚弄所致,更主要的是挣表现,争取早日被推荐读书、招工、当兵。而事实上,有相当部分知青下乡是被强迫的。依当时政策,凡是符合条件的一律下乡,以各种手段在城镇落户或安排工作的一律无效。知青不愿下乡的,通过单位或街道居委会做其家长工作,仍不通的,通知家长参加学习班,自带被盖,伙食自送,几时想通了,几时结束学习。这如同软禁,使你不得不就范。

当时农村是集体体制,普遍是贫穷落后,知青下乡住的多是简易的茅草棚,靠生产队分配难以自立,绝大多数都要靠家中接济。要出工,做饭,种自留地,找柴,多数知青难以适应,但普遍得强撑着。叨念着好好表现,以便早日被推荐出。而当时招生、招工、征兵的推荐制,基本上是靠关系,许多家庭条件差,自知"推荐"无望的知青便浑浑噩噩地混日子,难以安分守己的便少不了偷鸡摸狗,寻衅滋事,使得当地农民不得安宁。

知青在农村也并未对农村的改变产生什么积极作用,多数知青在农村并未当作主要劳动力安排,而是受照顾干点轻松的辅助性农活。1974 年下乡后的知青直接参加农活的人就更少，多是安排进大队改田改土队、宣传队、批判组混"革命工分"，农村并没有因为接纳了大量的知识而提高劳动生产率，提高粮食产量，相反却因知青人口的增加，减少了人均粮食产量和分配。

正因如此，农民普遍不欢迎知青，许多地方农民与知青的抵触情绪较大，但鉴于政策、形势及他们的弱势地位，只能敢怒而不敢言，无可奈何地承受上山下乡运动带来的灾难。

（五）上山下乡运动的终止及善后处理

知青下乡由就业问题发展为一场政治运动，劳民伤财，蹉跎知青岁月，知青和家长，地方领导和农民都不满意，实际上成了以国家名义搞的一场大骗局。加之知青返城的招生、招工、征兵基本上是走后门、凭关系，这更造成了大部分知青的不满。到 1978 年 10 月，尚滞留农村的 1 142 名知青，基本上属家境条件差，又无任何关系可靠的知青，后经相关部门三年的努力安置，到 1980 年底，尚有 228 人无法解决。这 228 人不但没有一人是党政企事业单位子女，而且多数人的父母就连集体单位都靠不上，多年郁积的怨懑和返城无路的焦虑，从而诱发了他们在该年 11 月至 12 月三次从县政府聚集请愿的过激行动。迫使县政府采取果断措施，于 1981 年初将他们全部解决。1982 年元月，长宁县知识青年上山下乡工作办公室撤销，长宁县知识青年上山下乡运动宣告结束。

1985 年 6 月，国家劳动人事部发出通知，确定："由国家统一组织下乡插队的知识青年，在他们参加工作后，其在农村参加劳动的时间，可以与参加工作后的时间，合并计算为连续工龄。"这也算是对知识青年上山下乡的一种补偿措施。 （《附录》，第 1015—1018 页）

《兴文县志》

兴文县志编纂委员会编，四川辞书出版社 1994 年

是年（1969 年），按照毛泽东主席"知识青年到农村去，接受贫下中农的再教育，很有必要"的指示，县里动员初中、高中毕业学生到农村落户，参加劳动。（《大事记》，第 23—24 页）

（1979 年）1 月，县里停止动员知识青年"上山下乡"，已下放的知识青年，从农村陆续回城升学或安置工作。 （《大事记》，第 26 页）

1969 年起，城镇知识青年到农村落户，以后又落实政策，就业安置，相继迁走。

（第三篇第一章《人口数量与分布》，第 94 页）

第三节　知　青　安　置

1977 年年底以前，先后有 587 名知青被招工、招干。1978 年，党和政府调整知青政策，对在生产队的 1 718 名知青，分期分批回城镇、厂矿、企事业单位、机关、学校就业。1978 年

至 1980 年,县内安置 487 名,回重庆、自贡等城市安置 980 名。

古宋、大坝、共乐区,到 1980 年除在农村结婚的 57 人外,其余 575 人分期分批回城镇、厂矿、企业、机关、学校就业。　　　　　　　　　　（第十七篇第七章《劳动就业》,第 516 页）

《珙县志》

《珙县志》编纂委员会编,四川人民出版社 1995 年

1964 年知识青年上山下乡,自贡、隆昌、泸州等县、市城镇知识青年 1 000 多人来珙县农村插队入户。　　　　　　　　　　（第三篇第一章《人口数量与分布》,第 103 页）

1964 年 2 月,中央发出《关于动员城市知识青年参加农村社会主义建设的决定》。当年,泸州、隆昌、自贡开始下放一批知青来县插队落户。1966 年 9 月,毛泽东主席号召"知识青年到农村去,接受贫下中农再教育",掀起知识青年上山下乡热潮。至 1977 年,全县接收安置去农村知青和社青 7 800 人,其中重庆等地 4 500 人。共用接待安置经费 290 万元。1978 年,中共十一届三中全会后,陆续回城安置就业,于 1981 年基本安置就绪。

……

1978 年,下乡知青、社青回城,加上城镇新增劳动力急需安置就业。贯彻中央提出的全民、集体和自谋职业三结合的就业方针,改变"三统"管理和用工制度,全县创办大、新集体 61 个。至 1984 年招工 1 997 人,其中县内 1 411 人。全县 1977 至 1985 年累计安置待业人员 13 687 人。　　　　　　　　　　（第二十篇第二章《劳动》,第 564—565 页）

《高县志》

高县志编纂委员会编,方志出版社 1998 年

是年(1968 年),组织知识青年上山下乡,高县接待安置宜宾市、自贡市和本县知识青年 6 155 人,在农村插队落户。　　　　　　　　　　（《大事记》,第 25 页）

(1973 年)12 月 28 日,县知识青年上山下乡领导小组及办公室成立。

（《大事记》,第 27 页）

是年(1981 年)底,高县上山下乡知识青年 6 155 人全部安置完毕。　（《大事记》,第 30 页）

1969 年起,城镇知识青年大量迁往农村。当年,城镇供应粮食 10 570 吨。1975 年,城

镇供应粮食 9 450 吨。 (第十二篇第二章《商品购销》,第 342 页)

1976 年底,干部总数达 2 063 人。1978 年,吸收公社半脱产干部 44 人,工人中提为干部 31 人,军队转业安置 35 人,大中专毕业生 64 人,安置上山下乡知识青年 4 人,集体转为全民 34 人,试用人员转正和落实政策 91 人,年底总数达 2 358 人。
(第二十篇第二章《人事管理》,第 526 页)

1979 年,下乡知青、社青回城,加上城镇新增劳动力急需安置就业。贯彻执行国务院通知,实行全民、集体和自谋职业三结合的就业方针,改变"三统"管理和用工制度,企业招收部分退休、死亡、退职职工符合招工条件的子女入厂,当年招工 2 747 人。
(第二十篇第三章《劳动管理》,第 531 页)

"文化大革命"开始后,停止计划招工,就业安置工作受到影响,城镇待业者日积月累,下乡知青、社会青年回城长期得不到安置,到 1977 年全县待业人员 5 900 人。

1979 年,县委、县政府成立安置就业办公室,贯彻中央提出的"在国家统筹规划和指导下,劳动部门介绍,自愿组织起来,自谋出路",全民、集体和自谋职业三结合就业方针,大量兴办大集体、新集体安置待业人员和下乡劳动锻炼的知识青年,到 1987 年,累计安置待业人员 12 409 人,占应安置人数的 94.66%。 (第二十篇第三章《劳动管理》,第 532 页)

第三节 知 青 安 置

1968 年 9 月,毛泽东主席发出"知识青年到农村去,接受贫下中农再教育很有必要"的指示后,县成立知青安置领导小组及知青办公室,负责知青的安置、教育、管理工作。到 1978 年,全县 7 个区,44 个公社,266 个大队,1 532 个生产队,安置全县高小、初、高中毕业生 3 821 人,外地(重庆、自贡、宜宾市)知青 2 334 人。1978 年底,停止动员城镇知识青年上山下乡。根据省委指示,广开就业门路,逐步将城镇下乡知识青年收回城镇安置。由于安置、就业渠道单一,年底,首批安置知识青年充实财贸和教师队伍,尚在农村的仍有 2 570 多人。1979 年起,除继续招工、招生、组织就业外,采取创造条件自谋职业等办法进行安置。到 1981 年底,下乡的城镇知识青年全部安置完毕。 (第二十篇第三章《劳动管理》,第 532 页)

《筠连县志》

筠连县县志编纂委员会编,四川科学技术出版社 1998 年

(1964 年)春,接收和安置首批下乡知识青年。 (《大事记》,第 38 页)

（1975年）1月1日，筠连制丝厂将1971年动员下乡上山的104名半工半读学生，全部招回安排工作。

（《大事记》，第44页）

1966—1977年，每年都有一批城镇知识青年被动员下乡和回城安置，城乡劳动者比例变化不大。1978年知青回城安置较多，城镇劳动者略有增加。

（第十九篇第一章《社会劳动力构成》，第580页）

第三节　知　青　安　置
一、下　乡　安　置

1964年，中共中央、国务院作出《关于动员组织城市知识青年参加农村社会主义建设的规定》，筠连县成立安置领导小组，下设办公室，当年首次在城关镇动员知识青年和社会闲散劳动力61人下乡插队落户，并接收宜宾、富顺知青1 083人，分别安置在中心、巡司、双河等20个公社的89个大队。1969年贯彻毛泽东主席"知识青年到农村去，接受贫下中农再教育很有必要"的指示，于1—3月开展动员工作，将1966—1968年城镇年满16周岁高小以上文化未升学、就业的知青291人及35户无业居民和社青全部动员到农村插队落户，同时接收自贡知青31名（含投亲落户5名）。此后，每年未升学的知青中，除病、残、独生子女、多子女父母身边只留一个子女，均全部动员到农村"接受贫下中农再教育"。1964—1978年，全县共安置下乡知青6 467人中，筠连县知青2 258人，宜宾市1 332人，重庆市2 304人，自贡市184人，富顺县409人，插队到全县5个区，30个公社，250个大队，1 250个生产队。集中安置的1978年尚有258人，分布在14个农、林、茶、果场115人，农科队22人，知青点26个121人。1978年奉令停止动员知青下乡。

二、安　置　经　费

1964年下乡知青每人发给动员费15—18元，安置费200元；成户下乡，每人两费共150元；回乡人员每人50元。1969年对省内投亲每人两费150元。1973年知青补助费提高为480元。仅1973—1978年即拨知青经费109万元，其中安置费1.68万元，统筹经费49.38万元，建房费29.7万元，生活维持费20.5万元，家具农具费8.4万元，医药费3 584元，木材166.4立方米。

三、回　城　安　置

1970年10月，按省革委规定，劳动锻炼1年以上，按招工条件招收一部分，1972年改为"在上山下乡两年的知青中招收"。筠连县从1970年起，按地区下达指标招收下乡知青和留城知青，指标分配到知青家长所在单位，经群众评议，基层推荐，区（镇）社审查，用工单位政审和组织体检，符合条件者由劳动部门发录取通知。1972年全县共招收2 837人，其中全民单位1 232人，集体1 605人，后因计划招工受到干扰，仅1977年在全民招工中招收676人。

1978 年根据全国知青工作会议精神,对全县尚在农村的 1 500 多名知青,首先解决 1972 年底前下乡的 800 多名老知青,采取分片包干,条块结合,统一调整办法,至 1981 年筠连下乡知青全部安置。还就地就近安排重庆、宜宾、富顺知青 364 人,知青工作到此结束。

(第十九篇第二章《职工源流》,第 586—587 页)

《屏山县志》

屏山县志编纂委员会编纂,四川人民出版社 1998 年

是月(1969 年 1 月),县委上山下乡知识青年工作办公室成立。年末,城镇知青 721 人和城镇居民 190 人下乡插队落户。同时宜宾市知青 470 多人也来县农村插队落户。

(《大事记》,第 37 页)

(1972 年)6 月,重庆市知青 765 名来县农村插队落户。　　　(《大事记》,第 38 页)

(1975 年 12 月)上山下乡知青 325 人被招工回城。年末,尚有在乡知青 2 339 人。1980年全部返回。

(《大事记》,第 40 页)

城市维护费、城镇青年就业事业费和工业交通事业费

至 1985 年末,城市维护费预算内支出 61.6 万元,预算外支出 42.5 万元。城镇青年就业费支出 44.5 万元,知青经费 171.5 万元。工业、交通部门事业费 38 万元。

(第十二篇第三章《财政支出》,第 425 页)

第四节　知识青年安置

1956 年 2 月,动员中小学毕业生和社会待业青年 100 余人,成立"青年垦荒队"到屏边乡龙宝山开荒种粮。年末,因自然条件恶劣,转移到龙洞坪开荒种茶。

1963 年 6 月,安置成都市知识青年和社会待业青年 454 名,到龙洞坪茶场落户当工人。

1964 年 8 月,屏山、新市两镇,动员中学毕业生 42 人上山下乡,到富荣、红椿、屏边 3 公社插队落户。

1968 年 12 月底,响应毛泽东同志关于知识青年到农村去,接受贫下中农的再教育的号召,并根据省革委《关于动员知识青年到农村去的意见》,规定除少数人到工厂去以外,一切可以到农村去的人,都应当到农村去安家落户。接着又规定:凡年满 16 周岁的中学毕业生,应下乡而未下乡的,或下乡后倒流回城的,任何单位不准在他们中招工、招生。并作出以下安排:凡下乡知青,财政每人拨动员安置费 230 元;每人供应棉絮一床、蚊帐一顶、棉布 8 米;

口粮按每月 17.5 公斤标准供应,食油按当地居民标准供应,直到在生产队取得粮油分配为止。户口也同时由城镇迁移到农村。

1969 年元月,成立屏山县革命委员会知识青年上山下乡工作办公室,作为动员安置知青工作的常设机构。当年动员安置县内知青 721 人。并开始接受宜宾、重庆知青来县下乡落户。

1969—1975 年,共安置宜宾市知青 127 人,重庆市知青 765 人,县内知青 2 420 人。1973 年开始,对下乡三年以上知青择优三招(招工、招生、招兵),并允许伤病残知青回城,到 1975 年末统计,除回城外,尚有知青 2 339 人,其中:重庆市 436 人,宜宾市 516 人,本县 796 人,其他 591 人。

1976 年,县内又下放知青 463 人。1977 年 9 月,动员知青 68 人去黑龙江"853 农场"支边。到年末,除通过各种途径返城外,农村尚有知青 1 485 人,其中:重庆 287 人、宜宾 362 人、成都 1 人、本县 835 人(含"文革"前 6 人)。在此期间,为改善知青生产、生活条件,对分散插队落户知青,采取集中办茶、果、林场办法,全县办茶、果、林场知青点 61 个,面积 9 551 亩,集中知青 964 人。

县知青办公室、县财政局于 1979 年 3 月,曾联合对 1973—1978 年县内动员下乡知青人数、安置经费使用进行大检查。检查结果:6 年中下乡知青 939 人,财政预算动员安置经费 132 万元,实际拨款 86.98 万元,实支 86.94 万元,其中:动员费 1.6 万元,建房费 43.93 万元,生活费 29.51 万元,农、家具费 5.49 万元,学习费 0.15 万元,医药费 6.26 万元。

到 1979 年末,重庆、宜宾、县内下乡知青,绝大部分返城安置。支边知青,也大多返回屏山。至 1981 年,县财政为安置知青返城就业,投入资金 12.96 万元。

从 1969—1980 年,全县先后共动员安置下乡知青 4 988 人,除已结婚志愿留在农村的 2 人外,均招回城镇安排就业。县知青办公室完成了历史使命,于 1981 年 2 月 13 日撤销。

(第十九编第二章《劳动就业》,第 614—615 页)

《屏山县志(1986—2000)》

《屏山县志》编纂委员会编,方志出版社 2009 年

1968 年 12 月 22 日,《人民日报》发表毛泽东关于"知识青年到农村去,接受贫下中农再教育很有必要"的指示,接着掀起知识青年上山下乡运动。根据中央、省、地关于知识青年上山下乡的指示精神,1969 年 1 月,县革委会知识青年上山下乡工作办公室成立,随即开展工作。全力动员 1966 级、1967 级、1968 级中学毕业生和社会青年到农村插队落户,接受贫下中农再教育,至 12 月底,共动员 721 名知青到农村插队落户。之后至 1977 年,每年都要安置知青到农村落户,同时接收安置宜宾市、重庆市知青,共动员安置下乡知识青年 4 988 人。

为加强领导和管理,1973年8月,成立县委保护上山下乡知识青年领导小组,下设办公室。1975年6月,又成立县委知识青年上山下乡工作领导小组,各区、公社相继成立知青办公室,大队生产队还指定专人负责管理知青插队落户工作。从1971年起,根据上级政策规定,对经过一年以上劳动锻炼,表现较好的知青,可优先推荐参军、读书深造、招工、招干,并允许伤病残知青回城。1977年后,下乡知青陆续返城安置,到1981年,除个别外,全部回城就业。

(《附录·重大历史事件专记》,第885页)

知识青年上山下乡

屏山县知识青年上山下乡,始于1956年2月,终于1978年12月。其间1969—1978年的10年,每年动员一次,先后动员知识青年上山下乡和支边及到县属国营农、林、牧场参加农业劳动1596人。

一、知青下乡由来

1955年9月,毛泽东主席在《中国农村的社会主义高潮》一书的按语中提出:"农村是一个广阔的天地,在那里是可以大有作为的"。1956年,共青团中央先后在北京、天津、上海、武汉、成都等城市试点,动员知识青年到农村去。1957年9月,中共八届三中全会通过的《1956年到1967年全国农业发展纲要(修正草案)》第38条规定:"城市的中小学毕业青年,除了能够在城市升学、就业的以外,应当积极响应国家的号召,上山下乡参加农业生产,参加社会主义农业建设的伟大事业。到农村去工作是非常必要的和极其光荣的。"到1958年,全国已有上山下乡知识青年1.5万多人。

1956年2月,共青团屏山县委动员中小学校毕业生和社会待业青年100余人,成立"屏山县青年垦荒队",由团县委干部带队到屏边乡龙宝山开荒种粮。因遭严重冰雪灾害,经中共屏山县委批准,转移并入国营屏山县龙洞坪茶场开荒种茶。

1962年,省农业厅批准龙洞坪茶场由省、县双重领导。1963年,省政府拨款4万元扩建,6月安置成都市知识青年和社会待业青年452人到场落户,同时将管理权全部划属屏山县。

1964年8月22日,县动员城关、新市两镇42名中学毕业生分别到富荣、红椿、屏边3公社插队落户。

二、连续十年动员上山下乡

(一)设立工作机构。1967年11月18日,县抓革命促生产委员会将原县上山下乡知识青年政治工作组,改为县抓革命促生产委员会上山下乡知识青年工作办公室,1968年8月,改为县革命委员会毕业生分配组。1969年,改为县知识青年工作办公室。1973年,又改为县革命委员会知识青年上山下乡工作办公室。各区革委成立知青工作办公室,每个公社有1名干部管理知青工作。

（二）动员上山下乡。1968年12月底，毛泽东同志发出关于知识青年到农村去，接受贫下中农的再教育的号召。1969年1月3日，县革委会按照省革委会《关于动员知识青年到农村去的意见》，把知识青年动员到农村去，当成一项重大政治任务，决定1名县革委会副主任主管知识青年上山下乡工作。1月下旬，在城关镇迅速动员1966、1967、1968年毕业的中学生（称"老三届"）到大乘区6个公社插队落户。9月下旬，县革委会召开全县知识青年上山下乡工作会议，贯彻省、地革委会召开的知识青年上山下乡工作会议精神。10月18日，县革委会毕业生分配组发出《关于抓紧做好知青上山下乡工作的紧急通知》，提出凡"老三届"的中学毕业生，一律到农村插队落户。到年末，全县共到农村插队落户812人（含部分城镇居民），其中"老三届"中学毕业生113人。下乡知青分别到大乘区6个公社332人，福延区4个公社133人，锦屏区2个公社38人，新市区9个公社139人，中都区4个公社35人，龙华区5个公社135人。当年县财政划拨动员安置经费25.6万元。

（三）上山下乡政策。按中央、省规定，一切可以到农村去的人，都应到农村去安家落户。具体规定：

1. 1966级、1967级、1968级、1969级年满16周岁的城镇中、小学毕业生，动员到农村去插队落户；以后，每年秋季的中学毕业生，除少数直接升学外，年满16周岁都要上山下乡。1973年7月24日，省委改为年满17周岁。

2. 清理应下乡而未下乡的中学毕业生，按国家计划经合法手续招收的中学毕业生为正式工的可不清退外，其余全部清理退回原地，动员上山下乡。之后，又要求无论有无国家计划招收的中学毕业生，必须坚决清退动员上山下乡。

3. 经批准不上山下乡的对象，即：独生子女；多子女身边只有一个子女的；病残不能参加农业劳动的；家庭有特殊困难（父母死亡或年老多病、弟妹年幼的，一户已有两个子女下乡的，办理留城手续时可再留一个；多子女下乡或支边、或在本县城以外工作，身边只有一个子女的）。

4. 任何机关、厂矿、企事业单位，都不准在应下乡而未下乡知青，或者下乡后倒置回城的知青中招生、招工、招兵。

5. 父母分居两地城镇，各带有子女，只能由一方身边留一个。

6. 居住在中国的外国人子女不下乡。1969—1977年，全县共动员上山下乡、支边、到国营农、林、牧场的知识青年共1596人（到农村1503人，到县属农、林、牧场25人。1977年9月，动员支边去黑龙江"八五三"农场68人）。1969—1977年，按政策批准留城不下乡有587人（独生子女79人，多子女身边选留一个子女196人，病残不能参加农业劳动206人，家庭特困免下的106人）。

三、知青下乡安置

（一）安置任务。县内知青自行安置并承担省、地知青安置任务。1969年1月14日与12月4日，地革委会下达屏山安置宜宾市知青3000人与1700人的任务。1971年3月18

日,再次下达安置宜宾市知青 500 人与重庆知青 2 500 人的任务。县革委会迅速将任务落实到全县 6 个区,40 个公社,248 个大队,1 479 个生产队。

1969 年 1 月 25 日,县革委会、县人武部组织城区群众敲锣打鼓欢迎宜宾市首批知青到屏山插队落户。当年由各学校组织下乡,四川省宜宾专区第一、第三、第四中学和社中学生到屏山,年末,实到知青 470 人。1970 年改为按系统对口到屏山。地区工交系统到中都区各公社,城建系统到龙华区各公社,手工业系统到锦屏区各公社,其余到福延、大乘区各公社。到 1970 年末,宜宾各系统实到屏山知青 828 人。屏山县知青安置,党、政、农、林、水系统到大乘区,工交系统到龙华区,文卫、城关镇各街道去锦屏区,财贸系统到福延区。各区、社的知青就地安置。

1972 年 5 月 22 日,县革委会制定《关于接待安置重庆市首批知青工作的具体意见》,该意见提出:从 6 月 20 日起,重庆市有 1 075 名知青分四批到县各区、社。计划安排:第一批,福延区各公社 200 人,龙华区龙溪公社 70 人。第二批,大乘区各公社 200 人,锦屏区 100 人(富荣、杨柳公社各 50 人)。第三批,中都区 90 人(白塔公社 50 人、平和公社 10 人、中都公社 30 人)。新市区 180 人(新安公社 70 人、大桥公社 70 人、平宁公社 40 人)。第四批,新市区 235 人(冒水公社 85 人、钓岩公社 50 人、屏边公社 50 人、夏溪公社 50 人)。有安置任务的区、公社各派 1 名干部,县革委会人保组、县知青办分别去一名干部,于 6 月 10 日前往重庆,接收知青。到年末,重庆实到知青 765 人。

1969—1977 年,全县共安置知青 4 988 人(屏山 1 596 人,宜宾 2 626 人,重庆 765 人,成都转队 1 人)。

(二)安置形式

1. 1969 年下乡是集体插队落户,每生产队 3 人—5 人,大多居住在生产队的公房实行集体食宿。生产队逐步给知青建住房。知青住房本着"国家补助为主,辅以社队扶持,群众帮助"的原则。木材由国家供应,每名知青 0.5 立方米。1973—1978 年,全县为知青 729 人新建住房,国家补助资金 493 272 元。

2. 办知青场、点集中安置。1977 年,省委、省革委会及地委规定知青安置改插队落户为办知青场、点,以生产大队或联队集体安置。每个场、点建集体男女宿舍、厕所和统一的厨房、学习室。县委于 1 月行文开办知青集体场、队。5 月召开全县知青工作会议进行布置,并在清凉公社的莲花、四坪两村试办大队茶场安置知青。之后,全县 40 个公社共办安置知青的茶、农、林、果场计 108 个(林场 10 个,茶场 72 个,果场 6 个,紫胶场 4 个,农机站、养猪场、电站、茶林场、养鱼场各 1 个,农科所 4 个、茶果场 2 个,竹编厂 3 个,农科队 2 个),安置 964 人,占年末知青总人数 65%。知青户口在落户时由城镇迁移到农村。

(三)安置经费。1968 年 12 月 6 日,省革委生产指挥组行文规定,按中央规定标准:知青单身插队每人 230 元,其中动员地区使用 30 元(解决车、船、食宿补助,对困难者衣、被、蚊帐补助)。安置地区生产队每知青 200 元(解决住房、购小农具、家具和粮、油、盐、医等生活补助),并与当地社员一样划一分自留地、柴山地。1973 年起省委调为每人补助 480 元,其中建房补助费 200 元,生活补助费 150 元,家具补助费 50 元,学习、医疗、差旅费、因伤失去劳力补助共 80 元。

(四)物资供应。下乡知青,每人免票供应棉絮 1 床,棉花 1 公斤,棉布 8 米,单人蚊帐 1 顶(当时棉花、棉布凭票定量供应)。口粮供应一年,每人每月 17.5 公斤,一年后参加生产队分配口粮。食油、猪肉、糖、酒等副食品,按当地居民标准供应一年。1973 年 11 月 26 日,省计委、财贸组、知青办公室联合下发《关于解决下乡知青生活困难问题的意见》,对 1972 年底前生活不能自给者的下乡插队知青,适当补助生活费、口粮、医疗款。1973 年 12 月 4 日,地区财政局、知青办公室行文补助现有知青 2 396 人,补助金额 33.9 万元,其中补助建房 982 人,19.6 万元;生活费、医疗费 14.3 万元。知青在社队分粮不到 190 公斤—210 公斤的,国家在返销粮中补差。

1973—1978 年,屏山动员下乡知青 939 人,安置知青 1 129 人,预算经费 1 320 493 元,财政拨款 869 480 元,实支 869 380 元(旅运费 15 947 元,建房费 439 272 元,生活费 295 077 元,家具、农具费 54 922 元,学习费 1 545 元,医药费 62 617 元)。

1976 年 10 月 26 日—1977 年 4 月 27 日,全县清理知青安置经费和物资,抽调 83 名知青与县财政局、县银行、知青带队干部共 94 人组成工作队对 6 个区,40 个公社,224 个大队,1 254 个生产队逐一清理。清理结果:1969 年起到清理时止,共安置知青 4 725 人,国家共拨安置费 1 506 560 元。查出贪污 54 人,金额 4 145 元,责令全部退出。挪用知青款 40 人,金额 69 676 元,限期归还,收回结余知青经费 159 850 元。

四、关爱、保护知青

(一)建立管理保护组织。1969 年 3 月,各公社、生产大队、生产队成立上山下乡知青再教育领导小组,以贫下中农为主体,干部、民兵、青年团、妇女等组成。到 1971 年全县建立再教育小组 590 个。1972 年 4 月 5—14 日,地委教育知青工作检查团屏山分团,到县检查 5 个区,13 个公社,38 个大队,31 个生产队的知青工作。

1973 年 8 月 22 日,县委成立中共屏山县委保护上山下乡知青领导小组,县委副书记漆明德任组长,县委常委、县革委会副主任尹保安任副组长,县委组织部、公安局、法院、县妇联主要领导为成员。领导小组下设办公室,县公安局长任办公室主任,办公地点设在县革委人保组。1975 年 6 月 23 日,县委调整充实知识青年上山下乡工作领导小组,县委常委,县革委副主任尹保安任组长,县政工组、县知青办、重庆知青带队干部任副组长。县委组织部、县委宣传部、县财贸部、县工交部、县计委、县公安局、县妇联、团县委、县贫协主要领导为成员。

(二)知青管理教育。1974 年 7 月 15 日,县委发出《关于知识青年上山下乡工作大检查的通知》,对下乡知青的情况,进行一次检查。为此,县设检查团,区设分团。县委副书记吴道三任团长,各区委书记任副团长兼分团长。内容包括:"三结合"再教育组织建立,理论队伍培养知青安置、保护、经费管理等情况。1975 年 1 月 20 日结束检查,检查结果:1974 年底,农村实有知青2 116人,知青中参加各级领导班子378人,共产党员15人,共青团员809人,担任生产队干部378人,参加理论队伍228人,参加科学实验145人,担任政治夜校教师和民师372人,出席过县以上各种代表会代表614人。为知青修建住房575间。知青经费本年增加拨款268 076元,决算支出264 913元。统筹解决实支经费231 954元,其中建房补助95 300元,生活补助95 713元,伤、病支出40 940元。检查中了解到女知青被奸污案件8件,已处理4件,正调查处理4件。

1974年,大专院校招生157人,其中下乡知青140人,回乡知青17人(劳动2年以上136人,5年以上21人。所招知青中,重庆41人,宜宾59人,屏山57人)。在知青中招收新兵入伍28人。

(三)表彰先进。1974年4月19日,县委、县革委会召开县首次上山下乡知青先进集体、先进个人代表会,参会代表401名,其中知青代表307人,家长代表15人,社干部、贫下中农代表65人,县有关单位代表14人。1976年4月16日,地委、地革委会召开第一次上山下乡知青先进集体、先进个人代表会,屏山出席代表53人。1976年7月28日,县委、县革委会召开第二次上山下乡知青先进集体和先进个人代表会,参会代表384人。

(四)派带队干部管理下乡知青。中共重庆市大渡口区委、区革委会先后派出4批带队干部16人次到屏山管理所属下乡知青、带队负责人按省、地委规定列席中共屏山县委常委会议。宜宾轮船公司、宜宾邮电局等单位也派出带队干部管理本系统知青。县内各单位也先后派出干部管理下乡知青。

五、知 青 返 城

招工:1971年全国计划会议确定"招工资源包括经过劳动锻炼两年以上的下乡知识青年"。同年7月8日,地革委会生产指挥组作出"从劳动锻炼两年以上的知青中,经贫下中农推荐招收一部分"的规定。1971年县计委批准县邮电局、县水电局首批招工计划,县邮电局招收5人,水电局招收7人。1969—1978年下乡的知青,招收进入国有企事业单位和集体所有制单位职工共1 902人。

招生:1971年,宜宾师范学校"文化大革命"后首次招生,地革委会分给屏山招生计划160人。1971年5月14日,招收短师班(学制3个月)学员110人,其中下乡劳动两年以上知青40人。中师班学员(学制两年)50人,其中下乡知青15人。

按照省、地关于高等学校招生规定,1969—1978年,全县经贫下中农推荐的知青,招进大专院校共472人。

征兵:地革委会《关于1972年冬季征兵的命令》规定:"下放农村和'五七'学校经过两年劳动锻炼表现好知青,通过公社、生产队的推荐可以征集入伍。"省革委会《关于1974年度征兵几个政策的规定》指出:"凡城镇应届初高中毕业的适龄学生一律不征集","上山下乡知青,符合条件的可以征集"。屏山按规定征集,1972—1978年,全县招收知青入伍301人,其中1974年与1978年,春、冬两季征集知青100人与120人,占当年征兵总人数452人与404

人的 21.3%与 29.4%。

招干:1969—1978 年在下乡劳动锻炼的优秀知青中挑选基层干部后转换为机关干部10 人。

1978 年 12 月,中央、省委作出不再动员知识青年上山下乡的决定。1978 年 10 月末统计,全县农村尚有知青 1 106 人,其中:屏山 689 人,重庆 204 人,宜宾 212 人,成都 1 人。11—12 月,市县招收 394 名回城工作。到年末农村尚有知青 712 人。1979 年,省、地、县三级按照中央指示,狠抓知青返城。4 月 4 日,县委制定《关于加快下乡知青安排步伐的意见》,优先安排 1972 年底前的下乡知青,各系统、各单位下乡的知青各自包干安排,不受年龄、文化、性别、婚否限制,城镇的纯居民由各系统、单位统筹安排一部分,其余由城关、新市两镇和各公社的场镇开办企事业进行安排。

1979 年 4 月 14 日,黑龙江"八五三"农场的 63 名屏山籍知青返城,由各系统、单位创办大集体安排。

到 1979 年末,全县共安排知青 629 人。1980 年上半年安排 81 人。至此,除 2 人已在农村结婚志愿留在农村外,下乡知青均返城安排就业。

1981 年 2 月 13 日,县革委会撤销知青办公室。

1985 年 6 月起,各机关企事业单位,执行国家关于知青下乡劳动时间并计算连续工龄的规定。 (《附录·重大历史事件专记》,第 889—894 页)

《乐山市志》

乐山市地方志编纂委员会编,巴蜀书社 2001 年

(1964 年)3 月 30 日,中共乐山地委召开城镇工作会,动员和组织城镇知识青年上山下乡(至 6 月底全区动员下乡计 3 802 人,加上成都来乐安置共 4 226 人)。

(《大事记》,第 66 页)

组织知识青年上山下乡。1969 年 1 月,地革委发出通知,组织城镇待业知识青年和1966 年至 1968 年的初、高中毕业生到农村插队落户,接受贫下中农再教育。至 1972 年 6月 30 日,全区农村安置城镇知识青年 7.5 万人(其中接收成都、自贡知青 3.6 万人)。至年底,政府对知青建房、医疗和生活补助款达 570 多万元,但仍有 49%的知青无房居住,68%的知青生活不能自给。1973 年春,组织春节慰问团,下乡慰问知青。10 月,地革委建立知识青年上山下乡工作领导小组。1974 年推广湖南株洲厂、社挂钩的经验,集体安置知青 3 万人,经两年的努力,基本实现安置集体化。下乡期间,有 2.7 万人通过参军、招工、升学等途径离开农村。

(卷三十三第二章《行政机关》,第 1222 页)

4378

1968 年 7 月到 1972 年,全区共动员 2 300 余户 7 200 余名城镇居民下乡落户。1975 年,城镇下乡居民由知青办交民政部门管理。1980 年起,由县(市、区)民政部门批准逐步返城。到 1982 年,通过招工、参军、升学等途径,收回 1 700 余户 5 700 余人,占下乡总户数的 74％、总人数的 79％。1979 年起,下乡知青因公致残完全丧失劳动能力的,由民政部门按月发给 35 元生活费;生活不能自理的发给护理费;在指定医院治疗时,医药费给予实报实销。当年全区核准定救 983 人,开支救济费 144 008 元、生活费 78 540 元,27 人护理费 11 634 元、医疗费 8 900 元。 (卷三十七第二章《救灾救济》,第 1402 页)

1969 年,毛泽东主席号召城镇知识青年上山下乡接受贫下中农再教育,凡城镇初、高中毕业学生(包括未毕业的初、高中肄业生)均动员到农村插队落户。一些人不愿意上山下乡,读了小学就不再读中学,后又决定将上山下乡对象扩大到高小毕业生。至 1978 年全区上山下乡 47 820 人,其中 1969 年以前上山下乡 1 640 人。1969 年至 1975 年下乡 31 117 人,1976 年以后下乡 15 063 人。1978 年底在乡知青共 35 763 人(男 17 565 人,女 18 198 人)。其中:初中以上 11 825 人,初中毕业生 17 610 人,中学肄业生 3 433 人,高小生 2 895 人。1972 年统计,全区开支 691 万元,用于解决知青安置。其中,建房补助 382 万元,生活补助 215 万元,口粮补助、医疗补助 94 万元。从 70 年代中后期起,城镇企事业单位招收工人,部分上山下乡知青陆续返城就业安置。有的直接从农村招收到企业当工人。到 1981 年底,全区知青回城就业或招工进厂者 49 701 人,仅余在乡知青 119 人,其中已婚 31 人(与农民结婚的 26 人)。地区知识青年上山下乡办公室撤销,并入劳动局。是年,全市有职工 305 357 人。1982 年着重对城镇失业、待业青年进行安置,当年安置 15 616 人,1983 年 16 902 人,1984 年 16 742 人,1985 年 15 178 人,1986 年 12 897 人,1987 年 14 492 人,1988 年 14 138 人,1989、1990 两年分别为 8 558 人、8 616 人,1991 年为 10 853 人,1992 年为 14 576 人,1993 年为 12 611 人,1994 年 13 957 人。 (卷三十八第二章《劳动管理》,第 1438—1439 页)

《乐山市市中区志》

乐山市市中区地方志编纂委员会编,巴蜀书社 2003 年

(1969 年)12 月 10 日,下乡知青 800 人,下乡城镇居民和社会青年 1 400 人。

(《大事记》,第 21 页)

1970 年,乐山开始大办五小企业,为三线建设重点工程服务。首先启动的是煤炭工业企业,从农村的上山下乡知识青年中招收新工人进东风煤矿,与此同时兴建县铁厂、县水泥厂。 (第八篇第三章《工业大事记》,第 311 页)

贫宣队招工。1971 年，大批贫下中农宣传队(亦称贫宣队)成员进驻财贸企业。同时，乐山县开始从下乡知识青年中招收学徒工。1972 年，又招收 300 名贫宣队员入财贸企业。

(第十六篇第二章《劳动管理》，第 553 页)

《五通桥区志》

五通桥区志委员会编纂，巴蜀书社 1992 年

(1964 年 5 月)开展知识青年上山下乡的工作，全区下乡知青 1 318 人。

(《大事记》，第 38 页)

从 1964 年至 1978 年，全区有 7 907 名城镇知识青年上山下乡，暂时缓解了城镇劳动力过剩的矛盾。党的十一届三中全会以后，大批知识青年返城就业，又使城镇劳动力大量过剩。除毗邻县安置 1 820 人外，至 1982 年全部安置完毕。

(第四篇第二章《经济结构》，第 135 页)

1968 年 2 月，……区革命委员会总揽全区党、政、财、文大权，设置了办公室、生产指挥部、政治部 3 个部门，由区革命委员会常委分管。下设 8 个大组，取代了原党、政工作机关。同时，设立了查抄、平反、知青、征兵、复员安置等临时办公室。1968 年 7 月，调整为办事组、政工组、生产指挥组等 3 个大组，下设 10 个二级组。1971 年 2 月，设置农水局、工交局、财贸局、文卫局 4 个局。1975 年撤销办事组、政工组、生产指挥组，设立办公室、计划委员会、科学技术委员会、公安局、民政科、财税局、劳动局、知青办公室……1978 年，区委和区公所下设秘书科、组织科、宣传科、财贸科、文卫办公室、知青办、体委、农工科、工交科、计劳办公室、财办、农办、公安分局、税务所、工商所、城管所、农机公司、物资站、标准计量所、粮管站。

(第十八篇第二章《政府》，第 635—636 页)

第七节　知识青年上山下乡

1964 年，市委贯彻党的八届十中全会精神，于 4 月 25 日召开知识青年代表大会，参加会议知青代表 433 人，家长代表 40 人，各单位、街道干部和社教工作队 104 人，对知青进行上山下乡的动员工作。会后组织工作组分别到桥滩、牛华、金山、金粟等城镇，对知青上山下乡采取先党内后党外，先干部后群众的工作方法，召开各镇人代会、党团员会、干部会、青年及民兵会、学校师生会，并宣传父母送子女、兄嫂劝弟妹、知青本人表决心的先进事例。当年，全区有 1 318 名知青下放安置在沐川、马边两县 25 个公社。知青下乡后，市委于 6 月中旬派出工作组到沐川、马边汉溪和水碾坝公社对知青进行慰问，做思想巩固工作和帮助解决

生产、生活中存在的具体困难。

1968 年 12 月,区革委召开扩大会,贯彻毛泽东主席关于"知识青年到农村去,接受贫下中农再教育,很有必要"的指示。在群众中广泛开展动员,对应届高、初中毕业生由学校和家长所在单位负责逐个动员,待业青年则由街道和家长所在单位负责动员。当年一部分知青安置在本区 11 个公社,一部分安置在马边、犍为、沐川、井研等县农村,从此,每年高中毕业生和未考入高中的初中毕业生,除个别按政策留城的外,均注销城镇户口,到农村接受贫下中农的再教育。城镇招工、参军、升学均从上山下乡知青中选拔,到"文革"结束,知青上山下乡全部停止,并陆续返城,由父母所在单位、街道、劳动部门安置就业。仅 1978 年,安置就业2 052 人。

为加强对知青上山下乡工作管理,1968 年 3 月,区革委成立知青办公室,直至 1980 年撤销。知青下乡后,多数不习惯农村生活和劳动,但也有一少部分成为农村建设的骨干,有的当上民办教师、赤脚医生、生产队长、会计、出纳等。

(第十九篇第六章《"文化大革命"时期》,第 669—670 页)

1969 年,除征集农村适龄青年外,对下放农村劳动锻炼 2 年以上、表现较好的知识青年,实行部分征集。1979 年重点征集由城镇上山下乡的知识青年和城镇待业青年。

(第二十一篇第二章《兵役》,第 704 页)

知青安置

1964 年,全区下乡知青 1 318 人,其中去马边的 559 人,去沐川的 752 人,去附近县的 7人。1968 年至 1975 年,去犍为落户知青 1 734 人。1968 年至 1978 年,安排在本区农村的知青 4 816 人,其中 873 人为外地知青。1971 年至 1975 年,下乡到井研、蒲江、乐至、青神、眉山、乐山等地的知青 39 人。1979 年停止知青下放。

1971 年起,逐年安排上山下乡的城镇知识青年就业。到 1978 年,本区下放农村的知青安置返城就业的 2 052 人,其中招工 1 086 人,招生 264 人,征兵 325 人,提干 2 人,符合病、残、独、特困条件返城 375 人。1975 年,本区下放知青仍留沐川县的 1 275 人,留井研县的 545 人。至 1982 年,下放知青基本安置完毕。

(第二十三篇第三章《劳动管理》,第 738 页)

《沙湾区志》

《沙湾区志》编纂委员会编,四川人民出版社 2001 年

(1964 年)8 月,首批知识青年(乐山城及市级厂矿)近千人来沙湾、红星(龚嘴)、四峨、范

店、谭坝、红阳、新华等地插队落户。 （《大事记》,第 17 页）

《金口河区志》

乐山市金口河区地方志编纂委员会编,巴蜀书社 1999 年

（1969 年）4 月,成都知识青年 800 余人、峨边知识青年 200 余人,在各公社插队落户。

（《大事记》,第 11 页）

《夹江县志》

夹江县编史修志委员会编,四川人民出版社 1989 年

1969 年 1 月,1966、1967、1968 级的高初中毕业班学生全部"毕业",家住城镇的下放农村"接受贫下中农再教育"。以后每年都动员一批城镇知识青年和城镇居民上山下乡,同时接收成都、自贡知识青年来夹江农村插队落户。 （第十七编第五章《社团》,第 432 页）

1969 年,除征集农村适龄青年外,对下放到农村锻炼两年以上,表现好的知识青年,实行部分征集,年龄为 18 岁至 22 岁。1976 年重点征集高中、初中毕业生和上山下乡的知识青年。1979 年重点征集由城镇上山下乡的知识青年和城镇待业青年。

（第十九编第二章《兵役》,第 467 页）

知青安置

从 1964 年至 1978 年的 14 年中,先后动员和安置城镇知识青年 7 966 人在全县农村插队落户,其中,接收成都、自负等市县知识青年 2 675 人。1979 年停止动员城镇知识青年上山下乡。

从 1971 年起,逐年安排上山下乡的城镇知识青年就业,到 1981 年共安置返城就业知识青年 5 195 人,其中,招工 4 036 人,招生 326 人,征兵 833 人。另外,死亡 8 人,因病残废丧失劳动能力退回原籍的 141 人,在本县农村长期安家落户的 1 人,截至 1982 年,下放知青基本安置完毕。 （第二十一编第二章《劳动管理》,第 503 页）

"文化大革命"期中,知识青年上山下乡,城镇居民下放农村安家落户,城镇劳动力相对减少,又抽调农村劳动力,形成城乡劳力倒流,1978 年有职工 7 143 人（其中固定制工 6 591 人）。 （第二十一编第二章《劳动管理》,第 504 页）

《洪雅县志》

洪雅县地方志编纂委员会编,电子科技大学出版社1997年

(1980年)1月,根据上级指示,将上山下乡知青经费18.14万元,扶持38个单位办企业,共安置了城镇待业人员589人。　　　　　　　　　　　　　　　(《大事记》,第34页)

到1979年,全县尚有待业人员1 786人,加上历年高、初中毕业未能升学的学生不断增加,上山下乡知识青年和城镇居民先后回城,劳动就业逐渐形成突出问题。

　　　　　　　　　　　　　　　　　　　　(第二十编第一章《劳动管理》,第625页)

知识青年安置

从1964年至1978年的14年中,先后动员安置本县城镇和成都、自贡两市知识青年8 642人在全县农村插队落户,其中成都市3 041人,自贡市2 410人。1979年停止青年上山下乡。

从1971年起,逐年安排上山下乡的城镇知识青年就业,到1981年共安置返城就业7 455人。其中招工6 473人(包括成都、自贡两市知青的对口单位招工和外地在洪雅招工在内),招生532人,征兵324人,城镇街道工业安置126人。此外,还有按政策规定批准回城434人,乡镇企业安置245人,自愿留农村安家落户20人,死亡26人。截至1982年,下放知青基本安置完毕。　　　　　　　(第二十编第一章《劳动管理》,第625—626页)

《青神县志》

青神县县志编纂委员会编,成都科技大学出版社1994年

第五节　知识青年上山下乡

1968年12月,毛泽东主席关于“知识青年到农村去,接受贫下中农的再教育,很有必要”的指示在《人民日报》发表后,知识青年上山下乡形成为一项解决城镇知识青年就业,并让其接受贫下中农再教育的运动。1969年初,仅成都川师附中就有900多名中学生来青神落户。1969年至1977年间,安置成都、重庆、自贡等地和县内的城镇知识青年4 394人,分布在全县各个生产队。国家和企事业单位为安置知识青年上山下乡支付了大量经费,也给农民和知青家长增加了负担。1978年以后,调整了政策,改进了做法,广开就业门路,采取多种形式,妥善安排知识青年返城参加工作。

　　　　　　　　　　　　　　　　(第十八编第三章《“文化大革命”时期》,第395页)

《眉山县志》

眉山县志编纂委员会编纂,四川人民出版社 1992 年

(1964 年)5 月,城关镇首批知识青年 372 人下乡务农。 （《大事记》,第 22 页）

(1965 年)9 月,成立上山下乡知识青年领导小组。 （《大事记》,第 22 页）

(1968 年)3 月,成立上山下乡知识青年办公室。 （《大事记》,第 24 页）

12 月起,城镇知识青年陆续上山下乡,到农村安家落户,"接受贫下中农再教育"。

（《大事记》,第 24 页）

(1969 年)1 月 9 日,成立分配办公室(由知青办与安置办合并而成),负责知识青年和退伍军人的安置处理。 （《大事记》,第 24 页）

(1973 年)9 月,成立知识青年上山下乡工作领导小组,同时设知识青年上山下乡办公室(1981 年 9 月撤销)。 （《大事记》,第 26 页）

(1974 年)1 月初,召开首届下乡知识青年代表会议,奖励表彰 31 个先进集体,2 154 名先进个人。 （《大事记》,第 26 页）

县人民政府(委员会)机构演变情况表

机 构 名 称	演 变 情 况
……	
知识青年上山下乡办公室	1965.9 成立上山下乡知识青年领导小组,为虚设机构,1973.9 成立知识青年上山下乡办公室,1981.9 消失。
……	

（政权篇第三章《建国后的政府机构》,第 231 页）

第九节 知识青年上山下乡

　　1968 年 12 月 22 日县革委召开扩大会,贯彻毛泽东关于"知识青年到农村去,接受贫下中农再教育,很有必要"的指示,当晚开广播大会动员。接着,以高、初中毕业生、待业青年为主要对象,由学校会同知青家长所在单位逐个动员,经个人"申请",城区有 320 人首批上山

下乡,28 日县革委在三苏广场召开欢送会,向下乡知青赠送毛泽东著作,知青家长所在单位赠送小农具和生活用品。首批下乡知青安置在黄家、龙兴、娴婆、修文、三宝 5 个公社落户。以后,成都、自贡市等地知识青年在省统一安排下相继来县插队落户,次年,全县共安置知青 4 417 人,其中外地知青 2 787 人。此后,每年高中毕业和初中毕业未升入高中的学生,注销城镇户口,到农村"接受贫下中农再教育",形成制度。到 1973 年 6 月,全县安置下乡知青共 8 000 多人,为高峰期。以后,参军、招工、选送工农兵青年读大学、恢复高等院校和中专招生等,知青通过多渠道回城,外地亦停止成批输送知青来县插队落户,在乡知青逐年减少。"文革"结束,知青"上山下乡"全面停止,除少数已在农村成家立业者外,多数回到城镇。

知青管理工作,1968 年 3 月 21 日县抓革命促生产指挥部组建上山下乡知识青年办公室。县革委成立后,1969 年 1 月 9 日知青办公室与退伍军人接待安置办公室合并为"分配办公室"。1973 年 9 月 21 日成立中共眉山县知识青年上山下乡工作领导小组,下设办公室,配备专职干部负责。各级党政机关,有一领导干部分管,经常检查解决知青学习、劳动、工分报酬、吃粮标准、副食品供应等实际问题。同时实行下放知青单位派人管理的"带队干部"制度。知青活动由单一劳动锻炼发展为根据各自特长或任民办、代课教师,或参加生产队委以上管理机构,或指导农民开展文体活动等各种社会工作。依法严惩了干部中利用知青回城心切心理敲诈勒索或奸污女知青的犯罪分子。树立以将军公社(现海珠乡)为代表的全面关怀知青成长进步的先进管理典型。1973 年末,全县下乡知青中有 9 人加入中国共产党,569 人加入共青团,83 人担任生产队长以上各级干部。1974 年 1 月 5 日召开县的首届上山下乡知识青年代表会议,有 2 154 名知青被评为先进个人。1976 年 10 月上旬召开县的第二届知青代表会后,停止插队落户,知青大部分相继回城。知青工作机构于 70 年代末撤销。　(政事篇第三章《"文化大革命"时期(1966—1976 年)》,第 266—267 页)

1979 年至 1981 年招工统计表

招工单位		合计	下放知青			城镇待业				回乡知青			
			人数	其　中		人数	其　中			人数	其　中		
				补员	内招		补员	内招	其他		补员	内招	其他
合　　计		9 322	1 842	623	1 219	4 839	1 743	2 978	118	2 641	2 542	97	2
外地招工		3 558	1 005	355	650	1 628	558	1 018	52	925	890	35	
县内招工		5 764	837	568	569	3 211	1 185	1 960	66	1 716	1 652	62	2
其中	1. 全民招工	2 452	141	60	81	1 074	632	413	29	1 237	1 184	51	2
	2. 集体招工	2 370	501	204	297	1 390	553	807	30	479	468	11	
	其中:合作商店	1 124	268	161	107	744	304	422	18	112	112		
	3. 新办集体	942	195	4	191	747		740	7				

(劳动人事篇第二章《工人》,第 357 页)

1964年5月贯彻中共中央《关于动员和组织城市知识青年参加社会主义建设的决定》，待业人员安置方向由城镇转向农村。当年，首批动员年满16岁的城镇中学毕业生和社会青年（包括高小毕业生和初中中途退学学生）372人到人民公社生产队"落户"务农。1968年12月21日，毛泽东提出"知识青年到农村去，接受贫下中农的再教育"，每年分春秋两季（1975年起改为秋季）动员符合规定条件的知识青年到农村落户。1970年前以分散插队落户为主，1971年实行集体插队，1974年起知青下乡安置集体化。先后修建知青点577个，有瓦房2 310间，草房977间，半草半瓦房57间。1964至1978年安置知识青年和城镇居民下乡17 404人（包括成都市知青5 371人和自贡市知青2 792人）。其中插队15 248人，成户下乡1 816人，投亲68人，回乡192人，国营农场80人。在此期间，国家拨出木材2 266立方米，支出经费633.2万元（安置费534.3万元、困难补助70.7万元、扶持费15万元、业务费11.2万元，其他2万元）。1966至1976年全民和集体企业招工有限，自谋职业又多被当作走资本主义道路，就业门路越走越窄，待业人员逐年增多。10年共安置4 500人，尚有1万多人待业（其中含知青7 000人）。1977年县成立待业人员领导小组。对下乡知青进行回城安置。当年通过参军、推荐入学、招工等共安置2 836人。1978年，县劳动部门和知识青年上山下乡办公室联合，在就业上对知识青年优先安置，当年通过招工、补员、参军及推荐入学等安置城镇待业人员877人，下乡知识青年2 851人。1979年县委先后3次召开待业人员安置工作会议，各级各部门齐抓共管，广开就业门路，大力兴办集体经济。原属工交、财贸、农林企业单位职工子女，原则上由本系统收回安置，原属机关、部队、事业单位职工子女和城镇居民子女，由劳动部门在统筹指标中安排解决，对已婚和安排在社队企业工作，本人不愿回城的就地安置，其户口和粮食关系转入城镇就地靠挂。1972年安置待业青年4 099人。1981年底，下乡知识青年和下乡的城镇居民，全部得到了妥善安置。

（劳动人事篇第二章《工人》，第362—363页）

1964至1978年城镇知识青年、居民下乡安置情况　　　　　　　　单位：人

年　份	安置人数	其　　中					
		插队	成户下乡	投亲	回　乡		到国营农场
					本省	外省	
1964	372	372					
1969	7 144	5 181	1 730	56	177		
1970	297	199	83	6	4	5	
1971	3 193	3 182	3	6	2		
1972	163	161			2		
1973	227	227					

年　份	安置人数	其　　中					
		插队	成户下乡	投亲	回　乡		到国营农场
					本省	外省	
1974	1 762	1 692					70
1975	2 305	2 305					
1976	1 085	1 074			1		10
1977	773	772			1		
1978	83	83					
合计	17 404	15 248	1 816	68	187	5	80

（劳动人事篇第二章《工人》，第 363 页）

《彭山县志》

四川省彭山县志编纂委员会编纂，巴蜀书社1991年

　　1963 年，根据中央关于"安置城市需要就业的劳动力，主要方向是上山下乡"。从 1964 年 4 月开始，到 1979 年 3 月底止，先后有 4 480 名（含外县 384 人）知识青年到农村插队落户。
（第四编第一章《计划管理》，第 58 页）

　　"文化大革命"中，业余美术作者大部分用来绘制毛泽东画像或宣传画，也吸引和训练出一批美术爱好者。插队落户的知识青年中也出现一些业余作者。……版画《毛主席和红卫兵》被选送参加全国美展，作者是一成都下乡知识青年。1977 年，青龙公社战旗大队知青付文远等六七人成立业余美术创作组，在县文化馆指导下坚持创作活动。1980 年，知青陆续返城工作，创作组自行消失。
（第二十一编第二章《文化、艺术》，第 538 页）

《井研县志》

井研县志编纂委员会编纂，四川人民出版社1990年

　　本年(1968 年)动员城镇知识青年上山下乡，先后有 2 134 人接受"贫下中农再教育"，后逐步回城安置。至 1981 年底，基本安置完毕。
（《编年纪事》，第 21 页）

〔知识青年下乡和安置〕

1964年动员城关、马踏两镇143名城镇知识青年(以下简称"知青")上山下乡,在千佛、周坡办知青林场,选派干部驻场管理教育。这批"知青"以后陆续走上各个建设岗位。大批"知青"上山下乡,是从1968年开始到1978年结束,先后动员县内"知青"2 134人,接收外地(五通桥、自贡、成都等地)4 307人,合计6 441人,分别安置在36个公社的1 800多个生产队,初期是自由挂钩分散插队落户,后改为划分单位,指定地点、对口安置,由动员单位派干部带队同社队配合管理;再后,学习湖南株洲市经验,采取办"知青"茶场、果药场、林场、"知青"集体户(知青点),和保留分散插队等形式安置。至1979年,先后办"知青"农场43个,安置800多人。与此同时,政府为"知青"建房造屋,至1980年共建"知青"住房2 605.5间(其中草房992.5间),价值418 092.44元。

1979年,根据中共四川省委文件,非农户口中学生毕业,不再上山下乡,并安排下乡"知青"回城镇就业。

在"知青"上山下乡期间,除通过招工、招生、征兵、招干安置一部分外,分别以下不同情况,安置他们就业;鼓励务农,对申请终身务农的,补助每人安家费900元(含住房有困难的,补助建房费);女"知青"终身务农的,允许将1名15周岁以下的子女转为居民户口,县有两名"知青"在农村长期安家落户。凡外地在本县的"知青",原则上由动员地安置;全民所有制单位招收新工人时,优先照顾下乡"知青"。集体单位招工时,对本系统的下乡"知青"包干安置就业,无归属单位的,由劳动部门统招统配,年龄放宽到35岁。"知青"参军从部队复员、退伍后,由劳动部门安置就业。提倡自谋职业,在农村就近开业的"知青",本人户口转为居民户口。对丧失劳动能力的拨给一次性补助。对少数犯罪判刑或劳动教养的,刑期或劳教期满后,一般由动员地安置。 (《民政劳动·劳动就业》,第497—498页)

《仁寿县志》

仁寿县志编纂委员会编纂,四川人民出版社1990年

(1967年)11月,成立上山下乡知识青年办公室,至1978年共接受、安置城镇知识青年1.98万余人(含成都、自贡市知青1.67万余人),以后陆续回城安置。 (《大事记》,第21页)

《犍为县志》

犍为县志编纂委员会编纂,四川人民出版社1991年

(1964年)5月,动员城镇知识青年"上山下乡",插队落户。 (《大事记》,第24页)

（1968 年）12 月,动员城镇知识青年上山下乡到农村落户。至 1978 年,先后有 11 273 名知青下乡。1981 年起陆续返城。 （《大事记》,第 26 页）

1970 年至 1971 年,根据上级关于财贸队伍要"清洗一批,充实一批"的指示,由贫下中农推荐,组织部门审查,吸收一批工人、贫下中农子女、复员退伍军人和上山下乡知识青年充实到全县各级财贸队伍。 （《党派 群团》第一章《中国共产党》,第 449—450 页）

知青安置

从 1964 年 4 月至 1978 年底,先后动员城镇知识青年上山下乡参加农业生产共 11 273 人,其中本县知青 7 083 人,五通桥知青 3 624 人,成都知青 474 人,其他地区知青 92 人。根据党的政策,先后批准回城的共 1 137 人,其中因病、残不能参加农业劳动的 502 人,多子女身边无人和独子的 216 人,家庭有特殊困难需要照顾和其他特殊原因的 419 人。先后参军875 人、考入大、中专院校 764 人。由本县、五通桥、成都和其他地区劳动、人事部门安置当干部的 58 人,到全民和集体厂矿、企事业单位当工人的 8 272 人。由县知青办公室协助自谋职业和少数自愿留乡安家从事农业生产的 167 人。至 1981 年全部安置完毕。
（《政府》第二章《政府综合管理》,第 497 页）

农村体育仍以民间传统体育为主,竞技项目的开展依靠学校体育教师具体指导。采取"自由组合"、"劳武结合",以退伍军人、在乡知识青年为骨干,活动安排不误农时,灵活掌握,利用学校操场和本队晒场进行。 （《体育》第一章《群众体育》,第 664 页）

《沐川县志》

四川省沐川县地方志编纂委员会编,巴蜀书社 1993 年

1975 年,安置一批上山下乡知识青年到社队办的茶场、纸厂、粮油加工厂等企业当工人。 （第七篇第二章《经营管理》,第 202 页）

1964 年起,待业人员安置方向由城镇转向农村,大批知识青年,上山下乡,"落户"务农。

1977 年起,对下乡知青回城,通过招工、补员、参军、推荐入学等渠道广开就业门路,优先安置,到 1983 年底,县内外上山下乡的知识青年,基本安排就绪。

（第二十一篇第三章《管理》,第 464 页）

第六节　知青安置

1964 年县接收安置五通知青 734 人在沐川农村插队落户：城郊区 312 人、大楠区 52 人、黄丹区和利店区分别为 189 人和 181 人。是年，县按“坚持自愿，做到本人、家庭思想通，符合劳动年龄，身体健康”的原则，安置城关镇知青 23 人到生产队入户。1969 年县根据上级“1966、1967、1968 三年的中学毕业生，城镇无业或无固定职业的居民、社会青年均予下放”的规定，至 1972 年间掀起“上山下乡”高潮，扩大下放对象范围，1973—1977 年调整下放政策，范围逐步缩小：独生子女免予下放；多子女可选留一个在父母身边。1964—1978 年春，县先后下放安置知青 1 125 人，接收安置五通、成都、自贡知青和少数上海、重庆、宜宾知青 5 683 人，共安置插队落户知青 6 808 人。同期内安置县内外社会青年 72 人、居民 996 人插队。

县主要采取编组下队，集体食住的办法安置，知青住房由所在生产队解决。政府付给补助：1964 年安置费每人 130 元；生活、医药等按当地居民生活水准付费；安置时发给棉布 6.67 米，蚊帐布 14 米，棉花 1 公斤；每人每月供应贸易粮 15 公斤，植物油 0.15 公斤，直到参加生产队分配止。1969 年调整标准，每人安置费 230 元；免票供应棉布 8 米、棉花 1 公斤、单人蚊帐及棉絮各一床；贸易粮供应调为 17.5 公斤，植物油供应不变。1973 年后，赠回老家落户或参加集体办茶场的，安置费 480 元，到国营农场的 400 元，衣物、房屋维修等补助项目，根据实际情况相应调整。县规定，生产队决算分配时，知青口粮不得低于所在队单身劳动力的分粮标准，贸易粮折算不到 190—210 公斤的由国家补差供应。

1978 年下半年知青“上山下乡”、插队落户终止。从此，陆续按“调整知青下乡、留城政策”，根据“统筹解决下乡知识青年的问题”指示，县调动各方面积极性，广开就业门路，安排回到城镇的知青就业；外地知青相继离县，返回原籍。至 1983 年底，除少数在农村结婚，本人无意返回原籍的(恢复城镇户口)，均回原下放地作就业安置。

1964—1978 年支出知青(不含社青、居民)建房补助费 930 420 元，生活补助费 272 201 元，家具补助费 87 100 元，统筹费 283 880 元；总共支出安置费 1 650 742 元。

(第二十一篇第三章《管理》，第 464—465 页)

《凉山彝族自治州志》

四川省凉山彝族自治州地方志编纂委员会编，方志出版社 2002 年

(1963 年)12 月 30 日，共青团凉山州委召开欢迎会，欢迎成都知青孙传琪、巫方安自愿到凉山昭觉南坪高级社落户当农民。
(《大事记》，第 54 页)

(1964 年)4 月 11 日，凉山州委、州人委召开欢迎会，欢迎 505 名成都知青到凉山插队落户。
(《大事记》，第 54 页)

7月21—28日,专区下乡、回乡知识青年代表大会在西昌举行,大会评选出先进集体8个,先进个人21名。 （《大事记》,第54页）

(1969年4月)成都知识青年大批下放西昌各地农村。 （《大事记》,第58页）

1964年开始,城镇知识青年下放农村锻炼,到文化大革命结束,大批新成长的劳动力转移到农村。仅有少数几次招工。1972年,省革委决定停止招工补员,城镇积累的待业青年越来越多,大批上山下乡知识青年返城,招工指标为数不多,就业矛盾非常突出。 （卷十四第一篇第一章《劳动工作》,第1126页）

1973年8月,中共中央颁布的《关于知识青年上山下乡若干问题的试行规定草案》以及1974年7月《国家计划委员会关于盐业生产工人子女顶替问题给轻化工业部的复函》都重申了矿山井下,野外勘探、森林采伐和盐业生产等行业职工退休后,其子女可以顶替参加工作的规定。 （卷十四第三篇第二章《退（离）休、退职》,第1203页）

从1977年5月四川省革命委员会通知:"企事业单位的职工退休后,他们居住城镇的子女（包括上山下乡知识青年）,符合企事业单位招工条件的,可以招收1名参加工作",到1979年1月贯彻国发[78]104号文件前,共办理顶替手续2 709人;1979年后顶替现象有扩大化的趋势,退休干部的子女甚至有个别顶替进入机关。1980年9月省委组织部、省人事局、省劳动局电话紧急通知,要求刹住急于子女顶替而提前退休之风。 （卷十四第三篇第二章《退（离）休、退职》,第1204页）

1980年,西昌县商业局将下属57个集体所有制职工划出,建立独立核算的新集体长虹商店、顺城街副食品商店,并同县知青安置办公室协议,拨专款30万元,建成天桥商店、河东商店、新凉小吃等新集体企业,安排105名知识青年就业。 （卷三十三第一篇第一章《商业体制》,第2316页）

《昭觉县志》

昭觉县志编纂委员会编纂,四川辞书出版社1999年

同年(1963年)冬,成都市知识青年孙传琪、巫方安到南坪公社落户当社员。共青团凉山州委召开欢迎会,中共凉山州委、昭觉县委负责人王海民等参加。 （《大事记》,第25页）

(1964 年)4 月 11 日,中共凉山州委、州人委联合召开欢迎大会,欢迎 505 名来凉山农村安家落户的成都知识青年,其中到昭觉落户的 100 名。4 月 15 日,来自成都的 100 名知识青年到南坪公社落户。

(《大事记》,第 26 页)

同年(1964 年)贯彻毛泽东"知识青年到农村去"的号召,县安置办公室开始办理知识青年上山下乡安置工作,动员广大城镇青年到农村去"接受贫下中农的再教育"。1969 年 1 月成立县革命委员会,同年 2 月 10 日经县革命委员会常务会研究决定,县革命委员会下设分配安置办公室作为工作机构。1970 年 5 月将分配安置办公室改为上山下乡知识青年办公室。中共十一届三中全会后,知识青年安置工作逐步成为劳动就业工作的组成部分。1982年 7 月 20 日,中共昭觉县委、县人民政府将上山下乡知识青年安置办公室与劳动局合并,实行 1 个机构 2 块牌子。

(第二十一篇第一章《机构》,第 457 页)

1974 年全民所有制企事业招工 79 人,其中职工子女 45 人,知识青年 16 人,民兵 16人;集体所有制单位招工 43 人,其中职工子女 20 人,家属、亲属 10 人。

(第二十一篇第二章《职工队伍》,第 461 页)

第二节　知青安置

1963 年冬,开始有成都青年学生孙传琪、巫方安 2 人自愿来南坪公社落户当农民。1964 年贯彻毛泽东提出的"知识青年到农村去"的号召,成立县安置工作领导小组及其办公室,开始办理知识青年动员安置工作。至 1981 年 10 月结束知识青年上山下乡工作时,共动员安置知识青年上山下乡 1 668 人,其中插队 1 469 人,插至农、牧、林场的 199 人。动员本地、外区城镇知青 1 367 人上山下乡,其中动员到本省外县 579 人,外省 118 人,本县 670人。在南坪、城北、竹核、阿并尔古、四开、大坝、二五、幸福等公社和国营农、牧、林场共安置知青 971 人,其中成都 102 人,南充地区 193 人,本县 670 人。调离农村 780 人,其中招生191 人、招工 427 人、参军 28 人,提拔为国家干部 60 人,经批准返城 13 人,死亡 4 人,判刑 3人。安置经费拨款 456 870 元,其中为下乡知青修建住房 228 间 5 740 平方米,购置家具、农具、炊事用具 9 275 件。
(第二十一篇第五章《精简职工与知青安置》,第 472 页)

《甘洛县志》

四川省甘洛县地方志编纂委员会编纂,四川人民出版社 1996 年

(1965 年)1 月 30 日,省知青办公室安排南充市 313 名知识青年到甘洛插队。

(《大事记》,第 20 页)

知识青年上山下乡

1966年县成立安置知识青年领导小组,下设办公室。1971年改为县知识青年上山下乡领导小组,下设知青办。1980年撤销领导小组。1983年,知青工作由县劳动人事局代办。

1965年12月,接收安置首批知青(南充)313名,1974年起,在县内实行知识青年下乡、回乡。按规定:凡年满16周岁的城镇青年,不论高中、初中或小学毕业生,都必须参加农业生产劳动接受贫下中农的再教育。病残者经本人申请,群众评议,县革委批准,方能缓下或免下。到1976年,全县共接收安置南充、自贡等地和县内知识青年1 277人。

在安置形式上,采取分散插队为主,将知识青年安置到居住条件、生活水平较好的田坝、玉田、普昌、苏雄、斯觉等地,建立知青点,安置知识青年集中居住,集中劳动,由社队派有经验的农民担任生产技术指导。凡来县的知青第一年的口粮按每人每月17.5公斤的标准由国家供给,食油和副食品按当地居民标准供应。一年后参加生产队分配。知识青年的住房、生产、生活用具按国家补助,社队扶持,群众帮助的原则解决,修建了知青住房257间,国家总计投入47.16万元。

1976年,知识青年开始返城就业,1978年停止了知识青年上山下乡工作,知青工作转为搞好妥善的统筹安排,至1983年"知青办"撤销,有关遗留问题由劳动局代办。1985年,按省有关文件规定,知青上山下乡期间一律计算工龄。

(第十七篇第五章《安全生产与劳动保护》,第395页)

短期师范培训班　1971年7月,"五·七"中学招收30岁以下具有高小毕业和初中毕业文化程度的民办教师、复员退伍军人、下乡知识青年等40人,进行1个月短期师范培训后,补充到县内中、小学任教。　　　　　　　(第十九篇第二章《学校》,第427页)

《峨边彝族自治县志》

峨边彝族自治县志编纂委员会编,四川辞书出版社1994年

1978年8月,根据"关于招工试行办法的通知"和"关于发展地方工业所需劳动力问题的通知",对下乡和留城知识青年以及其他待业人员,进行"统筹兼顾,全面安排",控制招收农村劳动力,逐步解决城镇待业人员的就业问题。12月,中国共产党十一届三中全会以后,调整了知识青年上山下乡政策,城镇待业人员逐年增加,劳动力就业工作任务日趋繁重。

(第二十一编第三章《管理制度》,第443页)

城镇下乡知识青年参加工作,初期工资待遇,下乡满2年以上的,享受学徒工第二年待遇,工作满1年后,享受学徒工第三年待遇,工作满两年后享受一级工待遇;下乡3年以上

的,享受学徒工第三年待遇,工作满 1 年后享受一级工待遇;下乡满 5 年,享受一级工待遇。

(第二十一编第四章《职工福利》,第 454 页)

《马边彝族自治县志》

马边彝族自治县地方志编纂委员会编,成都科技大学出版社 1994 年

(1968 年)6 月 11 日,知青在城内抢购天麻。引起打架,死 1 人,伤 25 人。

(《大事记》,第 14 页)

(1969 年)1 月,本县中学生 400 余人下乡务农。 (《大事记》,第 14 页)

(1971 年)3 月,自贡市 500 名知青来马边落户。 (《大事记》,第 14 页)

(1973 年)11 月,上级拨款上百万,解决知青住房和吃粮困难。 (《大事记》,第 15 页)

(1978 年)9 月,决定停止知识青年上山下乡。 (《大事记》,第 15 页)

1977 年,招工和自然减员按"三州"规定办理。1978 年,执行省计委和省劳动局发布的《招工试行办法》的规定。县计委下达的集体所有制新增职工计划指标分部门直接下达执行。原则是先城镇后农村,从上山下乡知青中招收 30% 的人员作为大集体职工。新增职工,由劳动部门统筹安排 30%,创办大集体的企业单位主管部门安排 70%。

(第十四篇第二章《计划管理》,第 292 页)

中共马边县委成立以后,……还成立过一些临时机构,计有:县委平叛领导小组及办公室、"五人小组"办公室、审干办公室、整风领导小组办公室、甄别办公室、大办钢铁办公室、"五反"领导小组、知识青年下乡上山领导小组、计划生育领导小组、多种经营领导小组办公室等。

(第十五篇第一章《中共马边地方组织》,第 317 页)

(1968 年 8 月至)1975 年 5 月,恢复县委组织部、宣传部、统战部,建立了县委、县革委同属的办公室,工交部、农工部、财贸部。其间先后建立了对台宣传领导小组及办公室、五・七干校、彝族语言文字工作办公室、知识青年工作领导小组等。

(第十五篇第一章《中共马边地方组织》,第 318 页)

1979年，为全部错划为"右派分子"的干部和教师平反，恢复他们的政治名誉。同时，宣布停止知识青年上山下乡，并将已下乡的知识青年千余人通过招工、招干、招生、招兵等方式，妥善安置。

（第十七篇《政事纪要·拨乱反正》，第 376 页）

1965 年 10 月 9 日，荣丁乡张朝湾发生知青何光福杀死同组 4 名知识青年的凶杀案，被依法处决。

（第十八篇第三章《审判》，第 387 页）

第三节　知青安置

1964 年 4 月，县委成立知识青年上山下乡工作领导小组，下设办公室。同年 5 月，接待安置了首批下放马边的成都知识青年 621 人，全部安排在郊区 4 个公社插队落户。接着，乐山地区的牛华、五通桥知青 562 人相继下放到马边插队落户，安置在下溪区的五个公社。1967 年 4 月，拨专款 9.1 万元以解决知识青年住房、口粮、农具及医疗等具体困难。

1969 年，动员本县 200 多高、初中毕业生下乡插队落户。此后，每年都有一批知青下乡。全县先后有 1 600 多名知青下乡务农。

1971 年 3 月，自贡市知识青年 500 多人来马边安家落户，主要安置在荞坝、苏坝、下溪三个区。

1979 年停止下放安置知青。

1970 年前，知青安插以分散为主，也可投亲靠友落户。1970 年后，以中小型集体安插为主，各公社分别将知识青年集中起来办茶场、林场、中药场、果场。1973 年后，国家按人头拨给修房木材计划指标 0.5 立方米，补助建房费 300 元，生活费 180 元。1964 年至 1979 年，全县共安置县内外城镇知识青年 4 789 人，开支经费 179.19 万元。

1967 年至 1977 年，规定企事业单位招工和大中专招生，只能从下放知青中招收。凡经批准留城免下或已下放两年以上的知青，以及父母身边无人者，一户有三个子女是下放知青的，均属于优先录用的"照顾对象"。

1979 年后，县知青办公室与本县和成都、自贡、五通、牛华等地的知青下放单位协商，妥善回收安置下放的知识青年。知青父母无工作单位的，由城镇街道安置到集体单位工作。

（第二十篇第一章《劳动管理》，第 413 页）

卫生学校

1975 年秋，县卫生局在城北办卫生学校。从下乡知识青年中招收新生 73 人，开两个班，分中医和护士两个专业，学制两年。学生毕业后享受中专生待遇。中医班享有伙食补贴；护士班系为乐山卫校代培，伙食费全部自理。教师 11 人，主要由县医院医师兼任，专任教师 5 人。1977 年，这届学生毕业后全部安排就业。当年该校停办。

（第二十二篇第二章《专业与成人教育》，第 449 页）

《雷波县志》

四川省《雷波县志》编纂委员会编，四川民族出版社 1997 年

是年(1969 年)，雷波中学 300 名城镇户口应届毕业的高、初中生去农村插队落户，此后每年都有知识青年上山下乡，直至 1976 年。 （《大事记》，第 31 页）

1973 年针对破坏知识青年上山下乡的犯罪活动，集中打击强奸，奸污女知青的犯罪分子，共审理 11 件、11 人，其中，判处无期徒刑 1 人，10 年以上有期徒刑 2 人，10 年以下有期徒刑 8 人。 （第五篇第三章《审判》，第 201 页）

"文化大革命"期间城镇知识青年陆续上山下乡，居民下放农村安家落户，城镇劳动力减少，于是又从农村大量抽调劳动力，致城乡劳力倒流，1979 年有职工 3 831 人。

（第八篇第二章《职工和管理》，第 266 页）

80 年代每年有大量高、初中毕业生不能升学，加上驻县省、州属单位待业人员、上山下乡知识青年和被压缩的城镇居民陆续回城，待业和就业的矛盾十分突出。

（第八篇第二章《职工和管理》，第 267 页）

知青安置 1964 年至 1979 年的 15 年中全县 10 个区、30 个公社、240 个生产队先后接收城镇知识青年 1 335 人在农村插队落户。其中：本县 812 人，外地自贡 133 人，南充地区 193 人，昭觉和德昌等县 37 人。1968 年至 1970 年北京、哈尔滨、上海、南京、武汉、成都、重庆、南充、泸州等 11 个城市的 40 多所大专院校毕业生 138 人分配到雷波接受贫下中农再教育。其中：大专生 99 人、中专生 39 人、省外学校毕业生 47 人、省内毕业生 91 人。1978 年党的十一届三中全会后停止动员城镇知识青年上山下乡。1971 年起通过招工、招生、征兵等途径，安排上山下乡知识青年回城就业，至 1982 年安排完毕。

（第八篇第二章《职工和管理》，第 267 页）

《美姑县志》

美姑县志编纂委员会编，四川人民出版社 1997 年

(1966 年)5 月，南部县 102 名知识青年来县内插队落户。 （《大事记》，第 29 页）

60 年代，一批被精简压缩人员（汉族）迁往外地；一批知识青年由外地入境插队农村。

70 年代末和 80 年代初,插队知识青年返城就业。　　《人口》第一章《人口变动》,第 152 页)

"四五"计划期间,全县就业安置 324 人,其中全民所有制企业 176 人,集体所有制企业 25 人,安置复退军人、下乡知识青年 5 人,临时工 100 人,支援渡口建设民工 18 人。

"五五"计划期间,地方"五小"工业发展,5 年中按计划安置就业的复退军人和下乡知识青年、留城知识青年共 672 人。……

在劳动就业中,劳动部门重视下乡知识青年的安置工作。1966—1977 年,全县下乡知识青年共 698 人,其中来自南部县 102 人,自贡市 146 人,成都市 2 人,重庆市 1 人,县内 447 人,通过招工招干、参军和升学等渠道,全部安置就业。

(《经济综合管理》第三章《劳动管理》,第 167—168 页)

1970 年后,大办"五小工业",职工人数稳定上升,大专院校毕业生、转业军人、上山下乡知识青年等陆续进厂。至 1978 年底共有职工 790 人,其中固定工 560 人。

(《工业》第四章《职工》,第 301 页)

1970—1975 年,县内两次招收"知识青年"和往届小学、初中毕业生共 90 名,经短期培训,担任小学公办教师。　　(《教育》第五章《教师》,第 632 页)

《金阳县志》

四川省金阳县地方志编纂委员会编,方志出版社 2000 年

(1968 年)12 月,动员城镇闲散人员和知识青年上山下乡,插队落户。次年 9 月首批安置本县应届初中毕业生 22 名到对坪、春江和芦稿公社插队落户。　　(《大事记》,第 16 页)

(1971 年)5 月 4 日,接收安置自贡市 86 名插队知识青年。主要安置于对坪、灯厂、天台、洛觉等地。　　(《大事记》,第 16 页)

70 年代末,上山下乡知识青年陆续回城镇,再加上每年高初中毕业生不断增加,劳动就业安置问题日渐突出。1978 年,全县有待业人员 158 名。

(第四篇第六章《劳动人事管理》,第 138 页)

1970 年,动员知识青年上山下乡,停止在农村招工。

(第四篇第六章《劳动人事管理》,第 138 页)

知青安置

从 1969—1977 年,先后动员安置城镇知识青年 324 人到全县农村插队落户,其中自贡、重庆等地知识青年 126 名。1978 年停止动员、安置知识青年上山下乡。

从 1971 年起,逐渐安排上山下乡城镇知识青年就业。至 1978 年共安置返城就业知识青年 176 人,其中招生 58 人、招工 93 人、征兵 13 人、提干 12 名,因其它原因回城 116 人。1979 年,根据四川省革命委员会指示,下乡知识青年全部回城,知青与知青婚配的,子女随同迁城市,知青同农村青年结婚的就地安排工作,并转子女为非农业人口。1981 年,知青安置工作处理完毕。

招工统计表(1971—1990 年)

年度	招工数	其中		年度	招工数	其中		年度	招工数	其中	
		城镇	农村			城镇	农村			城镇	农村
1971	8	3	5	1978	30	16	14	1985	26	26	
1972	7	6	1	1979	95	93	2	1986	97	87	10
1973	未招	—	—	1980	28	28	—	1987	107	98	9
1974	1	1	—	1981	65	65	—	1988	96	80	16
1975	12	7	5	1982	29	29	—	1989	32	27	5
1976	47	5	42	1983	14	14	—	1990	64	52	12
1977	21	15	6	1984	未招	—	—		—	—	—

注:农村栏中 1971—1979 年为上山下乡知识青年,1986 至 1990 年为农业人口。

(第四篇第六章《劳动人事管理》,第 139 页)

《布拖县志》

四川省布拖县志编纂委员会编辑,中国建材工业出版社 1993 年

(1968 年)5 月,设上山下乡知识青年政治工作办公室。 (《大事记》,第 12 页)

知识青年上山下乡及安置

1968 年 12 月 21 日,中国共产党中央委员会主席毛泽东发出"知识青年到农村去,接受贫下中农的再教育,很有必要"的号召后,各级相继设置知识青年上山下乡办公室,动员县内初、高中毕业生上山下乡。知识青年上山下乡,国家给予适当补助,单身每人 230 元;成户每人 150 元;回乡知识青年每人 50 元。此外,免票供应每人棉絮一床,棉花 2 市斤,棉布 24 市尺,纱布蚊帐一床。一年之内,由国家按月供应每人口粮 35 斤,食油按当地居民标准供应。全县共设 21 个知青点,即布拖农场、则洛林场、乌科牧场、则洛乡、特木里光明村、石咀、拉

果、联合（现合井）、罗家坪、牛角湾、金河、中河坝、崔家营、银厂坪、石棺材、大田坝、新村、松林岗、和睦浪坝、地洛桥边村（2 个点）。

1969 年 10 月 11 日,布拖中学初 68 级、69 级毕业生中符合上山下乡条件的 18 人安置在交际河区金河乡红旗知青点。

1970 年,成立"知识青年上山下乡工作领导小组"。

1971 年 6 月 16 日,来自自贡市的城镇知识青年 34 人（男 18 人、女 16 人）安置在交际河区金河、罗家坪、牛角湾、合井 4 个公社。

1974 年 8 月,布拖中学高 74 级毕业生 45 人,初 74 级毕业生 6 人,安置在交际河区金河知青点。

1975 年 8 月,布拖中学高 75 级毕业生 47 人,安置在西溪河区地洛桥边村一、二知青点、和睦知青点。同年 11 月,乌依铅矿 23 位知青落户拉果。

1976 年 8 月,布拖中学高 76 级毕业生 74 人,初 76 级毕业生 8 人,安置在则洛林场 32 人;西溪河区和睦知青点 2 人;布拖农场 10 人;交际河区金河公社 8 个知青点共 38 人。

1977 年 8 月,布拖中学高 77 级、初 77 级毕业生 61 人,其中初中 6 人,安置在则洛公社知青点 15 人,交际河区松林岗 14 人、新村 9 人、石棺材 3 人,石咀 12 人,特木里光明村 8 人。到 1977 年底,县内共安置上山下乡知识青年 316 人,从 1972 年 3 月起,通过招工、招干、招生、参军分期分批回城,1978 年全部就业。

（第十八篇第一章《民政》,第 349—350 页）

《普格县志》

四川省普格县志编纂委员会编纂,四川大学出版社 1992 年

（1964 年）4 月 10 日,成都市上山下乡知识青年 205 人,来普格插队落户,县组织数千人举行隆重的欢迎大会。　　　　　　　　　　　　　　　　　（《大事记》,第 12 页）

1968 年 4 月 11 日,（普格县生产委员会）又更名为县生产指挥部,办事机构增设上山下乡知识青年政治工作办公室。　　　　　（第十五篇第二章《政府》,第 364 页）

全民所有制单位干部、职工的来源主要有 6:县外调入 1 038 人;安置统一分配的大中专毕业学生 1 375 人;安置军队转业干部 149 人;就地吸收录用干部 1 009 人;招聘干部 82 人;按照上级分配指标从城、乡社会青年、上山下乡知识青年和复员退伍军人中招工 615 人。

（第十九篇第一章《劳动》,第 407 页）

第二节　知识青年上山下乡

执行国家关于城镇知识青年上山下乡到农村去插队落户的统一部署,普格县1964年成立知识青年上山下乡办公室(简称知青办),各区、乡均有干部兼管。当年接收来自成都市的知识青年205名(其中女101名),安置在普乐乡143名,河东乡12名,文坪乡50名。

1965年,来自南部、岳池两县的知识青年170名,安置在红星乡和县农场。

1969年,县内第一批城镇知识青年113名被安置到永安乡、耿底乡农村插队落户。

1970年,昭觉县的知识青年219名,自贡市的知识青年220名,先后来普格农村插队落户。此后,除零星接收安置县外知识青年外,主要安置普格中学高中毕业及县内部分初中毕业生去农村"接受贫下中农再教育"。

知识青年上山下乡,在普格长达15年,先后安置插场、插队的共1 475名,其中县外的839名,本县的636名。1973年开始,主要是1979年以后,通过招工、招干、招生、顶替等途径,陆续回城安置工作,只有个别的已在农村结婚安家。

1981年,知识青年上山下乡工作停止,知青办撤销。

(第十九篇第一章《劳动》,第408页)

"文化大革命"中,各级各类学校废除考试制度,大、中专采取"自愿报名,群众推荐,领导批准,学校复审"的招生办法。每年招生名额由上面分配下达,招生对象是工人、农民、上山下乡知识青年,复员退伍军人。 (第二十一篇第一章《学校教育》,第443页)

1977年,高等学校招生考试制度恢复,采取"自愿报名,统一考试,学校录取,省、市自治区批准"的办法,招生对象是工人、农民、上山下乡知识青年、回乡知识青年、复员退伍军人、干部和应届高中毕业生。 (第二十一篇第一章《学校教育》,第443页)

1964年,知识青年和各机关文艺爱好者组成业余演出队。"文化大革命"中,以知青为主组成了毛泽东思想宣传队。演出的节目有:《王秀鸾》、《社员都是向阳花》、《知识青年到彝家》、《大寨红花凉山开》、《农业学大寨》、《大跃进好》、《毛泽东思想照万家》和革命样板戏选段等。 (第二十三篇第二章《群众文化》,第476页)

《喜德县志》

四川省喜德县志编纂委员会编,电子科技大学出版社1992年

(1964年12月)26日,成都知识青年15人,来红莫林场安家落户。

(《大事记》,第17页)

(1969 年)10 月,开始动员本县初、高中毕业生上山下乡,接受贫下中农再教育。

(《大事记》,第 20 页)

《越西县志》

越西县志编委会编,四川辞书出版社 1994 年

知识青年上山下乡

（一）下乡

1964 年,越西县开始接收安置由成都市分配来县的知识青年(简称知青)201 名。1965 年,县成立安置知识青年领导小组,下设办公室,具体负责知青的安置工作。1969 年起,在全县内实行知青上山下乡、回乡。按文件规定,凡满 16 周岁的城镇青少年,不论高中、初中或小学毕业生,都必须参加农业生产,接受贫下中农的再教育。病残青少年,经本人申请,群众评议,县革委批准,方能缓下或免下。到 1978 年,全县共接收安置成都、阆中、自贡、州工交系统和本县城镇知青 1 497 人。

历年安置知识青年人数统计表　　　　　　单位:人

年度\项目	合计	成都	重庆	自贡	南充	本县	其他	州工交
1964	201	201						
1965	272				272			
1966	1					1		
1969	207					207		
1970	34					34		
1971	176			176				
1972	25					25		
1973	23					23		
1974	129			7		121	1	
1975	153		2	1		94	13	43
1976	161	1	3			140	2	15
1977	114	2				112		
1978	1						1	
合计	1 497	204	5	184	272	757	17	58

（二）安置

安置的形式,以分散插队为主,先后将 1 289 名知青安置在居住条件、生活水平比较好的 4 个区、20 个公社、63 个大队、120 个生产队。建立知青点,安置知青集中居住,集中劳

动,由社队指派有经验的农民担任生产技术指导。此外国营农牧场站先后共安置知青80人。

知青的口粮从下乡第一个月起,由国家按每人每月 17.5 公斤的标准供应 1 年。停止供应后对口粮接不上秋收分配的,由知青所在社队按标准供应到分粮食为止。以后参加生产队分配,若年口粮水平较低或因灾减产达不到 190—210 公斤,其不足部分在返销中统一给予解决,食油和副食品第一年按当地城镇居民标准供应。

知青的住房、生产和生活用具按照国家补助,社队扶持,群众帮助的原则解决。至 1981 年,国家总投资 24.43 万元,共修知青住房 428 间,修厕所、猪圈 246 个,共计 7 840 平方米。购置生产、生活用具 1.45 万余件。1973—1977 年国家用于解决知青生活困难补助 0.766 万元,用于解决医疗欠款 251 元,解决知青欠集体口粮倒补款 24.902 万元。

(三)成长与回城就业

县各级党委、政府和广大群众重视培养、教育、使用上山下乡知青。知青中有 16 人加入中国共产党,172 人加入共青团,先后有 118 人担任过社队会计、出纳、保管,98 人担任过赤脚医生,946 人担任过民办教师或政治夜校教员,126 人担任过农机员或农业科研人员。成都下乡知青巫方安(女)多次被评为全国先进劳模,曾担任县革命委员会副主任,县人大常委第五届副主任,被选举为全国第五届人民代表。

1976 年后,一部分知青先后回城就业。1978 年,停止了知青上山下乡工作。随着党的工作重点的转移,知青工作由着重抓知青的动员、安置、管理教育转入抓统筹安排。1981 年底,全县除 2 名在农村安家的知青外,其余全部回城镇作了就业安排。1982 年,县知青办公室撤销后,有关遗留问题由劳动局代办。1985 年,按照省有关文件规定,知青上山下乡期间一律计算工龄。

上山下乡知识青年就业统计一览表

项目\年度	升学	参军	招工	招干	国营场站安置	民办教师转公办教师	迁回城镇
1973 以前	77	2	286		35	3	84
1974	25	5	4		5	7	35
1975	32		24	2	3	6	27
1976	3	6	159		7	10	19
1977	38	18	58	15	4	9	4
1978	128	28	105	5	18	5	28
1979	2	1	99	14	2	7	8
1980			25		6		
1981			3				
合计	305	60	763	36	80	47	205

(第二十六篇第一章《劳动管理》,第 563—564 页)

《雅安地区财政志》

雅安地区财政局编辑,(内部刊行)1999 年

1969 年号召知识青年上山下乡,接受贫下中农再教育,这是党和政府为发展农村经济减轻城市供应,安定社会采取的重大措施,1969—1977 年九年间,财政共拨付该项经费 1 004.4 万元。80 年代为安置城市待业青年就业,由劳动部门牵头,兴办经济实体,多渠道安排青年就业,举办各种训练班,为城镇青年就业创造条件。　　　(上篇第三章《财政支出》,第 113 页)

《雅安市志》

雅安市志编纂委员会编纂,四川人民出版社 1996 年

(1969 年)3 月上旬,首批 1966、1967、1968 届中学毕业生及社会青年 4 590 人到农村插队落户。　　　　　　　　　　　　　　　　　(《大事记》,第 41 页)

(1973 年)2 月 20 日,根据县革委决定,年满 16 岁的初七二级应届毕业生到农村插队落户,城镇知识青年插队落户,从 1965 年起至 1978 年止,先后共下放 6 175 人。　(《大事记》,第 42 页)

(1976 年)6 月 27 日,雅安县首届上山下乡知识青年先进集体、个人代表大会召开。

(《大事记》,第 43 页)

1966 年"文化大革命"开始,党政机关瘫痪。至 1971 年,就业安置完全停止。加之 1968—1978 年间,城镇知识青年大规模动员上山下乡,却又从农村招收农民进城做工,形成城乡劳动力对流。粉碎"四人帮"后,下乡知识青年逐渐返回城市,就业矛盾尖锐。1977 年成立县招工办公室,负责招收全民所有制固定工人。

雅安县 1972—1978 年全民所有制单位招工安置情况表

年度	招工安置总数	农村招收		城镇招收	复退军人	统一分配大中专毕业生	临时工转正	集体转入	其他
		人　数	其中知青						
1972	2 813	272	—	385	3	5	2 051		97
1973	392	—		20	43	118	—	—	211
1974	250	7		—	35	64		1	143
1975	527	158	—	76	93	107		1	92
1976	1 747	937	685	346	128	198			138

年度	招工安置总数	招收安置情况							
		农村招收		城镇招收	复退军人	统一分配大中专毕业生	临时工转正	集体转入	其他
		人　数	其中知青						
1977	1 272	466	342	344	42	306	9	6	99
1978	1 846	618	561	409	254	171	282	3	109
合计	8 847	2 458	1 588	1 580	598	969	2 342	11	889

注:"其中知青"栏1 588已统计在"农村招收"人数栏中,故8 847合计数已削除。

（第十九篇第一章《劳动》,第565页）

第五节　知识青年上山下乡

1962年以后,陆续动员部分城镇知识青年(简称知青,下同)到农村,从事农业生产。到1964年共有20名城镇知青到七盘公社办茶场。1966年秋,全县分批动员315名知青到七盘、下里、蔡龙三个公社茶场劳动。为响应毛泽东主席关于"知识青年到农村去,接受贫下中农再教育"的号召,1968年起,知青上山下乡进入高潮。截至1978年,全县共动员6 000多名知青到农村,其中包括省内成都63人,外省5人。1979年1月起,不再动员知青上山下乡。

1968—1978年,下乡的知青分布在全县25个公社,131个生产大队,885个生产队。集体安置知青的面逐渐扩大。历年累计为知青建住房1 350间,其中1977年332间,1978年364间。三人以上居住点83个,集体所有制知青点17个,国营农牧渔场1个,集体所有制知青农场9个,社办茶果药场1个。据1977年末统计,集体安置的人数881人,占当时在乡知青总人数2 251人的39.14%。十一年中,为安置下乡知青共用去资金300万元,木材1 400立方米。下乡知青中,有15人加入中国共产党,1 940人入团,421人选入县以下各级领导班子,559人担任过生产大队或生产队会计、保管、出纳,126人担任过赤脚医生,528人被聘为民校教师,723人出席县以上知青"先进代表会"和各条战线"代表会"。

1972年起,通过企业单位招工、大中专院校招生、应征入伍等途径,逐步使下放农村的知青得到安置。仅当年全县招工安置的知青就有1 045人。此时,一面动员知青上山下乡,一面对下乡二年以上的陆续安置。到1979年停止下放知青时,仍有上千名知青在农村。1980年地、县要求做好下乡知青安置工作,经统筹规划,分别以下情况安置就业:全民所有制、集体所有制企业招工时优先照顾下乡知青(特别是1972年以前下乡的),年龄放宽至35岁;按系统的自然减员中予以顶替;兴办生产、生活服务的厂、社、店、队、组等集体,统招知青回城。1980年,安置知青累计达到6 299人,占下乡知青总数的99.16%,其中:招工就业的3 106人,参军962人,升学入大中专院校717人,49人提干。余下因病和特殊原因先迁回城,陆续安置的 1 000 余人,上山下乡知青就业工作基本结束。

(第十九篇第一章《劳动》,第 570—571 页)

《芦山县志》

四川省芦山县地方志编纂委员会编,方志出版社 2000 年

(1969 年)1 月,贯彻党中央"知识青年到农村去,接受贫下中农再教育"的号召,县成立上山下乡知识青年安置动员领导小组及办公室。2 月,开始安置第一批。至 1978 年,共安置成都、雅安和县内知青 2 162 人,后经每年招工、招生、参军等渠道,逐渐回城。至 1980 年仅 4 人落户农村。 (第二篇《大事记》,第 33 页)

70 年代,招工以城镇上山下乡两年以上的知识青年为主。1970 年至 1979 年,共招工 1 212 人,其中上山下乡知识青年 362 人,临时工转正 305 人,安置复员退伍军人、城镇待业人员等 545 人。 (第二十三篇第一章《劳动管理》,第 645 页)

《名山县志》

名山县志编纂委员会编,四川科学技术出版社 1992 年

(1969 年)1 月 15 日,在毛主席"知识青年到农村去"的指示下,成都市下放 1 200 名知青到县插队落户,接受贫下中农的再教育。 (《大事记》,第 30 页)

9 月 11 日,全县动员 150 名知识青年到农村插队落户。 (《大事记》,第 30 页)

1968 年 5 月 24 日,经四川省革命委员会筹备小组和中共成都军区党委批准,于 5 月 31 日成立名山县革命委员会。……革委会下设办事组(辖秘书组、行政组),政工组(辖宣传组、组织组、学校组)、生产指挥组(辖农业组、工交组、财贸组、民卫组)、人民保卫组和知青安置办公室。 (第五篇第二章《行政机关》,第 139 页)

1978 年 5 月 29 日,县属机构有:农办、财办、工交办、计委、体委、知青安置办公室…… (第五篇第二章《行政机关》,第 139 页)

1972 年,(招工)除招收下乡知青 452 名外,还招收城镇待业人员 95 名,贫下中农 70 名,农村复员退伍军人 214 名。 (第八篇第三章《劳动》,第 195 页)

第二节　知青安置

1964年9月,成立名山县知识青年上山下乡安置领导小组。次年,动员城镇知青和闲散劳力70人,到建山乡止观寺开办"青年林场"。"文化大革命"开始后,下放人员纷纷回县城"造反"。1968年7月,建立毕业生分配安置领导小组,12月22日《人民日报》发表毛泽东同志关于"知识青年到农村去,接受贫下中农的再教育,很有必要"的指示,城镇知识青年上山下乡人员骤增。1969年有150名本县知青和1180名成都知青到百丈、红星、双河、马岭、联江等九个公社插队落户。1970—1973年,110名名山知青,1881名成都知青,下放到21个乡劳动。1974年,国营蒙山茶场和名山农场在应届初中毕业生和往届高中毕业生中,招收农业工人200余名,同时,接收安置成都知青524人。至1977年,共安置下乡知识青年5987名,其中名山知青910人,雅安知青777人,成都知青4300人。用于知青安置:建房、购置农具、困难补助、医药等经费165.85万元。

1970—1981年,对上山下乡知青,采取"条条包干,块块负责,统筹安排"的办法,通过招工、招干、升学、参军等途径,已全部就业。　　　　　　　　(第八篇第三章《劳动》,第197页)

《荥经县志》

四川省荥经县地方志编纂委员会编,西南师范大学出版社1998年

(1969年)9月,全县动员知识青年(简称知青)上山下乡,接受贫下中农再教育。本县和成都、雅安等地知青根据安排,分别下乡落户。　　　　　　　　(《大事记述》,第32页)

(1970年)9月30日,县知识青年上山下乡领导小组及其办公室成立,至1978年,先后在91个大队406个生产队安置知识青年3418人,其中成都、雅安等地知识青年1118人。

(《大事记述》,第32页)

1966年—1978年,按国家规定,招工对象除退休、死亡后补员以外,主要为退伍军人,城镇中学毕业生,劳动锻炼两年以上的上山下乡知识青年,矿山森工系统内部的子女(内招)等。　　　　　　　　(第九篇第二章《劳动》,第227页)

第六节　知识青年上山下乡

1958年党中央号召城市知识青年到农村安家落户,成都有中、小学毕业生400余人来县插队,分布在双江、太平(今石桥乡)、烈士、荥河等公社。同年大办钢铁,绝大多数被抽调去工业战线,少部分参加县内机关单位工作。

1966年4月,城关镇举办"劳动后备讲习所",组织城关、泗坪、花滩、新添等地待业青年75

人学习,于10月全体参加青龙公社白马关"革命农场"。因"文化大革命",离场进城。全县开展知识青年上山下乡工作后,这些人又分别安排至新民、新华、复顺、大田等公社插队落户。

1968年毛泽东主席发出"知识青年到农村去"的号召,次年县全面开展知识青年上山下乡工作。1970年9月建立知识青年上山下乡领导小组及其办公室。至1978年,全县25个公社、91个大队、406个生产队,共接待、安置上山下乡知识青年3 418人。其中,荥经2 300人,成都、雅安及省外1 118人。同期组建知青农、牧、茶、林场4个,知青队6个,知青点8个。

知青下放初,多无住房,寄住社员家里,后陆续修建。1974年—1977年,县分配知青专用木材536立方米,建房911间。

知青在农村先后加入中国共产党的有19人,加入共青团的有583人,进入农村基层领导班子的有96人,任毛泽东思想宣传员的有182人,理论骨干1 236人。1973年、1976年和1978年,全县召开知识青年上山下乡先进集体,先进个人代表大会,先后出席大会代表400余人,评选出先进集体22个,先进个人229人。出席地区先代会69人,省先代会8人,受表扬奖励330人。

至1980年,因国家建设需要,知识青年陆续调离农村。其中,被提拔为干部2人,应征入伍12人,考入大学、中专282人,招工进厂1 879人,按政策批准回城43人,其他39人。

(第九篇第二章《劳动》,第235页)

1976年"文化大革命"结束后,县、区、公社各级机构员额编制392人,实有530人,超编138人。

荥经县1976年各级机构员额编制表

项目·人数	全县总计	县委、县革委和工作部门											工交系统									农林水系统					财贸系统								
		正副县长	办公室	组织部	宣传部	工交部	农工部	财贸部	计委	直属党委	党校	小计	工业局	交通局	手工业局	邮电局	劳动局	安全办	统计局	物资局	小计	农业局	农机局	水电局	林业局	小计	财政局	税务局	商业局	粮食局	工商管理市委会	多经办	人民银行	供销社	小计
编制	392	7	17	12	9	3	5	4	2	2	5	66	4	3	3			2	4		16	4	3	3	3	13	5	30	5	9	3	2	3		57
实有	530	7	26	8	9	11	5	5	4	1	5	81	7	5	1			3	4	7	27	8	17	17	8	50	6	30	7	11	12		2	11	79

项目·人数	文教卫生系统							政法系统					群众团体						待分与人员	县级机关合计	中共区委区革委	公社(镇)		
	文教局	卫生局	知青办	计生办	科委	体委	小计	民政局	公安局	县法院	县中队	小计	县工会	县贫协	县妇联	团县委	工商联	小计				中共公社镇党委镇革委	公社党委社革委	合计
编制	3	3	6	2			14	3	24		9	36	3	3	3	3	2	14		216	32	5	139	144
实有	11	6	6	1	3	3	30	7	27	10	25	69	2	2	3	3	2	12	3	351	27	6	146	152

(第九篇第三章《人事》,第241页)

荣经县1980年各级机构实有人数统计表

项目	全县总计	中共县委及工作部门						县人大、县政府及综合部门																农林水利部门								工交部门			
		正副书记	办公室	组织部	宣传部	纪委	小计	人大正副主任	政府领导人	财经委	农业委	计划委	经济委	物价委	科委	统计局	物资局	计量局	劳动局	知青办	民政局	档案局	小计	农业局	林业局	畜牧局	水电局	农机局	社队企业局	气象局	小计	工交局	二轻局	医药局	小计
实有人数	899	7	24	8	5	3	47	5	6	3	5	1	5	3	7	5	7	5	3	4	11	3	73	39	36	21	35	26	8	11	176	8	8	4	20

财贸部门								文卫部门						公检法部门					人民团体						县级机关合计	区、社(镇)				补充项目统计						
财政局	税务局	商业局	粮食局	工商局	外贸局	供销社	小计	文教局	卫生局	计生办	体委	广播局	小计	人民检察院	人民法院	公安局	各种民警	小计	县工会	团县委	县妇联	县贫协	工商联	小计		农村区	农村镇	农村公社	合计	党校	招待所	托儿所	非在职人员	基层税务所	基层市管所	合计
11	12	10	20	8	7	25	93	5	6	3	3	13	30	14	21	40	30	105	3	3	2	1	1	10	554	23	9	246	278	7	8	11	3	26	12	67

（第九篇第三章《人事》，第242页）

1953年—1985年全县财政共支出8 530.26万元，其中，文教科学卫生事业2 684.19万元，占总支出的31.46%，支援农业1 546.23万元，占总支出的18.12%；基本建设1 168.00万元，占总支出的13.69%；行政管理费1 532.65万元，占总支出的17.97%；抚恤与社会救济575.54万元，占总支出的6.75%；县办"五小"技术改造补助和企业挖潜改造补助379.41万元，占总支出的4.45%；城镇人口下乡费137.54万元，占总支出的1.61%；城镇青年就业费17.50万元，占总支出的0.21%，价格补贴141.2万元，占总支出的1.66%，其它348.40万元，占支出的4.08%。

荣经县1952年—1985年财政支出情况表　　单位:万元

时 期	总支出实绩	其　中															城镇青年就业
		文教科学卫生事业费		支援农业支出		基本建设支出		行政管理费支出		抚恤和社会救济费		县办五小工业技术改造		城镇人口下乡费		
		数额	占支出%	数额	占支出%	数额	占支出%	数额	占支出%	数额	占支出%	数额	占支出%	数额	占支出%	
1952年	16.60	11.50	68.86					2.90	17.36	0.20	1.19					
一五(1953年—1957年)	328.62	102.39	31.16	42.06	12.80	33.16	10.09	130.95	39.85	19.19	5.84					
二五(1958年—1962年)	799.09	142.40	17.82	198.19	24.86	114.76	14.36	168.34	21.06	160.69	20.11					
三年调整时期	289.31	103.27	35.70	51.90	17.93	2.94	1.00	78.96	27.30	40.00	13.82			2.25	0.34	

时 期	总支出实绩	其　　中																城镇青年就业
		文教科学卫生事业费		支援农业支出		基本建设支出		行政管理费支出		抚恤和社会救济费		县办五小工业技术改造		城镇人口下乡费		
		数额	占支出%	数额	占支出%	数额	占支出%	数额	占支出%	数额	占支出%	数额	占支出%	数额	占支出%	
三五(1966年—1970年)	653.29	206.12	31.54	88.75	13.57	132.57	20.29	139.38	21.32	31.91	4.89			27.53	4.20	
四五(1971年—1975年)	1 478.38	368.18	24.90	230.58	15.59	324.87	21.97	205.58	13.90	56.53	3.82	154.71	10.46	72.28	4.89	
五五(1976年—1980年)	1 993.07	621.53	31.18	493.59	24.76	291.10	14.60	295.94	14.84	84.32	4.22	70.40	3.53	36.48	2.15	7.4
六五(1981年—1985年)	2 988.50	1 140.30	38.15	440.30	14.73	268.60	8.98	513.50	17.19	182.90	6.11	154.30				10.1
合计	8 530.66	2 684.19	31.47	1 546.23	18.13	1 168.00	13.67	1 532.68	17.97	575.54	6.75	379.41	4.45	137.54	1.61	17.5

注:1952年支出未列入合计数。

(第十九篇第一章《财政》,第476页)

《汉源县志》

汉源县志编纂委员会编著,四川科学技术出版社1994年

(1969年1月)按照毛泽东"知识青年到农村去接受贫下中农的再教育,很有必要"的号召。设立县"知青安置领导小组"和办公室,接待安置成都市和本县城镇知青,到1973年共安置成都知青2 044人,本县知青299人。　　　　　　　　　　(《大事记》,第28页)

第五节　知识青年上山下乡及安置

1968年12月22日毛泽东主席发出:"知识青年到农村去,接受贫下中农再教育,很有必要"的号召后,汉源县革命委员会即行组建了"知识青年到农村去安置办公室"(1973年改称"知识青年上山下乡工作办公室")加强对知青上山下乡的领导和动员、安置工作,帮助有安置任务的社队,作好住房(或住户)的落实和生产、生活用具的购置等。1969年1月省分配来我县插队落户的成都知青1 000人分批到达汉源,受到干部和群众的欢迎,不少社队派专人到车站帮助背运行李迎接到驻地。在此期间,县革委决定对本县1966、1967、1968级的城镇中、小学毕业生及社会知识青年进行了上山下乡的动员工作,结果有250名中、小学毕业生,200名社会知识青年首批到农村插队落户。从此以后即形成制度,每年毕业的中学

生中都有一批到农村插队落户。全县从 1969 至 1978 年共安置 3 712 人,其中本县知青 942 人。除坭美、片马、永利、顺河四个公社外,有 37 个公社,171 个大队,752 个生产队和皇木农牧场、县园艺场都安置有知识青年。

为了解决知青上山下乡插队落户中的生产和生活困难,除各社队在住房上、分配上给予照顾外,国家还拨出专项经费给予帮助,从 1969 至 1978 年共支付知识青年上山下乡经费 115.36 万元。其中:用于修建房屋款 41.39 万元(建房 1 007 间,面积 40 495 平方米),用于生活补助款 55.71 万元,用于购置生产、生活用具及医疗、学习等款 18.26 万元。

遵照毛泽东主席"各地农村的同志,应当欢迎他们去"的教导,各社队干部群众对知识青年上山下乡都热情欢迎,妥善安置,做到居住有房屋,生产有工具,厨房有炊具,随时关心和解决知青生产、生活方面的实际问题,使他们尽快实现生活自给,安心农村。

上山下乡插队落户的知青,在社会实践中不断成长,曾涌现出一批生产和工作积极分子,有的担任了社队领导职务,有的出席了省、地、县团代会、妇代会,有的受到了省、地、县、社的表彰和奖励。截至 1978 年底,我县的知青已全部回城,安置工作即告结束。

(第二十二篇第五章《其他民政工作》,第 638—639 页)

《石棉县志》

石棉县地方志编纂委员会编,四川辞书出版社 1999 年

同年(1969 年),石棉县首批知识青年 161 人下放农村。　　　　(《大事记》,第 22 页)

(1973 年)9 月 26 日,中共石棉县委常委会决定成立石棉县知识青年上山下乡领导小组,彭光太任组长,张文清、杨博厚、田嘉庸任副组长,下设分配安置办公室。

(《大事记》,第 25 页)

1978 年和 1979 年在安置待业人员中,石棉县坚持两条:一是按统筹兼顾的原则,按系统及隶属关系积极安置;二是在控制指标和招工范围的前提下,作适当调整。普遍采取推荐和自愿相结合的办法;对个别难安排的人员,主动给用人单位和本人做工作,反复协商,达到安置目的。同时采用文化考试,择优录取。两年共安排待业者 1 603 人,其中下乡知识青年 708 人,城镇待业人员 714 人,其他 181 人。　　(卷十九第二章《劳动工资》,第 564 页)

第七节　知识青年上山下乡

1958 年,党和政府号召"知识青年到农村去",成都市 129 名知识青年响应号召下放到石棉县,分别安置在挖角、田湾、草科、新民、先锋、安顺、迴隆、农场、宰羊、丰乐、美罗等 11 个

公社。这批知识青年经过几年的劳动锻炼,全部作了安置,其中调外县安置工作 18 人,随爱人退职迁走 7 人,县委机关 2 人,粮食局 11 人,邮电局 9 人,手管局 5 人,商业局 9 人,公安局 2 人,人民法院 1 人,水电局 5 人,供销社 6 人,交通局 5 人,文教局 8 人,汽车站 1 人,养路段 4 人,县医院 4 人,税务局 1 人,区、乡政府 4 人,四川石棉矿 25 人,另有 2 人因犯罪被判刑。

1969 年按照毛泽东主席关于"知识青年到农村去,接受贫下中农的再教育,很有必要"的指示,动员知识青年下放到农村落户,从事农业生产。1969 年—1978 年,共安排 2 258 人下乡。1978 年 12 月 10 日,《全国知识青年上山下乡工作会议纪要》指出:"小集镇和一般县城非农业人口的中学毕业生,不再列入上山下乡的范围,由本地区或本系统自行安排就业。"从此,石棉县就没有再安排知识青年上山下乡。1971 年开始逐年对知识青年进行安置。到1980 年,全部下乡知识青年安置完毕。

石棉县 1969 年—1980 年知识青年上山下乡安排情况统计表　　　　单位:人

项 目	安排下放人数				收回安置
	合 计	县内下放	下放到省外	外地下放来	
1969	161	161			
1970	63	32		31	
1971	409	409			117
1972	206	43		163	215
1973	274	193		81	107
1974	312	201	2	109	137
1975	363	8		355	142
1976	316	18		298	266
1977	149	38		111	572
1978	5		2	3	581
1979					114
1980					7
合计	2 258	1 103	4	1 151	2 258

（卷十九第二章《劳动工资》,第 572 页）

《天全县志》

《天全县志》办公室主编,四川科学技术出版社 1997 年

(1968 年)12 月,响应毛泽东主席"知识青年下放到农村去,接受贫下中农的再教育"的

号召,县首批知识青年 179 人到农村插队落户。至 1978 年,全县城镇下乡知青 410 人,另接收安置成都、雅安下乡知青 2 100 人。1978 年 12 月停止下乡,到 1981 年县内下乡知青全部回城,并通过招生、招工、招干、招兵进行安置。 （《大事记》,第 38 页）

1976 年,四川公安消防总队在天全征兵 249 名,其中农村青年 218 人,经过两年上山下乡锻炼的知识青年 31 人。在文化水平上,高中文化程度的 64 人,初中文化程度的 132 人,小学文化程度的 53 人。 （第十五篇第七十四章《兵役》,第 518 页）

1970 年,从在农村劳动一年以上的下放知识青年、复员退伍军人中招收了部分固定工。 （第十八篇第八十七章《劳动用工》,第 578 页）

同年(1978 年),中央指示:劳动就业主要招收城镇待业青年,同时也要招收部分上山下乡知识青年。此后,全县除特殊工种小量从农村招工外,基本上都在城镇待业青年和下放知青中招收。 （第十八篇第八十七章《劳动用工》,第 579 页）

《宝兴县志》

四川省宝兴县地方志编纂委员会编,方志出版社 2000 年

第二节 知 青 安 置

1958 年春,宝兴县接收成都市下放知青 649 人,分别安置到 94 个生产队劳动锻炼。是年秋“大办钢铁”抽调 129 人到厂矿、学校和企事业单位工作。1961 年,部分回城工作或升学,留宝兴 159 人;后全部得到安置,其中有的已成为党、政、企事业单位领导干部。

1968 年 12 月,《人民日报》发表毛泽东关于“知识青年到农村去接受贫下中农再教育很有必要”的指示,城市知识青年纷纷响应,掀起上山下乡热潮。1969 年起,先后共接收安置成都、重庆、雅安等地和本县知青 1 063 人,其中成都、雅安 997 人,重庆和本县 66 人;分别安置到 14 个公社 167 个生产队劳动。按规定每个知青给予 200 至 230 元的安置费,用于购置生活用品和生产农具等。1973 年至 1976 年,共支付知青经费 93 394 元,其中建房支出 63 300 元,口粮补助 15 004 元,医药费补助 15 090 元。从 1971 年起,由国家统一安排,贫下中农推荐,开始在知青中招工招干或参军、升学。1979 年止,招工招干、参军、升学或因病返城知青共 863 人,其中招工 546 人,参军 64 人,升学 207 人,招干 20 人,因病返城 26 人,其余知青在 1980 年全部得到妥善安置。 （第八篇第三章《劳动》,第 195 页）

《西昌市志》

西昌市志编纂委员会编纂,四川人民出版社1996年

(1964年)3月17日,成立安置工作机构,从4月起安置成都市和本地城镇下乡知识青年。1979年4月以后,城镇知青不再下放;对插队知青,逐步安排有固定收入的工作。

(《大事记》,第25页)

第五节　下乡知青农场

1964年4月起,西昌县开始安置城镇下乡知识青年,主要是插队落户,少部分集中安置兴办农场垦殖。

一、袁家山知青农场

场址小庙乡袁家山村。1964年创办,由县知青办管理,1970年撤销,知青改插队。

二、螃蟹湾知青农场

场址阿七乡螃蟹村。1965年兴办,由县管理,1966年,并入东坪农场。

三、东坪知青农场

场址黄联关镇东坪村。1966年县兴办,由县管理,1970年撤销,知青改插队。

四、莲花池知青农场

场址九龙乡莲花池。1966年县办,撤销后并入东坪农场,土地、设备移交西昌民办中学。

五、长村沟知青农场

场址裕隆乡长村沟。1966年办,由公社管理。1967年,并入县示范繁殖农场。

六、东山知青养猪场

场址锅盖梁镇东山村。1976年社办,由公社管理,知青招工后,六和公社接管。

七、羊伏山知青农场

场址月华乡新华村。1966年,省知青办兴办,安置成都下乡知青,1969年撤销,知青改插队。

八、建新知青园艺场

场址大兴乡建新村。1974年兴办,大队管理,知青招工后,大队接管。

九、马坪坝知青园艺场

场址西乡乡马坪坝村。1974年办,公社管理,知青招工后,新宁公社接管。

十、中所知青园艺场

场址高枧乡姜坡。1975年办,由县、队和西昌运输公司管理,知青招工后,高枧公社接管。

十一、窝九坝知青园艺场

场址大箐乡胜利村。1975 年办,由公社管理,知青招工后,大箐公社接管。

十二、新和知青农场

场址中坝乡烂坝。1977 年,省石油局生产基地撤销,西溪公社新营大队知青油橄榄场迁移至此,知青招工回城后撤销。

十三、同心知青园艺场

场址礼州镇同心村八组。1976 年办,公社管理,知青招工后,礼州公社接管。

(第五篇第六章《垦殖》,第 233—234 页)

1977—1979 年,大批下乡知识青年返城,加上城镇新成长起来的劳动力,待业人员达 5 055 人,县革委采取就地取材、就地生产、就地销售,为农业服务、为大工业服务、为人民生活服务、为外贸出口服务的"三就四为"原则,3 年共安置待业人员 4 146 人;组织走"五·七"道路 303 人。同时 8368 部队、8841 部队、281 部队和西昌火车站等单位成立家属"五·七"工厂,安置本单位待业人员就业。

(第二十一篇第一章《劳动》,第 719 页)

第七节　城镇知识青年上山下乡

1964 年,西昌县开始动员安置城镇知识青年上山下乡,到农村落户。至 1978 年,共安置城镇下乡知识青年 14 341 名,其中成都市的 7 345 名,内江市的 196 名,西昌(包括外地来投亲靠友的一部分)的 6 800 名。1979 年,国家劳动政策调整,动员、安置工作随之停止。1982 年,结束有关善后工作。

一、动　　员

1964 年 6 月,西昌县在城关镇和礼州场镇居委会开展知识青年上山下乡的动员工作,9 月首批知识青年 305 人奔赴农村,其中 82 人办青年生产队,其余的分别在河西(佑君镇)、新和(中坝乡)两个公社落户。1965 年,一批家居城镇的中学毕业未升学的学生,经动员后到农村。1966 年至 1968 年,因"文化大革命"的干扰,动员工作暂时中断。1968 年 12 月,毛泽东主席发出"知识青年到农村去很有必要……"的指示后,1966—1968 年西昌各中学家居城镇的 1 440 名毕业生,以学校为单位,于 1969 年春,下到农村。从此,年年都有动员任务。1973 年,应动员下乡的人数多,开始采取按系统、按单位、按街道动员,对口安置的办法。西昌铁路分局、冶金部第五冶金建筑公司、43 信箱等单位职工家属多、分布面广,按其管辖范围统一动员、安置。1978 年止,西昌县先后共动员 6 938 名(包括到外地社队和农场的)本地知识青年到农村。

二、安　　置

(一)插队

1964 年 4 月,成都市 845 名下乡知识青年来到西昌,受到专、县党政军领导及各界群众的热烈欢迎。分别安置到小庙、新宁（西乡）、九龙、裕隆、经久5个公社插队落户。此后无论本地或外地下乡的知识青年，多数都按此办法安置，至1978年，全县汉区的25个公社，彝区的开元、大桥（巴汝乡）、大箐3个公社，都安置有知识青年，总计13 532名（包括撤青年农场后插入的）。

（二）办集体农场

1965年9月至1966年春，先后在阿七、九龙、裕隆、黄联公社创办知青农场4个，安置知青640名。这些农场建场的工作刚就绪，即逢"文化大革命"开始，知识青年"外出串联"、"上京告状"、"停产回城闹革命"，无法维持正常的生产和生活，使农场处于瘫痪，各种设施遭到严重破坏，1969年冬，上述农场（含袁家山青年农场）撤销，农场的知识青年分别安置到社队落户。

（三）办株洲式的社队园艺场

1973年，中共中央肯定了湖南株洲市集体安置下乡知识青年举办农场的经验后，次年西昌运输公司首先与高枧公社中所大队协商，对口安置、对口支援，办起中所大队园艺场（苹果园）。1978年8月，43信箱的知识青年在西溪新营村创办油橄榄场，因土地未落实，不久又迁至新和公社烂坝。同时，一些公社和生产队采取社队挂钩，户口落队集中在场劳动的办法，办起一批园艺场。

这些集体园艺农场新创业，投资大，短期不见效益，加上知识青年因招工、参军、升学不断迁走，无法巩固，多数停办。

（四）到国营农、林、牧、渔场

西昌县的下乡知识青年，除到农村插队以外，1973年到1976年，先后有809名安置到县境内的国营农、林、牧、渔场。另外，有45名安置到米易、会理两地的农场。

三、管　理

（一）机构

1964年3月，西昌县接受安置成都市上山下乡知识青年的任务，即成立中共西昌县委员会安置工作领导小组，下设办公室。办公室属县人委机关的常设机构，调配有专职干部具体开展安置业务。1973年，县委安置领导小组更名为知识青年上山下乡工作领导小组，办公室更名为西昌县革委知识青年上山下乡工作办公室。同时在区、公社两级具体落实有分管知青工作的干部。1973年7月，为保护上山下乡知识青年，打击破坏知识青年上山下乡的犯罪分子，成立西昌县保护知识青年上山下乡领导小组。

西昌县既是知识青年上山下乡的动员地区，也是安置地区。1973年起，驻县境内的机关、部队、企事业单位，都按系统或归口设专职干部，成立知识青年上山下乡工作办公室，配合县知青办开展工作。

（二）措施

知识青年上山下乡后，户口与粮食供应关系转到生产队，按队编为知识青年小组，吃、住由队统一安排,农具由队帮助购置,生活补助费由公社按月发给。每个生产队有1名副队长分管知青工作,初期都派老农给知青传授生产技术和炊事知识,具体地传、帮、带。知青的劳动报酬与社员同工同酬,年终结算分配,多劳多得,自负盈亏。知青因招工、升学、参军离队,由生产队、大队、公社三级帮助办理有关手续,离队时交清住房等财务手续。

1965年,在新宁(西乡)、小庙、九龙、裕隆、经久5个公社,从下乡知识青年中选拔任命6名半脱产干部在公社管委领导下,做知青工作,"文化大革命"中机构变动而停聘。1974年,成都与西昌的动员单位,开始派出下乡知青的带队干部,对口驻公社或园艺场,配合县、区、公社共同做下乡知青的管理工作。1977年,各单位派来的带队干部共20人,安置下乡知青多的公社,都有带队干部驻社帮助。成都市带队干部的组长,进入中共西昌县委常委会。

(三)经费

西昌县动员与安置城镇知识青年上山下乡的经费,1964年至1979年,财政共拨款480.3万元(含统筹解决经费)。这些经费除开支下乡知识青年生活、农具、医疗费用外,在农村中为下乡知识青年修有住房3439间。1978年后在清理经费中,这批住房除少数安排给扎根农村和虽本人回城但家尚在农村的知识青年使用外,剩余的都变价处理给生产队使用。1982年,知青办撤销并入劳动局,节余的安置经费交财政部门。

四、就　　业

1970年,西昌县开始在下乡满1年以上的(次年又规定须满2年以上)知识青年中招工。1973年,少部分下乡知识青年被推荐读大、中专院校,有一部分知青入伍当兵。还有少部分人下乡后,因家庭发生困难或自身有病不能劳动,经批准后迁回城镇。1981年,全县(市)下乡知识青年仅剩8名自愿留在农村。县(市)知青工作办公室对这8人的住房、生产、生活等问题,从优再给予补助支持。　　　　　　(第二十一篇第一章《劳动》,第728—730页)

《宁南县志》

宁南县志编纂委员会编,成都科技大学出版社1994年

(1964年)6月3日,成都市首批上山下乡知识青年到宁南农村插队落户。

(《大事记》,第11页)

知识青年上山下乡

1964年6月3日,成都市知识青年响应党中央提出的"知识青年到农村去,接受贫下中农再教育"的号召,首批到宁南插队落户,劳动锻炼。后成都、泸州、宜宾知青相继下放到宁南,县内知青也下放到农村。先后共接受和下放城镇知识青年(包括城镇居民)2987人。1971年以后,逐步进行了工作安排。　　　　　　(第六篇第三章《政事纪要》,第115页)

1967年至1976年"文化大革命"中,国务院和国家计委对招工来源作了明确规定:一是退伍军人;二是城镇应届高中毕业生;三是经过两年以上锻炼的上山下乡知识青年;四是矿工、森工、地勘等单位符合条件的职工子女,由本系统招用。在农村招收工人,须经省批准。"文革"中,全县共安置待业人员1 357名。 （第十一篇第三章《劳动管理》,第189页）

宁南县历年招工就业统计表

年 别	招工人数	其 中									
		城镇	下乡知青	退伍	减顶	全民	集体	本县	外地	待业人数	就业%
1958年前	127					37	90	127			
1959—1962	613					405	208	613			
1963—1967	115						115	115			
1968年	2			2			2	2			
1969年	30			30			30	30			
1970年	224	7	177	34	6	193	3	41	183		
1971年	536	155	263	104	14	406	130	405	131		
1972年	153		175		18	126	27	50	103		
1974年	11		11		11				11		
1975年	150	42	108			105	45	131	19		
1976年	251		64			150	101	201	50		
1977年	183	34	47		5	135	48	119	64	385	54.6
1978年	363	190	169		24	81	282	333	30	465	78.1
1979年	378	327	51			194	184	287	91	666	57.0
1980年	180	104	2		74	164	16	179	1	518	34.7
1981年	170	91		4	75	157	13	170		367	42.8
1982年	73	45			28	57	16	65	8	341	21.4
1983年	135	56		9	98	135		135		332	40.7
1984年	128	53	1	11	63	98	30	119	9	268	47.8
1985年	245	163		14	68	215	30	239	6	382	64.1
合计	4 067	1 267	1 028	237	484	2 669	1 398	3 361	706	3 724	92.0

（第十一篇第三章《劳动管理》,第190页）

第四节 知识青年上山下乡

1964年4月,中共中央、国务院作出了《关于动员和组织城市知识青年参加农村社会主义建设的决定》,为安置好知识青年,县上成立了领导小组,设立了办公室。

第一批下放我县是 1964 年 6 月,成都知识青年共 222 人,安排在松新、新村两个公社。1966 年,第二批知识青年下放我县,共 692 人,其中成都市 141 人,泸州市 309 人,宜宾市 242 人,主要安排在松新、华弹、骑骡沟三个区。1969 年,根据中央指示,除知识青年外,城镇居民也大批下放。这年,下放到我县的成都知识青年和城市居民共 1 023 人。1970 年开始,除接收外地知识青年外,县内知识青年和城镇居民也陆续下放。到 1978 年,共接收和下放知识青年、城镇居民 2 987 人,安置在 16 个公社,51 个大队,182 个生产队和 3 个县办知青农场。

为安置好知识青年、政府先后共拨款 97.87 万元,建住房 1 097 套。

在农村期间,绝大部分知识青年表现是好的,先后有 15 人加入共产党,257 人加入共青团,43 人进入各级领导班子,还有相当部分担任了教师、社队干部、赤脚医生、政治学习辅导员、农业科学实验员等。

1978 年,根据全国知识青年上山下乡工作会议精神和中央(1978)74 号文件、省革委(1978)110 号文件精神,宁南开始了对上山下乡知识青年(包括城镇居民)的安置工作。到 1984 年,除死亡 35 人,因犯罪判刑 8 人,落户农村 21 人外,其余全部作了妥善安置,其中招工招干 1 028 人,升学 253 人,参军 120 人,回城市 1 522 人。

(第十一篇第三章《劳动管理》,第 191 页)

"文化大革命"中,小学附设初中班,又新办初级中学,但师范院校毕业生分配极少。为解决师资不足,将小学教师大量调作中学教师,在下乡知识青年中吸收了一批补充小学教师。

(第二十八篇第五章《教师》,第 521 页)

《会东县志》

会东县志编纂委员会编,四川人民出版社 1996 年

(1964 年)11 月 24 日,成都市首批知识青年 95 名,下放到会东联合公社(今小岔河乡)插队落户。

(《大事记》,第 33 页)

(1965 年)11 月 4 日,自贡市首批知识青年 500 多人,下放到团结、嘎吉、联合等公社插队落户。

(《大事记》,第 33 页)

(1967 年)6 月 1 日—6 日,部分学生、下乡知识青年 200 余人,在县公安局静坐绝食示威,要求解决"三月镇反"的遗留问题。

(《大事记》,第 35 页)

(1975 年)7 月,动员本县高初中毕业生 57 人,到农村插队落户,"接受贫下中农的再教育"。
(《大事记》,第 39 页)

第二节　知识青年安置

1964 年,贯彻毛泽东主席提出的"城镇知识青年到农村去"的号召,成立会东县知识青年上山下乡安置办公室(以下简称知青办),动员广大青年到农村去"接受贫下中农的再教育"。动员范围是:县境内城镇非农业人口及厂矿、行政事业单位,年满 16 周岁,身体健康,未能升学的高、初中毕业和社会青年。下放的知识青年(以下简称知青),可以投亲靠友,也可由生产队安置或兴办农场等。安置经费:1964—1973 年平均每人 150 元;1973 年起,每人补助 480 元(其中,450 元由社、队掌握开支:1.建房补助 200 元;2.生活补助 170 元;3.购置农具、家具 50 元;4.医疗补助 10 元)"口粮":第一年每人每月供应 35 市斤;一年分粮过低的(贸易粮 380—420 市斤以下)在国家返销指标中补差。1964 年 12 月首批下放来的成都知识青年 95 人到联合公社插队落户。1965 年下放知识青年 397 人到会东。至 1977 年,全县共安置县内外下放知青 2 032 人,开支安置经费 705 011 元。1979 年以后不再动员知识青年上山下乡。

知青就业安置始于 1974 年。根据四川省革命委员会川革发(1974)160 号和 101 号文件精神,各有关部门开始在会东招收知青。至 1980 年,在知青中招工、招生、调走 2 029 人,除 3 名已在农村结婚安家者外,下放知青全部安置完毕。1980 年,知青办并入劳动局,安置机构撤销。
(第十一篇第一章《劳动就业》,第 315—316 页)

70 年代,从工、农业生产积极分子、上山下乡知识青年、代课教师、复员退伍军人中吸收了一批干部。
(第十一篇第二章《职工队伍》,第 316 页)

安置经费　1965—1966 年,城镇人口下乡安置支出 11.5 万元。1967 年受"文化大革命"影响,预算 14.1 万元,实支 4.1 万元,安置 165 人。1968—1972 年支出 30.5 万元,安置 1 023 人。1973 年支出 11.1 万元,其中开支下乡知青困难补助 10.3 万元。1974—1977 年支出 22.9 万元。1978 年起,多数下乡知青返原籍就业或县内招工,支出减少到 9.5 万元。1982 年,改为"城镇青年就业经费",1983 年支出 12.5 万元,1988—1990 年共支出 2.9 万元。
(第二十三篇第二章《财政》,第 645 页)

1974 年,为利于城镇知识青年"上山下乡",除会东中学及大桥中学初中按 3 年制外,其余农村初中改为 2 年制。
(第二十六篇第二章《教育规则》,第 708 页)

《会理县志》

会理县地方志编纂委员会编,四川辞书出版社1994年

  (1964年)春,成都下放知识青年723人到县内云甸、果元等公社插队落户。6月4日县委组成3个工作组分赴各地慰问。   (《大事记》,第44—45页)

  9月10日,县属城关镇首批上山下乡知识青年262人,到五星公社插队落户。当年还安置成都知识青年859人。   (《大事记》,第45页)

  (1967年)6月,省、县下放农村劳动的知识青年纷纷回城"造反"。(《大事记》,第47页)

第三节 知识青年安置
一、动员下放

  1964年,贯彻毛泽东主席提出的"知识青年到农村去"的号召,成立会理县知识青年上山下乡安置办公室(以下简称知青办),动员广大青年到农村去"接受贫下中农的再教育"。动员范围是:县境内城镇非农业人口及厂矿企、事业单位年满16周岁,身体健康,未能升学的高、初中毕业生和社会青年。下放的知识青年(以下简称知青),可以投亲靠友,也可由生产队集体安置或兴办知青农场、园艺场等。1964年县内首批下放262人,安置成都知青859人。至1978年停止下放时,累计动员和安置知青7 644人,其中,县属单位下放2 724人;县境内省、地属厂矿单位下放1 298人;安置成都知青3 622人,分布在7个区的41个公社、1 239个生产队和国营农牧场,并兴办知青农场、园艺场9个。下放的知青经过实践锻炼,有55人加入中国共产党,881人加入共青团;861人分别担任过社、队的文化辅导员、农技员、赤脚医生、夜校、民校教师、生产队会计、保管、记分员等职务。县、区、社、队均建立以干部、贫下中农、知青带队干部"三结合"的领导小组,负责对知青的安置、思想教育、劳动、生活的管理。知青下放第一年,由国家拨给安置经费和生活费,由安置队统一开支,口粮按标准供应;第二年即由生产队分配口粮及农副产品。对劳力欠缺,分不足口粮者,除由队照顾外,县知青办从安置经费中酌情予以补助。1964—1978年,累计拨款1 226 310元,补助困难知青2 000余人。

二、就业安置

  知青就业安置始于1968年,当年升学5人、参军3人、批准返城77人。以后,凡属独生子女、多子女均不在父母身边或一户有3个子女下放的知青优先解决,指名招收。1969—1976年先后招工安置3 211人、升学127人、参军44人。其中有15人担任公社党、政、群团领导职务,并先后批准返城及迁出县外683人。1977—1980年在知青中招工3 343人、升学

25人、参军11人,继于1981年知青办与城关镇签订合同,拨款22万元,扶持城关综合服务部,安置知青30人;另拨款20万元修复瀛洲公园,安置知青15人。至此,除少数已在农村结婚安家者外,下放知青全部安置完毕。1983年4月,知青办并入劳动局,安置机构撤销。

(十二篇第一章《劳动就业》,第339页)

《米易县志》

四川省米易县志编纂委员会编,四川辞书出版社1999年

(1969年)1月17日,成立米易县革命委员会上山下乡分配安置办公室,主要负责知识青年的安置分配工作。

(《大事记》,第35页)

80年代,改革开放、经济发展,人口流动性很大,每年迁入迁出人口大都在千人以上。人口迁入:……五是知识青年插队落户;……

(第二篇第四章《变动》,第105页)

1964年起,(民政费支出)增列城镇人口下乡安置费,1982年改为城镇青年就业费。

(第十五篇第一章《财政收入与支出》,第371页)

1972年从农村青年积极分子、下乡知识青年、复员退伍军人中选拔281人参加干宣队,经3个月的锻炼和考察,吸收237人充实各条战线。

(第二十五篇第二章《职工调配 干部任免》,第561页)

1982年3月,成立米易县劳动服务公司,组织待业青年就业培训,经文化考试合格者,介绍给用人单位录用。 (第二十五篇第二章《职工调配 干部任免》,第563页)

"文化大革命"期间,城镇新成长起来的大批劳动力(知识青年),下放到农村插队落户,从事农业生产,城镇安置就业人数下降。1977年后,城镇知识青年陆续回城,被列为主要就业安置对象。次年调整知识青年上山下乡政策,城镇青年中学毕业后,不再下农村,当年列为就业安置对象。

1980年贯彻"三结合"(劳动部门介绍就业、自愿组织起来就业与自谋职业相结合)的方针,广开就业门路,采取多渠道安置。1982年成立县劳动服务公司后,具体负责社会劳动力的管理、培训、输送、调节,同时对农村实行经济体制改革后出现的剩余劳动力进行统筹,当年安置城镇待业人员及回城知识青年183人。 (第二十五篇第六章《劳动就业》,第577页)

第三节　知识青年上山下乡

1964 年 3 月,建立米易县安置工作领导小组和办公室,当年接待安置首批成都市东城区知识青年 331 名,安置到新河、观音、挂榜 3 个公社插队落户,参加农业生产。安置中做到生产用具、生活用具、住房、口粮、自留地"五落实",人平安置费 130 元,1973 年后增至 480 元。开支范围:知青每月生活补助费、医药费、生产用具费和生活用具费及建房补助等。1974 年 5 月,建立县知识青年上山下乡工作领导小组及办公室。1964—1978 年(1965—1968 年无下乡知青),共接收安置下乡知识青年 4 647 人,其中接待安置最多为 1969 年达 1 951 人,最少年份为 1971 年 37 人。1978 年底前,先后有 4 511 人被招工、招生、招兵或批准回城离开农村。其中招工 3 871 人,招生 337 人,参军 54 人,批准回城的 249 人。1978 年后,知识青年不再下乡安置,1982 年知识青年问题处理完毕,县知青领导小组及办事机构撤销,一些遗留问题移交县劳动服务公司办理。

（第二十五篇第六章《劳动就业》,第 577—578 页）

《德昌县志》

德昌县地方志编纂委员会编纂,四川人民出版社 1998 年

(1964 年)5 月 3 日,成都市西城区 452 名下乡知识青年到达德昌,分别安置在王所、小高、麻栗三个公社 64 个生产队编组落户。　　　　　　　　　　（《大事记》,第 28 页）

9 月 2 日,德昌县首批下乡知识青年 108 人到阿月公社一、五大队落户,其中德昌中学应届高、初中毕业生 18 名。1969 年后要求城镇中学毕业生均上山下乡,接受贫下中农再教育。　　　　　　　　　　　　　　　　　　　　（《大事记》,第 28 页）

(1967 年)9 月 15 日,德昌县城造反派组织与成都市上山下乡知识青年在县城发生暴力冲突,打死 3 人(其中知青 1 人),称为"9·15 事件"。　　　（《大事记》,第 30 页）

1964 至 1978 年,接收安置成都、重庆等地知识青年 4 403 人;1962—1978 年,动员安置本县知识青年 866 人,居民 324 户 878 人下乡落户,后均于 1978—1980 年被分批安置回城。

（卷三第一章《人口规模》,第 120 页）

1979 年后乡镇企业发展迅猛,城镇机关单位、学校和厂矿多以劳动服务公司形式组织待业青年从事饮食服务业和商业。县一轻局曾兴办一轻青年服务公司,县劳动服务公司曾开办联营公司、综合商店等,均属集体所有制商业。　　（卷十三第一章《体制与管理》,第 397 页）

1964 年 5 月成都市首批知识青年下放来县,9 月,本县城镇知识青年下放到乡,自此至 1981 年陆续都有安置任务,总共支出安置费 2 413 382 元,占决算支出的 5.25%。

(卷十五第二章《财政支出》,第 475 页)

县贫协会一届一次会议

1965 年 10 月 11—16 日在县城召开,出席会议的贫下中农代表 614 人,列席会议的有各公社党委书记、大队支部书记,先进生产队和下乡知识青年代表,县级机关有关单位负责人共 304 人。

......
(卷十九第二章《农民组织》,第 638 页)

共青团德昌县第六次团员代表大会

1966 年 8 月 15—20 日召开全县团员代表大会。出席代表共 532 人,含农村代表 468 人,工业运输战线代表 12 人,文卫战线代表 16 人,其它方面代表 36 人。有 165 名上山下乡知识青年代表和 11 名少先队代表列席会议。

......
(卷十九第四章《青少年组织》,第 647 页)

1966 年"文化大革命"开始,劳动、人事工作一度陷于瘫痪。1971 年起厂矿企业开始有计划招工,主要对象是下乡知识青年,其次是按政策留父母身边的城镇待业青年。

1978 年,安置待业人员 714 名。

1981 年贯彻国务院"广开就业门路,实行在政府统筹规划和指导下,劳动部门介绍就业、自愿组织起来就业和自谋职业相结合"的方针,打破了劳动就业方面长期统包统配的局面,开辟了城镇集体和个体经济的就业门路,缓解了知识青年回城和城镇劳动力增长过快而积聚起来的就业压力,就业开始出现了合理分流。是年,全县共安置城镇待业人员 382 名,其中在集体企业和个体就业者占安置人数的 59.5%。

(卷二十第二章《劳动管理》,第 673 页)

第二节　知识青年安置

1964 年 9 月 2 日根据中共中央、国务院《关于动员和组织城市知识青年参加农村社会主义建设的决定》,德昌县首批动员和下放城镇知识青年 108 人到阿月公社一、五大队落户。同年 5 月 3 日,安置成都市西城区知识青年 452 人(男 282 人,女 170 人),分别编组插入麻栗、王所、小高 3 个公社 14 个大队的 65 个生产队落户,其中麻栗公社 148 人,王所公社 202 人,小高公社 102 人。

1965 年 8 月 28 日安置成都市知识青年 688 名(因病退回 2 名,实有 686 名。其中男 288 名,女 398 名),分别安置在麻栗、阿月、五一、小高、王所、六所 6 个公社的 20 个大队。

其中 386 人编组插入 59 个生产队,另 300 人试办青年生产队 5 个,分别是五一公社凤凰青年队(80 人),阿荣青年队(70 人),王所公社昌州青年队(50 人),阿月公社青年一队(60 人),青年二队(40 人)。

知识青年下乡第一年,由国家拨给安置经费和生活费,由安置队统一开支,口粮按标准供应;第二年起即由生产队分配口粮和农副产品,自食其力,对确有困难者适当给予补助。安置形式多以知青小组插队,每组三五人、七八人不等,集体开伙,接受生产队派工,按劳评记工分。初,社会舆论对知识青年上山下乡移风易俗反映颇佳,给予热情支持。知识青年中绝大多数人经受劳动锻炼的考验,积极要求进步。1965 年 4 月县安置办公室一份总结反映,上年安置知识青年中有 131 人被评为五好社员。1965 年底统计下乡知识青年中有 4 人入党,52 人入团,有 41 人担任团支委以上职务的工作,一人当选为县人大代表,12 人当选为乡人大代表。有 27 人担任生产队会计员,27 人担任记分员。知识青年在移风易俗、活跃农村文化生活和传播新思想诸方面,起了一定作用。但由于动员组织工作片面追求下乡率,给知识青年安置也带来相当大的困难。首批下放来县的 452 名成都知识青年中,14—15 岁的 35 人,16—20 岁的 378 人。高小文化 226 人,占知青总人数一半,初中及相当于初中 162 人,占 35.8%,初小学 34 人,占 8%。经一年锻炼,生活能自给的为 31.9%。1965 年下放来县的 686 名成都知青中 15 岁以下的 17 人,16—17 岁的 392 人,大多难以做到生活自给,安置工作难度无形增大。

"文化大革命"运动初,受极左思潮煽动,知识青年队伍极不安定。部分知识青年"返城闹革命",留守农村的多数也不安心劳动。

1969 年 2 月,为响应毛泽东主席"知识青年到农村去,接受贫下中农的再教育,很有必要"的号召,城镇再次掀起了上山下乡热潮。此后数年,凡县境内非农业人口及厂矿、企事业单位年满 16 周岁,身体健康,未能升学的高初中毕业生和社会青年,均由德昌县知识青年上山下乡安置办公室(简称知青办)动员、安置到农村插队落户。少数外地知识青年通过亲友自行联系,到县内农村单独插队落户。成都市知识青年分批来县编组插队落户。自 1971 年起陆续有知识青年招工回城,故知识青年在乡劳动锻炼思想相对安定,安置工作也得以顺利进行。到 1978 年为止,全县共安置知识青年 5 269 人。其中,成都知青 4 334 人,重庆知青 6 人,外地知青 63 人,本县知青 866 人。

知识青年回城就业安置工作开始于 1971 年,主要途径是招工,另是招生、招干、参军。1978 年中央下达(1978)74 号文件后,知识青年大返城,德昌县转入了对上山下乡知识青年回城镇的安置工作。先后共安置:学校招生 507 人,招工 4 141 人,参军 123 人,招干 6 人。至此,1964—1978 年共安置下乡知青就业 5 269 人,到 1984 年底除 62 人因多种原因未回城外,其余全部回城安排就业,知青办机构也相应撤销,人员并入劳动局。

此外,与城镇知识青年上山下乡安置相仿,有城镇居民下乡安置。德昌县 1962 年即开始动员城镇居民上山下乡,是年动员下乡插队共 40 户 70 人。1964 年在知识青年上山下乡同时,动员城镇闲散劳动力43户,92人自行挂钩投亲靠友或成户插入本县农村落户。到1978年,共下乡324户,878人。

城镇居民下乡一次性补助安置经费,由生产队掌握,包干使用。

1983年4月,县公安、粮食、民政部门贯彻省民政、粮食、公安三厅文件对解决1968年7月以后下乡城镇居民问题作出决定,除自愿留在农村的外,可不受"农转非"指标限制,有序地回城安置。城镇居民除少数在农村安家立业外,返城者采取多种形式就业。

(卷二十第二章《劳动管理》,第673—675页)

《盐源县志》

《盐源县志》编纂委员会编,四川民族出版社2000年

(1965年9月)十二日,成都市首批295名知识青年来盐源农村落户。

(《大事记》,第58页)

(1966年8月)十一日,县委、县人委召开首次下乡、回乡知识青年代表会议。

(《大事记》,第60页)

1978年3月中旬,全县评选先进集体与个人,其中包括主席、组长与知青代表。

(第十八篇第二章《群众团体》,第763页)

1970年落实毛主席"备战、备荒、为人民",迅速把我县"五小"工业搞上去,从复员军人、知识青年、矿区附近的贫下中农中招固定工人143人。1971年,招收营业员22人。盐厂、煤矿因减员招学徒工348人。1972年招固定工41人。1978年自然减员各单位共招收新工人135人。"文化大革命"期间,劳动制度实行统包统配,全县按上级指示采取知识青年上山下乡和城镇居民到农村落户等办法,终不能从根本上解决就业问题。1971年开始,县内外一些厂矿和单位陆续从知识青年中招收新工人,才使就业矛盾缓解。

……

1981年前,属城镇待业青年的安置就业部分由当时的知青办承担,其余部分由劳动部门承担,后知青办撤销,工作全部移交劳动部门。 (第二十篇第三章《劳动》,第806页)

同年(1966年),双河乡青年农场知识青年10人食草菌中毒,重者6人经住院治愈。

(第二十五篇第一章《预防保健》,第950页)

《木里藏族自治县志》

木里藏族自治县志编纂委员会编,四川人民出版社1995年

是月(1971年11月),经西昌地区革命委员会批准,在全县范围内招收下乡、回乡知识青年250名,充实干部队伍。

(《大事记》,第47页)

是月(1973年12月),成立木里县知识青年上山下乡领导小组及其办公室。

(《大事记》,第49页)

是年(1974年10月),首批城镇的知识青年下乡插队,接受贫下中农再教育。1968年对自67级以后、家居城镇的初中毕业生(木里县当时无高中),由军管会强行注销城镇户口,学生家长自己联系到农村插队落户。1976年5月下放最后一批知青30名到博凹公社插队落户,知识青年上山下乡到1976年冬停止。从1977年陆续回城镇,到1979年底,全部安置完毕。

(《大事记》,第49—50页)

第三节 知识青年安置

1965年,上级政府从成都动员了一批1964年毕业的中学生到木里,被安置在二轻系统当工人。1969年开始动员本县1967年后的中学毕业生上山下乡。由学生家长自行与社、队联系,落实插队落户地点,参加农牧业生产劳动,接受贫下中农再教育。1973年12月建立县知识青年上山下乡工作领导小组,下设办公室,开始有计划有组织的动员知识青年上山下乡,这一工作至1977年停止。几年间全县动员县内城镇知识青年,接收成都市下放和到木里县投亲靠友的知识青年366人,采取按系统与社、队联系挂钩,建立知青点和由国家拨款修建集体知青点等方式,安排在县农牧示范场、桃巴、博科、博凹、列瓦、后所、西秋、阳山(克尔)、白碉、项脚、东子等公社(乡)劳动锻炼。

1972年开始,对上山下乡两年以上的知识青年有计划地回城镇安置就业,其主要渠道是通过民主推荐、考核考试进入大中专学校读书,招工招干和参军,陆续离开农村回到城镇。至1977年在农村的有166人,1978年还有23人,1979年12月全部回城,安置完毕。

(《政治》第二十篇第一章《劳动》,第641页)

1973—1978年间,按照省、州录用干部计划指标,从农牧民青年、回乡知识青年和有实践工作、生产经验的大队、生产队干部中,吸收录用了171人为干部。

(《政治》第二十篇第二章《人事》,第650页)

《冕宁县志》

冕宁县地方志编纂委员会编纂,四川人民出版社 1994 年

(1964 年 4 月)上旬,成立县委知识青年安置办公室。

5 月 21—22 日,成都市西城区知识青年 310 人,先后下放复兴、回坪公社,安置在 9 个大队,53 个生产队落户劳动。 (《大事记》,第 33 页)

(1973 年)10 月 10 日止,全县安置上山下乡知识青年 3 000 余人。

(《大事记》,第 42 页)

(1974 年 3 月)30 日,成立县委知识青年上山下乡工作领导小组。(《大事记》,第 43 页)

12 月 2—6 日,召开全县上山下乡知识青年代表会议。 (《大事记》,第 43 页)

(1978 年)根据省、州决定,冕宁今后不再组织城镇知识青年上山下乡。

(《大事记》,第 48 页)

"文化大革命"期间多年未招工,全县每年新增城镇待业青年 200 余人,就业难,按上级规定:对初、高中毕业生采取动员上山下乡的办法,缓和进入社会就业难的矛盾。

1980 年贯彻"劳动部门介绍就业,自愿组织起来就业和自谋职业相结合"的就业方针,至 1989 年安置城镇待业青年 2 993 人(不含技校安置)。

(卷九第八章《劳动人事管理》,第 329 页)

知识青年安置

1964 年 6 月,首批接收成都西城区 310 名知识青年和境内 6 名知识青年,安置在回坪、复兴两个公社插队落户。1969 年起,动员城镇未升学的初、高中毕业生和年满 16 岁的待业青年到农村插队落户,接受贫下中农再教育。1974 年 4 月初,成立知识青年上山下乡工作办公室,专管知青安置工作,1982 年 12 月并入劳动局。

1964—1978 年,共安置成都、省青年农场(1969 年 1 月解散,集体搬迁来冕宁安置在回龙、河边、先锋、宏模 4 个公社,共 500 余人,其中成都知青 300 余人,内江知青 200 余人)、第五冶金建设公司等及县内知识青年 6 046 人(外地 3 921 人,本地 2 125 人)。分别安置在 18 个公社,427 个生产队插队落户。

1971—1975 年,由贫下中农推荐,公社、县上和用人单位联合政审,被录取招工、升学、

参军的知青 1 494 人。之后,随着国家建设需要和落实知青政策,上山下乡插队知青相继返回城市安置就业,1980 年底在农村的知识青年全部收回安置就业。

(卷九第八章《劳动人事管理》,第 330 页)

《温江县志》

《温江县志》编纂委员会编,四川人民出版社 1990 年

(1956 年)接收安置成都市首批下乡知识青年 100 人。　　　　(《大事记》,第 46 页)

同年(1957 年),县首批知识青年 46 人去黑水金矿参加生产建设。此后连年均有知识青年下乡落户。　　　　(《大事记》,第 47 页)

(1974 年)2 月 21 日,召开全县下乡知识青年代表会议,出席下乡知识青年、贫下中农、家长和干部代表 247 人。　　　　(《大事记》,第 62 页)

第六节　知识青年上山下乡

知识青年(简称知青)上山下乡是在一定的历史条件下出现的。广大知青响应号召,走与工农相结合的道路,到农村生产队插队落户,从事农业生产劳动。1956 年,开始接收安置成都知青 100 人。1957 年,本县首批知青 46 人去黑水金矿支援建设。1958 年、1962 年、1964 年,连续动员本县知青下放县内各公社落户。1969 年 11 月,大批动员 1966、1967、1968 年初、高中毕业生和年满 16 周岁的高小毕业生,以及待业的中、小学毕业生 1 254 人下乡落户,形成高潮。以后每年未升学的初、高中毕业生都下乡插队落户。1977 年按规定不再动员知识青年下乡,1978 年仅转来少数外地知青。至 1979 年共接收安置本县和外地知青 5 758 人。其中成都市 2 147 人,本县(含地区所属单位)3 390 人,外地 221 人。

按照国家有关规定,知青下放锻炼两年以上,始具参加招生、招工、招兵的条件。每年除少数因病残返城的以外都有一批知青参加"三招"离开农村。1973 年统计,有 2 000 人通过"三招"离开农村。1978 年又有 1 800 余人通过"三招"先后走上工作岗位。年底留在农村的知青为 1 029 人(成都 318 人,温江 696 人,外地州县 15 人)。1979 年贯彻全国知青工作会议精神,优先为 1972 年前下乡的老知青 408 人安排了工作,并解决已婚知青一个孩子进入城镇户口,还采取统一行动,多种途径,逐月安排的办法,为 523 人介绍就业。12 月底,余下 98 人亦于次年全部安排完毕。

(政治编卷八第二章《劳动》,第 314—315 页)

1973 年,遵照上级意见,又从工农兵和知识青年中选拔 90 余人补充教师队伍。

(文化编卷一第五章《教师》,第 707 页)

《郫县志》

郫县志编纂委员会编,四川人民出版社 1998 年

同月(1969 年 1 月),郫县知识青年上山下乡运动开始。

(第一篇第一部分《大事记》,第 23 页)

(1977 年)12 月 9—10 日,郫县举行高等学校招生制度改革后的大专统一招生文化考试。2 527 人报考,其中应届高中毕业生 587 人,下乡知青 847 人,回乡知青 860 人。结果录取 78 人。

(第一篇第一部分《大事记》,第 25 页)

1968 年底,郫县掀起知识青年和部分城镇居民上山下乡运动。迄 1977 年近 10 年中,郫县招收了少数经推荐返城就业的知识青年。 (第七篇第二章《劳动就业》,第 219 页)

第三节 知识青年上山下乡

一、1966 年以前

1955 年,郫县首次接收安置由成都市分配来县的 17 名知识青年。他们在农村劳动或协助基层干部工作一段时间后,大都正式安排了工作。

1964 年,根据中共中央、国务院《关于动员和组织城市知识青年参加农村社会主义建设的决议(草案)》的精神,郫简镇和唐昌镇两年内共组织 472 名知识青年下乡参加农业生产劳动。

郫县为下乡知青先后在竹瓦、先锋、友爱等地建立了青年农场、五四农场;其后两场合并,在灌县向峨乡红槐村建立了"红槐农场"。所有下乡知识青年都集中住在农场,由农场对他们的生活和劳动进行统一管理安排。表现突出的,每月发给草鞋费 1 元;表现一般的,每月发 8 角;表现较差的,每月发 5 角。农场先后接收安置本县和外地下乡知识青年 494 人。后来,因所产粮食不能解决在场知青的口粮,农场停办。其后,采取插队方式,将他们分别安置在一些生产队参加农业劳动。

二、1966 年以后

1968 年底,《人民日报》传达毛泽东主席"知识青年到农村去,接受贫下中农的再教育,很有必要"的指示后,郫县于 1969 年初成立知识青年上山下乡工作领导小组及办公室,开始在全县各场镇发动带有强制性的知识青年上山下乡运动。遵照统一规定,凡年满 16 周岁的城镇青少年,不论高中、初中或小学毕业,都必须下乡参加农业生产,接受贫下中农的再教

育。病残青年,按规定须经本人申请,群众评议,县以上党委、革委批准,方能缓下或免下。

此后约 10 年内,全县农村共接收、安置本县知识青年 4 431 人,成都市及其他地区知识青年 2 799 人,加上 1968 年以前下乡的知青,全县先后安置知识青年 7 724 人。同期到外县插队的有 20 人,按政策批准免下的 1 878 人,缓下的 114 人。全县下乡知青占知青总数的 79.6％。

郫县对下乡知识青年,采取集中建立知青点和分散插队两种安置形式。凡有条件的社队,以大队为单位建立知青点,点上知青集中居住,集中劳动,并由社队指派有经验的农民担任生产技术指导。到 1981 年底,全县共建知青点 42 个。无条件的社队,知青分散到各生产队,由生产队统一安排住房,或集中住公房,或分散住社员家中,参加生产队的劳动和分配。

知青下乡的口粮,从下乡第一个月起,由国家按每人每月 35 斤的标准供应一年。停止供应后接不上秋收分配的,由知青所在社队按上述标准供应到分配粮食时为止。食油和其他副食品,第一年按当地城镇居民标准供应。插队知青参加队里劳动分配,两年内口粮达不到城镇居民标准的,由国家补足。

知青点住房建设,由国家和集体扶持,原则上每人住房面积不少于 8—10 平方米。迄70 年代末,全县除利用社队原有公房安置下乡知青外,共新建知青住房 1 684 平方米。

三、经费和管理

知识青年下乡后的安置经费,由国家财政补贴。1968 年以前,按每年每人 130 元的标准拨给。1968 年起提高到 230 元,1973 年起提高到 480 元。经费由县、社两级统一掌握,用于知青住房建造,生产、生活用具购置,生活困难补助等项目。知青在乡发生重伤重病,经费另作安排。

1969—1980 年,全县用于知识青年上山下乡的安置经费总计 343.62 万元,年平均 28.63万元(不包括社队补助部分)。同期,国家还下拨近 2 000 米木材,供知青建房用。

知识青年下乡后,生产、生活和学习等方面存在不少问题。除县委、县革委每年从各单位抽调知青带队干部分赴各公社协助解决下乡知青的具体困难外,各公社和大队还分别成立"知识青年再教育领导小组",并设专职干部负责知青管理工作。

四、知 青 回 城

1976 年,郫县下乡知识青年达到最高数字,计 3 970 人。次年,上百名下乡知青回城就业。1978—1979 年,下乡知青大量返回城镇,两年中每年返城逾千人。到 1980 年末,留在农村的下乡知青仅百余人,全县基本停止知识青年下乡工作。

1981 年,除极个别已在农村结婚安家的下乡知青,其余全部回到城镇并妥善安置了工作。

1983 年,县劳动部门根据省有关文件,允许与社员结婚的下乡知青调离农村时,携带一个子女回城落户。1985 年,按照省有关规定,知青上山下乡插队时间一律计入工龄。

1980 年底,县知识青年上山下乡办公室撤销后,有关遗留问题,由劳动服务公司代为处理。

知识青年上山下乡情况统计表

项目\年度	下乡人数			安置去向				安置经费（万元）	年底在乡知青人数
	本县知青	外地知青	小计	插队	知青点	回乡	去外县		
1969 以前	494		494	494					494
1969	627	604	1 231	1 205		26		12.46	1 725
1970	751	535	1 286	1 286					2 705
1971	133	34	167	167				2.7	1 826
1972	859	195	1 054	1 054				22.57	2 547
1973	314		314	314				6.02	2 596
1974	582	342	924	584	217	123	24	58.60	3 252
1975	608	480	1 088	855	87	146		41.04	3 905
1976	340	421	761	536	106	119		34.23	3 970
1977	206	168	374	257	85	32		15.00	3 682
1978	11	2	13	13				10.54	1 813
1979		13	13	8	3	2		26.36	486
1980		5	5	5				12.29	128
1981									27
合计	4 925	2 799	7 724	6 773	503	448	24	343.62	

（第七篇第二章《劳动就业》，第 221—223 页）

《灌县志》

《灌县志》编纂委员会编，四川人民出版社 1991 年

（1968 年 12 月）第一批城镇知识青年上山下乡、插队落户。　　（《大事年表》，第 37 页）

知识青年上山下乡

1968 年 12 月，毛主席发出"知识青年到农村去，接受贫下中农再教育"的号召。1969 年初，县革命委员会成立知识青年上山下乡办公室，动员组织年满 17 周岁以上的中学毕业生 540 人到农村插队落户，接受贫下中农再教育。此后，每年都动员组织城镇知识青年和中学毕业生到农村去插队落户，接受再教育。到 1978 年止，全县上山下乡知识青年达 12 691 人。

从 1969 年到 1978 年，县上拨款 3 057 900 元，帮助上山下乡知识青年解决生活、生产上的困难。

知识青年在农村经过一段时间的劳动锻炼，陆续被推荐入学、参军和招工就业的有 12 620 人。

　　　　　　　　　　　　　　　　　　　　　　　　（卷一《政事纪要》，第 81 页）

《彭县志》

彭县志编纂委员会编,四川人民出版社 1989 年

同年(1969 年),城镇知识青年开始下放,"到农村去,接受贫下中农的再教育"。

(《大事记》,第 62 页)

1960 年至 1977 年,全县组织城镇知识青年 6 436 人上山下乡。1978 年,贯彻国务院关于调整知青政策的文件后,除已与社员结婚的城镇知青自愿申请扎根农村或就地农转非在乡村企业安排工作外,有计划、按需要组织他们参军、升学、返城就业。

(《民政·劳动·人事》第二章《劳动》,第 637 页)

1968 年至 1978 年,城镇知识青年上山下乡。从 1977 年至 1980 年,采取参军、升学、招工等措施,将下乡知青安排完毕,共安置 9 226 人。

(《民政·劳动·人事》第二章《劳动》,第 640 页)

《什邡县志》

什邡县志编辑委员会编,四川大学出版社 1988 年

(1964 年)二月,首建"安置城市下乡青年领导小组"。四月二十八日,首批下放城镇闲散知识青年五十八人到农村安家落户。次年元月十九日和十二月三日,又动员两批知青下乡,计一百零八人。"文化大革命"中,规模愈来愈大。一九六八年元月,动员知青下乡达一千一百一十一人;接收成都市知青九百三十六人。此后,逐年进行,到一九七八年为止,共动员知青下乡八千零九十一人。按中共中央"(78)第 74 号"文件精神,从一九七九年起,停止下放知青,并逐年收回安置,至一九八一年,知青返回城镇安置工作基本结束。

(《卷首·大事记述》,第〈1〉51 页)

(1970 年)二月,继一九六八年七月之后,在"我们也有两只手,不在城里吃闲饭"的口号下,再次大规模动员城市居民、知识青年(包括小学生在内)去农村"安家落户"。先后压缩城镇人口二百二十七户,七百二十人。(一九八二年后均先后回城)

(《卷首·大事记述》,第〈1〉57 页)

一九七八年以后,改变了"统包、统配"政策,采取退休退职和死亡补员,兴办"大集体"等措施,扩大了就业门路。一九八〇年根据中共中央指示,实行在政府统筹规划下,劳动部门

介绍就业、自愿组织起来就业和自谋职业的三结合的方针。一九八一年,办大集体和自谋职业就业一千三百零六人,补充自然减员一千零八十七人。期内,安置重点为下乡知青,社队企业着重从农村招工,因而城镇招工少,加上每年学校未能升学的毕业生,至一九八一年底,全县尚有待业人员二千五百五十三人。

(经济综合管理志第六章《劳动人事管理》,第〈9〉42 页)

知青工作

　　一九六四年,根据中共中央"关于动员和组织城市知识青年参加农村社会主义建设"的指示,县成立了安置城市下乡青年领导小组及办公室。以后又更名为"上山下乡知识青年工作办公室"。公社、大队、生产队均设知识青年三结合(贫下中农、革命干部、下乡知青)再教育领导班子。一九六四年批准下乡知青五十八人,次年再下一百零八人。一九六八年下乡二千零四十六人,其中包括成都市德胜、斌升中学九百三十六人。到一九七八年,全县下乡知青总数为八千零九十一人,其中成都及其他地区知青二千五百三十五人。

　　一九七八年,什邡县结束了知青上山下乡工作,并转入对知青的安置工作。除已升学、招工、参军离开农村外,在乡尚有一千七百二十五人。采取"条条包干、块块负责、统筹安排"的办法,分别安置,至一九八一年安置工作结束。自动员知青"上山下乡"以来,什邡县用于安置、建房、购置农具、困难补助、医疗等费用累计达二百九十五万元。

(经济综合管理志第六章《劳动人事管理》,第〈9〉42—43 页)

《金堂县志》

金堂县地方志编纂委员会编,四川人民出版社 1994 年

　　同月(1969 年 1 月),全县开始动员城镇部分居民和 1966 年起的中小学毕业生上山下乡安家落户。

(《大事记》,第 47 页)

　　(1976 年)6 月 5 日,县委下达 1976 年度动员安置下乡知青计划。全县安排成都市知青3 200 余人,本县知青 700 多名。

(《大事记》,第 52 页)

　　1969—1970 年大批知识青年上山下乡及 1978 年党的十一届三中全会后,平反冤假错案,落实政策等都引起了较大的迁移。

(第三篇第二章《人口变动》,第 146 页)

　　知识青年上山下乡办公室　　1967 年 11 月设知识青年上山下乡工作办公室;1973 年 10月,县革委设置知识青年上山下乡领导小组及其办公室,1983 年 12 月撤。

(第十七篇第三章《地方国家行政机关》,第 577 页)

1974年后,根据四川省革命委员会决定,新进工人均按计划指标招收。招工主要对象是:符合条件的上山下乡知识青年和经过批准不上山下乡的独生子女。

(第二十二篇第二章《劳动》,第 679 页)

第四节　知识青年上山下乡

一、动　　员

1964 年,根据中共中央和国务院的指示,全县动员城镇知识青年 173 人到农村落户。1968 年 12 月毛泽东主席发出"知识青年到农村去,接受贫下中农的再教育"的号召,从 1969—1979 年,动员上山下乡到县内农村落户的知识青年 11 988 名。其中:县外动员来金堂县的 6 500 余名。1979 年后,根据全国知青工作会议精神,不再动员知识青年上山下乡。

二、安　　置

1966 年间,下乡的知识青年,分别安置到悦来、栖贤、长乐公社的知青农场。1969 年后,绝大多数分散插队落户安置。全县 53 个人民公社、605 个生产大队和 78.98％的生产队,均安置了上山下乡的知青。1976 年开始新建、扩建知青点,将分散的知青集中起来成立知青小组,集中生活、生产。1973—1977 年,国家拨给知青安置经费 330 余万元和木材 4 896 立方米,用于解决安置知青的住房、生产工具和生活补贴。

三、管　　理

1967 年 11 月,县生产指挥部成立知识青年上山下乡工作办公室。1973 年 10 月,县革命委员会成立知识青年上山下乡领导小组及其办公室。各区、公社、镇设有专人,负责知青管理工作。1975 年后,在各区和知青数量较多的公社,先后派出知青带队干部 180 余人次,协助基层单位做好知青管理工作。

四、"再教育"

1969 年后,各区、公社、大队成立知青"再教育"领导小组,负责知青的"再教育"工作。县革委先后召开知青"再教育"工作会议 20 余次,研究"再教育"工作,总结推广知青的先进典型和先进经验。1977 年,召开知识青年学习雷锋先进代表会,对先进典型进行大会表彰。1978 年,在知青中进行评奖活动,获奖的知青 1 084 名。1978 年后,知青"再教育"由阶级斗争为主转到学政治、学科学、学文化知识。为帮助知青复习好功课参加高考,县革委拨出学习经费 9 017 元,购买高考复习大纲等资料 14 950 册,供参加考试的知青复习之用。

五、回　　城

1970 年起,开始推荐上山下乡知青招工、招生和参军,至 1980 年底止,全县下乡知青除 3 名女知青因与当地农民结婚而未离开农村外,其余已全部安置回城。其中:招工的占 77.85％,参军的占 8.15％,升学的占 9.33％,自谋职业的占 4.67％。

(第二十二篇第二章《劳动》,第 683—684 页)

《广汉县志》

四川省广汉市《广汉县志》编辑部编,四川人民出版社1992年

(1964年)8月,首批城镇知识青年150人到西高骈等公社落户。(《大事记》,第30页)

(1969年)1月9日,城镇500名知识青年上山下乡插队落户。至年底,上山下乡知识青年达2157人。同时城镇居民685户、1063人下乡落户。　　　　　(《大事记》,第33页)

1970—1976年,招收固定工7106人,临时工3993人,亦工亦农210人,共计11309人。对象主要是上山下乡的知识青年和城镇无业劳动力。

(第十六篇第二章《人事劳动》,第423页)

知青安置

1964年,县人民委员会建立安置办公室,当年即动员安置城镇知识青年150名下到西高骈公社,以8—20人成组插入生产队落户,参加农业生产。1965和1966年,又有151名城镇知青到松林公社唐家堰和龙泉公社骆家湾,办起两个青年园艺场。1969年,县革命委员会根据毛泽东1968年12月发表的"知识青年到农村去,接受贫下中农再教育,很有必要"的指示精神,设分配安置组,管理此项工作,全年动员安置城镇及外来的共3244人上山下乡,其中知识青年2157人,居民1063人,其他24人。知识青年中,有由县到省外的25人,省外来的6人,成都市来的616人,外县来的26人。其后至1978年秋,每年都有一批城镇知识青年下到农村社队。全县先后安置知青11800人。

1973年,贯彻中共中央(73)30号文件精神,县委成立知识青年上山下乡工作领导小组,下设办公室。县级有关单位抽调22名干部到22个公社担任知青带队干部,成都市有关单位也派来干部到该单位知青比较集中的公社担任带队干部,都在当地党政统一领导下做上山下乡知识青年的安置教育工作。1974年起,将插队为主的安置形式逐步改为建立知青点、知青队(场)或安排到国营农场。另外,老家在农村的,可以回到老家落户,享受知青待遇。1976年,安置到知青点、队(场)和国营农场的知青有1921人,占城镇下乡知青在乡总数5688人的33.77%。

1978—1982年,将上山下乡的城镇知识青年大批招工回城镇。1978年调离农村2634人,其中招工2070人;1979年调离农村2063人,其中招工1982人;到1980年底,除少数自愿留在农村的外,基本上招收完毕。1981和1982年,城镇下乡居民也陆续迁回原址。

(第十六篇第二章《人事劳动》,第423—424页)

1964—1978 年(缺 1967 和 1968 年)

项目 年份	合 计	下乡知识青年	下乡居民	其他下乡人员
合 计	11 800	10 163	1 613	24
1964	150	150		
1965—1966	151	151		
1969	3 244	2 157	1 063	24
1970	1 999	1 449	550	
1971	190	190		
1972	1 293	1 293		
1973	337	337		
1974	1 388	1 388		
1975	1 637	1 637		
1976	977	977		
1977	372	372		
1978	62	62		

(第十六篇第二章《人事劳动》,第 430 页)

《新都县志》

新都县志编纂委员会编,四川人民出版社 1994 年

(1969 年)2 月,开始组织和动员城镇知识青年和居民上山下乡,插队落户,迄至是年 11 月,全县有 3 150 人下农村安家落户。同时安置了成都市和外县的知识青年 565 人。

(第一篇《大事记》,第 47 页)

是月(10 月)10—14 日,新都县召开知识青年上山下乡工作会议,参加会议的有各社、镇分管知青工作的主任和专职干部,知青代表,家长代表计 145 人。

(第一篇《大事记》,第 47 页)

(1974 年)2 月 24—28 日,新都县召开上山下乡先进知识青年代表大会,参加会议的代表计 511 人。

(第一篇《大事记》,第 50 页)

(1975 年)6 月 30 日,全县动员安置城镇知识青年 1 200 人下乡落户。

(第一篇《大事记》,第 50 页)

(1976年)3月23—27日,新都县革命委员会召开1975年度上山下乡知识青年"农业学大寨"积极分子代表会议,出席代表计543名。

(第一篇《大事记》,第51页)

(1977年)7月,全县动员安置600名城镇知识青年上山下乡,插队落户。

(第一篇《大事记》,第52页)

第一节　知识青年上山下乡

一、下 乡 安 置

新都县安置城镇知识青年到农村始于1957年。由成都市分配来县7名知青,安置在高宁乡3名,新民乡4名。不久先后返城。

1964年12月,新都县成立知识青年下乡安置办公室。1965年初从新都、新繁两镇组织知青167人到大丰、龙桥、木兰兴办林木场。实行食宿集中,分队劳动,政府补助,收入归己,一年自给的原则。"文化大革命"开始后,撤场插队,重新安置。

1969年初,在县城和乡镇动员2 113名高中、初中、高小毕业生到农村插队落户。以后,每年进行一次下乡动员。1969—1977年,全县共安置知识青年下农村9 144人。其中:本县动员安置7 298人,接收成都市和外地知青1 846人。

知青到农村的主要形式是单身插队落户和建立知青点。1976年全县共建知青场、队45个。其中:公社办3个,大队办42个。三人以上知青点271个。

二、回 城 就 业

1971年,对已下乡的知青属独生子女的,父母年老多病身边无亲人照顾的,有特殊困难不能继续插队的,可办理返城手续,安排就业。当年批准回城并安排就业1 219人。以后逐年分配回城就业指标。

1977年后,城镇知青不再上山下乡。并有计划地组织在农村的知青参加招工、招干、招生和回城安置就业。到1980年底,除8人已在农村结婚自愿扎根农村外,其余全部回城就业。

三、经　　费

知识青年上山下乡的经费由县政府统一划拨。全部费用分为动员安置费、在乡知青困难补助统筹费和办事机构业务费。

1965年下乡知青安置费人平标准130元。1969—1972年单身零星插队的人平230元,成户下乡的人平150元,回老家投亲靠友的人平50元。1973年调整为:单身零星插队的人平480元,安置到国营农、林、牧场的人平400元。

对于下乡知青特别是下乡多年的老知青,在生产和生活上有实际困难或因公致伤、因病困难的,政府给予困难补助或救济。1965—1978年,全县总计支出2 567 735元。其中:安置费 2 283 126 元,困难补助费 262 447 元,业务管理费 22 162 元。

附　知识青年上山下乡安置统计表

年份＼项目	下乡安置人数			回城就业人数	年末在乡人数
	合　计	其　中			
		本　县	外　地		
1965 年前	174	167	7		174
1969	2 675	2 113	562		2 849
1970	826	661	165		3 675
1971	891	713	178	1 219	3 347
1972	1 269	1 016	253	2 462	2 154
1973	297	239	58	138	2 313
1974	1 141	913	228	716	2 738
1975	1 316	1 063	253	328	3 726
1976	533	423	110	717	3 542
1977	196	157	39	1 270	2 468
1978				925	1 543
1979				1 410	133
1980				125	8
合计	9 318	7 465	1 853	9 310	

（第八篇第四章《劳动就业》,第 269—270 页）

　　1971 年后,全民、集体企事业单位恢复计划招工。部分企事业单位收回部分有技术专长的原精简职工回原单位工作。县属企事业单位利用自然补员指标先后从 1957 年前参加工作的精简职工和退休职工中吸收本人 1 名子女参加或顶替工作。对按政策不予上山下乡的城镇知识青年和已下乡但政策允许经批准回城就业的知识青年和复员退伍回农村的部分军人进行招工安置。到 1975 年末,全县共招工安置 4 158 人就业。其中:全民企业安置 2 920 人,集体企业安置 1 238 人。　　　　（第八篇第四章《劳动就业》,第 271 页）

《双流县志》

双流县志编纂委员会编,四川人民出版社 1992 年

　　(1969 年)9 月,动员城镇知识青年到农村安家落户,接受贫下中农再教育。此后逐年进

行,至 1976 年底停止。						(《大事记》,第 25 页)

1968 年底,毛泽东发出"知识青年到农村去,接受贫下中农的再教育"的号召,全县中学学生离校返家。					(《大事记》,第 58 页)

1969 年下半年,县委动员城镇知识青年到农村安家落户"接受贫下中农的再教育"。此后逐年进行。至 1976 年 5 月止,共下放县属城镇知识青年 4 502 人,安排成都、自贡市知识青年 2 408 人到农村落户。			(《大事记》,第 58 页)

城市青年就业支出	此项支出始于 1964 年,用于安排知识青年上山下乡的费用,以及城市青年就业的开支。解放以来共支出 5 444 801 元,占财政总支出的 2.42%。

(第十三篇第一章《财政》,第 454 页)

《1950 年至 1985 年分期财政支出统计表》、《1950 年至 1985 年财政支出统计表》。(见本书第 4440—4441 页表)

下乡知青安置	1968 年 12 月 21 日,毛泽东发出"知识青年到农村去,接受贫下中农的再教育"的号召,全国掀起知识青年上山下乡热潮。1969 至 1976 年间,双流县和籍田区共动员本地及接收成都、自贡两市知识青年 6 910 人到农村锻炼。始由县革委会毕业生分配办公室负责管理,继于 1973 年 10 月成立双流县知识青年上山下乡领导小组,下设办公室为办事机构。1969 至 1977 年间,在上山下乡知识青年中招工 1 900 人、参军 143 人、升学 38 人,另有 119 人不属于下乡对象或有残疾,按政策批准返回城镇。1978 年后,对上山下乡知识青年由原下放地区和下放系统、部门归口收回,予以全部安置。1981 年 5 月 18 日,经成都市人民政府批准,县知青办公室与劳动部门合署办公。至年底,安置工作结束。

(第十九篇第一章《民政》,第 609 页)

《新津县志》

《新津县志》编纂委员会编,四川人民出版社 1989 年

1969 年,中央号召知识青年上山下乡,接受贫下中农的再教育,当年到各社、队落户的知识青年达 1 536 人。至 1978 年,共达 5 427 人。		(第一篇《大事系年》,第 16 页)

1975 年 2 月,在金华乡金坝村,利用荒山建成知青茶场 200 亩。新津首次成片种茶。

(第一篇《大事系年》,第 16 页)

					4439

（以下二表收于《双流县志》，上接本书 4439 页）

单位：元

1950 年至 1985 年分期财政支出统计表

年　度	合　计	生产性支出	支农支出	工交商及其他事业费	城市维护和环境保护	城市青年就业支出	文教科学卫生事业费	抚恤、社会福利救济费	行政管理支出	其他支出
1950—1952	3 282 429	132 517	131 412		10 098		1 253 537	24 338	1 661 193	69 334
1953—1957	7 646 076	60 171	298 008		3 080		3 585 040	391 316	3 255 498	52 963
1958—1962	14 657 824	1 069 924	3 320 577				5 013 164	1 559 718	3 497 047	197 394
1963—1965	7 397 752	56 943	1 095 219			1 773	3 480 680	503 305	1 965 354	294 478
合县前小计	32 984 081	1 319 555	4 845 216		13 178	1 773	13 332 421	2 478 677	10 379 092	614 169
1966—1970	14 582 792	501 437	2 441 808	2 500	25 177	972 491	6 632 937	466 043	3 232 638	310 261
1971—1975	27 074 633	4 383 313	4 729 735	30 100	241 431	1 926 790	10 216 230	665 659	4 672 506	236 469
1976—1980	60 659 662	14 053 402	12 330 402	2 025 972	1 502 817	2 012 157	21 254 043	2 065 971	6 645 834	764 936
1981—1985	90 086 079	3 594 717	10 827 540	2 058 572	1 685 794	531 595	39 122 057	6 333 363	13 035 846	13 929 200
合县后小计	192 403 166	22 532 869	30 329 485	2 058 572	3 455 192	5 443 033	77 225 267	8 531 036	27 586 824	15 240 866
总　计	225 387 247	23 852 424	35 174 701	2 058 572	3 468 397	5 444 801	90 557 688	11 009 713	37 965 916	15 855 035

单位：元

1950 年至 1985 年财政支出统计表

……

年　度	合　计	生产性支出	支农支出	工交商及其他事业费	城市维护和环境保护	城市青年就业支出	文教科学卫生事业费	抚恤、社会福利救济费	行政管理支出	其他支出
1963	2 327 771	18 608	424 944				1 037 674	147 412	593 894	105 239
1964	2 580 636	9 210	482 819			1 773	1 171 063	182 780	646 670	96 321
1965	2 489 345	29 125	187 456				1 271 943	183 113	724 790	92 918
1966	2 957 031	7 046	817 325				1 323 996	97 969	617 665	93 030
1967	2 851 436	136 543	372 925				1 598 439	92 070	584 687	66 772

年度	合　计	生产性支出	支农支出	工交商及其他事业费	城市维护和环境保护	城市青年就业支出	文教科学卫生事业费	抚恤,社会福利救济费	行政管理支出	其他支出
1968	2 585 354	132 589	398 251				1 277 064	84 554	610 497	91 390
1969	3 250 835		481 833		25 177	711 586	1 202 423	93 030	696 086	40 700
1970	2 929 136	225 250	371 474			260 905	1 231 015	98 420	723 703	18 369
1971	4 657 022	922 287	812 977			178 156	1 657 840	106 028	927 394	52 340
1972	6 375 097	2 587 972	650 868			83 690	1 897 678	105 459	962 413	87 017
1973	5 052 278	302 392	1 387 463			186 799	2 058 404	153 175	932 122	31 923
1974	5 362 034	351 118	847 016		58 776	814 833	2 188 557	147 001	929 301	25 432
1975	5 628 202	219 544	1 031 411	2 500	182 655	663 312	2 413 751	153 996	921 276	39 757
1976	8 269 407	1 312 724	1 379 512	4 000	117 648	744 101	3 284 901	246 261	1 076 894	103 366
1977	10 743 646	2 955 473	1 711 270	4 900	171 228	586 348	3 566 489	384 647	1 197 443	165 848
1978	13 168 836	3 991 267	2 516 746	5 200	198 892	142 760	4 526 758	405 698	1 210 986	170 529
1979	14 646 485	3 462 378	3 828 312	8 000	684 463	120 278	4 494 495	503 346	1 350 063	195 150
1980	13 831 288	2 331 560	2 894 562	8 000	330 586	418 670	5 381 400	526 019	1 810 448	130 043
1981	14 029 365	571 982	2 988 223	196 157	450 907	231 045	6 167 705	1 427 306	1 864 098	131 942
1982	12 272 245	819 974	1 837 131	243 412	390 592	30 303	6 478 077	752 344	1 587 494	132 913
1983	13 587 135	1 047 605	1 757 775	207 930	131 349	110 140	7 354 428	835 140	2 058 265	84 503
1984	18 172 198	536 164	2 568 650	433 141	568 152	113 774	8 654 321	1 209 878	4 011 129	76 989
1985	32 025 141	618 992	1 675 761	945 332	144 794	46 328	10 467 526	1 108 695	3 514 860	13 502 853
合　计	225 387 247	23 852 424	35 174 701	2 058 572	3 468 397	5 444 801	90 557 688	11 009 713	37 965 916	15 855 035

（第十三篇第一章《财政》，第 454—456 页）

新津县1953年至1985年财政收支主要项目统计表　　　　　　　　　　单位:万元

项目/金额/年	收入					支出														
	合计	工商税	农业税	国营企业	其他	合计	基建拨款	企业挖潜改造资金	县办小五技改补助	科技三项费用	商业贸易建筑	流动资金	支援农业支出	工交商事业费	城市维护费	城镇知识青年下乡经费	文教卫生科学事业	优抚和社会救济费	行政管理费	其他
									……											
1964	340	146	109	80	5	127	1						19			1	62	9	31	4
1965	335	165	115	53	2	122	2						9				67	8	32	4
1966	284	118	131	34	1	146							21				85		30	
1967	316	128	137	51		153							26				86	7	28	6
1968	296	112	137	47		136	4						23				68	5	31	5
1969	333	128	137	68		181							20			45	67	8	39	2
1970	358	138	137	75	8	161	20						16			10	69	6	38	2
1971	359	155	137	61	6	290	105		12				25			1	92	7	46	2
1972	347	173	135	36	3	281	46		12			4	30			19	111	7	51	1
1973	348	178	137	31	2	299	17		13			2	55			14	122	10	65	2
1974	376	209	137	29	1	322	9		13	1			65			37	134	8	53	2
1975	385	222	136	26	1	345	24		11	1			68			36	138	9	55	3
1976	381	224	137	19	1	366	30	2	15	1		2	67		12	21	150	11	51	4
1977	421	250	134	36	1	398	20		35	2			80	1	6	13	159	17	59	6
1978	440	299	137	3	1	429			20	2	9	3	94	1	10	7	187	19	73	4
1979	476	332	161	-17		716	121	1	43	2	5	15	151	1		52	219	22	78	6
1980	361	269	129	-37		916	40		13	1		4	224	1	39	37	301	122	124	10
1981	498	338	141	17	2	612	13			1			133	1	14	1	314	36	86	13
1982	603	407	157	35	4	684	25	2		1			135	3	15	4	335	37	102	25
1983	727	470	159	88	10	827	88		5	1			116	23	23	6	350	30	145	40
1984	547	573	93	-126	7	1 128	44		22		11	2	165	3	95	4	456	112	167	47
1985	906	795	212	-122	21	1 082	113		10		5		116	8	40	3	468	91	165	63

注　1. 1959年至1961年新津财政合并于大邑,无资料,故未列。
　　2. 本表数字口径依据《1953至1980年温江地区财政统计资料》及1981至1985年新津财政决算数(其他事业费、契税、滞纳金及罚款都包括在其他收入内)统计。
　　3. 万元以下不满五千元之数从略,五千元以上收为万元;合计是各分项四舍五入后的总和。
　　4. 1985年城市维护费中包括新增设的环境保护费8万元在内。
　　5. 1982年起,城镇知识青年下乡经费改为城镇知识青年就业经费。
　　6. 1985年支出新设财政价格补贴科目,金额为476万元,已列入上表合计内。

(第十一篇第一章《财政》,第427页)

　　1971年,共青团组织逐步恢复工作后,……团县委除配合有关部门,做好知识青年上山下乡的动员、安置工作外,还配合当时的中心工作,开展一些活动,如农村"三史"调查,建立图书室、政治夜校等青年活动阵地,培训故事员、宣传员、读报员等。

(第十三篇附《中国共产主义青年团》,第565页)

知识青年上山下乡

1968年,毛主席号召城镇知识青年上山下乡接受贫下中农的再教育后,新津即开展城镇知识青年上山下乡工作。从1969年开始,到1979年结束,前后历时10年,下乡知青共计5 427人,其中新津知青3 922人,外地下乡知青1 505人,分布在全县16个公社,179个大队,1 086个生产队。插队落户的3 177人,投亲靠友的350人,安置在知青场点的1 900人。接受再教育期间,加入共产党的16人,加入共青团的993人,进入基层领导班子的60人,担任队上出纳保管工作的95人,赤脚医生19人,民办教师140人,农村夜校教员648人,农机员、农科员483人,学习辅导员1 028人。10年中国家开支的安置费、扶持生产费、业务费共计1 585 762元,人平292元。

从1974年起,根据四川省革命委员会川革发(1974)160号和101号文件精神,各有关部门开始在新津招收知青。截至1981年底,除了3名自愿在农村长期安家落户,2名死亡,12名违法犯罪劳改劳教的以外,计招工调走4 275名,考入大、中专学校493名,参军429名,按政策规定返城213名。

为了保护下乡知青的健康成长,新津公安机关和人民法院,根据中央和省委指示,对发生的破坏知青下乡的案件及时进行查处。据1969年至1973年的调查统计,共发生对知青奸污、逼婚、毒打等重大案件20起,均按其罪行轻重,依法给予了惩处。

(第十五篇第一章《民政、劳动、人事》,第605—606页)

《蒲江县志》

蒲江县志编纂委员会编纂,四川人民出版社1992年

1969年,成都市知识青年上山下乡插队落户,与川东、川北地区农民投亲靠友迁入者3 141人;此外,1980至1981年分别迁入5 516人和4 194人。其余年份之迁入,幅度在1 200至3 500人之间。

迁出:多系招工(含成都市知识青年招工回城)、升学、工作调动或照顾配偶等情由。

(第一篇第四章《人口》,第85页)

第五节　知识青年上山下乡

1957年11月,成都市中、小学毕业升学就业指导委员会,动员知识青年上山下乡,到农村安家落户,参加农业劳动。当年11月30日,成都市分配134名未升学的高、初中毕业生,来蒲江县大兴、大塘、成佳3个乡,分别安置在友助、万民、高山等33个高级农业生产合作社安家落户。

1968年12月,毛泽东主席发出"知识青年到农村去,接受贫下中农的再教育,很有必

要"的指示后,蒲江县即开展宣传教育,动员组织城镇知识青年上山下乡,到农村安家落户。1969年1月14日,县内第一批城镇知识青年171人到农村插队落户。接着,成都市分配到蒲江县的城镇知识青年1 000名,来县插队落户。自此,每年都有县内和成都市成批城镇知识青年,及省内、省外其他城镇少量知识青年在县内农村安家落户。截至1979年,在全县农村落户的城镇知识青年共5 318人;分布在20个公社、164个生产大队。其中插队的5 248人,到农场的49人,成户安家的21人。国家开支安置费共212.34万元,修建知青居住点25个,住房共2 850间,计25 680平方米。

为了做好知识青年上山下乡的工作,县、公社和有关部门,按政策规定解决他们在生活、生产和学习方面的实际问题;定期召开座谈会,认真听取他们的意见和要求,改进工作;每逢春节期间组织慰问团进行走访慰问,每年召开先进知识青年代表会,对先进人物进行表彰鼓励;县政法机关对迫害知识青年的案件进行查处,依法惩治破坏知识青年上山下乡工作的犯罪分子。

1979年2月,蒲江县根据中央"调整政策,逐步缩小上山下乡的范围"、"城乡广开门路,妥善安排知识青年"的指示,结束知识青年上山下乡工作,转入对知识青年的安置工作。在此之前,已有3 000余名知识青年,经过招工、参军、报考大中专学校离开农村。县对尚在农村的2 145名知识青年,采取统筹安排的原则,条条包干,块块负责,通过多种途径,落实安置工作。1981年底,全县安置知识青年工作基本结束。　　　（第十五篇第二章《劳动》,第559页）

1974至1985年,全县共安置军队转业干部62人,工人中吸收干部529人,农民中吸收干部263人(其中招聘47人),大中专学校分配的毕业生1 184人,知识青年中招收干部72人。　　　（第十五篇第三章《人事》,第560页）

《邛崃县志》

邛崃县志编纂委员会编,四川人民出版社1993年

知识青年上山下乡

邛崃县城镇知识青年上山下乡工作始于1964年。是年4月,中共中央批转《共青团中央关于组织城市知识青年参加农村社会主义建设的报告》下达,随即成立县安置城市下乡知识青年领导小组,具体工作由民政部门主管。1964年5月10日,城关镇首批知识青年213人下乡,其中男性106人,女性107人。首批知青全部安置在石坡公社所辖10个大队的24个生产队。生产队建立知青小组,进行教育管理。

是年的知青下乡工作,经过广泛宣传,深入发动,"听毛主席的话,走革命青年的必由之路",为当时许多青年所接受,一度出现踊跃报名的局面。但绝大多数知青下乡后生活不习

惯,生产和生活上都出现很多困难;同时也给农村基层组织增加不少负担。此后到 1968 年县内没有再动员知青下乡。

1968 年 12 月,毛泽东发出"知识青年到农村去,接受贫下中农再教育,很有必要"的指示,于是再度掀起知青下乡高潮。县、公社、大队以及机关单位、居民委员会均成立知识青年上山下乡工作领导机构,要求做到"政治上有人抓,生产上有人教,生活上有人管。"在强大的政治动员下,按要求该下农村的基本上都到了农村。

为解决实际问题,国家每年拿出一定经费和物资用于安置下乡知青。1973 年前,平均每人 300 元,其中以 100 元作生活补贴,200 元作建房补贴,还配给人平 0.5 立方米的木材计划,由社、队掌握使用,以解决建房和制作农具之需。1973 年起,安置费用提高到人平 480 元,其中 200 元用于建房,185 元补助生活,50 元购置农具等物,余下的 45 元由有关部门统一开支,作为学习、医疗等费用。到 1977 年,全县共拨专款 2 633 055 元,调拨木材 467 立方米(未含成都安置在邛知青所用的资金和物资)。

下乡知青的口粮,按人头每月 17.5 公斤,先由国家供给一年,此后即参加社队集体粮食分配。分配口粮低于上述标准的,由国家返销补足。食油和猪肉的消费也按居民供应标准依上述原则解决。部分社队因生产落后,下乡知青第二年生活仍不能自给的,由国家补贴每个知青 40—50 元。此后,还有困难的,亦予酌情补助。

知识青年在农村劳动锻炼一定时期之后,可以优先享受国家招工、招生和招兵(简称"三招")的推荐和考试权利,先后有上千人经过推荐或考试进入工厂、大中专学校和部队。

"文化大革命"后,停止动员知识青年上山下乡。全县先后下农村的知青共 8 598 人,其中本县籍 4 359 人,成都市安置来邛 4 239 人。

党的十一届三中全会后,中央调整政策,大力回收知青安置就业。根据"国家关心,负责到底,统筹兼顾,全面安排"的精神,县成立"安置待业人员小组",实行条条(系统)包干,块块(地区)负责,通过"三招"等形式,逐年回收安置。至 1981 年,全县下乡知青除 1 人自愿留在农村安家落户外,全部收回安置完毕。在邛崃的成都知青也都陆续返蓉就业。

(第二篇《大事记》,第 68—69 页)

为解决部分城市青年就业难的问题,团县委按照上级要求,号召团员、青年学习邢燕子,走与工农相结合的道路,帮助大批城镇青年上山下乡,插队落户。

(第六篇第四章《群众团体》,第 185 页)

50 年代后期政府大量动员城镇中小学毕业生到农村去,称为"知识青年上山下乡",或集中插队,或分散落户,以缓解城镇就业困难。1978 年,党的十一届三中全会后,停止动员知青下乡,并大力拓宽城镇就业门路,收回下乡知青。至 1981 年将本县下乡知青 4 300 多人全都安排就业。

(第八篇第二章《劳动》,第 221—222 页)

《大邑县志》

《大邑县志》编委会编,四川人民出版社 1992 年

(1969 年)1 月,大批知识青年上山下乡。 （第一篇第一章《大事系年》,第 32 页）

(1979 年)下乡知识青年 1 246 人在招工中得到安置。（第一篇第一章《大事系年》,第 38 页）

第四节　知识青年上山下乡

1955 年起,城镇知识青年开始上山下乡,参加农村社会主义建设。1964 年前,主要办法是组织青年垦荒队。1964 至 1966 年,上山下乡知识青年为 230 人(均本县人)。1969 至 1978 年,全县上山下乡知识青年 6 951 人,内有本县 3 250 人。1969 至 1980 年,国家用于这部分人的安置费 270.82 万元。县上还专门设置办公室,在各公社配备知青领队干部。6 951 名知识青年中,安置到国营农、林、牧场 124 名,其余分别安置在 30 个公社的 2 524 个生产队。这些上山下乡知识青年因招工、招兵、招生等先后回城就业。　　（第九篇第二章《劳动》,第 253—254 页）

1985 年,山区主产经济作物的村民组实行"四定"的有 189 个,3 678 户,178 819 人,销"四定"贸易粮 417 万斤。此外,城镇知识青年和居民上山下乡至下年决算分配时,每人每月供应 35 斤。　　　　　　　　　　　　（第二十三篇第二章《粮油购销》,第 599 页）

城镇知识青年和居民上山下乡的口油,至下年决算分配时,按居民标准供应。

（第二十三篇第二章《粮油购销》,第 601 页）

《崇庆县志》

四川省崇庆县志编纂委员会编纂,四川人民出版社 1991 年

(1969 年)1 月,知识青年上山下乡"接受贫下中农的再教育"。至 5 月底,共安置县内外知识青年 1 636 人到农村插队落户。此后逐年动员,至 1978 年,共安置 9 274 人。到 1980 年,都先后回城。　　　　　　　　　　　　　　　　　　　（第二篇《大事》,第 41—42 页）

知识青年上山下乡　1965 年县人委曾组织城镇知识青年参加农村社会主义建设,安置 164 人。1969 年 1 月,县革委贯彻毛主席关于"接受贫下中农再教育"指示,动员城镇 16 岁以上知识青年和近 3 年初、高中毕业生上山下乡,投亲靠友,插队落户。1970 年,改单人

插队为集体安置,试办知青队。至 1978 年,停止知青上山下乡。至此,全县安置县内外知青9 274 人。其后,陆续返回城镇安置就业,1979 年底基本安置完毕。

(第八篇第三章《行政机构》,第 201—202 页)

1979 年起退伍的义务兵,包括下乡知识青年参军退伍的,一般在其父母所在工作系统安置。
(第十一篇第四章《安置》,第 252 页)

1964 年起,增列城镇人口下乡安置费,1983 年,改为城市青年就业费。

(第二十二篇第二章《财政支出》,第 520 页)

1964 年,组织城镇知识青年 120 人下乡务农,之后 10 多年,全县共有知青 8 437 人上山下乡,其中外地插队知青 2 763 人。   (第二十五篇第六章《劳动管理》,第 631 页)

招工中,一向遵循先城镇、后农村的原则,视情况和需要,从农村中招工。从农村招工的对象以下乡知青、复员退伍军人、特殊困难职工子女、征地出现的土地特少村组农民为主,对招工对象还有体格检查和文化考试的规定,有的行业还有技术方面的特殊要求。70 年代,下乡知青是招工的重要对象之一。1970 年,国防工业系统最先在县内招收知青,招工计划逐级下达,经群众推荐,公社同意,主管部门审查,当年招工回城 347 人。以后,增添招生、参军、招干渠道,每年都有知青回城。1970—1980 年,累计回城 7 474 人,占下乡知青总数的 88.6%。余下的 963 人亦先后回城,逐步解决。知识青年上山下乡和回城安置情况见表 25-5。

表 25-5   知识青年上山下乡和回城安置情况

年 份	上山下乡人数	回 城 人 数					
		合 计	招 工	招 生	参 军	招 干	待 业
1964	120						
1969	2 611						
1970	810	347	347				
1971	818	46	46				
1972	197	807	666	127	14		
1973	426	203	72	131			
1974	1 856	223	7	174	40	2	
1975	414	595	441	111	40	3	
1976	809	690	453	23	212	2	
1977	354	639	379	110	148	2	
1978		2 197	1 725	225	239	8	
1979	22	1 563	1 554	3	5	1	
1980		1 127	163	1			963
合计	8 437	8 437	5 853	905	698	18	963

(第二十五篇第六章《劳动管理》,第 632 页)

《甘孜州志》

甘孜州志编纂委员会编纂,四川人民出版社 1997 年

　　(1969 年)康定、泸定、丹巴、九龙、道孚、甘孜、巴塘、理塘等县的 1 400 多名城镇知识青年,响应党的号召,上山下乡奔赴农村,接受贫下中农再教育。　　　　《大事记》,第 71 页)

　　(1973 年)11 月 6 日,州委成立知识青年上山下乡工作领导小组,同时成立州革委知识青年上山下乡办公室。各县亦相应成立此机构,加强对知青工作的领导。

（《大事记》,第 74 页）

　　(1974 年)5 月 14 日,州级机关 140 名知识青年上山下乡。全州(包括各县)共有 400 名知识青年奔赴农村。1970—1973 年全州基本没有城镇中学毕业生,在此期间,继续动员安置 66—68 级尚未下乡的零星人员。鉴于 1969 年首批知青下乡是实行分散单身插队的方式,给他们的生活和学习带来一定困难,现改变为适当集中,在交通方便、经济条件较好、领导力量较强的社队建立知青点,并按系统划定区域,对口安置管理。　　（《大事记》,第 74 页）

　　(1975 年)9 月 5 日,州革委召开知识青年上山下乡工作会议,研究讨论进一步巩固和发展知识青年上山下乡的成果,认真做好知识青年再教育工作等问题。　《大事记》,第 75 页)

　　1981 年州知青办与州劳动局合并,有关知青业务工作由州劳动局的城镇待业人员安置办公室办理。　　　　　　　　　（政治志劳动人事篇第一章《机构》,第 572 页）

招收计生干部

　　1984 年 4 月,从具有初中以上文化程度,已聘用的计生工作人员,年龄在 35 岁以下;乡村医生、接生员、回乡知识青年和复员退伍军人、集体所有制人员与城镇待业青年,年龄在 30 岁以下,自愿报名,热爱并安心于计生工作,十年不要求变动工作,经过政治、语文、数学三科考试(州命题,由县组考,已聘人员免考),身体健康,作风正派,德、智、体全面考核后,共招收计生专业干部 428 名,其中少数民族占三分之二。全部包括州代道、甘、新、德、白、石、色、理八县招的 24 名都调配到各县区、乡、镇任专职计划生育工作干部,试用期一年。

（政治志劳动人民篇第二章《人事》,第 576—577 页）

二、集体单位招工

　　为使下乡知青回城工作,曾由劳动部门于 1978、1979 两年下达大集体招工计划。大集

体（又名新集体）既不同于原有的集体所有制企业、事业单位，又不同于全民所有制国营企业、事业单位。对"大集体"国家要求单独经营、单独核算、自负盈亏。但本州实际上国营企业对"大集体"人员混岗使用，无法进行单独核算，"大集体"人员事实上变成了全民职工。

三、升　　学

1977—1990 年，全州知识青年和社会青年升学人数为 5 203 人，其中 1977—1980 年升学人数为 3 180 人（上山下乡知青占比例较大）；1981—1990 年升学人数为 2 023 人（应届生占的比例较大）。

（政治志劳动人事篇第三章《劳动》，第 604 页）

第三节　知识青年上山下乡

1969 年，本州根据毛泽东主席号召和省委统一部署，开始着手进行知识青年上山下乡工作。1973 年 11 月 6 日，州委决定由州级有关单位（农牧、宣传、文卫、群团、财贸、交通等）组成知识青年上山下乡工作领导小组；州革委成立知识青年上山下乡工作办公室，承办日常工作。从 1969 年起，除政策上规定的如独生子女、多子女而身边只有一个病残不能参加劳动的等不动员下乡外，对城镇中学毕业生均动员下乡。

1969 年首批知青下乡，实行分散单身插队的形式。这种形式，给当时知青的生活和学习带来一定困难。1974 年，改变这种单身插队形式为适当集中，在交通方便、经济条件较好、领导力量较强的社、队建立 3—5 人以上的"三集中，一分散（集中吃、住、学习，分散劳动）"的知青点。并在州级机关和动员安置人员较多的康定、泸定、丹巴、甘孜、道孚、炉霍、雅江、乡城等县，逐步实行按州级系统划定区域对口安置、对口管理、对口支农的"三对口"安置形式。同时，在康定、泸定各试办一个以知青为主有社员参加的青年园艺场和农场。先后在全州 108 个公社建立 347 个青年点和两个知青农场，安置知青 6 590 人，使集体安置人数达 98.9％。

全州从 1969 年至 1978 年 6 月底统计，共有上山下乡知识青年 6 670 人。其中：安置在农村的 6 526 人，安置在牧区的 144 人（包括国营农牧场 71 人）。对上山下乡知识青年，在生活和住房等方面，给予适当安排和照顾。历年为知青建房 1 867 间，购置家具、农具 14 943 件。每年还为知青订购报刊，文艺、科技等书籍。对知青生活和伤、病、残等困难进行了适当解决。如生活补助费，第一年，每人补助 100 元；第二年，对生活不能自给的，经济条件好的地方每人补助 40 元，经济条件差的地方每人补助 50 元左右；第三年，对少数生活不能自给的，适当补助。1972 年以前，安置经费按每人 200 元的标准，直接下拨生产队包干使用。以后，由县知青办统一掌握使用。

知识青年上山下乡，除参加队的劳动，还为队的各方面工作出力，发挥了很好的作用。全州知青在下乡过程中，先后有 3 231 人担任过夜校教员；529 人担任过民办教师；258 人担任过会计、出纳、保管员；197 人担任过赤脚医生；348 人担任过农机、农科员。有 12 人加入了中国共产党；545 人加入了共青团；444 人曾出席过县以上单位的代表会；115 人曾被选进各级领导班子。

1978年11月,州委贯彻执行省委决定,不再动员和组织城镇中学毕业生上山下乡。在招工中,将符合条件的知青优先招收。全州在1979年底安置完下乡城镇知青(极少数未安置的,先将户口迁回城镇),同时对知青财产全部处理完毕。

(政治志劳动人事篇第三章《劳动》,第608—609页)

城镇人口下乡经费是在60年代和70年代动员知识青年上山下乡必要的一些经费支出,60年代支出21万元(1966年2万元、1967年1万元、1969年11万元、1970年7万元),70年代支出228万元(1971年8万元、1974年54万元、1975年46万元、1976年57万元、1977年45万元、1978年12万元、1979年2万元、1980年4万元),累计支出249万元。

(经济志财税篇第三章《财政支出》,第1498页)

《康定县志》

四川省康定县志编纂委员会编纂,四川辞书出版社1995年

(1969年)10月,县革委成立知青办公室,规定全县初中以上毕业学生必须上山下乡,到农村接受贫下中农再教育。截至1979年底统计,全县先后到农村接受再教育知识青年共1 274名。
(《大事记》,第25页)

城市人口安置　包括知青上山下乡费、待业青年安置费。自1968年以来总共支出589 092元。
(财政卷第二章《财政支出》,第268页)

1973年底,成立知识青年上山下乡领导小组,下设办公室,具体管理知识青年上山下乡工作。
(政权卷第一章《政府》,第305页)

(1980年)10月,撤销知识青年上山下乡办公室。　(政权卷第一章《政府》,第305页)

1980年招工248人(包括外地在县内招收的)。从农村招收26人,城镇招收211人,县外调入11人,安置复、退军人31人,安置知识青年52人。

(劳动人事卷第四章《劳动》,第411页)

从1969年开始,分期分批组织、动员知识青年到农村去,到1978年,结束知识青年下乡。在整个10年中,全县共动员安置知识青年到农村有1 247名,外县转来31名,"文化大

革命"前下乡知青 2 名,共 1 280 名。这些青年,先后安置在全县 6 个区、20 个公社、115 个生产大队、1 个社办园艺场。经过历次招生、招工、招干、参军,陆续全部分配到各条战线。

(劳动人事卷第四章《劳动》,第 411 页)

1980 年,根据中央必须加强对托幼工作领导的指示,县府成立托幼领导小组,由县妇联管组织领导,县文教局管业务指导,全县托幼工作有了新的发展,瓦斯、黑日、姑咱、黄金坪等生产队都办起了常年幼儿班,聘用回乡知青任教育员,比照民办公助小学教师付酬办法,从生产队公益金中开支经费。

(教育科技卷第一章《学校教育》,第 471 页)

1972 年,在鱼通区姑咱镇新建校址落成后,学校(州卫生学校)恢复,首批招收初、高中应届毕业生及上山下乡知识青年共 80 余人,分设 3 年制中医士、西医士各 1 班,自此学校开拓前进,先后开办过西医士、护士、中医士、藏医士等专业班。

(教育科技卷第一章《学校教育》,第 483 页)

《甘孜县志》

甘孜县志编纂委员会编,四川科学技术出版社 1999 年

(1974 年)4 月,第一批知识青年下农村,接受贫下中农的再教育。(《大事记》,第 24 页)

知青工作

1968 年毛主席发出知识青年到农村去接受贫下中农再教育的指示后,甘孜县知青工作,从 1969 年开始到 1978 年结束知青下乡工作,在这 10 年中,全县动员安置知识青年 548 人,这些知青主要安置在全县 4 个区、16 个公社、62 个生产队,一个示范农场共设 28 个知青点,通过历次招生、招工、招干和参军陆续全部分配到各条战线和不同的工作岗位。

(第三篇第八章《劳动人事》,第 310 页)

1968 年,县支"左"办公室派军宣队、工宣队进驻学校,由工、军宣队领导管理学校(甘孜民族中学)。同年冬,留校的 228 名学生全部下乡接受贫下中农再教育,其中 96 名由农村入学的学生返乡务农,128 名城镇入学的学生安排县属各公社参加农业生产劳动。

(第四篇第二章《教育》,第 329 页)

1974 年,首届二年制高中毕业 85 名,全部下放农村参加生产劳动。

(第四篇第二章《教育》,第 330 页)

《新龙县志》

四川省甘孜藏族自治州新龙县志编纂委员会编，四川人民出版社1992年

(1970年)3月12日，首批知识青年上山下乡，接受贫下中农再教育。

(《大事记》，第18页)

(1974年)6月6日，上山下乡11名知识青年赴日巴公社足仁、隆翁果知青点落户，接受贫下中农的再教育。

(《大事记》，第20页)

1971年开始有少数城镇知识青年"上山下乡"，安置到农村当新农民。1974年6月后相继有4批79名城镇知识青年集体安置到日巴、甲孜、朱倭知青点劳动锻炼，接受贫下中农的再教育。1978年之后，随着各单位的招工和大中专学校的招生，全部解决了上山下乡知青的就业问题。由于新龙县非农业人口不多，待业求工人员也较少，各单位用工还曾在甘孜、康定等县的待业青年中招收。

(第五篇第六章《劳动　人事　民政》，第253页)

《白玉县志》

白玉县志编纂委员会编，四川大学出版社1996年

(1974年)5月，成立县知识青年上山下乡办公室；建立盖玉公社党委和沙马、山岩乡党总支。

(《大事记》，第24页)

第一节　安置下乡知识青年

白玉知识青年上山下乡始于1969年11月，当年共安置7人，支出安置经费1116元。以后几年里，由于无知识青年可下乡，因此未开展这项工作。

到1974年5月，白玉县知识青年上山下乡办公室正式成立，由王富忠任主任，赵宗模等具体处理日常工作。是年10月15日，有21名高初中毕业生下乡到农村3个知青点。

1975年，从内地转来8名知青。是年底，开始实行推荐，有2人被招工，3人去读中专。

1976年，有6人被招为干部。

此后，每年都有刚从中学毕业的学生下乡插队落户；同时也有劳动已满一年的知青被招工、招干或去读中专、大专。

到1978年，白玉知识青年上山下乡未再进行。

1979年，已下乡知青全部安置完毕。

11 年中,共支出安置经费 26 884 元,共安置 69 人,其中绝大部分现已是各单位的骨干。

(卷二十一第五章《就业安置》,第 351 页)

《德格县志》

德格县志编纂委员会编,四川人民出版社 1995 年

(1969 年)1 月中旬,安排首批(12 名)知识青年上山下乡,在八里达乡插队落户。

(《大事记》,第 33 页)

《石渠县志》

《石渠县志》编纂委员会编,四川人民出版社 2000 年

(1973 年)11 月 22 日,成立县知识青年上山下乡工作领导小组,组长吴李喜。

(《大事记》,第 23 页)

(1974 年)9 月,成立县知识青年上山下乡工作领导小组。　　　　(《大事记》,第 23 页)

1975 年 2 月县委陆续恢复办公室、组织部、宣传部、农牧部、财贸部和党校等部门,分别按部门的职责开展工作。同时为完成党的中心和临时任务,这一时期成立有除害灭病领导小组、保密领导小组、知识青年上山下乡领导小组、人民防空领导小组、人防战备领导小组、民兵指挥部、牧业基本建设领导小组、救灾办公室等临时机构与常设机构,这些机构有的当年成立当年撤销,有的在一年后撤销。(第十三篇第一章《中国共产党地方组织》,第 287 页)

《色达县志》

色达县地方志编纂委员会编纂,四川人民出版社 1997 年

(1974 年)8 月 21 日,县知识青年上山下乡工作领导小组成立。随即 100 名城镇青年到农村牧场插队。直到 1980 年全部收回安排工作。　　　　(《大事记》,第 21 页)

知识青年上山下乡

1968 年 12 月 21 日,毛主席发出知识青年到农村去,接受贫下中农再教育的指示后,本县从 1975 年开始动员、安置知识青年到农村去,先后设了色曲区大则、色塘区洛若、色尔坝

区翁达公社的吉日生产队等 4 个知青点，共有上山下乡知识青年 64 人，其中内地转来 31 人。1976 年和 1977 年分两批安置下乡知识青年回城镇工作，共安置接收 63 名知青为全民所有制职工。另一名知青因下乡期内偷盗受到法律处分。

（第七篇第五章《人民政府》，第 375 页）

《泸定县志》

泸定县县志编纂委员会编纂，四川科学技术出版社 1999 年

（1969 年）12 月，知识青年开始到农村插队落户。到 1976 年止，全县共有上山下乡插队落户知青 874 人。
（《大事记》，第 21 页）

上山下乡人员口粮

1960—1967 年，城镇上山下乡插队落户人员在落户的第一年由国家供应全年粮油，月标准粮食 30 斤，油 4 两。

1970 年后上山下乡知识青年，在下乡第一年每月供应口粮 35 斤，食油按居民标准供应。次年由生产队供应插队知青全年口粮 420 斤，如所在社队口粮水平过低，知青口粮达不到 380—420 斤的，由国家在返销粮中补差。1975 年起，高山生产队的知青，每月可用粗粮兑换大米 10 斤。
（第十九篇第二章《销售》，第 374 页）

安置经费

1966 年，城镇人口下乡安置费开支 1.28 万元。1974 年，列支知识青年下乡安置费，当年开支 7.35 万元。1979 年基本停止列支。当年开始列支就业安置费，到 1990 年共支 65.92 万元。
（第二十篇第三章《财政支出》，第 399 页）

1969 年，开始动员城镇知青 161 人上山下乡，到 1979 年共下乡 874 人（包括康定和内地投亲靠友在泸定下乡）。以招生、招工、招干、征兵等方式，全部安置。其中，招生占 36％；招工招干占 59％；征兵占 5％。1973 年招收对象调整为：上山下乡两年以上的城镇知青、城镇居民下乡落户时，一同下乡的高中毕业生及退休者有符合招工条件的子女。1976 年招工 309 人，其中州属住泸单位 208 人，同年城镇集体所有制单位招收学徒工和熟练工 70 人。1976—1986 年，共安置待业青年 2 215 人，其中 130 人安置到集体企业。
（第二十三篇第六章《劳动管理》，第 465 页）

直到 1976 年底，全县共推荐大专新生 33 名，其中回乡知青 25 名，下乡知青 8 名，推荐

中专新生 475 名,其中回乡知青 315 名,下乡知青 160 名。

(第二十五篇第三章《教育制度》,第 498 页)

《丹巴县志》

丹巴县志编纂委员会编,民族出版社 1996 年

是月(1969 年 12 月),响应毛主席"知识青年到农村去"的号召,全县开展知青下放工作,并将知青的户口迁至农村。

(《大事记》,第 34 页)

丹巴县招收新职工均按省州计划执行,实行计划招工,招工人数不突破上级下达的计划数。……1972 年开始,主要招收已上山下乡的知识青年和城镇待业人员……

(第四编第二章《政权》,第 435 页)

知青工作

遵照毛泽东关于"知识青年到农村去接受贫下中农的再教育很有必要"的指示,丹巴县从 1969 年开始安排知识青年上山下乡到农村插队落户,以后逐年安排,1977 年下放最后一批知青。9 年中共有 1 001 名知青到农村,其中本县知青 889 名,外地知青 112 名(详见附表)。

丹巴县上山下乡知识青年分布情况统计表

乡政府名称	原公社名称	历年下乡人数	其中分年下乡人数				
			1973 年以前	1974 年	1975 年	1976 年	1977 年
巴 底	向 阳	155	37	86		16	16
巴 旺	金 川	121	49	25	10	29	8
聂 呷	巴 旺	112	57	13	17	12	13
城 厢	城 厢	45	9	36			
水 子	水 子	5	5				
岳 扎	永 红	78	2	1	38	17	20
格 宗	格 宗	61	21	24		6	10
东 谷	东 谷	100	50		30	5	15
中 路	双 胜	102	31		35	20	16
梭 坡	东方红	24	24				
革什扎	红 光	175	44	60	17	21	33
边 耳	红 旗	23					23
合 计		1 001	329	245	147	126	154

国家尽力安排好知青的学习、生活和劳动。对知青建房,购置家具、农具,购买学习材料,旅运费用、医疗、伤病残等方面给予资助。据统计丹巴县共支出知青经费 313 646.5 元。

在逐年下放知青的同时,按上级下达的计划,逐步在知青中招生、招工、征兵、提干。

知青招工、招生、提干统计表

单位:人

项目 年度	合　计	招　生	招　工	提拔国家干部
1973 年以前	82	49	33	
1974	9	6		3
1975	257	160	96	1
1976	45		45	
1977	76	14	60	2
总　计	469	229	234	6

(第四编第二章《政权》,第 439—440 页)

《九龙县志》

四川省九龙县志编纂委员会编纂,四川人民出版社 1997 年

是年(1969 年),动员知识青年上山下乡插队落户,在乃渠、烟袋等乡建立知青点。

(《大事记》,第 22 页)

是年(1973 年),成立九龙县知识青年安置办公室,管理知识青年上山下乡、插队落户和回城安置工作。九龙县先后插队落户康定、九龙知识青年 96 名,后来全部回城安置就业。

(《大事记》,第 23 页)

第二节　安置上山下乡知识青年

解放后,城镇人口每年都有大批高、初中毕业生不能升入高一级学校继续学习,需要就业。在全国范围内,城镇待业青年逐渐增多。1968 年,毛泽东主席号召知识青年到农村去,接受贫下中农再教育。1969 年 7 月,甘孜州首批上山下乡的康定城镇知识青年 20 人,分来烟袋乡插队落户。九龙县于同年开始,先后动员组织城市知识青年在呷尔乡察尔,烟袋乡桤木林、烟袋堡子,乌拉溪乡河坝、官房、偏桥,乃渠乡水打坝、七日、长草坪等处设点安置 76 名插队落户。1973 年,县革委设知识青年安置办公室,管理知识青年上山、下乡、插队落户和回城安置工作。通过招工、招干、升学、培训、参军、转干等途径,到 1979 年,96 名知识青年

已全部回城安置就业。 　　　　　　　　　　　　（第十九编第三章《劳动就业》，第 418 页）

《雅江县志》

雅江县志编纂委员会编著，巴蜀书社 2000 年

(1969 年)2 月，县成立知青安置办公室，当年安置 80 名知青到八衣绒、八角楼等地接受贫下中农再教育。 　　　　　　　　　　　　　　　　　（《大事记》，第 24 页）

1969 年成立知青办公室，撤销邮电局成立邮政、电信 2 局。

（第三篇第四章《政府》，第 133 页）

(1978 年)6 月撤销知青办公室…… 　　　　　（第三篇第四章《政府》，第 134 页）

下乡知识青年的安置

1968 年 12 月 21 日，毛主席发出"知识青年到农村去接受贫下中农的再教育很有必要"的指示以后，1969 年 1 月县革委成立临时机构办理知识青年上山下乡工作。1974 年 1 月正式成立中共雅江县委知识青年上山下乡领导小组并设办公室，配备专职干部。

遵照上级规定，城镇中学毕业生除直接升学和不动员下乡的几种人外，凡年满 17 周岁的知识青年（包括城镇社会知识青年）都动员下乡接受贫下中农再教育。1969—1979 年全县农村先后安置知识青年 339 人。

安置办法，采取以 3—5 人组成 1 个知青点集体安置到生产队。1975 年县革委派出知识青年带队干部，具体负责下乡知青思想学习生活等。全县共设立知青点 33 个；新建房屋 89 间，计 1 246 平方米；建图书室 3 个，共有政治理论、科学技术、农业知识、文学艺术等方面书籍 600 余册。

知青下乡后的口粮第 1 年由国家供应，每人每月 17.5 公斤，从第 2 年开始由社、队分配。所在社队口粮水平过低，知青年分配口粮达不到 165 公斤（半农半牧队）至 210 公斤（农业队）的，由国家在返销粮中给予补差。食油和食肉，第 1 年按当地城镇居民的标准供应，第 2 年达不到城镇居民标准的，由国家补差。

1969—1972 年知青的安置经费由县财政支付，经费标准每人为 200 元，回乡知青为 50 元。1975 年下乡知青经费标准提高为 475 元，使用范围是：生活费 144 元（每人每月 12 元）；建房费 200 元；农具、生活用具费 50 元；学习费 7 元；医药费 10 元；交通费 10 元；衣被补助费 15 元；重病、伤补助费 13 元；下乡第 2 年或第 3 年困难补助 26 元。下放到牧区或农区的纯牧业生产队的知青经费标准每人为 700 元。1969 年到 1979 年共支出知青安置经费 102 001.36 元。

1974 年后知识青年陆续返城。1974—1978 年,共安置 276 人,其中:招干 22 人,招工 115 人,升学 134 人,参军 5 人。

1978 年开始,停止知识青年上山下乡。1979 年在乡知青全部返城,县上对回城知青逐户逐人的摸清情况,5 月全部安排工作,历年总计安排知青回城工作 304 人。与此同时,对各公社的知青经费和财产进行清理和处理,知青所使用农具除 44 件送给县革委作集体劳动使用外,205 件无偿送给各生产队;房屋 16 间交所在生产队或公社使用,余下的折款交回县财政;由生产队掌握和经费剩余款也交回财政。本县知识青年上山下乡工作从 1969 年开始,历时 10 年于 1979 年 6 月 24 日,下乡安置和回城安置工作全部结束。

(第六篇第一章《劳动》,第 225—226 页)

《道孚县志》

《道孚县志》编纂委员会编,四川人民出版社 1998 年

是年(1969 年)起至 1978 年,道孚、乾宁两县安置州、县上山下乡知识青年 770 人插队落户。

(《大事记》,第 23 页)

从解放到 1977 年的 27 年中,当地青年成长起来,加上投亲靠友的和知识青年回城,使待业人数快速增长。

1977 年—1981 年,共安置待业人员 872 人。其中安置于全民所有制单位 569 人,占安置数的 65.25%;集体所有制单位 254 人,占 29.13%;个体 49 人,占 5.62%。

(第二十三篇第二章《劳动力管理》,第 383 页)

第三节 知青安置

1969 年,道孚县革委生产指挥组负责知识青年上山下乡工作。1973 年成立道孚县知识青年上山下乡工作领导小组并设置办公室。乾宁县也设置了机构。

1969 年 2 月,甘孜民族中学介绍 47 名毕业生回道孚报到。当年安置 15 名知识青年上山下乡,到 1972 年共安置 27 人。1974 年安置 101 人。

截至 1977 年,累计动员 242 人,安置 452 人在 8 个公社的 50 多个生产队(含两个牧业生产队)。历年共修建知识青年住房 1 533 平方米。

1973 年—1978 年,乾宁县动员知青 142 人,安置 308 人在两个公社的 11 个生产大队和 10 个生产队,其中 10 人安置在国营农场。为知青修建住房 2 247 平方米。

道孚、乾宁两县上山下乡的知识青年,除历年"四招"(招生、招工、招干、参军)和转队外,于 1979 年底全部回城。

(第二十三篇第二章《劳动力管理》,第 384 页)

《理塘县志》

《理塘县志》编纂委员会编,四川人民出版社 1996 年

(1970 年)3 月 26 日,首批上山下乡知识青年 27 人集体赴甲洼公社落户,接受贫下中农的再教育,进行劳动锻炼。 (《大事记》,第 23 页)

(1974 年)6 月 10 日,县委常委会决定成立"知识青年上山下乡领导小组",由江之行任组长,下设办公室。 (《大事记》,第 24 页)

上山下乡知青安置

理塘县从 1969 年开始动员知识青年上山下乡。据不完全统计,全县共下放知青 147 人。由于劳动部门的努力和各方面的支持,到 1980 年底基本完成全部下乡知青的返城就业安置工作。 (第九篇第一章《劳动 人事》,第 361 页)

干部的吸收录用

解放后,随着民族地区生产、经济、建设的发展,对干部队伍的需要量越来越大,除上级部门委派、分配的外,干部来源途径有:……六是从下乡知青中吸收干部;七是面向社会,公开考试,择优录用干部。1951 年至 1958 年通过前五种方式吸收、录用干部 180 多名,1981 年至 1990 年通过后两种方式,吸收录用干部 230 多名。

(第九篇第一章《劳动 人事》,第 366 页)

《乡城县志》

乡城县志编纂委员会编,四川大学出版社 1997 年

(1974 年)3 月,安置本县城镇知识青年 17 人下乡集体插队。同时,接收安置外地知识青年 20 人。到 1978 年停止下放知青为止,共下放安置 251 名知青。 (《大事记》,第 26 页)

第六节 知识青年下放与安置

1974 年上半年,乡城县城镇下乡知识青年的安置工作由县知青办公室负责。采取集体插队,建立 5 人以上的青年点的方法,共有 17 名知识青年下乡。同时接收安置了 320 名内地回乡知识青年。1975 年计划下乡知识青年 25 人,实际下乡 41 名,其中从外地接收的有 22 名。到 1978 年停止下放知青为止,乡城县共下放安置 251 名知识青年(包括 1971 年至

1973 年,从外地来乡城县零星落户的知青 7 人)。

　　粉碎"四人帮"之后,中央于 1978 年 12 月 2 日下发了中发(1978)74 号文件,调整了知青政策,原下乡知青通过逐年招工、招干、招生、参军得以解决回城。按照州财联字第 23 号文"关于我州知识青年上山下乡经费管理拨付办法的通知"精神,从 1973 年起,到农村插队的知识青年,安置经费每人补助 480 元,到国营农场的每人补助 400 元,到高寒地区每人另加冬装补助费 40 元。其中下乡第一年限制每人补助 100 元至 120 元,每月定额支付,家具补助费每人 50 元,学习、医疗费 20 元。1974 年 10 月,州知青办按州革青办字第 12 号文"关于增加七四年已下乡知识青年第一年生活标准问题的复函"规定,1974 年已下乡知青,每个知青年生活标准在 170 元范围内,第一年限制在每人 120 元至 144 元内,按月支付,第二年和第三年生活尚不能自给的酌情补助。　　(第十二编第一章《劳动人事》,第 298 页)

　　1975 年,乡城县办有政治文化夜校 25 所,学员 1 002 人,其中社队基层干部 232 人、知识青年 8 人、机关职工 762 人。有兼任教师 39 人,其中教师 14 人。

(第十三编第一章《学校》,第 320 页)

《稻城县志》

稻城县志编纂委员会编纂,四川人民出版社 1997 年

　　1969—1977 年,县革命委员会根据中共中央关于"动员和组织知识青年参加农村社会主义建设"的指示,共动员 113 名知识青年上山下乡。1978 年以后,通过招工、招干、征兵等形式,使知识青年全部就业。　　(第八篇第二章《稻城县人民政府》,第 262 页)

《巴塘县志》

四川省巴塘县志编纂委员会编纂,四川民族出版社 1993 年

　　(1968 年 12 月 7 日)县民族初级中学军宣队,按照上级指示安排该校应届毕业生上山下乡。

(《大事记》,第 30 页)

　　1969 年到 1977 年,县革命委员会根据中共中央关于"动员和组织知识青年参加农村社会主义建设"的指示,共动员 191 名知识青年上山下乡。1978 年以后,通过招生、招干、招工、征兵,到 1980 年,191 名知识青年全部就业。　　(第七篇第三章《政权建设》,第 281 页)

《得荣县志》

《得荣县地方志》编纂委员会编,四川大学出版社 2000 年

　　知识青年上山下乡。根据毛泽东主席的号召和省、州的统一部署,得荣县的知识青年从 1974 年开始上山下乡接受贫下中农再教育。政策规定:独生子女和虽属多子女而身边只有一个因病残不能参加劳动者外,对其他中学毕业生均要动员下乡。下乡后,半年内由国家供应其口粮和副食品(主要指食油和肉类),半年以后参加所在生产队的分配(其户口上山下乡时随带,由城镇迁往农村)。由于县内居住分散,且多属高山地带,加之上山下乡的知识青年多未成年,年龄最大者十七八岁,小者仅 15 岁左右,下乡后单独居住困难很大。为了适应这一新形势的需要,遵照上级指示,专门成立了知识青年上山下乡办公室,调配专职干部处理日常工作;并把上山下乡的知识青年适当地集中在一起,在全县范围内划分了 4 个知青点;即:日龙乡日堆生产队、日免生产队,徐龙乡徐麦生产队和子庚乡阿村生产队。

　　知青点的住房,由国家投资修建或培修。在 1978 年,全县共上山下乡 5 批知识青年,县内 26 人,外来知青 3 人,共计 29 人。1978 年 12 月,根据州委指示,停止了知识青年上山下乡工作。已上山下乡的知识青年,陆续迁回县城,并由劳动部门优先安排工作。县知青办公室随之撤销。

(第十一篇第二章《得荣县人民政府》,第 251—252 页)

《阿坝州志》

阿坝藏族羌族自治州地方志编纂委员会编,民族出版社 1994 年

　　(1969 年 1 月)全州首批知识青年被分配到农村"接受贫下中农再教育"。

(《大事记述》,第 50 页)

　　(3 月)州、县相继成立知青办公室,管理知识青年上山下乡工作。　(《大事记述》,第 50 页)

　　1968 年 10 月,阿坝州革命委员会成立,会议通过了州革委《告全州人民书》、《进一步开展活学活用毛泽东思想的大学校的决议》、《关于干部下放参加集体生产劳动的决议》。理县关口建立"五·七"干校,"清理阶级队伍"大批干部下放进行劳动锻炼。1969—1971 年,大中专生分别到州内农村、工矿劳动锻炼,接受工人、贫下中农"再教育",提倡知识青年上山下乡。

(卷五第七章《重大政事》,第 577 页)

下乡知青安置

　　1968 年 12 月,毛泽东主席发出"知识青年到农村去,接受贫下中农再教育"的号召。

1969年,州、县革命委员会成立"知识青年上山下乡办公室(简称知青办)",组织实施城镇中学毕业生到农村插队落户,参加农业生产。人民公社及生产队热心接待和认真安置。当时农村各级政权,把知青安置当作"抓革命、促生产"的中心任务来完成。城镇知识青年紧跟时代潮流,纷纷离开父母从农,奔赴农村接受再教育。通过一段时间劳动锻炼后,有的招工就业,有的推荐升学、参军。1978年,全部按规定返城。(卷七第一章《劳动》,第640—641页)

《马尔康县志》

《马尔康县志》编纂委员会编,四川人民出版社1995年

是年(1973年),成立知识青年上山下乡工作办公室。　　　　　　(《大事记》,第18页)

《红原县志》

红原县志编纂委员会编,四川人民出版社1996年

1970年,全县按指标招收符合条件本县知青参加工作。仅1978年即从全县上山下乡知青中招干14人。　　　　　　　　　　　　　　(卷八第一章《人事》,第214页)

知识青年安置

1969年,根据毛主席关于"知识青年到农村去,接受贫下中农再教育很有必要"的指示,首批到红原各乡、场带薪劳动的大中专毕业生共计124人。1973年10月,红原县成立"知识青年上山下乡工作领导小组"及办公室。采取建立知青点,组织下乡、场参加农牧业生产劳动,落户。1974年,全县下乡知青59人,建立知青点11个,26个生产队有知青。1978年全县"上山下乡"工作结束,前后历时10年,共计556名知识青年参加上山下乡工作。从1970年到1979年对本县符合条件知青按指标招收安置工作。对来红原县的外地知青由父母所在系统垂直招收安置工作或返回原地。1979年底全县下乡知青全部安置。(卷八第二章《劳动》,第222页)

《阿坝县志》

阿坝县地方志编纂委员会编,民族出版社1993年

阿坝县于1974年初成立了"知识青年上山下乡办公室"(简称知青办)。动员组织年满17周岁以上的中学毕业生到农村插队落户接受贫下中农再教育。1976年县委决定按工交、财贸、党政、军群系统分别成立知识青年上山下乡领导小组,各领导小组设有负责人,负责本系统内知青下乡的思想动员工作,配合地区做好安置管理以及知青所在生产队的支农工作,

对下乡知青生产上要帮助,生活上要照顾,法律上要保护,任何单位和个人不准挪用国家拨给知青的建房经费和木材。截止 1978 年 10 月底,全县共有 39 名知青下乡(其中 1 名为1969 年外地转点来阿的)。这 39 名知青中,后来按政策集体安置 38 人,占总数的 97.43%,回原籍 1 人。 （《大事记述》,第 44 页）

"文化大革命"期间共招收录用干部 152 人,其中农民 69 人,知青 10 人,工人 4 人,复员退伍军人 28 人,其他人员 41 人。 （第八篇第一章《就业》,第 211 页）

1982 年对国家机关、科研、文教等部门职工进行工资调整。范围是:1979 年底以前参加工作的及 1979 年以后参加工作的下乡插队满五年至 1982 年 9 月 30 日,是正式职工的原城镇知识青年,每人升一级;……1983 年对全民企业职工和未列入 1981、1982 年调整工资范围的工作人员进行调资。范围是 1978 年底以前参加工作,上山下乡插队满五年以上的原城镇知识青年,1971 年底计划内长期临时工,每人升一级。 （第八篇第三章《工资》,第 221 页）

《若尔盖县志》

若尔盖县志编纂委员会编,民族出版社 1996 年

1979 年,为妥善安置下乡"知识青年",招收全民职工 164 人。

（第五篇第九章《劳动　人事》,第 609 页）

知青下乡

1964 年,国务院《关于动员和组织城市知识青年参加社会主义建设的决定》下达后,14 名成都知青于 10 月来本县阿西、黑河牧场插队。第二批 7 人于 1968 年 9 月到黑河牧场插队。

1968 年至 1973 年,共动员本县知青 60 多人下乡,分别到唐克、嫩哇、阿西、班佑、红星公社插队。

1974 年,县革委会成立"知青"办公室,全县"知青"开始成批下乡。到 1978 年,全县"知青"点 22 个。1974 年至 1978 年,先后动员 263 名本地"知青"下乡,同时安置县外"知青"125 人,这批"知青"在唐克、辖曼、红星、铁布、热尔、嫩哇、阿西、巴西等地插队。

1973 年至 1978 年,知青工作共开支经费 253 479 元。

"知青"下乡后,每年在招工、参军、升学等方面都要安置一批就业。至 1978 年上半年,在乡"知青"68 人。同年 12 月根据上级指示,调整政策,"逐步缩小上山下乡知青范围",并要求城乡广开门路,妥善安排知识青年,结束知识青年上山下乡工作。1975 年至 1980 年不断招工,基本解决了下乡"知青"的工作,同时撤销"知青"办公室,工作由劳动局接管。1981年,安置工作结束。 （第五篇第九章《劳动　人事》,第 610 页）

《黑水县志》

四川省阿坝藏族羌族自治州、黑水县地方志编纂委员会编,民族出版社1993年

　　六十年代到七十年代工人队伍的主要来源是上山下乡知识青年、城镇待业人员、复员、退伍转业军人以及农村符合招工条件的青年。　　　　(第九篇第三章《劳动》,第216页)

《松潘县志》

松潘县志编纂委员会编,民族出版社1999年

　　(1973年)5月,成立松潘县知识青年上山下乡领导小组,下设办公室,负责动员城镇知青上山下乡并安置工作。　　　　　　　　　　(《大事记述》,第42页)

第一节　知识青年上山下乡

　　1968年12月,毛泽东主席发出知识青年到农村去,接受贫下中农再教育的号召,松潘县先后成立了知识青年(简称知青)领导小组、知识青年上山下乡办公室(简称知青办)负责动员城镇知青上山下乡和知青的安置;机关、区和人民公社,将其纳入工作议事日程,知青点配合解决知青的生活和住房等方面的困难,知青安置作为一项重要任务。1969年后,动员城镇知青上山下乡260名;其中:广汉来松潘10名,成都5名,转点知青4名。1969年至1973年,农村回乡321人。知青分布在全县5个区(小河区除外),12个公社的23个知青点,其中:3人以上的知青点15个。

　　下乡知青在农村,有的入党、入团,有的担任大队生产队会计、民办教师、赤脚医生、广播员,部分陆续因招工、招干、招生或参军离开农村。

1973年全县知青情况

区别	类别	总数	党员	团员	基层领导职务	合计	民办教师	代课教师	赤脚医生	农技员	广播员	计分员	发电员	民兵	民兵排长以上干部	招工	招干	招生	参军
合计	上山下乡	37	1	2	1	2	1	1		1	2			18		8	4	3	
	回乡	231	8	67	26	23	41	2	9	4	4	10		41	13	17	22	22	6
城关	上山下乡	4					1			1				1		1		1	
	回乡	164	3	19	11	5	12	1	1	2	1	6		79	2	8	8	7	2
镇江	上山下乡	25		1						1				12		3	4	2	
	回乡	45	2	9			6	3		1				12	6	2	8	3	1

区别	类别	总数	党员	团员	基层领导职务	合计	民办教师	代课教师	赤脚医生	农技员	广播员	计分员	发电员	民兵	民兵排长以上干部	招工	招干	招生	参军
小河	上山下乡																		
	回乡	43	1	13	1	5	8		3			1	2	21	2	1	4		
热务	上山下乡	3														1			
	回乡	32	1	9	1	6	6		1					1	2		1	1	1
漳腊	上山下乡	5		1	1	2				1				5		3			
	回乡	54	1	17	5	1	12	1	3	2	1	3		28	1	6	1	11	2

松潘县历年知青下乡插队情况

年份	总计	1969	1970	1971	1972	1973	1974	1975	1976	1977	1978
人数	260	26		4		7	35	53	28	62	45

第二节 知青办公室

1968年,县革委政工组设立县革委知青办公室,有副主任1人,成员1人,负责从北京大学、川西农学院、省中医学院等分配到松潘的首批16名知青的安置。

1973年5月,正式成立知青上山下乡领导小组,下设办公室。领导小组由县革委、武装部、宣传部、人保组(公安局)、团委、妇联和县革委办公室的主要领导共7人组成,组长1人,副组长2人。办公室负责对城镇知青上山下乡的组织、宣传、动员、报名登记、联系落户社队、欢送、定期检查、配合社会抓"再教育"等项工作。

1973年,上山下乡知青由个别插队改为集体插队落户。1976年,采取对口下放、分口管理的办法。全县分党政、财贸、工交、文卫、农林牧业、松林局、毛林局和城镇八大口。各口成立领导小组,有组长、副组长各1人,成员2至3名。派出带队干部管理教育知青。插队知青的公社大队建立知青"三结合"(贫下中农、干部、下乡知青)再教育领导班子。

1978年8月,知青上山下乡领导小组及其办公室撤销。

第三节 知青安置

知青到农村插队落户后,每年都有计划地采取全民所有制、集体所有制和企业招工、补充自然减员、招干的方式安置知青就业。还有一部分知青参军、升学离开农村。1978年底,结束了知青上山下乡宣传和动员,转入对下乡知青安置,成立以县革委、知青办、劳动局、团委四个部门组成的安置下乡知青领导机构。州提出"凡是尚有下乡知青没有招完的县和单位,都必须用全民或大集体的指标,分别情况,予以安排招收"。1979年底,将在农村的123名下乡知青,全部安置就业。(《劳动人事·就业安置》第五章《就业安置》,第358—361页)

《南坪县志》

南坪县地方志编纂委员会编,民族出版社 1994 年

1974 年冬集中农民 100 多人改土,建立了南坪县工程队即为常年县办改土专业队。同时组织上山下乡知青 60 多人改土,机关实行八小时工作,四小时劳动,即早晚劳动,其余时间开会,把学大寨大搞农田基本建设作为一件大事去抓。(《大事记述·大事记》,第 42 页)

南坪县直属机构沿革表

机 构 名 称	沿 革
……	
知青上山下乡办公室。	1973 年置知识青年上山下乡安置办公室,1978 年 12 月撤后并入劳动人事局。
……	

(第六篇第二章《行政机构》,第 253 页)

附南坪县民政局 1985 年享受定补情况(月定补)

类 别	人 数	人均金额(元)	合 计
精压干部享受原工资 40%	6	按其工资比例分别在 20 元左右	128.20
老弱职工	8	15	120
城镇五保	5	23	115
农村五保户作特殊定补	3	18.7	56
起义人员	1	20	20
宽释人员	3	8	54
知青(精神病患者)	1	23	23
因公牺牲家属	1	48	48

(第八篇第一章《救济与扶贫》,第 295 页)

1963 年,精简工作结束。以后,职工队伍的主要来源,是上山下乡知青,城镇待业人员,复员、退伍转业军人以及农村符合招工条件的青年。　　(第九篇第一章《劳动》,第 311 页)

1981 年,根据阿州计委(81)86 号,阿州劳(81)215 号文件有关精神,对自愿报名招工的城镇待业人员和回乡知青,按德、智、体全面考核,择优录取的原则,经县城待业人员安置领导小组审查,报县政府同意,录取 40 名工人。后来,因补充自然减员、顶替补员、安置复退军人等共安置就业人员 31 人。　　(第九篇第一章《劳动》,第 322—323 页)

第五节　知识青年工作

城镇知识青年上山下乡工作从 1967 年起到 1977 年结束。根据中央"关于动员和组织城市知识青年参加农村社会主义建设"的指示,南坪县先后设置办公室、知青上山下乡办公室、知青领导小组等机构,负责动员知青上山下乡以及知青的安置和管理。党的十一届三中全会以后,知青工作转入安置上山下乡回城知青的工作。

一、上山下乡知青情况

根据中央及省、州指示,从 60 年代后期起,南坪县各年都有一批知青上山下乡,"文革"期间形成高潮。

知青上山下乡前,城镇都要召开知青家长、知青座谈会作动员工作,讲明上山下乡参加农业生产的重大意义和有关方针、政策,上山下乡知青除有条件回原籍老家的都坚持集体安置。因地制宜、统一规划,把农业学大寨的群众运动和安置上山下乡知青工作紧密结合起来,办起一批集体所有制的场队。凡外县自愿要求到南坪县下乡锻炼的城镇知识青年,县上热情欢迎,安置单位一般都做到了让知青"住有房、睡有床、吃有粮、生产有用具、生活有家俱"。下乡知青的住房由国家拨款修建,生活困难者,国家给予适当补助,知青的口粮、医疗费,按政策也是由国家补助,使知青安心农村、扎根农村、巩固和发展集体安置的成果。

南坪县上山下乡历年情况表　　　　　　　　　　　　　单位:人

状况 \ 人数 \ 年度			1973	1974	1975	1976
上年底农村知青人数			42	34	87	122
本年下乡知青人数				62	71	84
下乡地点	农村集体点	农村插队	42	31	4	3
		龙康公社种子站		21	30	29
		羌活沟知青点			37	10
		黑河公社种子站				30
	县一牧场			10		
	县二牧场				1	12
调离农村数	合计		8	9	35	11
	招生		3	6	3	9
	招工		2		32	2
	病残转正		3	2		
	其他			1		
年底在乡下实际人数			34	7	122	195
其中:团员			6	28	50	90

二、知青回城就业安置

1978 年起,南坪县不再动员知青上山下乡,转入在近期内将上山下乡知青招收回城安排就业的工作。

回城知青安排工作,除回成都市安排的知青外,南坪县的知青就业,采取全民所有制、集体所有制招工、退休补员、全民所有制企业办"大集体",街道办工业吸收知青等途径来安置。除了个别已升学、招工、参军等离开农村的外,1979 年,共安置回城知青 276 名。个别回原籍的知青,即一名回夹江、三名回盐亭的知青以及其他一些回原籍的知青,均由南坪县招收回来,安排工作。通过大量的招收、安置工作,下乡知青都被招收回城工作,少数在农村结婚的,也陆续回了城镇。 (第九篇第一章《劳动》,第 323—325 页)

从 1974 年起,集中青年农民 100 余人组成改土工程队,固定上山下乡知识青年 50 余人和轮流抽调机关干部在陵江乡羌活沟口改造荒河滩。 (第十一篇第一章《农业》,第 381 页)

2. 自学成才的人才。这批人才多是回乡知青,立志务农的。在广阔的天地里,刻苦钻石,努力学习,使自己成为有用人才。这类人在农村中,比例大。永丰乡农技员殷碧莲、塔藏乡农技员藏巴泽里等先后出席了省、州自学成才经验交流会。

(第二十一篇第三章《科技队伍》,第 772 页)

《茂汶羌族自治县志》

四川省阿坝藏族羌族自治州茂汶羌族自治县地方志编纂委员会编,四川辞书出版社 1997 年

1969 年 1 月 18 日,县设知识青年办公室,办理知识青年上山下乡。1958—1978 年间,全县到农村的知识青年计 1 769 人。其中有成渝等地对口下放和自愿投亲靠友来县的知青 558 人。至 1980 年 2 月前全部离开农村,安置完毕。 (《大事记年》,第 24 页)

知青安置

1958 年 5 月,县人委将州劳动局分配来县知识青年 190 人、农民 300 人,安置到 5 个区当农民。

1969 年 1 月,县设知识青年办公室,配专干办理知识青年上山下乡事宜。1973 年 3 月由县委副书记等领导 9 人组成县上山下乡知识青年领导小组。1976 年 6 月领导小组调整为 20 人。各区、公社党委亦设领导小组,大队、生产队设知识青年再教育小组。

1972 年,州规定:1971 年年满 16 岁的初中毕业生属农村的,按社来社去回乡务农;城镇的应集体到农村落户,少数病残者经批准可缓下。1958—1978 年,全县到农村、工厂接受再教育的知识青年共有 1 769 人,其中由成渝等地对口下放和自愿投亲靠友来县的知青 558

人。全县知青分布在5个区、15个公社、50个生产大队、6个园艺场、45个知青点。对安置在国营园艺场、牧场、良种场的知青，劳动一年表现好的转正定级，按农工级对待。

　　知识青年在农村中有159人担任政治夜校、民校教师；有125人分别担任赤脚医生、大队长、生产队长、会计、出纳保管、农技员、拖拉机手等职务；有28个参军，205人考上大中专学校，322人招工，155人招干。至1978年国家实支知青经费20.06万元。1982年2月前，全县知青已全部离开农村安置完毕。　　　　　　　　（卷二十一第二章《劳动管理》，第521页）

　　1975年3月后，对使用农村劳动力的以1973年末临时工人数和工资总额为依据，清理常年性、季节性临时工，凡农村人口，下乡知青，无合同，私招乱雇者一律辞退。

　　　　　　　　　　　　　　　　　　　　　（卷二十一第二章《劳动管理》，第522页）

《汶川县志》

四川省阿坝藏族羌族自治州汶川县地方志编纂委员会编，民族出版社1992年

　　(1968年)12月，由马尔康中学首批25名下乡知青来汶川安置，县内知青也安排上山下乡，供应1年口粮，每月35斤；1年后，参加生产队分配。　　（《卷首·大事记述》，第37页）

第三节　知识青年上山下乡

　　1969年汶川县始开展城镇知识青年(简称知青)上山下乡工作。1972年试点安置成都市下乡知青150人，至1973年7月，全县有下乡知青143人，建知青集体小组25个。据1974年2月统计，下乡知青中有6人加入中国共产党，95人加入共青团；2人被选为州、县革委成员，35人被选进社、队领导班子担任基层领导工作，20人被评为州、县先进个人。1978年，知青上山下乡工作结束。前后历时10年，共有下乡知青1 087人。

　　1970年，县劳动局开始按指标招收本县符合条件的知青参加工作(外地籍知青由其父母所在系统垂直招收)。通过招工(干)、升学、参军、按规定返城等办法，到1979年底，全县下乡知青全部安置。　　　　　　　　　　　　　（卷十一第一章《劳动》，第306页）

《理县志》

四川省理县志编纂委员会编，四川民族出版社1997年

　　(1969年1月)县首批知识青年121名分别到农村人民公社插队落户，接受贫下中农再教育。　　　　　　　　　　　　　　　　　　　　　　　　　（《大事记》，第32页）

（1974 年）3 月，举办上山下乡知识青年学习班。　　　　　　　　　　　（《大事记》，第 33 页）

知识青年下农村

1968 年 12 月，理县革命委员会召开全委会，讨论落实毛泽东关于知识青年到农村去接受再教育的指示，成立"理县知识青年上山下乡领导小组"，在理县中学组织师生开展学习座谈会。12 月 28 日，州革委派来理县的"工人、解放军毛泽东思想宣传队"（简称工宣队、军宣队）进驻理县中学，举办学习班，大张旗鼓地宣传动员。尽管一些知识青年在思想上准备不够，但在毛泽东"农村是个广阔的天地，在那里是可以大有作为的"鼓舞下，一时积极响应，愿去农村接受贫下中农再教育。各区、公社、生产大队亦纷纷向县革委表示欢迎知识青年。1969 年 1 月 28 日，县革委在县城隆重举行首批 121 名下乡知识青年欢送大会。同时，县革委印发了《给贫下中农的一封信》，希望他们热情欢迎下乡知识青年，绝大多数公社、生产大队对下乡知识青年作了妥善安置。同年同月，州革委知青分配办公室分配马尔康中学 35 名知青来理县农村插队落户。1969 年至 1977 年，理县共有671 名知识青年下农村"接受贫下中农再教育"。部分下乡知识青年经过一段时间锻炼后，分别被推荐升学、参军、招工、招干。知青下乡工作在 1977 年后停止。在中共十一届三中全会以后，根据有关政策，对仍留在农村的下乡知青全部返回城镇，由政府作了妥善安置。1983 年，政府将"文革"期间动员下乡落户城镇居民全部迁返城镇安置。

　　　　　　　　　　　　　　　　　　　　　　　　　　　　　（《政事纪要》，第 62 页）

安置下乡知识青年

1968 年 12 月 28 日，由州革委派出的 22 人的"工人解放军毛泽东思想宣传队"进驻理县中学，宣传"知识青年到农村去，接受贫下中农的教育，很有必要"的指示，1969 年 1 月，理县首批 12 名知识青年上山下乡插队落户，到 1978 年结束时，前后 10 年间，全县共有 653 名城镇知识青年上山下乡，插队落户于农村。在农村劳动锻炼后的知识青年，经群众推荐，逐年参军、招工、升学离开农村，到 1979 年底，少数仍留在农村的知识青年，均令全部返回城镇安置，至此，知识青年上山下乡工作亦告结束。　　（第九篇第三章《劳动》，第 294—295 页）

冻结存款　据财政部(76)财预字第 107 号文冻结范围：各机关、团体、学校、企业、事业单位 1976 年 10 月底各项经费存款和结余（包括预算外资金和县区以上所属企业流动资金)，除去计划内的未完工程基本建设拨款，企业流动资金，今年安排的技术措施费，农田水利、优抚救济，知青上山下乡经费以及 11、12 个月的人员经费，一律按银行帐数字，实行冻结。为搞好今年财政的收支平衡，控制货币投放，保持市场物价稳定。当年结存 1 671 777.44 元；清现后冻结 882 999.18 元。　　　　　　（第十九篇第二章《财政》，第 558 页）

1970 年 3 月，在政工组下又专设学校组管理学校和知识青年工作，教育革命委员会同时撤销。　　　　　　　　　　　　　　　　（第二十二篇第一章《机构》，第 624 页）

《小金县志》

小金县志编纂委员会编，四川辞书出版社 1995 年

第三节　知识青年安置

1964 年，小金县开始动员城镇知识青年上山下乡。1968 年 5 月 7 日，毛泽东主席发出"知识青年到农村去接受贫下中农再教育很有必要"号召，1969—1979 年，全县共动员 411 名知识青年去抚边、沃日、日尔等 12 个公社接受贫下中农再教育。1979 年，县革命委员会决定停止动员城镇知识青年上山下乡。

1973 年，小金县知识青年上山下乡办公室成立。1974 年，四川省革委以川革发（1974）160 号和 101 号文件，要求各有关部门招收知青回城参加工作。通过招工、征兵、升学等方式，大量上山下乡知识青年离开农村。1975 年，离开农村 21 名。其中，招生 14 名，招工 3 名，回城 4 人。1976 年，离开农村 67 名。其中，招生 10 名，招工招干 28 名，征兵 5 名，去国营农牧场 17 名，回城 7 名。1977 年，离开农村 38 名。其中，招生 21 名，招工 16 名，回城 1 名。在全县各方面配合下，到 1980 年，全县共安置知识青年就业 398 人。1982 年，全县上山下乡知识青年全部安排完毕。　　　　　　　　　（卷十六第一章《就业》，第 405 页）

《金川县志》

四川省阿坝藏族羌族自治州金川县地方志编纂委员会编，民族出版社 1994 年

1974 年 1 月，在城乡开展"批林批孔"运动。是年，开始有组织、有计划地动员安置应届高、初中毕业生下乡劳动，接受贫下中农"再教育"，称知识青年上山下乡。

（《大事》，第 93 页）

知识青年上山下乡

1973 年 12 月 13 日，中共金川县委成立知识青年上山下乡领导小组，由徐仁里任组长，设办公室具体办理知识青年上山下乡事宜。

1974—1978 年，每年有组织、有计划、有领导地动员安置应届高、初中毕业生下乡。先由学校、家长、单位动员，然后编组，落实安置地点，统一运送，由机关单位抽调干部担任 4 个区带队干部，负责辖区内下乡知识青年的生产、生活、管理、教育。历年安置数：1974 年 73

人（农区69人,牧区4人）;1975年50人（全在农区）;1976年149人（农区120人,牧区29人）;1977年151人（农区107人,牧区44人）;1978年2人（全在农区）。5年共安置425人,其中农区插队348人,牧区插队77人。1974—1979年,6年中投放知青安置费161 556元（1974年14 885元,1975年13 525元,1976年51 380元,1977年51 612元,1978年27 353元,1979年2 831元）。其中建房费66 868元（176间共3 846 m^2）生活、工具补助费86 847元,其他费用7 841元。

1975年起,对上山下乡知识青年通过招工、招干、参军、升学等予以安置,采取由所在地贫下中农推荐,大队、公社革委审查,县革委批准程序办理。除对1名下乡知识青年已婚落户务农,维持其正常生活外,其余424名知识青年招工187人,招干11人,升学16人,回城210人（历年安置数:1975年44人,1977年31人,1978年98人,1979年252人）。1978年,中共中央指示:城镇知识青年不再到农村去插队落户。1980年2月,撤销知识青年上山下乡领导小组及其办公室。 （《大事》,第93—94页）

《壤塘县志》

《壤塘县志》编委会编,民族出版社1997年

1969年,县内开展"知识青年上山下乡,接受贫下中农再教育"工作。机关单位进行"斗、批、改"。 （《大事记·专题记述》,第33页）

知识青年安置

1964年,根据中共中央、国务院《关于动员组织城市知识青年参加农村社会主义建设的决议（草案）》精神,1968年底《人民日报》传达毛泽东主席"知识青年到农村去,接受贫下中农的再教育,很有必要"的指示后,壤塘县于1973年10月12日成立知识青年上山下乡工作领导小组及办公室。采取集中建立知青点,组织他们下乡参加农业生产劳动、集体落户。下乡知识青年的口粮、安置经费基本由国家承担。当时知识青年都是从外地到本县下乡落户的,1978、1979年两年中壤塘县的知识青年有的返回原地,有的就地安置工作。

（卷八第一章《劳动就业》,第227页）

贵州省

《贵州省志·化学工业志》

贵州省地方志编纂委员会编，贵州人民出版社 2002 年

"文化大革命"中先后开设了无机物工艺、基本有机合成、化工机械、化工仪表、地质测量、矿山机电、矿山开采等专业，招收下乡或回乡知青，中专学制 3 年，技工 2 年。

（第六篇第二章《教育工作》，第 411 页）

1973 年，根据省革委《关于恢复贵州省工业管理干部学校、13 所中等专业学校和 17 所技工学校的通知》精神，贵州化工学校恢复，1974 年初开学，下设贵州有机化工厂、贵州化肥厂、平坝化肥厂、开阳磷矿、剑江化肥厂 5 个分校，各分校均设有技工班，专业设置与中专相同，学制二年，招生对象为下乡或回乡知青，招生办法为自愿报名、群众推荐、组织审定、学校录取。

（第六篇第二章《教育工作》，第 412 页）

《贵州省志·供销合作志》

贵州省地方志编纂委员会编，贵州人民出版社 2003 年

1975 年后，各地相继接纳了一大批"上山下乡"知识青年和社会待业青年，以及按计划培养毕业的中专学生，到 1980 年全省供销社的职工人数已增大到 6.38 万人。

（第二篇第二章《机构和职工队伍》，第 43 页）

《贵州省志·财政志》

贵州省地方志编纂委员会编，贵州人民出版社出版 1993 年

贵州省从 1963 年起正式开展了城镇人口的就业安置工作。1963 年至 1978 年，主要是动员城镇青年上山下乡，全省共动员了城镇青年 22.18 万人，到农村插队、插场。1979 年至 1987 年对城镇待业青年的安置由上山下乡转向城镇就业，这 9 年共安置了城镇待业青年 100.2 万人。以上两部分安置的人数共为 128.38 万人，财政共支出城镇人口下乡经费 14 634.5 万元。

根据不同的安置对象和去向，此项经费又分为城镇青年上山下乡补助费、城镇居民下乡补助费和城镇青年就业补助费。

一、城镇青年上山下乡补助费

1964 年 1 月，中共中央、国务院发布的《关于动员和组织城市知识青年参加农村社会主义建设的决定（草案）》规定，今后每年拿出一笔专款作为安置城市下乡人员的经费，列入各

省、市、自治区地方预算,专款专用,并允许跨年度使用。1965年财政部、中国农业银行总行制定了《关于一九六五年安置经费管理的几条规定》,进一步明确了安置经费的开支范围、定额和管理办法。安置经费主要用于建房、生活补助、小农具和家具购置、旅运费、专职干部经费以及解决上山下乡人员遗留问题等。单身插队的每人补助230元,上山下乡新建集体所有制的生产队(场)的每人补助400元,跨省插队的,每人另加旅运费20元,回乡人员补助费每人50元。

上述规定,从1964年起至1973年止,共执行了10年,全省财政共支出1922.9万元,除回乡知青6万人,每人一次性补助50元,共计补助300万元外,其余1622.9万元为城市知识青年上山下乡7.84万人的补助,平均每人补助207元。

1973年,贵州省召开了知识青年上山下乡工作会议。与此同时省财政局、省人民银行、省知青办公室根据财政部制发的暂行办法结合贵州实际,拟定颁发了《关于加强城镇青年上山下乡经费管理的试行办法》,对经费问题作了五条具体规定:(一)原下乡插队的青年,生活不能自给的,按每人补助100元的标准,由县统一掌握、酌情补助;没有建房的,每人补助200元;房屋破漏、需要维修的,采取社队扶持,群众帮助的办法进行解决;由县列名造册,提出预算,先用国家过去拨付的经费,不足部分由地区汇总报省审核拨款。(二)从1973年起,城镇知识青年回农村老家落户的,到农村插队和建立集体所有制场(队)的,每人补助480元;到国营农、林、牧、茶场的,每人补助400元;跨省回农村老家落户的,只开支旅运费,其它补助费,由接收地区开支。(三)每人补助480元的新标准,分项使用为建房补助费200元,生活补助费200元,农具、家具、学习、医疗、旅运和其它补助80元。(四)下乡青年离开社队的,原来国家给他们所建的房屋,应留给新下乡的青年使用,并抵顶有关经费;原来国家给他们购置的家具、农具,青年本人不能带走,允许变卖或送人。暂不安排知青去的社队,青年的房屋,社队可以使用,并负责维修,任何人不得占用和变卖。(五)对各项经费开支,要加强管理,专款专用,建立健全制度。对于过去的经费,要认真进行清理,尚未用完的,抵作新下乡青年的经费;贪污挪用的,要坚决退回,情节严重的要给予必要的处分。并且从1973年起,省、地、县三级的知青办公室人员正式纳入各级行政编制,作为政府的一个职能部门,行使政府授予的权力。

1974年至1977年期间,全省知识青年上山下乡,再次掀起高潮,动员机关、企、事业单位职工起表率作用,凡符合下乡条件的应届中学毕业生,由单位负责动员职工送子女下乡务农。有条件的单位,可以单独联合举办集体知青农场。这4年全省共动员12.97万名知识青年上山下乡,同期财政支出5071.8万元。

1978年下半年,贵州省城镇知识青年上山下乡工作已基本停止。但过去已经下乡的知青还遗留不少问题需要继续解决。如按规定标准应补给知青的建房和生活费用,知青生病住院的医疗费用,有不少知青的生活困难等都需要各级知青办负责给予解决,所以1978年至1980年期间,知识青年上山下乡补助费,又继续支出了683.5万元。

从 1963 年开始到 1980 年结束,全省共动员了城市知识青年 221 845 人上山下乡,财政共支出知识青年上山下乡补助费 7 678.2 万元,占历年城镇青年就业费支出合计数的 52.47%。

从 1963 年至 1980 年,中央财政和省级财政共安排知识青年上山下乡补助费 9 961.7 万元,同期共支出 7 678.2 万元,结存 2 283.5 万元。为了解决全省城镇待业青年就业问题,1979 年省政府决定从知识青年上山下乡补助结余中,拨出 1 100 万元(1979 年 300 万元,1980 年 800 万元),交省人民银行划拨各地银行,采取低息方式贷给以待业青年为主的集体企业,作为对城镇青年就业的生产资金扶持。所以知识青年上山下乡补助费的实际结存数只有 1 183.5 万元,其中省级结存 675.5 万元,地、县结存 508 万元。此项结存资金,按照 1980 年新的财政体制,留归各级财政自行安排。这是特定时期服务于特定政策的一项特定支出,随着这一时期的结束,它在财政支出的历史上也就告一段落。　　(第二篇第七章《其他地方支出》,第 404 页)

《贵州省志·党派社团志》

贵州省地方志编纂委员会编,贵州人民出版社 2007 年

(1968 年)1 月 12—18 日,全省知识青年上山下乡工作会议召开。会议决定,1968 年全省要动员历届高初中毕业生和城镇社会知识青年上山下乡,计划数为 4 800—5 800 人,上山下乡的方式以插队为主。至 1969 年,贵州全省共有上山下乡知识青年 22.3 万人,其中上海到贵州农村的知识青年 2 万人。　　　　　　　　　　　　(《大事记》,第 375 页)

(1979 年)2 月 16—24 日,中共贵州省委、省革委会召开上山下乡、劳动工作会议,研究制定统筹解决全省知识青年问题的意见和措施,要求城乡广开门路,统筹安排知识青年。

(《大事记》,第 382 页)

《贵州省志·民政志》

贵州省地方志编纂委员会编,方志出版社 1997 年

1969 年 11 月 15 日,省核心领导小组批准将知识青年、城市居民上山下乡办公室、复员退伍军人安置办公室、生产系统民政办公室合并为民政安置领导小组,成员由贵州省军区副司令员韩国锦、省民政厅副厅长明子善、中共贵州省委书记处书记吴肃、生产系统民政办公室负责人李从富及 1 名军代表组成。民政安置领导小组分政工组、秘书组、民政组、复员退伍军人接收安置组、知识青年上山下乡安置组。全机关 42 人,其中领导 5 人,政工组 5 人,秘书组 11 人,民政组 10 人,复员退伍军人接收安置组 5 人,知识青年上山下乡安置组 6 人。

(第十篇第一章《民政机构》,第 739 页)

(1973 年)8 月 26 日,省委确定成立贵州省革命委员会知识青年上山下乡办公室,省民政局承办知青工作的机构和人员并入省知青办。 (《大事记》,第 908 页)

《贵州省志·公安志》

贵州省地方志编纂委员会编,贵州人民出版社 2003 年

(1973 年)7 月 18 日,省公安厅、省法院党的核心小组向中共贵州省委报送《关于坚决打击破坏知识青年上山下乡犯罪活动的意见》。 (《大事记》,第 881 页)

《贵州省志·审判志》

贵州省地方志编纂委员会编,贵州人民出版社 1999 年

粉碎江青反革命集团后,人民法院对严重危害社会治安的流氓犯罪,给予严厉的打击。如贵阳市中级法院审理的梅祥宗流氓强奸案。罪犯梅祥宗,男,29 岁,原系贵阳汽车三场驾驶员,自 1967 年以来利用国家运输工具和驾驶职务之便,以"恋爱"为幌子和采取找工作、上户口等欺骗手段,奸污上山下乡女知识青年和青年妇女 13 人。

(第四篇第二章《审判危害社会治安案件》,第 383 页)

《贵州省志·劳动志》

贵州省地方志编纂委员会编,贵州人民出版社 1994 年

1965 年全省共安置 117 116 人,其中安置在厂矿企业 77 083 人(内含固定工 9 445 人),安置在城镇服务站 34 274 人(在全省建立城镇服务站 183 个)动员知识青年上山下乡 3 072 人。 (第一篇第三章《劳动就业》,第 50 页)

"文化大革命"中,国民经济遭到了严重破坏,给劳动就业也造成了很大困难,城镇青年待业成了一个重大的社会问题。……除因贵州属于"三线"建设重点,按计划招收一部分劳动力外,动员组织城镇知识青年上山下乡,成为主要的安置出路,全省先后共组织 22 万多名城镇青年上山下乡。粉碎"四人帮"后,十年城镇积累下来的待业青年要求安置,上山下乡知识青年需要统筹安排工作。到 1978 年,全省城镇待业人员达到了 28.4 万人,成了一触即发的"爆炸性"问题,给社会安定团结带来很大的威胁。 (第一篇第三章《劳动就业》,第 50 页)

第五章 城镇知识青年上山下乡

第一节 管理机构

1964年,贯彻中共中央、国务院《关于动员和组织城市知识青年和其他闲散劳动力下乡、回乡参加社会主义建设工作》的指示,贵州省成立了"省委安置城镇青年下乡领导小组",下设办公室,并确定省级和各地区安置办公室专职干部编制15人,均列为行政编制。其中省安置办公室5人,贵阳市3人,毕节专区2人,安顺、铜仁、遵义专区,黔南、黔东南自治州各1人。1965年经中央安置领导小组研究决定,新增贵州省安置工作专职干部编制44人,集中用于重点安置县的安置办公室或安置工作组,均列为行政编制。1970年省核心领导小组决定:省上山下乡办事机构由省革委民政局领导,在省民政局下设上山下乡安置组,各地、州、市、县根据省的设置情况立即调整了知识青年上山下乡机构。1973年省委成立"中共贵州省委知识青年上山下乡领导小组",由省委一位副书记担任领导小组长,省革委、省军区和省级有关部门负责人参加领导小组。省委批准于同年8月28日建立"贵州省革命委员会知识青年上山下乡办公室",编制40人,办公室主任贺炳衡,副主任蒋凤池。地县党委也由一名书记主管这项工作,建立了知识青年上山下乡领导小组和办事机构,统称为知识青年上山下乡办公室。编制人数:贵阳市15人,地、州和遵义、都匀、安顺三个市不少于10人,县一级平均5人。区、社也有一名副书记或区、社长分管上山下乡知识青年工作。在全省建立和健全了知识青年上山下乡工作机构。直到1979年后,我省根据全国知青工作会议精神,调整了知识青年上山下乡政策,地、州、市、县知识青年办公室陆续撤销,1981年10月31日撤销省知识青年上山下乡办公室,合并省劳动局,知识青年上山下乡工作遗留问题,由省劳动局负责处理。

第二节 下乡安置

一、动员

贵州省1964年以前,就有少数城镇中学毕业生到农村参加农业生产,有组织地动员组织城镇知识青年上山下乡是从1964年开始。1964年至1965年全省主要城市共组织安置城市高初中毕业生和闲散劳动力7 000多人下乡插队,参加农村社会主义建设。1966年至1967年,"文化大革命"开始时未动员组织知识青年上山下乡。1968年2月,省革命委员会批转省生产领导小组《关于一九六八年全省知识青年下乡上山工作安排意见》,明确动员下乡上山青年的条件是:年满16岁,思想进步,身体健康的高初中毕业生和社会青年。10月省革委发出通知。大中学校毕业生要面向农村,面向边疆,面向工矿,面向基层,根据贵州的具体情况,重点是上山下乡。12月毛主席发出"知识青年到农村去接受贫下中农的再教育,很有必要"的号召。动员城镇知识青年上山下乡在全省掀起了高潮。1969年1月省革委批转了省生产领导小组《关于上海市两万知识青年到我省农村安家落户安置意见》,接收了上海来黔1万多名知识青年,分别安置在黔东南、遵义、黔南、铜仁、安顺五个地区的27个县。

1968年1969年两年共动员组织城镇知识青年近8万人上山下乡,并有6万多名中学毕业生回乡参加农业生产。1970年省革委发《关于进一步做好知识青年上山下乡工作》的指示,针对上山下乡工作中存在的问题,对全省知识青年上山下乡工作普遍进行一次全面检查,省级有关部门组织联合检查组下到重点地区,各地、州、市组织慰问组,深入农村安置点进行慰问检查。1971年,省革委关于加强上山下乡知识青年领导的通知,明确提出各级革委要把知识青年上山下乡工作列入议事日程,要有专人负责管理知识青年上山下乡工作。1970年至1972年,全省未大量组织动员知识青年上山下乡。1973年为贯彻执行中央(1973)21号和30号文件(即毛主席给李庆霖同志的复信和转发国务院关于全国知识青年上山下乡工作会议的报告),统筹解决城镇知识青年上山下乡存在的问题,于8月27日至9月8日召开了全省知识青年上山下乡工作会议,10月省委以省发(1973)180号文件转发了省知识青年上山下乡工作会议的报告,并制定了《贵州省知识青年上山下乡若干问题的试行规定(草案)》和《贵州省一九七三年至一九八〇年知识青年上山下乡初步规划》对动员上山下乡的对象作出了具体规定:城镇中学生的分配,以上山下乡为主。除根据有关规定和国家计划直接升学和不动员下乡的几种人之外,其余凡年满17周岁的,都动员上山下乡。不动员下乡的几种人是:病残不能参加农业生产劳动的、独生子女、多子女身边只留一个子女的、中国籍的外国人子女(简称"四不下")。归侨学生下乡的,主要安排到华侨农场。凡属动员上山下乡对象,任何单位不得作其他安排;进了街道工厂、家属工厂、服务站和当了代课教师、临时工、义务学徒等等的,招用单位要采取坚决措施,负责清退,同有关单位密切配合,统一组织下乡。从此,全省知识青年上山下乡进入了第二个高潮时期,上山下乡几乎成为当时安置城镇知识青年的唯一出路。从1973年至1978年,六年共动员组织城镇知识青年14万多人上山下乡。加上1973年前上山下乡的8万多人,全省共动员组织223 445名知识青年上山下乡。

贵州省历年知识青年上山下乡人数统计表

年　度	上山下乡总人数	安 置 形 式		
		插队	集体场队	国营农场
1972 年以前	80 000	80 000		
1973 年	946	600		346
1974 年	40 421	18 125	16 803	5 493
1975 年	44 164	17 004	22 728	4 432
1976 年	17 186	5 906	9 781	1 499
1977 年	27 909	11 528	12 523	3 858
1978 年	12 819	4 737	7 779	303
合　计	223 445	137 900	69 614	15 931

二、安置形式

（一）插队。要求适当集中，一般以 5 人以上建立知青点。插队是 1973 年前下乡知识青年安置的主要形式，累计安置插队的 137 900 人中，1973 年前的 80 600 人，占 58.45%

（二）举办集体所有制知青场队。1974 年后学习湖南株洲市经验，厂社挂钩，举办集体所有制知青农、林、茶场，从 1974 年至 1978 年累计安置在知青场队的下乡知青 69 614 人，占同期下乡总数的 48.85%。到 1978 年底，全省共有知青场队 990 个，在场人数 38 000 多人，占当时在乡知识青年一半以上，成为安置在下乡知识青年的主要形式。在知青场队中，主要由带队干部、贫下中农参与举办独立核算的集体所有制知青场队；有的是公社、生产队办的集体农、林、牧、茶场，由带队干部，贫下中农参加与社队联合经营，下乡知青户口在队，劳动在场，在队或在场分配；也有的是在厂矿企事业单位的农副业生产基地，安置本系统职工子女，实行独立核算，评工记分，按劳分配。

（三）到国营农、林、牧、渔、茶场落户。1973 年以来安置到国营农、林、牧、渔、茶场的知识青年共 15 931 人，占同期下乡总人数的 10.94%。1977 年省农业局、林业局、劳动局、财政局、知青办联合通知，从 1973 年以来安置到国营农、林、牧、渔、茶场的知识青年，根据农场发展需要，转为农场工人；1977 年起，凡安置到国营农、林、牧、渔、茶场的知识青年，到场后即为农场工人。

三、抽调带队干部

根据中发（1973 年）30 号和省发（1973 年）180 号文件规定，抽调在职干部去带领知识青年上山下乡，是做好下乡知识青年培养教育工作的重要措施，也是干部下放劳动，走"五、七"道路的一种形式。1974 年省委以省发（1974）28 号文件批转省委知识青年上山下乡领导小组《关于抽调上山下乡知识青年带队干部的意见》，明确省、地、县三级应按照动员上山下乡知识青年的总数，由动员地区和接收地区各按 2% 的比例配备带队干部；办集体青年场队的应多配备一些，选派带队干部的条件是：觉悟高，思想作风好，有一定工作能力，身体健康。带队干部分别参加县、区、社领导班子，在当地党委统一领导下，协助做好下乡知识青年的思想政治工作和巩固工作。带队干部原则上一年轮换一次，对带队干部的生活补贴、口粮标准、旅差费、公杂费、医药费等报销问题都作了具体规定。从 1974 年至 1978 年，全省共抽调带队干部数千人（次）。1969 年上海知识青年来贵州省农村插队，上海市委分批派有数百名干部，组成上海市赴黔上山下乡慰问团到我省协助作下乡知青工作，总团设在贵阳市，在遵义、安顺、黔南、黔东南地、州设分团，铜仁地区设直属小组，在安置有上海知青的 27 个县设慰问小组。

第三节　经费及粮油供应

经费。1968 年贵州省革命委员会规定，凡上山下乡知识青年到人民公社插队者，每人补助 230 元，到新建场队者，每人补助 400 元，社来社去和家在农村返乡参加生产人员，一律不补助插队安置费。安置经费的用途,重点解决学习、生产、生活费用。各项经费开支,集中在所下生产队统筹安排,不得发给个人。1969 年又规定:单身插队每人补助 320 元;成户下乡插队每人平均不超过 130 元标准内酌情补助;投亲插队落户的,可根据具体情况,分别按单身、成户插队标准计算。经费由省按上述规定标准,根据各地实际上山下乡人数,分期分批拨到各地、州、市,由地、州、市拨到县,再由县掌握包干。1973 年《贵州省知识青年上山下乡若干问题的试行规定(草案)》中规定:从 1973 年起,城镇知识青年回农村老家落户的,到农村插队和建立集体所有制场(队)的,每人补助 480 元,到国营农、林、牧、渔、茶场的,每人补助 400 元。按每人 480 元标准,分项使用:建房费 200 元,生活补助费平均每人 200 元,农具、家具、学习、医疗、旅运和其他补助共 80 元。对 1973 年以前下乡插队的知识青年,生活不能自给的,按每人补助 100 元标准,由县统一掌握,合理补助;没有建房的每人补助 200 元。1979 年国务院知青办和财政部对知青经费的管理使用又作了新的规定:知青经费包括安置费、扶持生产资金和业务费。从 1979 年起,安置费标准为:到国营农、林、牧、渔场和机关企事业单位农副业基地,每人补助 400 元,由单位使用;到集体知青场队每人补助 580 元。扶持生产资金主要用于扶持独立核算的集体所有制知青场队发展生产,属于周转性质,以签订合同形式办理借款手续。业务费包括会议费、宣传费、培训费。

对知青经费的管理,我省在中发(1973)30 号文件下达后到 1974 年一年多的时间里,省、地、县各级知识青年上山下乡办公室都相继配备了专职或兼职管理人员,建立了会计制度,实行独立核算。县以下区和公社代管知青经费,实行报帐制,建立健全了管理制度,保证了知青经费专款专用。从 1974 年到 1979 年底止,全省累计拨入知青经费 7 773 万元,累计支出 5 906 万元,财政收缴业务费结余款 31 万元,全省还结存知青经费 1 834 万元。既保证了全省十几万下乡知识青年吃、住、医、学等方面的合理需要,还为国家节余了可以节约的资金。

粮油等供应。1968 年口粮标准,按中粮部规定,城镇上山下乡知识青年和回乡参加农业生产的知识青年及新建场队的知识青年,定量为每月 36 至 40 斤,食油 4 两,一律供应到第二年秋收时为止。建房木材使用标准,用材数量按实际上山下乡人数年终结算。1973 年规定,下乡青年的口粮,头一年按每人每月 40 斤贸易粮、4 两食油标准由国家统销供应。参加集体分配后,每人每月达不到 36 斤贸易粮的,由国家供应补足到 36 斤。

第四节 回 城 安 置

粉碎"四人帮"后,1978 年,遵照中共十一大政治报告中提出"知识青年问题要从统筹兼顾观点出发,作出适当安排"的精神,省委以省发(1978 年)61 号文件转发了《地、州、市知青办主任会议纪要》,按照四个面向的原则,对城镇中学毕业生进行统筹安排,正确解决好上山下乡、留城安排和在上山下乡知识青年中招工等几个方面的问题。对我省留城的具体规定进行了适当调整,扩大了留城面。除原规定不动员上山下乡的"四种人"外,无子女工作的多子女家庭,一户可选留一个年满 16 周岁、中学毕业的子女;有两个上山下乡子女的家庭,还可选留一个子女留城;多子女家庭虽已有病残留城子女的,还可另留一个健康子女;孤儿不动员上山下乡。同年 10 月至 12 月,党中央、国务院召开全国知青工作、劳动工作会议,党中央、国务院根据新的形势和任务,明确指出知青工作必须适应全党工作重点正在转移到社会主义建设上来的伟大历史性转变,对知识青年上山下乡政策进行了调整,制定了统筹解决知识青年上山下乡工作的方针、政策和措施,下发了中发(1978)74 号文件。为贯彻全国知青工作、劳动工作会议精神和中发(1978)74 号文件,贵州省于 1979 年 2 月 16 日至 24 日召开了全省上山下乡知识青年、劳动工作会议,由省委副书记陈行庚同志和省革委副主任冉砚农同志主持会议,省委书记池必卿同志到会作了重要讲话,各地、州、市委和革委、专署主管知青工作的负责同志,地、县知青办主任、劳动局长,省直各部委办负责同志等 390 人出席了会议。会议决定,从贵州省实际情况出发,除按中央规定:"矿山、林区、分布在农村的有安置条件的企事业单位,小集镇和一般县城的非农业户口的中学毕业生,不再列入上山下乡范围"外,贵阳、遵义、安顺、都匀四个市和六盘水地区,从 1979 年起也不再组织动员知识青年上山下乡。同时制定了广开就业门路,对城镇知识青年进行统筹安排的政策、措施。会后省委下发了省发(1979)18 号文件,批转了《全省上山下乡知识青年、劳动工作会议纪要》。从此,我省不再动员安置知识青年上山下乡。

全省动员组织上山下乡的 22 万多名知识青年,经过历年招工、招生、征兵、转点和办理病退、困退回城等,到 1978 年底,全省在乡知青还有 66 000 多人,其中 1972 年前上山下乡的老知青近 5 000 人。对在乡知识青年进行统筹安排,主要通过全民所有制和集体所有制企业、事业单位招工,妥善安排他们的工作。在招收中采取了相应的措施:在招工指标中确定招收下乡知青的一定比例,放宽招工条件,优先录用;由劳动部门下达招收下乡知青的专项招工指标,实行点招;把招收 1972 年前下乡的知青作为一项硬任务,要求各级劳动部门保证完成。对已婚知识青年尽量就近就地安排到财贸、文卫、交通、轻工等企事业单位、国营农林牧茶场或办得好的社队;与职工结婚的,允许转到爱人所在单位的"五七"工厂,转为非农业户粮关系。自谋职业的发给一次性安置费。上海来黔插队的知识青年,经过与上海联系协商,除少数已婚知青外,大部分由上海收回安置。据对 1979 年调离农村进行安置的 37 297 名上山下乡知青的统计,由全民所有制单位招工和补充自然减员的有 18 124 人,占 48.6%;集体所有制单位招工和补充自然减员的 12 194 人,占 32.7%;招生 3 092 人,占 8.2%;征兵 2 501 人,占 6.7%;病退、困退和转点 1 386 人,占 3.7%。到 1981 年底,全省上山下乡知识青年全部统筹安置完毕。

(第一篇第五章《城镇知识青年上山下乡》,第 67—72 页)

(1968 年)9 月 20 日,《新贵州报》报导,贵阳地区、欢送首批上山下乡安置落户的学生和到解放军农场"锻炼"的大专院校毕业生。 (《大事记》,第 328 页)

(1969 年)3 月,10 462 名上海知识青年,响应毛主席关于"知识青年到农村去"的伟大号召,来到贵州农村插队落户。 (《大事记》,第 328 页)

(1970 年)7 月 10 日,省革委会发出继续做好知识青年上山下乡工作的指示。

（《大事记》,第 328 页）

(1973 年)8 月 28 日,经省委批准,省革命委员会知识青年上山下乡办公室成立,编制
40 人,到年底实有工作人员 28 人。　　　　　　　　　　　　　（《大事记》,第 330 页）

10 月 8 日,省委转发省知识青年上山下乡工作会议领导小组关于全省知识青年上山下
乡工作会议的报告。　　　　　　　　　　　　　　　　　　　（《大事记》,第 330 页）

(1975 年)5 月 4 日—13 日,省委在贵阳召开全省上山下乡知识青年代表会议,出席这
次会议的共有 1 347 人,其中上山下乡、回乡知识青年代表 987 人。吴向必同志致开幕词,
并代表省委、省革委向大会表示热烈的祝贺。会议结束时,张健民同志代表省委、省革委致
闭幕词。　　　　　　　　　　　　　　　　　　　　　　　　（《大事记》,第 330 页）

(1979 年)2 月 16 日—24 日,省委、省革委召开全省上山下乡知识青年、劳动工作会议。
从 1962 年以来,全省共有 21.9 万多名城镇知识青年上山下乡,通过三招调离农村的有 15
万多人,会议提出对知识青年要在城乡两个方面进行统筹安排。

3 月 22 日,省委转发《全省上山下乡知识青年、劳动工作会议纪要》。

（《大事记》,第 332 页）

截至 1979 年底止,综合累计以往各年全省上山下乡知识青年安置费共计拨入 7 773 万
元,共计支出 5 906 万元,结存 1 867 万元。　　　　　　　　　（《大事记》,第 333 页）

(1981 年)8 月 27 日,省劳动局发出《关于做好一九八一年招工工作的通知》,通知各地
区、各部门安排招工工作,应首先把上山下乡知青安置好,务于今年内结束上山下乡知青安
置工作。　　　　　　　　　　　　　　　　　　　　　　　　（《大事记》,第 335 页）

中共贵州省委转发
省知识青年上山下乡工作会议领导小组
关于全省知识青年上山下乡工作会议的报告

省发(1973)180 号

省委同意省知识青年上山下乡工作会议领导小组关于全省知识青年上山下乡工作会议
的报告,现在转发给你们,望认真研究执行。

知识青年上山下乡,是我国社会主义革命和社会主义建设中的一件大事。各级党委要根据中央〔1973〕21、30号文件的精神,在十大路线的指引下,以批林整风为纲,以毛主席关于知识青年上山下乡的教导为指针,组织党、政、军、民、学和工会、共青团、妇联组织等各方面的力量,广泛深入地动员知识青年上山下乡,层层做好思想政治工作,认真纠正"走后门"之类的一切不正之风,以极大的热情和对人民高度负责的精神,切实做好这项工作。各级党委和知识青年上山下乡工作办公室应组织力量,深入群众,对知识青年上山下乡的情况,严格地全面地进行检查,抓紧解决目前急需解决的实际问题,并且总结经验,表扬先进,推动全面。

中共贵州省委

一九七三年十月八日

(此件发至公社、街道以上各级党委,附件发至县、团级党委)。

关于全省知识青年上山下乡工作会议的报告

省委:

为了认真贯彻执行中央〔1973〕21号、30号文件,统筹解决我省知识青年上山下乡的存在问题,我们于八月二十七日至九月八日召开了全省知识青年上山下乡工作会议。会议学习了毛主席的重要指示、中央21号、30号文件和十大的各项文件。通过学习讨论,大家受到了很大的教育和鼓舞,提高了认识,弄清了路线,分析了大好形势,检查了当前存在的问题,研究了统筹解决的措施。

(一)

"路线是个纲,纲举目张"。到会同志一致认为,毛主席号召知识青年到农村去,是为了培养和造就千百万无产阶级革命事业接班人,为了加快建设社会主义新农村。这是反修防修的一项重大战略部署,是我国社会主义革命和社会主义建设中的一件大事。贫下中农是工人阶级最可靠的同盟军。农业是国民经济的基础,农村状况如何,对于我国经济的发展和政权的巩固,关系极大。知识青年到农村去,既能经风雨、见世面,得到很好的锻炼,又为农村的社会主义革命和建设增添力量,有利于密切城乡关系,加强工农联盟。这对于巩固无产阶级专政,防止资本主义复辟,建设社会主义,有很重要的意义。上山下乡知识青年和贫下中农说得好:"农村需要知识青年,知识青年更需要农村"。

到会同志深深感到,毛主席、党中央对青年一代极为关怀,对知识青年上山下乡工作极为重视。周恩来同志在十大政治报告中指出:"要重视上层建筑包括各个文化领域的阶级斗争,改革一切不适应经济基础的上层建筑。""要继续搞好文艺革命、教育卫生革命,做好上山下乡知识青年的工作,办好五·七干校,支持社会主义的新生事物"。把上山下乡知识青年的工作列为上层建筑领域革命的重要内容。过去,由于我们对毛主席的指示学习不够,对知识青年上山下乡这样一件大事很不理解,抓得很不认真,很不得力。到会同志一致表示,一定要在十大路线的指引下,努力学习马克思列宁主义、毛泽东思想,批判修正主义,批判资产阶级世界观,提高阶级斗争、路线斗争和无产阶级专政下继续革命的觉悟,遵守、牢记、坚持三项基本原则,以满腔的热情和对革命事业高度负责的精神,切实做好上山下乡知识青年的工作。

(二)

在毛主席"知识青年到农村去,接受贫下中农的再教育,很有必要"的伟大号召下,全省有八万多名城镇知识青年上山下乡,有六万多名中学毕业生回乡参加农业生产,生气勃勃地活跃在农村各条战线上。这股革命洪流,猛烈地冲击着旧社会遗留下来的轻视农业劳动,看不起农民的旧思想、旧习惯。规模之大,影响之深,前所未有。

在各级党委的领导和贫下中农的关怀下,广大下乡知识青年,在三大革命运动中做出积极贡献,涌现出大批先进集体和先进人物。他们中间,有在惠水县大坝公社兴隆大队落户的徐大健等十几名知识青年,为把一百多亩望天水田改造成稳产高产田,和贫下中农一道奋战一冬春,修成一条八百米长的水渠,引水上山五十米,在一九七二年大旱的情况下获得了增产。玉屏县回乡知识青年熊朝键和干部、老农、青年一道组织科研小组,经过九年刻苦钻研,反复实践,培育出"玉南"水稻良种,比本地农家良种增产百分之二十以上,在一九七二年全国农林科技展览会上,被评为水稻优良品种之一,推广到十四个省一百多个地区。遵义县龙坑公社小水生产队下乡知识青年王桂香,响应毛主席"大办农业"的号召,于一九六四年由工厂到农村插队落户。她热爱农村,扎根农村。赫章县六曲公社回乡青年陈勇同贫下中农一道奋战十二年,在一个山坡上种了大量杉、松、竹,又在五十余亩荒坡上种了苹果、梨、桃等多种果树。同时积极改良土壤,改革耕作制度,广辟肥源,一九七一年粮食产量翻了一番。天柱县天柱公社知识青年徐志信,几年来为贫下中农治病几千人次,治愈了一位聋哑的贫下中农。

经过无产阶级文化大革命和三大革命运动的锻炼,广大上山下乡知识青年路线斗争觉悟有了很大提高,在思想上政治上不断成长。据不完全统计,已有一百九十多人入党,二千六百多人入团,七百八十多人被选进各级领导班子,还有二千三百多人担任生产队会计、记分员、保管员、技术员和民办教师、赤脚医生,成为建设社会主义新农村的一支积极力量。

毛主席指出:"知识青年到农村去,接受贫下中农的再教育,很有必要"。"农村是一个广阔的天地,在那里是可以大有作为的"。知识青年上山下乡的丰硕成果,是毛主席革命路线的伟大胜利。

（三）

知识青年上山下乡，是一场伟大的社会主义革命。在这场革命中，充满着两个阶级、两条路线、两种思想的激烈斗争。

林彪一伙为了达到颠覆无产阶级专政、复辟资本主义的罪恶目的，疯狂破坏毛主席革命路线，散布"读书做官"、"下乡镀金"、"变相劳改"等反动谬论，刮起"走后门"等歪风邪气，妄图毒害广大青年，同无产阶级争夺青年一代。由于林彪反党集团的破坏干扰，李再含和蓝亦农、张荣森同志错误的影响，使我省上山下乡知识青年工作存在不少问题。一九七〇年以来没有动员城镇知识青年上山下乡；有的同志利用职权，搞特殊化，招工、招生、招兵"走后门"，想方设法把子女调离农村，影响极坏；尚在农村的上山下乡知识青年生活上的困难，长期得不到解决，疾病得不到治疗，培养教育抓得不紧，政策不够落实；加之一小撮阶级敌人和蜕化变质分子，极力破坏知识青年上山下乡，他们甚至篡夺了个别单位的部分领导权，实行法西斯专政，摧残、迫害上山下乡知识青年，特别是奸污女知识青年的犯罪活动十分严重，而我们有些领导同志对如此严重的阶级斗争认识不足，对犯罪分子打击不力，有的甚至纵容包庇，致使相当部分上山下乡知识青年倒流城市，不安心农村。

毛主席指出："全国此类事甚多"。这是完全符合我省实际情况的。我们必须在十大路线指引下，以批林整风为纲，以毛主席给李庆霖同志的复信和有关指示为武器，放手发动群众，开展革命大批判，肃清林彪反革命修正路线的流毒，肃清李再含和蓝亦农、张荣森同志路线错误的影响，提高路线斗争觉悟，纠正不正之风，使知识青年上山下乡工作沿着毛主席指引的方向更加健康地向前发展。

（四）

会议根据中央〔1973〕21号、30号文件精神，研究了统筹解决知识青年上山下乡存在问题的措施，并草拟了《贵州省知识青年上山下乡若干问题试行规定草案》和《贵州省一九七三年到一九八〇年知识青年上山下乡初步规划草案》。

一、各级党委要深入学习、坚决执行毛主席、党中央有关指示，切实加强党对知识青年上山下乡工作的领导。县以上党委要由一名书记主管这项工作，并建立知识青年上山下乡领导小组和得力的办事机构，统称知识青年上山下乡办公室。办公室的人员配备，应选调思想作风好、身体健康，有一定群众工作经验的干部（要有一定数量的女干部）。编制人数：贵阳市十五人，地、州和遵义、都匀、安顺三个市不少于十人；县一级平均五人，由地、州根据各县安置任务的大小确定。所需人员，在各地、州、市、县的总编制内调剂解决。区、社，要有一名副书记分管上山下乡知识青年工作。省和地、州机关各系统，大的厂矿和企事业单位，城市的街道办事处，也必须有干部做这项工作。各级领导要亲自动手，认真抓好典型，总结和推广先进经验。面上的工作，一年要抓几次，定期派人下去，进行检查。各级领导同志下乡时,都应当去看看上山下乡知识青年,帮助他们解决前进中的问题,给予鼓励。知识青年上山下乡,是全党的大事。各级党委要组织党、政、军、民、学和工会、共青团、妇联组织等各方面的力量,满腔热情地积极地把这项工作做好。

二、切实解决已上山下乡知识青年在口粮、住房、医疗等方面的实际困难,做好巩固工作。各级党委,要迅速组织力量,对上山下乡知识青年的情况,要严格地全面地进行检查。对于生活、住房有困难的,一定要按照有关规定,抓紧解决,逐个安排落实。对安置过于分散的,要统一规划,加以调整,组成青年点。每个青年点不得少于五人。对长期离开社队的青年,城市街道办事处应和安置地区紧密配合。动员他们返回农村,抓革命、促生产。对他们的口粮分配,既要体现按劳分配的原则,又要给以必要的照顾。凡是户口在农村的,都应当留给基本口粮。

三、今冬明春,全省将有八万名左右城镇知识青年到农村扎根落户,各级党委要组织有关部门做好准备工作。(1)要反复宣传毛主席的有关指示和中央[1973]21号、30号文件,大讲知识青年上山下乡的伟大意义,大造革命舆论,形成上山下乡光荣、务农光荣的新风尚。(2)要从长远着眼,从实际出发,订出一九七三年到一九八〇年知识青年上山下乡的规划和一九七三年的具体计划,此项工作要同开发山区、大办农业的规划衔接起来。安排好今明两年知识青年上山下乡的布局。当前,知识青年上山下乡以插队和建立青年队为主,同时选择土地面积比较多的地方,试办集体所有制农、林、牧、茶场,创造经验。(3)抽调带队干部,举办学习班,提高认识,明确任务。(4)动员下乡对象,一是年满十七周岁的中学应届毕业生,二是历届中学毕业未安置的。

四、放手发动群众,同破坏知识青年上山下乡的犯罪活动作坚决的斗争。必须遵照《中央关于打击反革命破坏活动的指示》和中央[1973]30号文件的有关规定,对破坏知识青年上山下乡的阶级敌人和蜕化变质分子,坚决予以打击。对以法西斯手段残酷迫害知识青年和奸污女知识青年的犯罪分子,要按其罪行依法惩办。对女知识青年进行逼婚、诱婚的,要坚决进行批判斗争,严肃处理。干部利用职权,为非作歹的,要撤职查办,包庇怂恿违法犯罪分子的,要给予严格的纪律处分。犯罪分子为掩盖其罪行对受害人进行威胁、对检举人进行报复的,要从严惩处,在中央[1973]21号文件下达后进行犯罪活动的,必须从严惩办。对罪大恶极,不杀不足以平民愤的,要坚决杀掉,并举行公判,杀一儆百。要保护受害人的名誉和安全。要保护青年之间的正当恋爱和婚姻。要严格区分两类不同性质的矛盾,正确执行党的政策。要警惕阶级敌人扰乱我们的阵线。

五、坚决刹住“走后门”的不正之风。中央[1973]30号文件明确指出:“毛主席批准的中共中央[1972]19号、40号、44号文件中有关制止和纠正‘走后门’的各项规定,必须告诉广大群众都知道,发动群众监督执行。领导干部‘走后门’的,要主动检查,坚决纠正。今后要严格制度。违反的,不但要把他们的子女退回去,并且要给予纪律处分。”在《关于修改党章的报告》中指出:“我们要警惕资产阶级思想的侵蚀和糖衣炮弹的袭击,谦虚谨慎,艰苦奋斗,坚决反对特殊化,认真纠正走后门之类的一切不正之风。”对于中央的这些指示,必须坚决贯彻执行。纠正不正之风,关键在于深入批林整风。使大家认识到"走后门",实质上是思想意识领域内对马克思主义的背叛,是个路线问题。个别情节恶劣、群众意见很大的,要给予必要的纪律处分。

六、各级党委要派出得力干部,搞好青年点,摸索办好集体所有制场、队的经验。开展"农业学大寨"运动,贯彻以粮为纲、全面发展的方针,把这些场队办成现代化的社会主义农业先进单位,用以指导全面,教育群众。

七、加强对下乡青年的培养教育。适当安排业余时间,积极组织他们攻读马列的书,毛主席的书,虚心接受贫下中农的再教育,有关部门和科研单位,要订出措施,抽出一定力量,辅导他们学习文化和科学技术。要鼓励、支持他们革新、创造,充分发挥青年人敢想敢说敢干的革命精神和他们的特长。积极培养和吸收够条件的青年入团、入党,参加各级领导班子。特别要注意对女青年的培养使用。青年有了缺点错误,要耐心说服教育,绝对不能采取简单粗暴态度。不准对向自己提意见的青年进行打击报复。要认真落实"可以教育好的子女"的政策,不要歧视他们。要认真执行上山下乡知识青年和社员群众同工同酬和男女同工同酬的政策。下乡青年档案填写混乱和错误的,要进行清理,统一归县知青办管理。

八、加强安置经费的管理。要建立、健全财务管理制度,加强财务监督。安置经费必须用在下乡青年的生产、生活和学习、医疗上面,不准克扣,不准任意挥霍浪费。对过去的安置经费要进行清理,凡是挪用了的,必须如数退回还应当进行检查;贪污了的必须退赔,情节严重的要给予纪律处分,以至法办。

九、建议明年春节前后召开全省知青工作会议和知青代表会议,检查总结中央[1973] 21 号、30 号文件的贯彻执行情况,总结交流经验,具体部署动员城镇中学毕业生上山下乡的工作,请各地及早进行准备,并将贯彻执行中央两个文件的情况随时报告省委。

当前,国际国内形势一派大好。做好上山下乡知识青年工作的有利条件很多,只要我们坚决贯彻执行毛主席的指示和十大路线,加强革命团结,谦虚谨慎,努力工作,我省知识青年上山下乡运动必将开创更加大好的局面,取得更加丰硕的成果。

贵州省知识青年上山下乡

工作会议领导小组

(《附录》,第 410—415 页)

《贵州省志·人事志》

贵州省地方志编纂委员会编,贵州人民出版社 1999 年

1973 年 10 月,贵州省人事局恢复。省级党政群机关相继恢复和建立,共设……知识青

年上山下乡办公室、人防办公室、战备支前办公室、内迁办公室、疏散办公室、铁路建设领导小组办公室等 55 个机构。 （第三篇第三章《机构编制精简改革》，第 163 页）

1973 年 10 月，贵州省人事局恢复组建，吸收录用干部工作走上正轨。据年底统计，全省新吸收录用干部 18 546 人。其中，从工人中吸收 5 911 人，从农民中吸收 664 人，从退伍军人中吸收 948 人，从知识青年中吸收 702 人，从社会、工勤、试用人员中吸收或复职 4 026 人。 （第四篇第五章《军队转业干部安置》，第 210 页）

《贵州省志·教育志》

贵州省地方志编纂委员会编，贵州人民出版社 1990 年

(1968 年)8 月 21 日，贵阳地区召开知识青年上山下乡动员大会。

（《大事记》，第 682 页）

(1968 年)9 月 23 日，省革命委员会和贵阳市革命委员会负责人接见贵阳地区首批上山下乡的高初中毕业生。 （《大事记》，第 682—683 页）

(1968 年)12 月 6 日，《新贵州报》报道：贵州已有 5 万多名知识青年到农村落户。

（《大事记》，第 683 页）

(1969 年)9 月 12 日—19 日，省革命委员会召开全省知识青年上山下乡工作会议。会议要求切实加强领导，城乡配合，共同搞好知识青年再教育工作。 （《大事记》，第 683 页）

《贵州税务志》

贵州税务志编纂委员会编，贵州省新闻出版局 1989 年

四、支持对待业青年的安置：1978 年 11 月，为安置知识青年就业，贵州对城镇安置待业知青新办的集体企业，规定从投产经营的月份起，给予免征工商所得税一年的照顾。1980 年 5 月，进一步放宽政策，规定将原来免征一年的规定改为免税 2 至 3 年；原有城镇集体企业，在当年新安置待业知青超过企业职工总人数 60％（含 60％）的，免征工商所得税 2 至 3 年。1981 年 4 月，省人民政府规定，从 1981 年 7 月 1 日起，原有城镇集体企业新安置的待业知青超过企业职工总人数 60％（含 60％）的免征所得税 3 年。1984 年 11 月，省人民政府又进一步放宽安置待业人员企业的减免税政策，从 1984 年元月起，原有城镇集体企业当年

新安置待业青年,改按安置人数占企业职工总人数比例计算,达到企业职工总人数 1％的,按 1.66％的比例给予免征所得税;达到 1％以上的照此类推,超过职工总人数 60％的,免征所得税。据 1984 年统计,贵州有 34 700 多名待业青年从事个体工商业,占城镇个体工商业者总数的 40.5％,当年安置待业青年给予免税的企业 39 户,免税 502 512 元。

(第三篇第九章《工商所得税》,第 212 页)

1984 年 1 月规定:

（一）对城镇上山下乡知青在城镇办的集体企业,从 1984 年 1 月起,改按 8 级超额累进税率征收所得税;在农村或城镇郊区办的,继续免所得税到 1985 年底。

(第三篇第九章《工商所得税》,第 220 页)

《贵阳市志·大事记》

贵阳市志编纂委员会编,贵州人民出版社 2000 年

（1964 年 9 月）5 日,贵阳市第二批上山下乡知识青年 80 多名,到孟关公社、洛湾公社插队落户。

(《大事记》,第 202 页)

（1965 年 1 月）27 日,由中共贵阳市委、市人委、市安置办公室、市劳动局、团市委以及部分中学负责人组成的慰问团,分两队赴花溪区孟关公社和乌当区洛湾公社慰问 1964 年下乡落户的贵阳知识青年。

(《大事记》,第 203 页)

（7 月）31 日—8 月 6 日,贵阳市参加社会主义农业建设知识青年代表会议召开,170 多名知识青年出席。

(《大事记》,第 205 页)

（8 月）24 日,贵阳市万人热烈欢送下乡落户知识青年 440 多人。这些知识青年分别到洛湾、沙文、孟关、小碧公社集体插队。

(《大事记》,第 206 页)

（1966 年 7 月）19 日,市委决定杜竹林任"安置城市下乡知识青年领导小组"组长,丁英、韩明任副组长。

(《大事记》,第 211 页)

（1968 年 8 月）21 日,贵阳地区六六、六七届高、初中毕业生和大、中专学校应届毕业生 6 000 多人在六广门体育场集会,"向毛主席表忠心,坚决走与工农相结合的道路,上山下乡建设社会主义新农村"。

(《大事记》,第 221 页)

（9 月）20 日,贵阳地区 10 万多人在邮电大楼广场集会,欢送贵阳地区首批上山下乡安家落户红卫兵和学生以及到部队农场锻炼的大专院校毕业生。上山下乡的红卫兵组成了"威宁新农民战斗连"、"高原轻骑突击队"、"换新天战斗团"等 3 支队伍。

（《大事记》,第 221—222 页）

（10 月）5 日,本日贵阳大、中学校首批上山下乡知识青年开赴威宁、黔南州及贵阳郊区农村安家落户,广大市民夹道欢送。

（《大事记》,第 222 页）

28 日,贵阳地区知识青年上山下乡工作指挥部成立,市革委副主任杜竹任组长。

（《大事记》,第 222 页）

是月(1969 年 1 月),从 1968 年至本年初,贵阳市共有 1.6 万多名 66—68 届高、初中毕业生到农村插队落户。

（《大事记》,第 223 页）

（1973 年 7 月）20 日,中共贵阳市委决定成立贵阳市上山下乡安置领导小组,李君任组长,李连修、刘文彬任副组长。

（《大事记》,第 244 页）

（1974 年 1 月）30 日,中共贵阳市委知识青年上山下乡领导小组成立,成克任组长,单启贤、刘文彬、杜仲文、李遵正任副组长。

（《大事记》,第 246 页）

（2 月）28 日,贵阳市 5 万多人集会欢送 1974 年首批 400 多名高初中毕业生上山下乡。会后举行盛大游行,10 多万群众夹道欢送。下午,知识青年们到达安家落户的地方,受到乌当区百宜公社党委和沙坝大队党支部及 500 多名社员的欢迎。

（《大事记》,第 247 页）

（8 月）31 日,市委、市革委在六广门体育馆举行欢送大会,欢送 800 多名知识青年上山下乡,省、市委领导李葆华、成克在会上讲话。会后,贵阳数万群众夹道欢送上山下乡知识青年。

（《大事记》,第 250 页）

（10 月）22 日,贵阳市又有 2 000 多名知识青年上山下乡,省、市负责人和数万群众夹道欢送。

（《大事记》,第 250 页）

（11 月）20 日,贵阳市又有 1 000 多名知识青年上山下乡。　　（《大事记》,第 251 页）

同日（1975 年 8 月 31 日），市委、市革委在春雷广场（今人民广场）举行 5 万人大会，欢送我市又一批 2 900 多名知识青年奔赴我省各地农村插队落户。　　（《大事记》，第 255 页）

（1979 年 3 月）20 日，据统计，从 1964 年起至本日止，贵阳市共有 43 500 多名城镇知识青年上山下乡。　　（《大事记》，第 279 页）

《贵阳市志·劳动、审计、物价、技术监督志》

贵阳市地方志编纂委员会办公室编，贵州人民出版社 2003 年

1976 年至 1999 年，中共十一届三中全会以后，全市通过拨乱反正，把党的工作重点转移到社会主义现代化建设上来，集中力量发展社会生产力，职工队伍得到迅速发展，政府妥善安排了"十年动乱"中遗留下来的 6 万名城镇待业人员和 2 万名上山下乡知识青年。

（第一章《劳动就业》，第 15 页）

三年调整时期的劳动管理工作。1962 年中央调整了劳动就业方针，即"城乡并举，以上山下乡为主"。1963 年贵阳市成立上山下乡知识青年领导小组。办公室设在贵阳市劳动局。按全国劳动就业工作会议精神，安排城市需要就业的劳动力要统筹安排、城乡并举，而以上山下乡为主。

（第一章《劳动就业》，第 22 页）

1963 年至 1965 年三年经济调整时期，开辟多种就业渠道安置就业 118 252 人。其中设置知识青年上山下乡，到公社生产队插队的青年 8 740 人，到国营农林牧场的青年 2 403 人。市知青办 1964 年、1965 年动员上山下乡的 10 067 人。　　（第一章《劳动就业》，第 23 页）

1966 年至 1975 年，新成长和机械增长劳动力达 110 000 人。为此，政府采取了动员知识青年上山下乡的办法，全市 1966 年至 1976 年动员 68 253 人上山下乡。1970 年全市又以"战备疏散"方式，由各区和市属单位共疏散下放 45 402 人。1973 年以后，开始落实疏散下放人员和上山下乡知青回城政策。根据省革委会有关规定，在企业招工和技校招生时，为照顾本企业职工子女就业，可根据不同情况，允许使用一定比例的招工、招生指标，录取本企业符合招工、招生条件的职工子女。1966 年至 1975 年共积压社会闲散劳动力 168 500 人，上山下乡返城知青 20 000 人，疏散下放返城 36 000 人，形成了巨大的就业压力。这一时期劳动管理工作主要仍旧执行的是"统包统配"的劳动管理制度。

（第一章《劳动就业》，第 24 页）

1973年恢复学校,定名为贵阳市机械技工学校。与红星机床厂实行两块牌子、一套班子的管理模式,并抽调专人组成学校筹建小组,负责筹建办校的有关事宜。同年9月报请省计委批准,招收新生200人。当年实际招生120人,其中上山下乡知青、回乡知青、免下知青学员100人,在职职工20人,开设专业为车、钳、刨、铣、磨、电等专业。

(第二章《职工技能开发》,第38页)

是年(1963年),中共贵阳市委成立上山下乡知识青年领导小组,办公室设在贵阳市劳动局。

(《大事记》,第160页)

《贵阳市志·教育志》

贵阳市地方志编纂委员会编,贵州人民出版社1991年

(1957年)9月19日,贵阳市135名决心参加农业生产的中小学生分赴郊区朝阳、中曹、陈亮、茶店和洛湾5个农业社落户。

(《大事记》,第353—354页)

1968年8月21日,贵阳地区66届、67届高初中毕业生和大、中专学校应届毕业生6 000多人,在六广门体育场集会,"向毛主席表忠心,坚决走与工农相结合的道路,上山下乡建设社会主义新农村。"

(《大事记》,第356—357页)

10月5日,贵阳大、中学校首批上山下乡知识青年,开赴威宁、黔南及贵阳市郊安家落户。

(《大事记》,第357页)

1969年1月,贵阳市从1968年年底至今年初,共有16 000多名66届至68届高、初中毕业生到农村插队落户。

(《大事记》,第357页)

1974年2月28日,贵阳市5万多人集会欢送1974年首批400多高、初中毕业生上山下乡。

(《大事记》,第358页)

(1975年)8月31日,中共贵阳市委、市革委在春雷广场(今人民广场)举行5万人大会,欢送我市又一批2 900多名知识青年奔赴我省各地农村插队落户。

(《大事记》,第358页)

《贵阳市志·人口与计划生育志》

贵阳市志编纂委员会编,贵州人民出版社1992年

1967年—1971年,由于动员知识青年上山下乡、"战备疏散"等原因,每年的迁出人数都多于迁入人数,迁入迁出相抵,五年中净迁出人口51 324人,平均每年净迁出10 265人。

1978年—1985年,党的十一届三中全会后,落实党的各项政策,在历次政治运动中被错误遣送、疏散的干部、工人和居民,以及上山下乡知识青年陆续返回城镇,迁入大于迁出。

(第一篇第五章《人口数量变动》,第66页)

《贵阳市云岩区志》

贵阳市云岩区地方志编纂委员会编,贵州人民出版社2005年

1976年根据中发(1973)30号文件的规定,经过劳动锻炼两年以上的上山下乡知识青年中招收50名工人;机关企事业单位补充自然减员子女顶替360名,其中教师190人。

(第八篇第三章《经济管理》,第582页)

知识青年安置

从20世纪60年代后期开始,云岩区共分三批组织知识青年上山下乡。这些上山下乡的知识青年,根据国家不同时期的政策,基本上分两个渠道陆续作了就业安置:一是收回云岩区安置,1977年8月安置了37人,最后一批安置了137名。从1970年—1979年,全区共解决待业青年,招收知青(包括部分待业青年)就业共9 608人;二是在上山下乡的地方(县)就地安置就业。他(她)们的工龄从上山下乡之日算起。 (第八篇第三章《经济管理》,第582页)

《贵阳市花溪区志》

贵阳市花溪区地方志编委会编,贵州人民出版社2007年

(1964年)8月15日,贵阳市首批上山下乡知识青年到孟关公社各大队安家落户。

(《大事记》,第29页)

(1968年)5月7日,孟关乡上山下乡知识青年组织的"贵阳农民造反司令部"成员邓金生、黄金鑫在贵阳市区被"飞虎队"追击至河东路,邓引爆随身携带的手榴弹,炸死3人,伤10人,司令部4名骨干被省公安厅、市公安局拘留,50余名知青被武装拘押在农学院,百

余名知青被公社、大队强行管制,举办学习班。市郊几百名知青受到株连,至 1970 年底才得平反。（《大事记》,第 30 页）

是月（9 月）,贵阳市第二批上山下乡知识青年 1 000 余人到花溪、孟关等人民公社插队落户,"接受贫下中农再教育"。（《大事记》,第 30 页）

（1976 年）5 月 25 日,中曹人民公社知识青年业余大学在中曹开学,采取教育、科研、生产三结合的方式开展教学活动,首期学员 50 名。（《大事记》,第 32 页）

（1981 年）14 日,花溪区上山下乡知识青年办公室撤销。（《大事记》,第 34 页）

1978 年 8 月,国务院副总理王震视察贵州,下榻花溪宾馆,游览花溪公园,视察农业生产,在花溪宾馆接见因反对"四人帮"而遭到迫害的 9 名贵阳知识青年。（第二十四篇第一章《军政要人在花溪》,第 701 页）

《贵阳市乌当区志》

贵阳市乌当区地方志编纂委员会编,贵州人民出版社 2007 年

（1957 年）5 月,贵阳市首批知识青年上山下乡,其中到乌当区洛湾高级社落户 1 人。（《大事记》,第 14 页）

（1964 年）8 月 15 日,贵阳市 200 多名高、初中毕业生响应毛主席、党中央关于知识青年上山下乡的号召,分赴乌当区洛湾公社和花溪区孟关公社插队落户。9 月 5 日,第二批知识青年下乡。2 次共有 186 名应届高初中毕业生到洛湾公社插队落户。（《大事记》,第 20 页）

是年（1970 年）,乌当区第一次在上山下乡知识青年中招收 250 人到区属企事业单位工作。（《大事记》,第 22 页）

（1973 年）9 月 24 日,成立区知识青年上山下乡领导小组,同时成立粮食局征购办公室。（《大事记》,第 24 页）

（1974 年）2 月 28 日,贵阳市下乡到百宜的知识青年们到达安家落户的地方,受到乌当

区百宜公社党委和沙坝大队党支部及 500 多名社员欢迎。 （《大事记》，第 25 页）

1981 年，乌当区内上山下乡知识青年安置工作结束。 （《大事记》，第 29 页）

1979 年 10 月，区政府决定从上山下乡知识青年中招收 14 名计划生育专职干部分配到 12 个公社和 2 个派出所，专职从事辖区内的计划生育工作。

（第三篇第一章《人口》，第 179 页）

1966 年后，（初、中等学校师资来源）还从农民及下乡知识青年中，招一部分人顶替 "牛鬼蛇神"（"文化大革命"中被关牛棚和被遣返的教师）。

（第十九篇第六章《教师》，第 820 页）

1963 年，东风、金华、野鸭成立农村俱乐部。主要以下乡知青为主体来开展活动，农村中爱好文艺的青年积极参与，组织一些自编自导的文艺节目在农村的乡场坝上演出。"文化大革命"后，农村俱乐部自行撤销。 （第二十一篇第四章《科技政策及法律法规》，第 854 页）

1964 年，贵阳市首批城市知识青年下乡到东风公社的界牌、乌当、后所、麦穰、新添寨、北衙等大队落户。11 月，知识青年组织排练的歌剧《三月三》在公社演出。年底，后所大队地久生产队的农村俱乐部的知识青年郭家强创作、当地社员演唱的歌曲《贫下中农一条心》被省电台录制反复播放。同年，文化馆为各农村俱乐部培训多名幻灯员，开展农村幻灯放映工作。 （第二十一篇第二章《群众文化》，第 859 页）

《贵阳市白云区志》

贵阳市白云区地方志编纂委员会编，贵州人民出版社 2007 年

（1965 年）8 月 24 日，188 名上山下乡知青响应党的号召来到沙文公社，插队在沙文、苏庄、金甲、新寨 4 个大队 13 个生产队中，分别为 32 个青年小组。 （《大事记》，第 18 页）

（1974 年）3 月 26 日，白云区建立知青工作领导小组，下设办公室，具体负责知识青年上山下乡工作。 （《大事记》，第 23 页）

（1975 年）7 月 8—14 日，1975 年中学毕业生，大部分上山下乡，到农村当知识青年，接受贫下中农的再教育。 （《大事记》，第 24 页）

"文化大革命"结束时,全区社会闲散劳动力 5 517 人,其中上山下乡知识青年 910 人,街道服务站 214 人,应上山下乡的知识青年 785 人,当年退休 95 人(工人 80 人,职工 15 人),退职 1 人,顶替子女人数 69 人(其中男 28 人,女 41 人;知青 37 人,社会青年 32 人)。

(第七篇第二章《经济管理》,第 278 页)

1966 年"文化大革命"开始,各级各类学校停止招生。1972 年恢复大中专招生。取消考试,采取"推荐"办法招收"工农兵"学员入学。一般招收具有 2 年以上实践经验的优秀青年职工、退伍军人、民办小学教师、赤脚医生。重点解决上山下乡、回乡知识青年,适当招收"可以教育好的非无产阶级家庭子女"。

(第十七篇第六章《教育管理》,第 552 页)

《贵阳市南明区志》

贵阳市南明区地方志编纂委员会编,贵州人民出版社 2008 年

(1966 年)8 月 9 日,区委召开社会知识青年上山下乡动员大会。会后,全区有 284 名青年报名,179 名批准到农村安家落户。

(《大事记》,第 40 页)

(1969 年)3 月 3 日,区革委提出《关于进一步搞好知识青年上山下乡工作的安排意见》。

(《大事记》,第 41 页)

(1974 年)12 月 17 日,南明区机关和贵阳矿山机器厂在朝阳公社云关大队建立南明区第一知青队。至 1976 年末,全区共有 10 个知青队,1 340 名知青。

(《大事记》,第 44 页)

(1975 年)4 月 23 日,区委决定,成立南明区知识青年上山下乡领导小组。杜传一任组长,赵鸿德、陈家全任副组长。

(《大事记》,第 44 页)

(1977 年)1 月 4 日,南明区召开上山下乡知识青年积极分子代表大会。

(《大事记》,第 44 页)

知识青年上山下乡工作

为贯彻落实毛泽东主席"农村是一个广阔的天地,在那里是可以大有作为的"、"知识青年到农村去,接受贫下中农的再教育,很有必要"的指示和号召,区革委会于 1968 年 12 月成立知识青年上山下乡指挥部,下设办公室。

南明区组织知识青年上山下乡,共分四批进行。第一批于 1969 年 1 月 13 日到赫章县,

共有 126 人;第二批于 1969 年 2 月 1 日到织金县,共有 213 人。这两批上山下乡的 339 名知识青年中,太慈桥街道革委会辖区 46 人,中曹司街道革委会辖区 39 人,西湖路街道革委会辖区 28 人,新华路街道革委会辖区 30 人,河滨街道革委会辖区 35 人,大南门街道革委会辖区 17 人,中华南路街道革委会辖区 20 人,市府路街道革委会辖区 32 人,油榨街道革委会辖区 40 人,遵义路街道革委会辖区 29 人,二戈寨街道革委会辖区 15 人,此外分散去农村插队落户的 8 人(油榨街街道革委会 5 人,太慈桥街道革委会 2 人,民工队 1 人)。1969 年 3 月 3 日,区革委会提出《关于进一步搞好知识青年上山下乡工作的安排意见》,又先后组织第三批、第四批上山下乡的知识青年到务川县安家落户。此外,按照湖南省株洲市厂、社挂钩,集体安置知识青年的经验。1974 年以后,全区先后有贵阳矿山机械厂、贵州省化工机械厂、贵阳永新机模厂、贵州省第二轻工业局、贵阳市粮食局、贵阳市粮油公司、贵阳市运输公司、贵阳市制革厂、南明区革委、区工业局、区教育局、区卫生局、区公安分局等单位,先后在朝阳公社云关、落宝寨、跳磴河、木头寨、马鞍山、轿子山、红岩、油榨村、下坝建立了 9 个知青队。在七里冲苗圃所、龙洞堡市民政局农村建立 2 个知青队,全区 11 个知青队共安置辖区上山下乡知青 1 352 人。

从 1976 年开始,南明区本着对知识青年负责到底和善始善终的原则,按照统筹兼顾和全面安排的方针,密切配合有关部门从城乡两个方面对在乡知识青年进行安置,通过招工、招生、招兵和由知青队转为集体、农工商联合企业的方式对知识青年进行安排。到 1982 年,全区的知识青年安置工作基本完成。

(第十一篇第二章《施政概要》,第 579 页)

《遵义地区志·概况、大事记》

贵州省遵义地区地方志编纂委员会编,贵州人民出版社 1994 年

(1964 年)9 月 7 日,地委组织城镇知识青年下乡参加农业生产,省份遵义专区任务:国营农林牧场安置 467 人,到人民公社生产队插队的 220 名,实际完成 190 名,共 687 人。这是最早的动员组织知识青年上山下乡。

(《大事记》,第 64 页)

(1966 年)3 月 5 日,地委要求 1966 年动员安置城镇知识青年下乡 600 人,其中遵义市动员 200 名去西藏建设兵团。(1965 年有 441 名知青下乡。)

(《大事记》,第 68 页)

是年(1968 年),地革委设立知识青年上山下乡安置委员会和指挥部,后改称安置办公室,动员安置红卫兵、城市知青下乡落户 24 108 人。次年春又接收上海、贵阳一批知青,在遵义地区农村安家落户。

(《大事记》,第 72 页)

(1972 年)12 月 9 日,上山下乡插队落户的 20 000 多名知识青年(其中上海 3 326 人,贵阳 3 770 人),1970 年以来被招工 6 285 人,升学、参军 720 人。入党 77 人,入团 1 068 人,参加各级革委领导班子 370 人,担任社队会计、保管、赤脚医生、民办教师 800 人,也有部分流回城市的,现有下乡知青 1 025 人。 (《大事记》,第 79 页)

(1974 年)8 月 26 日,地委、地革委"纠正"五年没有安排知识青年上山下乡,拟再动员 11 000 多名城镇历届毕业中学生下乡,推广湖南株洲市厂社挂钩经验。到 1975 年 9 月,全区安置 6 064 名知青在农村落户,占任务的 63.3%。 (《大事记》,第 82 页)

(1975 年)5 月 10 日,全省上山下乡知识青年代表会议全体代表 1 000 多人,来遵义参观,接受革命传统教育。 (《大事记》,第 83 页)

是年,上山下乡知识青年人数 7 730 人 (《大事记》,第 85 页)

(1976 年)7 月,本年知青上山下乡任务:遵义市 2 200 人,各县镇 2 800 人,接收安置贵阳市 700 人。 (《大事记》,第 86 页)

(1982 年)8 月 2 日,根据就业方针与党的经济政策相一致精神,实行劳动部门介绍就业,自愿组织起来就业和自谋职业相结合方针,三年共安置 72 418 人就业(含上山下乡知青 9 451 人),其中到集体单位和个人经营的有 42 180 人,占 58.1%。1982 年上半年安置 6 167 人,非国营企业招工的 5 038 人,占 81.7%,改变过去单一的到国营厂矿商业网点工作才算就业的现象。 (《大事记》,第 97 页)

(1983 年)12 月 27 日,为培训少数民族基层干部,地委行署定点在道真、仁怀、遵义、桐梓、赤水、余庆的 20 个公社,招收 20 名知识青年,进地委党校学习。 (《大事记》,第 101 页)

《遵义地区志·农业志、畜牧渔业志》

贵州省遵义市地方志编纂委员会编,贵州人民出版社 2001 年

(1964 年)9 月 24 日,遵义市城镇青年下乡领导小组成立。11 月,城区首批 108 名青年到遵义县龙坑、白龙两公社插队落户,参加农业生产。 (《大事记》,第 13 页)

《遵义地区志·财政志、税务志》

贵州省遵义市地方志编纂委员会编,贵州人民出版社 2002 年

1968 年,中共中央发出"知识青年上山下乡,接受贫下中农再教育"的号召,包括贵阳、上海等地部分知识青年下放到全区农村。城镇青年就业经费猛增,1968 年支出 95.1 万元,动员安置红卫兵、城市知识青年下乡落户 24 108 人。1969 年 1 月,财政部对城镇人口下乡安置费用的开支标准作了如下规定:家居城镇的初、高中毕业生、社会青年、闲散劳动力和脱离劳动的居民,各项经费每人平均为:单身插队的 230 元,成户插队的 130 元,参加新建的生产队和国营农场、"五七"农场的 400 元;家居城镇回乡落户的补助 50 元,跨省或大区安置的另加路费 20—40 元。当年全区城镇青年就业经费支出 256.7 万元。

(第三章《财政支出》,第 119 页)

1973 年,贵州省颁发《关于加强城镇青年上山下乡经费管理的试行办法》,规定:①原下乡插队的青年,生活不能自给的,按每人补助 100 元的标准,县统一掌握,酌情补助。没有建房的,每人补助 200 元;房屋破漏,需要维修的,采取社队扶持,群众帮助的办法进行解决。②从 1973 年起,城镇青年到农村老家落户的,到农村插队的建立集体所有制场(队)的,每人一次性补助 480 元,其中用于建房补助 200 元,生活补助 200 元;农具、学习、医疗、探亲和其他补助 80 元。到国营农林茶场的,每人补助 400 元;跨省回农村老家落户的,只开支旅费,其他补助费,由接收地区开支。③对各项经费开支,要加强管理,专款专用,建立健全制度,严禁贪污、挪用、克扣、私分和挥霍浪费。省、地、县三级知青办公室纳入各级行政编制,作为政府的一个职能部门。

1974 年 8 月,地革委"纠正"五年没有安排知识青年上山下乡的做法,拟再动员 11 000 名城镇历届毕业中学生下乡,全区再次掀起上山下乡高潮,当年就业经费支出猛增至 359.1 万元,比上年增长 11.64 倍。到 1975 年 9 月,全区共安置 6 064 名知青在农村落户,占任务的 63.3%。此后直到 1977 年城镇青年就业经费支出每年一直维持在 200 万元左右。

1978 年,知识青年上山下乡基本停止。知青经费工作的重点转为统筹解决已下乡知识青年存在的实际问题,但经费开支已大幅减少,1978—1980 年,仅支出 167.6 万元。

(第三章《财政支出》,第 119 页)

1974 年到 1980 年支农资金的项目有农牧、林业、水利(含小型水利补助)、水产、气象、农机等事业费和人民公社投资、知识青年上山下乡费等。 (第五章《财政管理》,第 187 页)

是年(1978 年)10 月,财政部《关于一些城镇为安排知识青年新办集体经济企业减免税

收问题的通知》规定,从投产经营的月份起,对其实现的利润免征所得税一年。

(第四章《财源建设》,第 127 页)

1979 年 2 月,财政部规定对城市上山下乡知识青年举办的知青场、队及生产基地所得的利润,免交所得税。

(第四章《财源建设》,第 127 页)

城镇上山下乡知识青年办的集体企业,供销社和基层供销社自 1984 年元月起改按手工业、运输合作组织 8 级超额累进税率计征所得税,基层社附属经营的饮食、服务、修理业减征 30%。

(第四章《财源建设》,第 128 页)

《遵义地区志·经济管理志》

贵州省遵义市地方志编纂委员会编,贵州人民出版社 2003 年

劳动部门还承担知识青年上山下乡的安置和农村剩余劳动力输出工作。20 世纪 60 年代中期,地、县(市)成立城镇知识青年上山下乡工作机构,开展对知识青年上山下乡的安置工作。至 1979 年,全区共安置 5.57 万名(包括在遵义地区安置的上海、贵阳知青)城镇知识青年上山下乡。

(《概述》,第 12 页)

(1964 年)7 月,地委建立安置城镇下乡知识青年领导小组,地委副书记刘苍岩任组长,领导小组办公室设在专署农业科。9 月,首次部署动员城镇知识青年下乡插队。至 1965 年,遵义市共有 250 名知识青年安置到遵义县和绥阳县。

(《大事记》,第 22 页)

(1966 年)3 月 5 日,地委批转地委安置领导小组提出的 1966 年城镇下乡知识青年安置计划,要求当年安置城镇知青和闲散劳动力 600 名,其中在绥阳县金城公社试办城来城去劳动大学一所,大学部分招生安置 200 名,附设中专班招生安置 100 名;新建农场安置 100 名。

(《大事记》,第 23 页)

(1968 年)2 月,地革委批转地革委生产领导小组《关于知识青年上山下乡工作的安排意见》。

10 月 31 日—11 月 5 日,遵义市两次组织数万群众欢送 3 280 名知青下乡落户。是年冬至次年春,全区共安排 32 000 名知青(包括由遵义地区负责安置的贵阳、上海知青)下乡落户。

(《大事记》,第 24 页)

(1972 年)2 月,地委在习水县温水区召开县、市委书记会议,研究农业学大寨问题。会议要求把农业学大寨运动推向新阶段。

11 月,按照省革委"下放在农村满两年的知识青年,可以招收 10% 左右"的规定,至 11 月,全区已安置下乡的知青 7 005 人,其中工矿企事业招工 6 285 人,升学、参军 720 人。此后,每年都通过招工、招干、招生和征兵,安置部分下乡满两年以上的知识青年。

(《大事记》,第 25 页)

1970—1975 年,全区全民所有制单位职工增加 5.2 万人,动员组织城镇知识青年上山下乡 4.13 万人。

(第五章《劳动》,第 382 页)

第三节　城镇知识青年上山下乡

一、管　理　机　构

1964 年 7 月,中共遵义地委建立安置城镇下乡知识青年领导小组,地委副书记刘苍岩任组长,办公室设在专署农业科,专职干部 3 人。1969 年 5 月,地革委建立知识青年安置办公室。1970 年 11 月,知识青年安置办公室和复员退伍军人安置办公室、疏散安置办公室合并在民政部门。1973 年 9 月,地委建立知识青年上山下乡领导小组,地委副书记王道金任组长;地革委建立知识青年上山下乡办公室,地区民政局副局长杨本荣兼主任,配干部 10 人。各县(市)相继建立知识青年上山下乡办事机构,配干部 4—10 人不等。至 1976 年底,全区知青工作人员共计 90 人,另有带队干部 270 人。1982 年 2 月,撤销地、县知识青年工作办事机构,知青上山下乡工作遗留问题由地区劳动局负责处理。

二、下　乡　安　置

1964 年 9 月,地委城镇下乡知青领导小组首次布置全区动员城镇知青下乡插队。1964 年、1965 年两年,遵义市先后有 250 名知青安置到遵义县和绥阳县。1968 年 2 月,地革委批转地区生产领导小组《关于知识青年上山下乡工作的安排意见》,提出做好"两动员",动员逗留城镇的下乡知青返回农村,再动员 1 000 名知青上山下乡,坚定走与贫下中农相结合的道路。12 月,毛泽东主席发出"农村是一个广阔的天地,在那里是大有作为的"指示,全区掀起知识青年上山下乡高潮。10 月 31 日和 11 月 15 日,遵义市两次组织数万群众欢送 3 280 名知青下乡落户。1968 年冬和 1969 年春,全区安置了 32 000 名知青(包括到遵义地区安置的贵阳市、上海市知青)下乡落户。1969 年 5 月 7—9 日,地革委召开全区知青安置工作会议,部署知青安置工作。鉴于有些地方知青安置不落实,再教育工作未跟上,要求各级革委对知青工作务必做到安置好、教育好、生产劳动好。凡接受知青的生产队都成立再教育小组,加强对知青的教育与管理。1971 年 10 月 14—18 日,地革委召开下乡知青安置再教育工作会议,各县(市)革委知青安置办负责人、上海知青慰问团(组)负责人共 27 人出席,会议对照检查对中发〔1970〕26 号文件的落实情况,交流正安县辽原公社、余庆县苗溪公社和桐梓县三元公社、花秋区等先进区、社和安置点的经验。据不完全统计,在下乡知青中,全地区出席县以上学习毛泽东思想积极分子代表大会的代表 440 人,加入中国共产党的 11 人,加入共青团的 298 人,出席全国四届人大代表 1 人。有的被选入区、公社革委领导班子,有一批担任广播员、民办教师、生产队会计。会议强调各级革委要深入贯彻中发〔1970〕26 号文件,加强知青安置工作的领导,尽快配齐知安办人员,县革委和区、公社都要有负责人分管知青工作。对知青生产、生活中的实际问题,特别是吃粮问题要认真加以解决,受灾减产的社队,下乡知青的口粮每人每年至少不得低于 180 公斤商品粮。在下乡知青中招工,坚持由贫下中农推荐,公社选送,招工单位不得提高招工条件。动员单位要以负责到底的精神,主动和安置地区联系配合,协助解决实际问题。1974 年,宣传贯彻中央〔1973〕21 号、30 号文件(即毛泽东主席给李庆霖同志的复信和转发国务院关于全国知识青年上山下乡工作会议的报告)和《贵州省知识青年上山下乡若干问题的试行规定》,对动员上山下乡知青对象作出了具体规定。城镇中学生的分配以上山下乡为主,除根据有关规定和按国家计划直接升学和不属动员下乡的几种人之外,其余凡年满 17 周岁的,都动员上山下乡。1974 年 4 月 22 日,中共遵义地委发出《关于地区所属机关、厂矿、企事业单位职工子女上山下乡的有关问题的通知》,要求在春耕大忙前抓紧完成 73 届和历届高、初中毕业生上山下乡的动员和安置任务,各级党委要加强领导,各系统各单位各自负责做好职工子女上山下乡的动员工作,知青下乡的带队干部,由组织部门统一抽调,定期轮换,全区知识青年上山下乡进入第二个高潮。1974 年,全区办理"四不下"留城证 2 724 人,其中病残不能参加农业生产劳动的 965 人,独生子女 695 人,多子女身边只有一人的 894 人,中国籍外国人子女 4 人,其他 166 人。

1979 年 2 月 5—6 日,地区知青安置办公室和遵义市知青安置办公室召开驻遵义地属以上厂矿知青安置办公室负责人和地直机关部门负责人会议,贯彻中发〔1978〕74 号文件精神,对有安置条件的企业和小城镇的非农业户口的中学毕业生,不列入上山下乡范围,由本系统或本地区自行安排。会议认为,遵义市以及遵义全地区安置就业的潜力大,可以从1979 年起不再动员城镇知识青年上山下乡。地委知青领导小组 3 月 5 日向地委报告,提出同意部分厂矿企事业单位举办"小集体"安排下乡知青就业,同时提出妥善安置"老知青"就业的意见。

三、安 置 形 式

(一)插队

知青到农村生产队落户,是知青安置的主要形式。知青插队采取适当集中,一般以 5 人以上建立知青点。1973 年 11 月,地委知青领导小组对下乡知青安置情况进行检查,对知青点人数太少的进行适当调整。据 1975 年底统计,在乡知青 16 380 人,插队的 9 737 人,其中1 人 1 点的有 3 672 人,2—4 人的 1 646 点有 4 368 人,5 人以上的 269 点有 1 697 人。1974年—1978 年下乡知青共 22 963 人,插队的 12 358 人,占 58.82%。

（二）安置到集体所有制场队

经地委同意，地委知青领导小组 1966 年在绥阳县金城公社马槽沟试办劳动大学一所，计划大学部招收安置知青 200 名，附设中专班招生安置知青 100 名，新建农场安置知青 100 名。1974 年学习推广湖南株洲市厂社挂钩经验，各县（市）开办集体所有制知青农、林、茶场和社队知青队。当年，全区集体场队安排知青 2 081 人。1975 年统计，有社队知青队 211 个，社办农场 181 个，1974 年至 1978 年，集体场队安排知青 8 631 人，占同期下乡知青的 37.58％。1977 年 9 月 2—17 日，地委知青安置领导小组从地县（市）和部分厂矿、知青场队抽调 100 余人组成检查团，对全区三分之一的知青场队的生产、经营、财务进行检查。检查的 71 个场队，达到或基本达到粮、油、肉、菜自给的有 66 个，占 94％，有 21 个场队向国家交纳商品粮 10 多万斤，油菜籽 1 万公斤，以及生猪、烤烟、青麻、花生、茶叶等。1977 年场队粮食总产量 73.5 万公斤，比上年增产 70％。

（三）安置到国营农场

全区有 16 个国营农林茶场安置下乡知青。1974—1978 年累计安置 1 974 人，占同期下乡知青总数的 8.60％。按照 1977 年省农业局、林业局、劳动局、财政厅、知青办联合通知，从 1973 年后安置到农林茶场的知青，根据农场发展需要，转为农场工人。1977 年起，凡安置到农林茶场的知青到场后即为工人。

遵义地区知识青年上山下乡人数统计表

年　度	上山下乡总人数	安　置　形　式		
		插队	集体场队	国营农场
1973 年以前	32 250			
1974	5 929	3 304	2 081	544
1975	7 687	3 784	3 661	242
1976	2 993	1 540	990	463
1977	4 877	2 611	1 585	681
1978	1 622			
1979	355			

四、经费及粮油供应

（一）经费。按照 1968 年省革委规定，对城镇知识青年到人民公社插队者，每人补助 230 元，到新建场队者每人补助 400 元。安置经费重点用于解决学习、生产、生活费用，由所在生产队统筹安排。1969 年起，单身插队每人补助 320 元；成户下乡插队每人平均在 130 元以内酌情补助；投亲插队落户的，分别按单身、成户插队标准酌情补助。经费由省下拨，县掌握包干使用。1973 年起，按《贵州省知识青年上山下乡若干问题的试行规定》，城镇知青回农村老家落户，到农村插队和建立集体所有制场队的，每人补助 480 元，分项为：建房费

200元,生活补助费200元,农具、家具、学习、医疗、旅运和其他补助费80元;到国营农林渔茶场的,每人补助400元。对1972年以前下乡插队的老知青,生活不能自给的,按每人100元标准,由县统一掌握,合理补助;没有建房的,每人补助200元。1979年起,按照国务院知青安置办公室和财政部对知青经费管理规定,知青经费包括安置费、扶持生产资金和业务费。其安置费标准:到国营农林牧渔场和机关企事业单位农副业基地,每人补助400元,由单位使用;到集体知青场队,每人补助580元。扶持生产资金主要用于扶持独立核算的集体所有制知青场队发展生产,属周转性质,签订合同有借有还。业务费包括会议费、宣传费和培训费。1973—1980年,国家拨给遵义地区知青经费共1 115.2万元,总支出1 041.3万元,结余73.9万元。

(二)粮油供应。按照国家粮食部1968年规定,城镇上山下乡知青回乡参加农业生产及到新建场队安置的,每月定量粮食18—20斤,食油4两,由国家统销供应到第二年秋收时止。1974年4月23日,地区粮食局[1974]56号文件规定,知青下乡的头一年,每人每月供应贸易粮20公斤,食油4两。参加集体分配以后,既要体现按劳分配的原则,又要对知青给以必要的照顾,凡正常出勤的,应不低于当地单身整劳力的实际吃粮水平。所在社队口粮水平过低,每月达不到18公斤贸易粮的,由国家供应补助到18公斤。

五、回 城 安 置

1970年9月3日,地革委生产指挥部根据省革委黔发[1970]63号文件"下放在农村满两年的知识青年,可以招工10%左右"的精神,结合"三线"建设的需要,在全区上山下乡的31 461名知青中招收新职工3 000名。至1972年11月统计,已安置在乡知青7 005人,其中工矿企事业招工6 285人,升学、参军720人。此后,每年都通过招工、招干、招生和征兵等,安置部分下乡满两年以上的知识青年。1974年1月29日,地革委[1974]12号文件批准地区财办举办"遵义地区财贸系统多种经营试验场",作为安排财贸部门部分职工下乡子女就业场所。1979年1月2日,地委按照中发[1978]74号文件提出的"调整政策,逐步缩小上山下乡的范围"的精神,决定除遵义市外,其余各县不再动员知青上山下乡。要继续关心下乡知青,把重点转移到在乡知青的安置工作方面,有计划地从国营企业招工、发展集体企业、充实教育战线、参军、入学等方面,安置下乡知青就业。当年,行署批准厂矿企事业单位开设了一批集体所有制性质的厂、场、站、车间。1979年10月30日,行署批转知青办公室《关于1972年以前下乡的知识青年情况和安排意见的报告》,实行5条安置意见:1.父母有工作单位的,由父母所在的工作单位负责安排,如单位安排确有困难的,由动员下乡城镇负责统筹安排;父母无工作单位的居民户的下乡子女,由原动员下乡城镇负责统筹安排。2.与机关、厂矿、学校、企事业等单位职工结婚的下乡知青,由其配偶所在单位负责安排,如单位无安排条件的,由其配偶所在城镇负责统筹安排,也可转到其配偶所在单位"五七"厂,并允许办理城镇居民的户粮关系。3.与城镇居民结婚的下乡知青,由其配偶所在城镇负责统筹安排,如一时安排确有困难,本人自愿收回城镇待业的,允许办理回城手续,并转为城镇居民的户粮关系。4.已在农村与当地社员结婚的下乡知青,由安置地区分别不同情况,按照他们的条件,就地就近安排。对本人安心农业生产,自愿扎根农村的,从政治上应予鼓励,在经济上给予必要的支持和照顾。5.对因病残或家庭有特殊困难和长期离队回城的,经县(市)知青安置办公室审查同意,可准予办回城镇。省委[1979]18号文件规定,当年县和县以下单位的劳动指标,主要解决老知青的安置。省革委黔发[1979]73号文件关于招工安排意见中规定:"所有单位招工,要把招收待业青年放在优先的位置,城镇待业青年和上山下乡知识青年要兼顾招收,招收上山下乡知青的比例,一般不得少于50%。""今年内要首先招收在乡的1972年以前下乡的老知青。"

全地区从1964年至1979年,共上山下乡知识青年55 713名(包括上海知青4 087名,贵阳知青4 024名,其他省地知青615名),依照有关规定,通过招工、招干、招生、征兵等渠道,共回城安置32 789名,有部分下乡知青落户安家农村,部分经批准返回城镇自谋职业。鉴于安置上山下乡知识青年工作已经完成,中共遵义地委1982年12月6日决定,撤销地区知识青年工作办公室。

遵义地区上山下乡知识青年回城安置情况统计表

年　度	安置总人数	其中(不含1972年前)			
		招　工	招　干	招　生	征　兵
合　计	32 789	17 114	943	5 183	2 544
1972年以前	7 005				
1974	764	13	1	736	14
1975	1 951	1 477		472	2
1976	1 755	1 113	3	87	552
1977	7 023	6 027	94	804	98
1978	6 246	2 343	42	2 573	1 288
1979	4 787	3 174	645	429	539
1980	2 149	1 858	158	82	51
1981	1 109	1 109			

(第五章《劳动》,第391—397页)

1978年全区技校招生1 081名(含外地在遵招收学生),其中,留城青年204名,下乡知青678名,应届高中毕业生91名,初中毕业生108名;少数民族学生16名,女生498名。

(第五章《劳动》,第399页)

《遵义地区志·政权政协志》

贵州省遵义市地方志编纂委员会编,贵州人民出版社 2004 年

是年(1968 年),地革委下设知识青年上山下乡安置委员会和指挥部,后改称安置办公室。

(《大事记》,第 35 页)

《遵义地区志·党派群团志》

贵州省遵义市地方志编纂委员会编,贵州人民出版社 2003 年

(1968 年)8 月,地革委成立毛泽东思想宣传队工作领导小组,陆续派遣"工宣队"、"军宣队"进驻军管以外的党政机关和事业单位。10 月,广泛宣传毛泽东"农村是一个广阔的天地,在那里是可以大有作为的"的指示,大力宣传知识青年上山下乡活动。

(第一篇第四章《党务活动》,第 120—121 页)

(1964 年)7 月 31 日,地委成立城镇下乡知识青年领导小组。

(《大事记略》,第 410 页)

(1968 年)2 月 21 日,地革委成立知识青年上山下乡委员会。

(《大事记略》,第 412 页)

(1969 年)5 月 7—9 日,地革委召开全区知青安置工作会议,并决定设立知青安置办公室。

(《大事记略》,第 412 页)

(1982 年)12 月 6 日,地委决定撤销地区知青安置办公室。至此,全区共安置知青28 950名。

(《大事记略》,第 417 页)

《遵义地区志·科学技术协会志》

贵州省遵义市地方志编纂委员会编,贵州人民出版社 2005 年

(1973 年)4 月,遵义县苟江公社下乡知识青年蔡国祥、回乡知青周开明,使用贵阳红星拖拉机厂生产的工农-10 型手扶拖拉机耕犁干田成功,首开全地区手扶拖拉机耕地先例。

(《大事记》,第 20 页)

《遵义地区教育志》

遵义地区教育志编纂领导小组编，贵州人民出版社 1993 年

（1971 年）11 月 1 日，地革委政治部决定，1971 年招收师范生 500 名，其对象为复员退伍军人，劳动两年以上的上山下乡及回乡知青；学制一年；学生学习期满，哪里来回哪里去。

（《大事记》，第 37 页）

1968 年，地、县革命委员会令学校革委组织 1967、1968 两届毕业生上山下乡，落户到农村参加劳动，接受贫下中农再教育。 （第四编第一章《发展概况》，第 202 页）

1972 年以后，各级中专相继恢复招生。按当时省革委规定，招收经过两年以上劳动锻炼的上山下乡和回乡知识青年，也招收少部分不属于动员上山下乡的独生子女和多子女但身边只有一个子女的应届高、初中毕业生，以及具有二年以上实践经验，并具有相当于初中毕业文化程度的优秀职工、退伍军人、民办小学教师、赤脚医生等。招生办法是本人自愿报名，群众和基层组织推荐，领导批准，学校复审。 （第六篇第二章《解放后的中等专业学校》，第 343 页）

（大专院校）停止 6 年招生之后，于 1972 年，开始恢复招生。以"教育要革命、学制要缩短，课程设置要精简，教材要彻底改革"的教育革命思想为指导，接收"工农兵学员"。招生对象是年在 20 岁左右，具有相当于初中以上文化程度，有 2 年以上实践的工人、贫下中农子女，解放军战士，上山下乡知识青年和基层、农林、卫生技术人员以及民办小学教师等。对有创造发明的工农兵人员，不受年龄和文化程度的限制。招生采取"自愿报名，群众推荐，领导批准，学校复审的办法"。学习期限三年。并强调工农兵学员是教育革命的主力军，要充分发挥他们"上大学、管大学、用毛泽东思想改造大学"的作用。

（第七篇第二章《解放后的大专院校》，第 375 页）

"文化大革命"中，由生产大队、公社推荐下乡和回乡知识青年作民办或代课教师。

（第九篇第二章《教师的任用》，第 449 页）

村办小学于 1952 年全部改为公办，次年，群众又办起了民校。教师由农业社推荐农村中有相当文化知识和政治觉悟的青年，报乡批准后任用，称为民办教师。有的公办学校也任用一些民办教师。其后，在回乡知识青年中择优报公社（乡）批准后任用。"文化大革命"中，则在上山下乡知识青年和回乡知识青年中，选择所谓"根红苗正"者充任，还从复员退伍军人中物色部分能任教学者充任。 （第九篇第三章《教师的职责及考核》，第 453 页）

《遵义市志》

遵义市志编纂委员会编,中华书局1998年

(1964年)9月24日,遵义市城镇青年下乡领导小组成立。11月,城区首批108名青年至遵义县龙坑、白龙两公社插队落户,参加农业生产。　　　　　　(《大事记》,第64页)

(1968年)10月31日,数万军民欢送首批619名知识青年上山下乡接受"再教育"。至12月底,全市上山下乡知识青年计5 400人。　　　　　　(《大事记》,第69页)

城市人口下乡安置费:即遵义市知识青年、社会青年(无业青年)下放农村安置费用,1968—1980年支出169.54万元。　　　　(第十篇第一章《财政体制》,第1081页)

城镇青年就业经费:包括劳动服务公司补助费、扶持生产经营资金、劳动力管理部门组织城镇青年就业前的技术训练费、安置城镇青年就业所需的业务经费等等。此项资金由城市人口下乡安置费转化而来。1981—1989年支出154.14万元。

(第十篇第一章《财政体制》,第1082页)

1951—1989年,经分配担任公办中小学教师的师范院校和其他院校大专毕业生664人、中专毕业生623人;先后通过选拔、招考、招聘、退休顶替等手段,从转业复员退伍军人、社会闲散知识分子、其他单位淘汰的冗员、高初中毕业生、"四清"骨干、下乡知识青年、退休教职工子女中吸收858人担任教师。　　(第十八篇第九章《教师》,第1718页)

《遵义县志》

贵州省遵义县县志编纂委员会编著,贵州人民出版社1992年

(1964年)11月,遵照毛泽东知识青年到农村去,接受贫下中农的再教育的指示,遵义市108名知识青年到龙坑、白龙、新文公社插队落户,参加农业劳动。　　(《大事记》,第42页)

(1968年)1千多名城市知识青年"上山下乡",到县境农村插队落户。

(《大事记》,第46页)

(1969年)上海1 280名"上山下乡"知识青年分配到县,安排到9个区、39个公社、130个大队、338个生产队插队落户。　　　　　　(《大事记》,第47页)

(1974 年)11 月 2 日,县委、县革委组织上山下乡知识青年慰问团,分赴全县各地慰问 5 000多名"上山下乡"知青。 　　　　　　　　　　　　　　　　　　　　　(《大事记》,第 50 页)

1964 年,首批安置知识青年 35 名上山下乡,1968 年形成高潮,迄至 1978 年全县共安置上山下乡知识青年 11 389 人,其中大部分系本县城镇知识青年,也有一部分是来自上海,贵阳、遵义等市的知识青年。 　　　　　　　　　　(第三编第八章《管理监督》,第 293 页)

1963—1980 年,财政共拨城镇知识青年下乡补助费273.7 万元,城镇居民下乡安置补助费 1 567 元。在这 18 年中,财政其他支出数额在不断增长,最低的 1966 年为 4.75 万元,最高的 1979 年为 60.13 万元。

1981 年开始,上山下乡知识青年和下乡落户的城镇居民,逐步回城镇安置,"上山下乡补助费"改为"城镇青年就业费"。 　　　　　(第三编第二十二章《财政》,第 525 页)

1969 年规定,对上山下乡的知识青年和其他人员的粮食供应,从接收之日起供应一年口粮,其后,一律参加所在社队当年口粮分配。 　(第三编第二十四章《粮油贸易》,第 569 页)

1974 年对上山下乡知识青年的口粮供应,改为第一年每人每月 22.5 公斤,第二年起,集体分配达不到每人每月 18 公斤的,由国家供应补足。 　　　　　　　　　　　　　　　　(第三编第二十四章《粮油贸易》,第 569 页)

"文化大革命"中,在上山下乡和回乡知识青年中,由生产大队、公社推荐一批人担任教师。 　　　　　　　　　　　　　(第六编第四十二章《教育》,第 817 页)

《绥阳县志》

贵州省绥阳县地方志编纂委员会编,贵州省人民出版社 1993 年

(1968 年)3 月 5 日,成立"绥阳县上山下乡知识青年安置领导小组"。由 7 人组成,下设办公室。 　　　　　　　　　　　　　　　　　　　　　(《大事记》,第 50 页)

是年和 1970 年,全县共接收城市上山下乡知识青年 2 300 多名,其中,上海市知青 500 余人,贵阳市知青 500 余人,遵义市知青 500 余人,绥阳县知青 800 余人。 　　　　　　　　　　　　　　　　　　　　　(《大事记》,第 51 页)

1980 年,接待退伍军人 284 人,其应征入伍时为单位职工 2 人,城镇青年 19 人,在校学生 5 人,上山下乡知识青年 11 人,余农村,知青转外地投靠父母安置工作,复工复职 2 人,其他都安置了工作。   (第二十九章《民政》,第 661—662 页)

《道真仡佬族苗族自治县志》

贵州省道真仡佬族苗族自治县志编纂委员会编,贵州人民出版社 1992 年

(1968 年)8 月 19 日,建立道真县知识青年上山下乡安置领导小组,配专职人员办理这项工作。至翌年 3 月,接收贵阳、遵义知青和安置县内知青共 625 人到农村插队落户。
                                                    (《大事记》,第 37 页)

(1975 年 2 月)27 日,县召开上山下乡知识青年积极分子代表大会,历时 4 天。到会知青、家长及县、区、社带队干部、特邀代表共 262 名。   (《大事记》,第 41 页)

8 月,全县本届高中、初中毕业生 1 187 人,其中回乡 1 100 名,上山下乡 87 名。1979 年停止上山下乡。   (《大事记》,第 41 页)

1966—1972 年录用干部 312 人。其中:从农民中吸收 49 人,从复员退伍军人中吸收 37 人,从城镇知识青年中吸收 158 人(80 人作教师),从集体所有制单位转干 1 人,其他招收 67 人。   (第七篇第二章《人事劳动》,第 22 页)

知识青年安置   1965 年 5 月,道真县始有知识青年 9 人上山下乡。1968 年 12 月至 1969 年 3 月,先后接收贵阳、遵义和县内知识青年共 625 人到农村插队落户。1971 年开始知识青年就业安置,招收非农业户口的知识青年,充实机关、学校和工矿企业。1973 年高初中毕业的非农业户口青年回原籍落户或集体插队;1974 年毕业的全部到洛龙茶场。以后,实行知识青年下乡锻炼两年,再安排工作或推荐上大学。1979 年停止知识青年上山下乡。翌年,非农业户口的下乡知识青年全部回城安排工作。   (第七篇第二章《人事劳动》,第 225 页)

《凤冈县志》

贵州省凤冈县地方志编纂委员会编,贵州人民出版社 1994 年

(1964 年)11 月,县第一批知识青年,响应"上山下乡"号召,到农村插队落户。

                                                    (《大事记》,第 36 页)

本年(1968年),知识青年开始上山下乡,至1978年结束,十年中,至县农村共接收外地(贵阳市、遵义市)知青1100人,本县城镇知青430人。1979年,除个别愿意留在农村的知识青年外,其他全部回原城镇安排就业。
(《大事记》,第39页)

(1970年)8月5日,在绥阳区插队落户的遵义知青李智林、刘奕明,杀害退伍军人练启绅,经上级批准于县城处决。
(《大事记》,第41页)

(1973年)10月3日,"中共凤冈县委知识青年上山下乡领导小组"成立。
(《大事记》,第42页)

1967年"文化大革命"中,民政科与卫生科合并设民卫办公室。1970年,与卫生科分开,改为安置办公室,主管劳动、民政、退伍军人安置、知识青年上山下乡等工作。
(第七篇第一章《民政》,第218页)

1968年至1976年,按照毛主席"知识青年到农村去,接受贫下中农的再教育很有必要"的指示,县成立知识青年上山下乡办公室,先后组织430人到农村劳动锻炼。1978年至1980年,分3次招收转为国家正式职工。 (第七篇第一章《民政》,第232—233页)

2. 下乡安置费 自1965年起开列安置经费补助下乡知识青年,1965年至1967年三年共支付0.18万元,1968年下乡知青增加,费用达1.25万元。1969年增至10.68万元。
(第十九篇第一章《财政》,第566页)

1964年公办教师为384名、民办教师从1961年的3名增到222名。70年代吸收部分回乡知识青年,下乡知识青年担任代课教师。 (第二十一篇第一章《教育》,第639页)

"文化大革命"中初中发展,区、乡初中的教师除提选小学教学经验丰富的教师担任外,一部分从下乡知青、回乡知青中选择具有初中和高中文化程度的担任。
(第二十一篇第一章《教育》,第640页)

《余庆县志》

贵州省余庆县地方志编纂委员会编,贵州人民出版社1992年

(1964年11月)8名城镇知识青年上山下乡,为县内城镇青年上山下乡之始。
(《大事记》,第32页)

1964年,县首次组织知识青年上山下乡插队落户。1968年10月,毛泽东主席发出"农村是一个广阔的天地,在那里是可以大有作为的"和"知识青年到农村去,接受贫下中农的再教育很有必要"的指示后,县革委组建知识青年上山下乡筹备领导小组,1969年6月,成立余庆县革命委员会知识青年上山下乡安置办公室,配专职干部5人,区乡党委由1名副书记分管此项工作,知青所在的大队和生产队建立再教育小组。

知识青年上山下乡有插队落户、建立知青点,全县建点301个,以公社或大队举办独立核算的知青农场,以公社或大队建立三集中一分散(集中劳动、集中学习、集中食宿,户口分散到生产队),参加生产队分配的集体知青场、队,安置到国营农场药材农场等形式。

1964年11月至1979年止,全县下乡知识青年2 975名,其中男1 608名,女1 367名,随后,通过招工招干、参军、考学校等,至1980年安置2 957人。

城镇知识青年到农村落户情况表

(1979年7月)

单位:人

落户地区	落 户 人 数			来 自 何 地				
	合计	男	女	外省	贵阳	遵义	水电八局	余庆
白泥区	681	361	320	85	158	94		344
龙溪区	659	347	312	6	181	124	258	90
太平区	535	306	229	1	215	28	243	18
敖溪区	480	272	208	60		297	76	47
松烟区	620	322	298	4	2	265	290	59
合 计	2 975	1 608	1 367	156	556	808	867	588

城镇下乡知识青年安置情况表

(1980年7月)

单位:人

区 名	合计	招工	招生	参军	迁出	病困回城	顶替
白 泥	674	389	115	22	89	42	17
龙 溪	657	449	77	25	71	33	2
太 平	523	351	66	20	65	17	13
敖 溪	479	261	67	16	106	16	12
松 烟	615	420	72	26	64	10	23
合 计	2 957	1 871	397	109	395	118	67

(第六篇第二章《劳动》,第215—216页)

城镇青年就业补助

1964 年后,动员城镇知识青年上山下乡,插队落户,国家补助建房款和生活等费用。1968 年,知青场、队,每人补助 400 元,插队知青补助 230 元。1974 年,安置上海、贵阳、遵义等地知青 807 人,支出安置费 16.7 万元。其中,建房费 9.07 万元,生活补助费 4.41 万元,家具购置费 1.7 万元,医药费 1 329 元,学习资料费 1 225 元。1964 年至 1979 年,共支出 102.13 万元。1980 年,下乡知青陆续离开农村,此项开支转作扶持城镇青年待业就业补助。至 1987 年,城镇青年安置费、就业补助费共支 126.26 万元。

(第十八篇第一章《财政税收》,第 631 页)

《赤水县志》

贵州省赤水县志编纂委员会编贵州人民出版社 1990 年

(1964 年)11 月,第一批城镇知识青年响应"上山下乡"号召,去农村插队落户。

(《大事记》,第 41 页)

知识青年安置

1964 年,国家对高中毕业生提出"一颗红心,多种准备"和"到农村去,到边疆去"的号召,全县少数高中毕业生首批下到大同区永合乡金凤大队第二生产队插队落户。1968 年冬毛泽东发出"知识青年到农村去,接受贫下中农的再教育,很有必要"(《人民日报》1968 年 12 月 22 日《我们也有两只手,不在城里吃闲饭》一文编者按语中的引语)的指示后,知识青年上山下乡在各级政府主持下逐渐形成制度。1973 年,县成立知识青年上山下乡办公室(简称知青办),办理有关工作。至 1978 年末,全县上山下乡插队落户的知识青年累计 1 928 人。起初下乡落户的由知识青年自己选点,随后由县分配任务,指定农村各公社条件较好的大队、生产队定点接收,并由分散落户改为集体插队,集中食宿和学习,分散劳动。经费由国家财政部门按每人建房费 200 元,生活费 200 元,农具、家具费 40 元,学习费 7 元,医疗费 6 元,共计 453 元的标准拨给各公社掌握。1964 年至 1982 年共拨知识青年下乡经费 934 654元。

1978 年 12 月 10 日《全国知识青年上山下乡工作会议纪要》确定停止知识青年到农村插队落户,已在农村插队落户的允许回城镇,并对其作好安置工作。全县先后招收在农村落户的城镇知识青年到全民所有制单位工作的 1 641 人,到集体所有制单位工作的 247 人,因各种困难回城的 40 人。至 1983 年,到农村插队落户的城镇知识青年全部安置处理完毕,知青办撤销。

(第四篇第四章《劳动工资管理》,第 205 页)

《桐梓县志》

桐梓县地方志编纂委员会编,方志出版社1997年

(1969年)1月26日,县革委发出《关于迎接安置上海市知识青年和遵义市民来我县农村安家落户的指示》。是年夏秋先后接收安排上海知青到农村落户614人。至1978年末,全县先后安排本县和外地知识青年"上山下乡"4 669人。　　　　　　　　(《大事记》,第29页)

其他支出　为专类之外的杂项支出,多属阶段性项目预算。1950—1992年支出4 411.50万元,占本县财政总支出的13.02％。主要有:城镇青年就业费(知识青年上山下乡补助费、城市人口下放补助费)173.70万元;价格补贴(粮油亏损及差价补贴,国家机关、企事业单位职工和城镇居民物价补贴、生产资料补贴等)1 352.48万元;支援不发达地区资金985.05万元;民兵集训、人民防空战备、农村党员教育及贫下中农建党、公检法办案补助、犯人给养、监所修缮和其他杂项支出1 900.27万元。　　(卷十一第一章《财政》,第649页)

1970年起,机关、学校、厂矿用工,严格按照中央招工政策和用工制度办理,只在农村招收城市下放到农村的知识青年。　　　　　　(卷十八第三章《人事劳动》,第922页)

1978年12月,贯彻"由劳动部门介绍就业、组织就业和自谋职业相结合"的就业方针,大大拓宽了就业门路。在安排就业中,对下乡知青、独生子女或一户一个子女都未安排过的、有特殊困难的待业人员,优先进行安排。　　　(卷十八第三章《劳动就业》,第923页)

第三节　上山下乡"知青"安置

1964年,县人民委员会指示城关镇组织无职业青年上山下乡。经教育动员说服,分别在高桥区的周市、官仓及鞍山区的沙嘴公社安家落户。1968年12月22日,《人民日报》发表了毛泽东的指示:"知识青年到农村去,接受贫下中农的再教育,很有必要。"1969年夏秋,县内知识青年上山下乡形成热潮,至1978年末,下乡知青共4 669人。其中大部分系本县城镇知识青年,余为来自上海、贵阳、遵义市及驻桐厂矿、铁路等单位和少数投亲靠友转点来桐的外地知识青年。从1970年下半年起,开始对上山下乡知青逐步进行招工、升学、参军、顶招等多种形式就业安置。1978年贯彻中央文件和贵州省劳动工作会议精神,广开就业门路,对城镇上山下乡知识青年纳入统筹安排,至1980年底,总共安置了4 421人。1981年对余下未得到安排的知识青年逐步进行就业安置。1989年以后,政府又通过落实政策办公室,对少数未安置或安置不当的知识青年,陆续进行安置或重新安置。

(卷十八第三章《劳动就业》,第914页)

解放后,小学教师除原有和解放初培训补充外,主要来源有下列渠道:一是县办师范。1957年底至1958年初,创办桐梓县师范学校,培养小学教师196人;1974年县师范再度恢复,至1988年共招生13届848人,毕业生绝大部分到小学任教。二是70年代招收部分上山下乡知识青年任教。三是从转业退伍军人中安排一部分到小学工作。四是老教师退休后其子女顶替。五是厂矿企业办学,从企业中自行调配。　　（卷二十第八章《教师》,第999页）

《正安县志》

贵州省正安县地方志编纂委员会编,贵州人民出版社1999年

是年(1964年),首次安置县内中学生和城镇青年20余人,分别到前进公社、田生公社插队落户。　　　　　　　　　　　　　　　　　　　　　　（《大事记》,第31页）

是年(1968年),上山下乡安家落户的知识青年共1 086人,占应下知青的98%。

（《大事记》,第35页）

(1969年)4月,安排267名上海知青到13个公社插队落户。　　（《大事记》,第35页）

9月,上海知青孙金根、正安知青白天寿,赴京参加国庆20周年观礼。

（《大事记》,第35页）

是月(1973年12月),中共上海市委知青慰问团驻正安协助工作。（《大事记》,第38页）

农村供应

根据国家统购统销政策,对农村供应的对象有缺粮户、菜农、农林茶场工人、烈军属、革命残废军人、复员退伍军人、退休、退职、精减下放人员、下乡知识青年、"四员"(水利辅导员、粮管员、多种经营辅导员、广播员)、"四匠"(铁、木、竹、石匠)、鳏寡孤独、精神病和麻风病人,供应的粮食有回销粮、种子粮、饲料粮、奖售粮、救济粮和补助粮。供应中,贯彻"及时收购,同时安排"的方针和"自力更生为主,国家供应为辅"的原则。

对菜农、国营农林菜场工人、特等、一等残废军人、退休、退职人员、下乡知识青年、遗老、遗孤、精神病院和麻风病院人员,按国家规定的定量标准供应粮油。对"四员"、"四进"、农业人口、住校中学生和出席县批准召开的会议人员,按规定补助粮油。根据生活、生产需要,还供应照明和生产用桐油。

特等和一等伤残军人、退休、退职和精减下放的人员、农、林、茶场工人、下乡知识青年、

敬老院、孤儿院、精神病院和麻风病人员的定量口粮、口油,国家一直按统销价格销售。农村回销粮、救济粮、饲料粮、补助粮和菜农口粮,国家按照各个时期粮油政策,执行统销价或购销同价,但都低于议销价。

(第十五篇第三章《销售》,第 409 页)

知识青年安置　自 1963 年县内第一批 29 名知识青年上山下乡之后,有上海市、贵阳市、遵义市及县内的 2 166 名初、高中毕业生到农村插队落户或集体知青农场劳动。到 1982年,除 2 人自愿下乡安家落户和死亡 7 人外,陆续通过招生、招干、招工、征兵等形式,全部就业。

1978—1981 年全县知识青年上山下乡安置情况表　　单位:人

项目 年度	1978 年底前下乡数			回城安置情况							
	接收省 外县、市	接收省 内县、市	本县	招生	招干	招工	征兵	病退	转点 外县	死亡	其他
1978	273	125	1 768	426	—	834	248	59	80	7	10
1979	—	—	—	—	111	140	57	26	—	—	7
1980	—	—	—	4	5	96		4	1		—
1981	—	—	—	—	—	50					
合　计	273	125	1 768	430	116	1 120	305	89	81	7	17

(第二十二篇第二章《劳动》,第 598 页)

　　1971 年在正安二中附设遵义师范正安点,两个班,学制两年。招收正安、道真 3 县学生 140 人,多数为上山下乡知识青年。　　　(第二十五篇第三章《专业教育》,第 679 页)

《务川仡佬族苗族自治县志》

贵州省务川仡佬族苗族自治县志编纂委员会编,贵州人民出版社 2001 年

　　(1974 年)8 月,县革委为知青点建房。　　　　　　　　　　　(《大事记》,第 48 页)

　　(1975 年)6 月 6 日,县委发出通知,下达安置上山下乡知识青年任务。

(《大事记》,第 48 页)

　　1973 年 3 月撤销三部重新设立委、办、局、科工作机构。即:办公室、人事科、劳动科(1975 年 12 月改为劳动局)、人防办、公安局、民政科、计划委员会、知青办(1973 年 6 月组建)……

4518

1976 年 10 月"文化大革命"结束后,县革命委员会工作机构仍保留。1981 年 6 月,务川县革命委员会改为务川县人民政府,革委会工作机构为政府工作机构。

为适应新时期工作重点转移的需要,县政府工作机构的变化较大,有撤并也有增设,称谓变化也很大。10 年中,分别撤销了知青办……到 1987 年底,政府所属局级机构共有52 个。

(第十八篇第三章《人民政府》,第 744 页)

知识青年上山下乡

1965 年 9 月 17 日,务川 23 名知青首批上山下乡,走与工农相结合的道路,下到镇南公社五星生产队落户。县委、县政府组织县城职工师生,在大操坝为他们开了热烈而隆重的欢送大会。

1968 年 12 月 22 日,《人民日报》发表了毛泽东的指示:"知识青年到农村去,接受贫下中农再教育,很有必要。要说服城里人和其他人,把自己初中、高中、大学毕业的子女,送到乡下去,来一个动员。各地农村的同志应当欢迎他们去。"从而进一步推动了知识青年上山下乡热潮。

知识青年上山下乡,在"文化大革命"特定历史条件下,是为安排知青劳动就业和"反修防修"而进行的一场政治运动。这一工作的开展,是与我国人口多,经济、文化发展不平衡,城镇就业困难,广大农村又需要大批有文化的建设人才等历史条件联系在一起的。"文化大革命"开始以后,由于招生考试制度被废除,积压在学校的初、高中毕业生越来越多,而国民经济又处于停滞状态,绝大多数工矿和基层无法招收新职工,动员知识青年上山下乡,在当时是比较适宜的措施。

为加强知识青年上山下乡工作的领导,1968 年 11 月,县革委成立了知识青年上山下乡指挥部;1973 年 12 月,改建为县委知识青年上山下乡领导小组;同时成立专门办事机构知青办公室,负责知青上山下乡的日常工作。

知识青年上山下乡的对象是,除"四不下"(残疾不能参加劳动的,独生子女,多子女身边只有一个子女的,中国籍外国人子女)外,凡是高中毕业生和年满 17 周岁的初中毕业生,都要下到农村去。

每个上山下乡的知识青年,国家补助建房、生活、农具、医疗费 480 元,由县知青办统一掌握使用。下乡知青口粮供应,头一年每人每月国家供应贸易粮 20 公斤,从第二年起,知青参加集体分配后,正常出勤,生产队每人每月分配口粮达不到 18 公斤贸易粮的,由国家补足到贸易粮 18 公斤。食油头一年每人每月供应 200 克,从第二年起,生产队食油分配达不到城镇供应标准的,由国家供应补足到城镇食油供应标准。

务川 1973 年以前,共有下乡知青 35 名,其后每年下乡的人数是:1974 年为 222 名,1975 年为 211 名,1976 年为 82 名,1977 年为 165 名,1978 年为 61 名,全县下乡上山知青共为 776 名(其中县外知青 37 名)。

下乡知青安置,主要采取插队(即分别安置到生产队劳动)的办法。全县插队安置为569名,占安置总数的73%;安置到社队农场、林场、茶场和用其他方法安置的为207名,占27%。至1977年底,全县知青点为48个,建房点27个,共建房97间;全县知青安置分布于22个公社,38个大队,63个生产队。中共十一届三中全会后,于1979年停止知青上山下乡工作。

知识青年上山下乡后,很多人都能虚心向农民学习,与群众同甘共苦,积极参加劳动,锻炼自己,受到群众好评。下乡知青有的入党入团,有的当上了社队干部或民办教师,有的被评为省、地、县先进模范人物。知青上山下乡,对于知识青年了解群众疾苦,体验农村生活,增长社会知识,在艰苦的环境中磨炼自己,是有益处的。

党和政府对上山下乡知青采取逐步安排工作的办法。招工招干以上山下乡3年以上的知青为对象,符合上山下乡条件而不上山下乡的,不予招收。至1980年底,全县有600名知青得到安排,其中:招工招干465人,占安排总数的75.5%;招生92名,占15.3%;征兵43名,占9.2%。其余的1981年以后均逐安排了工作。在1985年工资改革中,已将知青上山下乡时间算为工龄。

当年上山下乡知青,现在很多已成为各条战线的骨干,有的成为领导干部,有的成为高级知识分子,有的出国留学,有的成为企业家,有的成为先进模范人物。

(第二十篇第二章《解放后政事纪略》第820—821页)

1976年10月至1979年5月曾先后从农村大队、生产队干部、退伍军人、民师、知青中招收104名半脱产干部充实农村人民公社干部队伍。1978年底,从符合条件的上山下乡知识青年中招收15名为区社计划生育专职干部。(第二十二篇第二章《人事劳动》,第893页)

从1965年9月至1978年,全县共组织动员776名城镇知识青年到农村插队落户。1975—1981年招工、招干安置上山下乡知识青年538人,其余通过招生、参军等途径于1981年底全部安置完毕。　　　　　　　　　　(第二十二篇第二章《人事劳动》,第899页)

《湄潭县志》

贵州省湄潭县地方志编纂委员会编,贵州人民出版社1993年

(1968年)10月,全县中学学生全部上山下乡,进行劳动锻炼。　　(《大事记》,第36页)

(1973年)11月28日,县知识青年办公室成立。　　　　　　　(《大事记》,第38页)

1970—1976 年"文化大革命"期间,根据省、地劳动部门有关招工问题的指示精神,县外许多厂矿企业及县内各厂矿企事业单位大量招工,安置了大批退伍军人、知识青年和城镇待业青年。1978 年后,采取劳动部门下达招工计划,确定招工地区或单位,基层行政单位推荐,德、智、体全面考核,举贤选能,用工单位录取,劳动部门办理手续的办法招工,使大批待业青年和上山下乡知识青年走上了不同的工作岗位。(第十四篇第四章《政务》,第 675 页)

知识青年安置 1964 年,湄潭县第一批城镇青年计 20 余人,响应党的号召,率先到马山区清江公社毛公堂、四合头生产队落户。1967 年 10 月成立"湄潭县知识青年上山下乡安置领导小组"。下设办公室(简称"知安办"由县民政局代管),抽调县劳动科 1 名工作人员办公。1968 年 7 月,"知安办"由县民政局分出单独办公,配备工作人员 3 名。10 月,湄潭一中学生响应毛泽东主席"知识青年到农村去,接受贫下中农的再教育,很有必要"的号召,奔赴全县农村插队落户,掀起了知识青年上山下乡的高潮。从 1969 年开始安置遵义、贵阳、上海等地知识青年到县内插队落户,至 1978 年底止,共安置各地知识青年 3 050 名。知识青年下乡插队落户的第一年,由国家补助每人生活和建房费 480 元,供应大米 480 斤、油 4.8 斤。参加集体劳动分配后,个别生活不能自给的,"知安办"给予必要的补助。1978 年 12 月,根据全国知识青年上山下乡工作座谈会议纪要规定,小城镇和一般县城非农业人口的中学毕业生,不再列入上山下乡范围。从 1979 年起湄潭县不再动员知识青年上山下乡。在湄潭县上山下乡插队落户的湄潭、遵义、贵阳、上海、重庆、凤冈等地城镇知识青年,从 1970 年起陆续安排就业,至 1981 年底全部安置完毕。1982 年,湄潭县"知识青年安置办公室"撤销。

1967 年—1978 年知识青年上山下乡统计表

地区 \ 年份 人数	1973 年前	1974 年	1975 年	1976 年	1977 年	1978 年	合计
城 关	61	65	72	10	45	28	281
永 兴	283	27	88	14	50	4	466
兴 隆	175	145	94	15	49	8	486
黄 家 坝	138	45	185	18	50	12	448
高 台	78	12	101	5	19	5	220
茅 坪	39	10	18	3	10	3	83
鱼 泉	18	26	165	11	13	3	236
马 山	38	57	250	6	17		368
国 营 场		54		332	68	8	462
合 计	830	442	973	414	321	71	3 050

(第十四编第四章《政务》,第 676 页)

1970 年 3 月，湄潭一中用推荐与选拔相结合方式，面向上山下乡知识青年和回乡知识青年恢复招收高中学生。　　　　　　　　　　　　（第十七编第三章《中等教育》，第 762 页）

1977 年，全国恢复统一考试的招生制度。湄潭县成立招生委员会，同年，全国高考制度恢复，湄潭大批知青、职工、学生参加高考，被录取大学本科 63 人，专科 17 人。

（第十七编第三章《中等教育》，第 764 页）

1971 年 11 月，湄潭招收师范生 30 人，送凤冈师范培训，主要招收对象为上山下乡两年以上的知识青年和回乡知青。　　　　　（第十七编第三章《中等教育》第 768 页）

1977 年，从有高中文化程度表现好的"上山下乡知识青年"中招收教师。

（第十七编第五章《教师》，第 774 页）

《仁怀县志》

贵州省仁怀县地方志编纂委员会编，贵州人民出版社 1991 年

是年(1968 年)，全县开展知识青年上山下乡工作。从 3 月 4 日至 12 月底，全县共安置上山下乡知识青年 1 548 人，其中，贵阳、遵义下放的知识青年 750 人。　　（《大事记》，第 56 页）

(1972 年)3 月 24 日，高等院校在仁怀县招生 24 名。这次招生，是从具有 2 至 3 年生产和工作实践的工人、贫下中农、解放军战士、上山下乡知青，初中以上文化，年龄在 20 岁左右的未婚青年中招收。采取自愿报名，群众推荐，领导批准，学校复审的办法进行，于 4 月 8 日结束。　　　　　　　　　　　　　　　　　　　　　　（《大事记》，第 58 页）

(1982 年)5 月，全县上山下乡知识青年的安置工作已全部结束。县人民政府撤销知青安置办公室。　　　　　　　　　　　　　　　　　　（《大事记》，第 63 页）

1968 年 12 月，毛泽东主席发出"知识青年到农村去，接受贫下中农的再教育，很有必要"的号召。动员城镇知识青年到农村插队落户，参加农业生产。至 1978 年 10 月，先后到全县农村插队落户的城镇知识青年 3 069 人，其中，中枢、茅台、鲁班等区镇的 1 709 名，贵阳市、遵义市初中高中毕业生 1 360 名。分别到鲁班、文政、五马、隆保、新民(冠英)、茅坝、小湾、后山、黎民、九仓、长岗、喜头、学孔、林阁、高坪等公社。是时，中共中央发出"不再组织动员知识青年上山下乡"的通知，仁怀县停止动员知识青年上山下乡工作。1978 年 10 月至

1981 年 12 月,全县 1966 年以来上山下乡知识青年全部安排完毕。

(第二十一篇第一章《劳动管理》,第 883 页)

从 1956 年至 1988 年,按国家下达劳动计划指标,由县劳动科(局)统一招收全民所有制单位和纳入劳动计划的集体所有制单位职工。

招收职工对象:……1970 年至 1981 年,主要是上山下乡插队落户的城镇知识青年。

(第二十一篇第一章《劳动管理》,第 884 页)

1979 年,从上山下乡知识青年中,招收计划生育干部 68 名;安置军队转业干部 40 名。

(第二十一篇第二章《人事管理》,第 894 页)

《习水县志》

贵州省习水县地方志编纂委员会编,贵州人民出版社 1995 年

(1966 年)8 月 5 日,首批 48 名知识青年到生产队插队落户。　　(《大事记》,第 36 页)

1968 年 11 月,设知识青年领导小组,并设办公室,直属县革命委员会。

(第十四篇第三章《人民政府》,第 620 页)

重大政务,由县长办公室会议讨论决定,从 1981 年起至 1990 年止,共 4 届。其(县人民政府)机构设 7 室、6 委、1 科、28 局、1 社、1 站共 44 个单位。单位名称是:政府办公室、财贸办公室、农林办公室、文教办公室、计划生育办公室、交通战备办公室、知青办公室……

(第十四篇第三章《人民政府》,第 620 页)

第三节　知识青年安置

1966 年 8 月,开展知识青年(下简称知青)上山下乡工作。首批 48 名知青到农村插队落户。1968 年,成立县知识青年上山下乡领导小组,下设办公室。知青到农村插队落户形成高潮,全县上山下乡知青 1 380 人(含贵阳、遵义来习水插队落户知青)。1978 年,全县有上山下乡知青 3 850 人,其中安置到农场、林场、茶场 11 个知青点 425 人,安置到生产队落户 3 425 人。上山下乡知青经劳动锻炼,增长了才干,有 19 人加入中国共产党,432 人加入共产主义青年团,122 人当生产队干部,18 人进入大队领导班子,19 人担任公社领导成员,74 人任民办教师、赤脚医生。至 1981 年,县内知青除回城 116 人、转点到县外的 163 人外,其余 3 571 人全部招收安置完毕。计招工 2 927 人(其中全民所有制单位招工 2 778 人,集

体所有制单位招工 149 人），考入大、中专学校 259 人，招干 127 人，参军 258 人。

（第十九篇第三章《劳动就业》，第 751 页）

《铜仁地区志·粮食志》

铜仁地区地方志编纂委员会编，（内部刊行）1988 年

1966 年到 1970 年，城镇知识青年上山下乡，干部和城镇居民到农村插队落户，城镇吃商品粮的人口增长缓慢。

（第二编第三章《城镇粮食供应》，第 127 页）

《铜仁地区志·林业志》

贵州省铜仁地区地方志编纂委员会编，贵州人民出版社 2004 年

在"文革"期间搞"知识青年"（当时称城镇还未毕业的在校中学生为"知识青年"）上山下乡，有些公社和生产大队就把安插到本公社、大队的知青，安排他们去办"知青林场"。仅铜仁县就安排下放到该县的知青办了"寨桂大坳知青林场"、"石竹公社知青林场"、"三寨公社知青林场"。

（第二篇第三章《林场》，第 121 页）

《铜仁地区地方志·工商行政管理志》

铜仁市工商行政管理志编纂领导小组编，（内部刊行）1996 年

1980 年，全区登记发证的集体商业企业 329 户，从业人员 3 003 人。其中安排知识青年 2 052 人。

（第三篇第一章《国营集体企业登记管理》，第 127 页）

《铜仁地区志·政党群团志》

贵州省铜仁地区地方志编纂委员会编，贵州人民出版社 1999 年

（1969 年）12 月召开传达学习中共中央关于城市初、高中毕业生上山下乡，接受贫下中农再教育的指示（"文化大革命"期间全区下放农村知青 5 809 人，其中上海知青 205 人。）

（第二篇第六章《专项政治运动》，第 176 页）

1973 年 7 月传达中发（1973）21 号文件，即毛泽东主席给反映知青工作问题的李庆霖的复信。

（第二篇第六章《专项政治运动》，第 178 页）

（1969年）4月8日，上海上山下乡知识青年341人到印江县木黄、缠溪、洋溪3个区的11个公社插队落户。 （《大事记》，第277页）

11月，贯彻中共中央主席毛泽东"知识青年到农村去，接受贫下中农的再教育，很有必要"的指示，各县先后组织知识青年上山下乡。 （《大事记》，第277页）

（1974年）8月，铜仁地区上海知青何光荣被选为贵州省学习毛主席著作、农业学大寨积极分子，出席贵州省农业学大寨先进表彰大会。 （《大事记》，第280页）

《铜仁地区志·科学技术志》

贵州省铜仁地区地方志编纂委员会编，贵州人民出版社2003年

1974年，铜仁县城关区为安置知识青年和社会青年就业，在铜仁中南门办起了"铜仁县布鞋厂"。 （第三编第二章《轻工业科技》，第360页）

《铜仁地区志·教育志》

《铜仁地区志·教育志》编纂领导小组编，贵州人民出版社2002年

"文化大革命"后，全国师范学校教学计划未统一前，铜仁地区教育局于1978年制订了《铜仁地区中等师范学校暂行教学计划（草案）》，规定各县师范学校普遍实行二年制，招收高中毕业生和参加过两年以上农业劳动的上山下乡或回乡知识青年，以及民办小学教师。

（第五章《中等职业教育》，第159页）

1972—1976年，铜仁师范学校遵照上级指示曾招收初中毕业后具有两年以上实践经验的上山下乡或回乡知识青年，由生产大队和公社推荐入学，"社来社去"，即毕业后仍回原公社大队小学任教。 （第五章《中等职业教育》，第170页）

1978年，全国恢复统考、统招，规定："凡工人、农民、上山下乡和回乡知青、复员军人、干部和高中毕业生，年龄在20岁左右不超过25周岁，未婚……"（第十一章《教育行政》，第352页）

（1968年）11月，遵照毛主席"知识分子到农村去，接受贫下中农再教育"的指示，全地区1966、1967、1968三届高、初中毕业生计3200多人，下到农村安有落户，劳动锻炼。

（《大事记》，第398页）

《铜仁地区志·卫生志》

铜仁地区地方志编纂委员会编,贵州人民出版社 2003 年

　　1972 年 6 月,地区人民医院护校经省卫生厅批准恢复招生,招收初中毕业或相当于初中毕业学生,并且有两年以上实践经验的……上山下乡和回乡知识青年,学制二年。

(第六篇第二章《医学教育》,第 271 页)

《铜仁地区志·体育志》

铜仁地区地方志编纂委员会编,贵州人民出版社 1993 年

　　60 年代后期,知识青年上山下乡,以知青为主体的农村体育开始兴起。

(第一篇第四章《农村体育》,第 27 页)

《铜仁市志》

贵州省铜仁市地方志编纂委员会编,贵州人民出版社 2003 年

　　(1965 年)7 月 6 日,县人委成立"知识青年下乡上山"安置领导小组。

(《大事记》,第 42 页)

　　(1968 年)10 月 8 日,城区知识青年 246 人上山下乡到 8 个公社 53 个点。10—11 月,铜仁城区 1966、1967、1968 届高、初中毕业生共有 2 000 多人到农村插队落户。

(《大事记》,第 44 页)

　　(1969 年)4 月 14 日,首批上海知识青年 306 人来到铜仁县的谢桥、川硐、茶店 3 个区、11 个公社、58 个生产队落户。

(《大事记》,第 45 页)

　　(1971 年)9 月 1 日,县委主要负责人听取有关上海知青在铜仁插队落户问题的汇报。

(《大事记》,第 46 页)

　　(1973 年)7 月 21 日,县委提出解决全县知青困难问题的方案。　(《大事记》,第 47 页)

　　(1974 年)1 月 3 日,瓦屋公社大寨黄生产队回乡女知识青年黄久玉被家族逼婚,县委就此事向全县通报。

(《大事记》,第 48 页)

是年(1981年),统计全县从1964年到1981年共有上山下乡知识青年4588人。对上山下乡知识青年全部安排工作。　　　　　　　　　　　　　　　(《大事记》,第53页)

1963—1978年,城镇人口逐渐回升。一方面国家建设有所恢复,城镇人口有较大增长,另一方面由于城市人口疏散,知识青年上山下乡,农村人口也有所增加。

(第三编第二章《人口分布》,第222页)

1987年8月,对城乡集体企业、个体工商业户和知识青年办的企业,按7%征集(能源交通重点建设基金)。　　　　　　　　　(第十二编第二章《税务》,第794页)

(1968年)10—11月,1000多名知识青年上山下乡,接受贫下中农再教育,到农村落户,不久后上海307名知青也分别在川硐、谢桥、茶店3个区的56个点上落户。

(第十四编第三章《政事纪略》,第933页)

1968年5—8月,成立"五七"干校筹备组、揪"叛"领导小组、"毛主席著作"学习办公室、知识青年上山下乡办公室。10月,又恢复和建立了……知青安置办公室、复退军人办公室。

(第十五编第三章《人民政府》,第1014页)

知识青年上山下乡及就业安置

1964年8月,成立县委劳动调配办公室,随后设县知识青年办公室。接着展开了大张旗鼓的宣传、动员活动。1964年12月,有30名知识青年首批下乡到川硐区白水公社下桥一队、下桥二队和马巩坪生产队落户。1965年9月,有20余名知识青年落户罗河溪,成立城关新建生产队。

1968年冬,铜仁城区掀起了大规模的知识青年上山下乡的高潮。铜仁城区各中学的初中、高中毕业生1000多名分期分批下乡插队落户。第一批有246名知青,于1968年10月8日分别到境内部分生产队落户。

1969年4月,分来306名上海知识青年,分别在谢桥、川硐、茶店3个区,11个公社,58个生产队落户。其中男生194人,女生112人。

1970年10月12日,铜仁一中、三中、运输公司子弟中学共200多名知识青年分三批赴石阡县12个公社插队落户。1971年后,地、县单位按系统建立知识青年农场,抽专人负责管理,插队落户形式基本结束。

1964—1980年,全县共有知识青年4588名上山下乡(包括上海知青),其中男知青2614人,女知青1974人,国家财政共拨知青经费163620元,用于购置生活用具、农具和生活补助及车旅费、医药费等方面的开支。

4527

从 1973 年起,通过企业招工、政府招干、学校招生、服役参军等多渠道,逐年对知识青年进行安置。1977 年,形成大招工热潮,1982 年知青的安置工作全部结束。个别在农村安家落户的知青,政府给予 200—500 元的一次性安家补助费。

(第十九篇第五章《劳动就业》,第 1254 页)

60 年代后期,知识青年上山下乡,以知青为主体的农村体育活动开始恢复。

(第二十四编第二章《群众体育》,第 1551 页)

70 年代,县武装部、县体委联合举办,谢桥区承办铜仁县农民篮球比赛,各区参赛队员多为上山下乡知识青年,男、女各 6 支篮球队参赛。(第二十四编第二章《群众体育》,第 1554 页)

《玉屏侗族自治县志》

玉屏侗族自治县编纂委员会编,贵州人民出版社 1993 年

(1968 年)8 月,组织首批知识青年上山下乡,"接受贫下中农再教育"。至 1978 年,共有 1 154 名知识青年到农村落户。后,陆续收回城镇全部安置工作。　　(《大事记》,第 23 页)

(1972 年)10 月,南宁村回乡知识青年熊朝健培育的"玉南 1 号"水稻良种,参加全国农展会展出,被评为全国 105 个水稻优良品种之一。　　　(《大事记》,第 25 页)

(1976 年)3 月 2 日,县委抽调干部分赴麻音塘、朱家场、兴隆、田坪、长岭、新店、城关、大龙 8 个公社(镇),任上山下乡知识青年带队干部。　　　(《大事记》,第 27 页)

(1978 年)2 月,大龙公社南宁大队回乡知青、"玉南 1 号"水稻良种培育者熊朝健当选为第五届全国人民代表大会代表。　　　　(《大事记》,第 28 页)

1968 年 9 月,设知识青年上山下乡办公室。1973 年 7 月,更名知识青年工作办公室。1981 年 7 月撤销。　　　(第十三篇第二章《解放后政权》,第 431 页)

1968 年 10 月,根据毛泽东主席"知识青年到农村去,接受贫下中农再教育"的指示,开始动员组织非农业人口的高初中毕业生、城镇青年上山下乡。至 1978 年,先后到农村插队落户共 1 154 人。

1973 年起,劳动人事部门开始上山下乡知识青年安置工作。至 1978 年,共安置 355 人。

(第十五编第一章《劳动》,第 461 页)

1972年,大龙镇南宁村回乡知识青年熊朝健,培育成功水稻新品种"玉南1号",被评为全国105个水稻优良品种之一。熊朝健因热爱科研,为农业作出贡献,被选为三、四届全国人民代表大会代表。

(第二十一篇第二章《科技》,第606页)

《思南县志》

贵州省思南县志编纂委员会编贵州人民出版社1992年

(1964年)首批知识青年20人上山下乡,到张家寨区香家湾、沙子坎两个生产队落户。

(《大事记》,第36页)

1969年3月17日,召开县贫下中农第二次代表大会……会上……布置知识青年上山下乡及遣送下放人员的安置工作。

(卷三第四章《人民团体》,第217页)

(1973年)6月9日,发出《关于认真做好高等学校1973年招生选送工作的意见》,分配名额44人,按照毛泽东主席关于"要从有实践经验的工人农民中选拔学生"的指示改革招生制度,坚持"自愿报名、群众推荐、领导批准、学校复查"的招生办法。全县中专招生171人其中上山下乡知青66人。

(卷四第三章《人民政府》,第253页)

知识青年上山下乡办公室 1964年设,1968年2月改为知识青年安排办公室,同年12月更名知识青年上山下乡安置办公室,1980年12月撤销。

(卷四第三章《人民政府》,第264页)

1970年按照以户口在城镇的初、高中毕业后,上山下乡知识青年,精简下放干部中招收的原则,招工243人。

(卷七第一章《劳动》,第342页)

1972年在湘黔铁路民兵回思人员以及城镇应届初、高中毕业生,回乡及上山下乡知识青年中,招工895人。

(卷七第一章《劳动》,第343页)

知识青年上山下乡

1964年8月,县知识青年20人,首批上山下乡到张家寨区香家湾、沙子坎等两生产队落户。1968年2月,县成立知识青年上山下乡安置办公室。1973年9月,中共思南县委及各区委成立知识青年上山下乡领导小组。1964—1978年,县共动员1 470名城镇青年上山下乡,分布在全县11个区、57个公社、两个国营农茶场、50个集体单位,200个农牧场;插队知青点 60 个,单独随家属插队 60 人。共为知青建房 95 栋 558 间,猪圈 118 间,厨房 91 间,三配套住房 64 个点,面积 12 380 平方米,保证了下乡知青每人有 8—10 平方米的房屋。

对下乡知青的口粮,头一年按每人每月 40 斤贸易粮、4 两食油标准,由县统一供应,第二年参加集体分配,对下乡不满一年者,每月补助 10 元。

1973 年,张家寨区溪底公社构林桠生产队知青冉茂初,与全队群众一起自筹资金,在水电部门的帮助下,自己设计,自己施工,半月建成一座 200 千瓦的小型水电站,使该队家家安上了电灯,并可抽水灌田。

1976 年 3 月,县委对下乡知青饲养肥猪规定第一、二年自食,第三年后上调一头自食一头。7 月 25 日县委《关于上山下乡知识青年问题的调查报告》指出:全县有 1 331 名知青奔赴农村。建房 590 多间,8 950 平方米,有 780 人有了住房。有 7 人入党,350 人入团,75 人参加各级领导班子,20 多人参加公社团委班子。200 多人分别担任民办教师、赤脚医生、农机员、政治辅导员、科研员、会计、保管等。几年来,为国家输送干部、公办教师 102 人,工人 75 人,大中专学生 123 人,参军 23 人。1977 年统计,全县知青参加农田水利专业队 119 人,社队农科队 86 人,改土造田突击队 310 人,农机专业队 16 人,畜牧场 25 人,林茶场 100 人。

1978 年,县对城镇上山下乡知识青年大批招工,采取考核,择优录用,对下乡子女多、就业人口少的家庭和下乡时间长的知青,适当予以照顾。

1979 年 5 月,县委根据上级有关指示精神,作出明确规定:凡是外地申请转点到本县的知青一律不予接收,只准出不准进,提出知识青年不再上山下乡。11 月,县召开各区知青办负责人及财会人员会议,组织 12 个知青财产清理小组,对各区知青财产进行清理。

1980 年上半年,县安置办采取按所在区、系统、部门,包干落实,分区包任务的办法对余留的 331 名知青全部安置。

历年上山下乡知识青年统计表

单位:人

年 份	人 数	其 中		年 份	人 数	其 中	
		男	女			男	女
1964	20	8	12	1972	6	2	4
1965	35	19	16	1974	551	311	240
1966	22	12	10	1975	227	141	86
1968	33	23	10	1976	19	11	8
1969	163	83	80	1977	197	105	92
1970	140	99	41	1978	9	5	4
1971	48	36	12	合计	1 470	855	615

(卷七第一章《劳动》,第 344—345 页)

1971年10月,从农村积极分子、半脱产干部、转业退伍军人、上山下乡知识青年中吸收129名骨干充实人民公社;同月,招收28名干部充实财贸队伍。1972年,招收12名教师。1979年7月,经县委批准,安排83名上山下乡知青作为公社计划生育干部,列入行政编制。

(卷七第二章《人事》,第355页)

1980年,安置复员退伍军人41人参加工作,其中:对越自卫还击战中负伤致残的二、三等残废军人25人,上山下乡知青参军退伍16人。　　(卷七第二章《人事》,第356页)

(1978年)9月26日至28日,召开知青工作会议,落实当年知识青年上山下乡的安置任务,研究今后对知青的培养、教育、管理、使用工作,各区主管知青负责人、专职干部及部分社队负责人参加。　　　　　　　　　　　　(卷四第三章《人民政府》,第255页)

《德江县志》

德江县志编纂委员会编,贵州人民出版社1994年

(1968年)3月,县成立知识青年上山下乡办公室。　　　　　(《大事记》,第32页)

知识青年办公室　1973年设,1981年7月撤销。

(第五篇第四章《县人民政府》,第222页)

1974年至1978年,安置下乡知识青年65人。　(第八篇第二章《劳动人事》,第298页)

知青安置

1964年8月,12名初、高中毕业生,首次"上山下乡",到生产队落户,参加生产劳动,接受贫下中农再教育。1968年以后,每年都组织城镇应届初高中毕业生,作为知识青年下到农村。至1978年,全县有1264名知青分布在7个区50多个公社(乡),36个知青点接受劳动锻炼。国家和社队集体为知青建房45栋。知青下乡口粮,第一年按每人每月40斤贸易粮、4两食油的标准由县统一供应。第二年参加集体分配,下乡不满一年者,每月补助9至10元。

1968年3月成立知识青年上山下乡安置办公室。1973年10月,成立知青上山下乡领导小组。1978年对城镇上山下乡知青进行招用,采取考核,择优录用。对下乡子女多,就业人口少的家庭和下乡时间长的知青,适当予以照顾。1979年底,安排82名知青到国营新场良种场、煎茶林场、沙溪林场、高山林场当工人。同年,在老职工退休后顶替中,上山下乡知

青占 41 人。1979 年统计,尚有待业知青 652 人,至 1980 年止对余留知青全部安置。1979 年,撤销县知识青年领导小组,1981 年 11 月撤销县知青办。

(第八篇第二章《劳动人事》,第 299 页)

《松桃苗族自治县志》

贵州省松桃苗族自治县志编纂委员会编,贵州人民出版社 1996

1981 年,按中共贵州省委指示,全县直接从农村少数民族回乡知识青年中招入民族干部 600 名,培养了新一代接班人。　　　　　　(第二编第四章《贯彻民族政策》,第 157 页)

1970—1982 年,采取基层单位推荐、主管部门选送的办法,从城镇初高中毕业生、回乡和下乡知识青年、复员退伍军人中招收职工 315 人。

(第八编第七章《劳动工资制度》,第 360 页)

上山下乡知识青年安置。1965—1979 年,全县上山下乡知识青年共 2 720 人。从 1970 年起通过行政和企事业单位招工招干、大专院校招生、应征入伍等途径,逐步安置上山下乡知识青年,至 1984 年全县上山下乡知识青年全部安置完毕。

(第八编第七章《劳动工资制度》,第 360 页)

《江口县志》

江口县志编纂委员会编,贵州人民出版社 1994 年

(1970 年)4 月 29 日,县动员 131 名知识青年上山下乡,安置在城关、闵孝、民和区各知青点。　　　　　　　　　　　　　　　　　　　　　　　　(《大事记》,第 25 页)

(1973 年)7 月 21 日,成立知识青年上山下乡领导小组,下设办公室。

(《大事记》,第 26 页)

(1975 年)3 月 12 日,县委召开知青积极分子代表大会。　　　　(《大事记》,第 27 页)

知青安置　1968 年 12 月,中共中央发出知识青年到农村去,接受贫下中农再教育的指示,1970 年 4 月起,江口中学 66、67、68 年 3 届高初中毕业生先后上山下乡插队落户,当年安置上山下乡知青 243 人,回乡知青 285 人,县财政支付安置经费 4.76 万元。1973 年中央、

省委文件补充规定:年满 17 岁的应届和历届毕业生未安置的或中途退学的中小学生,也要动员上山下乡。2 月 2 日成立知识青年上山下乡办公室专管机构:拨专款在谢家坝新建数百平方米楼房组建知青农场,安置知青 57 人。年底全县下乡知青总数 967 人(其中贵阳与万山汞矿来县插队落户的有 400 人),分别安置在 23 个公社的 88 个知青点上。1970 年后,年年有高初中应届毕业生到农村插队、落户,也年年有知青通过参军、升学、招干招工安置就业。1970 年终止上山下乡,按照省委文件精神,当年 12 月安排 19 名知青为公社计划生育干部,到 1981 年止全县下乡知青全部安置在不同的工作岗位,县知青办撤销。

(第二卷第一章《劳动》,第 246 页)

1970 年,知识青年上山下乡后,青年人穿小裤脚喇叭裤盛行一时。

(第四卷第三章《人民生活》,第 640 页)

《石阡县志》

贵州省石阡县地方志编纂委员会编,贵州人民出版社 1992 年

(1964 年)11 月,县城第一批知识青年 9 人到坪山公社包溪生产队落户务农。

(《大事记》,第 35 页)

(1968 年)12 月 25 日,县知识青年上山下乡安置领导小组(同年 10 月成立)组织 1960、1967、1968 届县城高、初中毕业生 110 名到农村插队落户,接受贫下中农再教育。

(《大事记》,第 37 页)

1964 年 5 月 29 日,县人委贯彻执行铜仁行署《关于动员和组织城镇知识青年下乡参加农业生产的通知》,成立知识青年安置领导小组。动员县知识青年上山下乡。是年 11 月 27 日,第一批城镇知青 9 人到坪山公社坪洋大队从事农业生产。接着又有两批知青 32 人到坪山和地印公社安家落户。

1968 年 12 月,县城 108 名知青到坪山公社的坪阳、平岭、老寨、长坡、牛场 5 个大队的 17 个生产队落户劳动。1969 年,参加"文化大革命"的"三一九"、"三二七"两派群众发生武斗,知青工作无人管理,下乡知青纷纷返城。1970 年,县革委成立知识青年上山下乡安置办公室,全年安排知青到各区社插队落户 375 人(其中地区下放知青 155 人)。

1979 年,知识青年上山下乡停止。县对下到各地的知青通过参军、升学、招工、招干等渠道陆续安排工作。至 1980 年底全部安置完毕。累计安置知青 913 人。

(第十三篇第二章《劳动》,第 402 页)

1979 年,与组织部、计委、知识青年上山下乡安置办等单位配合,在上山下乡知识青年中选招了一批工作人员,分配到林业、银行等部门工作。　　　（第十三篇第三章《人事》,第 404 页）

《印江土家族苗族自治县志》

印江土家族苗族自治县志编纂委员会编,贵州人民出版社 1992 年

(1969 年)4 月 8 日,上海市上山下乡知识青年分到印江 341 人,县革命委员会将他们分别安插在木黄、缠溪、洋溪 3 个区 11 个公社、45 个大队,以 3 至 5 人为集体户。

（《大事记》,第 43 页）

(1973 年)12 月 5 日,县革命委员会对上海来印江上山下乡知识青年安家落户拨建房费 3 万元,每人建房面积 8 至 10 平方米,拨生活补助款 2.5 万元。16 日,县革委增拨各区救济款 10 万元。其中城关区 1 万元,板溪区 1.8 万元,天堂区 1.2 万元,木黄区 1.1 万元,朗溪区 1.6 万元,洋溪区 1.3 万元,缠溪区 1.6 万元。　　　（《大事记》,第 45 页）

(1974 年)11 月 18 日,县各社队 13 个集体及建厂公社上海知青何光荣出席"贵州省农业学大寨先进表彰大会"。　　　（《大事记》,第 45 页）

1973 年 7 月始建计划生育领导班子,提出本项工作在党的一元化领导下进行,采取思想上定根、议程上定位、组织上定人、工作上定措施、时间上定任务的"五定"方针,以农场乡为计划生育工作重点,抽调国家医务人员 33 人,选拔上海来印插队落户的知识青年 24 人,聘用赤脚医生 47 人,组成计划生育专业队,分成 7 个小分队,到试点乡村开展计划生育宣传和执行计划生育任务。　　　（地理篇第四章《人口》,第 194 页）

1969 年 4 月,上海的 341 名初高中生和社会青年(简称"上海知青")来印江插队落户,主要分配在洋溪、缠溪、木黄三个区。

（政党篇第二章《中国共产党印江地方组织》,第 212 页）

1965 年至 1978 年,全县有 893 名团员青年带头响应"知识青年上山下乡,接受贫下中农再教育"的号召,上山下乡,插队落户。

（群团篇第二章《中华人民共和国建立后的群团组织》第 230 页）

1964 年 6 月,设知识青年办公室,恢复农业局、林业局、水电局。

（政权、政协篇第四章《人民政府》,第 279 页）

1973 年 3 月后,恢复的机构有……知青办(临)、人民法院。

（政权、政协篇第四章《人民政府》,第 279 页）

1970 年,县革命委员会政治部文教党组制定了《印江县中小学招生办法》。当年全县报考高等院校的知识青年 347 人,经区社初选,推荐到县 85 名,再由县招生委员会选拔 27 人,保送到高等院校学习深造,其中按家庭成份是贫民 2 名,下中农 18 名,中农 3 名,佃中农 1 名,职员 1 名,工人出身 2 名。 （教育篇第四章《中等教育》,第 756 页）

《铜仁地区县志·沿河县志》

沿河土家族自治县志编纂委员会编,贵州人民出版社 1993 年

(1968 年)6 月,成立县"知识青年上山下乡办公室",动员 350 名知青下乡、接受贫下中农再教育。 （《大事记》,第 40 页）

(1975 年)1 月,成立"上山下乡知识青年慰问团",赴各知青点开展慰问活动。次月,县城召开知青代表会议。 （《大事记》,第 43 页）

1974 年 8 月,铜仁地区粮食局通知,上山下乡知识青年的带队干部每人月定量 20 公斤;知识青年下乡的第一年,每人月定量 20 公斤,从第二年起,正常出勤,劳动分配的粮食平均每月不到 18 公斤贸易粮的,由国家补足供应。 （第四篇第三章《粮油经营》,第 273 页）

1971—1972 年,改手管局为轻工业局、民政科为民政局,工业交通局分设为工业局、交通局,邮电局分设邮政局、电信局,并增设物资局和知识青年上山下乡办公室。

（第十篇第三章《县人民政府》,第 550 页）

1980 年,撤销知青办,建立劳动局。 （第十篇第三章《县人民政府》,第 551 页）

1973 年,贯彻"开门办学"精神,经铜仁地区革委批准,在县人民医院住院部内设立铜仁地区卫生学校沿河分校,设置护士专业全部课程,招收下乡知识青年 13 人,学制两年,毕业后分配县内各医疗卫生单位工作。 （第十六篇第四章《成人教育》,第 673 页）

1970 年 11 月吸收上山下乡知识青年 172 人充实教师队伍。

（第十六篇第六章《教师》,第 684 页）

《万山特区志》

贵州省万山特区地方志编纂委员会编,贵州人民出版社1993年

(1973年)8月7日,成立万山特区上山下乡知识青年工作领导小组,下设办公室。

(《大事记》,第30页)

1973年7月26日撤销三部二室,革委办并入党委办,革委设立……知青办、人防办等机构和人民银行、供销社、邮电局等单位。 (第十一篇第三章《人民政府》,第436页)

1968年成立万山特区革委知识青年上山下乡办公室。从1968至1979年,共动员家居城镇的高、初中毕业知识青年3 655名,分别下到知青农场、高楼坪、黄道、下溪、敖寨等公社和松桃县、江口县的农村插队落户,接受锻炼,参加农业生产劳动。安置经费每人360元,用于购置知青住房、生活用品及生产工具。口粮每人每月按18公斤,由国家供应一年,以后参加生产队的粮食分配,生活确有困难的人,从社会救济费中给予补助。知识青年上山下乡后,即列入农业人口,根据需要逐步返回城镇。回城需经知青办会同劳动管理部门分配知青专用指标,由贫下中农推荐,公社批准,采取招工、招生、参军和转为市民自谋职业等办法进行安置。1980年以后知识青年不再上山下乡,对尚未安置的在乡知青,采取按系统包干落实的办法,对上山下乡知青全部回城进行了安置。

(第十二篇第一章《人事 劳动》,第456—457页)

《万山特区财政志》

贵州省万山特区财政局编(内部刊行)1994年

城镇青年就业费

万山特区于1968年设置知识青年上山下乡安置办公室,从1968年至1979年,共动员家居城镇的高、初中毕业的知识青年3 655人,分别下到青年农场、高楼坪、黄道、下溪、敖寨等公社和松桃县、江口县的农村插队落户,参加农业生产劳动。1968年以前,按照1965年6月省安置办、财政厅、农业厅、农业银行制定的知青安置费的几项规定执行。即:安置经费平均定额为单人插队的每人220元,新建集体所有制生产队(场)的每人280元,成户插队的每人150元,回乡落户的每人补助50元。安置费的开支范围和标准是:建房补助(按每人平均下同)单身插队50—60元,单独建队60—80元,成户插队40元;生活补助(头一年)单身和单独建队为96元,成户插队72元,参加收入分配后酌情减少;小农具购置费单身30—33元,集体建队45—50元,成户下乡插队18元;旅运费均为每人3元;其它开支少数人寒衣补

助单身插队和建队均为 24 元,成户插队 8 元;医药费人均 6 元。特区知青安置办动员费按知青人数计算人均 3 元,生产费用建队每人 25 元,返乡安置每人 50 元。

1969 年 1 月万山执行财政部的规定,城镇人口下乡安置经费开支范围,家居城镇的初高中毕业生、社会青年、闲散劳力和脱离劳动的居民各项经费开支标准:每人平均单身插队的 230 元,成户插队的 130 元,参加新建的生产队和国营农场、"五七"农场的 400 元,家居城镇回乡落户的补助 50 元,跨省(大区)安置的另加路费 20—40 元。

1974 年,对城镇知识青年上山下乡的经费开支标准和医疗卫生等问题执行标准是:对以前下乡插队的青年,生活不能自给的每人补助 100 元,没有建房的每人补助 200 元。从 1973 年起,提高开支标准为,城镇青年到农村老家落户的、到农村插队和建立集体所有制场(队)的,每人一次性补助 480 元,其中用于建房材料补助 200 元,用于购买吃、穿、用等生活必需品外补助 200 元,用于购置农具家具、学习资料、医疗费、旅运费补助 60 元,另外省、地按下乡知青人均掌握 15 元,用于下乡知青特殊开支。1976 年,增设了城镇青年上山下乡工作业务费,专门用于开展知青工作的会议费、宣传费、培训费等开支。

1978 年以后,城镇青年的就业逐步转向城镇和国家企事业单位自行消化的轨道。1980 年初提出,知识青年不再上山下乡,各知青点,只准出不准再进,对尚未安置的在乡知青、采取按系统包干落实的办法,对上山下乡知青全部回城进行安置。

1980 年国家财政增拨了城市劳动服务公司补助费,主要以有偿方式,用于扶持发展以城镇青年为主体兴办第三产业的生产经营资金。从 1984 年起,根据国家的规定,将城镇青年、居民下乡安置补助费、周转金业务费等开支统一并为城镇青年就业补助费。从 1966 年至 1985 年知识青年上山下乡安置支出 52.512 8 万元;1982 年到 1985 年城镇就业周转金支出 4.31 万元。1986 年至 1990 年城镇就业周转金支出 0.8 万元。

(第二章《财政支出》,第 87—89 页)

《兴义市志》

兴义市史志编纂委员会编,贵州人民出版社 2008 年

干部来源主要有五方面:一是通过考试和招聘,从社会上招收;二是从工人、城镇待业青年、下乡知识青年、复员退伍军人中吸收;……　　　　(第六篇第二章《人事》,第 372 页)

1979 年 9 月,县计划生育办公室面向社会,在"知青"中招考 66 名计划生育专职干部,分配到基层 10 个区 56 个公社,动员群众落实节育措施,负责计划生育统计上报工作。

(第二十一篇第三章《人口》,第 1076 页)

《兴义县志》

贵州省兴义县史志编纂委员会,贵州人民出版社1988年

(1970年)县革命委员会动员和组织知识青年311人上山下乡插队落户。

(《大事记》,第30页)

(1974年)1月18日,县成立知识青年上山下乡领导小组。　　(《大事记》,第31页)

《普安县志》

贵州省普安县地方志编纂委员会编,贵州人民出版社1999年

是年(1970年),根据毛泽东主席对于"知识青年到农村去,接受贫下中农的再教育"、"农村是广阔的天地,到那里是大有作为的"有关指示,县革命委员会随即成立"知识青年上山下乡办公室",对普安中学的初、高中学生,作如下安置,即:家在农村的学生均回乡务农称回乡知青;家在城镇的,则按县革委安排好的10余处知青点,分别到知青点报到务农。知青点集中在江西坡和罐子窑两公社,全县上山下乡知识青年和回乡知识青年共400余人。之后,上山下乡知识青年陆续回城,分期分批安排工作。

(第三篇第七章《政事记略》,第198页)

1978年共吸收录用干部147人,其中:从工人中吸收52人,大中专毕业生70人,转业军官9人,其他16人。次年吸收录用84人,吸收对象有工人、农民、上山下乡知识青年,大中专毕业学生和转业军人等。　　(第三篇第八章《人事机构编制》,第200页)

《贞丰县志》

贞丰县史志征集编纂委员会编,贵州人民出版社1994年

(1965年)10月,县首批安排城镇待业青年12人(应届中学毕业生)到晴普林场就业。

(《大事记》,第42页)

(1970年)12月,县首批上山下乡知识青年共204名(外地迁入5名,其余是66—68届中学毕业生)到农村安家落户,分别安排在全县6个区15个公社34个大队35个生产队。共分为35个知青点。　　(《大事记》,第45页)

（1973 年）1 月 5 日，全县知青点进行调整，将全县 97 名知青调整到 4 个区、7 个公社、14 个大队插队落户。　　　　　　　　　　　　　　　　　　　　（《大事记》，第 46 页）

是月（10 月），成立贞丰自治县知青办公室。　　　　　　　　　　（《大事记》，第 47 页）

（1974 年）1 月 19 日，中共贞丰县委知识青年上山下乡领导小组成立，常加功任组长。姜孝先、谢德官任副组长，成员 19 人。　　　　　　　　　　　　（《大事记》，第 47 页）

11 月 30 日，县委抽出 30 名干部和 5 名知青代表，4 名家长代表，组织知青慰问检查团，分头到全县各知青点进行慰问检查。　　　　　　　　　　　　　（《大事记》，第 47 页）

1977 年从下乡的女知识青年中招收计划生育专职干部 48 名。

（人事民政篇第一章《人事、劳动》，第 593 页）

知青安置　　1973 年 10 月，成立"贞丰布依族苗族自治县革命委员会知识青年上山下乡办公室"。1970 年至 1978 年，全县共动员上山下乡知识青年 908 人。首批上山下乡的 202 名（66—68 届）知识青年，安排在全县 6 个区 15 个公社 35 个生产队，共分为 35 个知青点。1973 年元月对知青点作了调整，取消白层、鲁贡两个区和一些边远公社的 21 个知青点，调整后的知青点集中在 4 个区 7 个公社 14 个生产大队。1974 年，随着上山下乡知识青年人数增多，知青点增到 46 个。根据上级指示，1971 年起开始推荐"表现好的"优先安置工作或参军，升学。到 1973 年 9 月止，对首批上山下乡的 202 名知青，安置工作的 46 人，读中师的 21 人，上大学的 8 人，安排代课的 41 人。除迁出 14 人，死亡 3 人外，尚余 69 名。这 69 名知青中，有的已报考中专，10 月初中专招生工作结束有 44 名被录取，首批知青仅剩 25 名。1974 年底止，全县春秋两季上山下乡的知青有 290 名，加上 1974 年以前下乡的 62 名，全县共有知青 352 名，占应下乡的 97%。在 1974 年的"双枪""三秋"工作中，全县知青被评为先进青年的 156 人，年终评出先进知青 57 人。53 人光荣入团，有 13 人选任公社团委副书记、委员、大队团委副书记等职。有 275 人参加农村基干民兵。其中任副连长、排长 6 人。有 8 人当农村赤脚医生，有 39 人经贫下中农选任生产队副队长、会计、保管员、记分员等，有 18 人担任民办教师。1974 年 11 月 30 日，县委抽调 30 名干部，5 名知青代表和 4 名家长代表共 39 人组成知青慰问检查团，分头到城关、者相、龙场、牛场 4 个区各个知青点进行慰问检查活动。1974 年，贵州省人民政府规定可在上山下乡两年以上的知青中，通过考试，择优招工、招干、招生。按此规定，贞丰县每年都有一批知青离开农村。至 1977 年底止，参军的 36 名，招工 239 名，入大中专的 131 名。1978 年招工中特别强调要解决好 25 岁以上的在乡知识青年，尤其是女青年。1979 年全民所有制单位招收 100 多名知青，其中上山下乡 5 年以上的 31 人,集体企事业招收 200 余人。到 1980 年底,全县上山下乡的知识青年已全部得到安置。

(人事民政篇第一章《人事、劳动》,第 599 页)

《册亨县志》

贵州省册亨县地方志编纂委员会编,贵州人民出版社 2002 年

(1970 年 5 月)30 日,册亨县 57 名城镇知识青年上山下乡,接受贫下中农的再教育。

(《大事记》,第 36 页)

(1974 年)2 月,县委设立知识青年上山下乡办公室。

3 月 26 日,40 名知识青年驻尾兰开荒造林,一部分知识青年到浪沙农场务农。

(《大事记》,第 38 页)

(1975 年)2 月,全县 86 名高初中毕业生到农村插队落户。　　(《大事记》,第 38 页)

到 60 年代后期,70 年代初,随着城镇人口的增加,劳动就业人数的增多,国家为缓解逐年增大的就业压力,号召知识青年上山下乡。成立了"册亨布依自治县知识青年上山下乡办公室(简称知青办)",这一阶段的劳动就业工作主要由知青办管理。到 70 年代后期,国家加大了对劳动就业的管理力度,又成立了"册亨布依族自治县计划委员会劳动工资局",并将知青办并入劳动局。1982 年 2 月 23 日,成立"册亨县劳动服务公司",专门管理城镇人口的劳动就业工作,在 80 年代后期改为"册亨县劳动就业办公室(简称就业办)"。

(第三篇第九章《劳动与社会保障》,第 221 页)

1970 年初,开始动员城镇历届初中毕业生上山下乡,到农村去接受贫下中农的再教育。当年 5 月首批知青 58 人,分别到册阳、冗渡、巧马、秧坝等区上山下乡,插队落户。

1973 年,县知青办建立后,即开始动员城镇知青上山下乡参加农业生产。1974 年 4 月,第一个知青队在秧坝区乃言乡尾南建立,共有男女知青近 50 名。随着知青上山下乡工作的推进,全县相继建立了知青队(点)15 个,分布于册阳区的下汾、浪沙、高洛、花冗、洛弯;巧马区的者告;冗渡区的坡脚、母社、秧凡、秧友;秧坝区的者术、拱项、板用、宜哨、尾南;双江区的平问等地。到 1978 年 7 月,上山下乡知青人数达 530 人。1976—1981 年,根据中央精神,调整知青上山下乡政策,对确有困难的知青允许返城,也可按政策留城;上山下乡满二年的知青作统筹安排。全县有 499 名知青先后通过招工、招干、参军、升学等渠道得到安置。1982—1991 年,对未安排的知青,也通过其他渠道,基本妥善安置。(见知青安置情况表)。

(第三篇第九章《劳动与社会保障》,第 222 页)

顶替补员：根据贵州省革命委员会黔发(1976)22号文件《关于恢复职工退休(退职)时吸收其子女顶替工作的通知》及国务院《关于工人退休退职的暂行办法》规定："干部退休退职后,家庭生活确有困难的,或多子女上山下乡,子女就业少的,原则上可以招收一名符合招工条件的子女参加工作"和"对于家居农村的退休、退职工人,如果本人将户口迁回农村,也可以招收他们在农村的一名符合招工条件的子女参加工作"。劳动人事部门按规定,自1976年开始办理这项工作,1983年3月1日,停止执行顶替招工。此间,全县顶替补员74人。

（第三篇第九章《劳动与社会保障》,第222页）

册亨县城镇就业情况表

60年代—70年代初　　　　　　　　　　　　　　　　　　单位：人

待业青年			安　置		
合计	城镇	知青	合计	城镇	上山下乡
237	157	80	237	157	80

1974—1979年　　　　　　　　　　　　　　　　　　　　单位：人

待业青年			安　置		
合计	城镇	知青	合计	城镇	上山下乡
723	237	450	723	237	450

……

（第三篇第九章《劳动与社会保障》,第222页）

知识青年安置情况表　　　　　　　　　　　　　　单位：人

上山下乡知青	安　置				
530	合计	招工	招干	参军	升学
	499	317	17	46	119

（第三篇第九章《劳动与社会保障》,第223页）

　　1981年8月撤销知识青年办公室,知青遗留业务转劳动局承办。

（第九篇第三章《县人民政府》,第717页）

《兴仁县志》

贵州省兴仁县编史修志委员会编,贵州人民出版社1991年

　　(1965年)4月9日,首批知识青年12人在两名干部带领下,到下山公社清真大队集体

落户。8 月 25 日,应届高初中毕业生 16 人安置到下山公社大树大队落户。1967 年 2 月,前述上山下乡知青有 23 人被招到盘县特区当工人。 （《大事记》,第 24 页）

(1968 年)10 月至 11 月,县革委先后组织两批初、高中毕业生 188 人下乡落户。

（《大事记》,第 27 页）

(1972 年)3 月 22 日,省内外高等院校首次在县招生,招收对象为初中以上文化程度的工人、贫下中农、下乡知识青年、回乡知识青年、在职干部。方法是由组织推荐,不经考试。27 人被录取。 （《大事记》,第 28 页）

(1974 年)2 月,安排 65 名高、初中生到农村落户。 （《大事记》,第 29 页）

8 月,县城 140 名高、初中毕业生到农村落户。 （《大事记》,第 29 页）

(1975 年)2 月 18 日,县城 218 名高初中毕业生到农村插队落户。（《大事记》,第 29 页）

1966 年"文化大革命"开始后,取消升学考试制度,实行推荐保送,强调家庭出身和"政治表现",1972 年 3 月 13 日兴仁县革命委员会下发《关于认真做好 1972 年省内外高等院校招生工作意见》的通知。其推荐标准是:"热爱伟大领袖毛主席,努力学习马克思主义,列宁主义,毛泽东思想,密切联系群众,有阶级斗争和路线斗争觉悟;有 1 至 3 年以上实践经验,年龄 20 岁左右。一般是未婚的和有相当初中以上文化程度的工人、贫下中农、上山下乡和回乡知识青年;有丰富经验的老工人和革命干部入学,可以放宽年龄和文化限制。招生方法应该是严格坚持自愿报名、群众推荐、领导批准、学校复审的方法",招生工作中,某些挂名"上山下乡"和文化水平过低者,通过"走后门"上大学。

（第六篇第一章《教育》,第 461—462 页）

《晴隆县志》

贵州省晴隆县志编纂委员会编,贵州人民出版社 1993 年

此外,对上山下乡知识青年亦相应予以救济。1968 年 12 月开始,县中学首批知青被下放县"五七"居民农场(今普晴林场)参加农业生产劳动,以后逐年均有知青上山下乡,凡知青上山下乡,县革命委员会均发给一定的补贴费和安家费。1972 年 3 月 24 日,兴义地区革命委员会下拨给晴隆县 3 万元知青经费。

从 1972 年至 1977 年,县之上山下乡知青共 620 余名。除"三招"(招工、招干、高考招生)离开农村者外,还有 480 余名。1977 年由于农业生产受灾害影响,造成生活困难的有 265 名,由县民政局给予补助,以保障其生活。

晴隆县上山下乡知青灾后困难救济表

(1977 年)

区	公 社	应补助人数(人)	补助时间	补助金额(元)
莲城区	沙子公社	21 人	3 月	129
	哈马公社	18 人	3 月	882
	凉水公社	18 人	2—3 月	1 009
	砂锅公社	27 人	3 月	1 890
	十字公社	10 人	3 月	210
	蔡家公社	4 人	3 月	280
碧痕区	箐口公社	14 人	3 月	686
	地久公社	12 人	3 月	588
	大厂公社	27 人	2 月	1 512
	紫马公社	53 人	1—2 月 6—7 月	2 394
鸡场区	学官公社	42 人	2 月	2 352
中营区	花贡公社	19 人	3 月	931
合 计		265 人		13 763

(第三篇第六章《民政》,第 197—198 页)

城市人口下乡安置及城市维护费

1965 年部分知识青年(简称知青)到农村接受锻炼。是年城市人口下乡安置费支出 887 元,为预算的 40.32％。次年支出 1 626 元。1967 年支出 464 元。次年下乡人口上升,支出 2 212 元。1969 年预算支出 2.79 万元,决算为 1.32 万元。次年预算支出 6.03 万元,决算为 1.66 万元。1971 年预算支出 4.37 万元,因动员工作未落到实处,一些已确定下乡的城镇居民不愿下乡,是年下乡安置费实支 3 222 元。次年支出 9 574 元,有 50％作 32 名下乡知青的补助费。1973 年支出 824 元。1974 年的安置经费支出预算为 14.43 万元,决算为 12.25 万元。安置 389 人,其中插队 266 人,安排到国营农场 123 人。次年支出 9.01 万元,全部用于知青补助。1976 年支出 3.14 万元。次年支出知青工作业务费 5 197 元,对插队知青补助 2.36 万元,对国营农场知青补助 2.52 万元。1978 年支出 7.89 万元。次年为 1.88 万元。1980 年预算 1.94 万元,决算仅 400 元。次年支出 1.89 万元。1982 年知青全部回城。下乡安置费不再造预算。

(第九编第一章《财政》,第 471 页)

《望谟县志》

贵州省望谟县地方志编纂委员会编,贵州人民出版社 2001 年

(1968 年)10 月 10 日,县革命委员会会组织县城机关干部欢送第一批上山下乡知识青年到农村,参加农业生产劳动。

(《大事记》,第 24 页)

是年,贵阳市上山下乡知识青年 40 人到乐旺落户,参加农业生产劳动。

(《大事记》,第 24 页)

(1974 年)4 月,在原亚热带作物科学研究所地址建立岜赖知青农场,安置知青 104 名。

(《大事记》,第 26 页)

知识青年上山下乡　1968 年,根据毛泽东主席"知识青年到农村去,接受贫下中农的再教育,很有必要"的指示,全县掀起知识青年上山下乡热潮。1972 年 1 月,成立以伍友林为组长,刘招祥、王修德为副组长的"再教育领导小组",设立知识青年上山下乡办公室。翌年,再教育管理领导小组改名为"知青工作领导小组"。全县有接受安置任务的 10 个公社 34 个队均建立有社队干部、贫下中农代表、知青代表参加的"三结合"再教育领导小组。县革命委员会为每个知青赠送一套《毛泽东选集》、一本《毛主席语录》和一套小农具;规定每人每月按 20 公斤标准标准口粮,下达每人 0.5 立方米建房木材指标,以及添置棉衣、棉絮所需布票、棉花补助指标;安置经费每人 230 元。

1968—1978 年,全县知识青年上山下乡,先后约 300 名分别安置在岜赖知青农场、岩架紫胶场、县良种场和 19 个知青点、34 个生产队。1974 年 4 月,在热科所原址建立岜赖知青农场,安置知青 104 人,县委为知青农场选派张鸿江、邵翠章等为带队干部。经过带队干部和知青的努力,做到一年建场、二年粮、油、菜、肉自给。贵阳市到乐旺插队知青土法生产肥料"九二〇"、"九〇三",使水稻增产 15.2%。全县插队知青有 79 人分别成为毛主席著作学习辅导员、义务民办教师、卫生员、生产队会计和记分员。

县委于 1975 年、1976 年先后召开知识青年积极分子代表会和知识青年代表会,两次表彰知青积极分子和关心下乡知青的各级干部、贫下中农代表 189 名,推选 58 名代表出席兴义地区知青积极分子代表会,推选 5 名知青、3 名带队干部和先进集体代表,出席全省上山下乡知识青年积极分子代表大会。

1972 年,实行推荐与选拔结合的招生方式,到 1976 年共有 10 名知青进入大学。

1975 年,贯彻"多子女身边只有一个子女的不动员上山下乡"的规定,1977 年、1978 年共有 117 人被批准留城。1978 年,动员上山下乡工作基本停止。其间,国家恢复高考,县委

知青工作领导小组贯彻国务院指示,给报名参加高考的知识青年提供便利条件和复习功课的时间,使他们尽可能地做到生产、复习两不误,对报考青年复习功课,教育部门安排教师给以辅导。1977年,全县录取大学8名,中专9名。1978年,有31名应征入伍,23名被录取升学,73名招工就业,5名顶替就业,5名转点,2名因病退出知青点,其余均于1980年底以前全部回城安排工作,知识青年上山下乡运动结束。

10年间,全县用于知青上山下乡经费73 166元(不含部门无偿支援财物)。

(第九篇第三章《县人民政府》,第661—662页)

《安龙县志》

贵州省安龙县志编纂委员会编,贵州人民出版社1992年

(1969年)3月起开展知识青年上山下乡运动,至6月有104名知青到农村"安家落户"。此后,每年都有一批知青上山下乡。
(卷一《大事》,第27页)

(1973年)11月8日,设县革委知识青年上山下乡办公室。创办安龙师范学校。
(卷一《大事》,第29页)

1968年,暂不实行"收支挂钩、总额分成",改为收归收、支归支、收支分别算帐办法。……地方自筹基建、支援人民公社投资、城市人口下乡安置费、优抚救济费、水库移民建房和小型农田水利补助费等支出的年终结余,按专款专用原则结转下年使用。
(卷十三第一章《财政体制》,第429页)

1972年,财政体制又改为"定收定支,收支挂钩,超收分成,结余留用,一年一定"。……本年结余,除财政部规定的人民防空经费、城市人口下乡安置经费结余和省规定的社会救济结余可结转下年继续专款专用外,其他各项结余留归县财政统一使用,国家分配的基建投资结余上交中央。
(卷十三第一章《财政体制》,第429页)

1974年试行"固定比例留成,超收时另定分成比例"办法。……城市人口下乡安置费和知青经费结余全部集中省;其他各项支出结余留归县使用。
(卷十三第一章《财政体制》,第429页)

到1979年,全县干部1 500人,其中,大中专学生215人,从上山下乡知识青年和转业退伍军人中录用331人。
(卷二十第一章《干部》,第585页)

第二节 知青安置

1969年起，开始动员城镇知识青年上山下乡，是年，首批上山下乡109人，1970年为86人。1971年后，每平均动员城镇知识青年上山下乡，同时逐步安排部分知识青年进厂、升学、参军等。1973年，有在乡城镇知识青年315人，1975年为445人。以后，知识青年逐步回城待业，到1978年，在乡城镇知识青年减少到281人，1979年为173人。是年，县革命委员会停止动员城镇知识青年上山下乡。

从1971年起，通过本县和外地企业单位招工、大中专院校招生（工农兵大学生）、应征入伍、转干等渠道，逐步安置上山下乡知识青年，1976年，共安置184人。

1977年恢复升学考试制度，并实行全民所有制单位招收新工人时优先照顾上山下乡知识青年，集体单位招工时，对本系统上山下乡的知识青年包干安置就业，无归属单位的，由劳动人事部门统一招收，统一分配，年龄放宽到35岁。到1979年，共安置上山下乡知识青年514人。之后采取各种措施，寻找各种安置渠道，到1982年，全县上山下乡知识青年基本安置完毕。

（卷二十第四章《劳保　福利》，第593—594页）

《安顺市志》

贵州省安顺市地方志编纂委员会编，贵州人民出版社1995年

（1968年）11月6日，市革委成立"安顺市下乡知青办公室"，进而分批组织将本市1966至1968年的高、初中毕业知识青年下到安顺、紫云等县的区、社劳动。（《大事记》，第57页）

（1971年）1月15日，省建工三局在安顺县招收上山下乡知识青年80人为职工。

（《大事记》，第66页）

（1980年）9月20日，根据《中华人民共和国地方各级人民代表大会和各级人民政府组织法》规定，市政府决定更改各办事机构名称。更改名称后的机构为……知识青年上山下乡办公室，爱国卫生运动委员会，清产核资扭亏增盈办公室，蔬菜产销办公室等48个委、办、局。

（《大事记》，第88—89页）

上山下乡

1964年，《人民日报》刊登了高中毕业生董加耕回乡参加生产劳动、立志农村当"新农民"的事迹。10月，安顺县动员初、高中毕业生46人下乡插队，到苏吕堡和山井等地当"新农民"。1968年10月，学习毛泽东"知识青年到农村去，接受贫下中农的再教育，很有必要"的号召。11月，地、市、县组织因参加文化大革命未按时升学的六六、六七、六八届高、初中

毕业生 1 500 多人"上山下乡"，到双堡、旧州等地插队当"新农民"，接受"再教育"。市、县革委成立"上山下乡知青办公室"，组织、动员高初中毕业生上山下乡。1969 年 3 月，全国计划会议座谈会提出要动员 400 万知识青年上山下乡，市县又分别动员了一批知识青年上山下乡。1972 年后，将知识青年上山下乡工作列为正常工作开展。因前期下乡的知青离开家庭生活无保障，动员工作阻力很大，于是规定不下乡或下乡不足两年不予就业、参军、升学，拨出专项经费为知青修房子、购家具，设知青点，开办知青农场，改部分知青为集体生活。1974 年，又将上山下乡工作的任务、指标、经费分配给有关企事业单位、街道、公社，由本单位出钱出力出面动员职工子女上山下乡，解决本单位职工子女上山下乡的吃、穿、住。到 1976 年，下乡知青达 3 000 余人，遍布市、县各公社、大队，知青点、知青农场星罗棋布。1978 年以后，下乡知青普遍回城安排工作，知青点，知青农场荒废。

（第四篇第四章《施政纪要》，第 423—424 页）

1968 年实行知识青年上山下乡接受"再教育"的政策，市、县组织待业的中学毕业生和部分城市居民下乡插队参加农业生产。1971 年起，市、县陆续安排早期上山下乡的知青就业，以后形成制度。1979 年底，未安排就业的下乡知青先后大量返回城市，城镇待业人员剧增。1980 年起市、县多方开辟就业门路，下乡知青逐步安置完毕。

（第五篇第三章《劳动管理》，第 444 页）

《安顺市西秀区志》

安顺市西秀区编纂委员会编，贵州人民出版社 2007 年

20 世纪 80 年代，县政府直属职能部门有政府办公室、……知青办公室、科教局、科学技术委员会、标准计量局、科教办公室、县志办、体制改革办公室、烟草专卖局、信访办公室、战备（人防）办公室等 58 个。　（下卷第十二篇第二章《人民政府》，第 29 页）

20 世纪 80 年代，市政府直属职能部门有政府办公室、地方志办公室、政府经济研究室（经济体制改革办公室）、对外经济技术协作办公室、农村办公室、财政贸易办公室、文教办公室、知识青年上山下乡办公室……等 69 个。　（下卷第十二篇第二章《人民政府》，第 29—30 页）

《普定县志》

贵州省普定县地方志编纂委员会编，贵州人民出版社 1999 年

（1965 年）8 月，成立普定县安置知识青年上山下乡领导小组。

9 月 11 日,欢送县首批城镇知识青年 18 人上山下乡,落户城关公社新风果木林场。

(《大事记》,第 42 页)

(1968 年)9 月,全县掀起城镇知识青年上山下乡运动高潮,至 10 月,普定中学共组织两批学生 400 余人插场、插队。

(《大事记》,第 44 页)

(1973 年)12 月 15 日,成立知识青年上山下乡工作办公室。　　　(《大事记》,第 47 页)

(1976 年)5 月 10 日,召开普定县上山下乡知识青年代表大会,出席代表 108 人。

(《大事记》,第 48 页)

(1978 年)11 月 10 日,暂停办理知识青年上山下乡。　　　(《大事记》,第 50 页)

(1981 年)11 月 17 日,撤销普定县知识青年上山下乡办公室。　　　(《大事记》,第 53 页)

几个时期财政决算总支出统计①

单位:万元

项目　　金额　　时间	调整时期	三五时期	四五时期	五五时期
城市人口下乡安置	0.18	5.29	12.11	45.3
合　计	415.38	848.66	1 528.09	2 468.67

(卷十六第一章《财政》,第 468 页)

至(1973 年)年底,县革委直属机构有人事科、劳动工资局、民族事务委员会、民政局、知识青年办公室……

(卷二十第二章《行政机关》,第 557 页)

知识青年上山下乡

1965 年 8 月,成立安置知识青年上山下乡办公室。10 月,18 名普定中学应届初、高中毕业生下乡到城关公社新风果木林场集体落户,成为县内首批上山下乡知识青年。1968 年 9 月,普定中学六六届、六七届、六八届高中毕业生集体到后寨办五四农场;10 月,普定中学六六届、六七届、六八届初中毕业生到县内各公社插队、插场落户。两批知青共 400 名,均属家居城镇的居民户口。是年,011 系统云马机械厂下乡知青到余官公社段桥生产大队办集

---

① 本表内容为节选。——编者注

体农场。

　　1972 年,县内上山下乡知青 485 人。是年起,逐步安置上山下乡知青回城工作。1973 年至 1978 年,全县上山下乡知识青年共 1 889 人。1979 年,上山下乡工作停止。

(卷二十二第四章《安置》,第 603 页)

　　1972 年,上山下乡知识青年开始回城就业。……至 1973 年,安置回城知青 436 人。1981 年,县内实行"劳动部门介绍就业,自愿组织起来就业及自谋职业相结合"的方针,推行多渠道就业。知识青年回城安置结束,就业 1 801 人。(卷二十四第一章《劳动》,第 629 页)

《修文县志》

修文县地方志编纂委员会编,方志出版社 1998 年

　　(1964 年)9 月,修文中学初中毕业生刘素琼等五人落户王官公社上田坝生产队参加农业生产,是为全县首批上山下乡的知识青年。　　　　　　　　　　(《大事记》,第 78 页)

　　(1968 年 3 月)10 日,县革委置知识青年上山下乡办公室。至 1978 年,共组织 2 588 名知识青年下乡落户,"接受贫下中农再教育"。　　　　　　　　　　(《大事记》,第 82 页)

　　(1969 年)3 月,县革委接纳上海市黄浦区上山下乡知识青年 449 人,全部安置到生产队落户。　　　　　　　　　　　　　　　　　　　　　　　　　　(《大事记》,第 82 页)

　　(1975 年)2 月,县委和县革委召开上山下乡知识青年积极分子代表大会,与会 250 人。大会总结交流知青扎根农村,在阶级斗争、生产斗争和科学实验中发挥积极作用的经验。

(《大事记》,第 85 页)

　　从 1968 年至 1978 年,全县共有 2 139 名知识青年上山下乡,449 名外地知青在县插队,耗资 103 万元。以后,通过招生、招工、招干和参军等渠道,知识青年全部返城。

(《大事记》,第 163 页)

　　知识青年上山下乡办公室　1968 年 5 月设置,负责组织知识青年下乡锻炼和回城就业安置。1982 年 2 月,知青办撤销。　　　　　　　(第四篇第六章《人民政府》,第 380 页)

　　1967 年,收回民办教师,并在下乡知青和回乡知青中招进一批民办教师,使教师队伍又

予充实,到 1968 年,全县教师又增至 878 人。 （第十八篇第三章《教师》,第 914 页）

《关岭布依族苗族自治县志》

关岭布依族苗族自治县地方志编纂委员会编,贵州人民出版社 2002 年

(1965 年)5 月 18 日,动员城镇知识青年、社会青年及闲散人员参加农业生产,遣送地、富、反、坏"四类分子"下乡劳动。 （《大事记》,第 27 页）

(1968 年)11 月 18 日,全县第一批 209 名城镇高、初中毕业生下乡插队落户。

（《大事记》,第 29 页）

(1969 年)4 月 11 日,304 名上海知识青年抵达关岭,分别被安置到沙营、烙烘、落哨、鸡场、白水等 15 个公社插队落户。 （《大事记》,第 29 页）

(1973 年)11 月,成立县革委知识青年上山下乡领导小组办公室。（《大事记》,第 31 页）

(1980 年)安置城镇待业人员 1 038 人,为就业人数最多的一年,其中,有上山下乡知青 153 人。至此,上山下乡知青全部就业。 （《大事记》,第 33 页）

1981 年 4 月全县 186 名上山下乡知青安置就业。 （第八篇第二章《劳动管理》,第 232 页）

1966 年 10 月,关岭中学、花江中学老三届(1966、1967、1968)高、初中毕业生 209 人到农村插队落户,接受贫下中农再教育。 （第十七篇第二章《教育》,第 545 页）

《镇宁布依族苗族自治县志》

镇宁布依族苗族自治县志编纂委员会编,贵州人民出版社 2002 年

(1973 年)10 月 15 日,县革委成立知识青年上山下乡领导小组及其办公室,由县委副书记肖岳亮任组长,抽调人员到办公室具体办公。 （《大事记》,第 37 页）

(1974 年)4 月 13 日,县城召开群众大会,欢送 58 名城镇知识青年上山下乡。其中 42 名到水塘公社白岩山建知青农场;16 名分别到江龙、募役农村插队落户。

（《大事记》,第 38 页）

(1976年)12月23日,县革委组成"元旦、春节慰问团",由县革委副主任吴祖贤任团长,科教办主任潘德洪(苗族)任副团长,对县内驻军、上山下乡知青点(场、队)、国防厂矿进行新年春节慰问。

（《大事记》,第 39 页）

第五节　知识青年上山下乡

一、组织知识青年上山下乡

1965年9月,镇宁自治县开始动员组织城镇知识青年下乡、下场劳动。第一批由县计委组织了28名应届高中、初中毕业生到六马区乐举公社(乡)开办农场,由一位干部带队。1968年,毛泽东主席发出"知识青年到农村去,接受贫下中农再教育,很有必要"的号召。全县又动员和组织了一部分城镇知青下乡,大部分安排在县城附近的生产队插队落户。以3—5人为一个小组,集中食宿,分散参加劳动。1973年10月县革命委员会成立"知识青年上山下乡办公室"。同年11月县革委在县城召开动员和组织知识青年上山下乡群众大会,随即对应上山下乡的应届历届中学毕业生进行动员登记。1974年4月在县城召开几千人参加的"欢送知青上山下乡"群众大会。欢送58名知青分别安置在白岩山知青农场和募役乡、马厂乡、朵卜陇乡的生产队去插队落户。办场知青派有带队干部1人,后增为2人。插队知青,由当地村干部代行管理,知青办公室则定期派干部到知青场、队或点巡回进行调查了解,发现问题及时解决。

从1974年起,镇宁自治县除安排全县应届毕业的城镇知青下乡落户外,还接受了龙岩、云马、永红三个国防厂矿及贵阳铁路分局下乡知青的安排工作。至1978年底止,全县先后动员、组织下乡知识青年共675人。先后办了知青场队5个(即白岩山、玉京山、新房、塘堡、乐纪),知青点有募役、马场、朵卜陇、沙子沟、星拱等10余个(知青组)。外地到镇宁落户及厂矿知青共1 267人,全部办知青农场,由县提供场地,下乡知青单位自派带队干部。三个国防厂矿各在自己厂矿附近(安西公社、锦屏公社)办场。铁路知青安排在募役区的花山、半糯、沙子一带办场劳动。1978年下半年起知青下乡落户工作停止,对原在乡知青陆续回城进行了妥善安置。

二、知　青　安　置

对原下乡知青的安置,主要是招工、参军、招生、吸收当干部和回城安排等。知青办成立前,下乡知青的安置,由所在大队(即行政村)或知青场(队)推荐,公社(乡)审查,县劳动局批准。知青办成立后,下乡知青安置由县知青办直接负责,国家每年在招工、招生和征兵时,给知青拨出专用指标(含外地到镇宁办场知青在内),在下乡参加劳动两年以上的知青中推荐选拔。自1974—1978年,全县先后安置下乡知青共有519人,其中参军57人,招工378人,招生46人,吸收为国家干部(含教师)38人,1978年下半年不再动员知青下乡以后。原在乡知青陆续回城安排就业,基本上归口安置,有的安排到专业学校学习,大部分安排到全民所有制单位工作。厂矿及铁路部门知青也有少数安排到大集体就业的。直到1980年,全县下乡知青(包括外地到镇宁下乡办场知青)回城安置工作结束。县知识青年上山下乡工作办公室亦随之撤销。

自1975—1978年,全县用于城镇上山下乡知青的建房、生活、医药、学习、家具等经费共102万元。

(第十一篇第二章《劳动》,第317—318页)

其他支出

包括民兵事业费、兵役征集费、人防战备费、公安治安管理费、民政抚恤救济费、少数民族困难补助费等其他杂项开支,1950—1990年,以上费用开支共达3 442万元,占同时期全县财政开支总数的17.28%。……其余还有"文化大革命"期间知识青年上山下乡安置费102万元,占其他支出的2.96%;其他杂项开支57万元,占其他支出的1.65%。

(第二十篇第一章《财政》,第506页)

《平坝县志》

贵州省平坝县地方志编纂委员会编,贵州人民出版社2004年

(1979年)4月23日,经统计,从1968年开始,全县共有3 170名城镇上山下乡知识青年,在招工、招生、征兵中已向各条战线输送了2 370名。　　　　　(《大事记》,第33页)

2. 组织知识青年上山下乡:1968年11月,响应毛泽东主席关于"知识青年到农村去"的号召,县革委成立学生办公室,组织平坝中学初高中各年级(后称老三届)首批知识青年130余人上山下乡。1969年元月,县里召开了欢送会,给知青赠送《毛主席语录》、锄头、斗笠,并派工宣队护送这些知青到羊昌、乐歌两个公社插队落户,每人安家费230元,1年内每人每月从中领取生活补助费8元。以后,县革委每年动员包括驻县厂、场学校毕业的知青上山下乡,分别安排到全县5个区条件较好的公社。1973年12月县成立知青办管理下乡知青有关事务。下乡知青除插队落户外,县内先后共设立平庄知青队、路塘知青农场、联新知青茶场等21个知青场队,使驻县单位和行业主管部门的知青相对集中。1973年,由省内外转点到平坝的知青有220名。至1975年底,全县在乡知青(插队知青和场队知青)有1 240人,1978年最多时2 310人。

1971年后,县革委重视通过"三招"(招生、征兵、招工)解决下乡知青的安置问题。1972年,对参加湘黔铁路会战回来的知青都作了优先安置。1978年,对在乡知青招生707人,征兵94人,招工173人,到年底在乡知青数减少到1 336人。1979年上山下乡知青通过"三招"及其他原因离开农村的971人,在乡知青365人。知青安置进入尾声,一些知青场队相

继撤销。1980年初县知青办撤销。到1981年上半年所有在乡知青全部安置完毕,最后两个知青场队(深冲知青场、王家院知青队)撤销,至此,知识青年上山下乡结束。

上山下乡知青经过劳动锻炼,后来在工作岗位上大多数成为工作骨干,有许多被提拔到领导岗位。

(第十九篇第五章《政事纪略》,第679页)

1973年,省劳动局要求在招工中注意解决好知青返城工作问题。1974—1980年3月,全县共安置知青3046人就业,彻底解决了县内知青就业问题。

(第二十三篇第二章《劳动》,第781页)

1977年元月12日,县委组织部第1号文件通知,平坝县首届51名师范毕业生由国家正式分配工作。从此,平坝师范毕业的学生,均由国家统一考试、招生、分配。招收对象:1978—1980年,招收高中毕业或具有同等学历的知识青年,学制2年;1981年收初中毕业或具备同等学历的青年,学制3年。设政治、语文及小学语文教材教法,数学及小学数学教材教法,物理、化学、生物、小学自然常识、外语、历史、地理、心理学、教育学、体育、音乐、美术等课程。属中等专业学校。

(第二十四篇第一章《教育》,第833页)

《清镇县志》

贵州省清镇县地方志编纂委员会编,贵州人民出版社1991年

1976年10月,"文化大革命"结束时,清镇县革命委员会直属机构有:……知识青年上山下乡安置办公室……共38个。 (第八章《县人民政府》,第238页)

1979年,首次在上山下乡知识青年中,通过文化考试,择优录用了37名区、乡计划生育专职干部。 (第八章《县人民政府》,第254—255页)

1973年9月13日,成立知识青年上山下乡工作领导小组,下设办公室。全县先后上山下乡知识青年5300人(含外地转点)。到1981年止,先后安置招工、参军、升学5298人。

(第二十九章《经济管理》,第675页)

《息烽县志》

贵州省息烽县地方志编纂委员会编,贵州省人民出版社1993年

同年(1964年),开始动员知识青年上山下乡,首批上山下乡16人,"文化大革命"中形

成高潮,至 1979 年 10 月结束,全县上山下乡知青(含贵阳及驻县各厂矿等)2 960 人。后均由不同渠道分期分批安排了工作。 (《大事记》,第 28 页)

第三节　上山下乡知青安置

一、上山下乡落户

1964 年,县内开始动员城镇知识青年(简称知青)上山下乡,首批上山下乡 16 人到农村安家落户。1966 年 3 月,县建立安置城镇下乡青年领导小组及办公室,办理知青下乡落户工作。"文化大革命"运动中,提出组织知识青年上山下乡,"接受贫下中农再教育",1967 年秋,掀起上山下乡热潮,至 1972 年全县计有 226 名知青到 23 个公社,63 个生产大队插队落户,参加农业生产。1973 年 9 月,按"冻结城镇待业招工,动员知青上山下乡,满两年以上才能收回安置就业"的规定,调整健全各级知青工作领导小组,订出今后 8 年动员 2 275 人下乡落户的计划。10 月 19 日,县设立知识青年上山下乡办公室(简称县知青办),负责下乡知青审批、经费管理和收回安置等具体业务,至 1974 年 12 月,全县(含铁路、厂矿等,下同)下乡知青达 838 人。1975 年,下乡落户知青 526 人,在乡知青计 1 286 人。次年,下乡 436 人,年底在乡知青计达 1 584 人,其中 1 025 人在 26 个集体知青场、点,559 人单独插队落户。1979 年 10 月,停止动员知青上山下乡。至此,全县累计下乡落户知青 2 960 人。

二、粮油经费管理

1965 年,县拨知青安置经费 3 360 元,人均插队落户补助 400 元。次年,又拨经费 4 340元。1968 年 10 月,县作出《关于知识青年上山下乡安置费分配的规定》,对单独插队者,人均安置费 230 元,其中生活补助费 96 元,农具家具购置费 30 元,高寒补助费 30 元,医疗补助等费用 74 元。全年拨款 39 351 元,人均预支 30 元至 40 元。1969 至 1972 年,共拨经费7 504元。1973 年 11 月,调整下乡知青安置经费标准,对单身插队者,人均建房费和生活补助费各 200 元;到知青场点集体落户者,人均补助家具、农具费 40 元;第一年人月供应口粮20 公斤、食油 0.2 公斤,第二年起按农作物收成分配,凡人均月粮达不到 18 公斤者,由县供应补足。至 1979 年 10 月止,全县累计拨用安置经费 81.5 万元。

三、回城安置

1971 至 1977 年,县知青办、劳动局按计划指标,将上山下乡满两年以上的知青收回城镇安置就业计 983 人,其中企事业招工 572 人、大中专院校招生入学 86 人、转工转干等 325人。1978 年 12 月起,贯彻全省知青回城安置工作会议精神,全面展开回城安置工作。次年,全县招工安置 882 人。1980 年 12 月止,全县除 12 名已与农村青年结婚安家者外,其余均已收回安排就业。1981 年,对已婚在乡知青采取办转居民粮食供应和户口、支持自谋职业、招工年龄放宽至 35 周岁等办法,将全部上山下乡知青安置就绪,历时 17 年的城镇知识青年上山下乡工作结束。 (第七篇第三章《就业安置》,第 176—177 页)

《开阳县志》

贵州省开阳县志编纂委员会编,贵州人民出版社1993年

(1977年)7月,全县上山下乡知识青年已达1389名。 （《大事记》,第53页）

1979年,招用42名知识青年,担任区、公社计划生育专职干部,列入干部编制。

（第一编第三章《人口》,第136页）

从1964年至1980年,全县分9批共安置了失学的2414名城市知识青年上山下乡(县外知青900人)。1980年以后,停止了知识青年上山下乡安置。与此同时,分批分期将上山下乡知识青年安置进国家机关及企事业单位就业。至1978年底即安置就业1979人,其余435人于1980年底全部安置完毕。 （第八编第二章《民政 人事》,第561页）

《紫云苗族布依族自治县志》

紫云苗族布依族自治县志编纂委员会编,贵州人民出版社1991年

(1969年)4月6日,上海知识青年396人到紫云安家落户,接受贫下中农的再教育。
是月,贵阳市知识青年500名先后到紫云插队落户。 （《大事记》,第37页）

(7月)21日,县革委召开上山下乡知识青年活学活用毛泽东思想积极分子代表大会。

（《大事记》,第37页）

(1976年5月)16日,县召开上山下乡知识青年代表大会。 （《大事记》,第42页）

(1982年)2月1日,县人民政府撤消知识青年上山下乡办公室和县工交办公室……

（《大事记》,第46页）

1969年1月21日,根据安顺地革委的指示,作出《关于安置上海市、贵阳市知识青年到我县农村安家落户的意见》,决定将安顺地革委预分到的400名上海知青和500名贵阳知青分配到农村安家落户。2月,县革委成立了由13人组成的安置领导小组。4月6日,396名上海知青到县落户,县内120名知青同时到农村落户。至1978年先后到农村安家落户的知青计1829人,其中上海知青396名,安顺运输公司知青243人,省地知青420人,本县知青

770 人。前后安排知青建房和补助费等款项共 41 万余元。

（第六篇第四章《政府工作纪略》，第 216 页）

知青安置

1968 年至 1969 年，紫云县接收第一批外籍知识青年 528 人，安置在农村插队落户，其中贵阳知青 132 人，全部安置在板当区座马河、洛河、坝羊、板当等公社；上海知青共 396 人，分别安排在松山、水塘、猫营等区的社队。1971 年至 1977 年，又逐年安置安顺知青及本县知识青年 1 307 人，其中安顺汽车运输公司知识青年 536 人，均先后安置到达帮公社知青农场；本县知青 638 人，亦前后安置在县内条件较差的社队。1978 年，安置最后一批上山下乡知青 104 人，均为县内城镇知识青年。　　（第九篇第三章《民政》，第 267 页）

1968 年至 1979 年，安顺地区逐年拨给紫云知青安置经费 45 万元，用于修建知青住房的经费为101 015元，分别在县内 21 个公社，162 个生产队及座马河、洛河两个知青点，甘桥知青队，达帮知青农场修建房屋 420 间，其中砖墙瓦房 34 间，土墙草房 7 间，石墙瓦房 44 间，石墙草房 2 间，木柱瓦房 136 间，木柱草房 34 间；另用 348 985 元，解决知青在生产和生活上的困难。

1971 年至 1974 年，首届上山下乡知青抽回 384 人升学或就业，占上山下乡人数的75.7％，其中安置到工厂、企事业单位工作的 236 人；升学 84 人；转点安置 64 人。至 1981 年底止，安排升学或就业 1 775 人。至止，全县上山下乡知识青年，基本上安排结束。

（第九篇第三章《民政》，第 267 页）

全县师资来源，除 1951 年和 1952 年经县短期培训和聘用的教师 71 人外，先后来源于安顺师范、都匀师范、都匀民族师范、黔南民族师范、贵定师范、兴义师范、清镇师范、贵阳师范、望谟师范，长顺中学附设中师速成班、全国各大学统一分配的本科毕业生以及上山下乡知识青年，社会招工、招聘、退伍军人等。　　（第十五篇第七章《师资》，第 543 页）

《毕节地区志·大事记》

贵州省毕节地方志编纂委员会编，贵州人民出版社 2004 年

(1968 年)10 月 27 日，毕节地、县机关干部和城关居民在丁字口欢送首批上山下乡知识青年到清水铺区的公社、生产队"安家落户"。　　（第 116 页）

(1969 年)1 月 29 日，贵阳市 500 名知识青年到毕节地区农村"安家落户"。（第 117 页）

(1970 年)7 月 27 日,大方县有 1 510 名知识青年响应毛泽东主席"上山下乡"号召,回乡生产。　　　　　　　　　　　　　　　　　　　　　　　　　（第 119 页）

(1971 年)贵阳及威宁的知识青年 300 多人,到威宁农村插队落户。　　　（第 122 页）

(1973 年)12 月 14 日,据毕节地区知识青年上山下乡工作会议统计:1970 年以来,全地区上山下乡的知识青年约 5 000 人,仍有 1 200 余人在农村。　　　　　　（第 125 页）

(1976 年)12 月 27 日,在大方县理化区务农的上山下乡知青黄建务出席全国第二次农业学大寨会议。全地区共有 14 名代表出席会议。　　　　　　　　　　（第 132 页）

是年(1981 年),自 1974 年以来,全地区共支出知识青年上山下乡经费 576.84 万元,先后安排下乡知青 5 468 人。　　　　　　　　　　　　　　　　　　（第 148 页）

《毕节地区志·土地志》

贵州省毕节地区地方志编纂委员会编,贵州人民出版社 2005 年

(1969 年)9 月,毕节县金银山公社白泥坝公地被占用作知识青年上山下乡"安家落户"点。　　　　　　　　　　　　　　　　　　　　（《大事记》,第 14 页）

《毕节地区地方志·商业志》

贵州省毕节地区地方志编纂委员会编,贵州人民出版社 1995 年

为支持安置城镇知识青年插队,1965 年 3 月,地委规定:棉衣、棉被按实际安置人数 50％计算补助面,棉衣每套用布 24.5 市尺,棉被每床 19 市尺,蚊帐按 90％计算补助面,每顶蚊帐用布 29.8 市尺,不发布票,到纺织品公司或指定的门市部购买。用布指标由临时调剂用布指标开支。　　　　　　　　　　　　　　　　（第四章《纺织行业》,第 112 页）

《毕节地区志·财政志》

贵州省毕节地区地方志编纂委员会编,贵州人民出版社 1998 年

(1964 年)8 月 18 日,省财政厅、省安置领导小组下达 1964 年城镇知识青年下乡安置费

17.5 万元,年底共安置 120 人。 （《大事记》,第 574 页）

1964 年,中共中央、国务院作出《关于动员和组织城市知识青年参加农村社会主义建设的决定(草案)》,财政部下发了《关于 1964 年安置城市下乡知识青年和闲散劳动力支出预算指标和预算管理的通知》,中共贵州省委成立安置领导小组办公室,地、县相应成立办公室。

（第三篇第八章《农业类支出》,第 201 页）

从 1979 年起,在公社配备专职干部(多数安排上山下乡知青),增设公社计划生育专职干部经费,当年新配备 782 人,支出增至 122.8 万元。

（第三篇第九章《文教卫生类支出》,第 235 页）

《毕节地区志·计划志》

贵州省毕节地区地方志编纂委员会编,贵州人民出版社 2005 年

(1977 年)5 月 19 日,根据省革委指示,全地区首批计划安置城镇知识青年到农林牧场工作。 （《大事记》,第 262 页）

《毕节地区志·教育志》

贵州省毕节地区地方志编纂委员会编,贵州人民出版社 1994 年

(1968 年)10 月在"农村是一个广阔天地"的指示下,900 多名中学生上山下乡当新农民。

（《概述》,第 5 页）

1970 年,高中开始招生。学生来源一是分配名额给有初中毕业生的学校,再由学校挑选取录;二是分配名额到各区、社,由各区、社就辖区内"上山下乡"的知识青年中挑选介绍入校。 （第四篇第五章《学生》,第 100 页）

1977 年恢复考试制度后,毕节地区中等专业学校的考生年龄、学历按中央和省的有关规定执行。对上山下乡知识青年,年龄放宽到 28 周岁,婚否不限,1980 年后改为不再招已婚知青。 （第五篇第一章《中等专业学校》,第 125 页）

技工学校的招生对象,有城镇居民户口的应届高初中毕业生、具有同等学历的城镇待业青年及上山下乡知识青年。某些专业确需招收少量农村户口的,须报经省人民政

府批准。报考年龄:初中文化程度的,年龄在 14 至 18 周岁;高中文化程度的,年龄在 15 至 22 周岁,均要求未婚,1978 至 1985 年省、地两级规定,技工学校重点招收上山下乡知识青年。

……

技工学校的招生政策还有:……3.在同等条件下,优先录取应届毕业生中的三好学生、上山下乡知青及少数民族考生。　　　　　　　　　　　(第五篇第二章《技工学校》,第 132 页)

《毕节地区地方志·政权志》
贵州省毕节地区地方志编纂委员会编,贵州人民出版社 1999 年

　　知识青年上山下乡办公室　1973 年 10 月建立,卢泮水、周凤来分别任正、副主任。
　　　　　　　　　　　　　　　　　(第四篇第三章《地区直属职能机构》,第 130 页)

(1980 年)11 月,行署转发省人民政府有关招工工作的通知时,针对 1979—1980 年,全地区共有待业人员 40 239 人,仅安置 26 004 人,尚待安置的还有 14 233 人,占待业人员的 35.4%。其中,上山下乡知青尚待安置的 1 047 人。明确指出:"招工对象是城镇待业青年和上山下乡知识青年",并强调"凡适合安排女性的工种,应尽量多招女工。"1981 年 4 月,地区再次召开劳动就业会议,强调"要把知青安置作为当前劳动就业的一个重要问题,采取坚决措施,在城乡两个方面妥善安置"。……同年 10 月,地区招工座谈会强调:对符合招工条件的上山下乡知识青年,务必于年内安排完;对立志农村愿意留在社队落户的上山下乡知青,要热情关怀,帮助解决实际困难。　　　　　　　　(第四篇第六章《政务》,第 214 页)

(1979 年)12 月 28 日,……在大方县理化公社上山下乡的知识青年、理化公社党委副书记黄建务(女)获全国劳动模范称号。　　　　　　　　　　(《大事纪要》,第 311 页)

《毕节地区志·党派群团志》
贵州省毕节地区地方志编纂委员会编,贵州人民出版社 2007 年

1975 年 12 月,地区行署召开县、区、社、大队、生产队干部和上山下乡知识青年代表共 5 万多人的会议,贯彻地委提出的"全党动员,大办农业,苦战 5 年,为普及大寨县而奋斗"的号召,分别制定实现大寨县的规划。　　(第二篇第一章《中共毕节地方委员会工作》,第 125 页)

《毕节地区志·民政志》

贵州省毕节地区地方志编纂委员会编,方志出版社 2002 年

　　1966—1970 年,上级财政拨给毕节地区民政事业费的款项增加各届高、初中毕业生、城市知识青年上山下乡安置和城镇居民疏散下放安置费。

(第九章《民政经费》,第 230 页)

　　1980 年起,民政事业费实行"划分收支、分级包干"的管理体制。包干使用的范围属优抚、社会救济事业费的有:……上山下乡知识青年因工致残丧失劳动能力的生活补助费……

(第九章《民政经费》,第 234 页)

《毕节地区志·劳动志》

贵州省毕节地区地方志编纂委员会编,贵州人民出版社 2004 年

　　1966—1976 年"文化大革命"时期,部分下乡知青以民工形式参加修筑湘黔铁路,动员组织城镇知识青年上山下乡成为主要安置途径。全地区先后组织 1.4 万多名城镇知识青年上山下乡。

(《概述》,第 2 页)

　　在 1979—1981 年 3 年中,全地区共安置城镇待业青年 35 669 人,其中上山下乡知青 5 934 人,大大缓解就业的沉重压力。

(《概述》,第 2 页)

　　1964—1965 年,贯彻省劳动局长会议精神和省人民委员会关于对城镇闲散劳动力进行一次普查登记的通知,全专区对城镇常住户口的非农业人员中要求就业的中青年进行登记,对城镇闲散劳动力采取以下措施安置:动员部分初中毕业生上山下乡或安置到国营农、林、牧、茶场。1964—1965 年,全专区共安置城镇闲散劳动力 6 837 名,动员城镇知识青年上山下乡和城镇闲散劳动力下乡落户 888 人,同时为水城矿区指挥部招收亦工亦农轮换工 3 300 名,为水城矿区公路建设招用民工 4 000 名。

(第二篇第三章《劳动就业》,第 46 页)

　　1966 年后的就业安排　　"文化大革命"期间,除"三线"建设重点企业按计划招收部分工人,部分下乡知青以民工形式参加湘黔铁路建设以及少量补充自然减员和退休职工子女顶替工作外,动员组织城镇知识青年上山下乡成为主要安置方式。全地区先后组织 1.4 万多名城镇知识青年上山下乡。到 1979 年,全地区城镇待业人员共有 37 839 人,其中城镇待业青年22 297

名,城镇其他待业劳动力 9 608 名。下乡知识青年 5 934 名,其中 1972 年前下乡的 488 名,下乡两年以上的 3 354 名,下乡不满两年的 2 092 名。　　　　　(第二篇第三章《劳动就业》,第 46 页)

1981 年 10 月,地区行署决定撤销地、县上山下乡知识青年办公室,在地、县劳动局分别设立社会劳动力管理科(股),对外称劳动服务公司,并确定编制人数。
　　　　　　　　　　　　　　　　　　　　　　(第二篇第三章《劳动就业》,第 46 页)

从 1979 年开始,在知识青年上山下乡经费中设立扶持生产资金项目(后改为城镇就业经费)。经费来源主要有知青经费结转、国家财政拨款、地方财政安排。
　　　　　　　　　　　　　　　　　　　　　　(第二篇第三章《劳动就业》,第 54 页)

1966 年"文化大革命"开始后,城镇社会青年除按规定留城的外,基本上动员上山下乡。20 世纪 70 年代初期,一度出现不按劳动计划招收新工人的问题。1972 年末,全地区贯彻国家计委、劳动总局和省停止从社会上招工的通知,立即停止招工,并对停止招工中的一些遗留问题作处理。此后,从社会上招收新工人,均严格按每年省下达的招工计划执行,严格控制从农村招收工人,必须从农村招工的,需报省批准。招工对象主要是城镇不能升学的高初中毕业生、上山下乡知识青年、城镇待业青年,同时开始改革招工制度。
　　　　　　　　　　　　　　　　　　　　　(第二篇第四章《劳动力管理》,第 63 页)

第五章　城镇知识青年上山下乡

第一节　知青下乡管理机构　知青下乡安置

一　知青下乡管理机构

1964 年,毕节专区贯彻落实中共中央、国务院《关于动员和组织城市知识青年和其他闲散劳动力下乡、回乡参加社会主义建设工作》的指示,中共毕节地委成立安置城镇下乡青年领导小组,地委常委、副专员张晓光任组长,副专员李仿尧任副组长,下设办公室,专署劳动局局长陶汉一任主任,宋新庭任副主任,并配备专职干部 2 人。境内各县相继成立安置领导小组和办事机构。1965 年 7 月,省编委、省委知青办下文,增编毕节专区安置工作专职干部 4 名,列入行政编制。1973 年,中共毕节地委决定建立知识青年上山下乡领导小组,地委副书记石双琪任组长,地委常委张晓光任副组长。领导小组下设办公室,卢泮水任主任,周凤来任副主任。境内各县县委也建立知识青年上山下乡领导小组和办事机构,统称知识青年上山下乡办公室。区、公社一名副书记或区长、社长分管上山下乡知识青年工作。1981 年 10 月,地区知识青年上山下乡办公室撤销。知识青年上山下乡工作遗留问题,由地区劳动工资局负责处理。

二 下乡知识青年安置

宣传动员 1964年4月,中共毕节地委批准地委安置城镇青年下乡领导小组制发《关于动员和组织城镇知青下乡参加农业生产的几点意见》,同意地委安置领导小组配合毕节县在城关第八街先行试点。试点工作于4月20日开始,地、县、镇抽调12名干部组成工作组,省委安置领导小组办公室派两名干部指导试点。工作组小会动员、个别动员,利用黑板报、大字报、广播等形式大张旗鼓地开展宣传动员,并坚持自愿申请,组织批准,做好家庭成员思想工作。同时,工作组选定安置点后,提前作好安置准备工作,为下乡青年修理住房,置备必要的生产、生活用品。经过两个月的试点,6月27日,毕节县城关镇召开约3 000人参加的欢送大会,欢送首批8名城镇青年下乡落户。在试点取得经验后,全专区有任务的县先后展开动员安置工作,是年共动员安置下乡青年115人,超额15%完成省委分配的任务。1964—1966年,全专区共动员和组织城镇知识青年和闲散劳动力888人下乡插队,其中集体插队434人,成户下乡231人,返乡223人。1968年2月,省革委会批转省生产领导小组《关于1968年全省知识青年上山下乡工作安排意见》,明确动员年满16岁,思想进步,身体健康的高初中毕业生和社会青年上山下乡。10月,省革委会发出通知,大中专学校毕业生要面向农村,面向边疆,面向工矿,面向基层,根据贵州的具体情况,重点是上山下乡。是年12月,毛泽东主席发出"知识青年到农村去接受贫下中农的再教育,很有必要"的号召,城镇知识青年上山下乡在全专区掀起高潮。1969年1月毕节地区革命委员会发出《关于做好贵阳市五千名知识青年到我区安家落户安置工作的通知》,对贵阳市5 000名知识青年分别安置在全地区9个县,其中威宁1 000名,织金、毕节、大方各800名,金沙、纳雍各400名,黔西、赫章各300名,水城200名,要求各县采取集体插队形式,以3—8人编为1组。1968—1969年,全地区动员和安置上山下乡知识青年3 565名,回乡知青9 276名。1970年,全地区贯彻省革委会《关于进一步做好知识青年上山下乡工作》的指示,组织慰问组,深入农村安置点进行慰问检查。1973年10月,中共毕节地委召开全地区知识青年上山下乡工作会议,贯彻中央《毛泽东主席给李庆霖同志的复信》和国务院《关于全国知识青年上山下乡工作会议的报告》,以及省委《关于省知识青年上山下乡工作会议的报告》精神。根据《贵州省知识青年上山下乡若干问题的试行规定(草案)》和《贵州省1973—1980年知识青年上山下乡初步规划》,对动员上山下乡的对象作出具体规定,城镇中学生的分配,以上山下乡为主。除根据有关规定和国家计划直接升学和不动员下乡的几种人之外,其余凡满17周岁的,都动员上山下乡。不动员下乡的对象是:病残不能参加农业生产劳动的;独生子女;多子女身边只留一个子女;中国籍的外国人子女。归侨学生下乡的,主要安排在华侨农场。凡属动员上山下乡的对象任何单位不得作其他安排;进街道工厂、家属工厂、服务站和当代课教师、临时工、义务学徒等的,招用单位要采取坚决措施,负责清退,同有关单位密切配合,统一组织下乡。从1974—1978年,全地区共动员组织城镇知识青年1.4万多人上山下乡。

年度	上山下乡总人数	安置形式		
		插队	集体场队	国营农场
1974	3 267	1 984	1 283	
1975	4 305	1 623	1 839	843
1976	1 336	724	601	11
1977	3 552	1 869	1 232	451
1978	1 543	783	710	50
合计	14 003	6 983	5 665	1 355

安置形式 1.插队。城镇知识青年上山下乡插队落户,要求适当集中,一般以 5 人以上建立知青点。也有部分知青下乡后,一人在一个生产队的。2.举办集体所有制知青场队。1974 年,学习湖南株洲市经验,厂社挂钩,举办集体所有制知青农、林、茶场。安置下乡知青 1 283 人,占是年下乡知青总数的 39%。1975 年,全地区共建立集体所有制知青场队 48 个,安置下乡知青 1 839 人,占当年下乡知青总数的 42%。到 1978 年末,全地区共有知青场队 58 个,在场知青 2 633 人,占当年在乡知青人数的 31%。在知青场队中,主要由带队干部、贫下中农参与举办独立核算的集体所有制知青场队;有的是公社、生产队办的集体农、林、牧、茶场,由带队干部、贫下中农参加与社队联合经营,下乡知青户口在队,劳动在场,分配在场或生产队。3.到国营农、林、牧、茶场落户。1974 年以前安置 280 名知青到国营农、林、牧、茶场落户。到 1978 年,累计 1 635 人,占在农村实有知青人数的 11.67%。1977 年,根据省农业局、林业局、劳动局、财政局、知青办的联合通知,从 1973 年后安置到国营农、林、牧、茶场的知识青年,根据农场发展需要,转为农场工人;1977 年起,凡安置到国营农、林、牧、茶场的知识青年,到场后即为农场工人。

年度	社队安置知青			5—9 人的知青点		单人队数
	公社	大队	生产队	知青点数	人数	
1975	423	796	1 310	483	2 126	693
1976	447	926	1 543	419	2 480	998
1977	473	1 042	1 606	420	2 200	630
1978	470	1 032	1 586	334	1 714	566

干部带队 1974 年,各县按照省委批转省委知识青年上山下乡领导小组《关于抽调上山下乡知识青年带队干部的意见》规定:按照上山下乡知识青年的总数,以 2% 的比例配备带队干部,在集体青年场队中则多配备一些。选派带队干部的条件为:觉悟高,思想作风好,有一定工作能力,身体健康。带队干部分别参加县、区、社领导班子,在当地党委统一领导下,协助做好下乡知识青年的思想政治工作和巩固工作。带队干部原则上 1 年轮换 1 次;对

带队干部的生活补贴、口粮标准、差旅费、公杂费、医药费等报销问题均作出具体规定。从1974—1978年，全地区各县先后抽调带队干部数百人。

第二节　安置经费及粮油供应

　　安置经费　1964年5月，毕节专区根据省委安置领导小组和省财政厅的通知，对上山下乡知识青年平均每人拨出经费140元。是年8月31日，地委安置领导小组、专署财政局、农业局发出《关于追加1964年安置城镇下乡知识青年支出预算指标的通知》，规定插队经费全专区平均每人175元；用于解决知青住房问题和生活补贴、家具和小农具购置。各开支项目的用款标准，按人均计算，大体控制在新建房屋60—80元(购旧房、修用公房低些)、农具费10—12元，家具费8—10元，生活补贴60—70元。各县可在不突破规定开支标准范围内，调剂使用。当年全专区共拨插队安置经费20 125元。1965年6月19日，根据省的安排，插队人员平均每人安置经费220元，开支范围：建房50—60元，生活补助96元，购置小农具30—33元，御寒补助24元；成户插队经费平均每人150元，其中建房40元，生活补助72元，购置小农具18元，御寒补助8元，医药费补助6元；返乡人员安置费平均每人50元。是年全专区安置771人，经费总数117 240元。1968年，贵州省革命委员会规定，凡上山下乡知识青年到人民公社插队的，每人补助230元，到新建场队者，每人补助400元，社来社去和家在农村返乡参加生产人员，一律不补助插队安置费。安置经费用于重点解决学习、生产、生活费用。各项经费开支集中在所在生产队统筹安排，不得发给个人。是年，省拨给毕节地区知识青年上山下乡安置经费11.6万元。1969年规定：单身插队每人补助320元；成户下乡插队每人平均不超过130元标准内酌情补助；投亲插队落户的，可根据具体情况，分别按单身、成户插队标准计算。经费由省按上述规定标准，根据各地实际上山下乡人数，分期分批拨到各地、州、市，由地、州、市拨到县，再由县掌握包干。1973年《贵州省知识青年上山下乡若干问题的试行规定(草案)》中规定：1973年起，城镇知识青年回农村老家落户的，到农村插队和建立集体所有制场(队)的，每人补助480元；到国营农、林、牧、渔、茶场的，每人补助400元。按每人480元标准，分项使用；建房费200元，生活补助费平均每人200元，农具、家具、学习、医疗、旅运和其他补助共80元。对1973年以前下乡插队的知识青年，生活不能自给的，按每人补助100元标准，由县统一掌握，合理补助；没有建户的每人补助200元。1979年国务院知青办和财政部对知青经费的管理使用作出新的规定：知青经费包括安置费、扶持生产资金和业务费。从1979年起，安置费标准为：到国营农、林、牧、渔、茶场和机关企事业单位农副业基地，每人补助400元，由单位使用；到集体知青场队每人补助580元。扶持生产资金主要用于扶持独立核算的集体所有制知青场队发展生产。属于周转性质，以签订合同形式办理借款手续。业务费包括会议费、宣传费、培训费。对知青经费的管理，地、县知识青年上山下乡办公室都相继配备专职或兼职管理人员，建立会计制度，实行独立核算。县以下区和公社代管知青经费，实行报账制，建立健全管理制度，保证知青经费专款专用。从1974—1979年底止，全地区累计拨入知青经费570.53万元，累计支出546.8万元。

1979年,全地区回收结余经费 23.73 万元。

毕节地区 1974—1979 年上山下乡知青经费统计表

单位:元

年份	财政拨款	上年结转	实际支出							本年结余
			合计	建房费	生活补助费	农具、家具费	医疗费	学习材料费	其他	
1974	1 200 750		766 949	330 332	319 282	97 314	8 825	7 874	3 322	433 801
1975	1 260 868	433 801	1 060 842	348 364	473 274	122 072	19 142	11 510	86 480	633 827
1976	1 083 842	633 827	1 097 009	351 112	461 817	56 587	16 064	12 662	198 767	590 658
1977	996 141	590 658	1 154 157	322 008	516 518	118 619	19 208	20 557	157 247	432 642
1978	753 662	432 642	809 277	182 292	465 685	72 445	17 303	11 618	59 934	377 027
1979	440 000	377 027	579 719	117 373	402 606	23 578			36 162	237 308

粮油供应 1968 年 10 月,按照国家粮食部对城镇上山下乡知识青年和回乡参加农业生产的知青(原来吃商品粮的)及新建场(队)知识青年的粮油供应标准规定:1.每人每月粮食定量 36—40 斤。各地可根据男女不同,体强体弱不同,核定口粮。2.凡上山下乡知识青年第 1 个月的口粮,由原在单位发给,从第 2 个月起,由所在生产队(场)向国家购买。3.知青的食油,从到安置点第 2 个月起每人每月 4 两,由国家供应。4.知青粮油一律供应到第 2 年秋收时为止,秋收分配后停止供应。对新建场(队)第 2 年秋收后按国营农场办法供应粮油。1972 年省革委生产指挥部对高初中来自农业人口的食宿学生毕业回乡生产的口粮供应规定:高中来自农业人口的学生,毕业后回乡生产,因回乡前吃商品粮,没有参加生产队分配,毕业回乡后可暂按原学校口粮定量标准,继续供应到当年秋粮分配时为止,以后国家不再供应。初中来自农业人口的学生因原已参加生产队分配口粮,毕业回乡后口粮由自己解决。1973 年 8 月,全省统一规定,下乡知青口粮,头一年按每人每月 40 斤贸易粮、4 两食油标准,由国家供应。参加集体分配以后,既要体现按劳分配原则,又要给以必要照顾。正常出勤的,应不低于当地单身整劳力的实际吃粮水平。所在社队口粮水平过低,每人每月达不到 36 斤贸易粮的,由国家供应补足 36 斤。集体所有制的知青场(队),要尽快做到粮食自给,不能自给的,由社队调剂解决。社队口粮水平过低的,由国家供应补足每人每月 36 斤贸易粮。到国营农、林、牧、渔、茶场的知青,其口粮由场安排解决。不能解决的,亦按上述标准由国家供应。

第三节 回城安置

全地区上山下乡知识青年收回安置的途径主要是国营、集体企业单位招工,大中专院校招生,应征入伍,招干和鼓励自谋职业。1978 年以前,根据省下达的专项招工指标,由下乡知青所在地的区、社、队推荐选送。是年,遵照中共十一大政治报告中提出"知识青年问题要从统筹兼顾观点出发,作出适当安排"的精神,以及省委批转《地、州、市知青办主任会议纪要》提出的四个面向原则,全地区对城镇中学毕业生进行统筹安排,解决好上山下乡、留城安排和在上山下乡知识青年中招工等几个问题。对留城的具体规定作出适当调整,扩大留城面。除原规定不动员上山下乡的对象外,无子女工作的多子女家庭,1 户可选留 1 个年满 16 周岁、中学毕业的子女;有两个上山下乡子女的家庭,还可选留一个子女留城;多子女家庭虽已有病残留城子女的,还可留一个健康子女;孤儿不动员上山下乡。是年 10—12 月,党中央、国务院召开全国知青工作、劳动工作会议,制发中发(1978)74 号文件。1979 年 2 月,省召开全省上山下乡知识青年、劳动工资会议。会议决定,从贵州省实际情况出发,除按中央规定:"矿山、林区,分布在农村的有安置条件的企事业单位,小城镇和一般县城的非农业户口的中学毕业生,不再列入上山下乡范围"外,其他城市也不再组织动员知识青年上山下乡。根据省委批转的《全省上山下乡知识青年、劳动工作会议纪要》精神,毕节地区从 1979 年起不再动员知识青年上山下乡。到 1978 年底,在乡知青还有 8 549 人,其中 1972 年以前上山下乡的老知青 554 人。地、县对在乡的知识青年进行统筹安排,通过全民所有制和集体所有制企业、事业单位招工,妥善安排其工作。在招工指标中确定招收下乡知青的一定比例,放宽招工条件,优先录用;由劳动部门下达招收下乡知青的专项招工指标,实行点招;把招收1972 年前下乡的知青作为一项硬任务要求劳动部门保证完成。对已婚的知识青年尽量就近安排到财贸、文卫、交通、轻工等企事业单位、国营农林牧茶场或办得好的社队;与职工结婚的,允许转到配偶所在单位的"五七"工厂,转为非农业户粮关系;自谋职业的发给一次性安置费。到 1981 年末,全地区上山下乡知识青年全部统筹安置完毕。

毕节地区上山下乡知青调离农村人数表　　　　　　　单位:人

年度	总计	招生	应征入伍	招工	招干	其他
1974	37	30	1			6
1975	317	46	76	163		32
1976	1 242	165	460	596		21
1977	2 356	301	32	1 878	7	138
1978	2 550	671	974	827	4	74
1979	2 560	169	390	1 566	239	196
1980	1977	20	43	1 895	10	29

附:

中共毕节地委批转地委安置领导小组关于
动员和组织城镇知识青年下乡参加农业生产的几点意见

各县委:

地委同意地委安置领导小组关于动员和组织城镇知识青年下乡参加农业生产的几点意见。现转发各县研究执行。

1964 年 4 月 16 日

地委安置领导小组关于动员和组织
城镇知识青年下乡参加农业生产的几点意见

地委：

我们根据省委批转省委安置领导小组《关于动员和组织城镇知识青年下乡参加农业生产的报告》的精神，结合我区实际情况，提出如下具体贯彻执行的意见。

一、关于建立和健全领导小组问题。地委在原有国营农、林、牧安置领导小组的基础上，进行调整和充实，成立地委安置城镇下乡青年领导小组，以张晓光、李仿尧、陶汉一、时念好、李登峰、张力心、商毓祯、卢泮水、郭海一组成，张晓光同志任组长，李仿尧同志任副组长。领导小组下设办公室（暂设劳动局），陶汉一同志兼任主任，宋新廷同志任副主任；并由人事科配备专职干部3人，由农业局、劳动局、团地委等部门抽调4人参加办公室工作。各县也应建立安置领导小组和办事机构，以便更好地完成城镇知识青年下乡参加农业生产和安置"三场"的任务。

二、关于任务分配问题。省安置领导小组分配我区插队100人，农、林、牧场继续安置80人。经讨论，认为这个任务还是能够完成的。据初步摸底，在13个城镇中约有闲散劳动力6300人，其中知识青壮年约有3800人，占58.4%。尽管这些青年对下乡插队有很多思想顾虑和困难，但只要作好政治思想动员工作，切实认真解决问题，就能胜利的完成任务。必须看到这些人近年来已受到社会主义教育，阶级觉悟均有所提高，坚决不愿下乡搞农业生产的还是少数。对插队任务的具体分配：毕节50人，大方、黔西12人，金沙10人，织金、水城各8人。威宁、赫章、纳雍虽未分配任务，也应当积极的作好，能完成多少算多少，为今后工作打基础。对"农、林、牧场"继续安置的任务分配问题，待和有关部门商讨好后再下达。

三、关于有计划有步骤地开展工作问题。应当认清动员和组织城镇知识青年下乡参加农业生产，是进一步贯彻毛泽东同志提出的"以农业为基础，以工业为主导"的发展国民经济的总方针，是进一步加强农业战线，建设现代化的农业，建设社会主义的新农村的一项重大措施，是在今后一个相当长的时期内的一项重要任务，我们必须作广泛宣传，重点掌握，有计划有步骤地作好这项工作。具体要求是：1.凡有任务的县都要搞试点，待摸出经验后推开。地委安置领导小组准备协助毕节县在城关先搞一个街，因此要组织适当力量，加以训练，配合城关镇委，紧密结合当前春播，争取在4月底作好点上的工作，5、6两个月完成全部动员工作。各县也要根据自己的具体情况，作适当安排。2.动员和组织城镇知识青年下乡插队，主要是到地多人少，领导力较强，生产门路较多，有发展前途，收入比较稳定的社、队去。在具体安置时，要根据他们的身体情况、觉悟程度、文化水平、技术特长等条件和生产队的实际需要，适当搭配。家在城镇的复员退伍军人，应当主要安置到国营农、林、牧场去，有的也可以安插到生产队去。3.要把过去的安置工作认真作一次检查总结，以便进一步摸清城镇闲散劳动力的情况和知识青年的思想动态，以及所存在的问题，为宣传动员、安置、巩固工作作好准备。4.必须采取宣传动员、安置、巩固相结合的办法进行艰苦细致的工作。要广泛深入地宣传城镇知识青年下乡参加农业生产的伟大政治意义和今后的光明前途,造成声势,形成舆论。坚决克服历史上遗留下来的轻视农业、轻视农业劳动的旧思想,树立热爱农业、热爱农业劳动的新风尚。在动员下乡人员的同时,也要作好家属的工作。要做到本人通、爱人通、家属通,使他们从思想上把建设社会主义的新农村当作自己的毕生事业,立志做一个有社会主义觉悟,有文化科学知识的新农民。准备安插下乡人员的社、队,必须要有专人负责,充分做好各项安置准备工作。对下乡人员的住房、自留地、口粮、生产工具和炊事用具等,都要安排妥当。他们到达之后还要热情帮助,不但要加强政治思想教育,还要具体帮助学习生产技术,并注意发挥他们的特长,使他们安居下来。

四、安置经费问题。省委安置领导小组与财政厅具体研究下达后再通知。

五、加强领导问题。今年的时间已经过去 3 个半月,要求各县对这项工作抓紧研究布置,迅速开展起来。各县除确定一个常委同志负责领导这项工作外,还要在区、社、队和党、团员内布置一下,并要事先确定下乡人员应插入的社、队,取得上下配合,以便更快更好的完成任务。

以上意见,如认为可行,请批转各县研究执行。

1964 年 4 月 14 日

(第二篇第五章《城镇知识青年上山下乡》,第 74—82 页)

是年(1978 年),毕节地区安置 1 820 名上山下乡知识青年,大部分进入国营和集体企业作学徒工。

(第三篇第三章《在职工人培训》,第 103 页)

1979 年 3 月,贵州省劳动局对下乡知识青年参加工作后的工资待遇作出规定:1.新招收的知青分配作学徒工的,下乡满 2 年以上的,享受学徒工第 2 年待遇;满 3 年以上的,享受学徒工第 3 年待遇;满 5 年以上的,享受 1 级工待遇。2.分配作普工的,享受学徒工第 3 年待遇,分配做重体力劳动的,享受 1 级工待遇。1980 年 1 月,根据省劳动局的规定,毕节地区调整学徒工的生活待遇:第一年,每月 20—22 元;第二年,每月 22—24 元;第三年每月 25—27 元。县以下企业学徒生活补贴不准占用上限。

(第四篇第三章《职工工资调整及工资区类别》,第 132—133 页)

(1964 年)4 月,全专区开始动员和组织城镇知识青年下乡插队、城镇居民下乡参加劳动。

(《大事纪要》,第 310 页)

(1968 年)10 月 4 日,贵阳地区首批知识青年到威宁插队落户。

10 月 15 日,毕节地区革命委员会召开"贯彻毛主席最新指示和广大干部下放劳动、知识青年上山下乡"的誓师大会。

(《大事纪要》,第 311 页)

（1969 年）1 月，贵阳市 5 000 名知识青年到毕节地区插队落户。

（《大事纪要》，第 311 页）

（1973 年）12 月 14 日，全地区知识青年上山下乡工作会议统计：1970 年以来，全地区上山下乡知识青年约 5 000 人，仍有 1 200 人在农村。 （《大事纪要》，第 312 页）

（1978 年）9 月 15 日，据毕节地区知识青年上山下乡工作会议统计，全地区有 12 546 名城镇知识青年上山下乡。

是年，全地区共安排 300 名上山下乡知识青年为林工。 （《大事纪要》，第 312 页）

（1979 年）12 月 28 日，北京市下乡知青大方县理化公社党委副书记黄建务（女）获国务院授予的全国劳动模范称号。 （《大事纪要》，第 313 页）

《毕节地区志·人事志》

贵州省毕节地区地方志编纂委员会编，贵州人民出版社 2002 年

1979 年 1 月，毕节地区革命委员会改称毕节地区行政行署，原地革委所属工作机构归属行署领导。之后，……撤销政法办公室和知识青年上山下乡办公室。

（第一章《行政机构编制》，第 29 页）

1972 年起，原政府工作机构逐渐恢复，同时增设一些机构。县革命委员会工作机构有：……知识青年上山下乡办公室。 （第一章《行政机构编制》，第 38 页）

1981 年 7 月，全地区按照国家下达的吸收录用计划，从大中专毕业生、军队转业干部、复员退伍军人、城镇待业青年、下乡知识青年中吸收录用干部 3 964 名。1983 年 8 月 22 日，根据省人民政府《关于招收、培训少数民族基层干部有关问题的通知》，毕节地区在农村招收 210 名彝、苗、回、布依、仡佬、白、水等少数民族初中毕业以上的知识青年，实行定点、定向招收，通过考试择优录取，培训后分配在少数民族地区乡（镇）工作。……是年，除县乡换届选举产生的干部 298 名，国家分配的大中专毕业生 1 333 名，安排军队转业干部和复员退伍军人 101 名外，还从城镇待业青年、下乡知识青年和其他人员中招收录用干部 546 人。

（第三章《干部来源》，第 72 页）

1979 年 3 月，贵州省劳动局发文规定下乡知识青年参加工作后的工资待遇：1.新招收的

知青分配作学徒工的,下乡满 2 年以上,享受学徒第 2 年待遇,满 3 年以上的,享受学徒第 3 年的待遇,满 5 年以上的,享受 1 级工待遇。2.分配做普工的,其待遇享受学徒第 3 年的待遇,分配做重体力劳动的,享受 1 级工待遇。学徒工生活待遇标准为:第 1 年 20—22 元;第 2 年 22—24 元;第 3 年 25—27 元。此标准于 1979 年 11 月执行。

(第六章《工资》,第 237 页)

(1968 年)10 月 15 日,地革委召开干部下放劳动、知识青年上山下乡誓师大会。

(《大事记》,第 356 页)

《毕节地区志·武警志》

贵州省毕节地区地方志编纂委员会编,贵州人民出版社 2002 年

1967 年至 1977 年,根据省征兵办的通知精神,应征对象为农村青年中贫、下中农出身的适龄男女青年和"上山下乡"锻炼两年以上的优秀城镇青年,以及应届高、初中毕业生。

(第九章《行政管理》,第 115 页)

《毕节地区志·文化艺术新闻出版志》

贵州省毕节地区地方志编纂委员会编,贵州人民出版社 2003 年

毕节县文艺宣传队 1975 年,毕节县文化馆组建 50 人的知青宣传队参加地区汇演,演出大型歌舞《赤水河畔迎红军》。之后,选留 7 名知青加上文化馆人员组成 13 人的文艺宣传队。宣传队创作、排练黔剧《战红岩》,花灯小戏《山茶花开》,文琴坐唱《尹春华》,表演唱《公社来了理发员》等节目,参加地区举办的曲艺调演和农业学大寨文艺调演,并到全县各区巡回演出。 (第二篇第二章《文艺宣传队》,第 55 页)

《毕节县志》

毕节县地方志编纂委员会编,贵州人民出版社 1996 年

(1965 年)7 月 29 日,县成立知识青年上山下乡安置领导小组,下设办公室,着手安排青年下乡。 (《大事记》,第 40 页)

1964 年 4 月,设知识青年上山下乡办公室,后改为知青办(1982 年 6 月撤销)。

(党政群团篇第五章《政权》,第 240 页)

1980年,在安排回城上山下乡知识青年中,恢复了原个体工商户288户,299人,资金1.8万元。

(国民经济综合管理篇第四章《工商行政管理》,第397页)

知识青年下乡及安置

　　1964年,主席毛泽东号召知识青年上山下乡,全县先后动员5 416人(其中接收外地知青295人)知识青年上山下乡。并分三个阶段:1964至1965年79人;1968至1969年669人;1974年后4 668人。凡上山下乡的知青由县里确定带队干部,配合区社解决住宿、生产、生活等问题。1973年5月,县委成立知青领导小组,下设办公室,负责动员、安置、管理、教育等工作。全县有20个知青队,派带队干部40名,负责教育管理工作。1976年2月,选举先进集体和个人代表94人,出席地区召开的代表大会。到1977年底,全县有36名知青加入中国共产党,910名加入共青团,35名进入各级领导班子,并培养赤脚医生22人、拖拉机手19人、社队企业技工11人、科研人员75人、民校教师72人,招生227人,服兵役889人,当工人2 306人,总共安置3 542人。1980年后,知识青年不再动员下乡,由劳动部门、知青办招工安置,1981年,全县下乡知青安置工作完毕。

部分年度知识青年下乡情况统计表 　　单位:人

分类		1964	1965	1968	1969	1974	1975	1976	1977	1978	1979	1980
下乡人数	合　计	29	50	293	376	885	1 629	227	1 082	701	6	138
	其中 去外地人数						279	38	181	15		
	其中 下放转知青						41					
安置人数	合　计	29	50	293	656	885	1 362	189	901	686	6	138
	其中:从外地接收					280	12	3				
下乡安置形式	插队人数	29	50	293	656	384	460	113	509	290		
	回乡人数						41					
	集体场队人数					501	568	73	302	382	6	
	农工商企业人数											138
	国营农业茶场人数						293	3	90	14		
调离农村的下乡知青	合　计						8	262	535	1 448	516	683
	招　生						8	8		162	40	9
	征　兵							176		541	153	19
	招　工							78	535	722	316	655
	其　它									23	7	

数目\年度\分类			1964	1965	1968	1969	1974	1975	1976	1977	1978	1979	1980
累计下乡知青数	合计							2 525	2 465	2 834	2 072	1 166	
	其中	共产党员						1	36	7	3		
		共青团员						750	850	910	800		216
		参加各级领导班子						22	45	43			

（国民经济综合管理篇第八章《劳动管理》，第 433—434 页）

1975 年县城 159 名"知识青年"下放到林场（拱垅坪林场）劳动锻炼。次年 8 月后，逐步转为林业工人。

（农业篇第三章《林业》，第 485 页）

1968 年 10 月 18 日，毕节县革命委员会制发《关于中、小学毕业生分配安置意见》，将 1966 至 1968 年三届高、初中毕业生 2 544 人，动员到（回）农村上山下乡劳动。

（教育篇第七章《教育行政》，第 925 页）

1970 年恢复高中招生。成立毕节县招生工作领导小组，专设办公室，招应届初中毕业生和参加农业劳动一年半以上，年龄在 20 岁以下的上山下乡和回乡知识青年。招生办法是"自愿报名，群众推荐，领导批准，学校复审"，取消文化考试。

1970 年毕节县高中招生情况表
单位：人

学 生 来 源	报名数	录取数	占报名数%	占录取数%	备注
合计	4 254	550	13		
应届初中毕业生	1 709	292	17	53	
初中毕业回乡知识青年	1 684	115	6.8	20	
上山下乡初中毕业生	861	143	16.6	27	

（教育篇第七章《教育行政》，第 934 页）

《金沙县志》

贵州省金沙县地方志编纂委员会编，方志出版社 1997 年

（1968 年）10 月 20 日，金沙中学第一批知识青年上山下乡，到次年三月底，全县上山下乡知识青年达 600 名。

（《大事记》，第 28 页）

(1969 年)5 月 9 日,平坝区近期出现四起毒打上山下乡知识青年事件,县革委要求做好知青的再教育工作,追究责任,严惩肇事者。 （《大事记》,第 28 页）

1970 年 7 月,建县民政局,增管上乡下乡知识青年和收容遣送外流人口两项工作。
（第七篇第一章《民政》,第 273 页）

1979 年 2 月 1 日起,……伤残战士是城镇人口和上山下乡知青参军者,按 1979 年退伍军人安置有关规定办理。 （第七篇第一章《民政》,第 276 页）

1978 年从上山下乡知青中,经文化考试择优录取了计划生育专职干部,同时招收了部分公社半脱产干部。 （第七篇第二章《人事》,第 303 页）

1980 年,省规定:"干部退休后,家庭生活有困难的,多子女上山下乡,子女就业少的,原则上可用当年自然减员指标,照顾招收一名符合招工条件的子女工作。……"
（第七篇第三章《劳动》,第 308 页）

知识青年上山下乡

1964 年,中央号召知识青年到农村去,金沙县召开会议,开展宣传、动员知识青年上山下乡。1965 年,第一批自愿报名的 7 名知识青年下放到禹谟区新民公社安家落户。1968 年,毛泽东主席又号召"知识青年到农村去,接受贫下中农再教育"。时值"文化大革命"期间,中学生们纷纷申请上山下乡,贵阳知青开始分到金沙农村。是年 10 月 20 日和 11 月 1 日,县革委在城关体育场召开万人大会,欢送两批知识青年共 200 人上山下乡分赴县内各地,会上赠《毛泽东选集》、《毛主席语录》、农县,发给知青衣被,每月付给十余元生活费,由知青自行选点,大部分分组集体落户,少部分分散落户。1971 年春节,鉴于平坝出现知青被捆打事例,知青思想波动,县组织对知青点进行检查,并召开知青家长座谈会,办知青学习班,也解决一些具体问题。为加强知青安置工作,县委于 1973 年 10 月 16 日成立了知识青年上山下乡领导小组,并抽调人员组成办公室。是年组织 240 名初中和高中毕业生上山下乡,1976 年下放 330 名。到 1978 年止,全县上山下乡知青 1 000 余人。知青下乡初期,分若干个集体插队务农,由于每个"集体"的人数多,接收的生产队在住房、生活、生产等方面困难较大。1974 年后,允许自行联系,投亲靠友,部分知青点自行解散,对仍集中部分,要求有条件的单位办知青场队,安置知青,并将女知青集中住点。1978 年 12 月停止动员知青上山下乡,并积极解决尚在农村的知青安置就业问题。1981 年止,除死亡的 2 人外,所有上山下乡的知识青年,全部安置就业。
（第七篇第三章《劳动》,第 316—317 页）

1974—1978 年间,农村小学大办"戴帽班",小学教师被挤占,从农村吸收高、初中毕业的回乡知识青年担任民办教师。 (第二十二篇第八章《教师》,第 878 页)

《织金县志》

贵州省织金县地方志编纂委员会编,方志出版社 1997 年

1964 年 9 月,首批知识青年(实际是社会青年)9 名下乡插队落户。1968 年秋,大批知识青年开始上山下乡,以后又陆续下乡,先后共达 1 751 人,分布于 64 个公社 109 个大队。通过招工、招兵、招生,到 1979 年就业了 1 230 人,其中在全民所有制单位的 665 人,集体所有制的 169 人,升学的 229 人,入伍的 118 人,其余 500 余人,除极少数犯罪外,都于 1982 年安排就业完毕。 (第五篇第二章《劳动人事》,第 330 页)

1976 年,地区劳动局下达招工指标和补充自然减员指标,规定招收对象为经批准留在城镇符合用工条件的独生子女,父母身边只留的一个子女和经过两年以上劳动锻炼的上山下乡知识青年。 (第五篇第二章《劳动人事》,第 331 页)

1956 年,在农村吸收了一批少数民族干部,分配到各级各部门。此后,干部来源增多,……1978 年以后,增加吸收安排上山下乡知识青年、恢复平反冤假错案职工的工作。
(第五篇第二章《劳动人事》,第 334 页)

1983 年,给 1981、1982 年未调工资的全民所有制单位职工调资。即对 1978 年底前参加工作的固定职工,1971 年末前参加工作的计划内长期临时工、上山下乡插队 5 年以上的原城镇知识青年,1979 年 1 月 1 日以后分到调资单位工作,1983 年 9 月 30 日前已是正式职工的人员调资升级。 (第五篇第二章《劳动人事》,第 339 页)

《威宁彝族回族苗族自治县志》

贵州省威宁彝族回族苗族自治县志编纂委员会编,贵州人民出版社 1994 年

(1968 年)10 月 4 日,贵阳地区首批知识青年到威宁插队落户。 (《大事记》,第 20 页)

(1976 年)6 月 20 日,1 073 名城镇知识青年到农村插队。 (《大事记》,第 22 页)

(1971年)同年,有300多名贵阳及威宁的知识青年到农村插队落户。

(《大事记》,第21页)

1979年,三次录用上山下乡知识青年128名为计划生育专职干部。

(第四篇第六章《人事、劳动工资、民政档案》,第183页)

知识青年上山下乡与安置　1965年,有24名知识青年集中插队。1968—1969年,采取3至5人一组分散插队,自由选点。1973年至1978年,可以投亲靠友,选择社队插队。1973、1974年,共有314人插队落户,上级拨10.16万元补助费,帮助插队知青改善生产和生活条件。1975—1978年,知青插队落户1040人,拨补助费39.53万元。全县上山下乡知识青年,通过招工、招干、招生,于1981年全部安置。

(第四篇第六章《人事、劳动工资、民政档案》,第189页)

《大方县志》

大方县地方志编纂委员会编,方志出版社1996年

(1964年)11月20日,县第一批知识青年22人上山下乡,到长石区石坪公社安家落户。

(《大事记》,第31页)

(1970年)7月27日,响应上山下乡号召,全县1510名知识青年回乡生产。

(《大事记》,第34页)

(1973年)12月26日,第3批知识青年48名,到城关区新庄公社集体安家落户,财贸、工交、农林水各系统知青队相继建立。　　　　　　(《大事记》,第35页)

(1976年)27日,县委第一书记李巨连与上山下乡知青黄建务出席全国第二次农业学大寨会议。　　　　　　　　　　　　　　　　(《大事记》,第36页)

知识青年上山下乡

1964年11月,县首批22名知识青年走与工农相结合的道路,到长石区石坪公社安家落户。1965年9月,根据本人申请,本着"本人思想通,父母思想通,无拖累"的原则,批准第二批28名知识青年到瓢井区八堡公社落户。

1973年10月,成立中共大方县委知识青年上山下乡领导小组,县委书记任组长,配备

了专职知青工作干部。县委规定:招工、招生、招干、征兵等一律以上山下乡3年以上知识青年为对象,除"四不下"(病残不能参加农业劳动的,独生子女,多子女身边只有一个子女的,中国籍的外国人子女)对象外,其余都要到农村去。12月,48名知识青年到城关区新庄公社集体安家落户。每个下乡知青补助480元作建房、生活、农具、医疗等费用。1975年8—9月,贵州冶炼厂和毕节地区工交系统377名知青分别来大方落户。不少知青学会了劳动本领,养成了独立生活的能力。1977年12月,有拖拉机手10名,赤脚医生40名,民校教师120余名。全县11个知青队718人,生活能自给的180人,半自给的472人。

1978年12月,全县共有知青队(场)12个738人,其余分散在全县13个区82个公社。其中,5人以上知青点139个697人。从1973—1978年的6年中,全县上山下乡知青共达2 388名(含省地377名),拨给补助费87.82万元(不含省地)。其中招工、招生、征兵安排工作1 240名。还注意培养吸收优秀分子参加党团组织。1978年12月,中共党员从1974年的1名发展到67名,共青团员从50名发展到987名。

知识青年上山下乡工作停止后,未安排工作的知青已先后作了安排。

(第十六篇《重要政事》,第652页)

知识青年上山下乡及安置

1964年,县抽调18名干部组成工作队,动员城镇知识青年(以下简称知青)"到农村去,接受贫下中农的再教育"。当年,首批22名知青(男7名,女15名,初中文化程度10名,高小文化12名)到长石区石坪公社插队落户,参加农村社会主义建设,为使知青能安心农业生产,政府拨出经费3 850元,帮助购置农用生产工具。1973年,县革命委员会知识青年上山下乡办公室动员城镇年满17周岁而未安置的中学毕业生参加农业生产。12月,县第一个知青队在城关区新庄乡白瓦厂成立,共计有知青60人。随着知青工作的推进,全县相继建立了知青队14个,知青分队10个,分布于城关、响水、双山、坡脚、理化、六龙、百纳等区。到1976年,知青人数达1 874人。1976—1981年,县调整上山下乡知青政策,对确有困难的知青允许返城,按政策留城,上山下乡满两年的知青作统筹安排。全县有826名知青先后得到安排,成为全民所有制单位的职工。1982—1991年,对未安排的知青,通过招工、招干、招生、参军等多种渠道,基本安置结束。 (第十八篇第二章《劳动人事》,第698页)

根据贵州省革命委员会黔发(1976)22号文件《关于恢复职工退休(退职)时吸收其子女顶替工作的通知》及国务院《关于工人退休、退职的暂知办法》规定:"干部退休、退职后,家庭生活确实有困难的,或多子女上山下乡,子女就业少的,原则上可以招一名符合招工条件的子女参加工作"和"对于家居农村的退休、退职工人,如果本人将户口迁回农村,也可以招收他们在农村的一名符合招工条件的子女参加工作"。

(第十八篇第二章《劳动人事》,第698页)

《黔西县志》

黔西县志编写委员会编，贵州人民出版社 1990 年

是月（1964 年 10 月），县首批动员 59 名知识青年到仡仲、石人、雨化公社上山下乡当农民。 　　　　　　　　　　　　　　　　　　　　　　　（《大事记》，第 33 页）

是月（1968 年 7 月），再次开展知识青年上山下乡工作，到 1978 年止，全县共上山下乡 2 577 人，至 1981 年全部安排了工作。 　　　　　　　　　（《大事记》，第 36 页）

1968 年 12 月，重建治保组织，由转业军人、上山下乡知青、基干民兵、职工和农民组成，其中贫下中农占组成人员的 90%。 　　　　（第八篇第二章《人民公安》，第 235 页）

1978 年从上山下乡的知识青年中，经文化考试择优录取 103 名作计划生育专职干部；同时招收了部分半脱产公社干部。 　　　　（第十篇第一章《人事》，第 264 页）

知青安置　　1964 年起至 1978 年底止，全县共动员上山下乡知识青年 2 577 人。从 1970 年开始，推荐"表现好的"优先安置工作或参军、升学。未获推荐者，认为自己没有"靠山"和"关系"，思想动荡，不安心务农。1974 年，省规定可在上山下乡两年以上的知青中，通过考试，择优招工、招干、招生，每年都有一批知青离开农村。同时请客送礼，拉关系的不正之风盛行，群众意见纷纷。1981 年未获招收的数十名知青进住县政府招待所，以下乡上山时间长、应付不了文化考试、在农村收入少等为由，向县领导人要工作，要生活。对此，县委、县政府进行专题研究后规定：全民所有制单位招工，要用 50% 的指标招收知青，对 1972 年以前上山下乡的知青，免试招收。是年底，全县除一名在农村结婚的女知青外，全部安排完毕。 　　　　　　　　（第十篇第二章《劳动就业》，第 268 页）

第三节　知青下乡

一、动员上山下乡　　1964 至 1978 年，全县动员知识青年 2 577 人上山下乡，劳动锻炼。动员工作大体分三个阶段：第一阶段为 1964 年至 1965 年，共下乡 95 人；第二阶段为 1968 年至 1969 年共 1 156 人；第三阶段是 1974 至 1978 年共 1 362 人。1964 年中共中央毛泽东主席号召知识青年到农村去。黔西党政机关召开会议，开展宣传；县城和大关、谷里中学的行政领导和党团组织，积极动员毕业班学生，认识到农村锻炼的意义。当年经本人申请，领导批准 14 人，次年批准 45 名，由县派干部带领并组织欢送知青到人少地多，领导班子强的雨化、仡仲、石人公社集体插队落户，参加农业生产。

1968年，毛泽东主席又号召"知识青年到农村去，接受贫下中农的再教育"。时值"文化大革命"期间，中学生们迫于形势不上山下乡就没有出路，纷纷申请。当年批准上山下乡794人，分若干个集体插队务农。由于每个"集体"的人数多，接收的生产队，在住房、生活、生产等方面困难较大。次年下去的知青，则划2人以上10以下的小集体，可自由结合，自选社队。这年，黔西还接收了贵阳市上山下乡的知青311名，安排在重新公社插队。1974年以后，除继续组织插队外，允许本人联系，投亲靠友，要求有条件的单位办知青场、队。是年，办场队3个，次年增为8个，1977年增为9个，共安排知青540名。在1974年至1978年间，县知青办公室遵照省规定，办理了400名知青留城证明。其中属独生子女不动员上山下乡的70名，属多子女家庭每户留一名照顾父母的179名，属残疾不能参加劳动的151名。1978年12月停止动员知识青年上山下乡，并积极解决尚在农村的知识青年安置就业问题。1981年除1名已在农村结婚安家的女知青外，所有上山下乡的人员，全部安置就业。

历年下乡的知青

年度	1964	1965	1968	1969	1974	1975	1976	1977	1978
人数	14	45	794	362	322	272	52	480	236

知青场队统计

数目 场（队） 年度	龙场茶场	桂箐茶场	三海知青队	向阳知青队	五四知青队	供销农场	岔白农场	县良种场	县林场	合计
1974	24	24	—	—	151	—	—	—	—	199
1975	2	8	33	13	3	28	29	29		145
1976	3	2	17	11	—	3	3	20	22	81
1977	3	6	54	7	—	5	39	—	1	115
合计	32	40	104	31	154	36	71	49	23	540

二、知青的组织管理 1964年至1969年下乡的知青，均由县确定带队干部，配合接收的区、社，解决知青的住房、生产、生活等问题和政治思想教育工作。1973年11月，县委成立知青工作领导小组及其办公室（常设机构）；各区明确了专管知青工作的干部。区社分别建立了有带队干部、贫下中农、知青代表组成"再教育小组"，从政治、思想、生活、生产技术上指导、关心和帮助知青。县要求各级领导到基层工作要抽时间看望知青，要和他们谈心，了解他们的生活和生产情况，尽力帮助他们解决困难，使他们安心农村。插队知青每人发床、被、农具、挎包等必需品（或折现金）。两年内发给生活补助费；拨建房补助款到接收的社队，解决知青和社队的困难。历年下队的知青，绝大多数表现较好，为生产队办读报组、扫盲夜校和民校，帮助生产队记帐、算帐、建科学种田小组等。通过实践，了解了农村和农民的状况，增长了见识，学到了许多东西，受到了劳动和生活的锻炼，逐步成材。据不完全统计，在

乡入党的 27 名,加入共青团 398 人,被选进各级领导班子的 35 人。石人公社知青蔡进列,被评为学习毛泽东著作积极分子赴北京参观国庆观礼。

(第十篇第四章《精简下放　退休退职》,第 277 页)

《纳雍县志》

贵州省纳雍县地方志编纂委员会编,贵州人民出版社 1999 年

(1968 年)12 月 28 日,第一批上山下乡知识青年 3 人,在乐治区乐治公社肖家寨生产队插队落户。

(《大事记》,第 25 页)

(1974 年 2 月)20 日,在轿子山和茶树梁子设立知青点,安置知识青年 240 人。随后上山下乡知识青年分别安置在纳雍林场、化作林场、建新河林场和梅花箐。

(《大事记》,第 27 页)

(1981 年)1 月 5 日,30 余名上山下乡知识青年,因回城安置和升学问题,在县城附近大新桥上静坐,阻断交通,经做工作后撤出。

(《大事记》,第 30 页)

上山下乡知识青年安置　1965 年起,逐步动员城镇知识青年上山下乡,到 1978 年共有 1 059 名知识青年上山下乡。1973 年起,通过招工、招生、参军等途径逐年安置,到 1981 年全部就业。

(第五篇第八章《劳动工资管理》,第 278 页)

1981 年增设宗教事务科,撤销知青办,气象站改为气象局。

(第十二篇第三章《人民政府》,第 620 页)

《赫章县志》

赫章县地方志编纂委员会编,贵州人民出版社 2001 年

(1968 年)8 月,县内第一批 60 名上山下乡知识青年(简称"知青"),到农村人民公社生产队落户。此后,有几百名知识青年分期分批上山下乡到农村。　(《大事记》,第 24 页)

(1969 年)1 月 25 日,贵阳市 127 名知识青年来赫章上山下乡,分配到青山、可乐、红卫(古达)3 个区集体插队落户。

(《大事记》,第 25 页)

（1977 年）7 月 27 日，毕节地区在赫章县召开全区知识青年上山下乡现场会。

（《大事记》，第 28 页）

1969 年，根据中共中央、国务院《关于动员和组织城市知识青年参加农村社会主义建设的决定（草案）》，县革委成立知识青年再教育办公室，1973 年成立上山下乡知识青年办公室，动员城镇知识青年到农村参加生产劳动。 （第八篇第二章《人事劳动》，第 277 页）

1981 年撤销县上山下乡知识青年办公室，成立县劳动服务公司，接管原知青办有关事宜，负责组织管理培训就业人员及就业安置工作，进行就业指导和就业介绍。

（第八篇第二章《人事劳动》，第 277 页）

1968 年 11 月，县革委规定知识青年上山下乡的口粮供应标准，男 18 岁以上每月（下同）20 公斤，18 岁以下 19 公斤，女 18 岁以上 19 公斤，18 岁以下 18 公斤，供应到次年秋收为止。 （第十四篇第二章《粮油经营》，第 471 页）

《黔东南苗族侗族自治州志·总述、大事记》

黔东南苗族侗族自治州地方志编纂委员会编，贵州人民出版社 2000 年

是月（1968 年 3 月），黔东南州革命委员会上山下乡知识青年安置工作领导小组成立，高维岱任组长，王德安等任副组长。在全州掀起知识青年上山下乡高潮。到 1978 年，全州上山下乡知识青年达 31 347 人。 （《大事记》，第 184 页）

是月（1969 年 1 月）18 日，上海市 5 000 名知识青年到自治州的黎平、天柱、镇远、岑巩、台江、麻江、三穗、丹寨、施秉、黄平、雷山等 11 个县安家落户。 （《大事记》，第 187 页）

（1972 年）1 月 6 日，黔东南州革委核心领导小组下达《关于贯彻执行〈全国教育工作会议纪要〉的意见》。要求加强党对教育工作的领导；加强工人、贫下中农对学校的领导和管理；选调一批工人、贫下中农、复员退伍军人、革命技术人员、上山下乡知识青年担任教师，建立一支无产阶级的教师队伍。 （《大事记》，第 198 页）

是月（10 月）30 日，中共黔东南州委在三穗县召开全州上山下乡知识青年工作现场会，总结交流自开展知识青年上山下乡以来的工作经验，部署下一步知青工作。全州先后有当地城镇知青 3 568 名，上海知青 1 767 名，贵阳市知青 3 411 名，插队落户在 16 个县、135 个

公社、1 652 个生产队。　　　　　　　　　　　　　　　　　　（《大事记》,第 202 页）

是月(1973 年 10 月),黔东南州革命委员会知识青年上山下乡工作办公室建立。次月,中共黔东南州委知识青年上山下乡领导小组成立,蒋光荣任组长。　　（《大事记》,第 206 页）

是月(1974 年 2 月)21 日,中共黔东南州委常委会议决定,建立炉山知识青年农场,将知识青年上山下乡插队落户改为到农场集体落户。　　　　　　　（《大事记》,第 208 页）

是月(1975 年 4 月)28 日,《贵州日报》以《苗家山寨女教师》为题,报道榕江县苗族女知青罗正芬到该县最艰苦的山寨去插队落户,创办民办小学的事迹。　　（《大事记》,第 212 页）

是月(1981 年 10 月),中共黔东南州委、州人民政府根据上级指示精神,决定撤销黔东南州知识青年上山下乡工作办公室。　　　　　　　　　　　　（《大事记》,第 247 页）

《黔东南苗族侗族自治州志·粮食志》
黔东南苗族侗族自治州地方志编纂委员会编,方志出版社 1995 年

1973 年开始,……粮食分配增加集体储备粮项目,以确保军、工、烈属、困难户达到一般社员的口粮标准,保证"上山下乡"知青的口粮供应。　　（第一章《粮食配储》,第 23 页）

《黔东南苗族侗族自治州志·林业志》
黔东南苗族侗族自治州地方志编纂委员会编,中国林业出版社 1990 年

1977—1979 年,自治州城镇上山下乡知识青年分批从农村抽回城镇安排工作;林业职工退休后允许安排一名子女顶替,林业职工逐年增多。

　　　　　　　　　　　　　　　　　　（第十章《财务与劳动工资》,第 254 页）

《黔东南苗族侗族自治州志·轻纺工业志》
黔东南苗族侗族自治州地方志编纂委员会编,贵州人民出版社 2005 年

1973 年(镇远县制鞋厂)招收首批回城"知识青年"20 人进厂学徒,培养新生力量。

　　　　　　　　　　　　　　　　　　　　（第六章《皮革工业》,第 121 页）

《黔东南苗族侗族自治州志·供销合作志》

黔东南苗族侗族自治州地方志编纂委员会编，贵州人民出版社 1991 年

1977 年至 1980 年，为了安排待业人员，招收了一批"上山下乡"知识青年和留城"身边子女"，以及社会待业青年到各级供销社工作。　　　　（第二章《职工队伍》，第 35 页）

《黔东南苗族侗族自治州志·财政志》

黔东南苗族侗族自治州地方志编纂委员会编，贵州人民出版社 1989 年

"文化大革命"中的 1968 年，自治州各级革委，动员组织了大批城镇青年上山下乡。还有贵阳、上海等地的知识青年安置在剑河、台江、岑巩、三穗、丹寨、雷山、黄平、天柱、锦屏、施秉、从江、黎平等县"插队落户"。1969 年 1 月，财政部对城镇人口下乡安置的开支标准作如下规定：家属城镇的初、高中毕业生、社会青年、闲散劳动力和脱离劳动的居民的各项经费每人平均单身插队的 230 元，成户插队的 130 元，参加新建的生产队和国营农场、"五七"农场的 400 元，家居城镇回乡落户的补助 50 元，跨省（大区）安置的另加路费 20 元至 40 元。1974 年，自治州按照国务院对城镇知识青年上山下乡的经费开支标准和医疗卫生等问题补充规定执行。对以前下乡插队的青年，生活不能自给的每人补助 100 元，没有建房的每人补助 200 元。从 1973 年起，城镇青年到农村老家落户的，到农村插队和建立集体所有制场（队）的，每人一次性补助 480 元，其中用于建房材料补助 200 元，用于购买吃、穿、用等生活必需品补助 200 元；用于购买农具、家具、学习资料、医疗费、旅运费和上海知青探亲费等补助 60 元。另有省、州按下乡知青人均掌握 15 元，用于下乡知青特殊开支。为了加强知青上山下乡经费的管理，坚持专款专用，严禁贪污、挪用、克扣、私分和挥霍浪费，自治州配备专职财会人员，加强财务管理。　（第三章《财政支出》，第 90 页）

《黔东南苗族侗族自治州志·经济综述》

黔东南苗族侗族自治州地方志编纂委员会编，贵州人民出版社 1997 年

大事年表

时　　　　间	大　事　记　略
……	……
1969 年 6 月 14 日	全州计划工作会议在台江县召开，会议首次邀请"贫下中农"、"工人阶级"及"插队知青"代表参加讨论和制定自治州国民经济计划。

（《大事年表》，第 166 页）

《黔东南苗族侗族自治州志·政权志(政府分册)》

黔东南苗族侗族自治州地方志编纂委员会编,贵州人民出版社 2002 年

(1973 年)10 月,建立知识青年上山下乡工作办公室。

(人民政府篇第一章《机构沿革》,第 124 页)

州知识青年上山下乡办公室

1973 年 10 月,建立黔东南州革委知识青年上山下乡工作办公室。同年 11 月至 1978 年 5 月,吴寿通任知青办公室主任。1974 年至 1978 年 9 月,潘涛任知青办副主任。1978 年 10 月至 1980 年 8 月,潘涛任知青办主任。1980 年 6 月至 1981 年 9 月,杨秀斌任知青办副主任。1981 年 10 月,根据贵州省人民政府关于撤销各级知青办公室的通知,撤销州知青办,原知青办业务划归州劳动工资局管理。 (人民政府篇第一章《机构沿革》,第 145 页)

1968 年,州革委根据省革委指示,招工"冻结",城镇大批知识青年上山下乡,到农村安家落户。 (人民政府篇第七章《政治要务》,第 304 页)

1979 年 3 月,州革委根据省委 18 号文件,指出"从今年起不再搞现在这样的知识青年上山下乡。要广开就业门路,对城镇知识青年进行统筹安排。"自此全州结束了知青上山下乡的动员工作。 (人民政府篇第七章《政治要务》,第 305 页)

自当年(1981 年)起,州委、州革委本着"国家关心,负责到底"的精神,将还在农村的知青全部收回城镇,区别情况,妥善安置。到当年 12 月底,全州知青安置工作全部完成。

(人民政府篇第七章《政治要务》,第 305 页)

(1969 年)1 月 18 日,上海市 5 000 名知识青年到自治州的 11 个县安家落户。

(《大事年表》,第 402 页)

《黔东南苗族侗族自治州志·政党群团志》

黔东南苗族侗族自治州地方志编纂委员会编,贵州人民出版社 1999 年

1972 年,恢复录用干部工作。对录用人员的要求是:按照毛泽东主席关于培养无产阶级革命事业接班人的 5 个条件,吸收上山下乡知识青年。

(第二编第八章《组织建设》,第 195 页)

1973 年 8 月 20 日至 27 日,黔东南州第二次妇女代表大会在凯里举行。……会议提出:……在党的领导下,配合有关部门做好上山下乡知识青年的政治思想工作,特别要关心女知青的教育和成长。

（第四编第四章《妇女联合会》,第 350 页）

(1964 年)8 月 15 日,州委对农村社会主义教育运动作出新的规划:……(3)建立 6 000 至 7 000 人的工作队,组织州、县各级领导干部、机关干部、农村退伍军人、回乡知青、大专院校毕业生,州、县师范、农校应届毕业生参加运动;……

（《大事年表》,第 379—380 页）

(1972 年)1 月 6 日,州革委核心领导小组下达《关于贯彻〈全国教育工作会议纪要〉的意见》。要求……选调一批工人、贫下中农、复员退伍军人、革命技术人员、上山下乡知识青年担任教师,建立一支无产阶级的教师队伍。

（《大事年表》,第 384 页）

10 月,州委在三穗县召开全州上山下乡知识青年工作现场会,总结交流自开展知识青年上山下乡以来的工作经验,部署下一步知青工作。全州先后有当地城镇知青3 568 名,上海知青 1 767 名,贵阳市知青 3 411 名,插队落户在 16 个县、135 个公社、1 652 个生产队。

（《大事年表》,第 385 页）

是月(1974 年 2 月)21 日,州委常委会议决定,建立炉山知识青年农场,将知识青年上山下乡插队落户改为到农场集体落户。

（《大事年表》,第 386 页）

《黔东南苗族侗族自治州志·公安志》

黔东南苗族侗族自治州地方志编纂委员会编,贵州人民出版社 1992 年

1976 年,全州预审工作重点打击现行反革命分子和杀人、放火、抢劫、重大盗窃、诈骗、强奸妇女、流氓集团,以及奸污上山下乡知识青年的刑事犯罪分子。

（第七章《预审看守》,第 136 页）

《黔东南苗族侗族自治州志·民政志》

黔东南苗族侗族自治州地方志编纂委员会编,贵州人民出版社 2004 年

(1969 年)1 月 18 日,上海市 5 000 名知识青年到黎平、天柱、镇远、岑巩、台江、麻江、三穗、丹寨、施秉、黄平、雷山等 11 个县安家落户。

（《大事年表》,第 274 页）

《黔东南苗族侗族自治州志·劳动人事志》

黔东南苗族侗族自治州地方志编纂委员会编,贵州人民出版社 1993 年

(1973 年)10 月,增设知识青年上山下乡工作办公室。 （第二章《机构编制》,第 56 页）

是年(1981 年)10 月,撤销知识青年上山下乡工作办公室。

（第二章《机构编制》,第 57 页）

1977 年后,录用干部对象主要是 25 周岁以下未婚青年,其中对上山下乡较早的知识青年放宽到 30 岁,婚否不限。 （第三章《干部管理》,第 128 页）

《黔东南州新增干部来源分类情况表》。（见本书第 4586 页表）

1968 年,城镇大批知识青年上山下乡,冻结招工招干。1970 年,城镇就业安置工作逐步恢复,大批下乡知青以民工形式转入湘黔铁路建设。同时,对下乡两年以上的知青逐步收回安置工作。是年,全州共安置 7 387 人,其中复退军人 1 280 人,下乡知青 1 198 人。……十年间积压城镇待业人员和下乡知青 1.64 万人,使待业率高达 10.6％。"文化大革命"结束后,黔东南州着手解决待业率高的问题,把上山下乡知青就业作为解决就业问题的重点。1977 年,全州从社会招工 4 533 人,其中安置下乡知青 3 179 人。同时,鼓励下乡知青复习功课,报考大中专学校。是年,下乡知青考入大中专院校的有 270 人。1979 年 3 月,停止知青下乡,对城镇知青实行统筹安排。10 月,州革委决定对全州招工实行考核、择优录用,并先在凯里县试点。考核标准由各企业主管部门根据工种和工作要求制定。凯里地区的招工由凯里县统筹安排,逐步取消推荐办法。在社会招工中,要求各县、各部门招收下乡知青的比例不低于 50％。凡是女青年能做的工种,要尽量招收女知青。对独生子女和多子女一个都未就业的,要优先安置和适当照顾。是年,全州共招收 3 424 人。1980 年,全州招工 3 383 人。到 1981 年,就业难的问题得到缓解。1977—1981 年,通过招工招干、动员应征入伍、送大专院校学习、落实政策收回工作等形式,共安置城镇待业人员和下乡知青 33 847 人,使待业率下降到 3％,基本解决"文化大革命"遗留下来的待业率高的问题。 （第五章《劳动就业》,第 248 页）

1970 年,贵州省革委生产指挥部先后下达黔东南州和中央、省在州单位招工和复退军人安置计划 5 420 人,实际安置 5 387 人(其中有 33 人属跨年度招收),完成计划 99.4％。招工对象主要是城镇社会青年、下乡满两年的知青、复员退伍军人(含农村退伍军人)及烈属子女。 （第六章《劳动管理》,第 265 页）

（本表上接本书第 4585 页）

黔东南州新增干部来源分类情况表
（1971—1989）

单位：人

年度	合计			国家分配		落实政策收回人员	试用人员转正	集体单位转来的干部	民办教师选招公办教师	录用、聘用等人员						
	人数	其中		高等院校毕业学生	中等专业学校毕业生					小计	其中					
		选举	聘用合同制								工人营业员等	农民	复退军人	上山下乡知青	待业青年	其他
1971	4 692			878				67		3 747	25	736	700	869		1 417
1972	3 418			179	97		1 011	19		2 112	71	1 373	362	266		40
1973	973			119	12		55	10		777	152	270	53	74		228
1974	1 144			9	750		2	16		367	149	89	46	30		53
1975	1 522			231	1 011	30	35			215	78	10	112	1		14
1976	1 498			294	938	9	20	5		232	91	57	34	46		4
1977	802			195	139			33		435	69	138	56	113		59
1978	1 271			193	146	574		12		346	224	42	21	40	2	17
1979	3 159			343	714	1 254		29	170	649	364	62	20	177	17	9

......

说明：①该表总人数不包括历年军队转业干部数。②"其他"包括开除收回工作 252 人、技术人员初晋中 395 人、武警、民警、消防战士提干 204 人、银行、税务、计划生育、教师招干 508 人，"三不要"招聘 241 人、留职停薪收回 86 人，"以工代干"确定行政职务 196 人和 1971 年、1977 年、1989 年中 1 848 名录用对象不详人员。其余为退休复职、劳教释放收回、"三不要"返回，不包分配的大、中专毕业生、职业高中毕业生及选举、聘用等人员。

（第三章《干部管理》，第 134—135 页）

知青带队干部补贴　1976年10月,对知识青年上山下乡带队干部实行补贴,标准每人每月6元,时有29人执行。1981年底,下乡知青安置就业工作结束,此项补贴停止执行。

(第七章《工资》,第316页)

第十章　知识青年上山下乡

黔东南自治州知识青年(简称知青)上山下乡始于1963年。1964年—1978年,全州共有31 347名知青(其中上海1 768名、贵阳3 411名)到州内324个公社,998个大队,2 856个生产队,23个国营农、林、茶场,105个集体所有制场队及5个本系统副业生产基地参加劳动。

知青下乡期间,在各级党政组织的关怀下,为建设黔东南作出了贡献。在上山下乡知青中,有134人加入中国共产党,2 984人加入共青团,808人被选进各级领导班子,3 215人担任会计、保管员、"赤脚"医生、民办教师、农业技术员和拖拉机手,1 049人被评为县以上先进生产者和农业劳动模范。

1978年12月后,根据中共中央批发《全国知识青年上山下乡工作会议纪要》精神,以多种渠道对在乡知青进行就地或回城安置。1979年,全州终止知青上山下乡。

第一节　动　员

1963年1月,黔东南州国营农、牧、林场安置家居大中城市精简职工和青年学生领导小组成立,王广立任组长,王文斋、邵洲任副组长。下设办公室,王文斋、邵洲为副主任,办公室设在州农业局。是年,全州动员270名知青到丹寨金钟农场、岑巩老鹰岩农场和凯里、天柱、锦屏3个林场集体落户。同时,一部分回乡知青返回农村务农。

1964年1月,中共中央、国务院颁布《关于动员和组织城镇知识青年参加农村社会主义建设的决定(草案)》。全州进一步动员和组织知青下乡参加农业生产建设。1965年6月,州安置领导小组调整,王广立任组长、邵洲任副组长。7月,州安置领导小组明文规定,动员知青上山下乡"要坚持自愿原则,保证下乡人员质量,反对强迫命令"。并对动员对象、选择安置点、安置经费、建立健全各级知青工作机构提出了具体的要求。1966年5月,吕潼川调任州安置领导小组办公室副主任。1964—1966年上半年,全州共有知青和部分城镇闲散劳动力859人到凯里、黄平、施秉、镇远、天柱、锦屏、黎平、榕江、台江、剑河、麻江11个县的25个公社、41个大队、81个生产队安家落户。其中集体插队278人,新建队(场)5个,257人,城镇居民成户下乡296人,回乡知青28人。

1966—1967年,由于"文化大革命",两届中学毕业生没有分配安置。1968年3月,黔东南州革命委员会上山下乡知识青年安置工作领导小组成立,高维岱任组长,王德安、殷国栋任副组长,办公室设在州民政局。10月,贵州省革委发出通知,要求大中学校毕业生要面向农村,面向边疆,面向工矿,面向基层。并指出,根据全省具体情况,重点是上山下乡。12月21日,毛泽东主席发出"知识青年到农村去,接受贫下中农的再教育,很有必要"的指示,全州掀起知青上山下乡高潮。是年,全州共有1966—1968年三届中学毕业生8 927人上山下乡(其中下乡插队落户2 312人,回乡务农6 615人),占三届毕业生总数的84.5%。1969年,上山下乡7 063人,其中上海知青来州内安家落户1 768人(天柱484人,三穗223人,岑巩447人,台江198人,丹寨201人,麻江215人),贵阳知青到州安家落户3 411人,州内知青1 884人。

1970年,因工业生产建设需要,应届中学毕业生没有动员上山下乡,大多数人按招工条件招入中央、省级企业、州县企事业单位当工人。1971—1972年,全州有2 200余名知青上山下乡。1973年6月,根据《贵州省知识青年上山下乡若干问题的试行规定草案》精神,黔东南州对城镇中学毕业生除按有关规定和国家计划直接升学和不动员下乡的几种人外,凡年满17周岁的知青,都动员上山下乡。对病残不能参加务农劳动、独生子女、多子女身边只有一个子女的,不动员下乡。10月,建立黔东南州革命委员会知识青年上山下乡工作办公室,吴寿通任主任,潘涛任副主任。11月,建立中共黔东南州委知识青年上山下乡领导小组,蒋光荣任组长,罗慎涛、李友和、吴寿通任副组长。1974年3月2日,州委召开凯里地区知青上山下乡动员大会。会后,全州大部分县采取召开科局长会、职工家长座谈会、报告会和举办学习班,并运用电影、广播、标语、板报、倡议书等形成进行广泛宣传,再次掀起动员知青上山下乡高潮。1973—1974年,全州共动员3 698名城镇知青上山下乡。1975年,全州动员4 249名知青到农村安家落户,占计划动员数91%。华中工学院苗族毕业生龙绪凡主动回到家乡黄平县旧州公社当农民(后已招干工作)。是年底,全州在乡知青10 227人。1968—1975年,全州(缺岑巩、天柱、锦屏)送子女下乡的科局长以上领导干部有249人,其中县委常委、州委副书记、州革委正副主任、凯里军分区副司令员等领导干部81人。

1976年全州动员1 157名城镇知青上山下乡。是年底在乡知青10 163人;带队干部167人,其中科局长以上领导干部45人,女干部9人。1977年,全州城镇知青上山下乡2 434人,占动员计划的85.8%。至年底,除部分知青招工、参军、升学外,在乡知青9 321人。

1978年10月,潘涛任州知青办主任。是年,全州有760名城镇知青上山下乡,占动员总数的63%。年底,在乡知青6 874人。

1979年,根据省委关于"从今年起不再搞现在这样的知识青年上山下乡。要广开就业门路,对城镇知识青年进行统筹安排"的指示,全州停止动员知青上山下乡。

1980年6月,杨秀斌调任州知青办主任。1981年10月,州委、州政府为适应劳动就业的新形势,决定撤销全州各级知青工作办公室。州知青办人员调州劳动工资局另行安排工作。州劳动工资局设立社会劳动力管理机构,具体承办下乡知青遗留问题和城镇待业人员安置工作。

第二节 管 理

1963—1966年,全州下乡知青859人,由于管理不善,到1967年,在乡知青仅有270人,占原下乡人数的31.4%。1968年后,处于"文化大革命"期间,管理工作混乱,下乡知青纷纷回城。到1969年,上海知青回城占下乡人数的61.3%,贵阳占65%,州内占35%。1967年11月,黔东南州革委从农林、劳动、民政、公安、粮食、卫生、共青团、妇联等部门抽出7人,组成动员下乡青年返回农村生产工作班子,负责下乡知青和其他人员返乡生产的动员巩固工作。1968年元月,全省知青上山下乡工作会议召开,会议研究部署下乡知青的教育管理工作。3月,黔东南州对下乡知青教育管理工作进行具体部署。至5月止,全州共动员400多名回城知青和其他人员返回农村。1969年,上海市革委赴黔长期学习慰问团黔东南分团26人在分团长黄汇轮率领下到达州内,分团部设在凯里。他们深入到上海知青的天柱、三穗、台江、岑巩、麻江、丹寨6个县,调查了解知青的生活、学习、思想、劳动、疾病等情况,并及时向各级党政反映,提出建议和措施,同时配合、协助各级组织对下乡知青进行教育和管理。

1972年2月,州革委批转州民政局《关于丹寨县对知识青年进行再教育工作的情况报告》。推广丹寨县在知青管理教育中,领导重视,注意发挥知青在三大革命斗争中的积极作用;认真贯彻落实党的分配政策等经验。4月,省革委将此报告批转全省。10月30日—11月4日,州委在三穗县召开全州上山下乡知识青年工作经验交流现场会,出席会议代表103人,会上交流25个典型经验,19名代表在大会上发言,州委副书记李仁山主持大会并作总结报告。

1973年8月,遵照中央关于对知青下乡工作要严格检查,加强领导、总结经验的指示,黔东南州委和各县委分别从有关部门抽人下乡对知青工作进行检查,发现存在的问题主要有六个方面:(1)组织不落实。全州16个县尚有施秉、凯里、从江、台江、剑河5县没有明确领导分管知青工作,还有7个县无知青专职干部,社队再教育小组大多有名无实。(2)大多数知青生活不能自给。据天柱、岑巩、三穗、台江、麻江、丹寨对1054名上海知青的调查,在正常年景中,年口粮分配在325.5公斤以上的26人,占2.4%;275—325公斤103人,占9.8%;225—275公斤209人,占19.8%;175—225公斤426人,占40.4%;125—175公斤248人,占23.5%;125公斤以下42人,占4%。按每人年吃粮300公斤稻谷计算,仅有20多人粮食够吃,绝大部分缺粮知青,要靠国家、社队、家长给予解决。经济收入年分配100元以上的有63人,占6%;81—100元的103人,占9.8%;61—80元的177人,占16.8%;60元以下的702人,占67.6%。按每人年吃穿用所需经费100元算,只有6%的人能够经济自给。(3)知青住房长期得不到妥善解决。全州除三穗、岑巩、黄平等知青住房解决得较好外,约有50—60%的社队没有给知青建房,知青借住仓库、牛棚、鼓楼和社员家里,不少人唉叹"我们知青安家没有家,落户没有户"。(4)一些社队拒不接收归队知青。对倒流回城,关押免刑释放,招工、升学、参军因故退回及女知青与工人、干部结婚等归队知青拒不接收,也不给口粮。(5)破坏知青上山下乡的案件时有发生。据不完全统计,几年中全州发案 129 起,其中打击迫害 3 起,非正常死亡 6 起,迫婚、诱婚 8 起,奸污女知青 31 起,知青被盗 43 起,知青犯罪 38 起。许多案件没有得到及时、严肃处理。(6)招工、招生、招干、参军中存在开后门的不正之风,给知青工作带来不良的影响。12 月 6 日—10 日,在凯里召开全州知识青年上山下乡工作会议,会上对上述问题和困难,提出了解决措施。

1974 年,全州知青管理工作得到重视和加强。州、县两级党委都建立了知青上山下乡领导小组和办事机构,全州配备知青专职干部 84 人,抽调知青带队干部 142 人。083 基地各厂和州财办、工业局等单位成立知青领导小组,并明确了专职干部。全州凡有知青的区社,绝大部分都有一名副书记或副主任分管知青工作,大队、生产队也明确一名负责人抓知青工作。不少社队和农民为安置知青做了大量工作。黎平县茅贡区沈团大队的干部群众到 5 公里外的地方扛木料为知青建房,并把床、桌、凳和炊具等添置齐全。平时社员群众给知青点送柴、送菜、送水,问寒问暖,胜似亲人。是年,全州为知青新建住房 1 494 间,共 10 414 平方米;购买、改建旧房 1 503 间。至年底,全州尚未建房的知青有 2 518 人,占年底在乡知青 6 544 人的 38%。这几年,在学习湖南株洲市实行厂社挂钩、集体安置下乡知青的经验中,全州有 8 个农、林场集体安置下乡知青 416 名。对于知青工作,社会上各行各业从人力、物力上给予大力支持。083 基地派出技术力量帮助炉山知青农场解决用水困难。凯里县有关部门送给实行“厂社挂钩”的 7 个青年队 3 台东风牌拖拉机、5 台手扶拖拉机、5 台粉碎机、4 台打米机、20 多部胶轮车、8 台柴油机和抽水机、10 多头牛,折合人民币达 10 万元。上海市支援手扶拖拉机 32 台和一批常用药品,分别分配给有上海知青的 6 个县。

1975 年 3 月,全州第一次上山下乡知识青年积极分子代表大会在凯里召开。出席会议代表 490 人,有 51 个先进集体、444 名先进个人受到表彰和奖励。4 月,全州有 144 名知青出席全省知青积极分子代表大会。4 月 28 日,《贵州日报》以《苗家山寨女教师——记上山下乡知识青年罗正芬》为题,报道了榕江县苗族女知青罗正芬自愿到全县最艰苦的苗族山村计划公社椰梭生产队去插队落户,创办民办小学的事迹。同年 8 月 21 日,《人民日报》全文转载。1976 年 7 月,罗正芬加入中国共产党,同年 12 月出席全国第二次农业学大寨会议,受到党和国家领导人的亲切接见。1979 年,罗正芬随全国少数民族参观团到北京和全国各地参观学习。同年《世界青年》英文版第 5—6 合期以《山村女教师》为题,把她介绍给世界青年朋友。贵阳知青李正义从 1968 年下乡到黄平县松洞公社以后,亲自设计安装小型发电站 31 座,使 3 000 多户农民家里亮了电灯;他还安装打米机、柴油机 20 多台,修理拖拉机、柴油机、发电机等 300 多台次,培训农机员 100 多人次,被当地苗族人民誉为“苗寨土专家”。

1976 年据剑河、天柱、台江、黄平、镇远、岑巩、麻江、凯里、雷山、榕江 10 县统计,在队知青 7 105 人中,已建房 4 927 人,占 69.3%;未建房的 2 178 人,占 30.7%。是年,州知青办对全州下乡知青的安置形式进行调查。调查表明,从 1964 年以来,全州采取的安置形式主要有五种:(1)插队落户。采取因地制宜,适当集中,以 5 人以上建立知青点。这种形式便于加强领导、有利于建房,有利于发展农村文化生活与科学实验活动。

(2)到社队农、林、茶场落户。社队办场(队),由知青带队干部和贫下中农参加,社队联合经营,实行户口在队,劳动在场,分配在队,回场再分配或者分配在场,回队再分配的原则,便于管理知青。但林、茶周期长,收益慢,知青回队分配不能兑现,造成生活困难。(3)到国营农、林、茶场落户。其分配形式有三:一是由农场划拨土地(每人两亩以上),实行单独核算;二是由场每月发给16元或20元生活费,粮食国家供应,待有招工指标,可转为农工或林工;三是知青到场直接当农工或林工,按月发工资,一年后转正定级。知青到国营场,食宿有保障,比较安心,便于管理。(4)厂社挂钩,集体安置。由知青带队干部和贫下中农参加,在人民公社建立实行单独核算的集体所有制场队,实行"知青对口下,带队干部对口派,管理教育对口抓,支援对口帮"的办法,有利于安排管理知青的劳动、生活与学习,有利于保护女知青的人身安全,有利于调动城乡两个方面的积极性。(5)在厂矿、企事业单位的副业生产基地,安置本系统职工子女。这种形式,知青的工资、粮油由国家包干,生活有保障,但难以体现按劳取酬的原则。据当年统计,有插队落户知青5 522人,占知青总数的59.2%,分布在304个公社968个大队2 858个生产队;到社队场(队)落户383人,占4.1%,分布在36个场队;到国营场落户的737人,占7.9%,分布在23个国营农林茶场;到集体所有制场队2 553人,占27.3%,分布在64个场队;到本系统副业生产基地126人,占1.3%,分布在5个生产基地中。

1979年,全州动员知青上山下乡工作结束。但对在乡知青继续做好善后处理。是年,全州对71名知青的案件进行全面复查。复查结果属于冤假错案和量刑不当的35人,占49.3%,其中平反19人,免于刑事处分14人,改判减刑2人;维持原判36人,占50.7%。对受冤知青给予平反,恢复其名誉,并作适当安排。

附:

1964—1979年知青下乡安置经费和粮油供应有关规定与标准

(一)安置经费规定及标准

安置经费包括城镇下乡人员的建房补助费、生活补助费、小农具和家具补助费、困难补助费、旅运费及学习宣传费等。

1964年9月,州安置领导小组、州财政局、州农业银行、州农业局根据中央和省关于县城镇下乡知青,其经费补助应低于大中城市的原则,对全州城镇下乡知青的安置经费作出如下规定:(1)插队经费,平均每人补助170元。(2)开支项目,主要用于解决住房问题,其次用于生活补贴、家具和小农具购置及其旅运费(以安置到队时一次为限)。(3)各项开支标准,接每人平均计算,大体控制在新建房60—80元,农具费10—12元,家具费8—10元,生活补贴60—70元。但各县情况不一,在制定开支标准时,原则是成户下去的应低于单身下去的,投靠亲友安置的应低于组织分配下去的;有公房和自然条件较好的生产队应低于没有公房和自然条件较差的生产队。

1965年8月,州安置领导小组、州财政局、农业局、农业银行联合制定了安置经费的几项规定:一、单身插队每人补助220元,新建集体所有制生产队(场)每人补助280元,成户插队每人补助150元,回乡务农每人补助50元。二、安置经费开支范围:1.建房补助费(包括新建房、购买旧房或修缮公房),按每人平均计算,单身插队50—60元,单独建队(场)60—80元,成户插队40元。2.生活补助费(补助时间一年),按每人平均计算单身插队96元,单独建队(场)96元,成户插队72元,参加分配后,酌情减少。3.小农具、家具购置费,按每人平均计算,单身插队30—33元,单独建队(场)45—50元,成户下乡18元。4.旅运费,接每人平均计算,单身插队3元,单独建队(场)3元,成户插队3元,返乡人员3元。5.少数下乡人员缺少棉衣、棉被、蚊帐或有病需要治疗,而自己无力解决的,可以有重点酌情补助。标准是:(1)御寒补助,按每人平均计算,单身插队24元,单独建队(场)24元,成户插队8元。(2)医药补助费,按每人每年平均计算,单身插队、单独建队(场)、成户插队一律6元。6.县级安置办宣传动员费,按每人平均计算,单身插队、单独建队(场)、成户插队一律3元。7.单独建队(场)生产费用25元。8.返乡安置,每人50元。对确有困难的返乡青年,给予少量生活费和小农具购置补助。

　　1968年10月,全州执行新的补助规定:凡上山下乡知青到人民公社插队,每人补助230元;到新建场(队),每人补助400元;社来社去,返乡参加生产人员,一律不补助。凡下到老场(指社办集体农、林、牧、副、渔场)不再购置农具和新建住宅的,一般不发补助费。

　　从1973年8月始,全年经费开支标准有较大提高。城镇知青回农村老家落户、到农村插队和建立集体所有制场(队),每人补助480元。到国营农、林、牧、茶场,每人补助400元。跨省回农村老家落户,本州只开支旅运费,其他补助费由接收地区开支。补助经费开支项目如下:(1)建房补助费200元主要用于木材(国家供应每人0.5立方米)、砖瓦等基本材料开支。(2)生活补助费,平均每人200元。主要用于购买吃、穿、用等生活必需品。经济条件好的社队可少补助(不少于180元),差的社队可多补助(不多于220元)。(3)农具、家具、学习、医疗旅运和其它补助费共80元。1974年,按省革委财政局规定,1969年从上海来我州农村插队落户的知青,可以补助两次探亲路费。开支范围只限于直达上海的往返火车硬席车费(包括汽车费)。

　　从1979年起,知青经费中的安置费,按下列标准拨付:1.到国营农、林、牧、渔场和机关、学校、部队、企事业单位农、林、牧、副、渔业基地"五七"干校的,每人补助400元。2.到集体所有制知青场队和知青点的,每人补助580元。主要用于知青建房、农家具、生活、医疗、学习材料补助以及旅运费和其它费用。3.下乡到单程超到500公里地区的知青,未婚的每两年国家补助一次探亲路费,已婚的国家共补助三次探亲路费探望父母。4.跨省、区下乡的知青,从动员城市到达安置地点的车船费,由动员城市按实支数另报。到高寒地区的,每人另加冬装补助费40元。5.在农村结婚安家的知青,其住房应先从知青空房中调剂,解决不了的,每人补助建房费300元,由知青部门统一掌握使用(全州知青经费历年支出情况见表10-1)。

表 10-1　黔东南州知识青年上山下乡就业安置经费支出表
(1964—1981)

单位:元

年　份	经　费	年　份	经　费
1964	222 000	1974	1 676 000
1965	73 000	1975	1 499 000
1966	87 000	1976	1 166 000
1967	39 000	1977	909 000
1968	470 000	1978	574 000
1969	1 391 000	1979	170 000
1970	415 000	1980	64 000
1971	251 000	1981	103 000
1972	35 000	合计	9 263 000
1973	119 000		

（二）粮油供应规定及标准

1964 年 3 月,国家粮食部对城镇上山下乡知青和回乡参加农业生产的知青(原来吃商品粮的)及新建场(队)知青的粮油供应作出规定:1.每人每月粮食定量 36 斤—40 斤。各地可根据男女不同、体质强弱不同,核定每人每月口粮。2.知青第一月口粮,由原在单位发给,从第二个月起,由所在生产队(场)向国家购买。3.知青粮油,从到安置点第二个月起每人每月 4 两,由国家供应。4.知青粮油一律供应到第二年秋收时为止,秋收分配后,即停止供应。对新建场(队)第二年秋收后按国营农场办法供应粮油。

1972 年,省革委生产指挥部对高初中来自农业人口的食宿学生毕业回乡生产的口粮供应规定为:高中来自农业人口的学生,毕业后回乡生产,因回乡前吃商品粮,没有参加生产队分配,毕业回乡后可暂按原学校口粮定量标准,继续供应到当年秋粮分配时为止,以后国家不再供应。初中来自农业人口的学生,因原已参加生产队分配口粮,毕业回乡后口粮由自己解决。

1973 年 8 月,全省统一规定,下乡知青口粮,头一年按每人每月 40 斤贸易粮、4 两食油的标准,由国家供应。参加集体分配以后,既要体现按劳分配原则,又要给以必要照顾。正常出勤的,应不低于当地单身整劳力的实际吃粮水平。所在社队口粮水平过低,每人每月达不到 36 斤贸易粮的,由国家供应补足到 36 斤。集体所有制的知青场(队),要尽快做到粮食自给,不能自给的,由社队调剂解决。社队口粮水平过低的,由国家供应补足到每人每月 36 斤贸易粮。到国营农、林、牧、茶场的知青,其口粮由场安排解决。解决不了的,也按上述标准由国家供应。下乡知青经批准到外地探亲和治病所需的粮票,当地粮食部门应保证兑换。

第三节　收回安置

黔东南州下乡知青收回安置的途径主要是国营、集体企业单位招工,大中专院校招生,应征入伍,招干和鼓励他们自谋职业、立志务农等。安置工作大致分为四个阶段:

1970 年至 1978 年,根据省下达的专项招工指标,由下乡知青所在地区农村社队推荐选送。

1979 年,下乡知青的安置,原则上由原动员地区和单位负责。自行安置确有困难的,由下乡知青所在地区进行统筹安排。

1980 年,全州实行统一招工,对下乡知青采取德智体全面考核,择优录用与直接点招、免于考试相结合的办法安置。

1981 年,本着"国家关心、负责到底"的精神,全州将在乡知青全部收回城镇,区别情况,妥善安置。具体措施是:(1)将下乡知青的户粮关系转为城镇,按居民定量标准供应口粮、食油和其它副食品。(2)收回城镇的知青,招工时仍优先照顾,并继续贯彻执行劳动部门介绍就业、自愿组织就业和自谋职业相结合的方针。(3)凡与职工、干部结婚的下乡知青,将其户粮关系转到配偶所在城镇落户,并由当地负责安置;凡与农民结婚的,鼓励他们扎根农村,也可以就地转为居民,就地就近安排就业。(4)对严重病残的下乡知青,酌情给予一次性补助。病愈后,由劳动部门和动员地区适当安排。已丧失劳动能力的,由民政部门给予救济。(5)下乡知青安排在集体所有制企事业(包括全民所有制单位办的集体企事业),每人给予一次性补助 200 元,困难大和安排老知青多的单位,每人可补至 300 元。对从事个体劳动的下乡知青,也按上述标准给予补助。在农村安家的下乡知青,给予一次性补助 500 元。同时,对下乡知青中属冤假错案的人,在组织上给予平反或免于刑事处分后,也根据情况,给予适当安置。至 1981 年 12 月底,全州知青安置工作全部完成(详见表 10-2)。

表 10-2　黔东南州知识青年调离农村人数表
(1970—1981)

单位:人

年度	总计	招生	征兵	招工	招干	病困退回	死亡	其他
合计	28 390	2 113	1 431	20 580	892	605	61	2 708
1970	1 210		6	1 194	4			6
1971	278	9		224		4	4	37
1972	4 119	147	84	3 723		165		
1973	6 278	193	93	3 999	171	101	27	1 694
1974	231	157	1				2	71
1975	758	114	3	433			5	203
1976	944	106	184	487	64		9	94
1977	3 665	270	82	3 134	45		11	123
1978	3 806	861	621	2 065	23	146	3	87
1979	4 758	214	339	3 188	582	107		328
1980	1 844	42	18	1 642	3	82		57
1981	499			491				8

(第十章《知识青年上山下乡》,第 380—389 页)

（1968年）3月，黔东南州革命委员会上山下乡知识青年安置工作领导小组成立，高维岱任组长，王德安、殷国栋任副组长。在全州掀起知识青年上山下乡高潮。到1978年，全州上山下乡知识青年达31347人。 （《大事年表》，第410页）

（1973年）10月，黔东南州革命委员会知识青年上山下乡工作办公室建立，吴寿通任主任，潘涛任副主任。次月，中共黔东南州委知识青年上山下乡领导小组成立，蒋光荣任组长，罗慎涛、李友和、吴寿通任副组长。 （《大事年表》，第411页）

（1974年）3月，州委先后召开凯里地区知识青年上山下乡动员大会和凯里地区欢送知识青年上山下乡大会。 （《大事年表》，第412页）

（1981年）10月，州委、州政府根据上级指示精神，决定撤销黔东南州知识青年上山下乡工作办公室。 （《大事年表》，第413页）

《黔东南苗族侗族自治州志·教育志》

黔东南苗族侗族自治州地方志编纂委员会编，贵州人民出版社1994年

1970年凯里师范恢复招生，主要招收参加农业生产劳动两年以上的上山下乡和回乡知识青年，不需文化考试，由基层推荐，有关部门批准即可入学。 （第六章《师范教育》，第254—255页）

1966年"文化大革命"至1978年，全国师范学校教学计划未统一之前，自治州各中等师范学校招收高中毕业的上山下乡和回乡知识青年，学制二年，执行《贵州省中等师范二年制教学计划》，开设16门课程。 （第六章《师范教育》，第257页）

1966年至1969年，自治州各中、初级师范学校停止招生。1970年至1976年，招收高中毕业参加农业生产劳动两年以上的上山下乡和回乡知识青年，不须文化考试，由基层单位推荐，有关部门批准即可入学。 （第六章《师范教育》，第285页）

黔东南解放后，小学教师来源主要是师范学校毕业生。……70年代初，录用了一批复员退伍军人和上山下乡或回乡知识青年。 （第十一章《教师》，第429页）

1982年，全州配备农教专干648人，从教育系统抽调552人任区、社农教专干，其中高

中、中师毕业及以上学历的占 34％；一些乡村小学教师和部分回乡农村知识青年也加入扫盲教师队伍。 （第十一章《教师》，第 437 页）

《黔东南苗族侗族自治州地方志·卫生志》

黔东南苗族侗族自治州地方志编纂委员会编，贵州人民出版社 1993 年

黔东南"五·七"大学卫生分校医专班　1975 年，黔东南"五·七"大学卫生分校（设在黔东南卫校）开办医专一个班，为农村培养合作医疗卫生技术骨干。当年招收具有初中以上文化程度的农村基层卫生人员和回乡知识青年学生 36 名，学制 2 年半，学生实行社来社去。

（第七章《卫生队伍医学教育卫生科研》，第 297 页）

1972 年，根据贵州省革命委员会卫生局《关于做好 1972 年中级卫校招生工作的通知》精神，黔东南卫校恢复招生，设医士、助产 2 个专业。招生对象为具有初中或高小文化程度的基层医药卫生人员、农村卫生人员、上山下乡或回乡知青，工人、贫下中农、复退军人和应届初中毕业生。招收 100 名，学制 2 年。（第七章《卫生队伍医学教育卫生科研》，第 298 页）

《凯里市志》

凯里市地方志编纂委员会编，方志出版社 1998 年

是月（1964 年 10 月）22 日，在凯里召开盛大欢送会，欢送首批城镇知识青年 31 人下到万潮、五里桥公社插队落户。 （《大事记》，第 33 页）

（1968 年）5 月 23 日，响应毛泽东主席"知识青年到农村去，接受贫下中农的再教育，很有必要"的号召，凯里第一批知识青年 95 名下到农村安家落户。随后，全县掀起迎送知识青年上山下乡的热潮。 （《大事记》，第 36 页）

是年（1973 年），首次安排上山下乡知识青年 405 人回城就业。 （《大事记》，第 39 页）

是年（1978 年），上山下乡知青安置结束。当年全县招收行政、企业、事业新职工 1 339 人。其中城镇知青 725 人，农村知青 614 人。 （《大事记》，第 41—42 页）

知识青年上山下乡安置办公室　1964 年 6 月县民政科内设知识青年安置办公室。1966 年 1 月改由县计委办理其业务。1974 年 4 月设县知识青年上山下乡安置办公室，1981

年8月撤销。历任主任胡正明(苗族);副主任彭科成、吴延义(女)。

(第五篇第三章《人民政府》,第315页)

1973至1979年,从上山下乡知青中安置541人为国家干部。

(第六篇第一章《人事》,第338页)

城镇知识青年安置 1968年下半年起至1979年9月止,在贯彻执行毛泽东主席"知识青年到农村去,接受贫下中农的再教育,很有必要"的指示中,动员和组织5 506名城镇居民户口的初、高中毕业生和社会青年上山下乡。1969年春,全县在乡知识青年(简称知青)共1 837人,其中,本县知青1 517人,接收、安排外地知青320人。多数知青在乡劳动满两年后,陆续应招为干部或工人,应征入伍或被学校录取。至1972年底,凯里地区部分中央部属、省、州及县属企业面向知青先后招工、招干433人。1973年初,在乡知青1 404人。1979年底,全县在乡知青还有1 250人。至1980年,对在乡知青1 250人安置完毕。其中:安置在全民所有制单位617人,占49.36%;安置在集体所有制单位355人,占28.4%;吸收为国家干部12人,占0.96%;升学47人,占3.76%;入伍110人,占8.8%;顶替父母工作58人,占4.64%;因婚嫁、父母工作调动迁往外地26人,占2.08%;因病回城休养25人,占2%。

凯里县1973—1979年知青安置情况表

年 份		1973	1974	1975	1976	1977	1978	1979	合计
下乡人数		1 404	1 236	1 068	456	694	119	96	5 073
安置情况	合 计	1 278	918	644	149	157	661	16	3 823
	招工招干	1 141	827	541	44	17	555		3 125
	升 学	45	38	41	59	81	33		297
	参 军	38	47	53	31	58	42		269
	转 点	47	6	9	15	1	27		105
	其 他	7					4	16	27
年底人数		126	444	868	1 175	1 712	1 170	1 250	

注:1973年下乡人数含上年年底人数。

(第六篇第二章《劳动》,第344页)

1979年10月,县成立城镇待业人员安置办公室,对尚未安置就业的上山下乡知识青年和1979、1980年两届未能升学的初、高中毕业生进行统筹安置。1979年安置487人,1980年安置605人。

(第六篇第二章《劳动》,第345页)

1971至1973年招工指标冻结。1973年6月实行"两工"制度(临时工、轮换工)改革,将

1973 年 6 月底以前的计划内"两工"320 人转为全民所有制固定职工。此后,陆续从农村、复员退伍军人、城镇居民中招工,同时安置大批上山下乡知识青年就业,职工队伍迅速扩大。1978 年有国营职工 4 540 人,1980 年 5 103 人,1983 年增加到 6 322 人。

(第六篇第二章《劳动》,第 345 页)

知青带队干部补贴 1976 年 10 月,对知识青年上山下乡带队干部实行补贴,标准为每人每月 6 元。1981 年底停止执行。 (第六篇第二章《劳动》,第 364 页)

1977 年,州拨给凯里县救济粮 175 万公斤,救济款 10 万元,解决知识青年和部分社队贫困户的生活困难。 (第六篇第三章《民政》,第 374 页)

1976 年,有公办小学 58 所,教师 595 人;民办小学 449 所,教师 1 215 人。这段时期,除师范学校分配的毕业生外,还录用一批复员退伍军人和上山下乡或回乡知识青年充实小学教师队伍。 (第十六篇第七章《教师》,第 985 页)

"文化大革命"期间,许多中心完小附设初中班,少数小学还附设高中班,部分小学教师抽调到中学任教,又从复员退伍军人、工人、回乡和上山下乡知识青年中吸收近百人充实中学教师队伍。因此,普通中学教师绝对数虽有所增加,但文化素质却有所下降。

(第十六篇第七章《教师》,第 986 页)

1984 年,全市的报刊订阅工作出现"六多三少"情况("六多"即厂矿工人订阅多、学校学生订阅多、回乡知识青年订阅多、专业户重点户订阅多、小报订阅多和杂志订阅多;"三少"即机关订报少、农村干部订报少和公费订报少)。 (第十七篇第三章《广播电视报纸》,第 1040 页)

《施秉县志》

贵州省施秉县地方志编纂委员会编,方志出版社 1997 年

(1968 年)10 月 5 日,施秉中学自 1966 届往后的 3 届高、初中毕业生 258 人(占全校学生数的 80%)为接受贫下中农再教育,由 3 名教师带队上山下乡到农村插队落户或回乡参加农业生产。 (《大事记》,第 29 页)

(1973 年)8 月 9 日,成立县知识青年领导小组。其下设办公室,负责处理上山下乡知识青年的有关问题。 (《大事记》,第 32 页)

汉族人民从祖国各地迁来施秉,已有较早的历史。其迁徙入境的情况主要有 5 种:……第五种是 1949 年 11 月 11 日以后,国家调入多批山东、河南、江西、湖南籍的军队转业干部和行政干部支援地方的社会主义革命和建设,而"文化大革命"中到施秉插队的知识青年,在安置工作后也有少数定居下来。基于上述种种原因,因而汉族人口增长较快。

(第三篇第二章《汉族》,第 188 页)

1962 年 6 月恢复施秉县建制,复置施秉县人民委员会。至 1967 年 3 月,其下设有……水利指挥部和知识青年上山下乡安置领导小组。 （第五篇第三章《县人民政府》,第 309 页)

是年(1967 年)11 月 5 日,正式成立县革命委员会以完全取代县人民委员会。其下设秘书组、政治工作领导小组、知识青年上山下乡安置领导小组……

(第五篇第三章《县人民政府》,第 310 页)

到 1976 年 10 月,县革委会先后下设机构有……十年规划领导小组和知识青年上山下乡安置领导小组。 （第五篇第三章《县人民政府》,第 310 页)

1973 年 8 月,县革委会成立知识青年领导小组并设立相应的办公室,负责对上山下乡插队落户知识青年有关问题的处理。 （第五篇第三章《县人民政府》,第 327 页)

1970 年底根据上级指示,县里第一批招收上山下乡满 2 年的知识青年 86 人参加职工队伍。到 1980 年,陆续招用为职工的知识青年合计 290 人。

(第八篇第二章《劳动》,第 445 页)

1977 年至 1979 年,录用干部对象主要是 25 周岁以下的未婚青年;对上山下乡较早的知识青年放宽到 30 岁,婚否不限。 （第八篇第三章《人事》,第 463 页)

1975 年,经州级批准,县里于红山中心卫生院设立五七卫生学校,办学性质为社来社去,学制二年。当年设立 1 个班级,所招的 30 名学生系从全国招生名额中安排录取,学生成员有赤脚医生、农村青年、回乡生产知识青年和上山下乡插队落户知识青年,另有 5 名由部分公社推荐的学员。 （第十五篇第三章《中等教育》,第 882 页)

1971 年后,按照"读初小不出自然村,高小不出大队,初中不出公社,高中不出片区"的要求,中小学所设校数均有所增加,为此录用部分复员军人、上山下乡或回乡知识青年以补充教师队伍。 （第十五篇第五章《教师》,第 891 页)

《镇远县志》

贵州省镇远县志编纂委员会编,贵州人民出版社1992年

(1968年)7月起,全县高、初中毕业生,部分小学毕业生及社会青年共计934人,上山下乡,插队落户。 (《大事记》,第31页)

(1974年)3月25日,建成县、区、社共同管理的第一个知青农场——星火青年农场。

(《大事记》,第33页)

(1976年)2月,举办全县中、小学及知识青年文艺会演和调演。 (《大事记》,第34页)

1973年,县革委撤销各部,下设……知识青年上山下乡安置办公室。

(第三篇第四章《行政机构》,第129页)

镇远县人民政府直属机关沿革表

机构名称	沿　　　　革
……	
知识青年上山下乡办公室	1970年设县革委知识青年上山下乡安置办公室,1974年改称知识青年上山下乡办公室,1980年撤销
……	

(第三篇第四章《行政机构》,第129—130页)

是年(1970年),动员本县知识青年1 062人上山下乡插队落户,下放城镇闲散居民1 227人到农村落户。 (第三篇第四章《行政机构》,第137页)

1974年,县革委会为妥善安置上山下乡知识青年,在羊场扎营关兴建星火青年茶场,在金堡塘头哨兴建燎原青年农场,共安置知识青年200人,由县、区、公社共同管理。

(第三篇第四章《行政机构》,第138页)

知识青年安置 1965年开始动员城镇闲散劳动力和学生下乡插队落户,由劳动人事部门承办。1973年2月,成立县知识青年上山下乡领导小组,下设办公室,承办知识青年上山下乡安置工作,知青安置分别以360元、480元经费标准,按人补助,主要用于建房、生活补助和购置农用具等。1973年后,下乡知识青年第一年所需口粮由国家供应。第二年参加所

在生产队分配,每年的高、初中毕业生,属城镇人口的,除体残、独生子女、升学外,一般均动员上山下乡。至1987年,全县安置上山下乡插队落户的知识青年1 572人,其中县内1 478人,接收贵阳等地知青94人,1979年,停止动员知青下乡。1980年后,通过招工、招生、入伍、顶替、因病收回城镇等途径进行安置。至1981年,全县仅有2人在农村安家落户,其他均安置就业。1982年12月,知识青年上山下乡领导小组和办事机构撤销。

(第六篇第二章《劳动》,第197页)

城乡就业安置费 1965年设立,到1987年共支出86.9万元,占经济建设费总支出的2.5%。主要用于城镇知识青年下乡落户生活补助及陆续回城就业安置、城市人口下放安置、解决城镇待业青年就业等方面。最高年度是1974年,支出15.4万元。1987年支出6 000元。

(第十二篇第一章《财政》,第377页)

《天柱县志》

天柱县志编纂委员会编,贵州人民出版社1993年

1979—1981年,县内对上山下乡知识青年通过考核、政审,择优录取67名为干部。经过培训,安排在工业、卫生、商贸、农业、水利及区社工作。(第七篇第一章《人事》,第315页)

1970年10月,恢复……知青办……等科、局、委、办、站等单位。

(第七篇第一章《人事》,第318页)

1978年—1985年,主要招收符合用工条件的城镇闲散劳动力和安排上山下乡知识青年当工人。
(第七篇第二章《劳动》,第320页)

1970年,从当地或外地在天柱上山下乡知识青年中,选拔一部分思想进步、文化素质较好的从事教育工作。
(第十五篇第六章《教师》,第764页)

《剑河县志》

贵州省剑河县地方志编纂委员会编,贵州人民出版社1994年

(1969年)春,县内第一批知青响应毛泽东主席上山下乡的号召,到农村安家落户,接受贫下中农再教育。
(《大事记》,第35页)

(1974 年)5 月,县里调整知识青年上山下乡工作,由插队落户改建 8 个知青点,参加公社林场劳动。

(《大事记》,第 37 页)

1977 年以后,上山下乡知青逐步被推荐到工厂为亦工亦农的工人,有指标即转为正式工人。至 1980 年初,全县知青 333 人全部吸收为工人或干部。

(第五编第一章《劳动》,第 383 页)

1972—1978 年从工人(参加湘黔铁路修建和凯里中央厂矿建设的民工中)、农民、贫下中农、复退军人、军队干部转业、上山下乡知识青年中吸收干部 279 人,大专院校毕业生分配 45 人,中专毕业生分配 145 人,共 469 人,其中少数民族 236 人。

(第五篇第二章《人事》,第 388 页)

1980 年 7 月,全国统一使用《准予迁入证明》(简称准迁证)。1978 年至 1987 年,根据(77)国发 140 号和(80)公发(治)146 号文件,招工、招生,职工家属投靠职工,随军家属随军,顶替,上山下乡知识青年因病残或家庭有特殊困难、科技干部家属,落实政策收回职工,征用土地等,由农业人口转为非农业人口的共计 2 319 人,10 年中年均转 231.9 人。而上山下乡的知识青年落户,职工退休等,由非农业人口转为农业人口的 76 人。

(第六篇第三章《人民公安》,第 430 页)

《黎平县志》

《黎平县志》编纂委员会编,巴蜀书社 1989 年

(1968 年)12 月 22 日,全县城市知识青年开始上山下乡,第一批 230 人分别到潭溪、洪州等地落户;贵阳市九中学生同期到县,分往高屯、茅贡、永从等地落户。

(《大事记》,第 40 页)

《从江县志》

从江县地方志编纂委员会编,贵州人民出版社 1999 年

(1968 年)10 月 13 日,首批中学毕业生 214 人到大团、信地、增冲、龙江等大队插队落户。

(《大事记》,第 22 页)

1980年2月,县革命委员会从上山下乡知识青年中招收17名计划生育专职干部。

(第二篇第四章《人口控制》,第98页)

1968年,知识青年上山下乡,开始有城市人口下乡安置费支出,每人定额补助230元。1973年起,城镇青年到老家落户、到农村插队和建立集体所有制场(队)的,每人一次性补助480元。1974年,对下乡插队知青每人一次性补助100元,没有建房的每人补助200元。

(第八篇第一章《财政审计》,第349页)

知识青年上山下乡安置办公室　1974年建立,1981年10月撤销。

(第十篇第四章《人民政府》,第457页)

1968年开始动员城镇知识青年上山下乡。全县共有756名高、初中毕(肄)业生分别到增冲、巨洞、大融、高增、同乐、翠里、洛香等公社的生产队插队落户,参加农业生产。政府拨专款修建"知青"住房,购发农具及生活用具。到1980年,上山下乡"知青"除参军、升学者及个别残疾者外,全部安置回城镇就业。一伤残女青年无法安置,由民政部门每月给予生活和医疗补助。

(第十三篇第二章《劳动》,第540页)

《麻江县志》

贵州省麻江县志编纂委员会编,贵州人民出版社1992年

(1969年10月)上海市、贵阳市的知识青年593名到县插队落户,接受贫下中农再教育。

(《大事记》,第17页)

(1974年)3月,县办"双江知青队"成立,接收百余名知识青年住队劳动。

(《大事记》,第19页)

1970年3月,县革命委员会"补台"后,逐步调整工作机构。1974年实有行政人员733人。至1975年3月,下设有办公室和农林、工交、财贸、政法、科教5个办公室及……上山下乡知识青年办公室。

(第六篇第四章《县人民政府》,第256页)

1978年,贯彻省委"从1979年起不再动员城镇知识青年上山下乡"的规定,先后对原1 098名上山下乡知青,除与社员结婚自愿扎根农村务农的32名知青外,其余1 066名知青,

有计划按需要组织他们参军、升学、返城就业、待业。（第十篇第九章《劳动管理》,第418页）

1970年至1980年,通过县内外各种招工、参军、升学、招干等途径,安置上山下乡知识青年回城就业、待业共1066人,其中招工319人。　（第十篇第九章《劳动管理》,第419页）

1978年,中共十一届三中全会后,逐步改革"统招统配"的劳动用工制度,实行公开招收,自愿报名,全面考核,择优录取的招工办法。同时,对独生子女、上山下乡知识青年,实行在同等条件下优先录用的原则。1980年11月,全县招工40名,除31名上山下乡知识青年、1名独生子女实行考核外,首次公开考试,张榜公布,择优录用8名德、智、体优秀的青年。

（第十篇第九章《劳动管理》,第421页）

《黄平县志》

黄平县地方志编纂委员会编,贵州人民出版社1993年

同年(1968年),全县有1600名知识青年上山下乡。贵阳、凯里等地城镇知识青年1500名到黄平农村插队落户。　（《大事记》,第17页）

知青办　1973年12月成立县知识青年上山下乡办公室,1981年撤销。曾任主任:廖尚荣、潘盛荣;副主任:钟耀庭、潘盛荣、田庆云、骆德贵。

（第十五篇第四章《人民政府》,第511页）

第一节　知识青年上山下乡

1964年末,县知识青年上山下乡安置办公室成立,开始动员城镇知识青年上山下乡。1965年1月5日,本县38名知青首批下到新州区罗朗公社白记大队插队落户。1968年,本县农村落户的知青人数达1531人,另有282名先后来自贵阳、凯里、上海的下乡知青分布在全县5个区25个公社,以安置在新州区、旧州区、平溪区人数居多。下乡知青的安置形式有:集体插队,单独插队和组成集体农场三种。1973年,下乡知青人数为1623人。从1973年起,城镇知青到农村插队及到知青集体农场(队)的,每人补助480元,到国营农、林、牧、茶场的,每人补助400元。此外,还临时补助下乡生活有困难的知青100—200元。1975年,下乡知青人数达2100人,居全州第二(凯里县第一)。到年底除因招工、招干、升学、参军、病退等原因调离农村的外,实有1020人在农村。1976年后缩小知青下乡,1978年停止动员知青下乡。在乡知青除个别自愿在农村安家者外,其余通过招工、招干、参军、升学等渠道陆续返城参加工作。　（第十七篇第五章《劳动就业》,第547—548页）

1966 年至 1976 年,很少招工,城镇高初中毕业生大都到农村插队落户。

(第十七篇第五章《劳动就业》,第 548 页)

《三穗县志》

三穗县志编纂委员会编,民族出版社 1994 年

(1968 年)7 月 10 日,成立县知识青年上山下乡办公室。   (《大事记》,第 22 页)

8 月 1 日,首批知识青年 30 人到绞颇公社插队落户。   (《大事记》,第 22 页)

(1969 年)4 月 1 日,上海 223 名知识青年来三穗县插队落户。   (《大事记》,第 22 页)

(1972 年)10 月 30 日,州革委在三穗召开全州知识青年上山下乡工作经验交流现场会。

(《大事记》,第 23 页)

(1974 年)8 月 14 日,县知青办在雪洞召开全县知识青年上山下乡工作会议。

(《大事记》,第 24 页)

知识青年上山下乡办公室 1968 年 7 月成立,1981 年 4 月撤销。

(第四篇第三章《县人民政府》,第 188 页)

知识青年上山下乡

  动员上山下乡 遵照毛泽东主席"知识青年到农村去,接受贫下中农再教育,很有必要"的指示,1968 年 7 月 10 日,成立三穗县知识青年上山下乡办公室(简称知青办),配备专职人员 6 人,负责城镇知识青年(简称知青)上山下乡的动员、安置、管理工作,全县凡属商品粮户口,年满 16 至 25 岁的应届初、高中毕业生和未婚社会青年,除独生子女、病残者外,都动员到农村插队落户。是年 8 月,首批动员 30 名知青到绞颇公社落户。1969 年 4 月,安排上海知青 223 名到滚马、颇洞、雪洞、新场、台烈等 5 个公社落户。1974 年 5 月,先后分 3 批动员 103 名知青到瓦寨、新场、雪洞等 3 个公社落户。1975 年 8 月,动员 134 名知青到滚马、颇洞、绞颇、瓦寨、新场、坦洞等 6 个公社落户。1976 年 4 月,先后分两批动员 59 名知青到滚马、新场、雪洞、颇洞等 4 个公社落户。1977 年 8 月,动员 106 名知青到长吉、新场、坦洞、滚马等 5 个公社落户。1978 年 8 月,最后一批动员 35 名知青到滚马、新场、长吉等 3 个公社落户。

管理和安置　各区明确 1 名干部管理知青下乡落户工作,各公社党委和大队党支部指定支委分管,生产队成立"再教育小组",成员二至三人,分别负责知青住房、生产、生活和思想政治教育工作,帮助他们解决具体困难。全县总计发放知青生产生活补助费 1.8 万元,建房补助费 9.61 万元(建房 81 栋,面积 4 317 平方米),补助粮食 5.5 万公斤。

从 1968 年至 1978 年,全县共有 881 名知青到 157 个生产队落户。从 1972 年开始,对上山下乡知青逐年进行安置。1974 年,省革委通知在上山下乡两年以上的知青中,可通过考试,择优招工、招生等办法,每年录取一批参加工作或升学,至 1981 年,除个别人因种种原因外,全部安排了工作。

(第七篇第二章《劳动》,第 258—259 页)

城镇青年就业经费。1968 年,三穗首次发动城镇知识青年到绞颇公社插队落户,县财政始有此项经费支出,翌年上海知青 223 人到三穗农村落户。1968—1978 年,全县先后下乡插队的知青共 881 名,共支出安置各项经费 20.60 万元。

(第十二篇第一章《财政》,第 449 页)

随着社会的发展,其他支出的项目日渐增多,有……知识青年上山下乡补助费、少数民族补助费、不发达地区补助费、价格补贴等等。1953—1990 年,其他经费支出共计 1 055.06 万元,占财政支出的 8.43%。

(第十二篇第一章《财政》,第 451 页)

《岑巩县志》

贵州省岑巩县志编纂委员会编,贵州人民出版社 1993 年

是月(1968 年 12 月),县革委知识青年上山下乡办公室成立。岑巩中学首批城镇青年 60 余人到思旸、注溪、客楼公社插队落户。此后,贵阳八中 319 名、上海 454 名知青陆续下到县境各地插队落户。

(《大事记》,第 34 页)

(1970 年)3 月 22 日,召开岑巩县首届上山下乡知识青年积极分子代表大会。代表 183 名,参加会议的还有上海知青慰问团和省、州及邻县代表。

(《大事记》,第 34 页)

岑巩县干部的来源……在县境吸收的干部主要是参加土地改革运动中涌现出来的积极份子,农业合作化运动中的干部,"文化大革命"中"上山下乡"的知识青年,修湘黔铁路会战中的民兵骨干以及 80 年代以后从社会吸收的知识青年和各类学校分配来的青年学生等。

(党群篇第二章《中国共产党》,第 178 页)

1968年，设立知识青年上山下乡安置办公室（简称知青办）……

（政权篇第四章《县人民政府》，第242页）

安置上山下乡知识青年　1968年冬，县革委会成立知识青年上山下乡安置工作领导小组，下设办公室，办理知识青年上山下乡插队事宜。12月中旬，首批安置岑巩中学60余名初、高中毕业生（非农业人口）到思旸、注溪、客楼等公社插队落户；下旬，接收安置贵阳八中319名初高中毕业生到本县农村插队落户；1969年4月中旬，接收安置上海449名知识青年到本县农村插队落户。至1978年12月止，全县总计安置县内外上山下乡知识青年1 364名。从1970年起，根据上级指示精神，县革委会对上山下乡的城镇知识青年分期分批地安排就业或升学，至1983年止，上山下乡知识青年绝大多数已安排回城镇就业，留在农村永久落户的只有极少数人。

（政权篇第四章《县人民政府》，第254页）

上山下乡知识青年安置

1968年12月起，贯彻执行中共中央关于"知识青年到农村去，接受贫下中农再教育，很有必要"的指示，各地陆续动员组织城镇知识青年（初、高中毕业生）上山下乡到农村落户，参加劳动锻炼。至1978年止，岑巩县农村共安置上山下乡知识青年1 416人。其中，上海知青454人，贵阳知青319人，岑巩县知青635人，外地转点到岑巩的知青8人。1970年开始，凡上山下乡知青满两年后，可通过选送参军、推荐升学和招工招干等方式陆续分期分批安置就业。至1981年止，岑巩县境上山下乡知识青年全部安置完毕。其中，转点到外地159人，因病回城121人，选送参军68人，推荐升学175人，招工招干安排工作876人（其中县内安排工作467人），其他17人。

岑巩县上山下乡知青安置情况一览　　　　　　　　　单位：人

地　区	上山下乡知青人数	安　置　情　况							
		因病回城	转点外迁	选送参军	推荐升学	招工招干		病故人数	劳动教养
						县内	县外		
上　海	454	85	49		59	102	152	5	2
贵　阳	319	20	83	10	15	35	153	1	2
岑　巩	635	15	26	58	101	327	107	1	
转点进入	8	1	1					3	3
合　计	1 416	121	159	68	175	464	412	10	7

（人事劳动篇第二章《劳动管理》，第328页）

岑巩县 1949—1990 年招工就业统计

单位：人

年度	招 工 人 数				职 工 来 源				
	合计	全民所有制		集体所有制职工	社会招工	上山下乡知青安置	复退军人安置	退职退休子女顶替	技校毕业生分配
		固定工	合同工						
......									
1970	289	280		9	168	41	80		
1971	388	327		61	240	57	91		
1972	82	69		13	50	32			
1973							1		
1974	1	1					1		
1975	47	7		42	20	22	7		
1976	53	13		40	20	31	2		
1977	170	133		37	42	77	8	43	
1978	100	52		48	42	38	6	14	
1979	193	149		44	61	82	3	47	
1980	320	179		141	156	66	15	83	
1981	274	220		54	126	21	30	73	24
......									
总计	3 380	2 311	437	632	1 884	467	562	370	97

注：① 1959 至 1960 年与镇远并县期间招工就业人数未有统计。
②1973 至 1974 年未有招工，仅安置 1 名复退军人就业。

（《人事劳动篇》第二章《劳动管理》，第 329—330 页）

1969 年春，毕业生属农村的全部回队生产，城镇学生实行"上山下乡"、"接受再教育"3 年时间。
（《教育篇》第二章《普通教育》，第 725 页）

（1972 年)招收应届高中毕业生和"上山下乡"知识青年 26 人，学习教育方针政策、教学理论及如何备课、上课等，结业后全部分配到各小学任教。
（教育篇第三章《专业教育》，第 729 页）

《锦屏县志》

贵州省锦屏县志编纂委员会编，贵州人民出版社 1995 年

（1965 年)12 月 27 日，县第一次上山下乡知识青年积极分子代表大会召开。
（《大事记》，第 30 页）

(1968年)11月16日,县内有532名上山下乡知识青年下放到农村安家落户,当普通农民。

(《大事记》,第31页)

知识青年上山下乡

根据中央1964年1月《关于动员和组织城镇知识青年参加农村社会主义建设的决定(草案)》精神,1965年锦屏县委组织了65名知识青年(中学生)到敦寨公社山洞大队落户。是后外地城市知识青年也陆续分到锦屏落户。1968年7月,锦屏县革委成立知识青年上山下乡安置领导小组,负责外来知青的安置和本县知青的组织落户。至1968年11月,全县有532名知青到农村落户,同时有来自贵阳一中、十六中、二十一中、二十二中200多名高、初中生到锦屏插队。凡有知青插队的区、社均建立上山下乡领导机构,有安置任务的大队、生产队成立有贫下中农、民兵、知青参加的再教育小组,负责知青思想、生产和生活。县内安置知青以敦寨公社为多。

1973年7月,县委成立知识青年上山下乡领导小组,下设办公室,负责知青下乡的日常事务。至1977年全县有1 020名知青先后到农村插队落户,除招工、招生、征兵离去外,还有558名在农村。1978年后遵上级指示陆续返城镇安排工作。1979年全县除58名留农村外,余全部返城。1981年1月,县知青工作领导机构撤销。

(第四篇第三章《1950年后锦屏县党政重大活动》,第245页)

70年代至1981年,对上山下乡知识青年,根据上级指示,先后全部安排工作,除省、州招工的外,县招收320人工作,分别安排到林业、教育、商业、供销、粮食、工业、交通和党政部门。其中一次录用43人为计划生育员。

(第八篇第二章《人事》,第357页)

1970年至1972年,锦屏就地用工共招收484人。……还从农村吸收一批知识青年。主要安置在县和区、乡党政机关、人武部、共青团、妇联当干部,粮食局驻乡粮管员和商业、供销系统的营业员。1973年至1980年,主要安置上山下乡的知识青年。全县下乡知青1 052名,(其中贵阳200名),到1979年,除58名(男31人,女27人)坚持在农村从事农业生产外,其余994人全部安置工作。其中安排到区、乡做计划生育工作的有43人。

(第八篇第二章《人事》,第365—366页)

《台江县志》

台江县地方志编纂委员会编,贵州人民出版社1994年

(1969年)2月,台江第一批知识青年响应毛泽东主席号召,到农村安家落户,接受贫下

中农再教育,上海、贵阳、县内知青相继到县农村插队,当社员与农民劳动锻炼。

(《大事记》,第 26 页)

知识青年上山下乡安置办公室　1974 年 2 月设立,1980 年 4 月撤销。曾任主任:顾怀全、范学林;副主任:林瑞华。　(第四篇第三章《县人民政府》,第 207 页)

1974 年在知识青年上山下乡,遣送地富分子到农村落户,一度出现流动人口混乱。1980 年对知识青年进行妥善安置,地富分子回原籍,流动人口得到控制。

(第六篇第一章《公安》,第 247 页)

1979 年招工 228 人,其中全民 113 人,集体 115 人,同年底,按照国家有关政策,对知识青年上山下乡安置完毕,计 535 人。　(第七篇第二章《劳动》,第 282 页)

1969 年安置上海知识青年落户 195 人,1970 年至 1975 年安置城市人口共达 7.04 万元。

(第十二篇第一章《财政》,第 511 页)

《榕江县志》

榕江县地方志编纂委员会编,贵州人民出版社 1999 年

(1968 年)10 月 21 日,县组织城镇知识青年 260 人上山下乡,"接受贫下中农再教育"。

(《大事记》,第 20 页)

知识青年上山下乡办公室　1968 年设知识青年上山下乡指挥部,负责人杨成秀。1973 年 8 月改设知识青年上山下乡办公室,1981 年 12 月撤销。

(第四篇第三章《县人民政府》,第 248 页)

1972 年,根据国务院《关于改革临时工、轮换工制度的通知》精神,全县社会招工 228 人,其中上山下乡知识青年(简称"知青")安置 56 人。1975 年至 1976 年,招固定工 119 人,知青安置 61 人,临时工转固定工 1 人。1977 年,安置知青 335 人,职工子女顶替 24 人。1978 年至 1980 年,社会招工 411 人,子女顶替 170 人,安置知青 369 人。1981 年至 1983 年招工 670 人,其中从农村招工 32 人,安置知青 107 人,子女顶替 62 人,落实政策安置 43 人。

(第七篇第一章《劳动》,第 328 页)

70 年代前期,吸收湘黔铁路转战人员近百人为小学教职员,县内各级陆续安排部分上山下乡知识青年充实教师队伍。 （第十五篇第六章《教师》,第 777 页）

《雷山县志》

雷山县县志编纂委员会编,贵州人民出版社 1992 年

同年(1970 年)6 月以后,(县革委会)恢复部、委、办、局(科)建置。有……知识青年上山下乡办公室。 （政权篇第三章《雷山县人民政府》,第 191—192 页）

(1980 年)县人民政府下设办公室、……知识青年上山下乡办公室、县志编写办公室。

1984 年,撤销基本建设委员会,农业机械管理局,知识青年上山下乡办公室…… （政权篇第三章《雷山县人民政府》,第 192 页）

1969 年后,用工不再从农村招收,改招公费抚养成人的孤儿、上山下乡知识青年、复退军人、职工家属。至 1972 年止,共计招收工人 396 人。 （劳动人事、民政篇第一章《劳动人事》,第 227 页）

上山下乡知识青年安置　1968 年秋,城镇人口中的初、高中毕业学生响应"知识青年到农村去"的号召,全县有 34 名知识青年到白连公社(乡)营上大队(村)和桃江公社桃江大队(村)插队劳动(有的回原籍插队劳动)。嗣后,"上山下乡"逐步形成制度,除父母双方工作可留一个子女在身边待业外,其余均"上山下乡",参加农林业劳动锻炼,接受"再教育",否则不予安排就业。1973 年 9 月,县建立"知识青年上山下乡办公室",专门管理知识青年"上山下乡"工作,并先后建立"九九"(大塘)、红旗(响楼)、老丹江(固鲁)3 个知青农场,大坪子、肖家(永乐)两个知青茶场,大树坳(响楼)、开屯坳(开屯)、乌东(陶尧)3 个知青林场和莲花、新联(大塘)知青点,共有知青 263 人。知青场(点)均配有带队干部 1—2 人,每年轮换一次。

国家对下乡知识青年每人拨发建房费 200 元,第一、二年由国家负担其生活费,每人拨给 200 元,每人每月供应粮食 15 公斤,菜油 0.5 公斤。从第三年起,国家不再供给,由知青凭劳动挣工分,参加所在社(队)分配。劳动工分少的年终由其家长负责补款后,方可到社(队)参加粮钱分配。1974 年各场知青逐步安排回城就业,余 99 名集中在"九九"知青农场劳动。1979 年以后,通过招工、招干、参军、升学及子女顶替等,全部作了安排。知青上山下乡时间长的 5 年,短的 1 年。1980 年"知青上山下乡"工作停办,管理单位撤销。 （劳动人事、民政篇第一章《劳动人事》,第 227—228 页）

1966 年至 1975 年"文化大革命"的十年中,财政支出仍为上升趋势。财政总支出 1400.24 万元。上解中央金库 52.69 万元,年均上解 5.269 万元,占总支出的 3.76%;地方财政支出 1 347.55 万元,年均 134.755 万元,占总支出 96.24%。地方财政支出中,经济建设支出 121.86 万元,占 9.04%,主要用于地方工业四项费用,"五小"企业补助,新产品试制,工业流动资金;农村生产支出 47.20 万元,占 3.50%;农、林、水利、气象部门事业费支出 200.23 万元,占 14.86%。主要用于修建水库、电站、防洪堤、渠道等农田水利基本建设;工业、交通、商业企业事业费支出 6.92 万元,占 0.51%。城镇知识青年就业(上山下乡插队落户补助)费支出 8.38 万元,占 0.62%。文化教育、卫生、科学事业费支出 469.06 万元,占 34.80%。主要用于修建雷山中学教学楼、中心完小校舍,城区电影院等文化教育设施。优抚及社会救济费支出 81.63 万元,占 6.06%。行政经费支出 376.16 万元,占 27.91%。其他支出 36.11 万元,占 2.65%。

雷山县解放后历年财政支出细目一览表　　　　　　　金额单位:万元(人民币)

年度	支出总计	上解中央金库	地方财政支出	其中:										价格补贴	留待调资
				经济建设	支援农村生产	农林水气事业费	工交商业事业费	城镇维护费	城镇青年就业费	文教卫生科学费	优抚社会救济费	行政管理费	其他支出		
......															
1968	105.78	12.84	92.95	730	3.03	11.18			0.46	33.82	4.97	29.40	2.79		
1969	126.64	1.49	125.24	19.91	4.65	21.64			0.51	40.53	7.91	26.39	3.70		
1970	129.65	6.23	123.42	12.61	4.26	22.41	0.02		0.23	38.90	12.11	29.58	3.30		
1971	138.16	0.27	137.89	18.88	3.29	14.37			0.02	49.74	7.89	43.27	43		
1972	175.03		175.03	31.86	8.15	18.47	1.50			51.86	5.68	48.00	9.51		
1973	163.69		163.69	13.69	3.30	23.71	2.30		0.66	57.84	12.16	47.37	2.66		
1974	172.18		172.18	8.25	3.19	33.84	1.25		4.17	61.60	10.76	45.42	3.70		
1975	193.81	4.59	189.22	5.78	15.56	30.63	1.85		2.33	68.55	7.44	50.96	6.12		
1976	198.65	3.18	195.47	7.25	19.36	33.32	0.59		0.95	72.18	4.34	48.39	9.09		
1977	239.29	19.62	219.67	1.44	15.30	49.68	0.59		2.16	76.86	12.94	53.44	7.26		
1978	294.97	9.25	285.72	18.15	25.85	70.06	0.83		0.48	88.76	8.01	62.39	11.19		
1979	342.28	1.32	340.96	7.34	6.98	97.99	0.20		0.12	106.42	26.93	70.19	24.79		
1980	396.98		396.98	1.17	11.78	73.97	0.27	0.20		118.90	23.90	93.69	73.10		
1981	436.06	17.03	419.03	7.03	14.70	59.04	0.42	1.65	1.00	141.10	24.37	99.39	67.35		2.98
1982	538.38	29.50	508.88	7.55	24.02	81.36	1.90	1.51	2.05	197.28	27.25	102.97	62.87		0.12
1983	517.37		517.37	8.70	23.69	40.09	0.89	4.90	4.26	223.63	22.63	147.73	43.95		−3.10
1984	691.52		691.52	12.02	38.24	43.02	1.63	5.66	1.93	255.33	23.52	174.03	136.14		
1985	764.56	15.07	749.49	43.74	33.03	43.06	2.45	5.20	0.97	271.72	48.59	164.62	131.61	4.50	
1986	921.32	0.52	920.80	38.49	50.58	60.99	4.31	5.69	2.29	335.43	41.62	195.15	154.53	31.72	
1987	965.20	5.77	959.43	12.04	41.55	60.49	4.24	4.31	2.89	351.03	40.10	218.68	168.84	55.26	

(财政金融篇第一章《财政》,第 505—507 页)

1969 年 11 月,有 30 名高、初中毕业生上山下乡,由教导主任张礼勋等带队到白连、桃江乡插队落户。

(教育篇第四章《中等教育》,第 618 页)

《丹寨县志》

丹寨县地方志编纂委员会编,方志出版社 1999 年

同月(1968 年 10 月),丹中、农中 432 名学生首批下乡上山,分配到烧茶、兴仁、长青、党早等公社安家落户。

(《大事记》,第 39 页)

(1969 年)1 月 22 日,县革委对上海市知识青年到县插队落户作出具体安排。2 月 5 日前均按名额落实到安置点。4 月 12 日,202 名知青到县后,旋送到安置点。

(《大事记》,第 39 页)

(1972 年)7 月 31 日,县革委批转县民政科《关于做好巩固上山下乡知识青年工作的意见》,要求认真解决分布在 72 个生产队中的上海知青 99 人、县知青 46 人的生产、生活方面的实际问题,组织他们搞好科学实验,在三大革命中贡献自己的力量。

(《大事记》,第 41 页)

(1976 年)7 月 19—22 日,召开上山下乡知识青年积极分子代表大会,总结经验,表彰先进。并做好仍分布在 9 个公社、28 个大队、83 个生产队的 189 名知青的管理工作。

(《大事记》,第 43 页)

在“文化大革命”中,贵阳疏散下放人员和上海知识青年上山下乡迁入 300 余人。

(第三篇第一章《人口数量与构成》,第 152 页)

知识青年安置　1968 年 10 月,根据毛泽东主席发出的“知识青年到农村去,接受贫下中农的再教育,很有必要”的号召,成立县知识青年上山下乡安置办公室,动员高中、初中毕业生 106 名首批上山下乡。1969 年上海知识青年 198 人下乡到县内落户。以后,每年都有县内高初中毕业生上山下乡,到 1978 年上山下乡知识青年共 877 人,安排在 14 个公社(镇)238 个生产队,并建有太平、周覃(三都水族自治县境)两个知青队。插队知青每人拨生活补助费 230 元,单独建队知青每人拨 400 元,分三年补助;另每人拨给建房费 200元,学习费 10 元,医药费 10 元,农具及家具费 20 元,由知青所在公社统一掌握使用。并供应商品口粮油至第二年秋收,以后劳动所分配的口粮不足的由农村回销粮解决。1974

年 2 月建立县革委知识青年上山下乡领导小组及办公室,管理知青的生产、生活和就业安置工作。

　　知青上山下乡满三年后陆续安排就业。1978 年 12 月,根据国务院《全国知识青年上山下乡工作会议纪要》精神和贵州省委"从 1979 年起不再动员城镇知识青年上山下乡"的规定,停止知青上山下乡,并对尚在农村的上山下乡知青抓紧安置。到 1981 年初,877 名上山下乡知青中除了病故的 3 人、判刑的 1 人外,均通过招工、升学、参军、农转非待业等途径全部作了安置,其中招工 586 人。

(第九篇第一章《劳动》,第 455 页)

　　城镇青年就业费　　1968 年城镇知识青年上山下乡插队落户,其安置费用列入财政预算,当年开支 1.9 万元。此后每年均列有该项支出,最高的 1975 年达 7.2 万元。1981—1985年,上山下乡知识青年和城镇待业青年陆续安排就业,5 年间就业费支出 10.4 万元。1986—1990 年,支出 9.1 万元。1968—1990 年,共支出 53.8 万元,占同期经济建设费的 1.98%。

(第十四篇第一章《财政》,第 786 页)

　　70 年代初,境内青年农民、下乡知识青年在参加兴修湘黔铁路中,常开展体育活动,多次以丹寨民兵营,"三八"女民兵连篮球队回县进行比赛。

(第十六篇第四章《体育》,第 946 页)

《黔南布依族苗族自治州志·大事记》

黔南布依族苗族自治州史志编纂委员会编,贵州人民出版社 2005 年

　　(1964 年 4 月)23 日,州委首次动员知识青年下乡参加农业生产劳动,发出《关于动员和组织城镇知识青年下乡参加农业生产的意见》。省委分配黔南州插队知识青年 100 人,州委决定在都匀、贵定两县进行试点,各分配 50 人。同时组成州委安置领导小组,下设办公室,具体负责对知识青年的插队安置工作。10 月,两县的知识青年到农村安家落户。

(《大事记》,第 137 页)

　　(11 月)月初,州革委成立知识青年上山下乡工作指挥部。　　(《大事记》,第 150 页)

　　(1969 年 2 月)4 日,州革委发出通知,成立知识青年安家转运站。按照中央分配的名额,上海市 500 名知识青年到黔南州农村安家落户。　　(《大事记》,第 151 页)

《黔南布依族苗族自治州志·农业志》

黔南布依族苗族自治州史志编纂委员会编,贵州人民出版社1998年

1981年7月成立贵州省农业广播电视学校黔南分校。……该校属于成人中专学校。学员主要来自农业系统,未经过正规专业培训的在职人员和农村基层干部及回乡知识青年。

(第十九章《农业教育》,第428页)

《黔南布依族苗族自治州志·供销合作志》

黔南布依族苗族自治州史志编纂委员会编,贵州人民出版社1998年

1978年中共十一届三中全会以后,供销社陆续招收一部分"上山下乡"知识青年、退休职工子女及城镇待业青年充实职工队伍。 (第二章《职工队伍与教育》,第40页)

《黔南布依族苗族自治州志·财政志》

黔南布依族苗族自治州史志编纂委员会编,贵州人民出版社2002年

1965年,全州下乡和回乡知识青年410人,预算安置经费支出8.91万元。是年,黔南插队320人,标准220元,单独建队场40人,标准280元,成户插队50人,标准150元,州里实际执行140元。省追加州插队安置超任务125人,经费3.43万元,都匀、独山、福泉、瓮安、贵定5个县集体青年插队按州下达标准210元,成户插队的,都匀、贵定每人150元。另追加瓮安县下乡插队青年建房费700元。1966年6月,省安置城镇下乡青年领导小组办公室、省财政厅分配下达黔南上山下乡安置任务350人,安置经费13.7万元,安置任务新建队每人标准390元,插队标准每人220元。同年8—9月,独山、惠水分别组织城镇青年110人下乡插队,州安置办、州财政局下达经费分别为1.2万元、0.8万元。

1968年,时值"文化大革命"期间,全州各级革委按照上级精神,宣传动员组织了大批城镇青年上山下乡。上山下乡知识青年除本地的外,还有上海、贵阳等地的知识青年,安置在州内独山、平塘、荔波、三都、瓮安、福泉、贵定、龙里、惠水、长顺、罗甸等县"插队落户"。都匀市没有安置上海知青。1969年1月,财政部对城镇人口下乡安置的开支标准作如下规定:家居城镇的初、高中毕业生、社会青年、闲散劳动力和脱离劳动的居民的各项经费每人平均单身插队的230元,成户插队的130元,参加新建的生产队和国营农场、"五七"农场的400元,家居城镇回乡落户的补助50元,跨省(大区)安置的另加路费20—40元。是年10月,全州计有上山下乡人员13 418人,其中,插队12 112人,新办场296人,居民840人,插入老场

170 人。安置经费支出 209.4 万元。追加拨款 51 万元。1974 年,全州有知青 3 981 人,其中,上海知青 1 452 人,安置经费支出 12.51 万元,其中,建房费 5.97 万元、生活费 3.98 万元、探亲费 2.32 万元。1976 年 7 月 12 日,州财政局拨各县知青补助费 12 万元(省下拨数),补助范围为 1974 年 5 月 31 日以前下乡的知识青年,对分配水平低,生活确有困难的进行补助。对长期倒流城市不参加农业生产劳动的不补助,补助每月不超过 10 元。1977 年 7 月,州财政局拨各县知青生活困难补助 7.3 万元。1979 年 10 月,根据省委省发(1979)18 号文件精神,从 1979 年起,不再搞知识青年上山下乡运动,州财政局、州知青办决定对知青经费、物资进行清理,清理范围主要是 1973 年以来下拨的知青经费,包括安置费、困难补助费、业务费、建房补助木材以及多建的知青房屋和购置的其他物资,对 1972 年前尚存的物资,也要清理收回,通过清理,县以下未用完和应结余的知青经费一建交县知青办统一管理使用。余存的物资一律登记立账,折价处理,住房原则上要折价收回国家投资的部分,可变卖给集体和个人。

(第三章《财政支出》,第 168—169 页)

《黔南布依族苗族自治州志·税务志》

黔南布依族苗族自治州史志编纂委员会编,贵州人民出版社 2005 年

1979 年到 1980 年,州税务局从上山下乡知识青年、按政策留城的待业青年、历届高中毕业生中经考试,择优招收了 50 名具有高中毕业或相当于高中文化程度的思想品德优良、身体健康的青年加入到税务干部队伍中来,为税务干部队伍增添了活力。 (第一章《机构》,第 28 页)

《黔南布依族苗族自治州志·金融志》

黔南布依族苗族自治州史志编纂委员会编,贵州人民出版社 1999 年

1979 年,省分行给黔南州增人指标 403 人,其中人行 110 人,农行 293 人。州人、农两行统一招工,统一考核,分别录用。增人指标包括大、中专毕业生和家居城镇的复员退伍军人;上山下乡知识青年和城镇待业知识青年。(第十四章《人事工作与职工教育》,第 446 页)

《黔南布依族苗族自治州志·政权志》

黔南布依族苗族自治州史志编纂委员会编,贵州人民出版社 2003 年

(1968 年)11 月初,州革委决定成立"黔南自治州革命委员会知识青年上山下乡工作指挥部"。

(《大事记》,第 36 页)

(1969年)2月4日,州革委发出通知,成立青年安家转运站,负责上海500名知青到黔南安家落户的转运工作。 （《大事记》,第36页)

34. 州革委知青办公室,1968年11月成立知识青年上山下乡指挥部,下设办公室,1973年3月与城市人口疏散下放办公室合并改为上山下乡安置办公室,同年9月改为知识青年上山下乡办公室。 （第三章《专区及自治州行政机关》,第208页)

5. 州知青办公室,1982年4月撤销并入州劳动局。

（第三章《专区及自治州行政机关》,第210页)

《黔南布依族苗族自治州志·党群志》
黔南布依族苗族自治州史志编纂委员会编,贵州人民出版社2003年

(1973年)10月22日,黔南州知识青年上山下乡办公室成立。 （《大事记略》,第21页)

《黔南布依族苗族自治州志·劳动志、民政志》
黔南布依族苗族自治州史志编纂委员会编,贵州人民出版社2000年

(1964年)1月,遵照党中央、国务院关于动员和组织城镇知识青年参加农村社会主义建设的决定,全州开始动员和组织知识青年上山下乡参加农业生产。当年率先在都匀、贵定两县共动员上山下乡知青288人,其中到国营场站的有165人,到农村插队的有123人。

（《劳动志·大事记略》,第7页)

4月20日,成立中共黔南州委安置城镇下乡青年领导小组。组长韦茂文、副组长罗秉揖、刘庆章,成员:朱永义、潘希武、王希祯、邢成彬、姜世福、杨浩彬。

（《劳动志·大事记略》,第7页)

是年(1968年),全州掀起知识青年上山下乡高潮,至1976年底,全州共安置知青27 939人,其中接收安置上海知青3 164人,贵阳知青4 786人,州内动员上山下乡和安置知青19 989人。 （《劳动志·大事记略》,第8页)

(1969年)3月31日至4月4日,罗甸县革委召开上山下乡再教育会议,之后全县初、高

中毕业生共 27 人到农村安家落户。同时安置贵阳知青、上海知青共 1 176 人。

（《劳动志·大事记略》,第 9 页）

(1976 年)12 月 4 日,黔南州第一届上山下乡知识青年农业学大寨积极分子代表大会在都匀召开。州长韦茂文作开幕词。（《劳动志·大事记略》,第 10 页）

(1982 年)4 月 4 日,州知青办撤销,并在州劳动局内建立社会劳动力管理科,对外挂黔南州劳动服务公司牌子。（《劳动志·大事记略》,第 11 页）

1980 年 3 月,罗甸县知识青年上山下乡办公室撤销,其知青工作移交县劳动工资局管理。（劳动志第一章《机构》,第 21 页）

1968 年 5 月(惠水县)设知青办公室。（劳动志第一章《机构》,第 23 页）

70 年代常设置州知识青年上山下乡领导小组办公室。

（劳动志第一章《机构》,第 24 页）

（三）1970—1972 年,实行农村社队、城镇街道推荐选送。其招工的主要来源是:(1)优先安排家居城镇的复员退伍军人及符合条件的烈属子女;(2)根据"进学校和上山下乡、支援边疆、城市安排"四个方向的原则,从家居城镇的应届高、初中毕业招收一部分;(3)劳动锻炼两年以上的上山下乡知识青年,一部分城镇劳动力(应该疏散到农村落户的不予招收);(4)矿山、森林工业、地质勘探单位,符合条件的职工子女本系统可以招收;(5)严格控制从农村招收,必须招收部分工人时必须报省革命委员会批准。其招工条件是:本人政治历史清楚,在"三大革命"(指阶级斗争、生产斗争和科学实验)斗争中表现较好;身体健康,能胜任本单位工作(工种)的体力劳动;年龄在 17—25 周岁的未婚男女青年。对城镇下乡锻炼时间较长的知识青年,年龄可放宽到 28 周岁以下;文化程度原则上初中毕业以上;招收家居农村的职工子女和原城镇下乡锻炼的小学生及贫下中农社员时,可不强调文化程度。（四）1975—1978 年,实行由单位推荐,招工单位审查,劳动部门批准的招工制度。其招工对象为按政策批准留城符合条件的知识青年(但因病残免于下乡的,不属于全民所有制单位招工对象,在集体单位招工时,可视其劳动力状况酌情安排);经过两年以上劳动锻炼的上山下乡的知识青年;矿山、井下、野外勘探、森林采伐等行业可以招收本单位的子女,不论其子女居住在省内或省外,城镇或农村,只要符合用工条件,都可以招收但不能招收在校学生;全民所有制单位招收普工时,可以从不属于上山下乡对象的城镇待业劳动力中招收;集体所有制单位招工,主要招收不属于上山下乡对象的城镇待业劳动力,不得随意从农村招工;集体所有制招工指标不准拿到全民所有制单位使用;各国营农、林、牧、茶场安置的知识青年,转为农工,不能再作为招工对象;对"四种人"即中国籍的外国人子女、华侨子女、港、台胞子女、独生子女(或父母虽系多子女,但现在身边无子女的)和1974年以来按政策留城的及下乡后回城的知识青年,符合招工条件的优先招收。其招工条件由招工单位根据国家的有关规定提出具体要求,与劳动部门商定,并公诸于众,由群众监督执行。在审查招工对象时,讲成份论,但又不唯成份论,注重现实政治表现;(五)1979—1980年时,由劳动部门统筹兼顾,合理安排;对符合条件的下列人员优先招收:上山下乡知识青年,特别是1972年以前下乡的在乡老知青,独生子女,一户无一个子女就业的;其他有特殊困难的社会待业人员。改革开放以后,无论是全民或者集体所有制企、事业单位招工,一律实行公开招收,自愿报名、全面考核、择优录用的办法。其招收对象范围是:职业学校毕业生、经过培训的待业青年以及城镇其他待业人员。其招收条件为:初中以上文化程度,年龄在16至25周岁的男女青年,实行学徒制的技术工种一般不超过22周岁;招收上山下乡知识青年,年龄可适当放宽。

(第二章《劳动就业》,第39—40页)

1968年,城镇大批知识青年上山下乡,基本冻结招工招干。

1968—1973年,四机部083近17个单位在都匀建厂,招用大量的工人。1970年,城镇就业安置工作逐步恢复,大批知识青年以民工形式,转入铁路建设、工矿建设。仅1971年083系统的单位一次性接受复员退伍军人就达965人。1970年州内各厂矿增加固定工4 904人,学徒工441人。其中工业方面为3 090人,学徒156人,文教卫生245人,基本建设600人,交通运输邮电200人,商业供销564人,城市公用25人,农业、林业水利气象部门200人。083基本建设以及下属各厂招收年满两年在农村锻炼的知识青年1 000人。……1970—1972年招工面更大、人数更多,其来源主要有上山下乡的知识青年、复员转业军人、企业工厂的子女顶替以及城镇待业青年。当年,全州新增工人达1 800名。其招工重点主要是新建、扩建企业中建成投产的单位,以及教育部门等。而且强调下乡知青的招收,要控制在总额的25%以内,尤其是对上海、贵阳等地知青的照顾。……1977年黔南州根据统筹兼顾,适当安排的方针,结合州内实际情况,共招收740人。其安置重点为新建投产的"五小"工业、中小学校以及基层商业网点,同时按省规定招收上山下乡知识青年不超过招工指标的40%,从城镇招收不少于招工指标的60%。中央、省、州级各部门在各县(市)的知青点,应纳入本县(市)的劳动力资源之内,由当地按照"统筹兼顾适当安排"的方针,统一安排进行招工。……招收上山下乡知青时,应在党委组织领导下,知青小组评议提名,征求带队干部和贫下中农意见、公社推荐、招工单位审查、县(市)劳动部门审批。1979年以后,对招工制度进行改进,逐步取消推荐的办法,采取了考核、择优录取的方法,当年安置工人6 545人。

(劳动志第二章《劳动就业》,第42—43页)

黔南州城镇就业安置情况年报表

1979年1—12月   单位：人

甲	本年需要安置就业总人数	本月已安置人数及去向										
		计	全民单位增加	集体单位增加		补充自然减员		大、中专、技校招生数	征兵	临时性安排	
				大集体	小集体	全民	集体				
	1	2	3	4	5	6	7	8	9	10	11
总计	32 604	18 098	7 734	4 000	1 845	709	68	2 882	860		14 506
一、城镇待业人员安置小计	29 868	15 362	5 002	4 000	1 845	709	64	2 882	860		14 506
1.城镇待业青年	20 354	9 265	1 997	2 343	1 701	178	63	2 320	662		11 089
其中:留城、回城待业青年	2 843	2 562	699	427	450	44	25	503	414		281
2.上山下乡知识青年	7 301	5 577	2 703	1 612		501	1	562	198		1 724
其中:1972年以前下乡老知青	851	626	549	73		4					225
3.其他人员(26~35岁以内)	2 213	520	302	44	144	30					1 693
二、统一分配的各项人员小计	2 736	2 736	2 732				4				
1.统一分配的大中专、技校毕业生	1 094	1 094	1 094								
2.家居城镇的复员退伍军人	45	45	45								
3.落实政策安排人数	1 597	1 597	1 593				4				

说明:1. 补充资料:招收农民205人,退职退休吸收。

2.11月的临时安排,现作年末还有的待业人数。

(劳动志第二章《劳动就业》,第46页)

次年(1972年),州革委根据省革委给黔南州招工指标数为1 800名。为此,州革委强调:……3.1972年新增职工指标中,包括统一分配的复员退伍军人、大专、中专、技工学校毕业生及国营农场、生产建设兵团和集体所有制职工调入全民所有制企业、事业单位工作的人员。今年新增职工来源,一般不从农村招收,个别特殊情况,必须从农村招收的,要先报州转省批准,然后才能动用。因此,(1)安排从部队直接动员和原籍是城镇的退伍军人。(2)经过贫下中农推荐、劳动锻炼两年以上表现较好的下乡知识青年(不包括回乡知识青年)。(3)统一分配的大中专、技工学校毕业生。(4)根据四个面向适当招收一部分应届高、初中毕业生。(5)矿山、井下、森工采伐、地质勘探招工时,可以招收职工子女。4.今年对下乡知青的招收要控制在招收指标总数的 25% 以内,要注意使上海、贵阳地区和本县的知识青年的录取人数大体平衡。其指标计划为 1 800 名,其中,州级 151 人,工资总额为 5 668 万元,各县(市)招收计划数 1 507 人,工资总额为 83.18 万元,其他用工人数为 142 人,工资基金为 4.69 万元。共计划 93.50 万元。当年检查结果招工人数完成计划数为 100%。

(劳动志第三章《劳动力管理》,第 52 页)

第七章　知识青年上山下乡

知识青年上山下乡是在一定的历史条件下较长的劳动力变动。黔南州知识青年(简称知青)上山下乡始于 1964 年。当年,州劳动科抽出力量,具体参加动员、安置工作。主要在都匀、贵定两县共动员上山下乡知识青年 288 人。其中到国营场站的有 165 人,到农村插队的有 123 人,为城镇闲散劳动力新辟了一条就业门路。1968—1970 年,黔南州掀起知识青年上山下乡的高潮,除安置州内知青下乡外,还安置了上海、贵阳知青。1964—1976 年底,全州共安置知识青年 27 939 人。上海知青主要安置在贵定、罗甸、独山、平塘、荔波等县的社队。

知识青年下乡期间受到了各级党委、政府的关怀,国家每年拨出专款为知青解决建房、生活用品、口粮等。从 1970 年开始至 1978 年又逐步对知青进行了收回安置。其安置的途径主要是大中专院校招生、应征入伍、招干、国营集体企业单位招工以及鼓励他们自谋职业、立志务农等。1978 年 12 月以后,根据中共中央批转《全国知识青年上山下乡工作会议纪要》精神,黔南州以多种渠道对在乡知青进行就地或回城安置。1979 年,终止知识青年上山下乡。1981 年底,州境内上山下乡的知识青年除个别在农村安家以外,对历年上山下乡的知识青年全部安置到机关、学校或厂矿企业、事业单位工作。

第一节　知青管理

一、动员下乡

1964 年 1 月,中共中央、国务院颁布《关于动员和组织城镇知识青年参加农村社会主义建设的决定(草案)》,黔南开始动员和组织知青年下乡参加农业生产建设。当时动员的对象主要是自愿到农村而家居城镇的未能继续升学的知识青年。当年 4 月,贵定县城 50 名知识青年响应党的号召"到农村去,到最艰苦的地方去,到祖国最需要的地方去。"集体下到云雾区小普公社插队落户。同年 10 月,都匀县根据黔南州委分配的知青下乡安置任务,组织动员了 50 名城镇知识青年下到农村。分别安插在该县的墨冲区河阳公社的河流、包阳、营堡大队,平浪区平浪公社的浪潮、平卡大队。

次年，都匀县又组织 82 名知识青年下乡，除 3 人回麻江县高基农村外，其余分别安排在墨冲区河阳公社的河流大队，墨冲公社的河西、中心大队、平浪区、平浪公社的前进大队，凯口公社的联合、营新大队以及城关镇新城公社的坝干、前进生产队。福泉县成立了安置知识青年上山下乡领导小组，下设办公室，开始办理知识青年上山下乡安置工作，并安置了首批知青 57 人到龙昌公社茅沟堡大队安家落户。贵定县动员了城镇知识青年和社会闲散劳力159 人，分别到 3 个区 4 个公社个大队的 30 个生产队插队落户。

1966—1967 年，由于"文化大革命"，两届中学毕业生没有分配安置。1968 年 10 月，贵州省革委发出通知，要求大中学校毕业生要面向农村，面向边疆，面向工矿，面向基层。并指出，根据全省具体情况，重点是上山下乡。12 月 21 日，毛泽东主席发出"知识青年到农村去，接受贫下中农的再教育，很有必要"的指示，全州掀起知青上山下乡高潮。当时强调凡1966—1968 年三届高、初中毕业生年满 16 周岁的，皆列为上山下乡范围，部分没有职业的社会知识青年也可组织动员下乡。对三届高、初中毕业生，仍本着"文化大革命"前下乡知青的安排原则，选择地势较为平坦，耕地面积较多，劳动力缺少，收入相对较多的农村社队进行安置。仅都匀市（县）1966—1968 年三届高、初中毕业生共 2 241 人，全作统一计划安排。除少量分配到平塘县内农村，大部分分配在都匀县境内的平浪、江洲、墨冲、坝固、王司、迎恩、新城等 7 个区、26 个公社、97 个大队、207 个生产队落户（其中平浪区的凯西、凯口、石龙公社为最多）。贵定县组织大规模的动员宣传，在县城的主要街道及公共场所张贴宣传画，大幅标语等，当年全县有 1 030 名（城镇知青 407 人、社会知青 55 人、回乡知青 505 人）知青奔赴农村插队落户。福泉将 362 名知青分别安置在岔河公社、云顶、鱼酉、陆坪、高坪、哲港等公社集体插队。

1973 年后，黔南州执行中共中央（73）30 号文件和贵州省革命委员会有关规定，即（1）城镇中学毕业生的分配，以上山下乡为主。除根据有关规定和国家计划直接升学和不动员下乡的几种人之外，其余凡年满 17 周岁的都动员下乡。对于应动员上山下乡的城镇知识青年，任何单位不得另作其他分配。（2）病残不能参加农业劳动的，独生子女，多子女身边只有一个子女的，中国籍的外国人子女，都不动员下乡。1974 年以后又强调，16 周岁以上不足17 周岁的知识青年，本人积极要求下乡的，父母支持，具备下乡条件者，可以批准。都匀市（县）强调：1973 年以来的中学毕业生，凡应下乡的，一定要动员下乡。1973 年以前的中学应届毕业生和省发（74）28 号文件规定的其他城镇知识青年，也要继续动员下乡。"四种人"（病残不能参加农业劳动的，独生子女，多子女身边只有一个子女的，中国籍的外国人子女）仍按省发（74）28 号文件不动员下乡。是年底，全州下乡知青数达到 4 143 人。另外还有上海知青、贵阳知青也到州内各县插队落户。罗甸县仅贵阳知青达到 623 人，上海知青 479人。贵定县上海知青达 503 人（男 289 人，女 214 人），被分配到都六、新安、新巴、铁厂、石板、抱管等 8 个公社、29 个大队、112 个生产队插队落户。同时，对都匀地区（都匀县机关、厂矿企事业除外）的中央、省、州属以上厂矿企业事业单位、州机关各部（办）、委、局、都匀军分区、083基地以及本市知识青年统一由都匀市组织安置。下乡的去向以都匀县为主,其次是福泉、瓮安两县。再次为罗甸上隆农场;都匀铁路分局由都匀铁路分局党委安排。在对上山下乡知青的安置上、都匀市、县均强调"与开发山区的规划结合起来","遵循"从长远着眼,统筹安排,合理布局,适当集中,便于管理的原则精神,形式上或集体插队,或建立5人以上的知青队(组),安置在公社集体所有制农、林、牧、茶场(队)的,户口到队,人集中到场,每人平均2亩土地。贵阳和贵定的国防厂矿为了便于对上山下乡知青管理,分别在贵定的铁厂、都六、江比等地建立13个知青队,安排716人。这些知青队由当地社队拨给田361.7亩,土635.6亩,自购耕牛63头,生猪46头,自制犁耙61把,拖拉机6台,打米机4台,知青队建宿舍169间,粮仓13个,食堂12个,知青队实行自种自给,各队有专职干部带队,这些干部除带领知青参加农业生产外,还组织他们学习政治和文化。1974年全州下乡知青达6 901人。采取的方式主要有在生产队建立知青点、集中分配到国营农、林、牧、茶场等等。如都匀市新城公社建立知青点就安置了150名知青(从事养猪、养鱼、培育果树以及副食品生产。形式上以厂社知青点为主,与插队相结合)。黔南州干校建立知青食品综合生产基地,安置400名知青(以养猪、养鸡为主,兼以养鱼、种植果树、药材、蔬菜等,基地性质为国营、各生产项目由国家投资)。知青仍属集体知青队,采取评工记分,按劳动分配,享受上山下乡知青的各项待遇,享受招兵、招生、招工等。

1977年,全州安置了1 148人分别到州内29个农、牧、茶场。其中:都匀市牛奶场55人、马鞍山林场60人、坝固畜牧场20人、独山县林场115人,龙里县省属林场200人,长顺县水淹坝农场100人等等。次年,都匀市采取以开发山区,就近安置为主,本着人数适当集中,有利于知识青年的管理教育,有利于生产,有利于生活自给的原则,知青的安排去向主要是充实现有知青场队和插队小组。同时采取厂矿、企事业单位办"五七"农场或农副业基地等多种形式安置下乡知青。1979年,黔南州根据中共贵州省委关于"从今年起不再搞现在这样的知识青年上山下乡。要广开就业门路,对城镇知中共贵州识青年进行统筹安排"的指示,全州停止动员知识青年上山下乡,变知青下乡安置为城镇安置。

二、安置经费及粮油供应

1. 知识青年上山下乡安置经费。每年由国家统一拨付,县(市)统一掌握发放。知识青年安置经费是国家为支援城镇知识青年上山下乡的专项补助费。一般专款专用。主要作为下乡人员的建房、生活、小农具、搬运、学习资料、宣传用品和其他困难补助费用等等。

1964—1966年"文化大革命"前,其安置经费按平均每人175元人民币的标准拨给。如,1964年,贵定县50名首批知识青年到云雾区小普公社插队落户,州、县政府为每位知青制作了一套棉衣和一床棉被,同时拿出8 000元资金,为他们购置生活用具。平均每人为160元。

1967—1972年是上山下乡的高峰期,黔南州境内不仅安置了大批州内的知识青年下队落户,各类农场安家,而且还安置了上海、贵阳等地知青。这时期下乡知青的经济开支标准分知识青年(包括上海、贵阳等地区下到州内各县(市)的知青)、社会青年等不同类型。知识青年平均每人按 230 元标准。城镇社会居民,本着"自力更生、社队扶持、群众互助、国家关心、负责到底"的精神,依据其经济状况予以补助。不困难者不补助,困难者按其困难程度补助。补助标准为:每人非劳动者人口 50—80 元,劳动者人口 80—100 元。对遣送回籍和随家下乡的"四类分子"(指地、富、反、坏)一律不予安排经费。

知识青年上山下乡国家的耗资是巨大的。仅贵定县 1969 年接收 1 223 名,国家用于知青的安置费生活费达 312 090 元,其中对在县内插队的知青每人给予 230 元的安置费,对在黄龙山农场集体落户的知青每人给予 400 元(包括建场费)的安置费,城镇上山下乡的社会知识青年给予 130 元的安置费。都匀县仅 1969 年安置知青费用 137 000 元。

1973 年后,对上山下乡知识青年的安置经费又有了较大的变动。根据贵州省有关文件规定:1972 年以前下乡插队的知识青年,生活不能自给的,给每人补助 100 元的标准,由县统一掌握,合理补助,没有建房的,每人补助 200 元,共计 300 元。从 1973 年起,城镇知识青年回农村老家落户的,到农村插队和建立集体所有制场(队)的,按每人补助 480 元的新标准,并作如下分项使用:(1)建房补助资 200 元。主要用于木材、砖瓦等基本材料费开支。(2)生活补助费平均每人 200 元。主要用于购买吃、穿、用等生活必需品,由县(市)委根据插队青年所在队的情况,制定不同补助标准,经济条件好的队不得少于 180 元,差的队不得超出 220 元。(3)农具、家具、学习、医疗、旅运和其他补助费 80 元,其中:家具、农具补助费 40 元,由公社掌握;学习材料费 10 元,由县掌握,给每一个知青订报刊;医疗补助费 10 元,由县掌握,主要用于知青点卫生员购买药品;旅运费 5 元(都匀县根据本地区情况从 1974 年起按平均每人在 7 元左右掌握使用),由地、州、市掌握,主要用于各地、州、市所在地的知青跨地区、跨县下乡落户;其他费用 15 元,由省掌握,用于下乡青年的特殊开支。

安置到国营农、林、牧、茶场(站)或"五·七"农场的知青,按每人 400 元的指标,由所在地的县知青办拨给安置经费,包干使用。黔南州还规定:插场劳动的社会青年,不算国家正式职工。其生活费用原则上要低于正式工人,略高于农村社员。每人每月平均 20 元,采取评工记分;安家、购置农具等经费,按 230 元拨给农场统一掌握。

1974 年时,全州安置知识青年下乡达 5 950 人,所拨经费为 2 757 824 元。次年,都匀县就拨出 515 000 元知青下乡安置费。贵定县 1974—1976 年,除其他费用外,国家用于上山下乡知青办集体生产队的建房费就达 98 152 元,每位知青平均 126.4 元。为解决部分知识青年探亲的路费和生活困难,从 1974—1976 年,县里用于解决上述两项费用 40 197。用于知青购买棉被,蚊帐费用 6 845 元,医疗补助费 4 322 元,其他费用为 23 393 元。三都县从 1966 年开始至 1978 年止,共安置上山下乡知青 1 389 人,国家拨出安置费用为 332 573 元,福泉县达到 52 万元。

1979 年停止知识青年上山下乡后,其知青经费补助标准按下列情形发放。(1)对已在农村安家的下乡知青,由(市)、县知青办发给 300 元生活补助费;(2)对已招收到国营农、林、牧、茶场当工人的,其住房有困难的,按每人200元建房补助费发给交农场包干使用;(3)经知青办签署意见办理户粮关系回城未予安排工作的知识青年,已参加集体所有制企业(包括小集体)或个体经营的,按每人平均不超过200元的标准给予一次性经费补助,分别付给负责安置的集体单位和个体经营的本人。

2. 知青的粮油供应

1964年3月,国家粮食部对城镇上山下乡知识青年和回乡参加农业生产的知青(原来吃商品粮的)及新建场(队)知青的粮油供应作出规定:(1)每人每月粮食定量36—40斤。各地可根据男女不同,体质强弱不同,核定每人每月口粮。(2)知青第一月口粮,由原在单位发给。从第二个月起,由所在生产队(场)向国家购买。(3)知青食油,从到安置点第二个月起每人每月4两,由国家供应。(4)知青粮油一律供应到第二年秋收时为止,秋收分配,即停供应。对新建场(队),第二年秋收后按国营农场办法供应粮油。

1972年,省革委生产指挥部对高、初中来自农业人口的食宿学生毕业回乡生产的口粮供应规定为:高中来自农业人口的学生,毕业后回乡生产,因回乡前吃商品粮,没有参加生产队分配,毕业回乡后可暂按原学校的口粮定量标准,继续供应到当年秋粮分配为止,以后国家不再供应。初中来自农业人口的学生,因原已参加生产队分配口粮,毕业回乡后口粮由自己解决。

1973年后,按省有关规定,头一年(12个月计算),按每人每月40斤贸易粮的标准,由国家统销供应,从第二年起,参加集体分配后,正常出勤的,应不低于当地单身整劳力的实际吃粮水平。所在社、队口粮水平过低,每人每月达不到36斤贸易粮的,由国家供应补足到36斤。

食油方面:头一年(12个月计算)每人每月按4两食油的标准,由国家统销供应。从第二年起,下乡知识青年(包括1972年以前下乡的)在所在生产队分得食油达不到当地城镇食油供应标准的,由国家补足到当地城镇食油供应标准。下到国营农、林、牧、场的知识青年,其粮油问题由所在场安排解决。确实解决不了的,按1965年9月27日省粮食厅、农业厅、林业厅、公安厅关于"国营农、林、牧场粮食购销试行办法"的联合通知办理。

同时下乡知识所生子女,准许知青所在的社队入户,并分配基本口粮。

停止知识青年上山下乡后,在乡知青户口粮食关系转向城后,其粮油和其他副食品等按城镇居民定量标准供应。参加城镇小集体和集体所有制所有场队的知青,由国家进行粮食补贴。补贴标准如下:①参加城镇小集体单位下乡知青转为居民户口的,按居民定量标准由国家供应粮油;参加劳动的按照城镇待业人口参加小集体的补助办法,分别工种给予补助。②其参加农工副知青场队的城镇知青的口粮补差。凡参加农业生产的知青,第一年每人每月按36斤标准和参加劳动的实际天数计算补助;参加工副业生产的知青,第一年的吃粮标准,按照城镇待业人员参加小集体的补助办法。分别轻、重、特重体力的工种,每天补助粮食为一两、三两、五两,在当地粮食部门办理补助。从第二年起,除了专营经济作物、副食品生产和因灾害严重减少的场队,仍按上述标准补差外,其余场队的粮食补助,由所在场队自己解决,国家不再补助。

第二节 知青安置

黔南州的知识青年上山下乡工作从 1964 年开始到 1979 年结束,历时 16 年之久。其间既进行着安排知识青年下乡插队落户工作,又逐步进行招生、招工、招干等的收回安置工作。

1970 年,随着国家建设的需要,黔南州下乡知青收回安置工作逐渐开展。其主要途径是国营、集体企业单位招工、大中专院校招生、应征入伍以及鼓励他们自谋职业、立志务农等等。1970—1972 年,由于国防工厂内迁,黔南境内的 083 系统各工厂需要大量的劳动力。由黔南州劳动局下达专项招收指标,对一些下乡插队的知识青年,要求本人政治历史清楚,在"三大革命斗争"中表现较好,身体健康,年龄在 17—25 周岁(下乡锻炼时间较长的老知青可放宽到 28 周岁),经农村社队以及贫下中农推荐,招收在农村锻炼两年以上的知识青年进厂或工作。1970—1972 年,仅都匀市(县)累计招收上山下乡知识青年 1 707 人(多数为 083 系统各厂矿招收)。1978 年以前,其知青招工、招干、招生均要由下乡知青所在地区农村社队推荐选送。1979 年开始,下乡知青的安置,原则上由原动员地区和单位负责。加上又在全国范围内停止了知识青年上山下乡,于是黔南州增加招工指标。当年全州共安置知识青年 5 574 名。都匀市就招收知青 1 673 名。

1981 年底,全州下乡知青已全部收回城镇安置。其安置的途径除按国家计划招工、招生、招干、征兵外,一般安置在城乡商业、供销网点;卫生、服务行业;街道生产、服务事业、厂矿企业的"五七"工厂;全民所有制单位领导下的集体生产、服务组织以及国营农、林、牧、茶场等单位。安置中优先考虑 1972 年以前上山下乡的知识青年,并适当放宽其招工年龄。招工时进行德、智、体全面考核,择优录取。但对独生子女、父母双亡和下乡子女多而就业少以及无子女工作的予以照顾。

同时,新招收的知青(不包括回乡知青)分配到学徒制岗位的,在考核定级前(下乡满两年以上的)第一年享受学徒工第二年的待遇。从第二年起可享受学徒第三年的待遇。下乡满三年的,可享受一级工待遇。下乡五年以上的,可以一次性转正定级,但定级工资不得超过二级工。下到农、林、牧、茶场的知青,按计划招(转)为农牧工人的,进场第一年按一级工待遇,满一年后定级,一般定为二级工。在场劳动三年以上的,可不再实行熟练期,招进场后,即可一次办理转正定级,定级工资不得超过二级工。知青从招(转)之日计算工龄,同时不再享受招工待遇。

1985 年 6 月 28 日,国家劳动人事部就上山下乡知识青年回城参加工作后其工龄问题作了具体规定:①凡在"文化大革命"期间由国家统一组织下乡插队的知识青年,在他们到城镇参加工作后,其在农村参加劳动的时间,可以与参加工作后的时间合并计算为连续计算工龄,他们参加工作时间从下乡之日起算起;返城后等待分配工作的时间,不计算工龄。②在 1962 年至"文化大革命"开始前,由国家统一组织插队的知识青年,他们到城镇参加工作后,在工龄计算上可以仿照上述办法办理。   (劳动志第七章《知识青年上山下乡》,第 148—154 页)

黔南州人委关于批转省委安置领导小组
"关于动员和组织城镇知识青年下乡参加
农业生产的报告"及安排意见

根据省委批转省委安置领导小组"关于动员和组织城镇知识青年下乡参加农业生产的报告"的精神,并结合我州具体情况,经我们研究,提出如下安排意见:

(一)省委在批语中指出"动员和组织城镇知识青年下乡参加农业生产,是进一步贯彻执行毛泽东同志提出的以农业为基础,以工业为主导的发展国民经济的总方针,进一步增强农业战线,建设现代化的农业,建设社会主义的新农村的一项重大措施,是在今后一个相当长的时间内的一项重要任务……"。为了完成上述光荣的重要任务,切实地、有力地作好支援农业生产战线,特别是支援农村人民公社的工作,必须本着主要是插入农村人民公社生产队,其次才是插入国营农、林、牧、渔场的安置方向,分别地进行安排。今年省分配我州插队的任务共有100人,继续安置"三场"的共有286人,经研究对于插队的100人,确定在都匀、贵定两县各分配50名进行试点,但对其他各县有条件的,可挑选一些各方面表现较好的,有志从事农业生产的知识青年到农村安家落户,以便培养典型,树立榜样,为今后的动员和组织城镇知识青年下乡创造经验。但对本乡本土而在农村有家的应动员回农村参加农业生产,对于半农半商、半农半工的应就地转农参加农业生产,使之尽快地加强农村劳动力,争取农业大丰收。对于"三场"继续安置的286人,主要是分配安置惠水果树场102人、惠水畜牧场170人,独山林场11人,都匀马安山林场3人。

(二)动员和组织城镇知识青年下乡参加农业生产,并使他们长期巩固下来,在农村安心下来落脚生根,是一次相当艰巨的任务,在工作中会遇到很多困难,必须首先作好宣传动员、安置巩固等方面的工作,并且要广泛深入地向广大干部和群众宣传这次工作的重大意义和党的方针政策,造成声势,形成舆论,坚决克服历史上遗留下来的轻视农业、轻视农业劳动的旧思想、坏习气,树立热爱农业、热爱农业劳动的新风尚,在动员下乡人员时,既要向他们讲清楚下乡的有利条件和农村的美好远景,又要讲清楚可能遇到的困难,切不可片面地夸大任何一面。对动员下乡的青年,一定要坚持自愿原则,做到本人思想通,家属思想通,使他们从思想上把建设社会主义的新农村当作自己的终身事业,立志做一个有社会主义觉悟,有文化科学知识的新农民。家庭生活困难,急于就业的青年,应当尽先动员他们下去,有的愿意全家一起下乡插队的,要加以鼓励和支持。在他们下去以前,应当集中起来进行短期训练,除了继续做好思想工作外,还要教给他们必要的农村生产、生活知识。同时,准备安插他们的社、队要有专人负责,充分做好各项安置准备工作,对下乡人员的住房、自留地、口粮、生产工具和饮食用具等,都要安排妥当。他们到生产队之后,农村党团支部和社队干部要热情地关怀和帮助他们,经常加强政治思想教育,不断提高他们的阶级觉悟和革命斗志,尽可能地帮助他们解决好生产、生活中的具体困难问题,生产队应当指派有经验的社员,负责带领下乡青年劳动,帮助他们尽快地学会生产技术。还要根据他们的特长,领导和帮助他们开展农村文娱活动,从各方面发挥他们的作用。

对于去年安置到国营农林牧场的人员,农场站要从各方面继续加强巩固工作,特别是对少数不够安心的人员,更要抓紧帮助教育,使他们安心下来,全力搞好生产。

动员和组织城镇知识青年下乡插队,主要是到地多人少,领导力量较强,生产门路较多,有发展前途,收入比较稳定的社、队。在具体安置时,要根据他们的身体情况、觉悟程度、文化水平、技术特长等条件和生产队的需要,适当搭配家住城镇的复员、退伍军人,应当主要安置到国营农林牧场去,有的也可以安插到生产队去。

今年的时间已过去3个月了,要求各县对这一工作,抓紧研究布置。都匀、瓮安、独山、贵定四县继续完成插入国营农林牧场的人员,要努力争取在上半年完成以利生产。对于确定的都匀、贵定两个插队工作重点,必须选好插队的社队,组织力量,尽快地开展工作。

(三)为了做好这项工作,必须建立和健全组织领导,配备专职干部。去年我州建立中共黔南州委安置领导小组和办公室,是负责国营农林牧场的安置工作,已不能适应今后插队为主的工作任务,根据州委的指示精神,有必要进行调整和充实,为此,将原来的"州委安置领导小组"改为"州委安置城镇下乡青年领导小组"并由一位主要领导的同志担任组长,领导小组设办公室。设在州人委,除由劳动、农业、团委参加领导小组的成员并兼办公室主任外,根据省规定,经费由安置费中开支的原则,省分配我州专职干部3人,由州人事处调配专职副主任一人,其他干部二人。关于安置经费,省另文下达。

至于各县的机构组织领导问题,我们意见,都匀、贵定、惠水、独山、瓮安等五县建立"县委安置城镇下乡青年领导小组"由县劳动部门、农业部门及团县工委负责并配备专职干部2—3人,其他各县同样建立领导小组,配备专职干部一人。各区、社、队应有人或兼搞负责此项工作。

另外,按省编委的通知,凡有500城镇闲散劳动力的县城关镇配备干部1人,应建立劳动力调配所,管理此项工作,因此,都匀、贵定、瓮安、惠水、独山等五县城关镇建立劳动力调配所。

(《劳动志·附录》,第169页)

《黔南布依族苗族自治州志·人事志》

黔南布依族苗族自治州史志编纂委员会编,贵州人民出版社2007年

1980年,全州共录用干部888人。其中,补充公社干部600人,农村人民公社经营管理员288人,录用干部对象主要是半脱产干部、社来社去大中专毕业生(放宽到30岁)、上山下

乡知识青年、复员退伍军人、农村生产队优秀干部,对边远地区少数民族予以适当照顾。

(第三章《干部管理》,第 43 页)

《黔南布依族苗族自治州志·档案志》

黔南布依族苗族自治州史志编纂委员会编,贵州人民出版社 2005 年

　　中共中央转发国务院关于全国知识青年上山下乡工作会议的报告、贵州省革委关于成立省革委知青上山下乡办公室的通知、关于进一步做好上山下乡知识青年"再教育"工作的通知、关于慰问上山下乡知识青年的紧急通知,关于上山下乡知识青年几个问题紧急通知、关于上山下乡知识青年当前情况和今后意见的报告、黔南州革委关于组织上山下乡知识青年慰问检查团的通知、关于进一步做好知识青年上山下乡工作的报告。关于三都县周覃、九阡应安置知识青年的情况报告、黔南州民政局关于有严重病残不能参加劳动而已上山下乡的知识青年处理迁回城市的请示报告。贵州省编委、黔南州编委、关于增加上山下乡知识青年工作机构编制的通知。黔南州革委关于分配上海市 50 名知识青年到各县安家落户的通知、各县(市)知识青年上山下乡工作情况报告。

(第三章《档案》,第 125 页)

　　错案提供凭证、800 多名知青接上工龄

　　许多知青从农村回城参加工作后,对上山下乡时的有关证件不重视保存,大都早已丢失。根据国家关于"上山下乡知识青年在农村劳动期间,可以计算为工龄"的规定,瓮安县劳动人事局为此下发了通知,并明确上山下乡知识青年的劳动时间,要以文字档案材料作依据。许多单位专门派人或知青本人到县档案馆查找本单位知青或本人上山下乡时间的凭证。在瓮安县档案馆工作人员的热情帮助下,经查阅,有 800 多名知青找到了有关档案记载,接上了工龄,享受到应有的待遇。

(《附录》,第 319 页)

《黔南布依族苗族自治州志·教育志》

黔南布依族苗族自治州史志编纂委员会编,贵州人民出版社 1996 年

　　(1968 年)2 月 22 日,全州自 1966 年以来的高初中毕业生开始上山下乡。

(《大事记》,第 32 页)

　　(1971 年)11 月 20 日,经贵州省革委批准,黔南州招收在黔南上山下乡劳动锻炼满两年,符合人民教师条件的 50 名知识青年当教师。

(《大事记》,第 34 页)

《黔南布依族苗族自治州志·卫生志》

黔南布依族苗族自治州史志编纂委员会编,贵州人民出版社1994年

  1978年2月6—15日(黔南医学大专班)从贵阳、遵义、安顺、铜仁及黔南州等5个地州市的上线考生中录取学生96人,为〇八三系统代训学生一人,共有学生97人。其中:……上山下乡知青70人,待业青年3人,已参加工作者23人;……

(第二章《公共卫生》,第195—196页)

《都匀市志》

贵州省都匀市史志编纂委员会编,贵州人民出版社1999年

  是年(1968年),知识青年上山下乡声势浩大,市、县高初中毕业生1 000多人到农村插队落户。
(《大事记》,第37页)

  (1973年)11月13日,县设立知识青年上山下乡办公室。
(《大事记》,第39页)

第六节　知识青年上山下乡

  1964年,都匀开始组织青年上山下乡。1967年9月,都匀市、县分别设立知识青年(以下简称知青)上山下乡指挥部,从街道和部分厂矿抽调办事人员。1969年11月,知青工作机构撤销并入民政局。1973年9月和11月,市、县先后成立知识青年上山下乡领导小组,下设办公室,具体办理知识青年上山下乡事宜。1981年知识青年上山下乡工作结束。市、县知青办撤销,分别并入市、县劳动局。

一、插队安置

  1964至1972年,都匀市、县知识青年上山下乡安置采取劳力统一安排、集中住宿、分散劳动的方式。1964年10月,都匀县组织动员50名城镇知青下到农村,分别安插在墨冲区的河阳公社,平浪区的平浪公社。1965年县又组织82名知青下乡,除3人回麻江县高基农村外,其余安排在墨冲区的河阳公社、墨冲公社、平浪区的平浪公社、凯口公社及城关镇新城公社。1967至1972年,集中安置1966至1968年三届高、初中毕业生,仍采取插队落户安置。1966至1968年都匀市、县高、初中毕业生共2 241人(其中都匀市1 156人),个别回原籍农村落户,少量分配在平塘县农村,大部分在县(市)境内的平浪、江洲、墨冲、坝固、王司、迎恩、新城等7个区,26个公社,97个大队,297个生产队落户。1973至1979年,都匀市、县学习推广湖南省株洲市"厂社挂钩、集体安置知青到社队农、林、牧、茶场"的经验,对知青的安置主要是

到人民公社插队或建立集体所有制的知青队（场），或安排到市、县内国营农、林、牧、茶场。除少量回原籍落户外，对7 400余名知青进行了安置。1979年停止了知识青年上山下乡。

二、安置经费及粮油供应

知青安置经费　知识青年上山下乡安置经费，每年由国家统一拨付，市、县分别掌握发放，专款专用。主要用于下乡人员的建房、生活、小农具、旅运、学习资料、宣传用品及其他困难等费用补助。在各个时期，安置经费拨付及使用标准不同。

1964至1966年"文化大革命"前，其安置经费按平均每人175元人民币标准拨给。1967至1972年，下乡知青的经费开支标准分知青和社青等不同类型。知青按平均每人230元标准；对社青按不同经济状况补助，不困难不补助，补助标准为50—100元。1973年以后，安置经费标准变化为：城镇知青回农村原籍落户的、到农村插队或建立集体所有制场（队）的，按每人补助480元的标准；对安置到国营农、林、牧、茶场（站）或"五·七"农场的，按每人400元的标准；对安置到罗甸上隆农场安家落户的知青，按每人230元的标准拨给农场统一掌握。1979年停止知青上山下乡后，其知青经费补助标准为：对已在农村安家的下乡知青，发给300元生活补助费；对已招收到国营农、林、牧、茶场当工人的，住房有困难的，按每人200元建房补助费发给，交农场包干使用；对户口已回城而未安排工作的知青，或参加集体所有制企业或个体经营的，按每人平均不超过200元的标准给予一次性经费补助。

知青粮油供应　"文化大革命"前下乡知青的粮油供应，按1964年3月国家粮食部的有关规定执行。1967至1972年的下乡知青粮油供应，规定不论已下去时间长短，一律参加所在社、队的当年分配。1973年以后，下乡知青第一年按每人每月20公斤贸易粮、食油0.2公斤的标准，由国家统销供应。从第二年起，参加集体分配，不低于单身整劳力的实际吃粮水平，达不到18公斤贸易粮的由国家供应补足；在生产队分的食油达不到当地城镇食油供应标准的，由国家补足到当地供应标准。下到国营农、林、牧、茶场的知青，粮油问题由所在场解决。1979年停止上山下乡，在乡知青的户粮关系转回城，其粮油和其他副食品等按城镇居民定量标准供应，参加城镇小集体和集体所有制场、队的知青，由国家进行粮食补贴。

三、知青回城安置及待遇

至1981年底，在乡知青已全部收回城镇安置。除国家计划招工、招生、征兵外，知青一般安置在城乡商业、供销网点，卫生、服务行业，街道生产、服务事业，厂矿企业的"五·七"工厂，全民所有制的集体生产、服务组织，及国营农、林、牧、茶场等单位。

对下乡知青招工后的待遇，主要体现在转正定级和工龄计算上。对新招收的知青，分配到学徒制岗位，在考核定级前，下乡满两年以上的，第一年享受学徒工第二年的待遇，从第二年起，享受学徒工第三年的待遇；下乡满三年以上的，享受一级工待遇。学徒期满转正后，原下乡五年以下的，仍拿一级工资，原下乡五年以上的，可一次转正定级，可定为二级工；对下到农、林、牧、茶场的知青，按计划招（转）为农牧工人的，进场第一年按一级工待遇，满一年后定级为二级工，在场劳动三年以上的，招进场后可一次办理转正定级，定级工资不超过二级。

对下乡插队的知青回城后参加工作,其在农村参加劳动的时间,可与参加工作的时间合并计算为连续工龄,参加工作的时间,从下乡之日算起。返城后等待分配工作的时间,不计算工龄。对已安排工作的知青与同工龄的职工享受同等待遇。对招(转)到农、林、牧茶场的知青,从招(转)之日起计算工龄,同时不再享受招工待遇。 (第十一篇第四章《劳动》,第 533—535 页)

1966 至 1976 年"文化大革命"服间,县、市财政支出除上解省 5 073 万元外,本级财政支出共 5 467.9 万元,年均 497 万元。……其他各项(含知识青年上山下乡和人民防空费)年均支出 61.7 万元。 (第十二篇第一章《财政》,第 558 页)

《贵定县志》

贵州省贵定县史志编纂委员会编,贵州人民出版社出版发行 1995 年

(1964 年)9 月 2 日,贵定中学部分应届高、初中毕业生到盘江公社插队落户,这是县内第一批上山下乡知识青年。 (《大事记》,第 40 页)

(1967 年)11 月 17 日,县革委在贵定电影院召开"欢送第一批上山下乡知识青年大会"。此后,全县城镇掀起了知识青年上山下乡的高潮。到 1979 年止,全县(包括外地下放到县内的)安排落户的上山下乡知识青年达 6 000 多人,后逐步进行安置,至 1982 年底,基本安置完毕。 (《大事记》,第 43 页)

是年,在新铺公社黄龙山建立县知青农场,一百多名知青下放到场集体劳动,次年解散。 (《大事记》,第 43 页)

(1969 年)1 月 28 日,500 名上海知青到县境插队安家落户。 (《大事记》,第 43 页)

(1973 年)10 月 8 日,建立贵定县知识青年上山下乡领导小组办公室,1980 年撤销。 (《大事记》,第 46 页)

(1975 年)3 月上旬,全县第一次上山下乡知识青年积极分子代表大会在县城召开。100 多名先进知识青年代表出席了会议,并选出 30 多名出席黔南州上山下乡知识青年积极分子代表大会。 (《大事记》,第 46 页)

1969 年至 1972 年,……这 4 年中,全县共安置城镇待业人员和下乡知青以及农村劳动力 1 076 人。 (第三章《劳动人事》,第 755 页)

第五节　知　青　工　作

1. **上山下乡**：县境知识青年上山下乡工作始于 1964 年 4 月，当年，县城 50 名高初中及部分小学毕业生响应党的号召"到农村去，到最艰苦的地方去，到祖国最需要的地方去"。知识青年上山下乡须经本人申请，学校和县批准，方能到农村去。这批上山下乡知识青年是集体下到云雾区小普公社插队落户，知青到农村后，和社员们同工同酬。在下乡的第一年，由国家按重体力劳动供应，每月每人 21 公斤粮，生活困难的，给予经济和物资补助。1965 年，又一批城镇知识青年和社会闲散劳动力 159 人，分别到 3 个区 4 个公社 7 个大队的 30 个生产队插队落户。

1968 年，毛泽东主席号召"知识青年到农村去，接受贫下中农的再教育，很有必要"。县内的高中初中毕业生，积极响应号召，纷纷向学校写申请，要求到最艰苦的农村去接受贫下中农的再教育，锻炼改造世界观。县组织大规模的动员宣传，在县城的主要街道及公共场所张贴宣传画、大幅标语等，到年底，全县有 1 030 名（城镇知青 407 人，社会青年 55 人，回乡知青 505 人）知青奔赴农村插队落户。城镇和社会知青到农村去时，县里召开欢送大会，知青们胸戴大红花，在锣鼓声中乘汽车离开县城，奔赴指定的农村。1969 年 3 月 19 日，503 名（男 289 人，女 214 人）上海知青乘火车到达贵定站，县里组织机关干部、学校师生、街道居民到车站迎接。这些知青分别来自上海骊山中学、长城中学、南海中学、江海中学、上海师大附二中、上海梅山中学、上海志长中学、上海朝阳中学等。上海知青到贵定后，分别被安排到都六、新安、和平、抱管、巩固、石板、新巴、铁厂等 8 个公社 29 个大队 112 个生产队插队落户。1974 年，贵阳及县境内的国防厂矿为便于对上山下乡知青管理，分别在铁厂、都六、江比等地建立 13 个知青队，安排知青 716 人。这些知青队由当地社队拨给田 361.7 亩，土 635.6 亩，自购耕牛 63 头，生猪 46 头，自制犁耙 61 把，拖拉机 6 台，打米机 4 台；知青队建宿舍 169 间，粮仓 13 个，食堂 12 个，知青队实行自种自给，各队有专职干部带队，这些干部除带领知青参加农业生产外，还组织他们学习政治和学文化；1979 年 10 月，各知青队根据上级精神，结合自身情况，先后自行撤销；各知青队遗留的房产、土地等，除土地归还原生产队外，房产作价变卖给当地公社或生产队，1980 年 4 月，各知青队财产移交完毕。从 1964 年 4 月首批知青上山下乡开始，至 1980 年止，全县共有 3 454 名来自上海、贵阳和县内的知识青年上山下乡，在全县 5 个区 25 个公社 73 个大队 323 个生产队和 13 个知青队插队或集体落户，参加农业生产。上山下乡知青在农村，得到党和各级政府的关怀和照顾，每逢春节，县委、县革委都要组织慰问团，到知青比较集中的点或队进行慰问，向他们赠送慰问品《毛泽东选集》和一些政治学习书籍。上海市委、市革委及贵阳的有关单位，在佳节期间，都要派出慰问分团或小组，来县境慰问他们的子弟，有的慰问团成员还和知青们一道欢庆春节。

2. **经费使用**：数千名知青离开城市，到农村插队落户，共产党和人民政府为了使他们在农村安心生产，除在政治上关心他们的成长之外，每年还从财政拿出数万元巨款安排或补助，解决他们生活困难。

1964 年，县内首批知青到云雾区小普公社插队落户，州、县政府为每位知青制作了一套棉衣和一床棉被,同时拿出 8 000 元资金,为他们购置生活用具。1969 年,是县内下乡和接收知青最多的一年,这一年接收上山下乡知青为 1 223 名,国家用于知青的安置费,生活费为 312 090 元。对在县内插队落户的知青每人给予 230 元的安置费,对在黄龙山农场集体落户的知青每人给予 400 元(包括建场费)的安置费,城镇上山下乡的社会知识青年给予 130 元的安置费。1974 年至 1976 年,除其他费用之外,国家用于上山下乡知青办集体生产队的建房费为 98 152 元,每位知青平均 126.4 元。为了解决部分知识青年探亲的路费和生活困难,从 1974 年至 1976 年的 3 年间,县里用于解决上山下乡知青探亲路费困难补助费 15 697 元,用于老知青生活困难补助费 24 500 元(1974 年补助老知青生活困难每人 20 元,1975 年为每人 22 元),用于知青购置棉被,蚊帐费用 6 845 元,医疗补助 4 322 元,其他费用 23 393 元。1974 年至 1976 年,除其他费用外,国家还用于 13 个知青队的建房木材为 1 076 立方米,等外木材 60 立方米;从 1964 年至 1978 年的 14 年间,国家用于上山下乡知青安置,建房的费用为 1 284 762.60 元,平均每年为 91 768.76 元。

3. 知青安置:知青下乡后,经过一定时间的劳动锻炼,政治思想和劳动知识都有很大的提高,根据国家建设的需要,从 1970 年开始,就陆陆续续从上山下乡知青当中,选拔思想好,作风正派的人到省内外大、中专学校学习深造或到机关、厂矿工作。1970 年至 1973 年 7 月,有 26 人被吸收为国家干部,有 25 名应征参加中国人民解放军,有 18 名推荐到大专院校,51 名到中等专业学校学习深造,有 77 名担任中、小学校教师,493 人到厂矿工作。1976 年至 1978 年,全县安置 763 名,到 1981 年 4 月底,除个别上山下乡知青在农村结婚安家外,对历年上山下乡的知青都全部被安置到机关、厂矿、学校工作。

4. 劳动收入:知青到农村落户,他们中的大部分能吃苦耐劳,和农民们一起同工同酬,凭自己的双手,自食其力。1970 年,县知青办对在新巴、新安、都六 3 个公社插队落户的 169 名上海知青进行调查,这批知青全年参加劳动 26 096 天,人均 154 天,年终分得粮食 35 861 公斤,人均 212.2 公斤;分值 9 648.44 元,人均 50.09 元。1974 年,上山下乡在铁厂、巩固两公社 11 个生产队的 27 名上海知青,全年劳动工分在 1 501 分以上的有 7 人,2 001 分以上的有 2 人,2 501 分以上的有 5 人,1 001 分以上的有 6 人,1 000 分以下的有 7 人;全年分粮最高者为 312 公斤,分值最高者为 143.03 元。党和人民政府对身体有病或其他特殊困难的知青,给予适当的补助和照顾。仅 1974 年,国家就用 6.5 万多公斤粮食,解决了大部分上山下乡知青的吃粮困难。

(社会篇第二章《民政》,第 1001—1003 页)

《瓮安县志》

贵州省瓮安县地方志编纂委员会编,贵州人民出版社 1995 年

(1965 年)9 月 17 日,县城和草塘集会欢送首批上山下乡知识青年 71 人分别到茅坡公

社茅坡大队和下司公社那乡大队安家落户。 (《大事记》,第 33 页)

（1969 年）1 月中旬,县革委组织动员知识青年"上山下乡",大批高初中毕业生下乡插队落户,"接受贫下中农的再教育"。2 月,部分上海知青到瓮安农村落户。

(《大事记》,第 37—38 页)

（1973 年）12 月 26 日,县革委设知识青年上山下乡办公室（1983 年 6 月撤销）。

(《大事记》,第 40 页)

1965 年 9 月,城镇开始动员知识青年下乡参加农业生产。1966 年 8 月,国营青山畜牧场接收县境和都匀、贵定城镇知识青年 230 多人,更名知识青年农场（后撤销）。《人民日报》1968 年 12 月 22 日发表毛泽东的指示:"知识青年到农村去,接受贫下中农的再教育,很有必要"。县境掀起知识青年上山下乡的热潮。到 1978 年 4 月,共安置县境和上海、贵阳、都匀、贵定城镇知识青年 3 300 多人,耗资 135 万元。 （第六篇《文化革命运动》,第 290 页）

知识青年安置 1965 年,首批安置城镇初高中毕业生、社会青年 71 人到茅坡公社茅坡大队和下司公社那乡大队"安家落户"。至 1978 年,全县共安置城镇知识青年 3 300 多人,多为自己选点,投亲靠友落户。后部分下乡知识青年通过招生、招工、招干等渠道陆续返回城镇。到 1981 年,下乡知识青年全部安置工作。 （第七篇第五章《劳动工资管理》,第 354—355 页）

《平塘县志》

贵州省平塘县史志编纂委员会编,贵州人民出版社 1992 年

（1968 年）5 月,县首批知识青年共 52 人下到通州（30 人）、河中（22 人）公社插队落户。

(《大事记》,第 63 页)

（1969 年）3 月 22 日,第一批上海知识青年共 200 名到平塘县插队落户。

(《大事记》,第 64 页)

1968 年 1 月,县成立毕业生工作办公室,同年 8 月改为知识青年上山下乡安置办公室。1968 年 5 月中旬,第一批城镇知识青年 52 名下乡插队落户,其中安排到通州公社中坝大队 30 人,者密区河中公社东方红大队 22 人。截至 1969 年,全县下乡知识青年达 1 022 人,其中:上海市知青 194 人,贵阳市知青 401 人,都匀市知青 223 人,重庆市知青 2 人,本县知青

187 人，其他地区转点平塘知青 15 人。1973 年后县又先后安排下乡知识青年 585 人，其中：贵阳市知青 72 人，都匀市知青 5 人，本县知青 463 人，外地区转点平塘的知青 45 人。1968～1978 年，全县共安排下乡知青 1 607 人，分布在全县 7 个区 29 个公社 123 个大队 172 个生产队以及 3 个知青农场和 2 个国营林场。1968 年由县统一按每一个知青建房费 50 元拨给生产队使用，1973 年以后则按每人建房费 200 元下拨给生产队，并拨给知青每人每月生活费 10 元。另有农具、医疗、报刊和省外知青探亲费用。

1971 年起，根据上级指示精神对下乡的城镇知识青年统筹安置，逐步迁离农村。至 1980 年全部下乡知识青年安置结束。全县 1 607 名知青的安置去向是：参加中国人民解放军 61 人；升入大、中专学校学习 223 人；招工招干录用 979 人，转点迁移（包括父母离退休顶替、婚嫁等）338 人，其他就业 6 人。　　　　　（第十编第二章《劳动工资管理》，第 570 页）

《长顺县志》

长顺县地方志编纂委员会编，贵州人民出版社出版 1998 年

（1969 年 5 月）29 日，县革委确定下乡知识青年安置费每人 230 元。（《大事记》，第 25 页）

（1975 年）3 月 2 日，县委组成由杨永才任团长的"上山下乡知识青年慰问团"对全县知青进行慰问。　　　　　　　　　　　　　　　　　　　　　　（《大事记》，第 26 页）

知青办公室　1974 年 3 月成立，1980 年 1 月撤销。秦忠诚、杜兴国先后任负责人。
　　　　　　　　　　　　　　　　　　　　（第四章《长顺县人民政府》，第 145 页）

1969 年 1 月 21 日，根据安顺地革委的指示，作出《关于安置上海市、贵阳市知识青年到我县农村安家落户的意见》，决定将安顺地革委预分到的 400 名上海知青和 500 名贵阳知青分配到农村安家落户。2 月，县革委成立了由 13 人组成的安置领导小组。4 月 6 日，396 名上海知青到县落户，县内 120 名知青同时到农村落户。至 1978 年先后到农村安家落户的知青计 1 829 人，其中上海知青 396 名，安顺运输公司知青 243 人，省地知青 420 人，本县知青 770 人。前后安排知青建房和补助费等款项共 41 万余元。　　　　　（经济篇第一章《农业》，第 216 页）

《惠水县志》

惠水县史志编纂委员会办公室编，贵州人民出版社 1989 年

（1968 年）八月，县开展知识青年上山下乡工作，凡属六六、六七、六八届毕业的高、初中

生,家住农村的首先回乡。继后,城镇学生陆续到农村安家落户。到一九八〇年止,全县上山下乡(回乡)的知识青年,共一千九百七十七人。其中:上海学生五百二十人,贵阳和其他地区学生一百四十五人,分别到六区、一镇,二十四个公社,一百八十一个生产队安家落户,国家拨款九十二万九千九百元用于安置。 （《大事记》,第 38 页）

一九六八年……增设知识青年上山下乡办公室。 （第四章《人民政府》,第 142 页）

一九八一年……撤销知识青年上山下乡办公室。 （第四章《人民政府》,第 142 页）

《三都水族自治县志》

三都水族自治县志编纂委员会编,贵州人民出版社 1992 年

同年(1968 年),县内首批 88 名知识青年上山下乡,落户于大河公社的打锄,大河、怀所、龙场等大队。 （《大事记》,第 44 页）

(1969 年)上海有 6 名知识青年上山下乡到三都县落户。 （《大事记》,第 44 页）

同年(1974 年),知识青年上山下乡共 170 名。其中 10 名落户大河农场,78 名落户水各农场,82 名落户大河公社所属生产队。 （《大事记》,第 47—48 页）

同年(1975 年),知识青年上山下乡共 190 名。其中,124 名落户拉揽林场,66 名落户大公社所属生产队。 （《大事记》,第 48 页）

(1976 年)全县知识青年上山下乡 59 名。其中,本县知青 40 名,分别落户于九阡、三洞、普安等社办集体林场和水东、中和、大河、巫不、三合等公社的所属生产队;省化工系统知青 19 名,落户于中和公社雪花洞自办知青队。 （《大事记》,第 49—50 页）

(1979 年)5 月 1 日,县委根据中共中央(1978)74 号和省委(1979)18 号文件精神,同意县知青办和劳资局"关于统筹解决我县知青问题的意见",从本年起,全县非农业户口的中学毕业生不再上山下乡,结束了连续 11 年知识青年上山下乡工作。自 1968 年以来,全县共有 1 389 名城镇知识青年上山下乡。之后,陆续都安排了工作。 （《大事记》,第 52 页）

知青安置 县内知识青年上山下乡运动,从 1968 年开始至 1978 年停止,前后分 17 批

共 1 389 人上山下乡从事体力劳动,其中:本县知青 658 名,都匀知青 3 名,贵阳知青 720 名,上海知青 8 名。安置形式有五种,其中:到生产队插队落户的 993 名,回老家务农 4 名,去水各国营农场 82 名,去大河国营农场 10 名,去拉揽国营林场 165 名,去雪花洞知青队 29 名,去水便知青队 95 名,去公社集体林场 11 名,国家拨付知青专项经费共 332 573 元。其中:用于知青生活补助 114 800 元,建房补助 64 020 元,农具家具补助 25 942 元,学习材料补助 4 634 元,医疗补助 5 074 元,困难补助 2 250 元,其他费用 6 351 元,国营农场、林场知青包干费 99 200 元,知青工作业务费 10 302 元,下乡知青粮油补助,头年每人每月国家供应 20 公斤大米,200 克菜油。每人补助棉布票 9 米,第二年粮食收入每月不足 18 公斤的补足 18 公斤,菜油分配不足 200 克的按 200 克补足,全县供应知青粮食 75 000 公斤,菜油 2 000 多公斤,布票 5 000 多米,木材 300 多立方米。

党的十一届三中全会以来,1979 年至 1980 年,处理知青回城就业等善后工作。在 1 389 名下乡知青中,收回安排工作的 632 名,转点外县的 615 名,升学读书的 96 名,参军的 45 名,病故 1 名。对知青房屋财产处理,贵州省化工局办的雪花洞知青队住房 4 幢 17 间砖木结构,共 541 平方米,价值 5 万元。无偿移交给县养路工区已乃道班管理;贵州省轮胎厂办的水便知青队住房 2 幢 20 间砖木结构,共 416 平方米,价值 7 万元,无偿移交周覃公社管理;县内 30 个知青点建立的木板房 30 幢 67 间,计 1 910 平方米,价值 64 000 元,按 40—60%折价处理,收回 11 000 元上交财政。 (党政群篇第十章《劳动人事》,第 296—297 页)

《荔波县志》

贵州省荔波县地方志编纂委员会编,方志出版社 1997 年

(1968 年)11 月 17 日,县革委批转《县知识青年上山下乡工作会议纪要》,对符合条件而未上山下乡的 1966 至 1968 年这三届高初中毕业生,在年底以前要全部到农村安家落户。全县先后接收安置城镇知识青年上山下乡 1 155 名。其中:上海知青 252 名,贵阳知青 538 名,县内知青 365 名。安置在 4 个区、11 个公社、60 个大队、153 个生产队。

(《大事记》,第 44—45 页)

(1973 年)10 月 6 日,县委成立"荔波县知识青年上山下乡工作领导小组"由 12 人组成。

(《大事记》,第 48 页)

(12 月)10 日,县革委决定:成立"县知识青年上山下乡办公室"。 (《大事记》,第 49 页)

(1976 年 10 月)30 日,上山下乡知识青年代表大会在县城召开,到会 175 人。

(《大事记》第 51 页)

1968 年 11 月 17 日,县革委党的核心领导小组决定,66—68 届高初中毕业生要在年底以前上山下乡。此后,先后安置城镇知识青年 1 155 名到农村安家落户,其中上海知青 252 名,贵阳知青 538 名,本县知青 365 名。安置在 4 个区,11 个公社,60 个大队,153 个生产队。1980 年以后,全部回城安排工作。 （第七章《中国共产党荔波县组织》,第 247 页）

知识青年上山下乡办公室:1973 年 3 月成立,1981 年 4 月撤销。

（第九章《人民政府》,第 267 页）

《福泉县志》

贵州省福泉县地方志编纂委员会编,贵州人民出版社 1992 年

(1965 年)7 月 19 日,县成立知识青年安置领导小组,开始动员知识青年上山下乡。9 月,欢送了第一批知青上山下乡到龙昌公社茅沟堡插队落户。 （《大事记》,第 42 页）

县革委知识青年上山下乡办公室 1965 年成立知识青年上山下乡领导小组,下设办公室。1973 年成为独立单位。历任副主任赫庆忠、陈福明,1982 年撤销。

（政权政协篇第三章《人民政府》,第 253 页）

第三节 知识青年上山下乡

1965 年 7 月 1 日,县委成立安置知识青年上山下乡领导小组,由 9 人组成,下设办公室,开始办理知识青年上山下乡安置工作。1968 年 12 月后,知青上山下乡逐渐形成热潮。到 1978 年,全县共有上山下乡知青 1 510 人。

一、安 置 插 队

县内知青 1 058 人,其中男 605 人,女 453 人。1965 年 9 月首批安置 57 人到龙昌公社茅沟堡大队。1968 年 9 月安置到岔河公社关庄、陡关、岔河、平寨 4 个大队 66 人。是年,由凯里、都匀、三都转点来县的贵阳等地知青 296 人,先后被安置到云顶、鱼酉、洞铁、陆坪、高坪、哲港等公社集体插队。1969 年 3 月,安置县知青 50 人到马场坪公社的小河口、下院、羊基堡、马场坪、向家桥 5 个大队及城关公社马田大队。是年,上海来县知青 153 人。安置到高石 76 人、谷汪 53 人、陆坪 17 人、团杨 4 人、新坪 3 人。其间随家庭疏散下放的有 43 人。1974 年 4 月,安置县内知青 160 人到全县 5 个区 24 个公社。1975 年,安置 223 人到 5 个区 26 个公社 56 个大队的烟科所、县农场、公社林场。1976 年安置 62 人。1977 年安置 283 人。1978 年,最后一批县内知青被安置到 5 个区 24 个公社 42 个大队。

二、经费补助

1965年,发给知青每人棉衣1件、被盖1床、蚊帐1笼、单衣1件、锄头、镰刀各1把。有关单位、学校及职工捐款购发纪念品。知青到队后,社员备好炊具、用具及房屋。是年县政府拨发知青经费1万元。1973年以前知青建房费按每人200元计算拨给公社、大队,依靠和发动群众给知青建房。还规定知青生活费每年每人150元。上海知青探亲费每人按160元发。1974年1月15日以后,下乡知青建房费、生活费每人补助400元,农具、家具、学习及医疗等费用,每人补助60元。1965年10月至1978年12月,州、县拨知青经费52万元,拨给建房用木材706立方米。

三、回城安置

1979年起不再安排知青上山下乡,已在农村插队落户的知青,妥善安置。县内从1965年至1978年安排知青上山下乡1510人。1971年至1982年,全民所有制单位招工、招干,安置980人,集体所有制单位招工,安置了250人,考取大、中专,技工学校95人,应征入伍54人,因病或家庭有困难回城的45人,农转非23人,个体就业32人,转点27人,犯罪劳改2人,死亡2人。到1982年12月知青安置工作结束。

(政权政协篇第六章《人事　监察》,第279页)

《独山县志》

独山县地方志编纂委员会编,贵州人民出版社1996年

(1965年7月)22日,县人委成立知识青年上山下乡办公室。　　(《大事记》,第39页)

同日(8月15日),县机关召开大会,欢送第一批上山下乡知识青年到上司筹洞插队。
(《大事记》,第39页)

截至(1968年)11月7日,独山县知识青年分批上山下乡落户已有300多名。按省州规定每人安置费220元。其中:每月生活费9元;全年医药费6元;建房补助50元;粮食每月20公斤接到新粮年度。　　(《大事记》,第43页)

(1969年3月)19—23日,上海市虹口区部分中学毕业生共511名,下乡到独山的基长、上道、狮山3个公社插队落户。　　(《大事记》,第44页)

(1973年7月)18日,独山知青去上隆农场100余人。　　(《大事记》,第47页)

（8 月）22 日，到是日止，全县下乡知青共 1 521 人，分布 271 个知青点，建有房屋 644 间。其中上海知青 251 人，已结婚 45 人。 （《大事记》，第 47—48 页）

同月（12 月）27 日，是日止，全县有下乡知识青年总共 1 700 多名，已安置就业 733 名。

（《大事记》，第 48 页）

（1974 年 11 月）28 日，1974 年独山知识青年上山下乡共 115 名。 （《大事记》，第 49 页）

（1979 年）4 月 10 日，本县召开上山下乡知识青年工作会议。从 1965 年以来，共组织 3 820 名城镇知青上山下乡。截至本年春止，农村尚有 1 041 名知青继续插队。

（《大事记》，第 54 页）

（12 月）22 日，独山县府安排招工指标 102 名，其中上山下乡知青 39 名，待业青年 63 名。

（《大事记》，第 54 页）

同月（1981 年 3 月）21 日，撤销知识青年上山下乡办公室。 （《大事记》，第 56 页）

知识青年安置

本县自 1965—1978 年，前后接收安置上山下乡知识青年（简称知青），有上海知青 514 人，贵阳知青 268 人，铁路系统知青 840 人，104 地质队知青 51 人，本县知青 2 149 人，其他 6 人，计 3 828 人。分别安置到 6 个区、24 个公社、109 个大队、473 个生产队插队落户。截至 1972 年，安置知青费用计 114 876.00 元；供应知青棉布 37 037 米；棉花 11 481.50 公斤；木材 653 个立方米（省州拨给独山知青建房木材指标不足部分由生产队自筹解决）；建房面积约 14 200 平方米，共 473 栋。1973 年以后，国家拨给本县知青专项经费应为 1 239 183.48 元，实付去 1 171 320.26 元。其中：建房费 408 497.00 元，生活费 334 504.52 元，学习材料费 16 057.51 元，家用具补助费 79 282.62 元，医疗费 12 864.03 元，本省旅运费 7 941.45 元，其他费用为 4 607.61 元，国营场站补助费 108 252.20 元，外省旅运费 11 666.90 元，探亲（上海知青）费 19 160.18 元，业务费 18 361.49 元，困难补助费 35 248.75 元。

知青在插队期间，自愿与当地子女结婚的，且自愿长期安家在农村的付 300—500 元的安置费；回城自谋职业的知青，均补助 300 元。1970—1978 年，共收回安排就业知青 2 339 人。到 1981 年底，全部安置完毕。 （第四篇第二十五章《人事劳动》，第 348—349 页）

《贵州省罗甸县志》

罗甸县地方志编纂委员会编,贵州人民出版社 1994 年

是月(1969 年 3 月)31 日—4 月 4 日,县革委召开上山下乡再教育会议,之后全县初、高中毕业生 527 人到农村安家落户。同时安置贵阳知青、上海知青共 1 176 人。

(《大事记》,第 34 页)

1968 年(民政局)增设知识青年上山下乡办公室。……1981 年撤销知青办。

(第三章《县人民政府》,第 191 页)

1968 年 10 月,动员初、高中毕业生 527 人和社会青年 74 人,"上山下乡"安家落户;次年,安置上海知识青年 479 人;贵阳知识青年 623 人,共计 1 703 人。1971 年始逐步安排"上山下乡"知识青年到国家机关和企事业单位就业。1981 年改善就业结构,开辟集体和个体经济的就业渠道,城乡待业人员就业难的矛盾趋向缓和。上海和贵阳来的"上山下乡"知青 1 102 人,除少部分回原籍和考取大、中专学校外,全部安置就业。县内的知识青年(包括回乡知青)除部分自谋职业外,至 1987 年已安排就业 609 人,其中:在全民所有制单位 274 人,工业企业单位 195 人,商业 17 人,教育卫生 5 人,交通运输、饮食服务业 118 人。

(第三篇第三章《县人民政府》,第 197 页)

《龙里县志》

贵州省龙里县地方志编纂委员会编,贵州人民出版社 1995 年

(1969 年)3 月,上海知识青年 248 人到落掌、谷脚、谷龙等公社插队落户。

(《大事记》,第 41 页)

知青办公室 1973 年 9 月,成立龙里县知识青年上山下乡领导小组,下设办公室。1980 年,知青安排任务基本完成后,1981 年 4 月撤销知青办公室。知青安排扫尾工作转由县劳动部门和财政部门负责。历任主任:张温泉、邹一之。

(第四篇第三章《县人民政府》,第 266 页)

60 年代开始动员城镇中学毕业生上山下乡参加农业生产劳动,到 1978 年,全县上山下乡知青和办理留城人员共 976 名,根据政策规定先后安置了 436 名。到 1981 年,全县上山下乡知青已全部安置完毕。

(第五篇第六章《劳动人事》,第 287 页)

《六盘水志·粮油志》

六盘水市地方志编纂委员会编,贵州人民出版社 1993 年

城镇知识青年上山下乡,在农村生产队安家落户,其口粮供应标准每人每月 20 公斤,口油供应标准每人每月 0.25 公斤,规定由粮食部门供应一年,接上秋粮后停止供应。1968 年供应下乡知识青年的粮油,在实施过程中,由于各种原因,生产队未分粮食给知青,实际仍由国家供应。据 1975 年统计,全地区下放农村知识青年 4 382 人,年供应粮食 1 051 吨,食油 13 146 公斤,其中六枝 1 646 人,年供应粮食 395 吨,食油 4 938 公斤;盘县 997 人,年供应粮食 239 吨,食油 2 991 公斤;水城 1 739 人,年供应粮食 417 吨,食油 5 217 公斤。随着逐年招工安排工作,至 1980 年全市知青基本安排完毕。　　　　　　　　　　(第二章《粮油征购》,第 84 页)

《六盘水市志·林业志》

六盘水市地方志编纂委员会编,贵州人民出版社 1992 年

盘江矿务局林场 1975 年 4 月建于盘县特区断江公社境内。由该矿务局抽调干部 12 人,成立林场管理委员会,安排 176 名"知识青年"到场进行房屋基建、开荒造林、烧制砖瓦。林场所需资金由矿务局育林基金提取中解决。到 1978 年,林场共征购荒山 3 000 亩,营造坑木林 200 余亩、果木林 15 亩;建成砖厂一座,年产土砖 7 万块;修建房屋 250 平方米。后随"知识青年"工作安排,人员离走,林木由断江公社(乡)代管。　　　(第八章《林业经营管理》,第 72 页)

《六盘水市志·邮电志》

六盘水市地方志编纂委员会编,贵州人民出版社 2001 年

中共十一届三中全会以后,党和政府制定了一系列政策、措施,对"文化大革命"中上山下乡的知识青年妥善的进行了安置,邮电亦有计划的在劳动部门每年分配给企业增员指标中逐步解决了多年职工上山下乡子女的安置问题。　　　　　(第四章《企业管理》,第 182 页)

《六盘水市志·财政志》

六盘水市地方志编纂委员会编,贵州人民出版社 2006 年

城镇青年就业费

市境三县从 1963 年开始正式开展城镇人口就业安置工作。1963—1978 年,主要是动

员城镇青年上山下乡，全市共动员了城镇青年 0.70 万人，到农村插队、插场。1979 年以后，对城镇待业青年的安置由上山下乡转向城镇就业。

城镇青年就业费包括城市知识青年上山下乡补助费、城镇居民下乡补助费和城镇青年就业补助费。

1964 年 1 月，中共中央、国务院发布《关于动员和组织城市知识青年参加农村社会主义建设的决定（草案）》规定：今后每年拿出一笔专款作为安置城市下乡人员的经费，列入地方财政预算，专款专用，并允许跨年度使用。1963 年，财政部、中国农业银行总行制发了《关于一九六五年安置经费管理的几条规定》，明确了安置经费的开支范围、定额和管理办法。安置经费主要用于建房、生活补助、小农具和家具购置、旅运费、专职干部经费以及解决上山下乡人员遗留问题等。

六盘水地区知识青年多数安排到知青农场或知青点参加生产劳动，少数安排到生产队插队落户，知识青年上山下乡，由其父母所在单位按规定发给每人一套行李（包括被子、垫单、蚊帐、棉毯、洗漱用具及部分家具、农具）。知青办公室对单身插队的每人补助 230 元；到上山下乡新建集体所有制的生产队（场）的每人补助 400 元；回乡参加生产劳动的每人补助 50 元。此项规定从 1964 年起至 1973 年止，共执行了 10 年。

六盘水市城市居民疏散下放农村的工作始于 1969 年，当时正值"文化大革命"的高潮时期，在大批机关干部到"五七"干校劳动的同时，部分城市居民被下放农村劳动。六盘水居民下乡补助费，就是在这种特定历史条件下发生的。根据规定，对这部分居民每人补助 160 元。到 1973 年止，全市城市青年上山下乡补助费和城市居民下乡补助费共支出 50.10 万元。

1973 年，贵州省财政局、省人民银行、省知青办公室联合拟发了《关于加强城镇青年上山下乡经费管理的试行办法》，对经费的管理使用作了进一步的规定：（1）原下乡插队的青年，生活不能自给的，按每人补助 100 元的标准，由县统一掌握，酌情补助；没有建房的，每人补助 200 元；房屋破漏、需要维修的，采取社队扶持，群众帮助的办法进行解决；由县列名造册，提出预算，先用国家过去拨付的经费，不足部分由地区汇总报省审核拨款。（2）从 1973 年起，城市青年回农村老家落户的，到农村插队和建立集体所有制场（队）的，每人补助 480 元；到国营农、林、牧、茶场的，每人补助 400 元；跨省回农村老家落户的，只开支旅运费，其它补助费，由接收地区开支。（3）每人补助 480 元的新标准，分项使用为建房补助费 200 元，生活补助费 200 元，农具、家具、学习、医疗、旅运和其它补助 80 元。（4）下乡青年离开社队的，原来国家给他们所建的房屋，应留给新下乡的青年使用，并抵顶有关经费；原来国家给他们购置的家具、农具，青年本人不能带走，允许变卖或送人。暂不安排知青去的社队，青年的房屋，社队可以使用，并负责维修，任何人不得占用或变卖。（5）对各项经费开支，必须加强管理，专款专用，建立健全制度。对于过去的经费，要认真进行清理，尚未用完，抵作新下乡青年的经费，贪污挪用的，要坚决退回，情节严重的要给予必要的处分。

1974—1977 年期间,全市知识青年上山下乡再次掀起高潮,号召机关、厂矿企业事业单位职工起表率作用,凡符合下乡条件的应届中学毕业生,由单位负责动员职工送子女下乡务农。4 年间,全市共动员 6 000 余名知识青年上山下乡。1974 年城镇知识青年下乡补助费支出 70.44 万元。

1976 年,六盘水地区和各特区分别临时成立疏教办公室,与同级知青办公室合署办公,负责已下放居民的落实政策和已倒流人员的第二次安置工作。1974 年以后的城市居民下乡补助费支出,基本上都是属于第二次动员回农村的补助。

1978 年停止知识青年上山下乡和城市居民下放农村劳动。1974—1978 年,全市城市青年上山下乡补助和城市居民下乡补助费共支出 344.80 万元。

中共十一届三中全会以后,城镇青年就业安置由过去的上山下乡转变为城镇就业安置。城镇待业青年就业工作,由各级劳动部门承办。由于各级党政重视,财政部门大力支持,六盘水市城镇青年就业工作取得了很大的成绩。

城镇青年就业补助费,包括中央财政分配地方的劳动服务公司补助费和地方财政包干使用的知青经费,专款专用,年终结余,结转下年继续使用。实行"划分收支,分级包干"财政体制后,各级根据当年安置城镇待业青年就业和培训的年度计划以及巩固安置成果的需要和财力情况,安排当年的就业经费预算,保证这部分经费的数量和来源。就业、服务公司补助费的使用,分为扶持生产资金、安置费、就业训练费、业务费、其它费用五个项目。其中,扶持生产资金是周转性质的,有借有还,重点扶持那些投资少,见效快,安置青年多的项目或单位。

六盘水市自 1979 年开展城镇青年就业工作以来,到 1992 年为止,城镇青年就业补助费共支出 315.90 万元,占历年城镇人口下乡补助、就业安置补助费支出总数的 44.46%。

1993 年以后,六盘水市根据国家有关政策规定,对城镇青年就业制度进行改革。城镇青年不再由政府安排,而是采取政府引导、单位自主招聘、青年自主择业、多渠道就业的办法进行安排。从是年起,财政不再安排城镇青年就业费,城镇青年的就业经费改由社会保障基金开支。

(第五章《财政支出》,第 290—291 页)

《六盘水市志·政府志》

六盘水市地方志编纂委员会编,贵州人民出版社 2004 年

知识青年上山下乡办公室 1974 年 1 月成立。负责人苟彬、李云峰,主任苟彬,副主任李云峰。1980 年 12 月撤销。 (第二章《市(地区)级政府》,第 56 页)

(1974 年设)知识青年上山下乡领导小组(1980 年撤销)。

(第二章《市(地区)级政府》,第 79 页)

是年(1975年),全地区城镇知识青年到农村插队4382人。 （《大事记》,第226页）

《六盘水市志·党派群团志》

六盘水市地方志编纂委员会编,贵州人民出版社2006年

1979年3月,国家恢复干部录用工作,并对恢复高考制度后的大中专毕业生进行分配。根据全省的统一安排,六盘水市从上山下乡知识青年中选拔录用计划生育专职干部281名,安排在各特区的区、社工作。同时又采取文化考试、择优录取的办法,录用税务干部20名,试用期1年。 （第二篇第五章《中共六盘水市(地委)工作部门及主要工作》,第131页）

《六盘水市志·民政志》

《六盘水市志·民政志》编纂委员会编,贵州人民出版社2005年

第八节 知 青 安 置

1964年7月12日,水城县城关镇周元全、周昌文、陈吉昌、王银顺、唐克平、王继尧、张中全等7名城镇知识青年(以下简称知青),学习全国先进青年邢燕子,下到城关区教场人民公社教场生产大队第五生产队插队参加生产劳动。对这批插队知青的生产生活,水城县委、县人民政府十分关心,责成县民政科协助生产队具体安排,由县民政科拨给家具购置费55.71元,农具费58.26元,生活补助费950.14元,县粮食部门按每人每月17.5公斤商品粮标准供应到秋收分配,生产队借出一栋旧房,经过维修,供插队7名知青集体居住。第五生产队人多地少,知青下队时间不长,且只划得自留地,没有其他收入,加之思想不安定,出工不足,工分较少,秋收虽按人七劳三分配口粮,仍不能达到自给。水城县人民政府确定,从1965年4月1日起,仍按每人每月17.5公斤商品粮标准,继续给予供应,直到劳动分配口粮达到自给时为止,生活有困难的,由民政科救济。

"文化大革命"中,六盘水地区广大青年学生和城镇待业青年,响应中共中央主席毛泽东关于"知识青年到农村去,接受贫下中农再教育,很有必要"的号召,纷纷上山下乡,参加农业生产劳动。中共六枝特区、盘县特区、水城特区党委分别于1973年或1974年成立知识青年上山下乡领导小组,领导小组在特区民政局设工作办公室,具体工作由民政局承办。各特区、区及水城钢铁厂、水城铁厂、水城运输公司、六枝矿务局、盘江矿务局、水城矿务局等有条件的政府机关、厂矿企业、事业单位积极兴办知青农场或知青点,支持知识青年上山下乡。六盘水地区上山下乡知识青年多数安排到知青农场或知青点参加生产劳动,少数安排到生产队插队落户。知识青年上山下乡,由其父母所在单位按规定发给每人一套行李(包括被

盖、垫单、蚊帐、棉毯、洗漱用具等)及部分家具、农具(镰刀、锄头、斗笠),由特区上山下乡知青工作办公室每人补助 230 元的安家费,奠定一年基础。以后参加知青场、点或生产队劳动分配,如有困难,由当地民政部门救济,直至自力更生,达到生活自给。郎岱县自 1968 年开始,到 1974 年止,共有 1 646 名城镇知识青年上山下乡,参加生产劳动。上山下乡知识青年的口粮由国家供应,口粮标准每人每月 20 公斤,食油每人每月 0.25 公斤。全县年供应粮食39 500 公斤,食油 4 938 公斤。知识青年上山下乡,主要集中在 1974 年、1975 年、1976 年,以后逐渐减少,到 1978 年停止上山下乡。为帮助各特区做好上山下乡知识青年的协调安置工作,1974 年 1 月 9 日,中共六盘水地区核心领导小组决定,成立六盘水地区知识青年上山下乡工作领导小组,领导小组在地区民政局设工作办公室,承办有关业务。据水城特区知青办公室统计资料记载,其间,全特区共办有知青场、点 27 个。1967 年至 1973 年,水城特区接待安置知青 248 人,其中本地知青 210 人,外地转来知青 38 人;1974 年至 1975 年安置3 084 人,除招工、招生、征兵已走 944 人,1975 年底尚有 2 176 人;1976 年又动员上山下乡1 150 人。盘县特区共约 400 余名知识青年,于 1974 年 4 月和 8 月分两批到农村插队落户。到 1979 年,除招生、征兵已走外,其余全部回城安排工作。中国共产党第十一届三中全会后,六盘水市各级人民政府根据中央指示,纠正"左"的错误思想,落实上山下乡知识青年政策,逐步将城镇上山下乡知识青年收回,恢复城镇户口,安排就业。外地到六盘水上山下乡的知识青年,除招工、招生、征兵已走和在当地结婚、参加工作的外,全部返回原籍由当地政府安置处理。"文化大革命"期间,六盘水市共安置本地和外地知青约 7 000 人。

1968 年至 1979 年,因参军、考学校和外地收回安排工作已走 2 500 多名外,六盘水市城镇知识青年下到农村安家落户的尚有 4 382 人(六枝特区 1 646 人,盘县特区 997 人,水城特区 1 739 人)。经过市、特区各级党委、政府和有关部门的共同努力,至 1980 年底,这批知青全部安排了工作,办理了城镇户口和居民(职工)粮户关系。此后,知识青年上山下乡工作办公室遵照上级指示撤销,有关上山下乡知识青年的少量遗留工作由各级人民政府办公室处理。 (第十章《社会行政管理》,第 385—387 页)

(1964 年)5 月 28 日,水城县安置城镇下乡知识青年领导小组成立。

(《大事记》,第 393 页)

(1973 年)是年,六枝特区、盘县特区、水城特区知识青年上山下乡工作领导小组及办公室(设在民政局)相继成立,具体承办上山下乡知识青年的接待、安置工作。

(《大事记》,第 396 页)

(1974 年)1 月 9 日,六盘水地区知识青年上山下乡工作领导小组成立,领导小组在地区民政组设办公室,承办有关知识青年的具体工作。 (《大事记》,第 396 页)

《六盘水市志·劳动和社会保障志》

六盘水市地方志编纂委员会编,贵州人民出版社 2002 年

70 年代末到 80 年代初,按政策招收上山下乡知识青年回城工作。

(第二章《劳动就业》,第 30 页)

第七章　城镇知识青年上山下乡
第一节　管　理　机　构

六盘水地区革命委员会知识青年上山下乡办公室于 1974 年 1 月成立,隶属六盘水地区革委会,业务受贵州省知青办指导。1974 年 5 月 25 日启用"贵州省六盘水地区革命委员会知识青年上山下乡办公室"公章。1981 年全市知青办机构被撤销,其遗留工作交由劳动部门负责处理。

知青办的主要任务是,在中共六盘水地委、地区革委的领导下,负责贯彻执行中央、省委关于知识青年上山下乡的方针、政策及知青工作的法规、条例和指示,安置知识青年上山下乡,检查知青工作中存在的问题和各特区及有关单位知青办事机构的建立与健全情况,指导各特区知青办业务。

根据省发(1973)180 号文件规定,地、州知青办编制人数不少于 10 人,县一级平均 5 人(由地、州根据各县安置任务大小确定),区、社也有一名副书记或区、社长分管上山下乡知识青年工作。地区知青办实际配备 10 人,内设秘书科、组织科、宣传科。

六盘水地区知青办领导人名录

负责人	苟　彬	1974.1—1976.10
主　任	苟　彬	1976.10—1980.12
负责人	李云峰	1974.1—1976.10
副主任	李云峰	1976.10—1980.3

1975 年 7 月 16 日,中共六盘水地委组织部以组字(1975)114 号文任命:翟远斌任六盘水地革委知青办秘书科副科长,胡庆山任六盘水地革委知青办组织科副科长,郭金忠任六盘水地革委知青办宣传科副科长。1976 年 1 月 19 日,中共六盘水地委组织部以组字(1976)16 号文任命,陈庭柱任六盘水地区知青办宣传科副科长。

随着国家政策的调整,1979 年起不再安排城镇知识青年上山下乡,并对原动员下乡的知识青年多渠道地作回城安置,因此市知青办人员逐步调离,至 1980 年底仅有苟彬、翟远斌、毛钝(会计)、任启芸(出纳)、方珍华、马成德 6 人,直至 1981 年知青办撤销时人员全部调离。

1974年3月15日,中共六枝特区委员会以六特发(1974)20号文,决定成立特区知识青年上山下乡工作领导小组,组长高广悦,副组长林传芳、吴天保、周光辉、傅应祥,成员韩守保、杨玉珍、张志德、马家昌、何立忠、蒙金海。领导小组下设办公室,主任由韩守保兼任。办公室工作人员由组织部调配。

　　1974年8月12日,中共盘县特区委员会为了加强对知青工作的领导,需要对知青上山下乡领导小组进一步充实加强,决定由田普雨任组长,赵泽修、谷平任副组长,成员有:陈秀生、刘桐英、武斌、林宪深、王敬岭、王少文、袁世德、周盛嫒、何儒明、班少华、徐忠义、严元德等。1973年10月盘县特区革委知青办成立,主任谷平(1973.10—1980.1),副主任杨兴裕(1977.9—1980.7)、刘振玉(1977.9—1981.1),工作人员严元德、杨灿室、杨承珍、刘仕云、张崇祥、杨孝荣。

　　1974年3月,中共水城特区委员会成立知识青年上山下乡工作领导小组及其办公室,组长王水,副组长周忠诚、余勇、刘沛杰。

　　根据省发(1973)180号文件规定:"大的厂矿和企事业单位,城市的街道办事处,也必须有干部做此项工作。"水城矿务局、六枝矿务局、水城钢铁厂、煤田地勘公司等大的企事业单位均成立在党委领导下的知识青年上山下乡领导小组和革委领导下的知识青年上山下乡办公室,配备了专职工作人员和带队干部,具体抓知识青年上山下乡工作。

第二节　安置概况

　　城镇知识青年上山下乡,是毛泽东主席和中共中央的号召。1955年,毛泽东号召"一切可以到农村中去工作的这样的知识分子,应当高兴地到那里去。农村是一个广阔的天地,在那里是可以大有作为的"。1964年,中共中央、国务院作出"关于动员和组织城市青年参加农村社会主义建设决定(草案)",当时水城县动员城镇首批知识青年7人,到城关区校场公社第5生产队参加生产劳动,两年内发给每人每年生活补助费150元,以后由个人劳动收入解决自己生活。1968年,毛主席根据当时实际,发出"知识青年到农村去接受贫下中农再教育,很有必要"的指示,全国形成了城镇知识青年上山下乡热潮。当时六盘水矿区处于大规模开发时期,加之"文化大革命"的冲击,厂矿企业处于停产半停产状态,虽然部分单位动员知识青年下乡,但全地区没有统一动员知识青年上山下乡。1973年为贯彻执行中央(1973)21号和30号文件(即毛主席给李庆霖同志的复信和转发国务院关于全国知识青年上山下乡工作会议的报告),统筹解决城镇知识青年上山下乡存在的问题,于8月27日至9月8日贵州省召开了全省知识青年上山下乡工作会议,10月中共贵州省委以省发(1973)180号文件转发了省知识青年上山下乡工作会议的报告,并制发了《贵州省知识青年上山下乡若干问题的试行规定(草案)》和《贵州省1973—1980年知识青年上山下乡初步规划》。中共六盘水地委根据中央和省的文件精神,要求各特区、各厂矿企业做好1973年以前历届毕业生的知青的动员安置工作。1974年4月25—27日,地区召开有各特区、矿务局、水钢知识青年领导小组组长、办公室主任、知青会计和财政局同志参加的汇报会议,对全地区第一批知识青年上山下乡动员、安置工作进行了总结,交流了经验,为第二批知识青年上山下乡动员安置工作奠定了基础,中共六盘水地委以地发(1974)36号文件《关于批转"地区知识青年上山下乡工作汇报会议纪要"的通知》,要求各特区、区、公社党委和各厂矿党委遵照执行。是年,全地区下乡知青2 184人,其中六枝矿务局动员、安置了两批(一批249、二批164)青年共413人(男200、女213)去3个知青农场(乌速龙、苗苗青、黄桶)劳动,共有900亩,修建房屋13栋(130间)、计1 170平方米,还配备带队干部12名,安置工作做得比较扎实。地区知青办为推动知青下乡工作,创办了《上山下乡简报》,介绍安置知青工作经验。

1975年初,根据省的安排,由省委、六盘水地委和各特区党委联合组成上山下乡知识青年慰问检查团,分赴各特区进行慰问检查,宣读了中央(75)5号文件和省委致上山下乡知识青年的慰问信,对下乡知青的工作作得好的单位和个人进行表扬鼓励,对出现的问题,通过组织手段逐步得到解决和落实。如1975年6月8日,中共六盘水地委以地发(1975)64号《对盘县特区"关于去年招工中存在问题的请示报告"的批复》,清理退回了1974年8月特区招收中国人民解放军建字41支队的14名干部子女(其中13名是应上山下乡知识青年)安排到盘江矿务局工作的知青,动员他们上山下乡。

1975年5月4—13日贵州省召开全省上山下乡知识青年积极分子代表大会,全地区出席大会代表48人,其中六枝特区20人、盘县特区15人、水城特区13人。代表类别分集体、个人、先进公社、动员单位、带队干部、贫下中农代表、知青家长、回乡知青、个人准备下乡青年等(附名册)。盘县鸡场坪公社坪子大队下乡知识青年王俊保所撰写的《虚心接受再教育,甘当人民勤务员》文章被大会印发典型材料介绍。

6月4—9日,地区召开知识青年上山下乡工作会议,参加会议的有各特区分管知青工作的书记、常委、知青办和有关部门,区、社的负责同志,厂矿分管知青工作的负责同志,带队干部、知青家长、知青代表,地区知青办和地区有关部门的负责同志共170人。6月16日,中共六盘水地委批转了《六盘水地区知识青年上山下乡工作会议纪要》。

1976年1月15日,在六枝特区郎岱区召开地区上山下乡知识青年学大寨经验交流现场会议,制定和落实上山下乡知识青年场、队学大寨的规划,积极动员组织上山下乡知青投入农业学大寨、普及大寨县的运动中去。

8月20日,地区知青办向中共六盘水地委书面报告关于在知青中发生几起案件和重大事故的情况:1—8月中旬,连续发生3起强奸女知青案,一起知青强奸女学生然后杀害女学生案,两起殴打知识青年,一起重大车祸事故,一起知青喝血酒殴打下乡知识青年。这些案件和事故,地委责成有关特区和单位作出切实认真处理。

9月6—12日,召开地区知青工作会议,学习、贯彻执行毛主席于2月12日关于知识青年问题的批示,检查对中央、省委知青工作会议精神的贯彻情况和加强党对知青工作的领导、坚持在多村干革命和今后招工、招生、征兵等问题。

1977年春节期间,根据省的安排,地区和特区组织慰问团慰问下乡知青,向下乡知青赠送书刊学习资料,向伤病知青进行慰问,放映电影等。

1978 年 3 月 30 日,地区知青工作调查组向省知青办报送《关于我区厂矿企业的知识青年安置形式的综合调查报告》,提出:厂矿企业、地方企业、事业、部队、机关等单位,在我区凡有条件办五·七农场的,可作为本单位知识青年劳动锻炼的知青点,应与其他上山下乡知识青年一视同仁,统筹安排。

根据地区知青办统计,1974—1978 年,全地区上山下乡知识青年共 8 657 人。1978 年 10—12 月,中共中央、国务院召开全国知青工作、劳动工作会议,对知识青年上山下乡政策进行了调整,制定了统筹解决知识青年上山下乡工作的方针、政策和措施,下发了中发(1978)74 号文件。贵州省于 1979 年 2 月 16 日至 24 日召开了全省上山下乡知识青年、劳动工作会议,明确提出,从 1979 年起不再动员知识青年上山下乡,要广开就业门路,对城镇知识青年进行统筹安排。1981 年,市知青办撤销,至 1983 年,通过招工、招生、征兵等渠道,全市上山下乡知识青年全部统筹安置完毕。

表 7-1　1975 年 5 月六枝特区出席贵州省上山下乡知识青年
积极分子代表大会代表名录

姓　名	性别	籍　贯	下乡时间	代表类别	所在知青点(场队)(其他代表填工作单位)
鄢国辉	男	贵州麻江	1974.9	集体	六枝特区羊场公社西龙大队第七生产队
王兴建	男	河北	1974.9	集体	六枝特区羊场公社新发大队第一生产队
艾国勇	男	贵州六枝	1974.6	集体	六枝特区高桥公社水车大队上寨生产队
朱黔生	男	江苏	1974.5	集体	六枝特区羊场公社前坡大队第三生产队
张金华	女	河南	1974.9	集体	六枝特区洒志公社纳吉河知青队
卢香凝	女	贵州六枝	1974.9	集体	六枝特区长寨公社雨洗生产队
宋依幸	女	上海	1969.4	集体	六枝特区毛口公社旧院生产队
帅毓新	男	贵州安顺	1974.6	个人	六枝特区陇脚公社新田大队新上生产队
孔　俊	男	山东	1974.12	个人	六枝特区郎岱公社反修大队知青队
郭开东	男	贵州六枝	1974.5	个人	六枝特区郎岱公社小禹王大队第三生产队
钟守芬	女	四川	1974.12	个人	六枝特区堕却公社郎节坝知青队
王立群	女	黑龙江	1974.9	个人	六枝特区木岗公社知青农场
黄良国	女	江西	1974.11	个人	六枝特区木岗公社知青农场
杨金琼	女	贵州普定	1974.11	个人	六枝特区六枝公社六枝大队十小队
刘顺美	女	贵州六枝	1974.8	回乡知青个人	六枝特区大用公社湾寨大队第五生产队
张西文	男	河北		带队干部	六枝特区洒志农场
刘显超	男	贵州		工人代表	六枝特区六十五工程处知青农场班长
帅昌祥	男	贵州		下乡家长	六枝特区郎岱医院负责人
茆时文	男	贵州六枝		代表单位	六枝特区邮电局政工股长
熊　鹰	女	贵州		个人准备下乡	六枝特区一中学生

表 7-2　1975 年 5 月盘县特区出席贵州省上山下乡知识青年
积极分子代表大会代表名录

姓　名	性别	籍　贯	下乡时间	代表类别	所在知青点（场队） （其他代表填工作单位）
鄢忠文	男	贵州盘县	1974.9	集体	盘县特区板桥公社胜光大队三队
林　波	男	河南	1974.4	集体	盘县特区土城公社东风大队八队
王建军	女	江西	1974.8	集体	盘县特区五一公社红岩大队二队
刘蕴章	男	山东	1974.9	集体	盘县特区洒基公社迤民大队六队
姜献旗	男	云南	1974.5	集体	盘县特区塘山公社红中大队五队
田　琼	女	河南	1974.9	集体	盘县特区板桥公社龙洞大队七队
刘全甫	男	贵州盘县	1974.11	个人	盘县特区鱼塘公社社办林场
王俊保	男	山西	1974.4	个人	盘县特区鸡场坪公社坪子大队六队
张兴建	男	贵州盘县	1974.5	个人	盘县特区刘官屯公社平蒿地大队三队
张安兰	女	四川重庆	1969.1	个人（转点）	盘县物区鸡场坪公社歹马大队店子一队
许惠英	女	山东	1974.9	个人	盘县特区鸡场坪区塘山公社梅山二队
贺继芳	男	贵州盘县		先进公社集体	盘县特区鸡场坪公社党委副书记
陆学阳	男	贵州盘县		先进团支部	盘县特区鸡场坪公社歹马大队团支委
朱庆喜	男	贵州盘县		贫下中农代表	盘县特区土城公社立新大队五队
施明龙	男	贵州盘县	1972.8	回乡知青代表	盘县特区司家寨公社大河大队十队

表 7-3　1975 年 5 月水城特区出席贵州省上山下乡知识青年
积极分子代表大会代表名录

姓　名	性别	籍　贯	下乡时间	代表类别	所在知青点（场队） （其他代表填工作单位）
孙志强	男	河北	1974.2	个人	水城特区双戛公社梅花山知青点
周文华	男	贵州金沙	1974.8	个人	水城特区白腻公社知青队
葛祥林	男	江苏	1974.8	个人	水城特区以朵公社以朵知青队
陈放鸣	男	山东	1974.8	个人	水城特区龙场公社知青点
陈鲁黔	男	山东	1974.5	个人	水城特区冷坝公社勘二队知青点
杨义静	女	山东	1974.7	个人	水城特区杨梅公社永城水泥厂知青点
颜　丽	女	辽宁	1974.8	个人	水城特区以朵公社知青点
任德英	女	贵州水城	1974.8	个人	水城特区万全公社知青队
龚　银	女	湖南	1974.5	个人	水城特区杨梅水城发电厂知青点
陈学吉	男	贵州水城	1974.8	回乡知青	水城特区凤凰公社土桥大队一队
向克臣	男			家长代表	水城铁厂行政科
龚兴化	男			代表团支部	水城一中高中团支书
卓晓红	女	福建	1974.9	个人	水城特区杨梅知青点

第三节　下乡人数与分布

1965—1968年,水城钢铁厂在以朵、双水,冶金勘二队在冷坝,水城铁厂在万全,水城冶炼厂在白腻等地,陆续创办6个知青点,安置下乡知青995人。

1970年六枝特区安置下乡知青600人(男307、女293),分布在4个区的公社、镇,其中中寨区200人,新场区185人,落别区113人,堕却区102人。

1970年盘县特区安置外地下乡知青20人(男14、女6),分布在5个知青点。

1971年六枝特区共安置下乡知青744人(男357、女387),其中上海知青351人。

1971年盘县特区安置下乡知青136人(男88、女48人)。

1972年六枝特区共安置下乡知青880人(男408、女472),其中上海知青360人。

1972年盘县特区安置下乡知青130人(男84、女46)。

1973年六枝特区共安置下乡知青891人(男437、女454),其中上海知青357人。

1973年盘县特区安置下乡知青65人(男43、女22),分布在4个知青点。

六盘水地区1974年—1975年6月下乡知青分布情况:

全地区于1974年4月开始至1975年6月25日止共下乡知识青年2335人,其中1975年1—6月25日,下乡知识青年129人。2335名知识青年分布在29个区,66个公社。

一、六枝特区1974年—1975年6月,下乡知青为1006人,其中1975年1~6月21人。分布在8个区,19个公社。

(一)插队285人,分布在7个区16个公社。

1. 郎岱区107人,分布在3个公社,6个大队,26个生产队,郎岱公社46人;陇脚公社57人;归宗公社4人,其中1人为1975年下乡的。

2. 落别区6人,其中1975年1—6月2人,分布在4个公社。

3. 六枝区6人,分布在3个公社。云盘公社1人;六枝公社1人;大用公社4人。

4. 中寨区4人,分布在中寨公社。

5. 岩脚区160人,分布在3个公社。羊场公社136人,其中1975年1~6月13人;高桥公社23人,岩脚公社1人。

6. 新场区1人,分布在1个公社。

7. 新华区1人,分布在1个公社。

(二)知青队3个,场1个,701人,分布在3个公社。

1. 木岗公社知青农场535人(已抽调136人)。

2. 郎岱公社知青队39人。

3. 洒志公社纳吉河知青年队37人。

4. 堕却公社知青队90人,其中1975年1~6月4人。

(三)下外县19人。

(四)下外省1人。

二、盘县特区 1974 年—1975 年 6 月 25 日，下乡知青为 418 人，其中 1975 年 1～6 月 2 人。分布在 9 个区，11 个公社，21 个大队，84 个生产队。

（一）鸡场坪区 169 人，分布在两个公社，6 个大队，34 个生产队。

鸡场坪公社 90 人，其中：坪子大队 51 人，新村大队 26 人，歹马大队 13 人（歹马大队今年增加两名知青，即 15 人）。

塘山公社 79 人，其中：红卫大队 25 人，红中大队 25 人，红湖大队 29 人。

（二）盘关区 97 人，分布在两个公社，6 个大队，18 个生产队。

土城公社 61 人，其中：东风大队 40 人，立新大队 10 人，太阳大队 11 人。

五·一公社 36 人，其中：红岩大队 6 人，长征大队 15 人，"五·一"大队 6 人。

（三）水塘区 65 人，分布在板桥公社，两个大队，13 个生产队。

板桥公社 65 人（板桥公社今年增加 1 名知青，66 人），其中：龙洞大队 46 人，胜光大队 19 人。

（四）坪地区 60 人，分布在洒基公社，两个大队，12 个生产队，洒基公社 60 人，其中：亦民大队 45 人，半坡大队 15 人。

（五）刘官区 11 人，分布在刘官公社，好地大队，两个生产队。

（六）西冲区 2 人，分布在大屯公社，大平大队。

忠义区 1 人，分布在忠义公社；亦资区 1 人，分布在亦资公社。

（七）老厂区 9 人，分布在鱼塘公社林场。

三、水城特区 1974 年—1975 年 6 月 25 日，下乡知青为 911 人，其中 1975 年 1—6 月，下乡知青为 106 人。

（一）插队人数为 132 人，其中 1975 年 1—6 月 75 人，分布在 28 个公社，一个镇。

1. 城关 5 人（在城关新生、中山两个大队）。

2. 城关区 32 名，分布在 4 个公社。德坞公社 2 人，校场公社 5 人，麒麟公社 13 人，凤凰公社 12 人。

3. 滥坝区 25 人，分布在 5 个公社。尖山公社 3 人，茨冲公社 2 人，双水公社 2 人，以朵公社 1 人，白腻公社 17 人。

4. 比德区 1 人，分布在 1 个公社（牛场公社）。

5. 南开区 8 人，分布在 3 个公社。保华公社 4 人，南开公社 3 人，金盆公社 1 人。

6. 大河区 11 人，分布在 3 个公社。以德公社 5 人，二塘公社 5 人，艺奇公社 1 人。

7. 玉舍区 21 人，分布在两个公社。勺米公社 6 人，玉舍公社 15 人。

8. 发耳区 2 人，分布在两个公社。鸡场公社 1 人，发耳公社 1 人。

9. 杨梅区 2 人，分布在 1 个公社（野钟公社）。

10. 米萝区 22 人，分布在 4 个公社。盐井公社 3 人，仲河公社 6 人，马场公社 1 人，阿戛公社 1 人。

11. 蟠龙区 3 人,分布在 3 个公社。蟠龙公社 1 人,圹上公社 1 人,猴场公社 1 人。

(二)集体知青队 10 个,776 人(其中 1975 年 1—6 月 31 人)。

1. 以朵公社知青大队 350 人。

2. 万全公社木桥知青队 82 人(其中 1975 年 1—6 月 12 人)。

3. 冷坝公社知青队 68 人。

4. 白腻公社知青队 90 人(其中 1975 年 1—6 月 2 人)。

5. 双戛公社梅花山知青队 53 人(地区机关职工子女,1978 年底,知青有 130 人,带队干部有石昌虹等)。

6. 纸厂公社知青队 33 人(其中 1975 年 1—6 月 1 人)。

7. 发耳公社知青队 40 人(其中 1975 年 1—6 月 10 人)。

8. 湾子公社知青队 23 人(其中 1975 年 1—6 月 5 人)。

9. 杨梅公社知青队 28 人。

10. 龙场公社知青队 9 人(其中 1975 年 1—6 月 1 人)。

安置省外 3 人。

四、老知青(1972 年及其以前下乡)128 人:六枝特区 72 人,盘县特区 33 人,水城特区 23 人。

全地区新老知青总人数为 2 463 人。

注:新老知青分布在 3 个特区、29 个区、66 个公社。不包括去外省、外县的 23 人。

1974 年,全地区下乡人数 2 184 人,是年调离 16 人(招生)。

1975 年,全地区下乡人数 2 119 人,是年调离 616 人(招生 37、招工 572、死亡 1、其他 6)。

1976 年,全地区下乡人数 1 666 人,是年调离 749 人(招生 30、征兵 136、招工 548、死亡 6、其他 29)。

1977 年,全地区下乡人数 2 195 人,是年调离 1 249 人(招生 70、征兵 21、招工 1 118、死亡 3、其他 37)。

1978 年,全地区下乡人数 493 人,是年调离 3 175 人(招生 394、征兵 168、招工 2 591、死亡 3、其他 19)。

1979 年,全地区停止动员知识青年上山下乡,是年调离 1 676 人(招生 106、征兵 67、招工 1 492、其他 11)。

1974—1979 年,全地区共动员下乡人数 8 657 人,共调离 7 481(招生 653、征兵 392、招工 6 321、死亡 13、其他 102)。

据 1979 年年报统计,年底在农村的上山下乡知识青年人数 1 383 人,其中:在集体所有制知青场、队 876 人,集体插队 484 人,回老家(包括分散插队)14 人,国营农、林、牧、渔场 9 人。

从 1970 年开始,在上山下乡年限较长的知青中,推荐表现好者优先安排工作或参军、升学。1974年,省规定可在上山下乡两年以上知青中,经考试择优招工、招干、招生。以后每年均有一批下乡知青得到回城安置。1979年停止动员知识青年上山下乡,并逐年解决尚在农村知青的安置就业问题,其政策和条件也逐步放宽,至1983年,下乡知青全部安置完毕。

表 7-4 1974 年六盘水地区城镇知识青年上山下乡基本情况年报表

一、本年安置人数	2 184	四、本年发生破坏知青上山下乡案件数	1
1. 本届高初中毕业生数	921		
2. 历届高初中毕业生数	1 262	五、下乡知青本年非正常死亡人数	1
3. 插队	730	六、上山下乡知青住房情况	
4. 回乡	2	1. 本年国家实际供应木材	549.2 立方米
5. 集体所有制场、队	1 451	2. 本年新建住房间数	503
合计中:从外省、市接收人数	1	折合平方米	7 826
二、本年调离农村的知青人数	16	3. 购买、改建旧房抵顶间数	43
1. 招生	16	4. 年底尚未建房的人数	517
三、年底在农村实有知青人数	2 326	七、下年度上山下乡计划	2 920
其中:已婚人数	24	1. 城镇中学应届毕业生数	4 204
上海知青人数	22	2. 计划上山下乡人数	2 620
共青团员人数	583	其中:历届毕业生应走未走人数	1 746
参加各级领导班子	63		

表 7-5 1976 年六盘水地区知识青年上山下乡动员、安置情况年报表

项　　目	合计	其　中:		
		六枝	盘县	水城
一、上年底累计在农村实有上山下乡知青人数	3 849	1 262	936	1 651
二、本年实际动员下乡人数合计	1 668	578	221	869
其中:去外省人数	3	2	1	
去外地、州、市人数				
去本地区内县外人数				
三、本年实际安置人数合计	1 666	577	220	869
其中:1. 应届高初中毕业人数	1 007	188	19	800
2. 从外省接收的人数				
3. 从省内本地区外接收的人数	1	1		
4. 从本地区内本县外接收的人数				
在实际安置人数中:1. 插队人数	182	20	30	132

项　　目	合计	其　中：		
		六枝	盘县	水城
2.回乡人数	12	11	1	
3.集体所有制场队人数	1 472	546	189	737
4.国营农场人数				
四、本年调离农村的上山下乡知识青年人数	749	268	137	344
1.招生	30			30
2.征兵	136	50	26	60
3.招工	548	206	92	250
4.提拔国家干部				
5.死亡	6	2		4
其中:非正常死亡	4	1		3
6.本年内转点去省外人数	12	8	4	
7.其他	17	2	15	
五、本年底累计在农村实有上山下乡知青人数	4 766	1 571	1 019	2 176
1.插队	1 224	327	665	232
2.回乡	82	70	12	
3.集体所有制知青场(队)个数	58	21	10	27
安置人数	3 460	1 174	342	1 944
4.国营农、林、牧、渔、茶场安置人数				
六、在年底累计中: 1.已婚人数	25	9	1	15
其中:国营农场已婚人数				
2.下乡满两年以上的人数	944	127	240	577
3.上海知青人数	9	7		2
4.本年内从外省转入人数	21		1	20
5.疏散下放转为知青人数	10	3	6	1
七、在年底累计中: 1.共产党员	16	5	5	6
2.共青团员	1 179	486	143	550
3.参加各级领导班子人数	310	85	115	110
八、本年发生破坏知青下乡案件数	21	4	4	13
其中:已处理件数	12	2	3	7
九、上山下乡知青住房情况				
1.上年末已建房人数	1 516	700	516	300

项　目		合计	其中:		
			六枝	盘县	水城
2. 上年末未建房人数		2 127	562	544	1 021
3. 本年新建住房间数		395	295	60	40
合平方米		8 354	4 874	1 680	1 800
4. 年底尚未建房人数		1 885	350	334	1 201
5. 本年内国家实际供应木材数(立方米)		617	205	192	220
十、安置有知青的社、队个数和知青点	1. 公社个数	100	30	32	38
	2. 大队个数	163	70	41	52
	3. 生产队个数	353	101	182	70
	4. 五人以上的插队知青点个数	180	35	130	15
	人数	4 319	1 501	665	2 153
	5. 一人在一个生产队的个数	69	41	5	23

说明:六枝,1975年实际1 262人,因誊写时错写成1 269人。

　　盘县,1975年报935人,实际是936人,因当时从外地转来1人未报。

　　水城,对照花名册统计。

表 7-6　1977 年六盘水地区知识青年上山下乡动员、安置情况年报表

项　目	合计	其　中:		
		六枝	盘县	水城
一、上年底累计在农村实有上山下乡知青人数	4 766	1 571	1 019	2 176
二、本年实际动员下乡人数合计	2 176	738	661	777
其中:去外省人数	5	3		2
去外地、州、市人数				
去本地区内县外人数				
三、本年实际安置人数合计	2 195	735	661	799
其中:1. 应届高初中毕业人数	1 401	501		900
2. 从外省接收的人数	9		9	
3. 从省内本地区外接收的人数	15			15
4. 从本地区内本县外接收的人数				
在实际安置人数中:1. 插队人数	265	120	26	119
2. 回乡人数	19	16	3	
3. 集体所有制场队人数	1 587	519	623	445
4. 国营农场人数	249	80	9	160

项 目	合计	其 中：		
		六枝	盘县	水城
四、本年调离农村的上山下乡知识青年人数	1 249	389	408	452
1. 招生	70	12	58	
2. 征兵	21	14	7	
3. 招工	1 118	363	309	446
4. 提拔国家干部				
5. 死亡	3		1	2
其中：非正常死亡	3		1	2
6. 本年内转点去省外人数	2			2
7. 其他	35		33	2
五、本年底累计在农村实有上山下乡知青人数	5 681	1 917	1 272	2 492
1. 插队	845	242	353	250
2. 回乡	89	86	3	
3. 集体所有制知青场(队)个数	74	25	21	28
安置人数	4 478	1 509	907	2 062
4. 国营农、林、牧、渔、茶场安置人数	249	80	9	160
六、在年底累计中： 1. 已婚人数	20	4	6	10
其中：国营农场已婚人数	5			5
2. 下乡满两年以上的人数	1 932	1 154	428	350
3. 上海知青人数	3	2		1
4. 本年内从外省转入人数	20	9	2	9
5. 疏散下放转为知青人数	5		4	1
七、在年底累计中： 1. 共产党员	14	7	1	6
2. 共青团员	1 132	372	260	500
3. 参加各级领导班子人数	268	78	130	60
八、本年发生破坏知青下乡案件数	5	2		3
其中：已处理件数	4	1		3
九、上山下乡知青住房情况				
1. 上年末已建房人数	1 600	500	600	500
2. 上年末未建房人数	1 296	77	419	800

项　　目		合计	其　中：		
			六枝	盘县	水城
3. 本年新建住房间数		213	128	80	5
合平方米		5 386	2 846	2 100	440
4. 年底尚未建房人数		1 495	315	680	500
5. 本年内国家实际供应木材数（立方米）		700	300		400
十、安置有知青的社、队个数和知青点	1. 公社个数	117	30	42	45
	2. 大队个数	183	63	54	66
	3. 生产队个数	401	81	80	240
	4. 五人以上的插队知青点个数	87	29	50	8
	人数	446	156	250	40
	5. 一人在一个生产队的个数	64	24	25	15

注：下乡满两年以上人数中满三年以上的 808 人。

表 7-7　1978 年六盘水地区知识青年上山下乡动员、安置情况年报表

项　　目	合计	其　中：		
		六枝	盘县	水城
上年底累计在农村实有上山下乡人数	5 662	1 926	1 278	2 458
本年实际动员下乡人数合计	494	9	9	476
其中：去外省人数	1	1		
本年实际安置人数	493	8	9	476
其中：1. 应届毕业生	200		9	191
2. 从外省接收人数				
在实际安置人数中				
1. 插队	146			146
2. 回乡				
3. 集体场队	347	8	9	330
4. 国营农林场				
5. "五七"农场				
本年调离农村的上山下乡人数	3 175	934	696	1 545
1. 招生	394	122	62	210
2. 征兵	168	62	78	28
3. 招工	2 591	737	554	1 300

项　　目	合计	其　中：		
		六枝	盘县	水城
4. 提拔国家干部				
5. 死亡	3	1		2
其中:非正常死亡				
6. 病退	2	2		
7. 困退	3	3		
8. 其他(包括转点去外省等)	14	7	2	5
本年底累计在农村实有知青人数	3 075	1 017	591	1 467
1. 插队	483	89	63	331
2. 回乡	23	23		
3. 集体场队个数	74	25	20	29
集体场队人数	2 544	889	519	1 136
4. 国营农场人数	9		9	
5. "五七"农场个数/人数				
本年底累计中:				
1. 已婚人数	19	5	3	11
其中:国营农场已婚人数				
2. 下乡满二年以上人数	774	227	97	450
3. 下乡满三年以上人数	236	4	82	150
4. 1972 年前下乡的在乡知青人数	9		2	7
其中:国营农场				
5. 上海知青人数				
6. 共产党员人数		5		6
7. 共青团员人数		219		400
8. 参加各级领导班子人数		131		1
本年发生破坏知青下乡案件数				3
其中:已处理件数		2		
上山下乡知青住房情况				
1. 上年末已建房人数		500		
2. 上年末未建房人数		77		
3. 本年新建住房间数		25		30

项　目	合计	其　中：		
		六枝	盘县	水城
本年新建住房合平方米数		400		578
4. 本年底尚未建房人数		27		
5. 本年内国家实际供应木材数(立方米)		49		50
安置知识青年的社队和知青点				
1. 公社个数		30		43
2. 大队个数		63		72
3. 生产队个数		81		210
4. 五人以上插队青年点个数		29		10
五人以上插队青年人数		35		60
5. 一人在一个生产队的个数		11		10
年内从外省转点人数		17		78

表 7-8　1979 年六盘水市城镇知识青年上山下乡动员、安置基本情况年报表

项　目	数　量
一、本年安置人数	
1. 集体所有制知青场、队	
2. 农副业生产基地	
3. 集体所有制农工商联合企业	
4. 集体插队	
5. 国营农、林、牧、渔场	
以上各项中:独立核算的知青场、队人数	
从外省、市、自治区接收的人数	
二、本年安置到外省、市、自治区的人数	
三、本年调离农村的上山下乡知识青年人数	1 676
1. 招生	106
2. 征兵	67
3. 招工	1 492
4. 知青随场、队就地转为集体所有制职工	
5. 提拔国家干部	3
6. 其他	8

项　　目	数　量
四、年底在农村的上山下乡知识青年人数	1 383
1. 集体所有制知青场、队	876
2. 农副业生产基地	
3. 集体所有制农工商联合企业	
4. 集体插队	484
5. 回老家（包括分散插队）	14
6. 国营农、林、牧、渔场	9
以上各项中：独立核算的知青场、队的人数	699
五、年底在农村的上山下乡知识青年安置形式中：	
1. 集体所有制知青场、队数	49
其中：独立核算的知青场、队数	49
2. 农副业基地数	
其中：独立核算的知青场、队数	
3. 集体所有制农工商联合企业	
4. 集体插队青年点数	34
六、年底在农村的上山下乡知识青年中已婚人数	5
其中：国营农、林、牧、渔场已婚人数	
七、年底在农村的上山下乡知识青年中：	
1. 共产党员数	8
2. 共青团员数	314
3. 参加各级领导班子人数	80
八、年底在农村的带队干部人数	65
九、上山下乡知识青年住房情况	
1. 本年国家实际供应木材数（立方米）	
2. 本年新建房屋间数	
合平方米数	
3. 年底尚未建房的人数	
4. 本年变价处理房屋间数	
5. 历年累计建房现有间数	1 307
其中：闲置房屋间数	702

项　目	数　量
十、本年发生破坏知识青年上山下乡案件件数	1
其中:已处理件数	
十一、本年上山下乡知识青年死亡人数	2
其中:非正常死亡人数	2
十二、下年度上山下乡计划	
1. 列入上山下乡范围的市、县数	
其中:县数	
2. 列入上山下乡范围的市、县中学毕业生人数	
3. 计划上山下乡人数	
其中:往届毕业生人数	
十三、上年末在乡人数	3 059

附:

盘江矿务局林场情况

　　林场地处盘县瓦厂,位于断江乡和两河乡之间,东距盘县县城 18 公里,北距矿务局机关 15 公里,盘水公路经过林场。周围山势起伏,层峦叠嶂,海拔高度 1 800—2 000 米,年平均气温 20 ℃左右,适宜种植杉木,是较好的杉木林发展基地。

　　1975 年 4 月,局筹建知青林场,于是年 11 月在瓦厂正式建立。当时,为了响应毛主席"知识青年上山下乡"的号召,局党委决定将全局知识青年 400 余人全部上山,开荒种地,植树造林。1975 年 12 月 6 日,局第一批 176 名知识青年奔赴林场,成为上山下乡的先头部队。

　　为了加强林场的管理,当时抽调干部 12 名、工人 7 名带队,组成场部和 4 个连队。场长徐丕模,书记田永年,副书记温凌珠。林场机关有负责生产、人事、组织、宣传、财务、生活、卫生、办公室等工作的干部,下设 4 个连队,一连连长张显富,指导员刘成超,由老屋基矿、局机关、汽修厂、总机厂、水泥厂、老屋基选煤厂的知青组成,主要负责开荒、造林;二连连长李明更,由火烧铺矿和火烧铺选煤厂的知青组成,主要负责开荒、造林;三连连长罗庆祥,指导员甘茂均,由月亮田矿、山脚树矿的知青组成,主要负责烧砖;四连连长孙连长,由 72 工程处知青组成,主要负责林场的房屋修建和修缮工作。

　　到 1978 年,林场征购荒山荒地 3 000 亩,营造坑林场 200 余亩,果木林 15 亩;建成砖厂 1 座(年产 7 万块),修建房屋 250 平方米,修挡土墙 380 平方米,盖猪圈两座;开荒地 500 余亩,年产土豆 10—12 万斤;产包谷 5 000 余斤,荞麦 3 000 余斤;养猪 50 余头,养牛 26 头,养鸡 2 000 余只。另外,林场还辟有安葬因工死亡和病故职工家属的陵园。

由于知青招工优先,林场人员逐渐减少,最后一批职工子弟进入局供应处办的更新厂,最后一批职工子女转入老屋基、火烧铺两个选煤厂当临时工(后转成正式工),知青全部安排完毕。林场也移交给老屋基矿作为坑木林基地,砖厂移交给建安处,林场于1979年4月撤销。

附:

六枝特区洒志公社纳吉河知青队情况

1974年9月17日,洒志农场37名知识青年,纷纷退出了场里分配的各种临时工,与洒志公社挂钩,在3名带队干部和两名贫下中农代表的带领下,来到洒志公社纳吉河集体安家落户,建立了知青队。

纳吉河知青队有知青48人,其中1974年下乡的有1人,1976年下乡的有38人,1977年下乡的有9人;有贫下中农代表1人,带队干部2人。耕地面积93亩,其中田26亩,开荒地67亩。耕牛4头,猪2头。

1975年,纳吉河知青队团结战斗,艰苦创业,夺得了下乡第一年的胜利。达到一年建队,第二年基本自给,粮食总产2.2万斤,除完成公余粮2591斤,储备粮1160斤,种子1100斤外,每人平均有口粮488斤;油料作物总产2147斤,除留种外,每人有油15斤,蔬菜自给有余,并支援其他单位,分配结果,每个知青都进了钱,最高分得47.46元,最低分得11.95元。

正当广大知青全力投入农业学大寨、普及大寨县运动之际,洒志农场党委根据上级的要求,作出了招农工的决定。1976年6月,37名知识青年,除了3名继续留在知青队外,全部回场当了农工。纳吉河知青队就由洒志公社接管了。

1976年9月,中共郎岱区委组织了44名城镇社会知识青年,选派了两名带队干部和一名贫下中农代表,又来到洒志公社纳吉河知青队,巩固和发展这个知青队。这样,44名新知青,加上3名老知青,共47名知识青年,在贫下中农和带队干部的带领下,又继续战斗在纳吉河畔了。在人少地多,生产条件差,自然灾害严重的情况下,发扬了老知青自力更生,艰苦奋斗的光荣传统,与天斗,与地斗,克服重重困难,除了6亩受灾田地无收成,粮食仍然夺得较好收成。全年粮食总产2.2万斤,油料作物2552斤,现金收入925元,今年除了上交公余粮、留足种子和饲料外,明年粮、油、肉、菜基本自给。

纳吉河荆棘丛生,田土瘦薄,过去是个有名的"屙屎不生蛆"的地方。这里人烟稀少,四周都是大山,交通不便。新知青刚来时,耕牛、农具、肥料、种子都缺乏,摆在面前的只是原老知青留下的几间草房,几个囤箩,几样炊具,一座木桥和河对岸的一栋瓦房外,其它一无所有。要搞好秋收秋种,为夺取下步粮食丰收,是有很多困难的。大家以大寨人艰苦奋斗的精神为榜样,向老知青学习,向贫下中农代表请教,没有牛犁田,用锄头挖,没有肥料,铲土皮,烧火灰,拣牛粪,大家争先恐后,你追我赶,发扬了延安革命青年当年在毛主席的领导下,开展生产大运动的作风,不少青年手上打起了血泡,不吭声,用手帕包着又继续干,衣服湿透了也来不及擦一下,有的挑肥料把肩膀压肿了,仍然坚持轻伤不下火线。就是这样,在带队干部和贫下中农的带领下,我们一锄锄,一行行,起早摸黑,大干苦干,用 7 天时间,按季节完成了 40 亩小麦、油菜的种植任务。

小麦油菜种下去后,我们又加强了田间管理,普遍进行二薅两追,禾苗长势很好,今年夏季丰收,收小麦 3 500 多斤,比 1975 年增产了两成以上。油菜 455 斤,换油 129.5 斤。为夺取全年粮食丰收作出了贡献。

收了小麦,又投入抢种。知青队买了两头牛,不会犁怎么办? 我们就请贫下中农代表教,刻苦地练,现在大多数的男知青都学会了犁牛。为了施足底肥,多打粮食,利用休息时间每人要拣牛粪 500 斤,共青团员班长杨文芬,在拣粪中不怕脏不怕臭,用手捧牛粪,一个人就完成了 1 000 多斤,她带领的这个女知青班,个子小,干劲大,从来不示弱,不管干啥都很齐心,行动一致,接受任务不讲价钱,爱护集体,遵守纪律,劳动积极,任劳任怨,深受贫下中农代表、带队干部和知青们的好评。在插秧战斗中,她们不管是赤日炎炎的晴天,还是阴雨连绵的雨天,起早贪黑,出大力、流大汗,扯秧、挑秧、栽秧都同男知青竞赛,还比思想、比干劲、比完成任务好,真正起到半边天的作用。有的女知青挑着 120 多斤重的担子来往过河根本不成问题,许多男知青非常佩服。

今年我们的大季作物长势喜人,禾苗绿油油的一片,看来又是一个丰收年。正当包谷抽穗,水稻拔节时,一场山洪暴发了,大坝冲垮,木桥冲翻,沿河两岸的庄稼冲个精光,洪水带来的浪渣打进田里,堆起了一个个的小山包。桥冲翻,路切断,吃饭、学习、生产造成了很大的困难,看着被水冲走的禾苗,我们心里比刀割还难受。在自然灾害面前,是退? 是进? 大寨人说得好:"天大旱,人大干,困难面前不低头,灾害之年夺高产!"多豪迈的语言啊! 我们决心向大寨人学习,同自然灾害斗,扶苗补秧,把受灾的损失夺回来。首先,我们在一块块田里清除浪渣,扶起被压的秧苗,然后在被水冲的地里补种其它作物。刚补上,水又冲了。一次又一次,我们不灰心,不气馁,坚决与洪水作斗争。为了解决河对岸知青的吃饭,我们用塑料袋把饭装好,一袋袋的甩过去,有时水太大,饭甩不过去,对岸的知青只好用菜、洋芋当饭吃。河水稍一下降,大家互相关心,男女知青一个拉一个,又过河来学习和劳动,每天往返两次,天天如此,知青们不叫苦,不后退,苦战实战,克服重重困难,今年除了 6 亩受灾田地无法挽救外,粮食又获得了丰收。

1976 年以来,我们开展科学种田。采取小麦移栽,每亩收小麦 600 斤。普遍推广拉绳插秧,并引进外地包谷良种进行试验,都获得了成功。

(1978 年 10 月 21 日)

第四节　政　策　规　定

根据中央和省制定的知识青年上山下乡安置政策和试行规定,本节作简要记述。

一、上山下乡范围

城镇中学毕业生的分配,以上山下乡为主,除根据有关规定和国家计划直接升学和不动员下乡的几种人之外,其余凡年满 17 周岁的,都动员上山下乡。病残不能参加农业劳动的,独生子女,多子女身边只有一个子女的,中国籍的外国人子女,都不动员下乡。归侨学生下乡的,主要安排到华侨农场。矿山井下、野外勘探、森林采伐等行业补充减员或按国家计划增加工人时,可由退休的职工子女顶替,或者从本单位职工的子女中招收。

二、经 费

以前下乡插队的青年,凡是生活不能自给或者住房没有解决的,要抓紧解决。

生活不能自给的,按每人补助 100 元的标准,由县统一掌握,合理补助。生产队根据青年困难大小,提出补助数量,由公社审核后报县批准。

没有建房的,每人补助 200 元。房屋破漏、需维修的,采取社队扶持、群众帮助的办法进行解决。建房应与适当集中的建立青年点或青年队的规划结合起来。

生活补助和建房所需费用,由县列名造册,提出预算。应当先用国家过去拨付的经费,不足部分由地区汇总报省审核拨款。

从 1973 年起,城镇知识青年回农村老家落户,到农村插队和建立集体所有制场(队)的,每人补助 480 元。

到国营农、林、牧、茶场的,每人补助 400 元。

跨省回农村老家落户的,本省只开支旅运费,其他补助费由接收地区开支。

按每人补助 480 元的新标准,分项使用:

(1)建房补助费 200 元。主要用于木材、砖瓦等基本材料开支。给每个青年建房 8 至 10 平方米。给每个青年点建 1 间厨房、一个猪圈。建房要从长远着眼,保证质量,坚固耐用。要实行因地制宜,群众帮助,社队扶持。

(2)生活补助费,平均每人 200 元。主要用于购买吃、穿、用等生活必需品。经济条件好的社队可少补助,经济条件差的社队可多补助。由县委根据插队青年所在队的情况,制定不同的标准。经济条件好的队不得少于 180 元,差的队不得超过 220 元。可以分三年补助:头一年 120 元,后两年由县委分别情况确定补助数额。

(3)农具、家具、学习、医疗、旅运和其他补助费共 80 元。其中农具、家具补助费 40 元,由公社掌握,购置主要的、急需的农具和家具;学习材料费 10 元,由县掌握,给每个青年点订 1 份报纸、一两种杂志、一套《青年丛书》;医疗补助费 10 元,由县掌握,主要用于青年点卫生员购买药品;旅运费 5 元,由地、州市掌握,主要用于各地、州、市所在地的青年跨地区、跨县下乡落户;其他费用 15 元,由省掌握,用于下乡青年的特殊开支。

下乡青年离开社队的,原来国家给他们所建的房屋,应留给新下乡的青年使用,并抵顶有关经费;原来国家给他们购置的家具、农具,青年本人不得带走、变卖或送人。暂不安排知识青年去的社队,青年的房屋社队可以使用,并负责维修,任何人不得占用和变卖。

对上述各项经费开支,要加强管理,专款专用,建立健全制度。对于过去的经费,要认真进行清理。尚未用完的,抵作新下乡青年的经费;贪污挪用的,要坚决退回,情节严重的要给予必要的处分。

三、口　粮

下乡青年的口粮,头一年,按每人每月 40 斤贸易粮、4 两食油的标准,由国家统销供应。

参加集体分配以后,既要体现按劳分配的原则,又要给以必要的照顾。正常出勤的,应不低于当地单身整劳力的实际吃粮水平。所在社队口粮水平过低、每人每月达不到 36 斤贸易粮的,由国家供应补足到 36 斤。

集体所有制的青年场(队),要尽快做到粮食自给。不仅农场,林、牧、茶场也要生产粮食,争取口粮自给,不能自给的,由社队调剂解决。社队口粮水平过低的,由国家供应补足到每人每月 36 斤贸易粮。

到国营农、林、牧、茶场的知识青年,他们的口粮由场安排解决。解决不了的,也按上述标准由国家供应。

下乡青年经批准到外地探亲和治病所需的粮票,当地粮食部门应保证兑换。

四、卫 生 医 疗

要注意办好社队的合作医疗。县区医疗卫生部门要根据每个青年点(队、场)的人数,培训适量的赤脚医生和卫生员。

要对下乡知识青年进行卫生教育。要提倡晚婚和计划生育。在安排劳动的时候,要特别照顾女知识青年的生理特点,例假期间,不要安排重活和下水。

有地方病的社队,当地卫生部门要采取有效措施,积极防治。所需药品,要保证供应。

重病、重伤的下乡知识青年,经县(场)级领导机关批准,持当地医院的转诊证明,按照卫生部门有关规定转诊转院。医疗费用本人负担不了的,应和贫下中农一样,按有关规定实行减免。下乡青年探亲期间,可以持探亲证明到所在的城镇医院治病。

五、其 他

要分给插队青年和社员同等数量、质量的自留地和饲料地。

对下乡知识青年,要和当地社员同工同酬,要实行男女同工同酬,做到分配兑现。不得以任何借口克扣他们的劳动工分和应分配的粮款。

下乡知识青年建房所需木材等建筑物资,社、队要就地取材、就近调剂,当地确实解决不了的,由县知识青年上山下乡办公室提出意见,纳入国家计划,有关部门要保证供应,不得挪用。

下乡知识青年的结婚后所生子女,应准许在青年所在的社队入户,并分配给基本口粮。

按照国家计划,在下乡知识青年中招工、招生、征兵时,应在党组织领导下,经知识青年小组评议,征求带队干部和贫下中农意见,由县革委会批准。任何单位不得擅自到社队抽调下乡青年。

已下乡的独生子女和多子女身边无人的,在按照国家计划招工时应予照顾。

抽调专职知识青年上山下乡带队工作的干部,在乡工作期间,每人每天可补助 2 角。

为了加强城镇知识青年上山下乡经费的管理,国家财政部于 1973 年 11 月 24 日以(73)财事字 288 号文下发了《关于加强城镇知识青年上山下乡经费管理的暂行办法》,贵州省知青办、省财政局于 1973 年 12 月 18 日转发了财政部的 288 号文件,地区知青办于 1975 年 7 月 6 日以六盘水革知字(75)04 号文《关于认真做好会计、统计工作的几项具体意见》,再次强调知青经费、专款专用,其经费暂定为县知青办、公社信用社(或知青场、队)两级管理,公社信用社(或知青场、队)设立专帐向特区知青办报帐。下乡知青领取每月生活费用,凭知青花名册(粮、户关系)取款。为了合理使用医药费用,由特区知青办具体研究,合理使用。知青的 10 元学习费用也由特区知青办(知青队、场)统一使用。要保证每个知青点有报纸、《红旗》杂志等学习材料。

因知青办事机构撤销,档案资料不够齐全,现摘录有关知青经费、财产于后。

1974 年—1975 年 6 月拨付知青经费情况

省知青办 1974 年拨付知青经费 45 万元,地区拨付 4 万元,1974 年以前剩余经费 243 242.76 元,共 733 242.76 元。1975 年省拨经费 40 万元,共计 1 133 242.76 元,我区 1974—1975 年 6 月止安置上山下乡知青实有人数为 2 312 人,每人按 477 元计算,共需经费为 1 102 824 元。

(一)六枝特区 1974 年度至 1975 年 6 月止共安置下乡知青为 986 人,每人按 470 元计算,需要经费 463 420 元,地区 1974 年拨付 297 000 元,1975 年 1—6 月拨付 180 000 元,共拨付 477 000 元,现存 13 580 元。

(二)盘县特区 1974 年度至 1975 年 6 月止共安置下乡知青为 418 人,每人按 470 元计算,需要经费 196 460 元,地区 1974 年拨付 183 000 元(包括 1974 年以前剩余经费 143 000 元),1975 年 1—6 月拨付 80 000 元共拨付 263 000 元,现存 66 540 元。

(三)水城特区 1974 年度至 1975 年 6 月止,共安置下乡知青为 908 人,每人按 470 元计算,需要经费 426 760 元,地区 1974 年拨付 253 242.76 元,1975 年 1—6 月拨付 135 000 元,共拨付 388 242.76 元,现差 38 517.24 元。

(四)地区留存掌握每人 7 元,2 312 人,需留存 16 184 元,1975 年 1—6 月留存 5 000 元,现差 11 184 元。

1974 年—1975 年 6 月拨给知青建房情况

省知青办 1974 年度拨给建房木材 800 立方米,1975 年 1—6 月拨给木材 600 立方米,合计为 1 400 立方米。地区 1974 年度至 1975 年 1—6 月,共安置下乡知青的实际人数为 2 312 人,每人按 0.5 立方米计算,需要建房木材 1 156 立方米。

(一)六枝特区 1974 年度至 1975 年 1—6 月共安置下乡知青为 986 人,每人按 0.5 立方米计算,需要建房木材 493 立方米,地区 1974 年度拨给 290 立方米,1975 年 1—6 月拨给 220 立方米,两次共拨给 510 立方米。现存 17 立方米(去年作废 196 立方米)。

(二)盘县特区 1974 年度至 1975 年 1—6 月共安置下乡知青为 418 人,每人按 0.5 立方米计算,需要建房木材为 209 立方米。地区 1974 年度拨给 260 立方米,1975 年 1—6 月拨给 180 立方米,两次共拨给 440 立方米,现存 231 立方米。

（三）水城特区 1974 年度至 1975 年 1—6 月共安置下乡知青为 908 人，每人按 0.5 立方米计算，需要建房木材 454 立方米。地区 1974 年度拨给 250 立方米，1975 年 1—6 月拨给 200 立方米，两次共拨给 450 立方米，现差 4 立方米（去年作废 140 立方米）。

注：1974 年省拨给 800 立方米，因系年度末未能及时调运，已提取 464 立方米，作废 336 立方米。

1974 年 12 月 30 日，地区革委财政局、地区革委知青办联合行文拨给 1975 年城镇知识青年下乡经费预算指标是：六枝特区 10 万元，水城特区 12 万元，盘县特区 8 万元。

1975 年 8 月 13 日，地区革委财政局、地区革委知青办联合行文拨给 1975 年知青经费是：六枝特区 15 万元，盘县特区 10 万元。

1975 年 12 月 11 日，地区革委财政局、地区革委知青办联合行文拨给盘县特区 5 万元，列入 1975 年支出预算指标。

1976 年 3 月 15 日，地区农资日杂公司行文分配给上山下乡知青场、队磷肥指标是：六枝特区 50 吨，盘县特区 10 吨，水城特区 60 吨。

1977 年 6 月 9 日，地区革委财政局、地区革委知青办联合行文拨给安置经费：六枝特区 9 万元，盘县特区 6 万元，水城特区 15 万元。

1977 年 9 月 13 日，地区木材公司、地区革委知青办联合行文拨给下乡知青建房木材指标是：六枝特区 300 立方米，盘县特区 200 立方米，水城特区 400 立方米。

1979 年 4 月 27 日，地区革委知青办、财政局联合行文下达上山下乡知识青年生活补助费及工作业务费，拨给六枝特区 2 万元，业务费 3 000 元；盘县特区 2 万元，业务费 3 000 元；水城特区 2 万元，业务费 3 000 元。文件中还明确，对老知青人数较多，而又困难的知青队，应给予重点补助。

1980 年 4 月 24 日，六枝特区知青办报送的"知青财产处理情况调查表"中显示：现有在乡知青 347 人。已建房的知青人数 2 875 人，房屋 569 间，计 12 620 平方米，金额 575 000 元，到现在止累计空房 180 间，2 000 平方米。无偿移交房屋 141 间、2 526.2 平方米。

（第七章《城镇知识青年上山下乡》，第 148—174 页）

《六盘水市志·教育志》

六盘水市地方志编纂委员会编，贵州人民出版社 2000 年

1971 年，六盘水地区恢复师范教育，所举办的师范班和师范学校的招生对象和条件是：具有 2 年以上实践经验的青年职工、退伍军人、民办小学教师和上山下乡、回乡知识青年，年龄在 20 岁以内（上山下乡知识青年、民办教师、少数民族学生可放宽到 25 岁左右）；身体健康，未婚；具有相当于初中文化程度。……

1977 年恢复统一招生考试后,六盘水市的师范学校的招生对象:1981 年前,招收高、初中毕业生或具有同等学历的工人、农民、上山下乡、回乡知识青年、民办教师,年龄在 22 岁以内,民办教师年龄可以放宽,但不得超过 25 周岁,限未婚青年。　　　　（第六章《中等师范教育》,第 202 页）

1971 年,全国教育工作会议提出在"四五"期间普及小学教育后,中共六盘水地区核心领导小组制发《关于贯彻中央(1971)44 号文件,大力普及农村小学五年教育,立即掀起教育革命新高潮的几点补充措施》,提出读小学不出大队,读初中不出公社,读高中不出区;地区和特区开办师范学校,师范院校毕业生未从事教育工作的要归队,吸收知识青年任民办教师,逐步从民办教师中挑选一部分各方面都表现较好的转为公办教师。之后,各特区在普通中学开办速成师范班;对民办教师开始实行民办公助,大量吸收上山下乡和回乡知识青年为民办教师,吸收部分复员退伍军人、工人、贫下中农为公办教师。　　（第十章《教师》,第 285—286 页）

民办教师的任用,50 年代和 60 年代初由农业社或生产大队推荐政治觉悟较高的回乡知识青年,报公社(乡)批准后任用,"文化大革命"中,则从上山下乡知识青年和回乡知识青年中,选拔政治表现好、直系亲属三代以内是贫下中农或工人、干部的充任,并从复员退伍军人中物色部分能任教学者充任。　　　　　　　　　　　　（第十章《教师》,第 294 页）

《六枝特区志》

六枝特区地方志编纂委员会编,贵州人民出版社 2002 年

同年(1968 年),城镇知识青年上山下乡,在农村生产、安家落户。其口粮供应标准每人每月 20 公斤,食油供应标准每人每月 0.25 公斤。据统计,六枝地区下放农村知青 1 646 人(初、高中毕业生),年供应粮食 395 吨,食油 4 938 公斤。　　　　（《大事记》,第 21 页）

(1974 年)3 月 15 日,六枝特区知识青年上山下乡工作领导小组成立,有 1 050 名知识青年上山下乡。其中上海分配来的 358 名,本特区的 312 名,外地转来的 35 名,疏散下放的 18 名,分布在 7 个区 19 个公社 35 个大队。　　　　　　　　　　（《大事记》,第 23 页）

《水城县(特区)志》

水城县地方志编纂委员会编,贵州人民出版社 1994 年

(1964 年)5 月 28 日,水城县安置城镇下乡知识青年领导小组成立。

（《大事记》,第 86 页）

是年(1973年),六枝特区、盘县特区、水城特区知识青年上山下乡工作领导小组及办公室(设在民政局)相继成立,具体承办上山下乡知识青年的接待、安置工作。

(《大事记》,第495页)

(1974年)1月9日,六盘水地区知识青年上山下乡工作领导小组成立,领导小组在地区民政组设办公室,承办有关知识青年的具体工作。

(《大事记》,第495页)

《盘县特区志》

贵州省盘县特区地方志编纂委员会编,方志出版社1998年

(1964年)11月4日,县城20名知识青年首批到农村插队锻炼。 (《大事记》,第31页)

是月(1974年2月),特区成立知识青年上山下乡领导小组,下设办公室,具体办理知识青年上山下乡事宜。此后,全特区共约400余名知识青年于4月和8月分两批到农村插队落户。

(《大事记》,第38页)

(1978年)10月,特区100余名上山下乡返城知识青年为抵制招工中的不正之风,在南门仓库门前公路上静坐3天,交通中断。

(《大事记》,第40页)

1964年始动员城镇知识青年上山下乡,至1976年,先后共有1 170人到农村插队落户。从1971年起,通过企业、事业单位招工,大、中专院校招生,应征入伍,复退安置等途径,逐步对上山下乡知识青年进行了安置,至1983年全部安置就业。在安置政策上给予放宽,无条件安置。

(劳动、人事、民政篇第一章《劳动 人事》,第637页)

《黔西南州志·政权、政协志》

黔西南布依族苗族自治州史志编纂委员会编,贵州人民出版社2007年

(1971年)3月22日,省内外高等院校首次在兴义地区招生。招生对象为初中以上文化程度的工人、贫下中农、下乡知识青年、回乡知识青年及在职干部。方法是由组织根据出身和表现进行推荐,不经考试,政审"合格"即可录取。

(《大事记》,第19页)

(1981年)8月13日,兴义地区行署下文,决定撤销各县知识青年上山下乡办公室。

(《大事记》,第22页)

《黔西南布依族苗族自治州志·民政志》

贵州省黔西南布依族苗族自治州史志征集编纂委员会编,贵州人民出版社 1989 年

1972 年至 1977 年期间还承担知识青年上山下乡安置任务和城市人口疏散下放工作,以及当地党委和政府交办的其它事项。1978 年兴义地区革命委员会民政局改称兴义地区民政局。设局长 1 人,副局长 2 人,工作人员 5 人。知识青年上山下乡安置工作移交兴义地区知识青年上山下乡安置办公室。 （第一章《机构》,第 5 页）

《黔西南布依族苗族自治州志·人事、劳动和社会保障志》

黔西南布依族苗族自治州史志编纂委员会编,云南科技出版社 2010 年

(1969 年)3 月,10 462 名上海知识青年,响应毛主席关于"知识青年到农村去"的伟大号召,来到贵州农村插队落户。 （《大事记》,第 18 页）

(1979 年)2 月 16 日—24 日,省委、省革委召开全省上山下乡知识青年暨劳动工作会议。从 1962 年以来,全省共有 21.9 万多名城镇知识青年上山下乡,通过三招调离农村的有 15 万多人,会议提出对知识青年要在城乡两个方面进行统筹安排。 （《大事记》,第 20 页）

(1980 年)6 月 12 日,省人民政府发出《关于认真做好一九八零年招工工作的通知》。根据中央关于"对招工对象进行考核,择优录取"的指示精神,确定由劳动部门和招工单位统一进行德、智、体全面考核,并由劳动部门统筹兼顾,合理安排,把需要照顾而又符合条件的下列人员优先安排招收:①上山下乡知识青年,特别是一九七二年以前下乡的在乡老知青;②独生子女;③一户一个子女也未安排工作的;④其他有特殊困难的社会待业人员。

（《大事记》,第 21 页）

(1981 年)8 月,省劳动局发出《关于做好一九八一年招工工作的通知》,要求各地区、各部门安排招工工作,应首先把上山下乡知青安置好,于 1981 年底结束上山下乡知青安置工作。

11 月 11 日,经行署专员办公会讨论,确定在兴义召开各县和地直参加的全区招工会议,招工对象只能在上山下乡知识青年、独生子女、一户无一子女工作的家庭待业青年中招收,招收名额是 600 名。

"文化大革命"期间,国民经济遭到了严惩破坏,给黔西南劳动就业也造成了很大困难,城镇青年待业成了一个重大的社会问题。……黔西南动员组织城镇知识青年上山下乡,成为主要的安置出路,全州先后共组织2万多名城镇青年上山下乡。粉碎"四人帮"后,十年城镇积累下来的待业青年要求安置,上山下乡知识青年需要统筹安排工作。

(劳动和社会保障篇第三章《劳动就业》,第378页)

《中国共产党黔西南布依族苗族自治州历史大事记》

中共黔西南州委党史研究室编,中国言实出版社2001年

(1964年)10月4日,兴义县首批知识青年20人下到顶效公社木陇大队插队落户。

(《大事记》,第66页)

(1968年)10月至11月,兴仁县革委会组织安排城镇高中和初中毕业生188人,上山下乡,安家落户。此为兴义地区在"文化大革命"中,最早的上山下乡知识青年。此后,其它各县亦开始组织"老三届"毕业中学生上山下乡。

(《大事记》,第77页)

(1971年)3月22日,省内外高等院校首次开始在全区各县招生。招生对象为初中以上文化程度的工人、贫下中农、下乡知识青年、回乡知识青年及在职干部。方法是由组织根据出身和表现进行推荐,不经考试,政审"合格"即可录取。

(《大事记》,第80页)

云南省

《云南省志·卷首》

云南省地方志编纂委员会办公室编撰，云南人民出版社 2004 年

12月 26 日，云南省革命委员会根据 12 月 22 日《人民日报》传达毛泽东的最新指示："知识青年到农村去，接受贫下中农的再教育，很有必要。要说服城里干部和其他人，把自己初中、高中、大学毕业的子女，送到乡下去，来一个动员。各地农村的同志应当欢迎他们去"而发出《关于知识青年下乡劳动的通知》。《通知》要求：一、各级革委会要立即掀起学习和宣传毛主席最新指示的热潮；二、要结合当前斗、批、改任务，立即开展一个大动员；三、各级革委会要加强领导，统筹安排，抓紧抓好。30 日，省、市革命委员会在检阅台召开"知识青年到农村去"的动员大会。10 万知识青年和群众参加大会。 （《大事记》，第 349 页）

(1969 年)1 月 28 日，昆明市革命委员会举行大会，欢送昆明市首批上山下乡知识青年到农村安家落户。省、市革委会主要负责人参加大会并讲话。至 5 月底，全省已有 13.9 万名知识青年上山下乡参加农业生产，同时，上海、北京有 1.2 万名知识青年来云南上山下乡安家落户。 （《大事记》，第 350 页）

2 月 15 日，云南省革命委员会发出春节慰问信，慰问北京、上海等地在云南边疆安家落户和全省各地上山下乡知识青年。 （《大事记》，第 351 页）

(1970 年)3 月 1 日，解放军云南省生产建设兵团正式成立。兵团司令员和政治委员分别由云南省军区司令员黎锡福、政委雷远高兼任，统管全省各农场。原农垦西双版纳、临沧、德宏、红河各分局分别组建为一、二、三、四师；各总场、分场、生产队编为团、营、连。 （《大事记》，第 355 页）

(1971 年)2 月 24 日，上海市革命委员会赴云南慰问团分赴云南生产建设兵团所属各驻地，慰问参加边疆建设的上海知识青年。 （《大事记》，第 360 页）

3 月 7 日，四川省首批知识青年到云南省农村安家落户。 （《大事记》，第 360 页）

(1973 年)6 月 15 日，共青团云南省委发出通知，要求全省各族青年向朱克家学习。朱克家是上海知识青年，在云南勐腊县插队落户。 （《大事记》，第 366 页）

6 月 22 日至 8 月 7 日，国务院召开全国知识青年上山下乡工作会议。会议期间，中央

领导人看到新华社 7 月 4 日编的《国内动态》(24 期)刊登的《云南建设兵团四师十八团摧残迫害知识青年的情况》,引起了高度重视。中共云南省委、昆明军区党委 7 月 8 日向中共中央、国务院、中央军委作了《关于学习中央首长 7 月 6 日批示的检查报告》。8 月 11 日,又向中共中央、国务院、中央军委上报《关于调查处理云南生产建设兵团四师十八团等单位摧残迫害知识青年的报告》。11 月 28 日,省革委、昆明军区发出《关于公开处理张迪青、贾小山、张国亮等 7 名奸污、迫害女知识青年罪犯的通报》。 （《大事记》,第 366 页）

《云南省·财政志》

《云南省志·财政志》编纂委员会编撰,云南人民出版社 1994 年

　　1968 年底到 1972 年,全省共安置 42.34 万人,其中北京、上海和四川知识青年 10.66 万人,本省知识青年 9.86 万人,大部分安置在国营农场(生产建设兵团);安置到农村生产队的城镇居民有 21.82 万人。1973—1977 年,每年安置下乡的知识青年仍有 2 万多人,城镇居民基本上不再安置下乡。1978 和 1979 年,安置下乡的知识青年减少到几千人,原来的下放人员多陆续回城就业。1964—1979 年支出的 1.62 亿元,是安置城镇人口 50 多万人下乡参加农业生产的各项开支,包括下乡车旅费,修建住房和购置农具的补助费,购置雨具和蚊帐的补助费以及生活补贴等。 （第十章《文教科卫事业费支出》,第 234 页）

《云南省志·粮油志》

云南省粮食厅《粮食志》编纂委员会编撰,云南人民出版社 1993 年

　　1969 年动员城市学生和其他居民、职工家属到农村插队。省革委生产指挥组规定,凡由城市到农村生产队插队的大专、中专、高初中学生、社会青年、干部、复员退伍军人、城市居民和省外回籍的职工及其家属,将户口、粮食关系迁至所在劳动单位,由安置地区粮食部门继续供应到接大春粮食分配为止。国家供应期间的供应标准,每人每月全劳动不分男女 17.5 千克,其他按一般居民分等定量标准供应。 （第五章《粮食供应(下)》,第 171 页）

插队知青补助

　　1973 年 9 月,省委规定插队青年口粮,从下乡之日起,头一年按每人每月贸易粮 17.5 千克标准由国家供应,农忙季节每人每月酌情补助 1.5—2.5 千克,参加集体分配后,稻谷主产区不低于 350 千克原粮,稻谷、杂粮掺半区不低于 300 千克原粮,达不到上述标准,由国家统销粮解决。1974 年 7 月,省委组织部、省知青办规定上山下乡知青带队干部口粮,按每月

17.5 千克供应,原定量低于 17.5 千克的,由派出地区的粮食部门给予补助。

(第五章《粮食供应(下)》,第 174 页)

《云南省志·煤炭工业志》

云南省煤炭厅编撰,云南人民出版社 1995 年

1969 年以后,国家决定开发田坝、后所两个矿区,新建矿井和其它项目陆续建成投产,生产规模逐年扩大。因此,又在农村中的上山下乡知识青年、职工子女和退役军人中招收固定工人 16 943 人。其中,女性占 15%。　　(第五章《煤炭经营管理》,第 407—408 页)

《云南省志·林业志》

云南省林业厅编撰,云南人民出版社 2003 年

1972—1978 年,开始招收下乡满 3 年和因家庭困难、独生子女留在城里的知识青年,同时规定,招工单位可以适当照顾招收一部分本单位的职工子女。

(第八章《经营管理》,第 545 页)

《云南省志·农垦志》

云南省农垦总局编撰,云南人民出版社 1998 年

(1955 年)12 月,昆明市青年志愿垦荒队分赴各军垦农场和组建青年农庄、农场。其中 550 名到黎明军垦农场,2 230 名到双江、勐撒、镇康等军垦农场,389 名到潞江组建新城青年农场,97 名到遮放、89 名到陇川、99 名到盈江、98 名到莲山组建青年集体农庄。

(《大事》,第 18 页)

(1957 年)3 月,新城青年农场杨一堂代表志愿垦荒队到苏联莫斯科出席垦荒积极分子大会。

(《大事》,第 19 页)

(1961 年)10 月,昆明市应届初、高中毕业生 440 余人到思茅垦区各农场参加边疆建设。

(《大事》,第 23 页)

(1968 年)2 月 8 日,北京首批下农场的 55 名知识青年从北京出发,2 月 21 日到达西双版

纳东风农场。内有高中生 43 名,初中生 12 名;男生 31 人,女生 24 人。此批知识青年志愿报名下农场垦荒,得到周恩来、李富春等国家领导人的关怀,并亲作批示。　　　(《大事》,第 28 页)

(1969 年)10 月,5 个水利工程团组成,先后接受知识青年万余人,在勐遮、勐润、橄榄坝等地兴修水利工程。　　　(《大事》,第 29 页)

(1970 年)6 月底,兵团共接受知识青年 4.53 万人,其中北京 8 330 人,上海 2.72 万人,四川 39 人,云南 9 073 人,省"五七"干校转来 574 人。　　　(《大事》,第 30 页)

8 月 30 日,兵团政治部发出《关于进一步贯彻中央 26 号文件,认真做好知识青年工作的指示》。　　　(《大事》,第 30 页)

11 月 28 日,兵团政治部发出《加强对知识青年再教育工作的通知》,要求坚决打击一小撮破坏毛主席伟大战略部署,拉拢、腐蚀、迫害知识青年的阶级敌人。　　　(《大事》,第 31 页)

(1971 年)2 月 13 日,上海知识青年慰问团 150 人出发,20 日到达各师进行慰问。

3 月 23 日,十三团二营四连深夜失火,烧死刚从成都来的女知识青年 10 人,烧伤 7 人。　　　(《大事》,第 31 页)

(1972 年)3 月 21 日,四川省革委会慰问赴滇支边青年代表团 424 人到达昆明,26 日赴各师、团进行慰问。　　　(《大事》,第 31 页)

4 月中旬—6 月上旬,上海市革委会赴云南慰问团到勐腊等地慰问。(《大事》,第 32 页)

(1973 年)5 月 15 日—7 月 8 日,兵团党委先后 5 次深入学习中央(73)21 号文件,加强对知识青年上山下乡工作的领导。　　　(《大事》,第 32 页)

7 月 4 日,新华社国内动态 241 号报道《云南建设兵团四师十八团摧残迫害知识青年的情况》。

7 月 6 日,周恩来总理对十八团摧残迫害知识青年作了如下批示:"先念、登奎、国锋、洪文、东兴同志:此等法西斯行为,非立即处理不可,请登奎电话告周兴同志,负责保护这两位记者。请中组部、总政、国务院政工组、农林部、公安部各派 1 位得力同志飞往昆明,请省革委、军区政治部派一调查组与中央各部派去的人合在一起,前往现场。经过公开调查,然后允许找群众公开谈话,容许控告。只要十八团被控告事实属实,请省委、军委立即派人主持,首先将这个团的部分负责人停职交代,并开群众大会宣布此事。组长应由省委指定一位负责同志担任,中央部门去的同志可选一人当副组长。一切调查报告,均先在省委作出决定,后执行。省委、军区还要保护这些受摧残的知识青年。妥否请酌。周恩来。"

7月17日,中央、省委、昆明军区检查组在十八团召开全体干部和部分知识青年参加的大会,李克忠、总政梁部长在会上宣讲了中央21号文件。 （《大事》,第32—33页）

8月11日,省委、昆明军区党委向中央上报调查十八团迫害知识青年的情况,证实情况属实,其严重性远远超过新华分社反映的情况。省委、昆明军区党委检查了麻木不仁、熟视无睹的错误,提出改组十八团领导班子,对已查出的几个坏人依法惩办的意见。

（《大事》,第33页）

10月27日,兵团党委上报贯彻中央(73)21、30号文件情况:全兵团共发生捆绑吊打知识青年1034起,受害知识青年1874人,2人被打死。调戏猥亵奸污女知识青年的干部286人,受害女青年430人。已逮捕奸污犯18人,其中现役14人。打人致死的罪犯8人,其中现役4人。调戏猥亵女知识青年的干部已离职审查29人。 （《大事》,第33页）

(1974年)4月14日,六团60余名青年为参加泼水节,强行爬上军用卡车,使卡车严重超载(共载89人)造成车祸,死12人,伤45人。 （《大事》,第34页）

(1977年)3月6日,成都、重庆知青慰问团到达昆明。成都团148人,带5个电影队,前往德宏、临沧、保山等地农场;重庆团200人,带5个电影队,前往思茅、西双版纳、文山、红河等地农场。 （《大事》,第35—36页）

(1978年)3月,东风农场五分场工人郭子龙被选为中华人民共和国第五届人民代表大会代表。 （《大事》,第36页）

10月18日,上海知识青年丁惠民写公开信给邓小平,要求准许知识青年回城。公开信贴在允景洪街头,无数知识青年签名、转抄。11月16日又贴出给邓小平的第二封信。橄榄坝农场八分场知识青年贴出8条大标语支持丁惠民的公开信,标语写着:"向四人帮讨还青春,还我幸福!"12月20日,盈江农场小平原分场20名知识青年贴出"我们要回家,骨肉要团聚!"的大字报。连日来,知识青年上县城游街、呼口号、演讲。孟定农场知识青年成立请愿委员会,于1979年1月5日派300名知青进驻场部;6日,进驻人数增至1500人,有200人宣布绝食。自此,各农场的知识青年纷纷回城。至1979年底,返城的知青达6.15万人,占在场知青数的94%。 （《大事》,第36页）

(1979 年)1 月中旬,40 余名知识青年打着赴京上访团的旗帜来到昆明,省委书记处书记薛韬、局长张泽民进行劝阻,上访人员卧轨示威,使昆明至北京的火车停发 2 天。上访人员丁惠民等到达北京后,在天安门要求中央领导人接见。王震向他们做了思想工作。

（《大事》,第 37 页）

1956 年以后是农垦事业发展变化最大的时期,职工来源广泛。

……

2. 垦荒队员。1955 年底,昆明市青年志愿垦荒队 550 人中,由共青团昆明市委组织 389 人到保山地区潞江坝建立新城青年农场,其他垦荒队员分赴黎明、双江等军垦农场。

……

4. 华侨学生。1958 年,农垦接收北京华侨补校学生 348 人,分配到景洪、大渡岗农场,以后大部分升学读书,有的调往城市安排工作。

……

6. 知识青年。1968 年,农垦系统开始接收安置省内外知识青年。到 1972 年,先后共接收知青 10.40 万人,其中来自北京的 8 385 人,上海 4.76 万人,成都 1.67 万人,重庆 2.44 万人,昆明 7 038 人。1979 年,全社会刮起了知识青年"回城风",到 1985 年,除 2 253 人继续留在农垦系统外,其余全部返回城市。

……

（第八章《企业管理》,第 344 页）

职工来源主要是:昆明志愿垦荒队员,从龙陵、腾冲、保山等地吸收的社会青年和移民,当地少数民族群众,北京、上海、成都知青以及部队退伍军人。至 1985 年末,还有昆明市青年志愿垦荒队员 142 人。　　　　（第十二章《总局直属单位》,第 452 页）

1985 年末(农垦供应公司)有职工 139 人,男 77 人,女 62 人;汉族 133 人,回、傣、白、壮、彝、纳西族各 1 人。有共产党员 44 人,共青团员 9 人。职工中,部队转业、复员、退伍军人 36 人,城市知识青年 25 人,湖南支边 3 人,大中专学校毕业分配 49 人,社会吸收和职工子女就业 26 人。　　　　（第十二章《总局直属单位》,第 458 页）

(至 1985 年)职工来源主要是复、退、转军人,华南垦区调入干部,国家分配的大中专学生、科技人员,昆明市垦荒队员,湖南、云南(主要是思茅地区)支边和招收的青壮年,北京、上海、重庆、昆明等市知青和在农场成长起来的职工子女,他们先后来自除新疆、西藏以外的全国(含台湾省)28 个省、市、自治区。　　　　（第十三章《西双版纳州农垦》,第 481 页）

截至 1985 年底止,景洪农场总人口 2.66 万人,8 123 户。……其中,大中专毕业生 135

人,城市知青 267 人,复退转军人 914 人,湖南支边职工 1 106 人,归侨 7 人,他们分别来自除台湾、西藏、青海、新疆以外的各省、市、自治区。(第十三章《西双版纳州农垦》,第 492 页)

(至 1985 年底国营东风农场)职工来源有复、退、转军人,省地二级机关下放干部,湖南支边青壮年,城市知青、社会青年,省内外农村青壮年,近 10 年来每年吸收本场职工子女 500 人左右就业。职工原籍遍布除内蒙、宁夏、青海、新疆、西藏、台湾之外的 23 个省、市、自治区。 (第十三章《西双版纳州农垦》,第 501 页)

(至 1985 年底国营黎明农工商联合公司)职工主要来源包括:……⑤1970 年前后来到的上海、北京、重庆、昆明等地的知青。…… (第十三章《西双版纳州农垦》,第 510 页)

1974 年 10 月撤销兵团,恢复农垦建制,改为国营橄榄坝农场,下属营改为分场。1975 年初接收了水利三团 1 588 名职工,建立八分场,1978 年为安置越南难民筹建九分场。1979 年 2 月,由于知青大量返城,难民又未来场,经上级批准撤销了八、九分场。至此,国营橄榄坝农场建制基本定型。 (第十三章《西双版纳州农垦》,第 519 页)

(至 1985 年底国营橄榄坝农场)职工主要来源:中国人民解放军复、退、转官兵,湖南、四川支边青壮年,昆明志愿垦荒队员,云南镇沅、景谷、思茅招收的工人,上海、重庆、北京、昆明等城市上山下乡知识青年和老职工子女。他们来自全国除新疆、西藏、台湾外的各省、市、自治区。 (第十三章《西双版纳州农垦》,第 519 页)

截至 1985 年,(国营勐腊农场)全场总人口 1.07 万人,其中,女 5 257 人。在职职工总数 4 695 人,包括汉、傣、彝、壮、白、回、侗、瑶、苗、土、纳西、哈尼、拉祜、藏、基诺 15 种民族。职工主要来源于复、转、退军人,湖南和思茅地区支边青壮年以及上海、四川、昆明知识青年,还有部分国家分配的大中专毕业生和在农场成长起来的老工人子女。 (第十三章《西双版纳州农垦》,第 528 页)

1985 年底,(国营勐满农场)全场总人口 8 986 人,职工有 4 613 人,男职工 2 595 人,女职工 2 018 人,职工中割胶工有 1 370 人。有汉、傣、回、彝、白、哈尼、布依、佤、苗、瑶、壮、拉祜、土家 13 种民族。职工主要来源有复员、退伍、转业官兵,昆明、上海、重庆、北京等城市知识青年,湖南和思茅、普洱地区支边的青壮年,国家分配到场的少量大中专院校毕业生,还有一些自发到场的人员及农场成长起来的老职工后代。 (第十三章《西双版纳州农垦》,第 535 页)

1979 年初知青大量返城后,(国营勐满农场)全场的医务人员几乎走完,使初具规模的医疗卫生网处于瘫痪状态。　　　　　　　　　　　　　(第十三章《西双版纳州农垦》,第 541 页)

(1959 年 9 月国营勐捧农场)建场初期,农场总人口 1 万人,1978 年发展为 1.18 万人。1979 年知青回城,人口锐减至 7 261 人。　　　　　(第十三章《西双版纳州农垦》,第 543 页)

勐捧农场职工医院于 1974 年建立,当时全场共有医务人员 223 人,其中医师 4 人,医士 18 人,有病床 100 张。到 1980 年,分场卫生所和生产队卫生室基本健全,但知识青年返城后,农场医务人员随之流走,全场仅剩 106 人,其中医师 1 人,医士 13 人,有病床 126 张。
　　　　　　　　　　　　　　　　　　　　　　(第十三章《西双版纳州农垦》,第 549—550 页)

(至 1985 年底国营勐养农场)职工主要来源有:转业、复员、退伍军人,湖南支边青壮年,省内农村招收的青壮年,昆明、重庆、上海、北京等市的知识青年和华侨学生以及从农场内部吸收的老职工子女,他们来自除台湾、西藏、新疆、青海、吉林、宁夏以外的全国 24 个省、市、自治区。　　　　　　　　　　　　　　　(第十三章《西双版纳州农垦》,第 552 页)

(至 1985 年国营大渡岗茶场人口)来源有机关下放干部,军队转业、复员、退伍官兵和昆明、重庆、上海、北京等城市知识青年,思茅、昆明、湖南支边青壮年,以及农场的职工子女。
　　　　　　　　　　　　　　　　　　　　　　　(第十三章《西双版纳州农垦》,第 560 页)

(国营勐醒农场)建场的 1959 年 9 月,勐仑和勐醒农场总人口不足 60 人,职工才有 40 余人。1966 年总人口达 2 223 人,1978 年上升到 5 944 人。以后由于城市知识青年返城,干部和技术人员的调离,尽管 1979 年招工 899 人,1980 年增加印支难民 633 人,1981 年底总人口仍比 1978 年减少 1 303 人。1985 年底全场共有 5 002 人(含难民 763 人),其中职工 2 709 人。　　　　　　　　　　　　　　　(第十三章《西双版纳州农垦》,第 566 页)

(至 1985 年底)职工来源主要是转业军官,复员退伍军人,国家统一分配的大中专毕业生,昆明市青年垦荒队员,湖南支边和从临沧地区招收的青壮年,上海、成都、昆明等城市的知识青年,在农场成长起来的老职工子女。他们先后来自除台湾、西藏、青海以外的 28 个省、市、自治区。　　　　　　　　　　　　(第十四章《临沧地区农垦》,第 578 页)

1970 年前后,大批知识青年来到农场,文体活动开展得有声有色,分场、生产队均可独立组织晚会。分局(临沧地区农垦分局)设有专业宣传队,农场除有宣传队外,还组织了篮球队,多次参加过县、地、省调演和比赛。　　(第十四章《临沧地区农垦》,第 582—583 页)

1985年底，全场（国营勐定农场）总人口1.06万人，有汉、彝、白、傣、回、佤、壮、苗、拉祜、满、布朗、傈僳、纳西、哈尼、德昂等17个民族，其中少数民族563人，占总人口的5.33％。全场职工5 164人，主要来源于：转业、复员、退伍军人，湖南支边和从临沧地区招收的青壮年，昆明、上海、成都、北京知识青年和场内吸收的老工人子女以及大专学校分配来的毕业生。

（第十四章《临沧地区农垦》，第585页）

1960年11月，湖南支边青壮年295人来场（国营勐省农场）。1970年以后，重庆和上海知识青年、退伍兵、老工人子女不断充实职工队伍。 （第十四章《临沧地区农垦》，第591页）

1970年（国营勐省农场）又分别在十一队、加工厂办了两所小学，当年全场共有小学生1 000人，教师40多人，主要是知青担任。 （第十四章《临沧地区农垦》，第595页）

到1985年底，全场（国营勐撒农场）总户数1 670户，总人口5 219人，其中男2 751人，女2 468人。……职工主要来源于复员转业退伍军人，昆明青年垦荒队员，省、地下放干部，湖南支边青壮年，昆明、上海、成都知识青年，从当地招收的工人和历年从场内吸收的工人，他们来自全国24个省、市、自治区。 （第十四章《临沧地区农垦》，第597—598页）

（至1985年国营双江农场）职工来源为军队复转官兵，城市青年垦荒队员，机关下放干部，当地群众，上海、四川等地知识青年和招收的老职工子女。

（第十四章《临沧地区农垦》，第604页）

（至1985年底国营勐底农场）职工主要来源于解放军复员转业官兵，昆明青年垦荒队员，湖南支边青壮年，成都、上海知识青年，老职工子女和从当地招收的群众。

（第十四章《临沧地区农垦》，第609页）

全垦区先后接收、安置军队复员、转业、退伍官兵3 092人（干部752人），昆明市志愿垦荒队员693人，省内外支边人员9 931人，城市知识青年1.38万人，省、州、县下放干部567人，归国华侨青年、学生和子女369人，大中专毕业生564人，农场内部招收的子女、家属9 303人。 （第十五章《德宏州农垦》，第616页）

1985年底，陇川农场总人口为1.15万人，其中男性5 953人，女性5 507人；职工总人数6 416人，其中女职工3 080人，占职工总数的48.1％。……职工来源主要有部队复员转业官兵，青年垦荒队员，省属机关下放干部，保山、施甸、龙陵、昌宁等县移民，湖南支边青壮年，城市知识青年以及大中专院校毕业生。职工籍贯遍及全国 20 多个省、市、自治区。

（第十五章《德宏州农垦》,第 625 页）

农场(国营瑞丽农场)职工主要来自 5 个方面:⋯⋯四,1969—1971 年先后接收成都、北京、上海、昆明等城市知识青年 4 967 人,1979 年 4 月,绝大部分知青返回原籍。

（第十五章《德宏州农垦》,第 633 页）

到 1985 年底,(国营盈江农场)全场人口 5 842 人,其中女性 2 522 人。在职职工 2 809 人,离退休职工 424 人。在职职工中女性 1 338 人,少数民族 85 人;有直接生产工人 2 093 人,管理人员 232 人,公安政法人员 7 人,服务人员 238 人,其他人员 239 人。职工来源主要是复员退伍转业官兵,昆明青年志愿垦荒队员,腾冲、湖南支边人员,北京、上海、四川知识青年,调入和分配来场人员以及农场内吸收的老职工子女。 （第十五章《德宏州农垦》,第 640 页）

(至 1985 年末国营畹町农场)职工来源主要是保山地区昌宁县移民,部队转业官兵,城市知青,工业下马人员和在农场成长起来的老职工子女。他们分别来自云南、湖南、山西、河南、四川、浙江、福建、广西、北京、上海等省市。 （第十五章《德宏州农垦》,第 647 页）

(1985 年国营遮放农场)职工来源主要是昆明市青年垦荒队员,复员退伍转业官兵,保山地区移民,湖南支边青壮年和昆明、成都、上海、北京等城市的知识青年,以及从本地吸收的少数民族工人和农场成长起来的老工人子女,有汉、傣、景颇、德昂、蒙古、回、白、彝、佤、壮、苗、瑶、哈尼、布朗、傈僳 15 个民族。籍贯除新疆、西藏、台湾外,遍及全国 28 个省、市、自治区。 （第十五章《德宏州农垦》,第 652 页）

(至 1985 年底)职工来源主要有从华南垦殖局调来的干部、工人,昆明垦荒队员,解放军转业、复员、退伍官兵,并入农场的当地农民,湖南醴陵支边青壮年,北京、上海、成都、重庆、昆明等城市知青,归侨,省州级机关下放干部等。他们来自全国 27 个省、市、自治区。此外,还有印支难民、华侨 446 户,总人口 2 197 人。 （第十六章《红河州农垦》,第 660 页）

1971 年后,(国营河口农场)先后安置北京、上海、重庆等市知识青年 600 余人,到 1985 年,在场知青只剩下 18 人。 （第十六章《红河州农垦》,第 671 页）

(至 1985 年国营坝洒农场)职工来源主要有华南垦殖局职工,北京华侨补校学生,复员转业退伍官兵,湖南醴陵支边青壮年,省内招收的农村青年,1958 年并入农场的当地少数民族农民,北京、上海、成都、重庆、昆明知识青年。 （第十六章《红河州农垦》,第 677 页）

（至 1985 年末国营蚂蝗堡农场）职工主要来源于马来西亚、印度尼西亚归国华侨，建水县、弥勒县农村青年，当地少数民族农民，复员、转业、退伍官兵，湖南醴陵支边青壮年，昆明、重庆、成都、北京、上海知识青年，红河州下放干部和农场职工子女。

（第十六章《红河州农垦》，第 682 页）

（至 1985 年国营南溪农场）职工主要来源于转业、复员、退伍官兵，从红河地区招收的农村青年，当地并入的农民，湖南支边青壮年，以及昆明、北京、上海、重庆市知识青年和在农场成长起来的老工人子女。他们分别来自除西藏、新疆以外的 20 多个省市、自治区。

（第十六章《红河州农垦》，第 689 页）

（至 1985 年国营弥勒东风农场）职工来源主要有从当地和玉溪吸收的农民，省级机关下放干部和工人，复员、转业、退伍军人，城市知识青年及在农场成长起来的老职工子女。

（第十六章《红河州农垦》，第 693 页）

（至 1985 年国营金平农场）职工来源于 16 个省市的复员转业退伍官兵，湖南醴陵支边青壮年，昆明、上海、重庆等城市知识青年，当地少数民族青年和本场老职工子女。

（第十六章《红河州农垦》，第 700 页）

（至 1985 年底农垦四〇一厂）职工主要来源于复员转业退伍军人，湖南支边青壮年，当地农民，上海、四川、昆明等城市知识青年，老职工子女及国家分配的大专毕业生。

（第十六章《红河州农垦》，第 705 页）

（至 1983 年国营天保农场）职工由汉、壮、苗、瑶、回、彝和蒙古族组成，来源于下放干部、转业军官、支边青年、知识青年和职工子女，籍贯为北京、河北、山东、广东、山西、湖北、四川和云南等省市。 （第十七章《文山州农垦》，第 722 页）

1985 年底，（国营健康农场）总人口 1 662 人，职工 831 人；包括汉、壮、苗、瑶、哈尼、布依、彝、纳西、白、土、傣、佤共 12 个民族。职工由下放干部、转复退军人、城镇居民、社会青年、知识青年和老职工子女等组成，他们先后来自全国 10 多个省、区。

（第十七章《文山州农垦》，第 734 页）

（至 1985 年底国营堂上农场）职工来源主要有下放干部、下放学生、复退官兵、知识青年、招收的农村青年、分配的职工子女以及大专院校毕业的学生，他们来自全国 11 个省、市、自治区。 （第十七章《文山州农垦》，第 740 页）

（至 1985 年底）职工来源主要是转业军官、复员退伍军人、大中专毕业生，昆明市青年垦荒队员，湖南支边人员，北京、昆明、上海、重庆等城市的知识青年，在农场成长起来的老职工子女，从当地招收的民族工人。他们先后来自全国 19 个省、市、自治区。

（第十八章《思茅地区农垦》，第 753 页）

（国营江城农场）职工主要来源于从景谷、普洱、江城等地招收的农村青年，部队转业官兵，湖南支边青壮年，昆明市、重庆市知识青年以及分配来的大、中专学生。

（第十八章《思茅地区农垦》，第 766 页）

1978 年后，（国营澜沧茶场）因大批知青返城，加之后期管理不善，致使近 500 亩茶地荒芜。

（第十八章《思茅地区农垦》，第 771 页）

1970—1971 年，（国营孟连农场）分别接收昆明、上海知识青年 448 人。

（第十八章《思茅地区农垦》，第 774 页）

孟连农场是全民所有制的综合性企业，以种植和经营橡胶为主，兼营农工商运业。至 1985 年，农场累计投资 1 064.09 万元，形成固定资产 812.04 万元。1962—1979 年的 18 年间亏损 183.24 万元，其中 1979 年知青大批回城造成亏损 44.03 万元。

（第十八章《思茅地区农垦》，第 774 页）

省以上党代会 人代会 政协会议代表表

姓 名	性别	出生年月	籍 贯	民族	工作单位	职 务	何届何种会议
			......				
顾秀珍	女	1950.5	上海市	汉	东风农场	医士	第四届省党代会
刘红鹰	女	1954	四川重庆	汉	东风农场	工人	第四届全国人代会
郭子龙	男	1952.9	上海市	汉	东风农场	工人	第五届全国人代会
			......				

（《附录》，第 845 页）

《云南省志·中共云南省委志》

中共云南省委员会办公厅编撰，云南人民出版社 2000 年

（1969 年）1 月 28 日，昆明市革命委员会举行大会，欢送首批上山下乡知识青年（初、高

中毕业生)到农村去安家落户,参加生产劳动。 （《大事》,第 71 页）

(1976 年)12 月 29 日,省委批转省知青办《关于城镇知识青年上山下乡的 7 条具体政策的补充规定》,即:一、家居城镇属非农业人口的年满 17 周岁的中学毕业生是城镇知识青年上山下乡的动员对象;二、省委〔1973〕48 号文件中关于"家庭有特殊困难必须有一个子女在家照顾"的问题,可个人申请,群众评议,领导批准,由家长选留一个子女在家照顾;三、随父母疏散下放的中学生,父母因落实政策由农村迁回城镇,已年满 17 岁的属上山下乡动员的对象,不应随父母迁回城镇,按下乡知识青年对待;四、自愿当农民的,由各级知青办负责接收安置;五、插队知青的"转点"由本人申请,经调出县知青办征得接收县、社、队同意后,方可办理转点手续;六、国营农、林、牧、渔场的城镇下乡知青的家照、病退,均应按国营农场职工的有关规定办理;七、从 1976 年起,凡城镇知识青年安置到国营农、林、牧、渔场的,其国家拨给的安置经费的使用,主要用于知识青年建盖住房等。 （《大事》,第 78—79 页）

(1979 年)4 月 8 日,省委批转《全省知识青年上山下乡工作会议纪要》,要求各级领导要妥善地解决好知识青年的思想教育问题、工作和生活中存在的实际困难及部分回城知识青年的安置工作。 （《大事》,第 86 页）

(1975 年)为解决教师不足,省里提出了如下方案:高中教师不足,一方面可以从初中骨干教师中选拔,另一方面可以从锻炼二年以上、有相当于高中毕业文化程度的回乡和上山下乡知识青年、复员军人和国家机关干部中选调和吸收;初中教师不足,可以从小学高年级教师中选拔。小学教师不足,可以从具有初中文化程度、锻炼二年以上的回乡和上山下乡知识青年中吸收一批,经短期培训后分到学校任教。(上卷第四章《经济和社会发展》,第 485 页)

中共十一届三中全会后,云南面临着两种情况:一是单一的所有制形式同全省多层次的生产力水平不相适应;二是 70 年代后期,全省 10 多万名在"文化大革命"期间上山下乡的知识青年大批回城,迫切要求安排工作,城市新生长起来的劳动力,也存在不能充分就业的问题。 (上卷第四章《经济和社会发展》,第 505 页)

1979 年 8 月,省委第三次代表大会的《工作报告》中提出,城市"在积极发展全民所有制的同时,要积极发展集体所有制。"9 月,省委、省革委在批转省待业人员安置小组和省劳动局《关于认真做好城镇待业人员安置工作的报告》中指出,各地要大办集体所有制工业、运输、建筑、商业、服务、绿化造林业等,吸收、安排"知青"和待业人员。

(上卷第四章《经济和社会发展》,第 505 页)

《云南省志·群众团体志》

《云南省志·群众团体志》编纂委员会编撰，云南人民出版社 2002 年

同日(1955 年 11 月 22 日)，青年团昆明市委接受刘小三、梁正福、王彦彬、何树英、严彩英、张开贵、张翠英、张梅英、李崇德等 10 人的建议，决定组织昆明市青年志愿垦荒队。27 日，刘小三等 10 名青年的事迹见报后，许多青年纷纷报名要求参加垦荒队，仅 22—24 日 3 天就有 1 733 名青年写了决心书和申请书，向团市委和各区工委报了名。（《大事》，第 30 页）

12 月 25 日，昆明市各界青年 5 000 人举行盛大欢送会，欢送即将到边疆开垦荒地的昆明市青年志愿垦荒队队员。 （《大事》，第 30 页）

(1959 年)1 月，昆明市组织了 2 000 名青年参加 14 个青年垦荒队，分赴德宏、西双版纳和临沧等边疆地区，建立 6 个国营青年农场，有 8 个队参加了 8 个军垦农场工作。德宏、玉溪、大理等团地委也组织了 1 375 人，成立 7 个青年农场。 （《大事》，第 33 页）

(1964 年)5 月 13 日，滇社组织业余学校初中毕业班师生参观《昆明市知识青年参加农村社会主义建设展览》。展览反映知识青年在阶级斗争、生产斗争和科学实验三大革命运动中的锻炼成长情况。 （《大事》，第 37 页）

9 月 2 日，昆明市举行盛大欢送会，欢送昆明市 1964 年第一批 520 名城市知识青年到安宁农村插队，参加农业生产。 （《大事》，第 37 页）

(1968 年)12 月 24 日，云南省革命委员会发出《关于知识青年下乡劳动的通知》，要求各级革命委员会要立即掀起学习和宣传毛泽东主席“知识青年到农村去，很有必要”的最新指示，立即开展一个大动员，要加强领导，统筹安排。 （《大事》，第 39 页）

(1969 年)1 月 6 日，云南省、昆明市革命委员会在检阅台召开“知识青年到农村去”的动员大会，12 万知识青年和人民群众参加大会，省、市革委会主要负责人到会讲话。《云南日报》为此发表社论《知识青年到农村去》。社论说：“到不到农村去，是检验一个青年是‘公’字当头还是‘私’字当头的试金石，也是衡量一个青年是真革命还是假革命的重要标志。” （《大事》，第 39 页）

1 月 28 日，昆明市革命委员会举行大会，热烈欢送昆明市首批上山下乡知识青年到农村去安家落户。 （《大事》，第 40 页）

（1972年）12月21日，毛泽东主席"关于知识青年到农村去，接受贫下中农的再教育，很有必要"的指示发表4周年。4年来，云南省广大知识青年到农村接受贫下中农的再教育，已有2 200多名光荣地加入中国共产党，17 000多名加入共青团，36 000多名参加农村人民公社的各项管理工作。 （《大事》，第40页）

在调整国民经济期间，为了战胜困难，争取国民经济的根本好转，在精简职工，减少城市人口的过程中，党中央委托共青团有组织、有计划地动员城镇知识青年到农村和边疆参加生产建设。团省委和各地团组织在党委的统一领导下，协助有关部门积极做好动员和组织工作。先是做了1960年冬至1961年春由湖南动员来云南边疆参加社会主义建设支边青年的接待、安置工作，将他们妥善地分配到思茅、红河、文山、临沧、德宏5个垦区的国营农场，使他们到农场后有房住、有菜吃、有生产工具用，子女能及时入学。做到安置一个巩固一个。接着是大批动员和组织全省城市青年奔赴农村和边疆参加社会主义建设。先后共动员组织了87万青年（其中昆明市有4万多），加强农业第一线。这一举措具有重要的意义，不仅精减了城市人口，缓解了城市的压力，帮助国家克服暂时的困难，而且也锻炼了青年。据调查，这批城市知识青年下乡上山以后，加上原来在农村的知青，占农业人口的10％左右，他们在这些地区占农村青年的50％左右。他们是一支农业劳动的生力军，是建设社会主义新农村的积极力量。他们中的大部分人，把发展农业生产、建设社会主义新农村作为自己的光荣任务后，已经在农村扎下了根。不少人通过劳动锻炼了意志，在农村迅速地成长了起来，许多人入了党，入了团，担任了基层各级干部和农业技术员。其中还涌现了类似邢燕子、侯隽等许多先进知识青年的代表。他们的行动也是一个移风易俗的壮举，对改变整个社会轻视体力劳动"学而优则仕"有很大的作用。 （第二章《共青团云南省委员会》，第208页）

1968年底"文化大革命"进入"斗、批、改"阶段，在毛泽东的"五七"指示和"知识青年到农村去，接受贫下中农的再教育"的号召下，一场空前的知识青年上山下乡运动骤然兴起，全省广大知识青年被动员和组织到农村。他们和当地人民一起艰苦奋斗，许多人热心地为当地农民和少数民族教学、行医，在一些边远落后的地区起到了文化传播和卫生普及的作用。广大知青把自己一生中最宝贵的年华献给了农村、边疆，有的甚至还献出了年轻的生命。这次知青上山下乡运动与五、六十年代的知识青年上山下乡有所不同。这是在"文化大革命"的特殊历史条件下搞的上山下乡运动，是对知识青年劳动就业措施的一种扭曲，它成为"文化大革命"运动的一个组成部分。至1978年，全国上山下乡的知青共达1 623万，云南也有数十万。这次知青上山下乡运动在指导思想、方针政策、方式方法等方面都表现出明显的政治运动的特点，一是一轰而起，没有长远的整体计划，致使全省大批知青下去后生活上长期不能自给，口粮、住房、医疗等方面存在的困难长期解决不了；二是以"大批判"开路，宣传"愿不愿意上山下乡，是忠不忠于毛主席革命路线，是同'修正主义教育路线'彻底决裂，是同资产阶级'私'字彻底决裂的具体表现",并以此作为青年"是革命的或不革命的或反革命的唯一标准"。"批林批孔"和"批邓反击右倾翻案风"时,又作为破除"资产阶级法权"的"社会主义新生事物"一再拔高。在动员的过程中,有的地方还采取了强迁户口、断绝口粮、给家长办"学习班"和停发工资等施加压力的错误做法;三是以"再教育"理论为指导,片面强调"越是困难的地方越是要去",以此改造思想。由于云南省农村、边疆贫穷落后,大批知青上山下乡,给当地农民带来了负担,在有些人多地少的地区,形成了与农民争土地、争工分和争口粮的状况。多数知青由于在生活上不能自给,要靠家庭补助,使知青家长在经济上和思想上背上包袱。1972年全省知青争相以升学、参军等方式离开当地,1979年底掀起了大返城的高潮,至1980年上山下乡的知青已走得所剩无几。

"文化大革命"期间的知青上山下乡运动使很多知识青年失去了上学的机会,使全省知识人才严重不足;1979年大批知青返城待业,形成了建国后的就业高峰,加剧了就业问题的复杂性和严重性。"文化大革命"期间,全省企事业单位为安置知青,财政支出上亿元,仍没有完全解决知青的就业问题。 （第二章《共青团云南省委员会》,第210页）

《云南省志·政府志》

云南省人民政府办公厅编撰,云南人民出版社2001年

(1974年)9月10—21日,云南省第二次贫农下中农代表大会和云南省上山下乡知识青年先进代表大会同时举行。大会向全省发出《关于深入批林批孔,加速农业学大寨步伐的倡议书》。表扬了知识青年先进集体56个,先进个人72名。 （《大事》,第83页）

(1976年)2月3日,中共云南省委、省革命委员会派出慰问团,分赴边疆各地农场和农村人民公社慰问上山下乡的知识青年和带队干部。鼓励他们扎根农村,积极投入农业学大寨运动。 （《大事》,第84页）

1973年8月省革委四大组撤销。成立省民族边疆工作委员会、外事办公室、民政局、水利局、测绘局、储备物资管理局、公安局;成立省知识青年上山下乡领导小组,同时将原属省劳动局的知青安置办公室改为省革委知识青年上山下乡工作办公室;……

（第二章《省级国家行政机构》,第335页）

知识青年上山下乡

1966年"文化大革命"以来,大学停止招生,各级学校都"停课闹革命"。1966、1967、1968年应届初中、高中毕业生,除一些家在农村的自动回家务农外,城镇大多数学生都留在

原校搞"文化大革命"。3年全省约有普通中学初、高中毕业生和农业中学毕业生18万余人。1968年11月省革委就这部分毕业生的安置工作发出通知,要求各级革委会按照面向农村、面向边疆、面向工矿、面向基层的原则进行安置。家住农村的毕业生,全部回原生产队;家住城镇的,由专、县、市统一规划安置。同时规定各单位不得在毕业生中招收工人。

1968年12月22日毛泽东主席号召:"知识青年到农村去,接受贫下中农的再教育很有必要。要说服城里干部和其他人,把自己初中、高中、大学毕业的子女,送到乡下去,来一个动员。各地农村的同志应当欢迎他们去。"12月26日省革委发出《关于知识青年上山下乡劳动的通知》。12月30日省、市革委会在昆明召开有10万知识青年和群众参加的动员大会,认为"到不到农村去,是检验一个青年是'公'字当头还是'私'字当头的试金石,也是衡量一个青年是真革命还是假革命的重要标志"。1969年1月28日昆明市举行大会,热烈欢送首批上山下乡知识青年到农村安家落户。

到1969年5月,全省已有13.9万知识青年上山下乡参加农业生产劳动。另外,还有北京、上海知识青年1.2万人来到云南省农村。知青下乡主要有3种形式:1.家在农村的,回到生产队,和社员一样参加生产劳动和收益分配,随父母一起生活。2.家在城镇的,多数采取三五人或十来人编成一组,作为集体户,分散安插在农村生产队,和社员一样参加生产劳动和收益分配。生活以集体户为单位自行管理。3.到边疆地区各国营农场("文化大革命"中曾一度改称生产建设兵团)从事橡胶和其他热带经济作物的种植,生活待遇与农场工人同。北京、上海和四川来的知识青年大都采取这种形式。以后每年都采取这3种办法,安置本省全部初、高中毕业生,形成制度。同时还接受安置北京、上海和四川等地城镇初、高中毕业生的任务。

1973年8月省革委召开全省知识青年上山下乡工作会议。全省已有45万知识青年在农村参加生产劳动,其中有4 000多人参加中国共产党,有4.7万人加入共产主义青年团,有一批先进集体和个人受到表彰。会议总结安置和管理知识青年的经验,进一步落实有关政策和措施。同时还揭露出少数干部残害知识青年的犯罪行为,予以严肃处理。省革委决定成立省知识青年上山下乡工作办公室,主管这项工作。到1976年,全省共有上山下乡知识青年72万人。

(第五章《政务纪要(中)》,第520—521页)

1971年2月17日省革委发出通知,要求各级革委会加强领导,突出政治,选送工农兵中的优秀分子到新型的大学培养。选送的学生必须具有3年以上实践经验、年龄20岁左右、有相当于初中以上文化程度的工人、贫下中农、解放军战士和青年干部,以及回乡和上山下乡的知识青年。4月1日和5月1日昆明工学院、昆明师范学院和昆明医学院、云南中医学院先后举行开学典礼,省革委领导到会讲话,表示祝贺。

(第五章《政务纪要(中)》,第521页)

《云南省志·人事志》

云南省人事厅编撰，云南人民出版社1997年

1974年，云南省公安系统从云南生产建设兵团抽调700名职工，经政法干校培训后，充实公安队伍。

（下卷第五章《干部培训和调配》，第224页）

兵团、农场职工和下乡插队知识青年

1. 兵团、农场职工

兵团、农场职工，因需要调到国家机关、企事业单位工作的，其在兵团、农场工作的时间应计算为连续工龄；分配在兵团、农场垦殖场当职工的知识青年，经县以上知青办批准，按病退、困退离开兵团、农场后，又重新参加工作的，他们在兵团、农场的连续工龄与重新参加工作后的连续工作时间合并计算为连续工龄。

2. 知识青年

凡1962年至"文革"期间，由国家统一组织上山下乡插队的知识青年，在他们到城镇参加工作以后，其在农村参加劳动的时间，可与参加工作后的时间合并计算为连续工龄。他们参加工作的时间，从上山下乡插队之日算起。

在下乡期间，于1970—1978年进入高等院校、中等专业学校和技工学校学习的，其学习期间，可计算为连续工龄。

在"文革"期间，曾随同父母一起下放到"五·七"干校参加劳动的初、高中毕业生，其在"五·七"干校劳动的时间可计算为连续工龄。

返城知识青年（办理病退、困退手续的）等待分配工作的时间，不能计算工龄；退职回城的知识青年再次参加工作后，其退职前的工作时间不能计算为连续工龄。

（下卷第七章《福利》，第344页）

《云南省志·民政志》

云南省民政厅编撰，云南人民出版社1996年

因公致残下乡知青救济

1978年中共中央批转《国务院关于知识青年上山下乡若干问题的试行规定》，有关下乡知识青年因公致残，完全丧失劳动能力的，经县以上革委会批准，由民政部门按照职工全残后的最低标准，每月发给35元生活费，生活不能自理需要人扶持的，另发护理费，在指定的医疗单位治疗，医疗费用实报实销。根据这个规定，1979年全省救济病残知青14人。

（第八章《社会救济》，第294页）

《云南省志·审判志》

云南省高级人民法院编撰,云南人民出版社1999年

破坏知识青年上山下乡案件的审判

　　1965年以后一大批中学生从北京、天津、上海、重庆来云南支援边疆建设。"文革"中,毛泽东主席又号召:"知识青年到农村去,接受贫下中农再教育,很有必要。"云南各地均安排了一批中学生上山下乡,到农村插队落户,参加农业生产劳动。在这时期,农场、农村少数干部利用职权强奸女知识青年,造成很坏的社会影响。1970年中央26号文件指示打击破坏知识青年上山下乡的罪犯。1973年12月25日《云南省中级人民法院院长座谈会纪要》指出:对于破坏知识青年上山下乡的案件,应严肃、及时惩处,但要把破坏知识青年上山下乡的反革命活动同一般违反政策和纪律的行为严格加以区别,把蜕化变质分子、奸污迫害女知识青年罪行,同一般的男女关系问题严格加以区别。云南省委常委武健在《云南省中级人民法院院长座谈会上的讲话》指出:"摧残迫害知识青年的案件,这次在景洪开宣判大会,杀了三个,判了两个死缓,两个无期。这类案子,包括捆绑吊打知识青年和奸污迫害,在我们省,我估计不会下千把件,这些案子要提高到路线斗争上来认识。中央首长叶帅(叶剑英)讲,'要杀一儆千'。有些人蜕化变质,已不是我们的干部了,是敌人了,要严惩。"如云南建设兵团某部六连连长罗定邦,在1970—1973年2月期间,该连30多个女知青中,有半数以上被其强奸、骗奸、猥亵,其中强奸3人。1974年11月至12月云南省高级人民法院派出李文进副院长为组长的工作组赴保山、德宏、大理、楚雄4个专州11个县调查了破坏知识青年上山下乡案件的审理情况。这11个县共受理此类案件88件,已审结47件。如腾冲县革委会副主任李伙化利用职权强奸女知青4人,已惩处。保山地区报告,1974年对破坏知青上山下乡罪犯已判处死刑1名。据师宗县报告,县委排除内部干扰,于1974年4月19日将强奸女知青的原商业局局长逮捕法办。昆明军区军事法院、云南省高级人民法院同年5月15日、20日先后在金平县城和河口县槟榔寨召开宣判大会,公开处理强奸、迫害女知识青年的犯罪分子蔡德福(原十八团卫生员)、刘汉周、廖希仁(原十八团副参谋长)、陈忠友(原十六团连长),判处蔡德福、刘汉周死刑。十八团十一连某受害女知识青年说:"这次宣判会为我们申了冤,报了仇,我满意了,我要写信告诉妈妈,叫她也放心!"同年11月28日昆明军区军事法院和省高级人民法院在景洪县开宣判大会,公开处理破坏知识青年上山下乡的贾小山、张国亮、张迪青等7名罪犯。一年多来,全省各地都及时惩处了一批破坏知识青年上山下乡的罪犯,基本上刹住了迫害知识青年这股歪风。(第五章《刑事案件审判》,第260页)

《云南省志·公安志》

云南省公安厅编撰,云南人民出版社1996年

　　至1978年11月底止,全省6万余无粮无户人员、3万余农村临时工和2万余疏散下放

倒流人员中,动员回乡生产的仅有 4 000 余人。昆明市无粮无户人员有 8 668 人,返回原籍者仅 1 859 人,尚有 6 809 人滞留昆明。其中,长期来昆与丈夫生活的妇女及所生的子女,占 37.1%;来昆帮亲友照看小孩的老人占 12%;在昆寄养寄读儿童占 21.8%;由唐山、峨山等地震灾区来昆投靠亲属生活的占 2.7%;疏散下放人员和下乡知识青年倒流回昆的占 23.4%;长期住昆治病的占 3%。 (下卷第五章《治安行政管理》,第 377 页)

《云南省志·教育志》

云南省教育志编纂委员会编撰,云南人民出版社 1995 年

(1968 年)12 月 30 日,省、市革委会召开"知识青年到农村去"动员大会。昆明 10 万知识青年和群众参加大会。此后大批昆明及全省各城镇的知识青年开始到农村生产队和农场劳动。北京、上海、四川等地的知识青年也纷纷来到云南接受"再教育"。1969 年 1 月 28 日,昆明市革委举行大会,欢送昆明市首批上山下乡的知识青年到农村去。 (《大事》,第 41 页)

(1970 年)10 月 24 日,上海复旦、同济和华东师范大学 3 校首次在云南招收工、农、兵学员,共 75 人。 (《大事》,第 42 页)

1963 年,有的中等专业学校实行"社来社去",即学生由人民公社推荐就读,毕业后仍回公社去。推荐对象是出身贫下中农和中农,身体健康、热爱农业生产、年龄在 17 岁以上,参加过 1 年以上农业生产的回乡初中毕业生,和具有同样条件的回乡高中肄业生。录取办法是:本人自愿,公社保送,经过入学考试合格,录取入学,不招高中毕业生。

(第九章《职业技术教育》,第 450 页)

1972 年,全省中等专业学校的招生工作,采取考试和推荐相结合的办法进行。考试工作由各地区统一部署,分县(区)组织考试。考试科目为语文、数学和政治 3 科。插队知识青年由社、队贫下中农推荐,然后到县城中学参加考试。由各地(州)市教育行政部门根据省分类下达招生名额批准录取,招生学校复审后入学。在招生中强调主要招收具有 2 年以上实践经验的优秀工农兵。

1973 年后,中等专业学校的招生对象,文化程度不作硬性的要求,也不作文化考试,主要招生对象是青年学徒工和知识青年。自 1974 年后,中等专业学校一般招收具有 2 年以上实践经验的优秀青年职工、退伍军人、民办小学教师、赤脚医生和上山下乡、回乡知识青年。年龄在 20 岁左右,身体健康、未婚文化程度不作硬性的要求。招生名额由地区下达到县,按条件招收。不足的名额,由县级党委调整选送其他符合条件的对象入学。

1974 年,中等专业学校兽医卫生检验专业和铁路、交通技校只招收男生,其他学校男女兼收。……招生工作在各地、各部门党委统一领导下,由教育局、知青办公室和有关部门组

织招生机构具体办理,面向全省招生的学校,由省教育局组织招生组,在各地、各部门的党委及招生办公室领导下进行工作。 (第九章《职业技术教育》,第 451 页)

1966—1970 年,全省技工学校停止招生。1972 年,云锡技工学校,昆明市技工学校、解化技工学校等恢复招生。招生采取推荐入学的办法进行。1973 年,省里规定,地质、冶金、煤炭、林业等技工学校照顾招收直接从事野外地质勘探、矿山井下、森林采伐等生产单位的职工子女,照顾面一般不超过学校招生总数的 50%。其他技工学校一般招收经过 1—2 年劳动锻炼的上山下乡、回乡知识青年和在职徒工。1974 年,技工学校招收的学生,由毕业学校或父母所在单位推荐,挑选入学,不进行文化考试,不招收上山下乡的知识青年。

……

1980 年,全省技工学校主要招收城镇户口,身体健康,年龄在 15—22 周岁未婚的应届高初中毕业生及具有同等文化程度的待业青年和上山下乡知识青年。

(第九章《职业技术教育》,第 453 页)

"文化大革命"期间,各地中等师范学校执行助学金的情况差别很大。如文山师范学校规定:入学时工龄满 5 年的职工,由原单位照发工资;入学时工龄不满 5 年的职工、退伍回乡军人、民办小学教师、赤脚医生和上山下乡、回乡知识青年由学校发给助学金 17 元;应届高初中毕业生入学者,每人每月发给 12 元。 (第十章《中等师范教育》,第 519 页)

从 1971 年起,为适应广大农村普及小学教育的需要,全省先后从回乡、上山下乡知识青年和复员退伍军人中吸收 2 万人补充小学教师。 (第十五章《教师》,第 895 页)

《云南省志·土地志》

云南省土地管理局编撰,云南人民出版社 1997 年

1956 年,昆明开始组织青年垦荒队到陇川、潞西等县创办青年农庄。1957 年,这些军垦农场和青年农庄都先后转为国营农场,归各地农垦局领导。

(第四章《土地利用、开发和保护》,第 183 页)

《云南省志·侨务志》

云南省侨务办公室等编撰,云南人民出版社 1992 年

(1972 年)2 月,省民政局、省劳动局和省知识青年上山下乡办公室 3 家合并为省劳动民

政局,下设侨务组。 （《大事》,第 13 页）

《云南省志·人口志》

云南省计划生育委员会、云南省统计局编撰,云南人民出版社 1998 年

4. 内地城市支援云南边疆建设的迁移人口

1965 年,内地的重庆、天津、武汉、上海等大城市,先后有数千名高初中尚未毕业的知识青年、社会青年和自愿到云南参加边疆建设的财贸职工迁居云南。

重庆赴滇的主要是知识青年和社会青年,先后共来了 1 606 人,大部分安置在西双版纳各农场,少部分安置在德宏州各农场。……

5. "文化大革命"期间的省外知识青年来滇及其回流

"文化大革命"中的知识青年上山下乡和城镇居民的疏散下放,是云南省(乃至全国)解放后规模最大的一次移民事件,其类型之特别,即使在世界移民史上也属罕见。

据云南省当时的知识青年办公室和省财政局 1979 年 8 月统计,1968—1978 年 10 年间,云南省一共安置了城镇上山下乡知识青年 33.3 万人,其中安置到农村 21.3 万人,安置到国营农场 12 万人。另据云南省知青办、财政局和战备人防办公室疏散工作组 1976 年 3 月统计,云南省一共疏散、下放城镇居民 21.821 万人,其中单身者 2.428 万人,成户的 193 926人。据 1978 年云南省革命委员会知青办公室统计,"文化大革命"中历年安置的外省知识青年情况如表 2-14 所示。

表 2-14　1968—1971 年云南省安置的省外知青人数　　　　单位:人

年　份	安置在国营农场			农村插队落户		小　计
	上　海	北　京	四　川	上　海	北　京	
1968	1 078	720				1 798
1969	9 139	7 610	39	9 524	9	26 321
1970	23 526	42				23 568
1971	13 832	13	41 029			54 874
小　计	47 575	8 385	41 068	9 524	9	106 561

资料来源:云南省档案馆《知识青年上山下乡档案》卷 129、138 页。

1968—1971 年 4 年间,共有 57 099 名上海知青,8 394 名北京知青,41 068 名四川知青来云南。他们中的多数是到国营农场(当时也称生产建设兵团)。插队的知青主要来自上海、北京知识青年,基本上集中在 1969 年到达云南。大部分上海知青在 1970 年到云南,安置在滇南的红河州、西双版纳州的生产建设兵团各农场。四川知青集中在 1971 年到达云南。其中成都 16 652 人,安置在滇西的瑞丽、陇川、芒市、盈江、宾川、沧源等地的生产建设

兵团各农场。重庆知识青年,共约 24 377 人,安置在滇南勐腊、景洪、河口、弥勒、文山、金平、勐海等地的生产建设兵团各农场。上海到云南插队落户的知识青年共 9 524 人,其中男 6 432 人,女 3 092 人,安置在玉溪、思茅、西双版纳、大理、临沧、楚雄、曲靖、文山、丽江、红河 10 个地州的 38 个县,相当分散。

据 1978 年云南省知识青年办公室统计,当年知青户口在云南的尚有上海知识青年 36 002 人,北京知识青年 2 597 人,四川知识青年 31 844 人,除了已在云南安排其他工作的以外,他们中的多数在 1979、1980 年由云南和原居住地协商回原居住地。从云南考入各地大学的上海、北京、四川知青,在毕业时亦作为"文化大革命"的遗留问题,分回原居住地。

(卷上第二章《人口分布与变动》,第 87—88 页)

省内知识青年上山下乡造成的人口迁移

省内知青在"文化大革命"中的上山下乡运动,从时间上看,大体可以分成两个时段:

(1) 1969 年上山下乡的知识青年及其回流　这一阶段上山下乡的知识青年主要是全省 1966、1967、1968 年毕业的高初中学生共 6 万余人,他们下乡的时间比较整齐,基本上集中在 1969 年。回城的时间和情况就复杂得多。从全省来看,除昆明外,各地州的知青都是安置在本地州的农村。昆明知青则大部分安置在滇西南的保山地区和德宏州,少部分安置在生产建设兵团和昆明市郊农村农场。详细分布如表 2-27 所示。

1969 年下乡的"老三届"知青,除少数因病残和照顾家庭返昆外,大多数是在 1971 年以后的几年中由昆明(或其他地区)的各单位招工离开插队的农村回城的。

(2) 1973—1977 年上山下乡的知青人口迁移　从 1973 年起,云南省每年有大批知识青年下乡。与 1969 年以学校为单位组织知青下乡不同,这一次是由知青家长所在工厂、机关等企事业单位和街道为单位进行动员和安置,一般都安置在本地区,如昆明知青,多数安置在晋宁、富民、呈贡、安宁等郊县。后来又演变成在工矿事业机关、部队、学校农副业生产基地安置本系统的职工子女。

表 2-27　1966—1968 届昆明市知识青年上山下乡安置情况　　　　　单位:人

安置地点	安置数	因病残、家庭困难照顾回昆数
保山县	2 181	61
瑞丽县	2 558	190
陇川县	3 569	222
盈江县	4 581	271
潞西县	3 964	351
梁河县	1 062	90
腾冲县	3 679	237
龙陵县	463	25
昌宁县	254	15

安置地点	安置数	因病残、家庭困难照顾回昆数
施甸县	308	17
畹町镇	80	3
小　计	22 699	1 482
生产建设兵团	7 038	250
昆明市郊县	1 613	65
昆明市农场	949	1
省、市五七干校	937	38
总　　计	33 236	1 836

资料来源:云南省档案馆,知青卷宗25卷67页,昆明市革命委员会再教育办公室《病残、家庭困难知青退回昆明市统计数》。

　　总的来说,知识青年上山下乡型的人口迁移,一直到1977年恢复全国高等学校招生考试之后才算停止,而这些知青的返城,则延续到1982年才算全部完成。

(卷上第二章《人口分布与劳动》,第99—100页)

《云南省志·体育志》

云南省体育运动委员会编撰,云南人民出版社1994年

　　60年代初期受自然灾害的影响,1966年开始的"文化大革命",使农村体育处于停滞状态。"文化大革命"后期,有的农村搞些装点门面的体育活动,如农业学大寨和学习天津小靳庄搞个小武术队,有的公社和生产队还搞了脱产集训但要记工分的运动员。

　　由于知识青年大批下农村,昆明、鹤庆等市县,曾经专门为下乡知识青年开过运动会。

(第三章《社会体育》,第130页)

《云南省志·文学志》

云南省文学艺术界联合会、云南省地方志编纂委员会办公室编撰,云南人民出版社1998年

　　《一代人的情歌》　晓剑、严亭亭著。四川人民出版社1986年12月出版。31万字,印行8 050册。长篇小说。描写一代知识青年在边疆插队落户的坎坷经历和回城后的曲折遭遇。小说通过他们对生活、事业、爱情的种种追求、探索和思考,表现了一代青年的今情与往情,壮情与柔情,奋进之情与献身之情。

(第二章《当代文学》,第160页)

《云南省志·出版志》

云南省新闻出版局编撰,云南人民出版社2000年

1971年,出版社(云南人民出版社)根据上级的指示,到滇南和滇西一带选拔上山下乡的知识青年10余人,充实到编辑队伍中。 (第五章《图书编辑》,第176页)

云南人民出版社图书①

书　　　名	编　著　者	月	版次	字数
胸怀朝阳建设边疆(画册)	上山下乡办公室	(1973)8	1	
胶林千里绿(知识青年短篇小说集)	云南生产建设兵团政治部编	(1974)6	1	17
边陲花正红(云南农垦知识青年诗歌集)	省农垦总局编	(1976)3	1	14
中国知青在X敢死队	徐　军	(1989)4	1	14

(《附录》,第709、712、714、776页)

《云南省志·广播电视志》

云南省地方志编纂委员会编撰,云南人民出版社1996年

(1975年)11月17日,……同一天,省电台还增办了"对上山下乡知识青年广播"和"农业科学技术"专题广播。 (《大事》,第20页)

(1977年)11月21日,云南电台开始在节目设置上进行拨乱反正,撤销"文化大革命好"专题和"对上山下乡知识青年广播"。 (《大事》,第21页)

1972年3月四川省派来的慰问赴滇支边青年代表团成都杂技团演出的节目十分精采,云南电视台转播后,观众反映:坐在家中能看到这样的节目舒心得很。

(第四章《电视广播》,第216页)

省广播事业局于1969年开始,先后接收了一批转业、退伍军人和下乡知青,职工队伍迅速扩大,各地县广播部门也补充了一批职工。 (第十一章《管理工作》,第430页)

---

①　本书目内容为节选,年份为编者所加。——编者注

《昆明市志(第一分册)》

昆明市地方志编纂委员会编,人民出版社2003年

(1968年)12月30日,昆明市召开10万人动员大会,动员知识青年到农村去,接受贫下中农再教育。 （《大事记》,第68页）

(1969年)1月29日,市革委发出《关于立即掀起知识青年到农村去宣传动员热潮的紧急通知》,通知要求昆明市3.5万多名知识青年从1月30日起,分批前往保山。到4月10日止,已有1966、1967、1968年三届初、高中学生32 000名下乡参加生产劳动。 （《大事记》,第69页）

(1973年)12月22日,昆明市2 000多名中学毕业生到农村安家落户。至1974年已有5 000名知识青年"上山下乡"参加生产劳动。 （《大事记》,第72页）

(1974年)12月20日,昆明市5 000名应届中学毕业生和200多名带队干部到农村插队落户,各界群众10万人夹道欢送。 （《大事记》,第73页）

(1976年)2月28日,昆明市召开首届上山下乡知识青年先进集体、先进个人代表大会。中共昆明市委、市革委会向20个先进集体和15个先进个人标兵,92个先进集体,29个先进动员单位,20个先进安置单位颁发了奖状。 （《大事记》,第74页）

(1977年)3月7日,昆明市15万军民举行揭发批判大会,揭批"四人帮"及其亲信和"紧跟他们干坏事的人"反党乱军、篡党夺权的罪行。大会主会场在东风体育馆,设有128个分会场。全省各地、州、市党委揭批"四人帮"运动办公室的代表,以及昆明市上山下乡知识青年代表,也参加了批判大会。 （《大事记》,第75页）

(1980年)12月13日,市革委会知识青年上山下乡工作办公室完成任务后撤销。 （《大事记》,第79页）

《盘龙区志》

昆明市盘龙区地方志编纂委员会编纂,云南人民出版社1998年

1955年2月,盘龙区255名青年参加昆明市青年志愿垦荒队,先后分3批迁往南疆开

荒办农场。……"文化大革命"中,盘龙区"上山下乡"和回流城市就业的知识青年,各约有 3 万余人。

(第二篇第二章《人口状况》,第 122 页)

《安宁县志》

安宁县地方志编纂委员会编纂,云南人民出版社 1997 年

(1964 年)9 月 2 日,昆明市应届初、高中毕业生 528 名,到安宁连城、太平、青龙农村插队落户,接受贫下中农再教育。

(《大事记》,第 18 页)

《东川市志》

东川市志编纂委员会编纂,云南人民出版社 1995 年

(1969 年)2 月,东川首批城镇知识青年 1 248 人,分别到寻甸、陆良、罗平、会泽等县农村插队落户。此后逐年有"知青"下乡到市内农村插队落户,共 3 382 人。 (《大事记》,第 21 页)

1969 年 2 月,东川市首批城镇知识青年共 1 248 人,分到寻甸、罗平、陆良、会泽等县农村插队落户;同年 11 月,第二批城镇知识青年 368 人,分到市内农村插队落户,参加农业生产。此后,每年均分配城镇知识青年到农村。1973—1977 年,分到市内农村插队落户的城镇知识青年共 3 382 人。

1971 年开始安置城镇上山下乡知识青年回城就业。1978 年在距市区 8 公里处板河口建立知青农场,至 1983 年有 479 名知青在农场就业。1971—1985 年,共安置回城就业知青 3 813 人。至此,下乡知青除部分留在知青农场当工人,少数已在农村安家从事农业生产外,其余均回城安置。

(第十三篇第二章《劳动》,第 531 页)

《昭通地区志(上卷)》

昭通地区地方志编纂委员会编纂,云南人民出版社 1997 年

(1968 年)9 月,镇雄城镇知识青年 152 人开始下乡插队落户。 (《大事记》,第 42 页)

《昭通地区志(中卷)》

昭通地区地方志编纂委员会编纂,云南人民出版社 1998 年

1965 年 11 月至 1972 年 12 月,全区从工人中吸收干部 458 人,从农民中吸收干部 534

人,从复退军人中吸收干部 496 人,从知青中吸收干部 248 人,代课教师转正 61 人。

(劳动人事篇第三章《干部》,第 632 页)

《昭通地区志(下卷)》

昭通地区地方志编纂委员会编纂,云南人民出版社 1999 年

1971 年,为适应普及 7 年制教育的需要,地区革委会决定增补中小学教师 2 020 人,其中补充编制 1 060 人,新招收 960 人,主要从下乡知识青年和复退军人中选拔,优先挑选高中毕业生。

(教育篇第八章《教师》,第 60 页)

《昭通市志》

昭通市志编纂委员会编纂,云南人民出版社 2000 年

同年(1965 年)始至 1979 年,共动员初、高中毕业生 4 658 人上山下乡,到农村插队落户劳动锻炼,至 1984 年对这批知识青年回城就业安置完毕。

(《大事记》,第 37 页)

1965 年,全县动员知识青年 81 人到大山包、大寨子等高寒山区插队落户,至 1979 年全县有高、初中毕业生 4 658 人,经历上山下乡到农村插队落户劳动锻炼。……

1978 年后,下乡知青和城市精简下放人员按政策陆续返回城市。

(卷五第一章《生产条件》,第 164 页)

城镇青年就业经费支出

1964—1990 年 308.4 万元,占财政总支出的 0.7%。1965—1969 年安置下乡插队知青 1 261 人,1969 年安置流散城镇人口下乡 316 户、812 人。1973—1979 年安置下乡插队知青 3 487 人。

(卷十二第一章《财税》,第 337 页)

第二节　知识青年上山下乡

1965 年 8 月 25 日,县组织第一批中学毕业生 85 人,分别到炎山、大山包、大寨、苏甲、盘河、靖安等高寒山区插队落户,接受贫下中农的再教育。政府一次性拨给每人安家费 80 元。1968 年 12 月,组织第二批中学毕业生 970 人,分别到除蒙泉公社外的各公社插队落户,政府一次性拨给每人安家费 250 元。下乡的第一年,政府每月供应口粮 17.5 公斤,春耕、秋收农忙季节每月酌情补助 1.5—2.5 公斤,冬季补助寒衣费。第二年开始就地参加分

配粮食,口粮不足的则用国家统销粮解决。

　　组织中学毕业生到农村插队落户工作持续到 1979 年。先后共组织了 4 658 名知识青年到农村。知识青年在农村劳动二年以上,经当地党委部门推荐,可参军、入学或劳动就业。截至 1984 年底,上山下乡知识青年已全部离开农村,回城安排了工作。

(卷十七第二章《劳动就业》,第 497 页)

《永善县志》

云南省永善县人民政府编纂,云南人民出版社 1995 年

　　1971 年,恢复城镇就业安置制,是年招收职工 402 人,并开始安置知识青年上山下乡就业。年末,从农人员为 111 121 人。次年,招收职工 186 人。至 1978 年底,全县共安置 659 名下乡知识青年和 137 名回乡知识青年从业。　　(卷三第十四章《劳动人事》,第 441 页)

　　1968 年农中(农业初级中学)学生作为知识青年下放到农村,农中停办。

(卷五第一章《教育》,第 486 页)

《大关县志》

云南省大关县地方志编纂委员会编纂,云南人民出版社 1998 年

　　(1977 年)1 月 7 日,悦乐公社悦乐大队新合四队发生"知青"被杀案件。落户该队 4 名下乡知青因不团结,其中 1 人杀死 3 人,行凶者自杀。　　(《大事记》,第 28 页)

《彝良县志》

彝良县志编纂委员会编纂,云南人民出版社 1995 年

　　1971 年,在知识青年、复员退伍军人中招收教师 203 人。

(卷二十一第五章《教师》,第 515 页)

《鲁甸县志》

鲁甸县志编纂委员会编纂,云南人民出版社 1995 年

　　知识青年上山下乡　　1968 年县成立知识青年上山下乡领导小组办公室,负责安排城镇

高初中毕业生,到农村插队落户,接受贫下中农的再教育。按政策规定,知识青年就业、升学、参军,必须经生产队推荐,公社政审后,有关部门才能办理。

1968 年 12 月,县内第一批知识青年 33 人,到乐红、梭山插队落户。1969 年下乡 12 人,1971 年 28 人。1974—1975 年,部分地直单位的职工子女,中学毕业后,联系到县内的文屏(安阁)、龙树、小寨、赵家海、大坪、梨园和马鹿沟等地插队落户。1976 年全县下乡知识青年 311 人,男 157 人,女 154 人,分布在 8 个公社、16 个大队、48 个生产队和 1 个农场。集体户 39 户。新建房屋 1 500 平方米,解决了 140 个一年以上老知青的住房。上山下乡知识青年中,来自昆明、昭通和鲁甸。产生过县以上先进集体 5 个,先进个人 111 个。1978 年最后一批知识青年下到农村。　　　　　　　　　　　　　(卷二十三第一章《劳动管理》,第 480 页)

1972 年首批招收下乡知识青年 9 人安排工作。1974 年招收知识青年 10 人就业。1977 年招收鲁甸、昭通知青 10 多人,分配到沾益化肥厂和云南省公路局。1978 年招工主要安排到县农机厂和沙坝河电站。1979 年招工,县内指标用不完,由地区分配昭通知青 10 多人到鲁甸,这次招工基本分配到县级机关。1980 年县内安排知青 50 多人就业,县内知青基本安排完。　　　　　　　　　　　　　　(卷二十三第一章《劳动管理》,第 480 页)

《绥江县志》

绥江县志编纂委员会编,四川辞书出版社 1994 年

(1968 年)12 月,县知识青年上山下乡安置办公室成立。动员知识青年"上山下乡","插队落户","接受贫下中农再教育"。　　　　　　　　　　　　　　(《大事记》,第 18 页)

知青下乡　1968 年 12 月,县革命委员会设置知识青年上山下乡安置办公室(后改为知识青年再教育办公室、知识青年上山下乡工作办公室)。次年 1 月,首批安置城镇知识青年 204 名,分赴全县 5 个公社、38 个大队插队落户和新滩石灰厂等单位。其中板栗公社 47 人,农业公社 61 人,凤池公社 31 人,会仪公社 19 人,太平公社 17 人,其他 29 人。1970 年至 1972 年,全县未安置知识青年下乡。

1973 年,安置下乡知识青年 75 名,分别安置在凤池公社(7 名)、会仪公社(31 名)、太平公社(37 名)。1974 年,调整下乡知识青年安置点。调整后,140 名下乡青年分布在 5 个公社,12 个大队,30 个生产队。同时组织知识青年集体户,其中 3—10 人的 24 户,1—2 人的 7 户。1976 年,下乡知识青年 206 名,分布在农业、凤池、会仪公社。至此,全县先后共安置下乡知识青年 768 名,其中插队落户在板栗 76 名、农业 376 名、凤池 73 名、会仪 157 名、太平 57 名、其他地区 29 名。　　　　　　　　　　　　(政治篇第六章《劳动人事》,第 358—359 页)

1969—1978年,动员城镇知识青年"上山下乡接受贫下中农再教育",集镇无业居民"下放"到农村,农业人口比重再次增大。 (社会篇第一章《人口》,第462页)

《水富县志》

水富县地方志编纂委员会编纂,云南人民出版社1996年

(1979年)2月17日,在安富公社马脑生产队落户的宜宾知识青年丁宏佑在对越反击战中牺牲,荣立一等功。 (《大事记》,第8页)

1975年招收下乡知识青年82人,安置农村退伍兵8人就业。1978年止,境内下乡知青246名,除入学、参军、回城(原属宜宾户籍)以外,所余218名全部安置工作。

(《政治》第九章《劳动人事》,第296页)

《威信县志》

云南省威信县志编纂委员会编纂,云南人民出版社1999年

同年(1969年),开展知识青年回乡、下乡运动。 (《大事记》,第23页)

(1973年)11月11—18日,召开知识青年上山下乡工作会议。 (《大事记》,第24页)

知识青年上山下乡

1969年中学毕业生根据毛泽东主席"知识青年到农村去"的指示,回乡、下乡进行农业生产,接受贫下中农再教育。下乡插队的城镇户口中学生在各知青点集中住宿、吃饭、学习,由生产队评给劳动工分。第一年每人每月由国家供应口粮17.5公斤(农忙加2.5公斤),划给自留地;每人每年补助450—470元,其中建房补助190—200元,生活补助180—190元,农具55元,学习材料费10元,医疗费10元,其他费7元。3年后自给。1968—1973年下乡、回乡知识青年1 122人,其中16人入党,98人入团,25人进入公社、大队、生产队领导班子,58人任民校教师、代课教师,34人任农村卫生员。1974年县召开161人参加的知识青年上山下乡工作会议,学习毛泽东主席给李庆霖的复信及中央文件。1978年截止,下乡知识青年约330人。主要安置地点有田坝大队吃口山,干河大队木孔山,半河大队羊雄、营盘山、丝栗坪,偏岩大队杉木坪,三桃大队四合头、大寨坪、中村、长湾、牟洞塆,五谷大队中寨,马鞍大队大山,旧城大队沙坝、印坝、碗厂、狮头,麟凤大队木鱼包,金竹大队桃子塆,其中不

少人安置在林场。以后,下乡知识青年被陆续安排工作,工龄从下乡时间起算。

(第三编第九章《劳动人事》,第 375 页)

《镇雄县志》

镇雄县志编纂委员会编纂,云南人民出版社 1987 年

(1968 年)九月,全县 152 名城镇知识青年第一批"上山下乡"插队落户。

(卷一《大事记》,第 23 页)

1966 年至 1968 年在"文化大革命"中,停止招工,学生停课闹革命,毕业生长期不离校。1968 年 9 月,毛主席发出:"知识青年到农村去,接受贫下中农的再教育"的指示,县成立知识青年再教育办公室,把三年的 1 282 名中学毕业生动员下乡和回乡生产,其中城镇知识青年 152 人,分别到上街、五谷、旧府、泼机、大院子、摆洛、平坝、青山、塘房、大、小擢魁、干秋、凉水、杉树林、林口、麻塘、五德、干沟、大营、新寨、鹿角、牛场、坡头、仁和、新场、以堡、母享、堰塘、后槽、串九、罗甸河、毛坝、玉田、芒部、布丈、倮倘、螳螂、木瓜园、庙河、尖山、新地方、洗白、板桥、六井、大庙、凤翥、茶蔚四十七个大队插队落户。四年时间,只在 1968 年招收就业 2 人。知识青年逐年上山下乡,待业人员越积越多。到 1969 年,昆明钢铁厂到镇雄招收了一批工人。1970 年,省建和昆明机床厂招去一批工人,本县安排就业了 551 人。

1973 年,机构改革,成立民政劳动局,1974 年改知识青年再教育办公室为知识青年上山下乡办公室,推广珠州"厂社挂钩"的经验,各系统与社队挂钩,分别在堰塘、串九、陇东、玉田、拉埃、芒部山、堵密、摩多、鹿角、布丈、庙河、六井、落尾坝、关口林场、茶坝茶场、以萨漆场、玉田茶场建立 17 个知青点,由知青家长所在单位派干部管理知青工作。1976 年昭通分来知青 30 名,本县知青 20 名,安排在国营林场劳动。

1979 年,分民政劳动局为民政、劳动 2 局,1980 年 10 月,撤销知青办公室。成立待业安置领导小组,下设待业办公室,合并在劳动局内办公。1980 年 3 月,在马厂建立知青农场。除已就业的知青而外,集中了 286 名知青进场劳动。　(卷十第八章《劳动工资》,第 477 页)

《巧家县志》

巧家县志编纂委员会编纂,云南人民出版社 1997 年

(1969 年)1 月,数百名知识青年先后到农村插队落户,"接受贫下中农再教育"。

(《大事记》,第 26 页)

1970 年起实行"计划招工",主要招收上山下乡知识青年,单位自然减员指标由地区统一分配;招工实行推荐—选拔—劳动部门审批办法。(第三编第七章《劳动人事》,第 477 页)

《曲靖地区志(2)》

云南省曲靖地区志编纂委员会、中共曲靖地委史志工作委员会编纂,云南人民出版社 1995 年

知识青年上山下乡

1964 年 10 月,根据中央指示,为动员和组织城市知识青年下乡参加农村社会主义建设,地区成立安置城市下乡青年办公室,并于 11 月初在曲靖县城关和沾益县西平两镇进行试点。至 1965 年底,全区共动员 236 名知识青年到 7 个公社 21 个生产队插队落户。

1968 年 12 月 16 日,根据毛泽东关于"知识青年到农村去,接受贫下中农再教育"的指示,专革委全面布置知青下乡工作,成立知识青年上山下乡安置办公室,负责上山下乡知青的安置工作。其后,各县和有关革委会亦相继成立"知青办"。翌年 6 月,知青安置办改称地区革委会知识青年再教育办公室,并于 8 月 13—17 日召开全区安置工作会议,要求对知青的再教育,要做到"政治上有人抓,生产上有人教,生活上有人管"。至当年底,全区到农村接受再教育的知青共 20 013 人,其中有上海、东川及本区城镇插队落户知青 7 139 人,回乡知青 12 874 人。

1971 年 1 月,为做好插队知青的巩固工作,地革委发出《关于进一步做好下乡知青工作的通知》,强调各地要认真执行插队知青的政策,帮助解决实际生活困难,决定将分散插队的知青集中起来,实行办集体户的办法,按系统、单位建立"知青点",分给自留地,按高于当地单身强劳动力的口粮标准确定每月的粮食,轮流派出带队干部,加强领导和管理教育。是年,根据省革委指示,对经过劳动锻炼满两年,政治思想好、身体健康的知青进行招工,全区共招收 2 913 名,分别分配到工业、财贸、交通等战线工作。1972 年 6 月,地革委批转再教育办公室报告,决定对确有困难的知青,其超支的生活费给予减、缓、免,油、肉按非农业人口标准由国家供应。1973 年 7 月,规定了上山下乡和留城照顾的范围。决定对所有高中毕业生,除初中升入高中外,其余属农业人口的一律动员回乡,满 16 岁以上的城镇人口动员上山下乡;原已插队,后升入高中已毕业的、历届应下未下、招工招生推荐未走的以及倒流回城的,全部动员到农村插队落户;对严重病残,丧失劳动力,确有特殊困难,需有一子女照顾的家庭,独生子女、孤儿,虽有多子女其余已下乡或在外地工作,父母身边仅有一子女以及外侨、归侨子女的城镇初、高中毕业生,经批准,由再教育办公室发给照顾证明,可不动员上山下乡。1973 年 7 月,地革委决定,中专、技校招生均不得从应届中学毕业生中招收,其对象必须是经过一年以上劳动锻炼的知青。未经省批准,招工招干和使用临时工,一律不得从应上山下乡知青中招收。1975 年 10 月,地革委规定,凡在下乡知青中招收职工、学徒工,必须严格执行知青小组评议,贫下中农推荐,大队、公社审查,招收单位复查,县革委招工领导小

组批准的办法、规定,招工坚持执行优先招收插队两年以上的知青,然后再招收一年以上的,不满一年的下乡知青一律不准招收。1979 年,按照政策,全区留城知青达 7 876 人,同时全区共招收下乡知青 7 741 人返回城镇工作。

　　1980 年,根据省政府办公厅印发《关于发展城镇集体经济,安置待业人员座谈会议纪要》通知规定,全区安置知青上山下乡工作基本结束。至是年底,全区上山下乡城镇知青共 20 860 人,其中上海知青 1 672 人,东川知青 926 人。是年 9 月,行署劳动局成立后,知青办即撤销,知青工作由劳动局负责。至 1984 年末,全区上山下乡知青,有的参军、入学,有的返回原籍,有的回城镇安置工作,全部安排完毕。

(《政党群团》第二章《中国共产党曲靖地方组织重大活动》,第 38 页)

　　1971—1979 年,全区共录用干部 6 493 人,其中工人 2 260 人,农民 2 272 人,复员退伍军人 882 人,上山下乡知识青年 1 079 人。　　　　　(人事第二章《干部管理》,第 314 页)

《曲靖地区志(3)》

云南省曲靖地区志编纂委员会、中共曲靖地委史志工作委员会编纂,云南人民出版社 1996 年

　　是年(1965 年),贯彻中共中央、国务院《关于动员和组织城市知识青年参加农村社会主义建设的决定》,全区动员 236 名知识青年上山下乡插队落户。

　　1971 年,省革委下达招收下乡锻炼两年以上知识青年指标 2 618 名,年末实际招收 2 913 名,分别充实到工业、财贸、文教等部门。1972—1974 年,执行省革委规定,全区先后将历年招用在常年性生产、工作岗位符合条件的 4 971 名临时工、轮换工、合同工转为固定工,其中 1972 年 3 517 人、1973 年 1 134 人、1974 年 320 人。1975 年,根据地区革命委员会规定,全区在招收农村下乡知青时,均严格执行知青小组评议,贫下中农推荐,大队公社审查,招工单位复查,县革委招工领导小组批准办法,在至 1979 年的 5 年间,全区共招收下乡知青 7 741 人,招收照顾留城知青 4 276 人。　　(《综合经济》第四章《劳动管理》,第 50 页)

《曲靖地区志(4)》

云南省曲靖地区志编纂委员会、中共曲靖市委史志工作委员会编纂,云南人民出版社 1998 年

　　1969 年各县革委会相继成立,组织广大知识青年到农村插队落户,在住房和生产生活用具等方面拨出专项资金进行补助,一般各县按人均 452 元标准执行,到 1979 年基本结束插队落户工作。11 年中先后有 9 400 多名知识青年下乡插队,共开支经费 872.3 万元。

(《财税》第三章《支出》,第 518 页)

《曲靖市志》

曲靖市地方志编纂委员会编纂,云南人民出版社 1997 年

同月(1969 年 2 月),首批上山下乡知识青年在两县农村安家落户,分别来自北京、上海、东川等市及专、县直属机关,共 650 人。 (《大事记》,第 35 页)

第三个五年计划时期(1966—1970 年),预算总支出 1 456.5 万元,其中……城市人口下乡经费 32.6 万元,占 2.2%……

第四个五年计划时期(1971—1975 年),预算支出总额 3 614.7 万元。其中……城市人口下乡经费 110.5 万元,占 3.1%……

第五个五年计划时期(1976—1980 年),预算总支出 5 925.7 万元。其中……城市人口下乡经费 63.4 万元,占 1.1%……

第六个五年计划时期(1981—1985 年),预算支出总额 11 120.1 万元。其中……城市人口下乡经费 17.1 万元,占 0.2%…… (卷十二第二章《支出》,第 470 页)

曲靖、沾益县预算内支出统计表(1953—1970 年)

单位:万元

类 别	年 份																	
	1953	1954	1955	1956	1957	1958	1959	1960	1961	1962	1963	1964	1965	1966	1967	1968	1969	1970
基本建设投资	13.1	18.2	17.9	30.0	34.7	447.8	222.6	464.4	197.3	61.6	118.3	69.5	84.4	53.3	44.6	17.4	46.7	122.2
科技三项费用														4.0			1.0	8.9
支援农业支出																19.8	20.8	33.0
文教卫生事业费	41.4	45.3	48.5	51.1	65.5	64.7	65.0	92.7	81.7	73.9	98.6	101.4	106.2	139.9	128.2	88.3	120.2	129.0
城市人口下乡费																201		12.5
行政管理费	52.5	50.3	71.3	81.7	82.4	57.6	67.9	54.5	50.1	48.8	64.4	62.1	82.9	86.1	65.6	61.2	96.2	92.9
其他支出	1.4	1.2	3.8	12.0	0.9	0.4	0.3	0.6	0.4	6.8	8.0	15.6	10.4	14.1	11.4	8.0	5.1	6.0
合 计	108.4	115.0	141.5	174.8	183.5	570.5	345.8	612.2	329.5	191.1	289.5	248.6	283.6	297.4	249.8	194.7	310.1	404.5

曲靖、沾益县预算内支出统计表（1971—1982 年）　　　　单位：万元

类　别	年　份											
	1971	1972	1973	1974	1975	1976	1977	1978	1979	1980	1981	1982
基本建设投资	134.3	250.1	288.0	30.1	194.3	203.8	449.7	529.2	86.1	165.8	5.0	27.5
科技三项费用	0.9	1.4	0.4	1.8	1.8							
工交商事业费			0.1	0.2	0.2	0.2	0.1		0.4	0.7	0.2	18.3
支援农业支出	82.4	101.7	128.8	170.4	169.4	198.9	181.7	275.7	334.3	312.9	252.6	407.6
城市维护人防费			9.50	28.6	8.4	4.5	14.0	34.0	34.0	29.0	85.0	72.1
文教卫生事业费	148.4	173.7	213.6	225.1	244.4	253.2	268.4	315.2	380.7	426.0	497.9	657.6
抚恤和社会救济	19.4	20.7	19.6	27.6	35.4	36.4	86.4	40.0	47.8	51.8	56.4	56.2
城市人口下乡经费	2.5	1.7	24.0	41.4	40.9	16.8	37.7	8.3	0.6		5.5	11.6
行政管理费	131.2	124.9	116.1	115.7	110.1	103.7	116.7	140.9	206.7	181.7	213.8	278.3
“五小”企业投资			18.3	24.0	35.0	35.5	16.0	33.0	17.0	5.0	45.2	28.0
其他支出	8.9	8.9	44.5	17.2	18.7	45.8	20.2	47.8	74.5	54.9	44.8	119.9
合　计	528.0	683.1	862.9	682.1	858.6	948.8	1 142.9	1 424.1	1 182.1	1 227.8	1 206.4	1 677.1

（卷十二第二章《支出》，第 471 页）

　　从 1969 年起，根据毛泽东主席“知识青年到农村去，接受贫下中农的再教育，很有必要”的指示，曲靖、沾益两县大量动员城镇知识青年上山下乡插队落户。1969 年 1 月至 1970 年 7 月，曲靖县共安排知识青年 1 025 人（其中：回乡知青 621 人）在全县 8 个公社的 56 个大队、200 个小队插队落户。1969 年 1—5 月，沾益县共安排知识青年 560 人（其中：有曲靖地属单位知青 103 人，上海知青 147 人，县农业中学毕业生 192 人）插队落户。

　　从 1969 年起，两县的初、高中和农中毕业生除了按照中央、省、地有关规定留城待业的外，全部动员、安置到农村插队落户，并接受安置了上海和省、地属驻曲单位分来曲靖县的上山下乡知识青年。

　　到农村插队落户的知识青年，先是集中住宿，分散劳动。1975 年 8 月，根据省、地的指

示,学习株州市厂社挂钩的集体安置知识青年到社队农林茶场劳动的办法,曲靖、沾益县采取三种形式安置下乡知识青年:1.以办农林茶场为主,实行户口到队,劳动、学习、吃住在场,在基本核算单位参加分配;2.没有条件办农林茶场的坝区社队,凡一村数队或较为集中的自然村,均建立知青点,户口、劳动、分配在队,学习、吃住集中在点;3.分散的社队,以队建立长期固定的知青集体户,一队一户,每户10人左右。

经费标准:本县知青每人210元,上海等外地知青每人230元。经费主要用作宣传动员费、车旅费、接待费、伙食费、租房费、生产工具费等,由各县知识青年上山下乡再教育办公室拨给。

从1971年起,曲靖、沾益两县一面仍动员城镇知识青年上山下乡,一面把下乡锻炼两年以上的知识青年调回城里安排工作。1979年,曲靖、沾益两县停止动员知青上山下乡,办公室并入劳动科。到1980年1月,两县尚有回城的上山下乡知识青年1 286人未安置(曲靖县1 079人,沾益县207人)。1980年11月,省人民政府要求各级政府采取多渠道尽快安置农村插队落户的知识青年。至1982年,两县上山下乡知识青年基本回城安排了工作。

(卷十九第四章《劳动就业》,第649页)

"文化大革命"期间,工矿企业、大中专学校均停止在应届中学毕业生中招收工人和学生,中学毕业生的绝大多数到农村插队落户,很少部分留城镇安排工作或待业。机关、企事业单位用工绝大多数从农村招收。

从1971年起,企业招工、大中专院校招生、部队征兵、机关招干等逐步安置下乡知识青年。当时,一面安置,一面仍然动员城镇知识青年下乡。到1979年底,曲靖、沾益两县在农村的城镇知识青年有1 279人。

1979年停止动员城镇知识青年上山下乡,城镇应届中学毕业生除升学的外,均在家待业。根据云南省人民政府《关于妥善解决插队知青问题的通知》,曲靖、沾益两县下乡的城镇知识青年均回城镇落户等待安排工作。　　　　(卷十九第四章《劳动就业》,第650页)

《宣威市志》

中共宣威市委史志办公室编纂,云南人民出版社1999年

同年(1969年),成立知识青年上山下乡安置办公室(后称知识青年再教育办公室),组织知识青年到农村去,接受贫下中农的再教育,全年共安置插队知青552人。

(《大事记》,第26页)

同年(1980年),下乡知青先后回城,县知识青年再教育办公室撤销。

(《大事记》,第29页)

知青安置　1968 年 12 月,毛泽东发出"知识青年到农村去,接受贫下中农再教育"的指示。1969 年 2 月,宣威县革命委员会生产指挥组安置办公室成立,负责城镇居民疏散下放和知识青年上山下乡插队落户安置。1970 年 2 月,该办公室分设为下乡上山安置办公室(以下简称安置办)和生产指挥组再教育办公室(以下简称再教育办)。"安置办"负责城镇居民疏散、下放安置,"再教育办"负责城镇初、高中知识青年插队落户工作(包括外地知青到宣插队落户)。

　　1969 年,宣威安置知青 552 人,其中上海知青 99 人。1970 年安置 76 人。1971 年安置 108 人。1972 年安置 5 人。1973 年安置 186 人。1974 年安置 142 人。1975 年安置 276 人。1976 年安置 134 人。1977 年安置 207 人。1978 年安置 151 人。1969—1978 年共安置上山下乡知青 1 837 人。

(卷二十二第二章《工人》,第 591 页)

《富源县志》
富源县志编纂委员会编,上海古籍出版社 1993 年

　　(1969 年)2 月,动员城镇知识青年和居民上山下乡,安家落户,接受贫下中农的再教育。5 月 30 日成立县知识青年上山下乡安置办公室,至 1978 年底止,全县共接受安排县内外知识青年 858 人上山下乡。后逐步安置就业。1980 年 2 月,该办公室撤销。

(《大事记》,第 29 页)

第三节　知青安置

　　1969 年 1 月 12 日,云南省革委发文要求,坚决贯彻毛主席"立即动员城镇知识青年和居民到农村安家落户"的指示精神,全省开展了知青上山下乡运动。5 月 30 日,县革委成立知识青年上山下乡安置办公室,负责接收上海知青和安置本县城镇知青、社会知青到农村接受贫下中农再教育。1970 年 7 月 5 日,为进一步贯彻落实"知识青年到农村去"的指示,进行知青的再教育和城镇人口疏散下放工作。县成立了知识青年上山下乡再教育办公室和城镇人口疏散下放安置办公室,共设工作人员 4 人,合署办公。1973 年 9 月 30 日,又成立了知识青年上山下乡工作领导小组,由 14 人组成,下设办公室负责具体工作。1980 年,县知青办公室撤销,以后未再动员知青上山下乡。1969—1978 年共接受和组织初中、高中毕业生及社会知识青年 858 人上山下乡,其中上海知青 308 人,本县知青 550 人。知青下乡时通过安置部门开给落户生产队的介绍信,并发给一次性安置费,由粮食、公安部门办理粮户迁移,档案随寄。到农村安家落户,生产队评给劳动工分,分给口粮。随着社会主义建设事业的发展,对上山下乡知青又逐步吸收参加了工作。"文化大革命"期间,在农村参加过两年以上劳动锻炼的知青,经过贫下中农讨论,知青评议,大队、公社推荐,通过招工、升学、参军等

途径大都得到就业。

1971—1976 年,插队回乡知青 200 余人,均得到安置。1978 年后,为了对知青"负责到底",彻底解决下乡知青安置就业问题,招工考试时,优先照顾知青的考分,适当放宽年龄。1978 年,全县 270 名下乡知青参加招工考试,录取 250 名,当了工人或干部。

(第二十三编第二章《工人》,第 530—531 页)

《师宗县志》

师宗县地方志编纂委员会编,云南大学出版社 1997 年

(1969 年)8 月,贯彻毛泽东主席"知识青年到农村去,接受贫下中农的再教育"的指示,师宗县城 53 名知识青年首批到农村插队落户。 (《大事记》,第 22 页)

知青工作

1969 年 6 月,为贯彻毛主席"知识青年到农村去,接受贫下中农再教育……"和云南省革命委员会"关于立即动员城镇知识青年和居民到农村安家落户"的指示。师宗县革命委员会成立了上山下乡知识青年再教育办公室。由县革委一名副主任分管,配备专职干部 5 人,负责宣传、动员、组织知识青年上山下乡。从县直机关挑选 13 名干部分别到各知青点带队。1969 年 10 月,第一批 53 人到农村安家落户。1973 年 9 月县委成立"知识青年上山下乡领导小组",由 18 人组成,副书记郭兴昌任组长。

为解决知识青年下到农村后生产、生活中的困难,一次性发给每人补助费 180 元,1973 年后补助费增至 452 元。第一年口粮由国家供应,第二年由所在生产队分配。住房困难的地方,县财政拨款 20.5 万元在槟榔、界桥、大堵、长桥、大同等知青点建盖房屋 70 间 1 330 平方米。

(第五编第二章《中国共产党》,第 143—144 页)

1973 年 2 月撤销政工组、人保组、生产组、办事组和各局革委会。设县委、县革委办公室、农业办公室、财贸办公室、计划委员会、人事科、战备办公室、知识青年上山下乡办公室……

(第六编第二章《政府》,第 160 页)

1969 年,根据毛泽东主席关于"知识青年到农村去,接受贫下中农再教育,很有必要"的指示和云南省革委发出"关于动员城镇闲散人员上山下乡的通知",县革委及时成立"知识青年上山下乡领导小组",下设办公室,组织知识青年上山下乡。对年满 16 岁的城镇高初中毕业生,除严重病残,丧失劳动力,独生子女和父母身边只有一个子女、家庭有困难必须照顾的以及外侨、归侨外,其余均动员下乡。是年组织首批城镇知青 53 人,分别在新村、路新、丹

凤、小河口;五龙公社牛尾、水寨、脚家箐、新庄科;高良公社老雨厦、纳厦;龙庆公社拐村等11个村插队。以后逐年皆组织知青上山下乡。至1978年,共组织城镇知青489人上山下乡,分布于县内8个公社,41个大队,共开支经费20万余元。在此期间从知识青年中推荐、选送了一批知青到各类院校和中等专业学校深造。至1980年全县城镇下乡知青全部安置工作。

(第十编第二章《劳动》,第225页)

知青

1969年,非农业人口的初中、高中毕业的知识青年,到农村插队落户,接受贫下中农的再教育,户口、粮食迁到所在社队,由当地粮食部门每人月供粮17.5公斤,供到大春粮食收获分配为止。

1973年从下乡之日起,由国家供应一年,每人月供粮17.5公斤,第二年参加所在劳动生产队分粮,凡知青基本口粮不足部分,由国家在统销粮中解决。

(第十九编第二章《销售》,第507页)

1966年开展流动书箱借阅服务,先后制作流动书箱60个,每箱配置各种图书和连环画120册。供农村小学、政治夜校及下乡知识青年,五·七战士轮流转借。

(第二十六编第四章《图书》,第688页)

《路南彝族自治县志》

昆明市路南彝族自治县志编纂委员会编,云南民族出版社1996年

(1969年)1月,根据毛泽东主席"知识青年到农村去,接受贫下中农再教育"的指示,路南中学、圭山中学1966—1968届初中毕业生近700人,作为首批上山下乡和回乡知识青年离开学校,分赴各公社、大队插队落户。

(《大事记》,第38页)

2月24日,知识青年上山下乡运动开始。到1973年底,县内共安排上山下乡知青1 084人,其中县外知青219人,县内865人。

(《大事记》,第38页)

《嵩明县志》

云南省嵩明县志编纂委员会编纂,云南人民出版社1995年

劳动服务公司 1968年12月,成立县知识青年动员安置办公室,有干部6人。1973年6月,成立嵩明县动员安置知识青年上山下乡领导小组,下设办公室,有专职干部5人。

1981年3月,成立"嵩明县劳动服务公司",隶属县人民政府劳动工资科,有干部2人,负责上山下乡知识青年、城镇待业人员的业务培训、就业安置管理工作。1982年,人员增至5人。

(第二十二篇第三章《管理》,第548页)

　　知识青年安置　1968年底,广大知识青年响应"知识青年到农村去"的号召,掀起知识青年上山下乡热潮。至1970年底,除县内952名知识青年上山下乡外,还接受上海知青254人,四川知青12人,省内昆明等地知青71人。分别安置在8个公社48个大队97个生产队插队落户。1973年,对插队知青发放安置费,人均470元(含建房补助费200元,书报费10元,生活补助费180元,家具农具补助费55元,医药及其它补助费25元)。由县财政计发安置费34.17万元。其中,建房费14.36万元。为知青集体建房120间,3 632平方米。1971年起,每年招干、招工、招生、征兵等优先安排下乡知青。至1980年初,基本安置完毕。

(第二十二篇第三章《管理》,第549—550页)

《寻甸回族彝族自治县志》

寻甸回族彝族自治县志编纂委员会编纂,云南人民出版社1999年

　　(1968年)12月成立知识青年上山下乡安置办公室、城镇疏散下放安置办公室,两块牌子,一套班子,简称"安置办"。

(卷六第二章《政务机关》,第226页)

　　1970—1971年,昆明铁路局等企业单位自带指标到寻甸招工,在县革委生产指挥组的配合下,共计招工701人,其中195人系城镇青年。修筑"7204"国防公路,招收亦工亦农工人1 500人。人员由生产队按照县革委分给的招工任务,从青年农民和下乡知识青年中选拔推荐,逐级审批。被录用后,每月自带粮食15公斤,生产队用储备粮补助7.5公斤。工资由公路指挥部发给本人和生产队各半,生产队给工人记工分,参加生产队各项实物分配。

(卷十第一章《人事管理》,第302页)

　　1979年,开始实行考试招工,开考科目有语文、数学、政治,面向上山下乡知识青年。在政治、年龄、身体条件合格的前提下,按照总分,从高分到低分依次录用。当年共录用356名,其中昆明供电局、种羊场、石油勘探处共74名,县轻工局、煤管所、供销社等9个单位共282名。

(卷十第一章《人事管理》,第302—303页)

安置

　　1969年,属城镇户口的初高中毕业生全部上山下乡,到农村插队落户,接受贫下中农再

教育。至 1977 年,到寻甸农村插队落户的知识青年中,县内 968 人,上海市 318 人,东川市 412 人。这批知识青年,从插队落户之日起,劳动锻炼两年后参加招工,先后安置到国家机关、企事业单位、厂矿当工人或干部。至 1980 年,上山下乡知识青年已全部得到安置。

(卷十第一章《人事管理》,第 303 页)

1978 年,县人民银行、建设银行,从经过劳动锻炼两年以上的上山下乡知识青年中招收干部 7 人。按曲靖地区分给的指标,教师"民转公"6 人。

(卷十第一章《人事管理》,第 304 页)

《会泽县志》

会泽县志编纂委员会编纂,云南人民出版社 1993 年

(1969 年)1 月 9 日,县革命委员会贯彻执行毛泽东"知识青年到农村去,接受贫下中农的再教育"的号召,成立知识青年接待安置办公室。 （《大事记》,第 30 页）

3 月 9 日,首批知识青年数百人到农村插队落户"接受贫下中农的再教育"。

(《大事记》,第 31 页)

1972 年以后,固定工多数从农村劳动力和上山下乡知青中录用,致使城镇待业青年逐年增多。 （卷二十二第一章《劳动就业》,第 424 页）

《沾益县志》

沾益县地方志·年鉴编纂委员会编纂,云南人民出版社 2003 年

(1964 年)11 月,全县动员 66 名城镇青年到农村插队。 （《大事记》,第 21 页）

同月(1969 年 2 月),首批上山下乡知识青年在沾益县农村安家落户。

(《大事记》,第 22 页)

［知识青年上山下乡］

1964 年 11 月,曲靖专署安置城市青年下乡办公室在县内试点,开始动员城镇知识青年 (16—25 周岁吃商品粮的初、高中毕业生)及社会闲散劳动力上山下乡插队落户参加农业生产。至 1965 年 1 月 7 日,共动员 66 名城镇青年到农村插队落户。其中,初、高中毕业生 42

人;社会闲散劳动力 24 人。

　　1969 年 1—5 月,动员全县城镇知识青年上山下乡插队落户,共安排知识青年 560 人插队落户。其中,地属单位知青 163 人;上海知青 147 人;县农业中学毕业生 192 人。之后全县的初、高中毕业生除了按照中央、省、地有关规定留城待业的外,全部动员、安置到农村插队落户,并接收安置了上海和省、地属驻曲单位的知识青年。

　　1971 年,开始把下乡锻炼两年以上的知识青年调回城里安排工作。1975 年 8 月,采取三种形式安置下乡知识青年。(1)以办农林茶场为主,实行户口到队,劳动、学习、吃住在场,在基本核算单位参加分配;(2)没有条件办农林茶场的坝区社队,凡一村数队或较为集中的自然村,均建立知青点,户口、劳动、分配在队,学习、吃住集中在点;(3)分散的社队以队建立长期固定的知识青年集体户,一队一户,每户 10 人左右。经费标准为本县知青每人 210 元,上海等外地知青每人 230 元,主要用作宣传动员费、车旅费、接待费、伙食费、租房费、生产工具费等,由县知识青年上山下乡再教育办公室拨给。1979 年停止动员城镇知青上山下乡。1980 年 11 月,省政府采取多渠道安置知识青年回城工作,1982 年,上山下乡知识青年基本回城安排工作。

(《人事劳动·机构编制》,第 256 页)

《陆良县志》

云南省陆良县志编纂委员会编纂,上海科学普及出版社 1991 年

　　同月(1969 年 7 月),根据上级指示,中学学制由原来三年(初中三年、高中三年)制改为两年制。同时废除考试制,实行推荐制。高初中毕业生要上山下乡,到农村插队落户,接受贫下中农的再教育,经过三年锻炼后,视其表现,逐步推荐升学或就业。

(《大事记》,第 41 页)

第三节　知识青年安置

　　1965 年,全县首批知识青年下乡到马街庄上村安家落户计 43 人。

　　1969 年,根据毛泽东主席关于"知识青年到农村去,接受贫下中农再教育,很有必要。要说服城里干部和其他人,把自己初中、高中、大学毕业的子女,送到乡下去,来一个动员。各地农村的同志应当欢迎他们去"的指示,县成立知识青年上山下乡领导小组,下设办公室,办理知识青年上山下乡工作业务。公社、大队、生产队也相应成立知识青年安置管理机构或固定专职干部开展安置工作。1969 年至 1972 年,全县共安置上山下乡知识青年 447 人,其中:东川市的 257 人,曲靖县 43 人,四川省 20 人,本县 127 人。1973 年至 1978 年先后共安置本县上山下乡知识青年 879 人。上山下乡知识青年分布插队在全县 9 个公社,120 个大队,382 个生产队。1979 年停止安置城镇知识青年上山下乡工作,并开始从上山下乡知识青

年中招工、招干、招生和征兵。到 1981 年,上山下乡知识青年先后都回城镇安排了工作。

知青来源及落户地点分布情况

年　度	来　源	人　数	落　户　地　点
1965	本　县	43	马街庄上大队庄上村
1969 至 1972	东川市 曲靖县 四川省 本　县	257 43 20 127	召垮区召垮村、小坝、新庄;龙海区黑木;小百户区小百户村、天花、老母寨、芦山、双官堡、上坝、中坝、罗贡、宗西、兴仁、炒铁、北山;大莫古区小莫古、大地、新村、阿油铺、吉林、麻舍所;板桥区旧卅;三岔河区沙沟、三岔子;芳华区长坡、双合、芳华、后所、中军、新发村。
1973	本　县	68	小百户
1974	本　县	232	三岔河区白岩、三岔子;小百户区北山、中军、新发村。
1975	本　县	264	马街区海界;小百户区北山、中军、炒铁、新发村;环城区窑上;大莫古区麻舍所、大莫古村;板桥区大桥、马长湖、马军堡;三岔河区白岩。
1976	本　县	119	马街区海界;环城区窑上、中纪;小百户区北山、炒铁;三岔河区白岩;大莫古区麻舍所;板桥区大桥、马军堡、马长湖、石坝。
1977	本　县	139	马街区海界;小百户区北山;芳华区中军、新发村;板桥区后所;三岔河区白岩;经济林木场、果树场、麦子河水库。
1978	本　县	57	果树场、经济林木场、麦子河水库。
合计		1 369	

　　知青经费由国家财政拨款,从 1972 年开始,每年每个知青按 200 元列支,其中 100 元给大队掌握使用,主要用于建房;100 元由县知青办公室掌握使用,主要用于宣传、医疗、学习资料、旅运费等。国家财政先后共拨知青费 51 万元,社队自筹资金 9.72 万元为知青建房。

(第二十一编第五章《劳动就业》,第 691 页)

《宜良县志》

宜良县志编纂委员会编,中华书局 1998 年

　　(1969 年)1 月 20 日,全县普通中学、农业中学、半工半读中学学生首批到农村插队落户,接受"再教育"。知识青年上山下乡运动持续 9 年,至 1978 年停止。

(《大事记》,第 27 页)

　　1973 年开始落实知青政策,"上山下乡"知识青年回城就业,同期下放人员政策得以落实,招回下放人员 2 000 余人,短短四五年内,城镇人员数千人需就业,使就业难问题开始暴露出来。

(卷二十五第一章《社会生活》,第 759 页)

《马龙县志》

马龙县志编纂委员会编纂,云南人民出版社 1997 年

　　同年(1969 年),在县革委生产指挥组内设立知识青年上山下乡工作办公室;1970、1971 年一度时期改称知识青年再教育办公室;1973 年 9 月成立知识青年上山下乡工作领导小组;到 1980 年 4 月撤销。　　　　　　　　　　　　　　　(《大事记》,第 33 页)

　　1978 年,开始实行招工考试制度,考试科目为政治时事、语文、数学、自然常识,由省统一命题。规定招工对象主要是按政策批准照顾留城的中学毕业生和经过两年以上劳动锻炼的上山下乡知识青年;农村招工从严控制,某些工种需招农业人口时,均经报省批准。同年 8—12 月,县内外在马龙招工 570 余名。　　　　　　　(第九编第二章《劳动》,第 282 页)

第四节　知识青年上山下乡

一　管　理　机　构

　　1969 年初,马龙县革委在生产指挥组下设立知识青年上山下乡工作办公室(在 1970、1971 年的一度时期里改称知识青年再教育办公室),工作人员 2 人。1973 年,县知识青年上山下乡工作领导小组成立。至 1980 年 4 月撤销知青办,有关知青工作交由劳动工资科办理。

二　下　乡　简　况

　　自 1969 年起,全县开始有下乡落户的城镇知青。下乡的主要方式有投亲靠友、零星插队和举办知青集体户。下乡知青到生产队落户,3 人以上可组成一个知识青年集体户,男女分开,1 个生产队只安置 1 个集体户。至 1972 年,下乡知青每人每年由财政拨给专门经费 300 元。1973 年,每个知青集体户改为 5—10 人。每人每年专门经费 452 元,其中建房费 190 元、生活费 180 元、农家具费 55 元、学习材料费 10 元、医疗补助费 10 元、其他特殊费 7 元。1974 年后,每个知青集体户改为 10 人以上,并在生产队集中的大队试办知青点,每个知青点 20 人以上,知青点的知识青年分散在各个生产队劳动、分配,集中在一起吃、住、学习。下乡实行厂社挂钩,就近安排落户。至 1979 年,全县先后下乡落户的城镇知识青年共 946 人,分布于马鸣、旧县、马过河、王家庄、通泉、月望、纳章 7 个公社,建有知青集体户房屋,共 49 幢,283 间,5 908 平方米;同时购置一定数量的桌子、柜子及其他日常生产、学习用具。至 1979 年,全县先后拨出知青下乡安置专款 39.18 万元,实际用于下乡安置的费用为 37.59 万元;回城安置又开支 5 565.53 元。

　　知青插队开始时,每人每月由国家按 17.5 公斤贸易粮供应。在农忙季节的 4、5、6、9、11 月,由所在地粮食部门在正常供应的 17.5 公斤外,每人每月补助贸易粮 2.5 公斤。从第

二年后,如下乡知青的口粮分配标准不足 300 公斤原粮的,由所在生产队出给证明,经大队、公社审核报县批准由粮食部门在国家统销粮中解决。在知青没有自给以前,油肉按非农业人口标准供应。对正常出勤,生活不能自给的按每人补助 100 元计算,由知青上山下乡办公室掌握,根据具体情况,调剂拨给知青购买口粮,添置衣被,治病及调整集中作旅运费。知青上山下乡 10 年间,全县共有 7 名优秀知青加入中国共产党,157 人加入共青团,有 12 个先进集体和 84 名先进个人分别受到省、地、县表彰。

三 回 城 安 置

自 1971 年起,全县一方面动员城镇知识青年积极下乡,一方面着手把下乡锻炼两年以上的部分知青调回城里安置。此后几年,每年招生、招工、录干及征兵,均从上山下乡知识青年中招收优先解决。至 1979 年末,对 1978 年前下乡的人员除 1 人外,回城安置基本完毕,是年,"七二"基地又有 37 名知青下乡,此批人员直至 1985 年方安置结束。

马龙县城镇知识青年插队落户简表(1969—1979)　　　　　　单位:人、元

年份	当年下乡人数	补助经费	插 队 落 户 情 况
1969	25	—	—
1970	—	—	—
1971	35	—	红星公社 20 人,王家庄公社 15 人
1972	14	—	—
1973	115	53 522.30	—
1974	51	33 769.90	—
1975	302	135 950.40	在社、队、农、林、茶场 234 人,集体户 63 人,到外县 5 人,到外省 1 人
1976	130	58 760	在集体场队
1977	197	89 044	在集体场队
1978	76	34 352	—
1979	37	—	—

马龙县知青下乡厂社挂钩情况表

公社名称	挂 钩 单 位
马　鸣	军马场(莲花池)、403 部队、402 部队、2653 厂、小房子道班、莲花池道班
旧　县	七二基地
马过河	高峰厂、6680 信箱、马过河道班、马过河车站
王家庄	394 部队、云水厂、尹堡火车站、吴官田火车站、鸡头村火车站、大海哨火车站
月　望	东光厂、大湾河仓库
纳　章	煤机厂、石龙矿区、307 地质队
通　泉	县直各局、县武装部、马龙道班

(第九编第二章《劳动》,第 290—292 页)

1971 年 11 月,从复退转业军人、成份较好、经过两年以上劳动锻炼表现好的上山下乡或回乡知青中招收 16 名财政银行干部。1978 年 8—12 月,从农村人民公社中的贫下中农(主要是生产大队、生产队的优秀干部)、上山下乡及回乡知青、复员退伍军人中选拔招收干部 40 人;从企业、事业单位工人中选拔录用干部 12 人;税务系统招收干部 19 人;人民银行招收女干部 2 人;12 月建设银行招收干部 5 人。……1984 年,组织全县回乡知青及城镇待业青年中的高中毕业生 377 人统考,招用干部 131 人。其中招用农村知青 119 人,城镇知青 12 人。

(第九编第三章《人事》,第 293 页)

《玉溪地区志(第一卷)》

云南省玉溪地区地方志编纂委员会编,中华书局 1994 年

同月(1969 年 1 月),全区开展城镇知识青年上山下乡运动。自 1969 年至 1978 年,全区上山下乡知识青年共 5 738 人(其中:接收上海知识青年 700 余人)。到 1980 年底,通过招干、招工、入学、参军等,大部分收回作了安置。

(《大事记》,第 47 页)

《玉溪地区志(第二卷)》

云南省玉溪地区地方志编纂委员会编,中华书局 1994 年

1969 年 11 月 5 日,玉溪地区成立"城镇人员上山下乡安置办公室"。翌年元月,地革委通知:凡闲散在城镇无固定职业(含"知青"、保姆、已到期或即将到期临时工)……均应"下放"或"疏散"。

(《民政志·民政管理》,第 214 页)

1966 年"文化大革命"开始以后,劳动力管理遭受破坏,城镇待业人员就业困难,城镇知识青年普遍动员上山下乡,1966 年到 1978 年全区先后下乡知识青年 5 000 多人。

(《劳动人事志·劳动管理》,第 250 页)

1962 年,玉溪地区首先接收昆明下乡"知青"9 人,安置在峨山小街公社插队落户(称为知青九兄妹)。1964 年专署劳动科协助通海县安置 5 名城镇知识青年下乡插队落户。1965 年全区共安置城镇下乡"知青"42 人,其中通海 18 人,新平 24 人。"文化大革命"中,全国各地组织大批知识青年下乡,玉溪地区从 1969 年 1 月开始动员城镇知识青年上山下乡到农村接受再教育。1973 年以后,根据全国知识青年上山下乡工作会议精神,各县采取建立"知青"点、"知青"场的办法。地直机关的"知青"分散安置,改为归口安置。全区共建立"知青"点 247 个,"知青"农场 6 个。在一些"知青"点上还有带队干部。上海市先后派出三批慰问

团到元江、新平帮助上海知识青年学习生产、生活知识，做好思想政治工作，对知识青年上山下乡，国家从经济上给予扶持，地区先后拨给安置"知青"经费176.54万元，其中按插队"知青"人数每人拨给生产队建房费190元，为"知青"建盖住房170幢，计1 224间，面积24 467平方米。购置农具、家具费每人55元。发给每人生活补助费180元，学习费10元，医药费10元。1969年至1978年，全区共有上山下乡知识青年5 738人（其中接收上海知青700余人）。从1971年开始对上山下乡知识青年通过招工、招干、参军、入学等陆续给予安置，到1980年底，全区上山下乡知识青年除同当地农民结婚者外，已全部作了安置。

（《劳动人事志·劳动管理》，第251页）

1970年至1977年，招工由专、县革命委员会生产组负责下达劳动计划指标。对象是经批准照顾家庭的留城中学毕业生；经两年以上劳动锻炼的城镇上山下乡知识青年和复员军人；因工死亡的职工可优先招收一名符合条件的直系亲属；矿山井下、野外勘探、森林采伐行业可招收本单位子女。上山下乡知识青年由贫下中农组织推荐，专、县革委会审批。1970年至1977年全区共招收工人10 927人，其中从城镇招收5 087人，从农村招收5 840人（包括上山下乡知识青年）。

（《劳动人事志·劳动管理》，第254页）

《玉溪市志》

玉溪市地方志编纂委员会编，中华书局1993年

（1969年）6月，各中学66、67、68级中学生中的非农业人口，按毛泽东主席"知识青年到农村去"的号召，上山下乡插队落户。玉溪县安置38人。　　（《大事记》，第59页）

（1973年）8月，知识青年91名到春和公社黑村大队、大营街公社赤马大队、北城公社大营大队、李棋公社、城关公社等5个知青点落户。　　（《大事记》，第61页）

10月17日，玉溪县知识青年上山下乡领导小组成立，由11人组成，下设办公室。

（《大事记》，第61页）

（团县委1976年）当年春节还去慰问了"上山下乡"知识青年。

（政治卷群团志第三章《共青团》，第747页）

安置上山下乡知识青年

玉溪县的知识青年上山下乡工作分为两个阶段：

第一阶段:1968—1972 年,主要是外地学校毕业后,零星转来投亲或回原籍插队的 22 名知青,其中玉溪本地 3 名,昆明 10 名,其他县 9 名,这批知青从 1972 年开始到 1979 年已全部安排到国家企事业单位工作,其中县医院 4 人,供销部门 3 人,当教师 4 人,地区化工厂 3 人,食品厂 2 人,其他部门 6 人。

第二阶段:1973—1978 年,为大规模组织动员阶段,1973 年 8 月,有 91 名知青到春和、大营街、北城、李棋、城关五个公社插队。

1973 年 10 月 17 日,成立"玉溪县知识青年上山下乡领导小组"普云贵任组长,李树森、刘鹤安任副组长,刘鹤安兼知青办公室主任。

1974 年,地直单位有 68 名知青到红村、秀溪、南厂插队。

1975 年接收插队知青 111 名,1976 年接收插队知青 134 名,并逐步由分散插队向集中建立知青集体户过渡(每个集体户 10 人左右)。

1976 年玉溪县归口建立的知青点　　　　　单位:人

知青点	梅园大队	赤马大队	瓦窑大队	梁王坝大队	红村大队	研和可官大队
安置系统	财贸大口	州城镇	文卫大口	党群、政、法大口	计委大口	地直财办
人　数	35	10	25	15	16	28

1976 年中共云南省委批转省知青办文件对城镇知识青年上山下乡的对象作了具体规定:

1. 家居城镇非农业人口的年满 17 周岁的中学毕业生(包括自动离校、休学和退学的)应动员上山下乡,城镇小学生应继续读书,不属于上山下乡对象。

2. 初中毕业未升高中的学生,年满 17 岁再动员上山下乡。

3. 父母一方死亡或父母长期患严重疾病生活自理困难,弟妹年幼不能照顾,家庭经济条件特别困难者,可个人申请,群众评议,领导批准,由家长选留一个子女在家照顾。

1977 年按户建立的知青点分布情况表　　　　　单位:人

知青点	灵秀	瓦窑	宋官	秀溪	梁王坝	赤马	红村	刘总旗	梅园	刺桐关	南厂	可官	贾井
户　数	3	1	1	5	1	1	2	1	3	1	1	1	1

当年是知青下乡最多的一年共 142 名。

玉溪县为各知青点建盖住房 173 间,417 平方米,设置床 279 张,桌子 48 张,柜子 12 个,碗橱 11 个。

知青待遇:按国家规定每人补助建房费 190 元由公社掌握,生活补助费 180 元(第一年补助 100 元,第二年 50 元,第三年 30 元)不直接发给本人,拨给知青所在生产队知青户掌握使用,三年内实现自给。另补助农具、家具费 55 元,学习材料费 10 元,医疗费 10 元、其他特殊开支由县掌握。

下乡知青的口粮第一年由国家按每月每人 17.5 公斤供给，食油按当地非农业人口标准供给，农忙季节每人每月酌情补助 1.5—2.5 公斤口粮。第二年开始参加集体分配以后，既要体现按劳分配、又要给予必要的照顾。正常出勤的，稻谷区吃粮不低于 350 公斤原粮。稻谷、杂粮掺半区不低于 300 公斤原粮，所在社队口粮水平达不到上述标准部分，由国家统销粮解决。

1978 年是最后一批，全年只有 17 名。

1979 年，玉溪县停止了知识青年上山下乡的动员工作，从 1973 年到 1978 年这六年间上山下乡的 563 名知识青年，除招生、招干、招工、应征入伍的以外，其余都逐步作了安置。对年龄偏大的适当放宽招工条件，尽量照顾录用；对一时安排不了的未婚插队知青，按省政府的文件精神，把粮、户关系转回动员城镇和单位作为待业人员。

1980 年玉溪县知青办公室撤销，工作人员并入劳动局，结束了为时 12 年的知识青年上山下乡工作。　　　　　　　　　　　　（政治卷劳动人事志第二章《劳动》，第 778—780 页）

《华宁县志》

华宁县志编纂委员会编，中华书局 1994 年

知识青年上山下乡

根据毛泽东主席"知识青年到农村去，接受贫下中农的再教育，很有必要"的指示，县革命委员会于 1969 年 1 月 16 日下发《关于知识青年上山下乡分配安置工作的通知》，并在县革命委员会政工组下设再教育办公室。当年三四月份，将华一中、华二中毕业的 40 名非农人口学生分别安排到火特、暮车、普茶寨、法高、山羊母、矣甫、红岩、大村、糯粗等人少耕地多的山区公社插队落户。之后每年秋季，均要安排应届毕业的初、高中生中的非农业人口上山下乡。上山下乡的知识青年（简称"知青"）以生产队为单位集体吃住，参加所在队劳动、分配。由县财政按每名知青 200 元拨给生产队建房费，发给每名知青农具、炊具购置费和生活补助费、医药费 261 元。1973 年 9 月，成立县知识青年上山下乡工作领导小组，1974 年改再教育办公室为知识青年上山下乡工作办公室。到 1976 年 12 月，全县共有上山下乡知青 392 名（其中初中生 127 名，高中生 265 名）。根据上级有关规定，于 1977 年后县内停止了组织知青上山下乡，并陆续将原已上山下乡的收回安置，到 1979 年，392 名知青全部安置完毕，其中：招干 1 人，招工 321 人，参军 13 人，上大、中专学校 39 人，转外地等 18 人。1979 年 12 月，知识青年上山下乡工作领导小组和办公室撤销。　　　　　（党群篇第三章《群众团体》，第 98 页）

"文化大革命"开始后，学校停课，原在校学生分两批按毕业生办理，回乡和插队落户，教师到"五·七"干校劳动锻炼。　　　　　　　（教育篇第二章《学校教育》，第 451 页）

《通海县志》

通海县史志工作委员会编纂,云南人民出版社1992年

(1969年)2月28日,通海中学600多名高初中学生,响应毛泽东主席"知识青年到农村去,接受贫下中农的再教育"的号召,全部离校回乡劳动或上山下乡插队落户。

(《大事记·中华人民共和国建立后》,第24页)

"文化大革命"期间,知识青年上山下乡,"接受贫下中农的再教育",成立县知青办公室,办理知识青年下乡插队落户事宜。1969—1978年,县内共有8批947名高初中学生下乡插队落户。玉溪地区又安排各单位知青144名到通海插队,连本县知青共1 091人。1979年,据国务院调整知青政策安置就业,除5人与当地社员结婚留住农村外,其余1 086人都已升学、参军或就业。 (第十七编第三章《劳动》,第414页)

《元江哈尼族彝族傣族自治县志》

元江哈尼族彝族傣族自治县志编纂委员会编,中华书局1993年

(1975年)8月,高中毕业生200余人,均作为"知青"下乡或回队"接受贫下中农的再教育"。 (《大事记》,第21页)

1975—1980年,(元江军人接待站)在不影响正常军供服务的前提下,接待了西双版纳州、思茅地区建设兵团、农场、农村的返城知青10 000余人。

(第二十一编第二章《支前》,第588页)

1970—1976年,招工对象主要是城镇待业青年、退伍军人、回乡知识青年、贫下中农子女,由社队贫下中农或居民委员会推荐。1978年开始实行社队推荐与德、智、体全面考核,择优录用相结合的招工制度,到1979年底基本上把从1969年至1978年10年间的上山下乡知识青年1 189人安置完。 (第二十二编第二章《劳动就业》,第616页)

《澄江县志》

澄江县史志编纂委员会编纂,云南人民出版社2002年

1968年,在军宣队、工宣队指挥下,(澄江中学)成立学校"革委会",继续斗、批、改,废除

原来的教材,主要学习《毛泽东选集》和一些生产知识。12 月宣布在校的 7 个班 300 多名学生一齐毕业,上山下乡接受贫下中农"再教育"。

(第二十五编第四章《学制　教学》,第 552 页)

《江川县志》

江川县史志编纂委员会编纂,云南人民出版社 1994 年

　　(1969 年)5 月,县成立知识青年上山下乡安置办公室。1976 年在雄关公社建立知识青年上山下乡点,建盖房屋,百余名知青被调去开荒种地,接受再教育,1979 年停办。

(《大事记》,第 29 页)

城镇知识青年安置

　　1969 年成立江川县知识青年上山下乡安置办公室,办理城镇知识青年下乡插队落户事宜。1969—1978 年,江川县共动员城镇高、初中毕业生 273 人下乡插队落户。其中:1969—1976 年 9 月,有 166 人分散在阳山庄、新大寨、白池古、光山、赵官、雄关等 18 个点插队劳动。自 1971 年起,通过玉溪烟厂、江川县企事业单位招工、大中专院校招生、应征入伍等渠道,逐步安置了经过两年劳动锻炼的下乡知识青年。1976 年 9 月,县革委创办雄关知识青年林场,派出带队干部,将原分散在各点的插队知青 70 多人统一集中到雄关知青林场劳动。1976—1978 年知青林场又新接收下乡知青 107 人。1979 年 10 月,按中央调整知青上山下乡的政策规定,停止动员城镇知识青年上山下乡,到 1979 年底,除有 4 名知青因与农民结婚而留在农村,以及部分回原籍安置外,全县下乡知识青年已全部安置完毕。

(劳动人事志第二章《劳动》,第 496 页)

《峨山彝族自治县志》

峨山彝族自治县志编纂委员会编,中华书局 2001 年

　　1970 年后陆续恢复招工,按省、地革委下达的劳动计划指标,着重招收经过两年以上劳动锻炼的上山下乡知识青年和复员军人。……1979 年上级下达给峨山招工指标 144 人;是年底,玉溪地区又追加劳动指标,规定从上山下乡知青和城镇待业人员中招工 133 人,省劳动局拨给峨山县少数民族工人指标 20 人,当年共招工 297 人。

(劳动人事志第一章《劳动》,第 617 页)

　　1962 年 9 月,县民政人事科负责安排昆明知识青年 7 人到农村安家落户,称"七兄妹"。

1963 年 12 月，又来 2 人后合称"昆明知青九兄妹"。至 1968 年，已有昆明知青 15 人，作为一个知青集体户。1969 年 3 月，县知识青年上山下乡安置办公室安排县内城镇知识青年 37 人，分散在 4 个公社 4 个大队。1973 年安置玉溪地区党群口知青 159 人，采取建立知青点、集体户和农（林、茶）场的办法。至 1975 年建立 5 个知青点、4 个集体户，并分批派出带队干部 25 人加强管理。1978 年安置最后一批知识青年后，全县设知青点 48 个，知青集体户 20 个，社队农、林、茶场 6 个，分布在县内 6 个公社 9 个大队 20 个生产队。共安排知识青年 403 人，其中，县外知青 188 人，县内知青 215 人。1971 年 9 月，开始面向知识青年征兵、招生、招工，至 1983 年，峨山下乡插队知青除 1970 年地震遇难的 19 人及已在农村安家的 2 人外，均已全部分批分期回城工作。　　　　　　　　　　（劳动人事志第一章《劳动》，第 617 页）

1987 年开办的《听众点播》，是集文艺性、知识性、趣味性、服务性为一体的综合性文艺节目，每周末播出，主要服务对象是在校中小学生、部队军人、回乡知识青年等。
　　　　　　　　　　　　　　　　　　　　　　（广播电视志第三章《宣传》，第 767 页）

《易门县志》

易门县地方志编纂委员会编，中华书局 2006 年

1969 年下半年开始恢复招工。1970 年起按下达劳动计划指标重点招收经批准照顾家庭的留城中学毕业生、上山下乡劳动锻炼两年以上的知识青年以及复员军人，到 1977 年共招工 1 496 人。　　　　　　　　　　　　　（人事劳动志第二章《劳动》，第 725 页）

《思茅地区邮电志》

《思茅地区邮电志》编纂委员会编，云南民族出版社 1999 年

1969 年，由于大批知识青年"上山下乡"，北京、上海、重庆、昆明等地高、初中毕业生到区内插队落户，或到农场劳动；本地县城的知识青年也分期分批到农村"接受贫下中农再教育"；省、地、县党政军机关大批干部到"五·七干校"劳动锻炼，搞"斗、批、改"；云南省革命委员会也动员部分昆明市的城镇人口疏散下放到区内安置，社会流动人口剧增，函件业务量相应增长，当年出口函件 352 万件，函件业务收入 32.6 万元。1975 年以后，外地知识青年逐步返回原籍，本地知识青年也陆续回城安排工作，全区信函业务量逐年减少，1978 年降为 274.5 万件。　　　　　　　　　　　　　　（第三章《邮政通信》，第 56—57 页）

1969 年，大量知识青年"上山下乡"插队落户，接受贫下中农的再教育，大批党政军机关

干部到"五·七干校"劳动锻炼,搞"斗、批、改",加上驻军换防,出口包裹业务量猛增,当年达到 10.01 万件,业务收入 8.7 万元。1975 年以后,由于插队落户的知识青年陆续回城就业,包裹业务量逐年减少,到 1979 年,全区出口包裹 7.5 万件。 （第三章《邮政通信》,第 58 页）

《普洱哈尼族彝族自治县志》

云南省普洱哈尼族彝族自治县地方志编纂委员会编,生活·读书·新知三联书店 1993 年

同月(1969 年 4 月),有六六级、六八级应届高初中毕业生 900 名响应"知识青年到农村去"的号召,首批到农村"插队落户"。 （《大事》,第 17 页）

上山下乡

1968 年 12 月 21 日,毛泽东主席发出"知识青年到农村去,接受贫下中农的再教育,很有必要"的指示。1969 年 5 月 4 日,普洱中学 1966、1967、1968 年毕业的城镇户口的初、高中毕业生 123 名首批到凤阳、勐先、磨黑三个公社插队落户。此后每年初、高中毕业生,除身带残疾、独生子女、多子女但身边无一子女的不再动员下乡外,均相继到农村。安排地点,由原来的坝区、公路沿线,逐步扩大到半山区和边远山区。形式由插队落户发展到建立知青综合场,实行独立核算。至 1977 年,共有 2 219 名知青上山下乡,分散在 10 个人民公社(镇)51 个大队的 189 个生产队和 16 个知青综合场。对知识青年"上山下乡"的安置,给予解决三个方面的问题:一是粮食供应,插队落户的第一年由所在公社粮管所按每人月供大米 17.5 公斤,第二年起参加生产队分配,分配数不足 17.5 公斤的,由国家补足;二是肉食供应,第一年按城镇居民定量供应,第二年起自养自给;三是经费发放,1972 年前,国家按每人 180 元拨给知青户,1973 年后增为 480 元,统一拨至生产队,主要用于建房和购买生产、生活用具和订阅报刊、支付医疗费等。至 1977 年,全县共拨专项款 1 121 040 元。

1978 年,根据中共中央关于"小集镇和一般县城非农业户口的中学毕业生,不再列入上山下乡范围"的规定,停止知识青年"上山下乡"。原下乡插队落户的知青,全部招收回城就业。自 1971 年招收 257 名下乡知识青年回城就业始,逐年招收回城,至 1979 年全部迁离农村。去向为:大、中专学校招生 259 人,应征入伍 105 人,招收为干部 162 人,招收为工人 1 648 人,病退回城 25 人,转入外县知青点 18 人,逮捕劳教 2 人。

（卷二十第一章《劳动就业》,第 522—523 页）

"文化大革命"期间,教师被清洗 130 人,后抽调农场下乡知识青年补充。

（卷二十三第九章《教师队伍》,第 619 页）

《思茅县志》

云南省思茅县地方志编纂委员会编，生活·读书·新知三联书店1993年

1969年3月，按照中央知识青年到农村去的指示，（思茅中学）全校凡66、67、68、69届的初、高中毕业生共831人，全部上山下乡到农村插队落户。

（第二十六章《教育》，第383页）

《镇沅彝族哈尼族拉祜族自治县志》

镇沅彝族哈尼族拉祜族自治县志编纂委员会编纂，云南人民出版社1995年

（1969年）3月12日，全县首批城镇知识青年到农村插队落户。至1977年止，先后有451名知青到农村接受贫下中农"再教育"。 （《大事记》，第26页）

（1973年）12月28日，县成立知识青年上山下乡工作领导小组。 （《大事记》，第28页）

（1976年）6月26—30日，县革委召开全县知识青年代表会。 （《大事记》，第29页）

1971年恢复招工招干制度，招收对象主要是下乡知识青年。经基层推荐，群众评议，上报招工主管单位批准后填表录用。当年招收财贸职工155人。1972年，从下乡和回乡知青中招收328人，多数分配在教育部门。……同年（1979年），云南省委组织部分配镇沅招干31人，招收对象是基层（大队、生产队）和农村优秀青年和表现好的上山下乡知识青年，录用后主要充实和加强基层（公社）。 （第二十一篇第一章《职工队伍》，第512页）

第一节　知识青年上山下乡

1968年9月，毛泽东主席发出"知识青年到农村去，接受贫下中农再教育"的指示，县革委根据上级部署，决定在者东、文龙、古城、振太公社建知青点，然后让建知青点的生产队腾让公房，购买生产、生活用具，于1969年3月12日，将首批1966、1967、1968届共102名城镇初中毕业生送到生产队，接受贫下中农再教育。知识青年到队后，集体食宿，每个知青点（户）由当地贫下中农推选1名社员负责对知识青年传授生产技能和进行政治思想教育。口粮从下乡之日起，每人每月国家供给贸易粮17.5公斤，第二年参加生产队集体劳动分配。经济上适当给予建房补助费、生活补助费、农具家具补助费及医药补助费。1970年8月县革委成立知识青年教育办公室后，在已建知青点的公社相继成立三结合再教育领导小组。

1972年,随着知青的不断增多,先后在勐大公社的平掌、勐统、文来大队,恩乐公社的民江、先锋、勤劳大队、恩乐农场、振太公社的小寨大队,古城公社的古城大队等处建知青点。1974年,县委还派出"带队干部"住到社队,帮助公社和大队做知青的安置和教育工作。1978年,全县有567名高初中毕业生到农村接受贫下中农再教育。年底,中央召开全国知识青年工作会议,决定停止城镇高初中毕业生到农村插队落户,对已经下去仍在农村的,可通过招工招干、参军、招生等陆续回城,1979年底,全县下乡知青已全部离开知青点参加工作或当上学生、军人。
(第二十一篇第四章《劳动就业》,第522—523页)

1966年,"文化大革命"开始后,停止招工招干,大多数城镇初高中毕业生安排上山下乡后,少部分照顾留城的青年由集体单位安置。1971年,恢复招工招干后,逐年从下乡两年以上的知青中录用干部及工人充实到各条战线。1972年后,除保证镇沅县劳力使用外,从城镇、农村、青年中招收工人支援边疆建设。1979年底,原安排上山下乡的567名知识青年,除上学和参军外已全部安排工作。
(第二十一篇第四章《劳动就业》,第523页)

《墨江哈尼族自治县志》

墨江哈尼族自治县志编纂委员会编纂,云南人民出版社2002年

(1969年)4月26日,墨江县首批城镇知识青年300余人,响应毛泽东主席"知识青年到农村去,接受贫下中农再教育"的号召。到景洪县农村插队落户,农村知识青年则各回家乡参加生产劳动。此后,城镇知青到农村接受"再教育"活动一直持续到20世纪70年代后期,全县共有数千名城镇知青到本县农村安家落户,接受"再教育"。
(《大事记》,第35页)

1968年12月,根据"知识青年到农村去"的政策,墨江县从1969年起,除少数因特殊情况需要照顾者外,凡城镇知识青年都动员到农村插队落户劳动。至1978年止,全县下乡的知青共900多人。在同一时期里,全县全民所有制单位从农村招干招工1 064人,形成劳动力城乡对流。从1975年开始,上山下乡知青逐步招收回城镇就业。
(第二十一编第一章《机构和管理》,第742页)

《澜沧拉祜族自治县志》

澜沧县地方志编纂委员会编纂,云南人民出版社1996年

(1969年)3月2日,上海1 035名高、初中生响应号召,到澜沧插队落户。此后,县内高、初中毕业的知识青年也分批下乡插队落户。1971年11月以后,陆续招工招干分配工

作。至 1976 年 8 月,全县先后到农村插队落户(或回乡)的知识青年共 4 500 余人。1978 年,终止下乡插队落户。 (《大事记》,第 22 页)

(1976 年)8 月 3—7 日,召开上山下乡知识青年先进集体、先进个人代表会议,出席代表 158 名。 (《大事记》,第 25 页)

1969 年,大批知识青年"上山下乡",财政增加城镇青年就业支出一项,当年支出 17.6 万元。 (第十三编第二章《财政》,第 376 页)

80 年代,贯彻执行国家统一招工和自谋职业相结合的方针,主要招收应届初高中毕业生、城镇待业青年、农村回乡知识青年和国家统一分配的大中专、技校毕业生,并采用自愿报名,统一考试,德、智、体全面考察的方法择优录用。 (第十八编第二章《劳动》,第 508 页)

知识青年 1969 年 3 月,为贯彻毛泽东主席关于"知识青年到农村去,接受贫下中农的再教育,很有必要"的指示,上海市 1 035 名初高中学生到澜沧插队落户。接着,县内的初高中毕业生也分批下乡插队落户,至 1976 年 8 月,先后到农村插队落户(或回乡)的知识青年共计 4 500 余人。1971 年 11 月后,插队落户的知识青年,通过人民公社、县再教育办公室推荐和统考等方法,陆续被分批吸收到党政机关和企事业单位工作。到 1978 年底,除个别外都作了妥善安置,其中,上海知识青年除部分被澜沧吸收参加工作外,还有部分被分配到西盟、孟连和思茅水利部门工作。 (第十八编第二章《劳动》,第 508 页)

1965 年后,由于大量增办民校,吸收了一大批当地的回乡知识青年担任民办教师,中小学教师发展到 757 人,其中民办教师 266 人。 (第二十二编第四章《教师》,第 593 页)

《西盟佤族自治县志》

西盟佤族自治县志编纂委员会编纂,云南人民出版社 1997 年

(1969 年)年内,贯彻毛泽东主席"知识青年到农村去,接受贫下中农再教育很有必要"的指示,将城镇初、高中毕业生分到农村插队落户,先后在 6 个生产队建立"知青户",从事农业生产。至 1978 年共有 191 名毕业生到农村插队。 (《大事记》,第 18 页)

知识青年下农村

1969 年,贯彻毛泽东主席"知识青年到农村去,接受贫下中农再教育很有必要"的号召,

组织城镇初、高中毕业生到农村插队落户。至 1978 年,先后安排六届初、高中毕业生共 191
人,到中课公社小寨生产队、勐梭公社上寨生产队、里坎生产队、里拉生产队,力所(傈僳)公
社力所茶厂、南亢茶厂插队,建立"知青户"。各"知青户"由县革委会派一名老干部带队,由
社员推选一名有生产经验的老农传授生产技术,从事农业生产,参加分配。

1978 年底,中共中央召开全国知识青年工作会议后,停止安排城镇初、高中毕业生下乡
落户。1979 年起,人事部门对下乡"知青"统筹安排,通过招工招干、参军、升学等,已全部安
置,插队期间计算工龄。 (第十八章《劳动人事》,第 289 页)

1965 年,小学教育发展迅速,师资严重不足,向景洪农场招收昆明知青 10 人。1966 年
招用回乡初中生、高小生作民办教师和代课教师。1971 年底至 1972 年春,又从落户在澜
沧、勐海的上海知识青年中招收 34 名,同时向墨江、普洱招收回乡知青 22 人。

(第二十二章《教育》,第 342 页)

《景东彝族自治县志》

景东彝族自治县志编纂委员会编纂,四川辞书出版社 1994 年

(1969 年)3 月,根据毛泽东主席关于"知识青年到农村去,接受贫下中农再教育"的指
示,第一批知识青年 73 人分别下到景福、安乐、龙街 3 个公社插队落户。1978 年止,每年都
有一批城镇初、高中毕业生上山下乡落户。 (《大事记》,第 29 页)

知识青年上山下乡

1968 年 12 月 20 日,毛泽东主席发出"知识青年到农村去接受贫下中农的再教育"的号
召,在此号召下,青年学生纷纷下乡上山,走与工农相结合的道路。当时,这一行动曾被当作
"社会主义制度下一件带根本性的大事"来抓。

景东县在做好武汉、四川等地"支滇"知识青年安置工作的同时,对县内 1966、1967、
1968 届初、高中毕业生进行了安置。自 1968 年底至 1969 年 3 月 25 日止,一中、二中学生
共计 618 人(一中 480 人、二中 138 人)除因斗、批、改工作需要暂留城镇的 30 多人外,其余
部分安排到农村安家落户,走与工农相结合的道路。这些学生中原籍农村的,回农村后称
"回乡知识青年";机关单位的干部、职工子女和城镇居民的子女为"下乡知识青年"分配到农
村建立"知青户",与农民一起劳动、生活。1969 年 3 月,第一批城镇知识青年 59 人分到景
福、安乐、小龙街等三个公社插队落户。1971 年 3 月,第二批知识青年 700 多人(多数为初
中毕业生),分批到文井、者后、花山、大街、文龙、安定等公社农村"插队",接受贫下中农再
教育。

为了加强对下乡知识青年的政治思想教育,安排好他们的劳动和生活,由县革命委员会政工组成立了"知识青年上山下乡办公室"。各公社的知识青年工作,1969 年以前,由公社党委分配专职干部代管。1970 年至 1975 年期间设专职干部,部分公社仍设兼职干部负责。1973 年 12 月 5 日,中共景东县委成立了"景东县知识青年上山下乡工作领导小组"。以后,随着上山下乡知识青年数量增多,在文井、者后、大街、花山等公社建立了"知青"点,将知青集中起来,集体劳动、生活,同时,县委往各点派负责知青工作的"带队干部",加强对知青工作的组织领导。

这些上山下乡的知识青年在插队劳动初期比较安心,不久,陆续有人被选拔输送上大学、参军、参工,引发了依然在农村插队的知识青年的返城欲望,不安心乡村,并对所接受的"再教育"质疑,于是,出现知青倒流回城的现象。

在接受安置知识青年工作中,广大干部和群众做了许多深入细致的工作。1969 年,城镇大批初、高中毕业生等待下乡插队,安置任务十分繁重。凡安排知青插队的公社、生产队,都积极忙于修建房舍,一部分生产队一时无力建新房,则修理、腾挪仓房队址,让知青按时下乡有住房。有的生产队还动员群众腾房搭灶,热情欢迎知识青年上山下乡安家落户。

1975 年前后,县知青办公室与县内厂、社国营集体企事单位挂钩,积极想办法帮助安排首批下乡插队的"老知青"就业,其中一部分吸收进教师队伍安排在当地任教,一部分到糖厂、机械厂、基建队当工人或到供销商业部门当职工。粉碎"四人帮"以后,根据中央关于"调整知青政策,逐步缩小上山下乡的范围,今后不再插队"的精神,逐步把带队干部撤离"知青点"回原单位工作。其后陆续把仍在各公社插队的城镇知青办理回城镇,为他们安排就业。原知青所有的房舍、家具及上级所拨经费财产,经处理后全部收缴财政。原属生产队群众建盖的房屋归生产队集体所有。至 1977 年初,所有下乡未婚知青全部返城安排完毕。原属农业人口的回乡知青也有部分被招工或录用,一部分相继考上大、中专学校就读深造。

(政治编第六章《政治要事专述》,第 383—384 页)

1966 年至 1968 年,因"文化大革命"而停止招工,学生"停课闹革命",毕业生长期不离校。1968 年 12 月,毛泽东号召"知识青年到农村去,接受贫下中农的再教育",县级成立知青办公室,将 1966、1967、1968 年 3 届的初、高中毕业生,分两批安排到农村。1969 年 3 月,第一批城镇知青 59 人分到景福、安乐、小龙街公社插队落户;1971 年 3 月,第二批知识青年 700 多人分批陆续到文井、花山、大街、文龙、安定公社接受贫下中农的再教育。

1975 年,县知青办公室与县内厂矿、国营商业和集体单位挂钩,积极想办法帮助首批下乡插队的"老知青"安排就业,其中一部分被吸收入教师队伍任教,一部分分配到糖厂、机械厂、基建队当工人和供销、商业部门作营业员。 (社会编第五章《劳动就业》,第 538 页)

《景谷傣族彝族自治县志》

云南省景谷傣族彝族自治县志编纂委员会编,四川辞书出版社1993年

（1968年）9月,动员城镇高初中毕业、修业生上山下乡,到农村接受贫下中农再教育。1969年至1978年共有1 847名城镇知识青年到农村插队劳动,接受贫下中农再教育。1979年停止下乡,已下去的通过招工、参军、入学陆续收回就业。　　　　　（《大事记》,第32页）

第七节　其它支出

包括农业、林业、水利、气象、地震、工交、商业、科学、乡镇企业等事业费,城市维护费、城镇知识青年就业经费及专款支出等,截至1990年累计支出2 955万元,占财政累计支出的8.7%。　　　　　（卷十六第二章《财政支出》,第405页）

第一节　知识青年上山下乡

1968年9月,贯彻中央关于"知识青年到农村去接受贫下中农的再教育,很有必要"的号召,凡"文化大革命"开始后毕业的初、高中生,都必须到农村插队落户,接受贫下中农的再教育。县革命委员会成立"知识青年接受贫下中农再教育领导小组",下设办公室,负责组织安排本县和地区机关插队落户的知识青年。至1978年,全县共接受安排1 847名城镇知识青年到钟山、永平、民乐、勐班、碧安等公社(乡、镇)38个大队(村)插队落户,接受贫下中农的"再教育"。知识青年到社队单独建立"知青"户,单独开伙。每个"知青"户由当地贫下中农推选1名社员负责对"知青"传授生产技术和负责政治思想教育。1974—1977年,县派出"带队干部"驻在社队,协助公社和大队做"知青"的安置和教育工作。

知识青年在插队期间的待遇享受是:口粮从下乡之日起,1年内由国家供给贸易粮,每人每月35市斤,农忙季节每人每月酌补3—5市斤;第二年参加集体劳动分配,对于正常出勤的,属稻谷生产区,吃粮水平不低于700市斤原粮,稻谷杂粮各半的生产地区,吃粮水平不低于600市斤原粮,所在社队吃粮水平达不到上述标准的,不足部分,由所在公社粮管所在国家统销粮内供给。

"知青"安置经费:1973年前未建房的户,每人补助200元,正常出勤生活不能自给的每人每年补助100元。1973年后下乡插队落户的每人补助470元,其使用范围:建房补助费190—200元,生活补助费180—190元,农具家具补助费55元,学习材料费10元。医药费每人每年10元,由公社"再教育办公室"和卫生所掌握50%,县再教育办公室和卫生科掌握35%。知识青年插队期间因病治疗,其医药费原则上自理,家庭确有困难的,经本人申请,群众评议,领导批准给予适当补助。

1978年底,中央召开全国知识青年工作会议后,停止安排城镇高、初中毕业生到农村插

队落户。已经下去的,通过招工招干、参军、招生,陆续回家。至 1979 年底,全县 1 847 名插队知识青年,除 1 名因与农村青年结婚建立家庭外,其余都收回安排工作或参军,或考入或选送大中专院校就读。

1969—1978 年知识青年上山下乡插队落户统计

单 位	1969	1970	1971	1972	1973	1974	1975	1976	1977	1978	合计
钟山公社	32	—	42	45	5	61	85	39	78	57	444
永平公社	18	—	2	42	135	322	67	158	73	39	856
边江公社	—	—	1	—	—	—	3	2	—	2	8
半坡公社	—	—	—	—	—	—	2	—	—	4	6
勐班公社	40	—	—	—	3	—	3	5	—	—	51
碧安公社	19	—	—	—	—	16	—	5	8	5	53
益智公社	6	—	12	3	8	1	3	6	8	8	55
正兴公社	1	—	—	3	—	5	12	8	4	10	43
凤山公社	19	—	—	—	1	7	3	1	3	34
景谷公社	6	—	—	2	3	1	5	5	6	—	28
民乐公社	42	—	8	12	103	6	9	23	27	2	232
良种场	—	—	—	—	—	—	—	—	—	36	36
化肥厂	—	—	—	—	—	—	—	—	—	1	1
合 计	183	—	65	107	257	413	196	252	205	167	1 847

(卷二十三第二章《劳动就业》,第 544—545 页)

1966 年前,城镇初高中毕业生较少,多数已安排就业。1967—1970 年停止招工招干,城镇初高中毕业生全部安排上山下乡插队落户。1971 年后恢复招工制度,分批分期招收上山下乡插队落户知识青年。

(卷二十三第二章《劳动就业》,第 545 页)

《孟连傣族拉祜族佤族自治县志》

孟连傣族拉祜族佤族自治县志编纂委员会编纂,云南人民出版社 1999 年

(1969 年)3 月,响应毛泽东主席关于“知识青年到农村去,接受贫下中农再教育”的号召,城镇初中毕业生分别到孟连、勐马、腊垒、南雅 4 个公社插队落户,“接受贫下中农再教育”。

(《大事记》,第 15 页)

（1979 年）4 月，外地在国营孟连农场的知识青年 525 人陆续返回原籍，孟连农场各项工作陷于瘫痪。补招在场职工家属为临时工维持现状，年底亏损 44 万元。　　（《大事记》，第 19 页）

1970 年 2 月，昆明市上山下乡知识青年 123 人分两批到国营孟连农场，农场场部搬迁至勐马公社勐阿大队，距芒览 1 公里处。3 月，国营孟连农场改称"中国人民解放军云南生产建设兵团一师独立一营"，生产队、基建队改为连队建制。全营现役军人 16 名，担任营、连两级领导。

1971 年 5 月上海市上山下乡知识青年 325 人抵达独立营，10 月成立机务连，拥有大小拖拉机 11 辆。年末全营职工 851 人，总人口 1 291 人。　　（第六章《农垦》，第 102 页）

1971—1978 年，在县内招收职工均实行群众推荐、民主评议、逐级考核政治表现，主要招收城镇上山下乡知识青年在农村插队两年以上的初高中毕业生、回乡知识青年、复员退伍军人。
　　　　　　　　　　　　　　　　　　　　　（第二十六章《劳动人事》，第 310 页）

上山下乡知识青年安置　　根据中央关于知识青年到农村去接受再教育的号召，1969 年起孟连县城镇初、高中毕业青年学生，分别到县内勐马、腊垒、南雅、孟连 4 个公社插队落户 21 人。1973 年后集中安置到孟连公社插队落户。1973—1977 年，全县累计安置上山下乡知识青年 208 人。1978 年，根据中央指示城镇知识青年学生不再安置到农村，历年安置到农村落户的城镇青年学生陆续招收回城镇工作。　　（第二十六章《劳动人事》，第 311 页）

从 1978 年开始，吸收录用干部实行统一考试，择优和推荐具有初中以上学历，年龄在 16—25 周岁未婚青年，在上山下乡插队知识青年中公开招收。考试科目有政治、语文、数学、地理、自然常识。经德、智、体考核、考试合格者填写干部录用表审核批准录用，全年共吸收录用干部 203 人，其中从农村招收初中以上未婚青年 23 人。
　　　　　　　　　　　　　　　　　　　　　（第二十六章《劳动人事》，第 313 页）

1966 年 2 月，思茅专署人事局从勐腊公路九团抽调河南知识青年 22 人到孟连支教，不久受"文革"影响，全部离开孟连。60 年代后期，县文教科从 16 所民办小学中择优吸收 8 名民办教师转为公办教师。1971 年县人事科又从澜沧上允、勐根等地招聘上海知识青年 26 人到孟连支教。　　　　　　　　　　　　　　（第二十九章《教育》，第 347 页）

1971 年初，建立孟连县"毛泽东思想宣传队"，隶属县革命委员会政工组，人员 23 人，大部分是从生产建设兵团吸收的上海知识青年，少部分在当地少数民族中吸收，由"支左"军代表担任政治指导员兼任队长。　　　　　　　　　（第三十一章《文化》，第 362 页）

《临沧地区志》

云南临沧地区志编纂委员会编,北京燕山出版社 2004 年

(1968 年)4 月,上海知识青年 80 余人到云县插队落户。　　　　　　　　(《大事记》,第 46 页)

12 月,按毛泽东"知识青年到农村去,接受贫下中农的再教育"的指示,全区初高中学生全部"上山下乡"或"回乡"参加农业生产劳动。　　　　　　　(《大事记》,第 46 页)

(1969 年 2 月)昆明市知识青年 1 313 人到垦区参加生产建设。其中,到孟定农场 813 人,勐撒农场 425 人,耿马农场 75 人。　　　　　　　　(《大事记》,第 46 页)

3 月,首批上海知识青年到专区插队落户,其中双江 299 人,沧源 93 人。

(《大事记》,第 46 页)

4 月,上海知识青年 208 人和永德县知识青年 64 人,被安置到德党、永康、小勐统 3 个公社的部分生产队插队落户。　　　　　　　　　(《大事记》,第 46 页)

(1970 年)5—6 月,上海市 2 601 名知识青年到兵团 2 师所属单位参加生产建设。其中,到 7 团(孟定农场)1 628 人,8 团(勐撒农场)415 人,9 团(勐省农场)170 人,独立 2 营(双江农场)180 人,独立 3 营(永康农场)95 人,独立 4 营(勐底农场)113 人。

(《大事记》,第 47 页)

(1974 年)3 月 4—12 日,地委、地革委召开全区知识青年上山下乡先进代表大会。

(《大事记》,第 49 页)

《临沧地区人口志》

临沧地区行署计划生育委员会编,(内部刊行)2002 年

城市知识青年上山下乡迁入:1968 年 12 月开始,城市知识青年响应党中央、毛主席关于"知识青年上山下乡,接受贫下中农再教育"的指示,到农村插队落户,参加生产劳动。至 1975 年,临沧地区先后接待安置知识青年 36 201 名,其中来自上海、成都、昆明等地下乡知识青年 14 584 人,本地回乡知识青年 21 617 人。　　　　　　　(第 110 页)

《临沧县志》

云南省临沧县地方志编纂委员会编纂,云南人民出版社1993年

(1968年)12月26日,开始安置知识青年上山下乡,全县分8批安置初、高中毕业生1 049人。 （《卷首·大事记》,第29页）

(1969年3月5日)接收安置上海知识青年269人。 （《卷首·大事记》,第30页）

(1971年10月)县举办"红师班",招收知识青年、代课教师214人进行培训,结业后,分配当任(课)教师。 （《卷首·大事记》,第31页）

(1973年)知识青年上山下乡办公室成立。到1980年,下乡知识青年除个别特殊例外,全部招收参加工作。 （《卷首·大事记》,第32页）

安置 1968年12月26日,安排第一批知识青年上山下乡,1968年在县文教组设置知识青年再教育办公室,专管知青工作。1973年,成立临沧县知识青年安置办公室,设副主任1人,办事员3人。1980年8月13日,与县劳动局合并办公。1981年1月,县知青办改称县劳动服务公司。1969年3月,安置上海知青269人(其中女89人)。国家每年给每人拨发生活困难补助费100元。至1979年底,全县先后动员初、高中毕业生上山下乡计1 049人(其中女生487人)。至1980年,33人被选送大专院校,104人被选送中专学校读书,42人参军,极个别因特殊原因外,其余全部招收安置就业。 （卷九第二章《劳动人事》,第489页）

《云县志》

云县地方志编纂委员会编纂,云南人民出版社1994年

中华人民共和国成立后,大批干部、知识分子、职工、知识青年从各地到云县,支援云县建设,如1950年初有八支队41人,解放军28人。1952年大理专员公署派出土改工作队来云县,后有64名安置在县、区机关工作。1955年农业合作化后,专署又派140人,安排在基层社、队承担会计业务。1956年1月,大理青年垦荒队104人到幸福建设青年集体农庄。1956年5月,由大理调来手工业缝纫师30人。1956年8月,由专署分配来云县任教60人。1957年9月,由省教育厅分配到云县支边教师12人。1966年由天津市调来支边青年30人,安排在县商业系统工作。1969年分来上海知识青年96人,这批人员全部安置在云城公社插队落户。1969年由昆明分来知识青年16人,安排在幸福公社插队落户。1975年2月,

到凤庆县招收城镇待业青年 39 人,分配在县茶厂、云县糖厂、冷冻厂、林业局等单位。上述来云县的人员,一部分先后调走,一部分已扎根云县安家落户。如上海知识青年只留下 19 人,而 1975 年招收来的凤庆青年则大多数留在云县。 (卷二第一章《人口状况》,第 77 页)

1968 年县革委成立知识青年上山下乡办公室,承办专项业务。1969 年 5 月,省革委分配来上海知识青年 101 人(男知青 74 人),全部安置在云城公社插队落户。其中德胜大队 47 人,永胜大队 17 人,红旗大队 37 人。1974 年后有 77 人陆续调离云县,至 1990 年在云县安家落户的上海知青有 19 人。

县知青办公室从 1969 年开始动员中学毕业生上山下乡,至 1978 年先后安排 668 人。其中有临沧地区直属知青 45 人,共建知青点 25 个。较为集中的有云城区的德胜、永胜,茂兰区的忙卓、戴家庄,幸福的大窝铺、章腊、傣族村、丙凤、向阳,涌宝区的平河畜牧场,忙怀区的紫胶场。在知青点共建大小房屋 25 幢。知青的生产、炊煮用具全部由知青办公室统一安排解决,经费由县财政拨款,共拨 14.97 万元,支出 11.2 万元。

县知识青年上山下乡工作于 1980 年结束,同时撤销知青点,房屋、器材变价处理,回收 2 630 元。上山下乡插队落户青年去向为:考入大中专院校 131 人,招工、招干 453 人,参军 35 人,回城顶替父母工作 44 人,其他就业 5 人。 (卷二十二第一章《劳动就业》,第 617 页)

(全县 1988 年)年底有待业人员 360 人,其中有知识青年 278 人,闲散劳动力 82 人。

(卷二十二第一章《劳动就业》,第 618 页)

《镇康县志》

镇康县志编纂委员会编修,四川民族出版社 1992 年

(1966 年)2—4 月,天津市"支边青年"71 人分两批先后到达镇康。

(《大事记》,第 35 页)

1964 年后,镇康县因人才奇缺,工源不足,招录工人有相当部分来自外专县,工人文化程度多为初中以下。招工对象为政治历史清楚的贫下中农子女;身体健康,经过两年以上劳动锻炼的下乡插队知识青年;经批准照顾回城的知识青年及不动员下乡,留于城镇的中学毕业生;城镇待业青年,以及部分回乡知青、退伍军人。(卷十七第二章《劳动管理》,第 632 页)

(镇康中学 1969 年)1 月 5 日,学校给 1964、1965 年两届学生 4 班 166 人办理毕业离校手续,农村学生回乡生产,城镇学生由县统一组织到勐厂坝等地集体插队落户。

(卷二十一第二章《中等教育》,第 744 页)

1976 年 4 月(勐捧中学)成立贫下中农管理学校委员会,因教师紧缺先后聘用回乡、下乡知识青年 4 人代课。 （卷二十一第二章《中等教育》,第 747 页）

知识青年上山下乡办公室主任:高国茂、胡金荣。
（卷二十六第三章《人物名录》,第 923 页）

《永德县志》

永德县志编纂委员会编纂,云南人民出版社 1994 年

(1965 年 11 月)四川支边青年 43 人到永康、勐底两农场落户。 （《大事记》,第 37 页）

同月(1968 年 12 月),县内 1966 年应届高初中毕业生及在校初高中一、二年级学生 634 人,同时宣告结业。农村户口的回乡务农,城镇户口的 33 人安排到大雪山勐旨和崇岗户等两地插队落户,开始实施知识青年上山下乡,接受贫下中农再教育。 （《大事记》,第 40 页）

(1969 年 4 月)首批上海知识青年 208 人和县内知青 64 人,被分配安置到德党、永康、小勐统 3 个公社的部分生产队插队落户。 （《大事记》,第 40 页）

同月(1976 年 7 月)20 日,县革委统报:"文革"中先后下乡落户的知识青年,已有 364 人通过招工、招生及困难照顾等办法,陆续迁回城镇。 （《大事记》,第 45 页）

1973 年之后,除上级分配各类学校毕业生逐年有所增加外,县内也逐年从高中毕业生、下乡知识青年及退伍军人中吸收干部。 （第十九篇第一章《劳动人事》,第 634 页）

《凤庆县志》

凤庆县志编纂委员会编纂,云南人民出版社 1993 年

(1968 年)12 月 21 日,首批城镇知识青年到农村插队落户。
同月,上海知青 130 名到县,分别在凤山区青树、红塘、大有、前锋、东山、清水河、后山、平村等地插队落户。 （《大事记》,第 24 页）

同月(1969 年 9 月),干部袁嘉儒、下乡知青雷争春,被选赴北京参加中华人民共和国 20 周年国庆观礼。 （《大事记》,第 24 页）

1971 年 9 月,在营盘公社大奶坝开办第一期红师班,推荐招收回乡插队知青 114 人,培训两个月即分配任教。 (第十七篇第二章《专业教育》,第 411 页)

知识青年上山下乡 1968 年 12 月 21 日,县革委会成立安置办公室,动员全县城乡非农业人口的 1966—1968 年的高、初中毕业生 200 多人,首批下乡到营盘、马街公社插队劳动。同月,上海知青 133 人到县,安置在凤山公社插队落户。后安置办公室改为县再教育办公室,1973 年 11 月建立县知识青年上山下乡办公室,1980 年 10 月,县委决定将其合并劳动科。1980 年底,全县先后安置到农村插队落户的 1 744 名知识青年都回城安排就业。国家共拨支知青费用 245 480 元。 (第二十二篇第四章《政治运动纪略》,第 595 页)

1968—1979 年使用工人代替干部 1 150 人。1950—1990 年共录用干部 6 489 人,其中退伍军人 275 人、农民 1 468 人、社会青年 3 035 人、统战对象安置 4 人、工人转干部 776 人、下乡知青 708 人、自费大中专毕业生 2 人、应届高初中毕业生 221 人。

1950—1990 年录用干部统计表

单位:人

年 代	合计	退伍军人	农民	社会青年	统战安置	工人转干部	下乡知青	自费大中专毕业生	应届高初中毕业生
1950	2			2					
1951—1956	1 183	150	189	844					
1958—1962	1 820		693	1 094	2	31			
1963—1967	944		84	644	2	59	2		153
1968—1979	1 206	119	371			10	706		
1980—1984	875			222		609			44
1985—1989	418		124	229		65			
1990	41	6	7			2		2	24
合 计	6 489	275	1 468	3 035	4	776	708	2	221

注:1980—1984 年社会青年含退伍军人。

(第二十五篇第二章《人事》,第 644 页)

《双江拉祜族佤族布朗族傣族自治县志》

双江拉祜族佤族布朗族傣族自治县地方志编纂委员会编纂,云南民族出版社 1995 年

(1968 年 10 月)县革委政工组设知识青年安置办公室。 (《大事记》,第 34 页)

（1969 年 3 月）19 日，上海知识青年 299 人到双江插队落户，本地回乡知青 302 人下乡接受贫下中农再教育。 （《大事记》，第 35 页）

（1971 年 7 月）20 日，县革委招收 115 名下乡知识青年参加国家机关、企事业单位工作。 （《大事记》，第 38 页）

（1973 年 5 月）下旬，县委安排全县应届初、高中毕业生 436 人上山下乡锻炼，接受再教育。 （《大事记》，第 41 页）

（7 月）11 日，建立双江县知识青年上山下乡工作领导小组，下设办公室。

18 日，县医院开办医士班，招生对象主要是"有一定的阶级斗争和路线斗争觉悟"，具有两年以上劳动锻炼的回乡知识青年和"赤脚医生"，当年招收 15 人。 （《大事记》，第 41 页）

（1976 年 10 月）19 日，县委、县革委召开县第三次知识青年上山下乡先进集体、先进个人代表会，有来自上海、四川和当地知青共 270 多人出席会议。 （《大事记》，第 44 页）

（1977 年 5 月）全国恢复招生考试制度，县内 300 多高中生（含回乡知青）报名，72 人被各大专院校录取。 （《大事记》，第 44 页）

知识青年插队安置

1968 年 12 月，县革命委员会在政工组内设知识青年安置办公室。1969 年，改为知识青年上山下乡再教育办公室。1974 年，改为知识青年工作办公室，专门负责知识青年插队安置工作。

1968 年，将县内高、初中学生 513 名动员下乡和回乡生产，分别到 5 个公社，32 个生产大队插队落户。1973 年，对知识青年插队落户过于分散的，相应集中到勐勐、勐库、沙河 3 个公社，12 个生产大队，56 个生产队插队落户。每个公社配备 1 名带队干部，配合公社、大队对知识青年进行管理教育工作。

1969 年，上海知识青年 299 人到双江县农村插队落户。1970 年 6 月，上海知青 180 人到国营双江农场插队落户。1971 年，四川知青 150 人到国营双江农场落户。另有临沧地区知识青年 168 人到双江县插队落户。1968—1971 年，共接收安置知识青年 1 314 人。

1979 年，知识青年不再上山下乡。1981 年 11 月，撤销知识青年办公室，知青工作并入劳动科管理。

1969—1982 年，全县上山下乡知识青年（不含国营双江农场），先后录取到学校、机关、厂矿及到部队参军等 761 人，病退、照顾家庭关系、外迁插队、死亡等共 152 人。另有 70 多人探亲未归而自动脱离。 （第四编第七章《劳动人事》，第 599 页）

《耿马傣族佤族自治县志》

耿马傣族佤族自治县地方志编纂委员会编，云南民族出版社1995年

1969年安排了78名上海知识青年到红卫公社插队落户。1977年，根据省有关文件精神，动员了本县待业青年1195人到农村劳动锻炼，接受贫下中农再教育。对象是：家居城镇的非农业人口，年满17周岁的中学毕业生，应下乡而未走的；招工、招生推荐后未录取或录取后本人不愿走的知识青年，以及1971年9月1日以后自动离校、休学或退学的中学生，均应动员上山下乡，少数民族毕业生尽量安置到本民族地区插队。此外，对于因病残不能参加农业劳动，独生子女，父母身边只有一个子女的，给予了照顾。

(第十九篇第二章《劳动事务》，第612页)

《保山地区志(上卷)》

保山地区地方志编纂委员会编，中华书局1999年

"文化大革命"期间，专、县劳动管理部门被撤销，城市知识青年大批上山下乡"接受再教育"，企、事业单位大量招收农村劳动力进城。1968—1970年，专、县军管会和专、县革委会生产指挥组按照省军管会和省革委下达的招工指标，先后招收职工9063人。并为金沙江水运局、黑白水林业局、昆明钢铁厂、龙山矿等企业招收工人708人，招收对象主要是城镇上山下乡知识青年和部分农村复退军人。

(第五编第二章《劳动管理》，第431页)

1978年后，在党的改革、开放、搞活方针指引下，全区在改革用工制度和招工方法的同时，以糖、茶为主的国营食品加工业发展较快，集体所有制企业发展迅速，吸收了大批城镇待业青年和城镇知识青年就业。仅1977—1979年，由劳动部门下达指标，经用工单位考核，报劳动部门审批，全区就招收工人5885人。招收对象，主要是上山下乡和准留城的城镇知识青年和城镇待业人员。

(第五编第二章《劳动管理》，第431页)

知识青年上山下乡安置

1968年12月22日，毛泽东主席发出"知识青年到农村去，接受贫下中农的再教育，很有必要"的指示后，云南省革委立即召开电话会议，向各地、州部署了城镇知识青年(简称知青)上山下乡的工作。会后，保山专区及所属各县由革委会生产组负责，开始筹备知识青年上山下乡安置工作。1969年1月18日，保山专区革委会生产指挥组将贯彻实施省革委部署的具体意见印发各县，要求各县立即成立知青接待安置办公室，各公社(区)成立接待安置小组，并对接收安置知青的具体政策和待遇作了规定。

1月19日,施甸县城镇初、高中毕业生作为全区首批知青下到农村安家落户;20日,腾冲县804名城镇知青下到农村;1月30日,保山县在东方红广场(今保岫广场)召开大会,欢送本县及地直单位的900多名城镇知青前往农村。同时,昌宁、龙陵两县的城镇知青也先后落户农村。到5月初,全区应下乡的1900多名知青已基本下到农村。在安置本区知青的同时,省革委分配给保山专区(含今保山地区、德宏州)安置的3.6万名外地知青也陆续到达保山。首批到达的昆明知青2.3万多人,于1969年2月15日安置到各县,其中分到今保山地区5县的有4946人;保山县1267人,腾冲县2828人,昌宁县204人,龙陵县384人,施甸县293人。同年6月,北京知青60人到达保山,其中43人分到潞江农场,17人分到新城农场。1970年12月,上海知青250人安置到潞江农场。1971年,成都知青1031人到达保山,安置在潞江农场。1972年以后,外地知青未再成批落户保山;而区内每年毕业的高、初中学生大多安置到当地农村落户。从1969—1979年,全区共安置本地城镇高、初中毕业知青9批、7924人。

　　为了做好知识青年上山下乡的安置工作,专、县先后成立知青安置领导小组,下设安置办公室。1969年6月,安置办改为再教育办公室。1973年以后,改为知青工作办公室,负责知青上山下乡的管理工作。1980年10月,地、县知青办分别与劳动局合并。

　　保山地区知青上山下乡政策有过几次大的调整:1969年规定,凡是1966年、1967年、1968年毕业的城镇高、初中学生,除个别无劳动能力者外,无论年龄大小,身体及家庭状况如何都要求到农村插队落户。1970—1972年,由于国家在城镇应届高、初中毕业生中招工,没有知青下乡。1973年以后,按照国家规定:任何单位招工都只能从参加过两年以上劳动锻炼的知青中招收,不再直接从应届毕业的城镇中学生中招工。凡年满16岁的中学毕业生,除病残、独生子女、多子女已下乡或在外地工作,父母身边仅有一个孩子;家庭有特殊困难,须留一个子女照顾;外侨或归侨学生,包括中国籍的外国人子女外,要求全部下乡落户。1973年,全区城镇知青安排下乡两批,第一批是招工剩余的历届城镇高、初中毕业生;第二批是应届城镇中学毕业生。1978年,收缩知青下乡面,扩大"留城"面,规定两个子女以上的家庭,可选留一个子女在家照顾父母,不必下乡;并要求工矿企业、机关、部队、学校等在农村的农副业生产基地逐步安置本系统的知青。到1979年,除保山县外,其他4县的城镇知青已停止上山下乡。1980年,全区知青停止上山下乡。

　　知青上山下乡期间,由国家拨给一笔安置费,用于购置生活用具、农具和短期内的生活补助。1972年以前,每个知青的安置费为180元;1972年提高到220元,其中200元拨到生产队,另20元由地、县知青再教育办公室各掌握10元,作为宣传、旅途运输等机动费用。1973年起,每人480元,其中200元用于建房。同时,拨给各县知青一批木材指标,按支农用材价格出售,用于建盖知青住房。并给1973年以前的下乡知青每人补发200元,作为建房补助费。1973年7月16日,省知青办批准保山县开办知青农场,地址在坝湾公社白花林大队。云南省农垦总局将原新城农场的第10、11和12等3个队的固定资产,划拨给保山县知青农场。当年,安置保山县知青130人;国家拨给每人580元的知青补助费,其中建房费300元,生活费190元,农具、家具费50元,医疗费50元,学习费10元,旅运费10元,其他费5元。据统计,从1969—1980年的13年中,国家财政共为全区知青上山下乡拨款547.2万元。

知青上山下乡当年的口粮、食油及副食品,由当地粮食部门按原在校或城镇定量标准供应到第二年大春分配时止。大春粮食分配后,若口粮低于供应标准的,经县革委批准,可适当延长供应时间。1973年后,改为按人均每月17.5公斤的标准供应,农忙时每人每月补助1.5—2.5公斤。

历年上山下乡知青主要安置在劳动收入较高、交通相对方便的社、队。安置形式最初主要以插队落户为主,一人或两人在一个生产队,分散吃住在农民家中或住在生产队公房内,自己开伙。由于居住分散,不便管理,此种安置形式不久便为"自愿结伙,办集体户"的形式所取代。1974年,在保山、腾冲两县进行试点,推行湖南株洲市厂社挂钩、定点安置知青的做法。保山县按行业共分为15个大系统,分别与坝湾、敢顶、芒宽3个公社的21个大队挂钩,按系统派出带队干部;腾冲县分为6个大口,分别与中和、荷花、古永、瑞滇、界头、城关等6个公社挂钩。一个系统的知青分到一个大队,再以生产队建立知青户,每个知青户2—10人不等。由生产队安排1名骨干当户长,知青中选出1名副户长、1名生活委员组成户委会,负责管理本户的生产、生活及学习。知青户集体开伙,由生产队划给少量菜地种植蔬菜,有的还喂猪、养鸡,以改善生活。1975年,施甸、昌宁、龙陵3县也开始集体安置知青。

从1970年起,国家开始从表现较好的下乡知青中招生、招工或招干。同年11月,上海复旦、同济大学及华东师范大学从保山专区知青中个别招生7人,其中保山县3人,腾冲县、施甸县各2人。1971年,省革委发出《关于推荐一部分城镇下乡知青参加工业、财贸、文教等工作的通知》,同年6、7月,由各县再教育办公室会同劳动部门组成招工领导小组,首批在下乡知青中招工。招工方法是:先由知青讨论提名,所在生产队社员推荐,招工单位与大队、公社审查,报县革委批准。当年,全区5县从知青中招工4 000多人。此后,国家每年都从下乡知青中招收部分知青回城就业,或到大中专学校读书。

从1970年底开始,对病残或家庭有特殊困难的知青,本人提出申请,经生产队证明情况属实后,报安置地区再教育办公室,与动员地区协商同意后,即可办理退回城镇手续,不再继续下乡。1971年底,全区共办理379名知青的回城手续。1972年,又办理回城知青396人。1979年2月,最后一次办理回城。到1980年底,全区知青除个别与当地农民结婚、已在农村安家落户者外,其余全部返回城镇,并于1981年底分批安置完毕。至此,全区知识青年上山下乡安置工作全面结束。

知识青年上山下乡,作为"文化大革命"的产物,既给农民增加负担,耗费国家大量的财力、物力,也影响了一代青年的深造。而且由于政治思想薄弱,管理不善,医疗条件差等原因,少数知青的思想、身体乃至生命受到严重摧残。据不完全统计,从1969—1979年,全区知青在下乡期间死亡 77 人,其中有的因公死亡,有的自杀,有的病死,有的被淹死、摔死,有的被人毒打致死,有的还逃到国外,个别女青年被诱骗奸污,身心留下巨大创伤。就绝大多数知青而言,通过到农村劳动锻炼,从广大农民身上学到许多生产、生活常识和技能,培养了艰苦朴素的生活作风和独立生活的能力,增强了同农村和农民的感情,有的还被推选当了民办教师或赤脚医生等,对农村的进步和知青的成长以至后来走向社会起着重要的作用。

保山地区历年上山下乡知青安置情况及国家拨款统计表

年代	下乡人数	分布情况						国家财政拨款(万元)	带队干部	知青工作专职干部配备人数			
		公社	大队	生产队	农林茶场	集体户	知青点			合计	地区	县	公社
1969	6 974	—	—	—	—	—	—	140.3	—	—	—	—	—
1970	250	—	—	—	1	—	—	71.8	—	—	—	—	—
1971	1 031	—	—	—	1	—	—	6.2	—	25	6	19	—
1972	—							3.1					
1973	755	—	—	—		—	—	39.1					
1974	949	32	142	505		192	495	49.1	35	29	4	19	6
1975	849	36	112	443	8	209	28	58.1	46	29	5	19	10
1976	1 055	43	136	568	22	302	29	51.3	60	43	5	25	13
1977	1 075	41	148	736	25	530	125	52	79	41	4	21	16
1978	728	28	115	577	17	155	20	34.5	65	40	4	22	14
1979	150	—	—	—	2	—	—	10.3	14	—	—	—	—
1980	—							31					
1981	—							0.4					
合计	13 816	180	653	2 829	74	1 388	697	547.2	299	207	28	125	59

(第五编第五章《民政事务》,第 479—482 页)

《保山地区志(下卷)》

云南省保山市地方志编纂委员会编,中华书局 2003 年

　　1971 年,为适应农村普及教育的需要,根据省革委指示,从回乡和城市上山下乡的知青及复员退伍军人中招收小学教师。至年底,在全区从知识青年中招收小学教师达 1 148 人。同期,民办教师队伍逐年壮大,至 1975 年,全区民办教师增加到 5 600 余人。

(第二十一编第十一章《教师》,第 105 页)

《保山市志》

云南省保山市志编纂委员会编,云南民族出版社1993年

(1969年)1月,本县初、高中毕业生922人到农村插队落户,接受贫下中农再教育。

(《大事记》,第20页)

1984—1985年,市劳动服务公司陆续对城镇待业青年及职工进行培训,共举办专业技术培训班24期、991人,其中城镇待业青年584人,在职人员145人,农村回乡知青259人,外县3人。

(第十二编第四章《人事劳动》,第475页)

知识青年安置

1968年开始动员城镇知识青年上山下乡,至1979年全县到农村"接受再教育"的知识青年共5 169人。1980年知识青年停止上山下乡。

从1971年起,通过企业单位招工、大中专院校招生、应征入伍、转干等途径,逐步安置下乡的知识青年。1980年统计,历年招收为国家干部的150人,录取大中专院校的学生227人,应征参加中国人民解放军的75人,招收为工人的4 300人,迁往外地的184人,病退回城待业的168人,与当地人结婚或死亡及其它原因未离开农村的共65人。全民所有制单位招收新工人时,在考分上优先照顾了上山下乡的知识青年。

(第十二编第四章《人事劳动》,第479页)

民办教师(简称民师):1958年贯彻"两条腿走路"方针时,民师数从1950年占教师总数的9.1%上升为60%。1966年,下降至42%。"文革"后期,在回乡、下乡知识青年中选拔了一批,填表在县文教局备案。

(第十七编第六章《教师》,第624页)

《施甸县志》

云南施甸县县志编纂委员会编,新华出版社1997年

(1969年)1月15日,成立县知识青年上山下乡再教育办公室。安置本县及外地知识青年到农村接受贫下中农再教育。

(《大事记》,第27页)

同月(1980年10月),县知识青年上山下乡办公室并入劳动局。

(《大事记》,第33页)

知识青年安置

1969—1978年,分配到施甸的下乡接受贫下中农再教育的知识青年639人(包括昆明

知青289人)。其中男青年330人,女青年309人。高中毕业208人,初中毕业431人。

在知识青年下乡2—3年后,中央规定各地根据表现和要求,给予就地安置工作,下乡的639名知识青年中,招干397人,参军53人,升入大中专学校70人,转到县外安排工作119人。1979年,下乡的知识青年安置完毕。　　　　　　　　　　(第三编第五章《劳动人事》,第394页)

《施甸县人口志(1912—2008)》

《施甸县人口志》编纂委员会编,云南美术出版社2009年

(1959年)5月、11月,施甸5个区青年第一批420人,第二批2 268人,分两次迁移瑞丽、陇川、潞西等县国营农场安家落户,支援边疆建设。　　　　　　　　(《大事记》,第4页)

(1969年)1月15日,施甸县安置云南农业大学附中学生73人、昆明22中学生189人,共262人,分别到酒房、太平等公社插队落户。　　　　　　　　　　　(《大事记》,第5页)

《腾冲县志》

腾冲县志编纂委员会编,中华书局1995年

(1969年)1月20日,腾冲首批知识青年804人奔赴农村,插队落户,接受"再教育"。接着,昆明知青2 782人也分批来到腾冲,安排在21个公社、125个大队、854个生产队插队落户。至1978年,全县共安置知识青年5 205人。国家先后支付经费共140万元。

(《大事记》,第40页)

1969年1月到1980年10月,全县组织8批高、初中毕业的知识青年2 423人上山下乡,进行劳动锻炼,接收昆明下乡知青2 782人。　(卷十五第二章《中国共产党地方组织》,第577页)

1980年民办教师转公办953人,从农村回乡知识青年中招收教师360人。

(卷二十七第一章《劳动人事》,第961页)

下乡知识青年　1969年1月—1980年全县分8批动员知识青年2 423人下乡插队落户,加上昆明来腾冲插队落户的知青2 782人,共5 205人。1971年6月,招收昆明知青回昆工作220人,招收本县知青安置工作40人。到1974年9月止,全县共招工安置知青2 401人。1975—1980年,除部分知青应征入伍和考上大、中专外,其余知青通过逐年招工,已全部安排工作。

(卷二十七第一章《劳动人事》,第961页)

《昌宁县志》

昌宁县志编纂委员会编纂，德宏民族出版社 1990 年

（1964 年）12 月，根据省委决定，本县组织了 118 名干部和农村知识青年，参加大理县的社教运动，前后历时 10 个多月。 　　　　　　　　　　　（《卷首·大事记》，第 27 页）

同年（1973 年），县委成立"知识青年上山下乡领导小组"，下设办公室，负责全县上山下乡知识青年的安置、教育工作。 　　　　　　　　　（《卷首·大事记》，第 35 页）

同年（1978 年），从 1969 年以来安置的本县城镇知识青年已达 11 批 610 人，分别在柯街、珠山、勐统、湾甸等 8 个公社、24 个大队、56 个生产队插队落户，建立了 20 个知青点和61 个知青户。同时，还先后安置了昆明下乡知青 150 人。国家累计拨出下乡知青安置经费20.8 万元，建盖房屋 185 间，共 3 241 平方米。 　　　　　（《卷首·大事记》，第 38 页）

县知识青年上山下乡工作办公室　1973 年 10 月成立。1979 年初，城镇知识青年停止上山下乡后撤销。 　　　　　　　　　（卷三第二十八章《执权机关》，第 441 页）

1977—1979 年招收的工人，由县劳动部门下达指标，经用工单位考核，报县劳动部门批准招收。招工对象主要是城镇上山下乡已满两年的知识青年和批准留城的城镇知识青年。

　　　　　　　　　　　　　　　（卷三第三十章《劳动人事》，第 449—450 页）

1978 年，开始实行义务兵役和志愿兵役相结合的兵役制度。当年春季发布的征兵命令规定：征集对象主要是农村家庭劳动力比较充裕，出身贫农、下中农的青年；上山下乡劳动锻炼一年以上的知识青年；机关、厂矿、企事业单位的青年职工可少量征集，但不超过全县总名额的 2%。 　　　　　　　　　　　　　（卷三第三十四章《军事》，第 494 页）

《龙陵县志》

云南省龙陵县委党史地方志工作办公室编，中华书局 2000 年

（1969 年）1 月，成立龙陵县知识青年办公室，在 8 个公社安排插队落户昆明知青 374人，龙陵知青 80 人。 　　　　　　　　　　　　　　（《大事记》，第 27 页）

知青安置

1969 年 1 月，为认真落实毛泽东主席"知识青年到农村去，接受贫下中农再教育，很有

必要"的指示和省地有关"知识青年到农村去"的通知精神,龙陵县成立了知识青年办公室,开始安排知青下乡。1969年安排454人,其中昆明知青374人,龙陵县知青80人,分布8个公社,87个生产队。至1978年底停止,历时10年。10年中除1972年因国家延长学制没有毕业生而未下乡外,其余年份凡属非农业人口高初中毕业生(除升学或因病等经批准留城者外),全部安排到农村接受锻炼。10年累计安排上山下乡知青967人,其中昆明知青380人。

根据国家政策规定,从1971年起开始对有两年锻炼时间,政治思想好,身体健康的知青,经贫下中农推荐、接收单位审查、县革委会批准,逐年按上级下达的专项指标安排参加工作。到1980年所有知青均得到安置。凡返城参加工作者,在农村锻炼时间计入工龄。

龙陵县历年上山下乡知青安置表 单位:人

年 份	上山下乡人数	安 置 去 向							
		升学	参军	招工招干	批准返城	返昆未归	转迁外县	病退回城	其它
1969	454								
1970	—					45	43	—	
1971	18	22	14	165	—		20	30	4
1972	—	2	2	70	—			3	
1973	102			63					
1974	63	9		10					
1975	61	16	2	33	11				
1976	77	6	6	12			2	1	
1977	90	17	10	51					
1978	102	5	5	140					
1979	—			139					
合计	967	77	39	683	11	45	65	34	13

(第二十编第二章《劳动管理》,第504页)

1972年吸收干部395人,大部分为农村青年,少数为下乡知青。

(第二十编第四章《人事管理》,第524页)

《丽江地区志》

丽江地区地方志编纂委员会编纂,云南民族出版社2000年

(1969年)1月,全区城镇知识青年(初、高中毕业生)积极响应毛主席"知识青年到农村去,接受贫下中农的再教育"的号召,纷纷报名上山下乡插队落户,接受贫下中农的再教育。

1月,为开展知识青年上山下乡的动员安置工作,丽江专区革命委员会根据上级指示成立丽江专区革命委员会知识青年上山下乡安置领导小组,并在专革委会生产指挥组下设知识青年上山下乡安置办公室,具体负责日常工作。 （《大事记》,上卷第48页）

(1973年)10月,中共丽江地委、地革委决定成立中共丽江地委知识青年上山下乡工作领导小组,下设丽江地区知识青年上山下乡工作办公室。 （《大事记》,上卷第51页）

1969年开始招工,到1976年全区4县共招收城镇下乡插队知识青年2 743人,从而增加了待业青年安置人数,到1979年插队知青除本人提出自愿留农村的3人外,其余都已安置到全民所有制单位工作。 （第十七编第三章《劳动》,中卷第332页）

第六节　知识青年上山下乡

1969年2月按照中共中央主席毛泽东"知识青年到农村去,接受贫下中农的再教育,很有必要"的指示,丽江专区革命委员会(以下简称专革委)在1969年3月13日开始,先后成立了专、县"知识青年上山下乡安置工作办公室"。在全区掀起全面动员知识青年(以下简称知青)上山下乡高潮。同时,对1966年、1967年、1968年三届高初中毕业生(包括城镇、农村知青都停止招工,动员到农村插队落户锻炼。1969年底全区12个县、城镇知青应下乡1 259人,实际下乡1 152人,达91％。来自农村的知青8 660人全部回乡,接受贫下中农的再教育。城镇下乡插队落户知青,均由各县知青办公室与各人民公社分管知青安置工作的干部联系好、分配好、编好知青户后,直接分配到生产队与农村社员同吃同住同劳动。1974年为加强知青上山下乡工作,又决定从行政机关中分期分批选派知青带队干部24人(不包括专县知青办干部27人)直接到农村知青户领导知青插队落户工作。知青下乡根据上级有关规定,由专县财政拨给知青办一定的安置经费(包括住房维修、购买劳动工具、生活炊具用品等),使知青上山下乡安置工作得以顺利进行。全区丽江、永胜、华坪、宁蒗四县城镇知青到农村插队落户人数,从1969年到1978年期间共有4 454人,其中1969年1 663人,1971年361人,1972年122人,1973年260人,1974年490人,1975年392人,1976年355人,1977年522人,1978年290人,下乡插队知青最多的是丽江县共有2 995人,占全区插队知青总人数的67％。丽江地区还安置上海知青128人,主要安置在丽江县88人,永胜县40人。1969年上海市革命委员会首先派来工宣队员8名,帮助丽江专区安置上海知青,后来又派来以朱丽仙为团长、汤国斌为副团长的知青慰问团配合丽江专革委重点慰问上海知青。此外,还接受安置昆明知青24人(主要是省商业厅在丽江县士可开办的药材学校毕业生);当时还有昆明警备司令部分到中甸安置的30人,其他外专州来安置的9人。

1970年云南省革命委员会组织慰问团丽江分团慰问全区插队知青,同年7月丽江专革委还在丽江县石鼓公社召开"丽江专区再教育战线首届活学活用毛泽东思想积极分子代表大会"。在出席大会的 300 名代表中,插队知青代表 120 名、回乡知青代表 50 名受到大会表彰。同年 11 月 9 日还有上海知青孙根娣等 17 名插队知青出席"云南省教育战线活学活用毛泽东思想积极分子代表大会"。

慰问工作结束后,又转入对知青上山下乡安置工作检查,省革委会派来的检查组配合专县革委会检查组组成"云南省革命委员会知识青年上山下乡安置工作检查团",对全区各县知青工作安置政策、经费落实、知青表现等方面作了全面检查,同时对破坏上山下乡知青工作的坏人坏事作了查处。

1974 年 3 月 10 日,中共丽江地委召开全区知识青年上山下乡先进分子代表大会,在出席大会的 350 名代表中,有插队知青代表 100 名、回乡知青代表 106 名受到表彰。同时在大会上还充分肯定了知青上山下乡经过锻炼的成长情况,在知青中有 101 名加入中国共产党,446 名加入共青团,326 名被选进各级领导班子,546 名担任会计、记分员、保管员、民办教师、赤脚医生、学习辅导员、科技员等。此外,先后有 40 名出席过全省积极分子代表大会,有 1 名还到北京参加国庆观礼。

知青上山下乡插队锻炼的时间未作固定限制或规定,只有通过生产队、大队、公社逐级推荐参军、招生、招工(当时招工也没有严格考试制度,如果部门或厂矿需要人员,劳动部门就可从下乡插队知青中凭社队推荐意见选择录用)。1978 年从插队知青中招工 797 人,招生 129 人,征兵 58 人,提拔为国家干部 2 人,共计安排 986 人。到 1978 年底,全区在农村插队知青还有 454 人(其中:丽江县 251 人、永胜县 110 人、华坪县 71 人、宁蒗县 32 人),这些城镇知青分布在 24 个公社、68 个生产大队、129 个生产队、9 个农场,组成 108 个知青集体户。到 1979 年下乡知青按国家政策回城就业,在农村已结婚的 22 名城镇知青也先后安排了工作。

1985 年国家又规定,凡是知识青年参军就业工作的,在农村插队当知青时间也应计算为工龄。
(第十七编第三章《劳动》,中卷第 339—341 页)

《丽江市人事志》

丽江市人事局编,云南美术出版社 2010 年

是年(1965 年),丽江县吸收知识青年和社会青年 481 人,男 351 人,女 130 人。
永胜县吸收录用知识青年和社会青年 284 人,男 246 人,女 38 人。
(《大事记》,第 15 页)

是年(1969 年),上海市革命委员会派来 8 名工宣队员,帮助丽江专区安置上海知青,后又派来以朱丽仙为团长,汤国斌为副团长的知青慰问团配合丽江专区革命委员会慰问上海知青。

1966—1969 年,全区 12 个县城镇知识青年下乡 1 152 人,达应下乡知青数 1 259 人的 91％。来自农村的知青 8 660 人全部回乡,接受贫下中农再教育。 　　(《大事记》,第 16 页)

(1970 年)7 月,丽江专区革命委员会在丽江县石鼓公社召开"丽江专区再教育战线首届活学活用毛泽东思想积极分子代表大会"。在出席大会的 300 名代表中,有插队知青代表 120 名,回乡知青代表 50 名受到大会表彰。

11 月 9 日,上海知青孙根娣等 17 名插队知青出席"云南省教育战线活学活用毛泽东思想积极分子代表大会"。

是年,云南省革命委员会组织慰问团丽江分团慰问全区插队知识青年。

(《大事记》,第 16 页)

(1974 年)2 月,成立丽江地区行署劳动局及各县劳动局后,全民招工统一由劳动部门审批。

3 月 10 日,中共丽江地委召开全区知识青年上山下乡先进分子代表大会,在出席大会的 350 名代表中,有插队知青代表 100 名,回乡知青代表 106 名受到表彰。

是年,在插队知青中有 101 人加入中国共产党,446 名加入共青团,326 名被选进各级领导班子,546 名担任会计等工作。先后有 40 名出席过省积极分子代表大会,有 1 名到北京参加国庆观礼。　　(《大事记》,第 16—17 页)

1969—1976 年,全区城镇知识青年下乡插队 2 743 人。 　　(《大事记》,第 17 页)

(1978 年)12 月,全区插队知青仅有 454 人,其中:丽江县 251 人,永胜县 110 人,华坪县 71 人,宁蒗县 32 人。

是年,从插队知青中招工 797 人,招生 129 人,征兵 58 人,提拔为国家干部 2 人,共计安排 986 人。　　(《大事记》,第 17 页)

据 1966 年 1 月 18 日,丽江专署人事科等部门《关于丽江专区招收职工和接待安置工作情况的总结报告》记载,1965 年丽江专区职工的招收工作,在地委、专署及各县的直接领导下,根据全区财贸等部门职工的缺编情况,于 8 月份专县两级先后成立了招收职工办公室,经过 4 个月左右的工作,由于各级党委的重视和各有关部门的积极努力,财贸部门缺编名额已经补齐,对省外支援丽江地区的财贸职工、知识青年接待安置工作,已顺利完成。

(第三章《行政干部》,第 191 页)

1992 年 7 月,中共丽江地委组织部,行署人事局,劳动局联合下发《关于丽江地区 1966、

1967、1968 年三届城镇上山下乡高、初中毕业生参加工作时间问题的通知》,给"老三届"知识青年落实工龄。关于"文革"期间知识青年上山下乡工龄计算问题,原国家劳动人事部 1985 年有关文件规定:"凡在'文革'期间由国家统一组织下乡插队的知识青年,在他们到城镇参加工作以后,其在农村参加劳动的时间,可以与参加工作后的时间合并计算为连续工龄,他们参加工作的时间,从下乡插队之日算起"。原省劳动人事厅文件对此也作了相应规定,为了从地区实际出发,实事求是地执行好上述政策,针对丽江地区 1966、1967、1968 年三届首批城镇上山下乡的高、初中毕业生参加工作时间在执行中出现的计算口径不一致,参加工作时间填写较混乱等问题,从地区当时处于"文革时期"统一组织上山下乡的实际出发,经地委、行署 1992 年 7 月 13 日会议研究,对这部分人参加工作时间的计算,按以下意见处理。

凡属丽江地区 1966、1967、1968 年三届城镇上山下乡的高初中毕业生,如其粮户关系于 1968 年 12 月对上山下乡工作进行动员后就由所在学校统一转往农村,因组织原因造成次年才下乡参加劳动,并于 1969 年 6 月 30 日以前下到农村的,他们参加工作的时间可以从 1968 年 12 月起计算,非组织的原因造成的次年或以后下乡参加劳动的,或者实际未下乡的,仍按国家劳动人事部和省劳动人事厅的文件规定执行。

计算工龄中涉及当知青上山下乡和正式参加工作之间因上学,参军或待业等情况而造成时间中断的,按现行有关文件规定办理。　　　　　(第四章《科技干部》,第 321—322 页)

1966—1968 年,因"文化大革命"停止招工。1969 年开始招工,到 1976 年全区 4 县共招收城镇下乡插队知识青年 2 743 人,从而增加了待业青年安置人数,到 1979 年插队知青除本人提出自愿留农村的 3 人外,其余都已安置到全民所有制单位工作。

(第五章《劳动和社会保障》,第 334 页)

知识青年上山下乡

1969 年 2 月按照中共中央主席毛泽东"知识青年到农村去,接受贫下中农的再教育,很有必要"的指示,丽江专区革命委员会(以下简称专革委)从 1969 年 3 月 13 日开始,先后成立了专、县"知识青年上山下乡安置工作办公室"。在全区掀起全面动员知识青年(以下简称知青)上山下乡高潮。同时,对 1966 年、1967 年、1968 年三届高初中毕业生(包括城镇、农村知青都停止招工),动员到农村插队落户锻炼。1969 年底全区 12 个县、城镇知青应下乡 1 259 人,实际下乡 1 152 人,达 91%。来自农村的知青 8 660 人全部回乡,接受贫下中农的再教育。城镇下乡插队落户知青,均由各县知青办公室与各人民公社分管知青安置工作的干部联系好,分配好,编好知青户后,直接分配到生产队与农村社员同吃同住同劳动。1974 年为加强知青上山下乡工作,又决定从行政机关中分期分批选派知青带队干部 24 人(不包括专县知青办干部 27 人)直接到农村知青户领导知青插队落户工作。知青下乡根据上级有关规定,由专县财政拨给知青办一定的安置经费(包括住房维修,购买劳动工具、生活炊具用品等),使知青上山下乡安置工作得以顺利进行。全区丽江、永胜、华坪、宁蒗四县城镇知青到农村插队落户人数,从 1969 年到 1978 年期间共有 4 454 人,其中 1969 年 1 663 人,1971 年 361 人,1972 年 122 人,1973 年 260 人,1974 年 490 人,1975 年 392 人,1976 年 355 人,1977 年 522 人,1978 年 290 人,下乡插队知青最多的是丽江县共有 2 995 人,占全区插队知青总人数的 67%。丽江地区还安置上海知青 128 人,主要安置在丽江县 88 人,永胜县 40 人。1969 年上海市革命委员会首先派来工宣队员 8 名,帮助丽江专区安置上海知青,后来又派来以朱丽仙为团长、汤国斌为副团长的知青慰问团配合丽江专革委重点慰问上海知青。此外,还接受安置昆明知青 24 人(主要是省商业厅在丽江县士可开办的药材学校毕业生);当时还有昆明警备司令部部分到中甸安置的 30 人,其他外专州来安置的 9 人。

1970 年云南省革命委员会组织慰问团丽江分团慰问全区插队知青,同年 7 月丽江专革委会还在丽江县石鼓公社召开"丽江专区再教育战线首届活学活用毛泽东思想积极分子代表大会"。在出席大会的 300 名代表中,插队知青代表 120 名,回乡知青代表 50 名受到大会表彰。同年 11 月 9 日还有上海知青孙根娣等 17 名插队知青出席"云南省教育战线活学活用毛泽东思想积极分子代表大会"。

慰问工作结束后,又转入对知青上山下乡安置工作检查,省革委会派来的检查组配合专县革委会检查组组成"云南省革命委员会知识青年上山下乡安置工作检查团",对全区各县知青工作安置政策、经费落实、知青表现等方面作了全面检查,同时对破坏上山下乡知青工作的坏人坏事作了查处。

1974 年 3 月 10 日,中共丽江地委召开全区知识青年上山下乡先进分子代表大会,在出席大会的 350 名代表中,插队知青代表 100 名,回乡知青代表 106 名受到表彰。同时在大会上还充分肯定了知识青年上山下乡经过锻炼的成长情况,在知青中有 101 名加入中国共产党,446 名加入共青团,326 名被选进各级领导班子,546 名担任会计、记分员、保管员、民办教师、赤脚医生、学习辅导员、科技员等。此外,先后有 40 名出席过全省积极分子代表大会,有 1 名还到北京参加国庆观礼。

知青上山下乡插队锻炼的时间未作固定限制或规定,只有通过生产队、大队、公社逐级推荐参军、招生、招工(当时招工也没有严格考试制度,如果部门或厂矿需要人员,劳动部门就可以从下乡插队知青中凭社队推荐意见选择录用)。1978 年从插队知青中招工 797 人,招生 129 人,征兵 58 人,提拔为国家干部 2 人,共计安排 986 人。到 1978 年底,全区在农村插队知青还有 454 人(其中:丽江县 251 人、永胜县 110 人、华坪县 71 人、宁蒗县 32 人),这些城镇知青分布在 24 个公社、68 个生产大队、129 个生产队,9 个农场,组成 108 个知青集体户。到 1979 年下乡知青按国家政策回城就业,在农村已结婚的 22 名城镇知青也先后安排了工作。

1985 年国家又规定,凡是知识青年参军就业工作的,在农村插队当知青时间也应计算为工龄。

(第五章《劳动和社会保障》,第 336—338 页)

《丽江纳西族自治县志》

丽江纳西族自治县志编纂委员会编纂,云南人民出版社2001年

(1969年)1月,第一批城镇知识青年"上山下乡"到农村安家落户。 (《大事记》,第27页)

1976—1979年,从生产大队干部、下乡和回乡知识青年中招收干部154人。

(卷二十五第二章《人事》,第638页)

1969—1978年,全县农村共接收插队落户的城镇知识青年2 904人。1970年以后,逐步从插队落户的城镇知识青年中招工招干,至1979年底,在县内插队的知识青年除5人死亡,3人因犯罪判刑外,其余全部招收到全民所有制单位工作。 (卷二十五第三章《劳动》,第646页)

《华坪县志》

云南省华坪县志编纂委员会编,云南人民出版社1997年

城镇青年就业费,从1969年开始,主要用于城镇知识青年上山下乡修房屋、购农具、炊具、医药开支,后作下乡知青回城安置费,1982年后改作城镇待业青年安置费和劳动服务公司经费。从1969—1990年,共支出60.2万元。 (第十四篇第二章《财政支出》,第472页)

知识青年上山下乡

1969年成立华坪县革命委员会知识青年上山下乡安置办公室,1976年10月改称中共华坪县委知识青年上山下乡办公室,1981年4月撤销机构。

1969年6—12月,停止对1966—1969年中学毕业生招工,动员到农村落户锻炼,共安置城镇知青72人,回乡知青243人。城镇知青分到生产小队成为社员,组成若干个知青户(有几人1户或1人1户)。1969—1973年,安置回乡知青964人。1970—1978年,安置城镇知青到农村共236人,其中,中心公社75人,大兴公社28人,荣将公社52人,新庄公社74人,永兴公社7人,外县1人。

1973年以前,华坪县插队知青,国家补助安家费每人180元。1973年后,国家补助安家费每人480元。

1973—1979年,地、县知青办共拨插队知青经费11.85万元。1975年,招工招生离队44人,1976年6人,1977年39人,1978年75人。

到1978年底,除少数在农村结婚的知青外,下乡知青基本收回,通过招工、招生、参军等途径安置。 (第二十篇第二章《劳动人事》,第655页)

《宁蒗彝族自治县志》

宁蒗彝族自治县志编纂委员会编，云南民族出版社 1993 年

(1973 年 10 月)县成立知识青年办公室。　　　　　　　　　　　　(《大事记》，第 30 页)

1983 年以来，招用工人实行人权下放，劳动人事局只管申报下达各企业所需招工指标，实行宏观控制。在内地县招工一般不下达农村指标的情况下，上级仍根据本县要求，按招工总指标的 15％下达农村招工指标，使部分少数民族回乡知青能够在择优录用的条件下参加工作。　　　　　　　　　　　　　　　　(政治编第六章《劳动人事》，第 530 页)

《永胜县志》

永胜县志编纂委员会编修，云南人民出版社 1989 年

1969 年 1 月……14 日，第一批城镇知识青年(初、高中毕业生)上山下乡落户。

　　　　　　　　　　　　　　　　　　　　　　　　(第一编卷二《大事记》，第 24 页)

第二节　城镇知识青年插队安置

1969 年，中央发出"知识青年到农村去，接受贫下中农的再教育"的号召后，县革委会成立了知青办公室，安排了第一批知青插队到农村。以后历年均有知青插队情况。到 1978 年止，外省市、本省、本地区、本县插队落户到永胜农村的知识青年共有 532 人(其中武汉、上海等地的 39 人)。国家多次下拨经费，给插队知青修缮住房、购置生产工具、生产设备、籽种、生活用具等。同时县里还组织干部进行政治思想教育，使大批知识青年受到锻炼。他们返城参加工作后，大多数都成了青年中的先进分子。

城镇知识青年插队安置情况统计

年　份	插　队　情　况		安　置　情　况				
	人　数	分布区域	直接招工	直接招干	升　学	参　军	小　计
总　计	533		423	30	72	7	532
1969	131	13 个生产队	74		18	1	93
1971	26	15 个生产队	9		11	1	21
1973	50	13 个生产队	31		12		43
1974	62	23 个生产队	17				17
1975	93	30 个生产队	30		13		43

年份	插队情况		安置情况				
	人数	分布区域	直接招工	直接招干	升学	参军	小计
1976	50	22个生产队1个农场	15		3		18
1977	55	14个生产队1个农场	87	3	3	1	94
1978	66	22个生产队1个农场	86	8	10	4	108
1979			74	19	2		95

（第五编卷二十五第二章《信访工作和城镇知识青年插队安置》）

《文山县志》

文山县志编纂委员会编纂，云南人民出版社1999年

同月（1969年12月），动员城镇知识青年下乡，"接受贫下中农再教育"。1969—1978年，全县共安排知青1 817人下乡，其中上海知青110人。1975年起陆续安排下乡知青工作，1980年底，全部安排完毕。 （《大事记》，第28页）

《广南县志》

云南省广南县地方志编纂委员会编，中华书局2001年

中学生回乡等待分配或参加生产，每月补助17.5公斤，一次发给粮票，供至秋收结束为止。上山下乡知识青年参加工作分配前，每月供粮17.5公斤。虽参加分配，但稻谷不足350公斤，掺半地区口粮不足300公斤的不足部分国家供应。 （第十四篇第二章《供应》，第570页）

1975年州粮食局《关于统一油脂供应标准的通知》规定，……插队知识青年，第一年每人每月供应2公两。 （第十四篇第二章《供应》，第577页）

1969—1980年先后安排907名城镇高中、初中学生上山下乡到部分公社村寨插队落户。1973年起，知识青年陆续回城被招工、招干、招生、招兵。

（第十八篇第二章《中国共产党广南县地方组织》，第733页）

1969—1977年，从城镇、农村高初中毕业生、下乡知识青年和复退军人中招收工人1 976人，其间，1972年，根据国务院的规定，将符合招工条件的在岗临时工、轮换工426人转为固

定工,六年共招收安置 2 402 人。1978—1985 年,从下乡知识青年、城镇和农村高初中毕业生中招收工人 1 405 人。　　　　　　　　　（第二十二篇第一章《劳动管理》,第 817 页）

20 世纪 70 年代初,全县各学校经常召开大会,由校革委成员或驻校工宣队员宣讲中央、省、州文件。在安排毕业生下乡前后,则讲知识青年到农村插队落户,接受贫下中农再教育的意义,大量反复引读《毛主席语录》来教育学生。　　（第二十五篇第一章《学校管理》,第 937 页）

《西畴县志》

云南省西畴县志编纂委员会编纂,云南人民出版社 1996 年

(1969 年)6 月,西畴县初高中生全部办理毕业手续。凡属城镇居民人口的均上山下乡,插队落户,接受贫下中农再教育;农业人口的回乡参加农业生产。首批下乡知青 86 人,至 1978 年共 9 批 399 人。知青上山下乡,短的 1—2 年,长的 5—8 年不等。自 1974 年起,始从知青中招兵、招生、招干、招工。至 1979 年止知青已全部回城。　　　　　（《大事记》,第 34 页）

1967—1972 年,县先后分别成立军管小组、军管会、革命委员会、革命委员会设政工组、生产指挥组、办事组、人保组取代人民委员会所属机构。增设了知识青年上山下乡再教育办公室。　　　　　　　　　　　　　　（卷十七第四章《县人民政府》,第 399 页)

"文革"期间,动员知识青年上山下乡,全县 399 人。1976 年起开始收回安置,到 1978 年末已安置就业 216 人,后陆续全部作了安置。　　　（卷十八第二章《劳动》,第 412 页)

1975 年 9 月,县文教科在新马街公社坡脚办"五·七"农中,将原农中土地、校舍全部归"五·七"农中管理使用。本年开始招收年龄在 20 岁左右未婚初中毕业生及初中毕业回乡知青,农村科技人员 60 名入学,学制 2 年。课程开设农业、兽医、林业、医务 4 门专业课。教师由卫生科、农林局、文教科在职人员中抽调。学生吃粮按高中学生的办法一年转足基本口粮,实行社来社去,毕业后回公社安排。1978 年改为普通中学附设职业技术初中班。

（卷二十二第一章《学校教育》,第 482 页)

《麻栗坡县志》

云南省麻栗坡县地方志编纂委员会编纂,云南民族出版社 2000 年

(1969 年)9 月,响应毛主席 1968 年 12 月 22 日"知识青年到农村去,接受贫下中农再教

育"的号召,全县送出 30 余名学生到农村接受再教育。 (《大事记》,第 38 页)

知识青年安置

1968 年 12 月,毛泽东主席发出"知识青年到农村去,接受贫下中农的再教育,很有必要"的指示,县革命委员会成立了知识青年上山下乡工作领导小组及其办公室,负责办理知识青年上山下乡插队落户的发动宣传组织和安排工作。1969 年开始,全县动员城镇非农业人口的历届初、高中毕业生上山下乡参加农业生产。对上山下乡知识青年,基本上不搞分散插队,原则上以集体户为主。至 1978 年全县共动员初、高中毕业生 301 人,分别到麻栗镇、董干镇、大坪镇、八布乡、新寨乡等 5 个乡镇参加农业生产。1971 年后对知青进行收回安置,除了 52 人知青先后参军、参加工作、升学离开知识青年点或生产队之外,其他知识青年一律收回安置到学校、机关、企事业单位工作。到 1981 年止,知识青年全部收回并安置结束。 (第二十二篇第二章《劳动就业》,第 784 页)

《马关县志》

云南省马关县地方志编纂委员会编,生活·读书·新知三联书店 1996 年

(1969 年)3 月 27 日,县革委根据毛泽东主席"关于知识青年到农村去"的号召,组织知识青年上山下乡。到 1978 年,全县 832 名高、初中学生及外地下放马关的知识青年,分批到农村落户,接受贫下中农的再教育。 (《大事记》,第 31 页)

1970 年 3 月,文山州农垦局改称中国人民解放军云南生产建设兵团独立一团,成为军事建制,健康农场为第四营,下辖 8 个连。同年接收安置四川省重庆市南桐矿区知识青年250 人。 (《农业》第七章《管理》,第 231 页)

60 年代末—70 年代初,由于"文化大革命"运动的影响,农民吃粮又紧张起来,在"一大二公"、"割资本主义尾巴"等口号下,小队并大队,收交社员自留地,粮食减产,造成"黑市"粮价高于国家牌价 2—3 倍,加上增供县城蔬菜队和插队知青口粮,粮食部门每年返销农村口粮均在 100 万千克以上。 (《粮油》第二章《粮油供应》,第 395 页)

60 年代,中、小学毕业生因各种原因不能升学而流入社会的知识青年增多,县人民政府经分别了解,征得本人同意后,有的介绍到企业厂矿当工人或作临时工,有的作为临时工介绍给机关厂矿当炊事员。1963 年动员了 50 名初中毕业生到健康农场、城子卡林场、金竹坪林场当工人。1964—1965 年共招收 300 余名中学毕业生到机关和财贸系统工作。

1968 年 12 月,毛泽东主席发出"知识青年到农村去,接受贫下中农的再教育,很有必要"的指示,县革命委员会于 1969 年初成立知识青年上山下乡工作领导小组及其办公室,负责办理知识青年上山下乡插队落户的发动、组织和安排工作。凡年满 16 周岁,能参加体力劳动的吃商品粮的初、高中毕业生,均安排到农村插队落户。1969 年 3 月—1978 年的 10 年间,全县共安置 832 名知识青年到 11 个公社、32 个大队中的 51 个生产队和 1 个知青队(在马安山畜牧场)、1 个"五七"农场、1 个国营农场、2 个国营林场落户参加生产劳动。1978 年 10 月,中央召开知识青年上山下乡工作会议,对知识青年上山下乡政策作了重大调整,明确提出"有条件解决就业问题的城镇,可以不再动员上山下乡"。根据中央指示精神和县内实际,县委决定从 1979 年停止动员城镇知识青年上山下乡工作。在知青上山下乡期间,凡国家征兵、招工、招干均优先从下乡青年中择优征招,历年下乡插队的知青已陆续被招收安置在省、州、县属国营企业和党政机关及事业单位就业,只有极少数因身体不合格等原因收回城后自谋职业。

1980 年撤销县知识青年上山下乡办公室,1981 年 1 月恢复县人民政府劳动科,科内设置待业青年安置办公室负责待业青年的就业安置。1982 年 2 月,撤销待业青年安置办公室成立劳动服务公司。1990 年 8 月劳动服务公司改称劳动就业服务局,负责管理城镇待业人员的登记、安置、培训以及待业保险金的收缴、管理、发放等工作。

（《劳动人事》第三章《待业人员安置》,第 603 页）

《邱北县志》

云南省邱北县地方志编纂委员会编,中华书局 1999 年

同月(1969 年 7 月),中学学制由三年改为两年;废除考试制度,实行推荐入学,高初中毕业生(知识青年)上山下乡,到农村插队落户,接受贫下中农再教育。(《大事记》,第 30 页)

1965 年,有从天津来的支边青年、上海来的插队落户知识青年。

（第二编第七章《汉族》,第 141 页）

知识青年

根据毛泽东主席"知识青年到农村去,接受贫下中农的再教育,很有必要"的号召,邱北县 1969—1978 年共安置知识青年 11 批 1 278 人到城关、双龙营、曰者、八道哨、天星、腻脚、平寨、树皮、官寨公社的 35 个自然村、50 个生产队插队落户。其中,本县知识青年 945 人、州属知识青年 130 人(安置在曰者公社的曰者、高寨、新寨三个队和县知青队)、上海知识青年 203 人(安置在八道哨公社的各个生产队)。1979 年,知识青年全部撤回,安排在县行政和企业事业单位。

（第二十编第二章《劳动管理》,第 603 页）

《砚山县志》

砚山县志编纂委员会编纂，云南人民出版社 2000 年

1968 年 10 月，(新民农场)场部设置生产、政工、办事 3 个组，党支部、共青团、工会、妇女等组织健全，下辖 5 个农业生产队、1 个知青队、1 个饲养队、2 个集体队、1 个酿酒作坊和合办小学 1 所及医务室、商店各 1 个。 （第十七编第五章《新民农场》，第 586 页）

1972 年 12 月，为中南地质 209 队招收在县内接受再教育两年以上的城镇下乡知识青年 25 人参加工作。

1974 年 11 月，为地质部门招收在县内上山下乡两年以上知识青年 20 人到 16 地质队工作。 （第二十三编第一章《劳动管理》，第 750 页）

知识青年安置

动员知识青年上山下乡 1969 年，首次动员城镇非农业人口的历届和应届高中、初中毕业生 123 人上山下乡。并接待安置外省、市、县来砚山插队落户的知识青年 448 名，其中上海知青 343 名，外县知青 105 名。到 1978 年止，全县除 1970 年和 1972 年未安排知青下乡外，其余每年均有一批知青下乡。

1975 年 8 月，县革命委员会转发《关于 1975 年至 1980 年知识青年上山下乡动员安置规划的报告》。规划在以后 5 年内逐步动员安置砚山县城镇非农业人口中知识青年在 6 个公社，20 个大队，79 个生产队，每年计划动员安置 140 人，5 年内动员安置 700 人。1978 年 12 月起停止动员知识青年上山下乡。

安置管理 安置形式有两种，一是分散回乡(家中有直系亲属者，直接回生产队到本家落户)，二是集体下乡插队落户。

组织领导 1969 年成立知识青年办公室。1970 年成立知识青年再教育办公室，公社生产队选派贫下中农担任生产、生活辅导员。县革命委员会还组织抽调部分干部到知青集中的社队，或直接下到生产队，组织协助做好知青工作。1973 年 9 月，县革命委员会成立砚山县知识青年上山下乡工作领导小组。

善后处理

下乡、回乡知识青年到农村安置后，根据招工政策规定，县内每年都有计划地招收部分就业，到 1982 年，除一名上海知青不愿参加工作和参军升学外，全部招回城镇安排就业。

1971—1977 年，482 名上山下乡知青被推荐到企业、事业单位和行政部门参加工作，93 名转出到外县和上海，15 名打架斗殴被判刑处理，2 名因病死亡；1978 年 12 月起，停止动员知青上山下乡，对已经下乡的知青，通过考试，分批录取参加工作。到 1979 年底，除参军 28 名和留乡 2 名外，其余全部招收就业。1982 年又招收 1 名留乡知青参加工作，还有 1 名知青留乡。

择年上山下乡、回乡知识青年人数统计表

单位:人

年份	1969	1971	1973	1974	1975	1976	1977	1978	合计
县内	123	50	119	130	122	100	91	30	765
外县	105	21							126
上海	343								343

注:1970、1972年无知青下乡。

1969—1978年拨付上山下乡知识青年经费统计表

年　份	1969	1971	1972	1973	1974	1975	1976	1977	1978	合计
拨付经费(元)	10 368	12 780	16 200	82 432	62 663	55 144	59 588	41 863	13 560	354 598
建房数量(间)	98	7		66	11	45	8	127		362
住房面积(m²)	1 951	105		1 078	225	848	120	2 285		6 612

注:1970年未拨经费。

择年上山下乡知识青年招工招干、留乡人数情况表

单位:人

年　份	1969	1970	1971	1972	1973	1974	1975	1976	1977	1978	1979	1982
招工招干			137	32	78		70	96	179	437	203	1
留乡人数	571	571	505	473	514	644	696	700	612	205	2	1

知识青年上山下乡、回乡插队落户情况表

单位:人

年份	1969	1971	1973	1974	1975	1976	1977	1978	合计
阿舍					2	1	1		4
平远	200			127	53	30	36	21	467
稼依	112	13		3	13	17	10	1	169
维摩	12		18		8	2	2	1	43
子马	99	33	56			18	12	6	224
盘龙	148	14	31		18	17	26		254
八嘎						2	1		3
者腊		2					1	1	4
蚌峨						1	1		2
阿猛		9	9		6	7			31
阿基					1	5			6
干河							1		1
江那			5		21				26
合计	571	71	119	130	122	100	91	30	1 234

注:1970、1972年无知青下乡。

（第二十三编第一章《劳动管理》,第 754—756 页）

《红河哈尼族彝族自治州志(卷一)》

红河哈尼族彝族自治州志编纂委员会编,生活·读书·新知三联书店 1997 年

(1968 年)12 月,红河州和各市县革委会成立"知识青年上山下乡"办公室,动员和组织知识青年到农村插队,接受贫下中农再教育,走与工农相结合的革命道路。1976 年全州共有 12 万余名知识青年到农村插队落户。 　　　　　　　　　　　(《大事记》,第 85—86 页)

(1969 年)4 月 30 日,建水朱家寨生产队下乡知识青年吴丽萍(女)、肖诺曼(女)在扑救车畔山林区火灾中英勇牺牲。红河州革委授予吴丽萍、肖诺曼"无限忠于毛主席的好知识青年"称号。 　　　　　　　　　　　　　　　　(《大事记》,第 86 页)

(1970 年)9 月,省委组织上山下乡知识青年工作检查团到境内各市县重点公社和生产建设兵团检查,帮助解决安置工作中存在的工分、口粮、住房等具体问题。 　　　　　　　　　　　　　　　　　　　　(《大事记》,第 88 页)

(1973 年)7 月 4 日,新华社《国内动态》报导《云南生产建设兵团第四师十八团摧残迫害知识青年的情况》。7 月 6 日,周恩来总理批示:"此等法西斯行为,非立即处理不可"。17 日,中共中央、云南省委、昆明军区检查组前往查办,对残害知识青年的人员依法作了惩处。 　　　　　　　　　　　　　　　　(《大事记》,第 91 页)

1967—1982 年,是人口迁移不规则时期。1971—1973 年,北京、上海、四川等省市和州内知识青年到州内农场或农村插队落户,以及城镇居民疏散下放到农村,形成了从城镇到农村的迁移流向;1978—1982 年,下乡知识青年和疏散居民逐渐回城就学、就业或安置,形成了农村向城镇较大的迁移流量。 　　　　　(人口篇第一章《人口变动》,第 197 页)

《红河哈尼族彝族自治州志(卷二)》

红河哈尼族彝族自治州志编纂委员会编,生活·读书·新知三联书店 1994 年

(1985 年垦区职工 19 027 人)职工总数中知青 176 人,为原安置总数的 1.5%。 　　　　　　　　　　　　　　　　(农垦篇第四章《管理》,第 177 页)

《红河哈尼族彝族自治州志(卷三)》

红河哈尼族彝族自治州志编纂委员会编,生活·读书·新知三联书店 1997 年

1970—1973 年期间,邮电局按劳动部门规定的招工条件,主要招收上山、下乡知识青年和职工子女。

1979 年红河州开始实行招工考试,择优录取的办法,向社会待业青年招工;同时也执行退休职工子女的顶替政策,招收少量退休职工子女。(邮电篇第四章《经营管理》,第 430 页)

《红河哈尼族彝族自治州志(卷四)》

红河哈尼族彝族自治州志编纂委员会编,生活·读书·新知三联书店 1994 年

城镇人口下乡安置费   1968 年国家财政设置了"城市人口下乡安置经费"科目,1980 年起这项支出分为"城镇知青下乡补助"和"城市劳动服务公司补助"两项,1982 年改设"城镇知青就业经费"。

1969 年按照云南省革委生产组文件规定,州内单身插队的知青的安置费每人 190 元,其中:州掌握 10 元。无论本州和外地知青人均按 180 元拨给公社或大队掌握(不得发给本人)主要用于购置生产工具、炊具、修理住房及当年的生活补助,州掌握的 10 元主要用于到插队地区的车船、行李运输补助。1969 年支出 280 万元。1969—1972 年共支出 693 万元。

1973 年 2 月,云南省委规定:自 1973 年起,知青安置费标准平均每人补助 480 元,绿春、金平、河口三个县每人补助 490 元;其他县每人补助 470 元;到建设兵团或农场的每人补助 400 元;到农村插队的每人补助 452 至 472 元。1973 年支出 274 万元,补助 6 509 人。

1976 年增设到国营林场插队补助费每人 400 元。

1978 年 9 月云南省规定,各厂矿、企业、机关、学校在本单位农副业生产基地安排的职工子女,其标准和到农村插队的相同。1973—1979 年共支出 1 344 万元。安置到农村插队知青 6 147 人。

1980 年城镇人口下乡安置费转为城镇就业补助费。主要用于城镇待业青年办厂、办店的流动资产和固定资产的购置补助。当年支出 30 万元,安置 1 948 人就业。到 1985 年底城镇先后安排 10.6 万人就业。1980—1985 年共支出 396 万元。(财税篇第四章《预算内支出》,第 338 页)

《红河哈尼族彝族自治州志(卷五)》

红河哈尼族彝族自治州志编纂委员会编,生活·读书·新知三联书店 1994 年

1970 年初中恢复招生,学生人数骤增,而大专院校又无毕业生分配到校,中学师资严

重不足,本州各县(市)文教局不断吸收下乡知识青年来担任教师,并抽调部分小学教师到中学任教,小学附设初中班的教师均由小学教师充任。

(教育篇第二章《教师队伍》,第 62 页)

《红河哈尼族彝族自治州志(卷六)》

红河哈尼族彝族自治州志编纂委员会编,生活·读书·新知三联书店 1995 年

下放干部及知青上山下乡 1969 年初,州革委根据毛泽东"关于广大干部下放劳动"的号召,先后办起 15 所"五·七干校",将原党政机关绝大多数干部计 5 905 名,集中到"五·七干校"劳动,进行"斗、批、改",一部分到农村安家落户。州革委又根据毛泽东"知识青年到农村去,接受贫下中农的再教育,很有必要"的指示,动员城镇初、高中学生上山下乡,去农村参加农业劳动,此后每年大批初高中毕业生下乡插队落户成了制度,州革委为此成立知青办公室。"文化大革命"期间,全州下乡知识青年达 12 万余人,花了大量的精力和物力、财力。知识青年在农村受到一定锻炼,但接受安置的生产队、"知青"本人及家属均不满意。1979 年停止这项工作,对原下乡知青陆续收回作了妥善安置。

(中共红河州地方组织篇第八章《重大活动纪略》,第 80 页)

(1968 年 10 月)知识青年上山下乡和城市居民 20 余万人到农村安家落户,……

(政府篇第八章《红河哈尼族彝族自治州军事管制委员会和革命委员会》,第 215 页)

第二节 安置"上山下乡"知识青年

1964 年 8 月,根据中共中央和国务院决定,动员广大知识青年到农村去,接受劳动锻炼和政治思想再教育。个旧市率先组织温家礼、程凤琴、吴桂仙、吴良友、王幼娥、杨贵录、姚林昌 7 名青年到个旧市卡房区装贾村插队落户。1968 年 12 月—1970 年,全州有上山下乡或回乡务农知识青年 30 036 名,其中有来自北京、上海、成都、重庆、昆明等城市的知识青年 12 833 人,分别安置到州内的农村和农场安家落户,安置州内回乡知识青年 6 810 人,1969—1979 年,逐年安置州内城镇下乡知识青年,依次为 10 306 人、87 人、1 108 人、1 372 人、5 462 人、5 456 人、3 214 人、4 727 人、6 160 人、1 228 人、301 人,1981 年安置 75 人到州机关知青农场。1968—1978 年,全州用于安置知识青年的财政经费达 1 517 万多元,组建房屋 1 643 万平方米。

知识青年的回收安置工作,除升学、参军者外,是采取分期、分批的办法逐步给予安置。到 1981 年,回收安置工作结束。   (劳动篇第三章《劳动就业 技术培训》,第 654—655 页)

《红河哈尼族彝族自治州志（卷七）》

红河哈尼族彝族自治州志编纂委员会编,生活·读书·新知三联书店1995年

吴丽屏　肖诺曼

　　吴丽屏(1950—1969),女,汉族,建水城关镇人。……1969年1月,在"知识青年到农村去,接受贫下中农再教育"声中,吴与肖诺曼(建水城关人)等同学被分配到老里硐公社朱家寨生产队插队落户。3月,参加公社组织的文艺宣传队,到各村寨巡回演出。4月30日,到达石屏县境车畔山林场。突然,完尼山发生森林火警,宣传队员们立即跟随林场工人前去扑救。吴人小体弱,不顾领导同志让女队员留下的劝阻,跟大家一直奔赴火场,用松枝奋力向烈火扑去,这里的火刚扑灭,那边的火又趁着风势延烧开去,山高坡陡,吴几次陷进烈火的包围,摔倒了又爬起来。手被枯枝戳破了,脸被烈火烧疼了,头发被烧焦了,衣服被烧破了,她全然不顾,振奋精神,投入战斗,猛然间,一阵狂风挟着烈焰,一窜十多米远,吴和女友肖诺曼,陷入浓烟烈焰包围之中,献出年轻的生命。吴年方18岁,肖年方19岁。林厂工人找到肖诺曼遗体时,见她扑倒在陡坡上,头朝着烈火袭来的方向,手里还紧握着一截被火烧剩的松枝。

(《人物》,第186页)

《个旧市志》

个旧市志编纂委员会编纂,云南人民出版社1998年

　　(1969年)1月,响应毛泽东主席的号召,全市各中学第一批知识青年5 600人上山下乡到郊区农村插队落户,接受贫下中农的再教育。2月3日,约200名知识青年赴边疆县金平插队落户,为个旧成批插队落户最边远的知青。　　　　　　　　　(《大事记》,第40页)

　　1966年5月"文化大革命"开始后,政府机构瘫痪。1968年10月,市革命委员会成立,实行党、政"一元化"领导。至1976年间,市革委会除搞政治运动外,先后做了以下主要工作:动员知识青年上山下乡和城市家属疏散下放。组织农业学大寨、工业学大庆、全国学人民解放军运动。　　　　　　　(《行政机关》第二章《人民政府》,第1093页)

　　1979年大批下乡知识青年回城等待安置工作,同时城市还有大批留城知识青年和其他待业人员,待业安置成为最突出的社会问题。　　(《劳动　人事》第一章《劳动》,第1133页)

知识青年上山下乡与回收安置

　　上山下乡　个旧市1964年开始零星组织知识青年上山下乡,作为安排城镇劳动力,培

养锻炼青年的新尝试。到 1966 年,共组织社会知识青年和学校毕业生 40 人到农村插队落户,58 人到国营农场参加生产劳动。斐贾村插队落户的 7 名知识青年集体户成为当时上山下乡的典型代表,被誉为上山下乡"七兄妹"。1969 年春,市革命委员会按照中央统一部署,开始组织大批知识青年上山下乡插队落户,接受贫下中农的再教育。插队落户的知青以生产队为单位建立集体户,与农民一道参加劳动和评工记分进行粮食现金分配。1969—1979 年,知青上山下乡政策进行过多次调整。1969 年上山下乡安置经费平均每人 180 元,由国家财政部门拨到公社或生产大队,口粮由国家供应到本人参加生产队大春分配时为止。1971 年执行云南省对部分知识青年实行照顾的规定,个旧市初、高中毕业生除少数升学外,多数仍上山下乡。但其中患有严重慢性病、身体残废及家庭确有特殊困难的可不到农村插队落户;矿山职工子女单位有劳动指标的可吸收当工人,年龄小的由矿山组织半工半读;初中毕业生如条件许可,可留校再读一年。1973 年贯彻中共中央关于知识青年上山下乡的规定,对病残不能参加农业劳动的;独生子女;多子女已下乡或在外地工作父母身边只有一个子女的;中国籍的外国人子女;家庭有特殊困难必须有一个子女在家照顾的发给照顾证,不动员上山下乡。插队落户的安置经费每人补助 480 元(到国营农场的 400 元)。口粮标准稻谷生产区每人每年不低于原粮 700 市斤;稻谷杂粮掺半区不低于原粮 600 斤;正常出工而粮食分配达不到规定标准的,由国家统销解决。学习时间每月不少于 3 天。当年市属单位共为插队知识青年建盖住房 2 032 间,50 545 平方米,开支建房补助费 131.89 万元。1974 年起,试行按系统按单位与农村社队定点挂钩、归口下乡安置的办法,并配备带队干部。云锡公司下乡知青主要安排到蒙自县;州、市和其他单位安排在本市农村。1976 年开始执行云南省规定,粮户关系在场的农、林、牧、渔场职工子女,中学毕业年满 17 周岁后可作为自然增长人员安置在本场当工人。从 1978 年起除原来规定的 5 种知识青年不到农村插队落户以外,多子女的家庭可以从中选留 1 人不上山下乡。1979 年除公社等一部分单位的中学毕业生列入不上山下乡范围外,其余应上山下乡的知识青年主要到本单位的农、林、牧、副、渔基地或举办独立核算的知青农场安置,不再到农村分散插队。1969—1979 年个旧地区知识青年上山下乡人数共达 13 100 余人。

回收安置　1970 年,首次回收第一批下乡的州商业学校、市技工学校和半工半读工业学校毕业生 330 多名回城安置工作。从 1971 年起,陆续在下乡知识青年中招工招干。当年全市招工 1 236 人,上山下乡知识青年占 90%。1973 年起,下乡知识青年中凡属独生子女、归侨学生、多子女已下乡或在外地工作父母身边无人照顾的,招工时优先照顾。此后继续组织下乡和回收安置。1979 年全市招工人数中下乡知识青年 2 340 人,分别占招工总数的 35.7% 和在乡知识青年总数的 95%。此次招工对 1973 年以前下乡的 80 多名知识青年采取特殊照顾政策,免予招工文化考试全部安排工作。至 1980 年,全市最后一批农村插队知识青年 121 人通过招工招生全部回城。安置在厂矿农场的知识青年 90 多人也由有关单位先后重新安排工作。1980 年 10 月 6 日,市知识青年上山下乡工作办公室与待业人员安置办公室合署办公,工作

重心转向安置城镇待业青年。 （《劳动　人事》第一章《劳动》，第 1134—1135 页）

下乡知识青年吸收

　　1964 年中共中央提出"培养无产阶级革命事业接班人"的战略任务以后，组织知识青年上山下乡被作为培养造就干部的重要途径。当时，个旧市曾零星地组织过一部分知识青年上山下乡。1969 年起按照中央统一部署，组织大批知识青年上山下乡。1971 年起，陆续从下乡知识青年中选拔干部到领导机关工作和充实基层单位的领导力量。以后，又从回城安置工作的下乡知识青年中选拔干部。进入 80 年代后这批干部已成为干部队伍的重要组成部分。 （《劳动　人事》第二章《人事》，第 1161 页）

　　1980 年市扫盲委员会成立，下设办公室。各公社、大队、生产队成立扫盲领导小组，按"就地取材，能者为师"的原则，在回乡知识青年、复退军人、社队干部和社员中选聘一批扫盲教师。 （《教育》第七章《成人教育》，第 1310 页）

《弥勒县志》

弥勒县县志编纂委员会纂修，云南人民出版社 1987 年

　　1971 年招收固定职工 965 人（不包括统一分配的学生 48 人），其中：上山下乡知识青年 786 人，复、退、转军人 44 人，其他 125 人；招收临时工 1 000 人。

（第五编卷二十七第二章《民事工作》，第 733 页）

　　1978 年招收固定职工 425 人（不包括大、中专、技工学校毕业生 67 人），其中：农村 306 人（含上山下乡知识青年 188 人），留城知识青年 43 人，复、退、转军人 43 人，临时工转为固定工 3 人，由集体所有制转入 8 人，其他 22 人。1979 年招收固定职工 711 人，其中：农村 203 人（含上山下乡知识青年 133 人），城镇 262 人（含留城回城知识青年 208 人），复、退、转军人 28 人，临时工转为固定工 2 人，复工复职 141 人，其他 75 人。1980 年招工 268 人。1981 年招收固定职工 223 人（不包括大、中专、技校毕业生 147 人），其中：农村 110 人（含上山下乡知识青年 7 人），城镇 36 人，复、退、转军人 55 人，其他 22 人。

（第五编卷二十七第二章《民事工作》，第 733—734 页）

　　"文革"期间，工厂停止招收应届中学毕业生，未能升学的便成为待业青年。1968 年底将 1966 年、1967 年、1968 年三届毕业生全部下放农村劳动（1978 年底停止下放）。从开始下放至 1978 年，共下放城镇人口知识青年 2 152 人，外省市县到本县插队落户知识青年 474

人(其中上海市 301 人),总计 2 626 人,这部分知识青年于 1981 年底陆续返回原籍(招工、升学或入伍)。

(第五编卷二十七第二章《民事工作》,第 734 页)

《开远市志》

云南省开远市地方志编纂委员会编纂,云南人民出版社 1996 年

同月(1969 年 1 月),遵照毛泽东主席"知识青年到农村去,接受贫下中农再教育很有必要"的指示,动员全县 1966、1967、1968 年 3 届高初中毕业生 2 240 人,全部上山下乡"安家落户"。3 月上海知青 21 人到开远插队落户。之后,每年均动员知识青年下农村,至 1979 年停止,累计上山下乡知青 5 260 人。自 1971 年 9 月起,陆续回收安排工作。

(《大事记》,第 24—25 页)

"文化大革命"期间,村村寨寨办小学,大量从下乡知识青年中吸收教师。一批厂矿中学、县属中学和解化技校也陆续新办。至 1976 年,全县有小学教职工 1 080 人,其中民办 551 人,厂办 186 人;中学教职工 734 人,其中民办 107 人,厂办 290 人。

(第十九章《教育》,第 439 页)

1966 年"文化大革命"开始后停止招工。1969 年动员知识青年上山下乡。之后十年内,劳动指标失控,部分单位从农村招收 5 000 余人。至 1979 年全县需要安置的人员包括城镇户口的下乡知青 5 260 人、政策照顾留城知青 2 751 人、当年未升学的初高中毕业生 1 500 多人、城镇闲散劳动力 2 000 余人、其他落实政策需要安置的 400 余人,总计 1.19 万人待业。1979 年县成立待业安置办公室,协同知青办公室清理回城、留城知青及城镇待业人员,安排 4 204 人就业。

(第二十八章《劳动　人事》,第 596 页)

《蒙自县志》

蒙自县志编纂委员会编,中华书局 1995 年

1982 年,劳动人事部《吸收录用干部问题的若干规定》中明确规定:"国家机关、事业、企业单位因工作需要,可以从社会上招聘干部,签订招聘合同,发给聘书……应聘期间,违反合同规定的可随时解聘。合同期满可以续聘或解聘。"

1983 年 3 月,县委、县人民政府根据上述规定,决定从大队半脱产干部、退伍军人、回乡知青中招聘公社干部。经公社推荐,县组织人事部门进行全面考核而后择优聘用。当年为山区公社招聘合同制干部 13 人。

(《人事·干部来源》,第 268 页)

下乡知青安置　蒙自县知识青年上山下乡始于 1969 年。当年,有本地和上海、昆明、云锡公司的下乡知青 1 081 人。1972—1978 年,每年均有知青上山下乡。1979 年,终止下放,上山下乡知青先后共 9 117 人。1972 年起陆续安排上山下乡知青就业,至 1981 年底,全县上山下乡知青,除死亡 22 人及 3 人已婚知青留在农村外,其余均作了妥善安置。其中,就业 8 857 人(含异地安置数),病退 203 人,转点(知青点变动,迁至县外的知青点)32 人。

蒙自县上山下乡知识青年安置统计表

年　度	下乡知青数(人)	安置数(人)	在乡数(人)
1969	1 081	35	1 081
1972	555	854	747
1973	425	41	1 131
1974	2 661	682	3 110
1975	541	838	2 813
1976	2 153	219	4 747
1977	1 547	543	5 751
1978	154	3 619	2 286
1979	—	2 203	83
1980	—	65	18
1981	—	15	3
合　计	9 117	9 114	3

注:1970、1971 年无知青下乡。

(《经济概况与综合管理·劳动管理》,第 321 页)

1969 年 1 月 17、18 日,(蒙自一中)学生分两批下放各公社插队落户。

(《教育·普通教育》,第 825 页)

《河口县志》

河口瑶族自治县地方志编纂委员会编,生活·读书·新知三联书店 1994 年

(1969 年)9 月,河口中学毕业生 64 人,到桥头、瑶山公社接受"再教育",此后每年均有一批下乡。(至 1976 年秋才停止。)
(《大事记》,第 17 页)

(1972 年)5 月 29 日,农场知青与城区青年发生磨擦,四川知青 278 人袭击城区,64 户

4773

居民受害。事后,红河州革委派工作组协同县革委,农场党委进行善后处理。

(《大事记》,第 19 页)

"文革"时期,从上海、北京、四川来的"上山下乡"知识青年也达万人之众,但现在留下的已微乎其微。长期以来,无论来自天南海北,也无论是何民族,他们都为开发和保卫河口作出了贡献,民族与民族之间的关系一直是友好、合作、团结、互助的。

(《人口》第一章《人口状况》,第 70 页)

1979 年以后,(商业职工队伍)增加了部分上山下乡回收的知青和部分退休顶替的职工子女。

(《商业》第四章《企业管理》,第 299 页)

1976 年其他支出 7.04 万元,其中主要是知识青年下乡安置费,为 3.03 万元。

(《财政》第三章《财政支出》,第 431 页)

1972 年 5 月 29 日,云建 16 团(今四个国营橡胶农场)知识青年 278 人,手持棍棒、砍刀闯进城区,对人民路、团结街、中越街进行破坏性打砸,造成 64 户受害,27 人被打伤、砍伤,捣毁自行车 10 辆、缝纫机 6 部和其他家具物品等,造成损失折款近 8 000 元的严重事故。案发后,中共红河州党委派公安处长张琳为首的工作组到河口,协同中共河口县委和云建 16 团党委对事件进行调查处理。

(《政法》第一章《公安》,第 507 页)

(1978 年对越自卫还击战后)被云南省政府、省军区授予荣誉称号的单位和个人:
……
国营河口农场十分场上海知青居元"支前模范"。
受云南省政府、省军区通令嘉奖单位和个人:
……
国营河口农场八分场重庆知识青年李宗胜。　　(《军事》第六章《战事》,第 561—562 页)

(1965 年 10 月—1977 年 8 月橡胶农场)农场宣传队是一支全脱产的专业演出队,业务活动经费年均 2 000 元左右,排演"样板戏"《智取威虎山》一剧开支近万元。队员素质较好,其中大部分骨干为北京、昆明等地知识青年。　　(《文化》第一章《机构设施》,第 613 页)

回收知识青年

县革委会 1969 年 9 月成立"知识青年上山下乡工作领导小组"及办公室。首批动员下乡"插队落户,接受再教育"的是一中 69 届初中毕业生 64 人,分别到甘树坪、丫都坡、大寨 3

个点务农。此后,除 1971 年以外,每年都输送一批初、高中毕业生"上山下乡"。至 1978 年停止。9 年中,共输送 9 批 462 人(不含回乡知青)。至 1979 年除升学 8 人、参军 5 人、回乡 63 人、死亡 5 人、被判刑 2 人外,其余全部回收安排工作。并把"下乡插队"时间计算为连续工龄。　　　　　　　　　　　　　　　　　　　(《民政·人事》第二章《人事》,第 727 页)

《元阳县志》

云南省元阳县志编纂委员会编纂,贵州民族出版社 1990 年

　　(1969 年)1 月,首批知识青年 173 人响应毛泽东主席的号召,到农村插队落户,"接受贫下中农的再教育"。至 1979 年止,全县共组织 7 批 535 名知识青年到农村插队落户,从 1971 年至 1980 年,下乡知识青年分期分批陆续安排工作。　　　　　(《大事记》,第 22 页)

历年分组各类支出①

项　目	合　计	1960—1969	1970—1979	1980—1985
一、经济建设类	2 610.53	280.86	1 367.25	619.75
二、社会、文教、卫生、科技	4 153.04	470.08	1 219.69	2 242.94
三、行政费类	3 293.89	512.07	977.38	1 484.08
1. 行政费	3 202.47	498.95	935.99	1 447.16
2. 干部下放	20.45	10.15	10.30	—
3. 知青下乡安置	70.98	2.97	31.09	36.92
四、其他	709.09	99.53	116.00	490.14
总　计	10 766.54	1 362.54	3 680.32	4 836.91
发放周转金	337.50	—	—	337.50
上解支出	1 058.65	633.16	83.46	225.74

(《财政》第三章《财政支出》,第 342—343 页)

　　1969 年,动员知识青年到农村"接受贫下中农再教育",至 1978 年止,全县先后动员 7 批,535 名知识青年上山下乡,到农村插队落户。1978 年 12 月,根据上级指示,知识青年不再到农村插队落户,对下乡知青逐步收回安置工作。　　　　(《人事》第二章《工人》,第 496 页)

---

　　① 本表内容为节选,单位为"万元"。——编者注

《红河县志》

红河县志编纂委员会编纂,云南人民出版社1991年

同月(1969年2月)9日,贯彻毛泽东主席关于"知识青年到农村去,接受贫下中农的再教育很有必要"的号召,首批城镇中学毕业生39人上山下乡,分别到和平、安庆、老博等农村插队落户。

（《大事志》,第29页）

知识青年

1968年,毛泽东主席发出知识青年到农村去的指示后,第二年初,县成立知识青年安置办公室。1969年2月安置上山下乡知识青年39人,1973年安置124人,1974年安置33人,1975年安置57人,1976年安置60人,1977年安置84人,1978年安置51人,7年共计448人。先后安置到甲寅区的期撒、老博下寨,乐育区的大兴寨、阿布、阿尼垤、特扒、规东、麦子田、玉古、尼哈,宝华区的安庆、碧居、田坝心,浪堤区的安品,勐龙区的刺通寨、曼版、牛皮寨、旧寨、勐龙街、勐龙大寨、曼备、库埃、利莫、齐心寨、坝蒿、曼冒等村寨插队落户,参加农业生产劳动。每人由国家拨给安置费,并供给1年的口粮。

从1969—1978年,知青除1人触电死亡,1人犯罪判刑劳改外,其余446人,先后通过推荐、统考的办法,吸收到党政机关、学校、企事业单位、厂矿工作,或升学参军,全部安置就业。

（第十九编第二章《劳动》,第513页）

《石屏县志》

石屏县志编纂委员会编纂,云南人民出版社1990年

(1969年)2月14日,响应毛泽东主席"知识青年到农村去,接受贫下中农的再教育"的号召,本县首批城镇知识青年计682人被动员上山下乡。此后陆续分作5批上山下乡,全县共1501人。 （第一编《大事记·中华人民共和国成立以来》,第31页）

(1972年)2月15日至3月30日,县委组织检查组,巡回检查上山下乡知识青年再教育工作。 （第一编《大事记·中华人民共和国成立以来》,第34页）

10月6日,成立石屏县文卫局主管文化、教育、卫生和知识青年再教育工作,撤销原县革委文教组、卫生组和再教育办公室等机构。

（第一编《大事记·中华人民共和国成立以来》,第34页）

知识青年

1966 年开展无产阶级文化大革命后,大学停止招生,连续数年,致使 1966 年、1967 年、1968 年三届中学毕业生待在学校里无法安置。1969 年 1 月,按照毛泽东主席"知识青年到农村去,接受贫下中农的再教育,很有必要"的指示精神,县成立了知识青年上山下乡安置办公室,将三届城镇人口的高、初中毕业生 472 人(其中女生 223 人)全部分到农村插队落户,农村人口的学生回本队。1972—1978 年,又逐年安置了上山下乡知识青年 797 人(其中女生 407 人)。被安置上山下乡的知识青年,在农村劳动锻炼,增加了农村社队的负担,1979 年后停止上山下乡。至 1981 年底,这批知识青年除 9 人已定居在农村务农外,其余都分批分期或升学、或参军、或招工招干,收回安排工作。(第十三编第二章《劳动就业》,第 392 页)

(1976 年以后)除区(乡)办有文化室而外,有的村寨也办了村文化室。……新城区大平地村回乡知识青年李有德个体办文化室,免费为群众服务。

(第十九编第五章《群众文化活动》,第 604 页)

《泸西县志》

泸西县志编纂委员会编纂,云南人民出版社 1992 年

(1969 年)1 月,响应毛泽东主席关于知识青年到农村去接受贫下中农再教育的号召,泸西首批城镇高、初中毕业生到农村插队落户。同年 3 月及秋、冬,又接收了上海及个旧等地知识青年 307 人到泸西农村插队落户。之后,每年都有一批城镇知识青年到农村落户,至 1979 年止,先后 12 批,共 1 062 人(其中泸西 755 人,外地 307 人)。这些青年到农村两年后,经过招工、招干、参军等,逐步离开农村。

(《大事记》,第 28 页)

知识青年安置 根据毛泽东主席关于"知识青年到农村去,接受贫下中农的再教育很有必要"的指示,泸西从 1969 年开始,动员城镇非农业人口的历届、应届高、初中毕业生(独生子女、父母双亡、归侨学生和病残者除外)上山下乡插队落户,为妥善解决下乡知识青年的生活问题,政府先后拨出安置费(包括农具、家具费和其它生活费)共 36.26 万元、建房费 10.77 万元,建盖了知识青年住房 119 间(3 961 平方米),至 1978 年知识青年停止上山下乡止,共动员县内知识青年 755 人下乡落户,接收了外地知识青年 307 人(其中上海 264 人、个旧 40 人、其它地区 3 人)到县内农村落户。1971 年开始对下乡知识青年进行回收安置,至 1980 年先后招工 807 人、招生 116 人、参军 59 人、病退及转外地 69 人、死亡 3 人,仅有 8 人留在农村至 1981 年又按政策规定回城待业。 (劳动人事编第一章《劳动管理》,第 490 页)

《屏边苗族自治县志》

云南省屏边县地方志编纂委员会编,新华出版社 1999 年

(1969 年)2 月,首批城镇初中毕业生到农村插队落户,农村毕业生回乡参加农业生产,接受贫下中农的再教育。 （《大事记》,第 26 页）

知识青年上山下乡安置办公室:1967 年 12 月成立,1980 年 9 月撤销。

（《政权政协》第二章《行政机关》,第 496 页）

1971 年 8 月,财贸系统招收工作人员 350 人,主要招收复退转军人;经过两年以上劳动锻炼、表现好的上山下乡知识青年;"政治思想好,家庭出身好"的城镇中学毕业生和农村贫下中农,(但必须具有高小以上文化程度。) （《劳动人事》第一章《劳动》,第 544 页）

1973 年 9 月成立了"知识青年上山下乡领导小组",1975 年又成立了"知识青年上山下乡办公室"。发给下乡知青生活补助费、学习资料费、建房费、医药费等。从 1969 年到 1978 年共安置上山下乡知青 240 人。1969 年安排第一批 49 人。安置到白河、湾塘乡。1973 年安排第二批 12 人。安置到新荣大队各生产队。1974 年安排第三批 45 人,安置到洗马塘集中设 5 个点,以点为单位设"知青户"。1975 年安排第四批 45 人,安置到新荣、建设大队,集中办林场造林。1976 年安排第五批 17 人,安置到新荣、建设大队集中造林;1977 年第六批 65 人,安置到洗马塘、新荣大队等地。1978 年第七批 7 人,安置到建设大队。1971 年通过推荐,分期分批招工招干、升学、参军等各种渠道,逐步安排就业,到 1979 年已全部收回安排工作。 （劳动人事第一章《劳动》,第 545 页）

《金平苗族瑶族傣族自治县志》

金平苗族瑶族傣族自治县地方志编纂委员会编,生活·读书·新知三联书店 1994 年

(1968 年)9 月,县内开始筹备知识青年上山下乡事宜。至次年 2 月来自县内外的 300 余名知识青年到农村插队落户,接受贫下中农再教育。 （《大事记·大事简载》,第 20 页）

1966—1978 年,社会招工以回收知识青年为主,招收少量农村青年补充工人队伍,共计招工 1 180 人,其中回收下乡知青 531 人,招收回乡知青 321 人。

（第五篇第三章《经济管理》,第 152 页）

知青下乡及回收

下乡 1966年"文化大革命"运动开始,正常的升学制度和就业制度遭到破坏,大批初中、高中毕业生不能升学或就业。1968年9月县革命委员会成立知识青年再教育办公室,筹备知识青年下乡。至次年2月,金平一中、简师班学生150余人及个旧二中、个旧铁路中学、昆明劳动大学初中部230余人到全县7个区(镇)农村插队落户。区、乡相应设管理机构,知识青年所在的生产队抽调干部指导和帮助知识青年劳动生产和政治学习。1973年下乡36人,1974年知识青年按系统集中下乡,单位选派干部带79人下乡,参与各级组织共同管理知识青年。至1978年,全县共安置537名知识青年下乡。

回收 1971年开始回收安置知识青年工作,当年回收168人到党政机关及财贸、文教、邮电、广播、宣传等部门工作(含升学、参军后安置的人数,下同)。1972年回收63人,安置到文教、卫生等部门工作。1974年回收58人,其中干部36人、工人22人。1975年回收49人,其中干部27人、工人22人。1976年回收55人,其中干部17人、工人38人。1977年回收18人。1978年回收23人,其中干部9人、工人14人。1979年回收97人,其中干部27人、工人70人。1971—1979年,全县共回收安置知识青年531人。

(第五篇第三章《经济管理》,第152—153页)

《绿春县志》

绿春县志编纂委员会编纂,云南人民出版社1992年

(1969年)1月5日,县革委动员全县1966—1968三届初中毕业生,属农村的回乡,属城镇人口的到农村插队落户。同月,县革委设立知青办公室,负责安排管理知识青年上山下乡和就业安置工作。至1978年,先后有7批257名城镇知识青年到农村落户,1971年开始陆续收回,到1979年全部收回。

(《大事记》,第40页)

知青口粮 1970年开始,插队知识青年未参加农业分配以前,从下乡之月起,头一年按每人月定量17.5公斤的标准供应,农忙季节每人月补助1.5—2.5公斤,参加社队分配后,口粮达不到定量标准的,不足部分由国家补足。

(第十二编第二章《销售》,第389页)

"文化大革命"初期,全县的各项工作秩序被打乱,正常升学、招工、招干被迫停止,非农业的就业门路被堵死,城镇青年学生初中或高中毕业后多数升不了学,就不了业,从1969年起,除少数照顾留城外,先后组织动员了七批初、高中毕业生上山下乡,到1978年,上山下乡的知识青年累计275名。

中共十一届三中全会后,调整了城镇知识青年上山下乡政策,于1979年把275名知青

全部收回安排就业或升学、参军。其中参加工作的 148 人，选送或考试升学的 110 人，参军的 17 人。对其他城镇待业人员，政府也积极设法安置。

（第十八编《劳动　人事》，第 556 页）

待业管理。随着城镇人口的增加，待业青年和闲散劳力的管理问题日益突出，1969 年 1 月设立知识青年管理办公室，主要负责初、高中毕业生的管理教育工作，做好上山下乡和留城知青的安排管理、推荐优秀知青参军、升学和安置就业。

（第十八编第一章《劳动》，第 557 页）

1971 年，从弥勒、建水及本县招收 250 名具有初、高中文化程度的知识青年任教，中小学教师增至 858 人，其中民办教师 389 人。　　（第二十二编第四章《教师》，第 648 页）

(1978—1980 年)三年间，县文教局从建水等地及本县吸收 559 名知识青年充实教师队伍。1980 年教职工达 1 446 人，是建国以来教师最多的一年。

（第二十二编第四章《教师》，第 648 页）

《建水县志》

建水县地方志编纂委员会编，中华书局 1994 年

(1969 年)1 月中旬，首批城镇知识青年 723 人上山下乡，到农村插队落户。加上后来动员的两批，全县到农村落户的知识青年共 3 875 人。

（《大事纪年·中华人民共和国建立后》，第 33 页）

4 月 30 日，老里洞区下乡女知识青年吴丽萍、萧诺曼在扑灭车畔山林场山火中殉难。

（《大事纪年·中华人民共和国建立后》，第 33 页）

(1971 年)开始回收并安置下乡知识青年。

（《大事纪年·中华人民共和国建立后》，第 35 页）

知识青年"上山下乡"

1969 年 1 月，根据毛泽东"知识青年到农村去，接受贫下中农的再教育"的号召，城镇首批高初中毕业生 723 人被动员到农村人民公社插队落户，从事农业生产劳动。加上以后动员的两批，全县下乡上山的知识青年共计 3 875 人。以此办法解决城镇青年的劳动就业问

题,既增加农民负担,又因城乡物质和文化生活水平差别大,下乡知识青年都不安心。自1971年起,开始对下乡知识青年回收并安置工作。历时12年,直到1983年才全部安置结束。

(《政党·社会团体》第一章《政治要事纪略》,第145页)

下乡知识青年回收安置

1969年1月起,全县城镇高初中毕业的知识青年3 875人分批上山下乡,到农村插队落户,"接受贫下中农的再教育"。1971年开始回收安置,至1983年底全部安置结束。其中分配到厂矿、机关、学校就业的2 963人,其余606人参军,306人升学。

(《经济综合管理》第二章《劳动管理》,第524页)

《西双版纳傣族自治州志》

西双版纳傣族自治州地方志编纂委员会编纂,新华出版社2002年

(1962年)8月,支援边疆建设的昆明青年1 130人到达州内各农场。

(《大事记》,上册第46页)

(1969年)3月,上海知青1 000多人到勐海县农村插队落户。　(《大事记》,上册第51页)

同月(9月),北京、上海首批上山下乡的知识青年到达西双版纳,继之又有重庆、昆明及思茅地区的知青到来。至1972年,全州共接收知识青年61 218人,其中到农场58 478人,到农村插队2 740人。

(《大事记》,上册第52页)

(1971年)3月,上海市慰问团到西双版纳慰问上乡下乡知识青年,并协助解决有关问题。

(《大事记》,上册第53页)

(1973年)4月1日,建设兵团一师二团六营发生知识青年打架恶性事件,死3人,重伤2人,轻伤6人。主犯江世民被依法处决。

(《大事记》,上册第54页)

11月28日,云南省高级人民法院和昆明军区军事法院在允景洪召开宣判大会,以"奸污迫害女知识青年罪",对7名罪犯分别判处死刑、死缓刑和无期徒刑。　(《大事记》,上册第54页)

(1978年)10月16日,在西双版纳的上海知识青年丁惠民给邓小平写公开信,要求准许知青返城。至1979年3月,在西双版纳国营农场工作和农村插队的北京、上海、四川、昆明

知识青年自行返城 41 584 人,国营农场职工骤减 47.2%。　　　　（《大事记》,上册第 59 页）

1959—1960 年,先后有湖南省醴陵、祁东两县支边移民 21 939 人到州内各农场。

1968—1972 年,先后有北京、上海、重庆、昆明、思茅、墨江的知识青年 53 958 人到州内各农场和农村插队落户。从 1955—1972 年,仅国营农场就净增人口 131 462 人,到 1978 年增至 146 509 人。　　　　　　　　　　　　（卷五第二章《变动》,上册第 364 页）

1979—1980 年大批知青返城,仅农垦系统就减员 4.16 万人。

（卷五第二章《变动》,上册第 364—365 页）

知识青年上山下乡

根据中央文件精神,1969—1972 年,全州地方共接收安置在农村插队知青 2 868 人,其中上海知青 1 830 人,思茅、墨江、西双版纳各县初高中毕业生及由外省外区转来的内地插队知青 1 038 人。西双版纳垦区先后接收知青共 53 294 人(其中北京知青 3 051 人,上海知青 30 245 人,重庆知青 15 548 人,昆明知青 4 097 人,思茅和本地知青 353 人)。他们的到来,为西双版纳农垦事业和边疆农村增添了生力军,也带来了内地先进的文化和习俗,对边疆和内地的交流起到很好的作用。大批知青在边疆锻炼成长,1 127 人入了党,14 685 人入了团;718 人被评为模范或先进工作者,2 277 人担任排级领导职务,1 530 人担任连、营级以上领导职务。1 400 多人被选送到工农兵大学或中等专业学校深造,有 800 多名光荣参加中国人民解放军。在 1 万多名胶工和各种技术工人中,知青占 80% 以上。

这一时期的知识青年上山下乡,是在"文化大革命"特殊条件下进行的,对知识青年强调"接受再教育",忽视解决思想认识问题和经济待遇问题。1979 年,爆发为大规模的知青返城风。数十天内,农垦职工骤减 47.2%,一度造成生产和其他工作的重大损失。

（卷六第三章《政事纪要》,上册第 449 页）

1969 年动员城镇历届初、高中毕业生上山下乡插队,并规定招工不得招用城镇应届初、高中毕业生及插队未满两年的知识青年。　　（卷十一第二章《劳动》,上册第 798 页）

1979 年,在州内地方全民单位工作的 1 000 多名上海、北京等城市知识青年返城,致使很多单位严重缺员,有的已不能正常生产(工作)。　　（卷十一第二章《劳动》,上册第 798 页）

知识青年安置

（一）插队

1969 年起,西双版纳州贯彻执行中央关于知识青年到农村插队落户,接受贫下中农再教育的指示,动员城镇历届及应届年满17周岁的初、高中毕业生和社会闲散青年,上山下乡参加农业生产,接受贫下中农"再教育"。州、县革委会生产指挥组共配备9名专职干部,负责知识青年的安置工作(州级1名,县级8名)。1973年10月以后,州、县分别成立知识青年上山下乡工作领导小组,下设办公室,配备20名工作人员(州级6名,县级14名)。

1969年初至1972年底,全州共接收安置2 868名城镇知识青年到农村插队,其中:上海知青1 830人,思茅、墨江及本地知青1 038人,分别安置在景洪、勐海、勐腊3县的9个公社,31个大队,102个生产队。

1973年11月至1978年12月,共动员城镇初、高中毕业生2 349人到农村插队(其中上海知青6人),平均每年动员安置390人,安置最多的是1977年536人,最少的是1978年158人。

1978年12月,贯彻执行中央《全国知识青年上山下乡工作会议纪要》提出的"调整政策,逐步缩小上山下乡的范围",城镇中学毕业生的安置实行"进学校,上山下乡,支援边疆,城市安排"的精神,州委决定,除勐海已动员下乡的152人、景洪的6人外,当年和今后不再动员知识青年上山下乡,广开就业门路,留城安置。

(二)就业

1971年起,在州内插队满两年的外地及本州知识青年,作为招工招干补员的主要对象。1971—1972年,全州有2 089名知识青年被省、州、县招工招干,其中上海知青1 066人。1973年底至1981年底,每年都有人数不等的知识青年被招收录用到全民、集体单位工作,9年间被录用为州、县国家机关及企、事业单位当干部的知识青年有1 172人(其中:国家机关340人,中小学教职工299人,其它企事业单位533人),录用为工人57人。

(卷十一第二章《劳动》,上册第799页)

1966—1972年,由于"文化大革命"的原因,正常的干部吸收录用基本停止,不少干部岗位由非在职人员顶替。吸收少数上山下乡知识青年补充教师队伍,均采取"以工代干"形式。

(卷十一第三章《人事》,上册第809页)

1977年起,(干部吸收录用工作)允许财贸、教育系统补充自然减员,减多少补多少,民办和代课教师经过考核,择优补充,不受农村指标限制。其他系统进行余缺调剂后,从上山下乡两年以上的知识青年和留城待业知青、回乡知青、退伍复员军人中择优录用。

(卷十一第三章《人事》,上册第809页)

知识青年、社会青年是来自城市的职工中数量最大的一个部分。首批来到垦区的城市青年,是1956年1月24日到黎明农场的550余名昆明青年志愿垦荒队员,他们中年龄最小的只有15岁。1957年昆明青年学生41人到勐养农场。1958年北京华侨补习学校学生47

人及昆明市社会青年 182 人到达勐养。1961 年昆明各中学 440 名应届毕业生到达垦区。1962 年昆明青年学生 894 人、社会青年 236 人到达垦区。1963 年 156 名昆明市社会青年到达垦区。1965 年垦区接待安置来自重庆的学生青年 1 500 余人,这是垦区首次大批安置来自省外的知识青年。上述几批城市知识青年来边疆较早,扎根边疆的比例较高,他们以后大多担负了教育、卫生及各项管理、技术工作。1968 年 2 月,在"上山下乡"运动开展之前,北京 55 名"老三届"知青自发组织来到东风总场,拉开了大批知青到边疆农场"接受再教育"的序幕。同年 12 月,首批上海知青到达勐腊总场①。至 1972 年,垦区先后安置了京、沪、昆、渝四市知青 10 余批,总计 52 941 人,其中北京 3 051 人,上海 30 245 人,昆明 4 097 人,重庆 15 548 人;另有其他城市的知青 353 人。知青占职工总数的比例达 56%。此后,知青中有参军、推荐上大学、病退回城及零星调离的共数千人。至 1979 年,有 4.16 万名知青返城,使垦区职工总数下降 47.2%。1980 年以后,返城的上海、重庆知青又有少数返回垦区就业。至 1993 年,垦区知青尚有 1 170 人。 　　　(卷二十二第一章《垦区建置》,中册第 350—351 页)

　　组建云南生产建设兵团前后,大批城市知识青年到达垦区,师资来源扩大,学校办得更多。至 1974 年有小学教师 1 382 人,初中教师 336 人,高中教师 36 人。1979 年大批知青回城,造成教师大量减员,各农场在撤点并校的同时,从本场高中毕业生中挑选教师,补充缺员。 　　　　　(卷二十二第五章《垦区科教文卫》,中册第 430 页)

城镇青年就业费

　　1968 年,国家财政预算设置"城镇人口下乡安置经费",1974 年改为"城镇人口安置经费",1982 年改为"城镇青年就业经费"。1969 年开始,北京、上海、重庆、昆明、思茅、墨江等地知青 5 万余人先后到西双版纳农村和生产建设兵团(国营农场)插队落户。所需经费,到生产建设兵团的,由兵团开支;到地方插队落户的,由州、县财政列报。开支标准,每人每年本地知青 190 元,外地知青 180 元。拨到公社或大队按规定使用,不发给个人。1971 年,本地知青改为每人每年 200 元,1973 年增至 480 元。1969—1979 年,全州共支出城市青年就业费 181.1 万元。1980 年后,此款转为城镇就业补助费,主要用于城镇待业青年所办厂(店)的流动资金、固定资产购置等支出。1969—1979 年,全州共支出城镇青年就业经费 387.8 万元。

　　1969—1979 年,全州地方共安置插队落户知青 4 860 人,其中本地知青 976 人,外地知青 3 884 人。外地知青中,上海知青 1 830 人。通过招工、招生、参军、家庭照顾等,先后迁出 3 000 余人。1978 年底,全州还有插队知青 610 人,1979 年底剩 10 人,1982 年底剩 3 人。

　　　　　　　　　　　　　　(卷三十四第四章《财政支出》,中册第 1 070 页)

---

① 12 月,首批上海知青到达勐腊、东风、橄榄坝三总场共计 1 078 人。——编者注

在此("文革")期间,教师主要来源为思茅、景洪等地的师范毕业生;在公路七团、九团和农场、水利兵团及回乡、插队的知识青年中抽调;……　　　(卷三十七第八章《教师》,下册第 65 页)

劳动模范①

称　　号	姓　名	性别	民族	籍　贯	工 作 单 位	获奖时间	颁奖单位
省劳动模范	金鸿祥	男	汉	上　海	省茶科所	1979	省政府
省劳动模范	王诗益	男	汉	四　川	景洪农场一分场	1979	省政府
省劳动模范	叶尔聪	男	汉	云南昆明	景洪农场三分场制胶厂	1979	省政府

(卷四十八《人物·人物表》,下册第 829、830 页)

先进生产(工作)者②

称　　号	姓　名	性别	民族	籍　贯	工 作 单 位	获奖时间	颁奖单位
先进生产者	高云峰	男	汉	上　海	黎明农场二分场	1978	省革委
先进个人	钱国模	男	汉	上　海	勐养农场	1974	省革委

(卷四十八《人物·人物表》,下册第 841、847 页)

优秀教师③

称　　号	姓　名	性别	民族	籍　贯	工 作 单 位	获奖时间	颁奖单位
优秀教师	崔六如	男	汉	上　海	景洪农场中学	1981	农林部

(卷四十八《人物·人物表》,下册第 854 页)

中国共产党全国代表大会代表④

姓　名	性别	民族	籍　贯	工 作 单 位	会议时间	届　次
朱克家	男	汉	上　海	勐腊县勐仑公社曼峨大队	1973.8	第十次

(卷四十八《人物·人物表》,下册第 864 页)

《景洪县志》

《景洪县志》编纂委员会编纂,云南人民出版社 2000 年

(1969 年)3 月,景洪中学学生到勐罕、景洪、勐养等公社插队,思茅中学学生到勐龙

---

①②③④　本表内容为节选。——编者注

公社插队。 （《大事记》,第 21 页）

5 月 7 日,墨江中学学生到普文公社插队。 （《大事记》,第 22 页）

(1974 年)10 月 25—31 日,景洪县召开首次贫农、下中农代表大会,有贫下中农代表476 人,知识青年代表 56 人,特邀代表 33 人,成立景洪县第一届贫、下中农协会。

（《大事记》,第 23 页）

(1977 年)6 月 20 日,景洪城区应届高、初中毕业生约 250 人分别到景洪、允景洪、小街、勐龙等公社插队落户。 （《大事记》,第 24 页）

10 月 16—22 日,景洪县委召开四级干部会议,参加会议的有县、公社、大队、生产队、农业学大寨工作队的负责人和各公社、大队、生产队的贫协、妇联、共青团负责人及上山下乡知识青年代表共 2 100 多人。 （《大事记》,第 24 页）

《勐海县志》

云南省勐海县地方志编纂委员会编纂,云南人民出版社 1997 年

(1956 年)1 月 24 日,首批前来西双版纳地区参加边疆建设的昆明市青年志愿垦荒队到勐遮黎明农场。场内全体复员转业战士、当地机关和各行各业人员、各族群众聚集在景真到勐遮公路两侧,敲芒锣打象脚鼓欢迎。 （《大事记》,第 10 页）

(1969 年)3 月,上海知青 1 000 多人到勐混、勐遮、勐阿插队落户。在全国掀起知识青年上山下乡运动中,先后有重庆、思茅和勐海的知青 2 000 多人在勐海农村、农场参加农业劳动。

4 月,全县 66、67、68 三届初中毕业生下乡插队落户,接受贫下中农的再教育。

（《大事记》,第 17 页）

(1971 年)7 月 30 日,最后一批城市知识青年到黎明农场。"文化大革命"时期,黎明农场先后接收安排 8 批来自北京、上海、重庆、昆明等市的知识青年 4 420 名。

（《大事记》,第 18 页）

知识青年上山下乡安置 贯彻中央关于"知识青年到农村去接受贫下中农的再教育,很

有必要"的号召。1969年成立县知青领导小组及办公室。同年3月,首批到本县插队的知青1508人,其中上海知青1137人,思茅知青230人,景洪知青12人,澜沧知青4人,墨江知青4人,勐海本县知青121人。分别安排在勐遮807人,勐混428人,勐阿183人,勐海90人。1971—1978年,本县的知青被分别安排农村插队1180人。全县先后安置县外和本县知青上山下乡插队人数达2688人。

"知青"安置经费:人均一次性拨款300元作为建房、安家补助费,由各公社有知青插队的大小队统一安排使用。知青在生产队劳动,参加生产队评工记分,年终参加分配,分配的粮食集中保管使用,现金分给个人支配。1978年以后停止接收知青插队,已插队的知青,除已自动回家的以外,逐年通过招工、招干、参军、学校招生等途径,基本上得到了安置。

(卷二十三第六章《就业　安置》,第699页)

1967—1975年间,因师范毕业生逐年减少,教师不足,勐海从各地到本县插队的知青和复员退伍军人中招收了60多人担任教师。　　(卷二十五第七章《教师》,第749页)

1959—1966年,(黎明农工商联合公司)增加湖南支边青壮年和少量的四川省重庆"知青"、昆明"知青"及思茅地区青壮年3370余人。1966年总人口达12963人。1967—1971年,增加了上海、北京等"知青"和少量的退伍军人5100余人。1971年总人口达20043人,1972—1982年因"知青"返城而减员,招收本场职工子女和思茅等地农民近5000人予以补充。　　(卷二十八第二章《人口　计划生育》,第844页)

(黎明农工商联合公司)建场初期的职工主要为复员转业退伍军人,共有2864人;各地支边的青年垦荒队、开荒队等2864人;湖南支边人员1557人;"上山下乡"知识青年5087人;老职工子女和照顾夫妻关系人员7691人;国家分配来的大、中专毕业生或干部100余人。　　(卷二十八第二章《人口　计划生育》,第844页)

(黎明农工商联合公司)教师队伍除少量国家统一分配的大学毕业生以外,主要来源于建场初期的复员转业军人、昆明市青年志愿垦荒队员和以后来农场的知识青年以及老职工的第二代知识分子。　　(卷二十八第九章《教育　卫生　科技》,第862页)

《勐腊县志》

勐腊县志编纂委员会编纂,云南人民出版社1994年

(1961年)11月,第一批昆明知识青年100人到农场。　　(《大事记》,第9页)

(1969年)年初,响应毛主席号召,本县首批知识青年到农村插队落户,上海首批知青到勐腊。当年共安置知青460人。 　　　　　　　　　　　　　　　　　　　（《大事记》,第10页）

同月(1970年1月),昆明、重庆、北京、上海大批知识青年相继到达农场,知青人数占农场职工的70%左右。 　　　　　　　　　　　　　　　　　　　（《大事记》,第11页）

12月7—12日,县革命委员会首次召开全县上山下乡知识青年再教育工作会议,各公社干部代表、贫下中农代表、下乡知青代表等63人出席会议。 　　　　　（《大事记》,第11页）

(1973年)5月29日,县革委"再教育"办公室发《简报》,报道全县上山下乡知识青年向朱克家学习的情况。 　　　　　　　　　　　　　　　　　　　（《大事记》,第12页）

(1979年)1月,国家农垦部副部长赵凡到勐腊、勐满农场了解知识青年安置情况。

2月,农场知识青年开始回城,至5月回城率达98%,随即,地方也刮起"回城风",85%以上的知识青年离开勐腊返回城市。 　　　　　　　　　（《大事记》,第14页）

人口　1959年末5个农场人口共387人,主要是南下转业干部和复员、退伍军人及湖南首批支边人员。此后,湖南第二批支边人员和昆明、四川知识青年先后来场,加之人口自然增长,1965年末农场总人口为8 561人,与1959年相比增加22倍。之后,又相继招收普洱、镇沅等地农村青年进场和1969年上海、北京首批知青来到农场,年末,农场总人口实有13 681人。1970年,在"知识青年上山下乡"的号召下,上海、北京、重庆市大批知青陆续来到农场,加之人口自然增长速度较快,到1973年末总人口猛增至38 059人,比1965年增加4倍多。1977年末总人口为43 197人,1979年初知青回城,人口减至31 265人。为补充农场职工之不足,陆续从景东、墨江和县内农村招收了大批新工人,到1988年末,总人口回升到40 826人,占勐腊县辖区总人口的25.8%。

　　　　　　　　　　　　　　　　（卷七第五章《农场建制》,第188页）

(1970年以后)随着大批知青进入农场,医疗机构和队伍不断扩大……1979年大批知青回城后,医务人员锐减,技术力量大大削弱,特别生产队卫生员大量缺额,农场医院的一些科室被迫停诊。 　　　　　　　　　　　　　　（卷七《农垦·附记》,第191页）

1976年底,党员总数达2 649人。1979年知青返城后,党员总数减至1 979人。

　　　　　　　　　　　　　　　　　（卷七《农垦·附记》,第192页）

1979年知青返城,干部人数由1978年的2 895名减至1 866名,减少35.5%,干部队伍严重缺员。

(卷七《农垦·附记》,第192页)

1974年4月14日,7671部队79分队实习驾驶员黎××驾驶解放牌Km9～19307货车到勐腊执行任务。下午返回驻地(尚勇),时值傣历新年,车少人多,农场知青65人未经驾驶员同意便挤上车厢,车上已有24人,驾驶员劝说无效,只好起动开往尚勇。15时40分行至小磨公路K159+917处,下坡350米后右弯时,由于车子超重,车速失控,高速转弯,离心力大车子倾斜右轮悬空,左大厢撞树,致使汽车翻入离公路3.2米远、1.4米深的泥塘里,造成15人死亡,30人重伤,35人轻伤,9人微伤的恶性交通事故。

(卷十二第四章《管理》,第300页)

1965年后,大批知识青年和支边人员进入勐腊,参加边疆建设,辖区人口大增。为满足用邮需要,先后在各农场增设20个代办所、7个代售处。1972年4月,建麻木树公社邮电所,1974年11月,置勐哈邮电所。1975年1月,设小红桥邮电代办所。至此,勐腊县局属邮电机构共9个邮电所,22个代办所,7个代售处。

1978—1981年间,知识青年大量返城,邮电业务量剧减,机构设置过散不利管理,经济效益不高。

(卷十三第四章《机构》,第316页)

1978年8月始,上海、北京、四川等地知青大量回城,民事案件特别是离婚案件剧增,至1982年底,全县受理民事案件502件,其中离婚案385件,占76.7%。

(卷二十二第四章《审判》,第504页)

1969年,勐腊县响应毛泽东"知识青年到农村去"的号召,成立了知青领导小组和办公室,首批动员安置1966、1967、1968年三届中学毕业生和城镇待业青年到农村务农,接受贫下中农的再教育和劳动锻炼。按1%的比例配备了带队管理干部,拨给一定的安置费用。从1969—1979年,全县安置上山下乡知识青年588人,其中本县知青255人,上海知青329人,外地转来知青4人,设置知青点14个。上山下乡知识青年除在农村结婚成家的外,其余的1978年后通过招工、招生、招干、参军等,都陆续离开农村回到城镇。

(卷二十四第六章《劳动就业》,第538页)

因公牺牲人员

......

王洪扣　上海市奉贤县人,水利2团13连5班长,共青团员。1970年3月为扑灭烈火壮烈牺牲,时年20岁。

程世忠　上海市松江县人,水利2团1营4连排长。1970年3月为扑灭烈火壮烈牺牲,时年17岁。

朱家华　上海市奉贤县人,水利2团13连战士。1970年5月因运渡连队物资,不幸落水牺牲,时年20岁。

陈汉为　上海市川沙县人,水利2团8连副班长。1970年11月在水利工地上,于千钧一发之际,为抢救二名女工而奋不顾身,英勇牺牲,时年20岁。

黄一帆　上海市川沙县人,水利2团10连战士。1971年5月因公牺牲,时年21岁。

邱志平　四川人,国营勐满农场职工。1971年7月在抗洪救灾中牺牲,时年21岁。

周金林　云南江川县人,勐仑养护段职工。1976年8月因抢修公路不幸遇难,时年20岁。

（《人物·名录》,第739页）

《楚雄彝族自治州志(第一卷)》

楚雄彝族自治州地方志编纂委员会编,人民出版社1993年

(1969年)1月1日,楚雄中学等校的364名知识青年首先响应毛主席"上山下乡"的号召,离开学校到农村"接受贫下中农的再教育"。到1978年停止"上山下乡",10年间全州共有下乡知青9842人(含禄劝796人),其中上海知青895人,昆明知青30人;回乡知青共有6017人。

（第二篇《历史沿革·附:大事年表》,第202页）

4月20日,800多名上海上山下乡知识青年莅楚。

（第二篇《历史沿革·附:大事年表》,第202页）

《楚雄彝族自治州志(第二卷)》

楚雄彝族自治州地方志编纂委员会编,人民出版社1993年

第五节　知识青年上山下乡

1966年"文化大革命"发生后,学校停课,学生中断学业,走上街头,参加"文化大革命"。大学及大中专院校也停止了从中学毕业生中直接招生,取消了高考制度。从1966年起,4年没有招生,直到1970年,才开始以推荐等形式从工、农、兵中录取学生。这样,当时一方面大批未到劳动年龄的中学生提前进入社会,另一方面,高中毕业生继续升学的门路被堵塞。从60年代后期开始,解放初出生的那一批数量可观的人口陆续进入劳动年龄,造成城镇待业人口骤增的局面。与此同时,各行各业大搞"文化革命",许多部门处于瘫痪、半瘫痪状态,

工作、生产不能正常进行，无法消化社会待业人员。

1968年12月22日，《人民日报》发表了毛泽东"知识青年到农村去，接受贫下中农的再教育，很有必要"的指示。1969年元月1日，楚雄中学学校364名青年学生响应号召到农村安家落户。

1969年元月，云南省革命委员会下发《关于动员组织知识青年到农村去的意见》规定：年满16岁的1966年至1969年初中毕业生和其他城镇待业青年，以及无固定职业的城镇闲散劳动力，均在动员下放之列。下放安置形式，知识青年一般以5人以上成组集体插队，家在农村者尽量回原籍落户。同月，楚雄州革委会生产指挥组成立安置办公室。2月4日，又相应下发了《关于安置工作中有关问题的处理意见》的文件。州县成立相应的专门机构，开始大规模组织知识青年上山下乡。上海、昆明等城市的知识青年也开始在有关部门的安排下分批到达楚雄各县农村插队落户。

1970年6月12日，楚雄州革命委员会根据《中共中央转发国家计委军代表关于进一步做好知识青年下乡工作的报告》决定：(1)州革委会副主任普贵忠分管再教育工作，州劳动局增设再教育办公室，任务是做好知识青年、城镇下放人员和插队落户干部再教育工作。接收下乡知青较多的南华、姚安、武定、禄丰、楚雄5县，要有一名副主任分管，设再教育办公室，配备专职干部。(2)从州"五·七"干校抽一批干部到南华、姚安、武定3县知青较多的公社落户，一边劳动锻炼，一边做知青的教育工作。(3)知青集中的公社、大队，成立干部、贫下中农、知青三结合的再教育的管理委员会(或领导小组)。生产队的政治指导员管再教育工作，另设生产辅导员、生活管理员。要求做到对知青政治上有人抓，生产上有人带，生活上有人管。

1972年以前下乡的知识青年从离开城镇到正式参加生产队粮食分配期间，每人每月由国家供应贸易粮17.5公斤，食油150克；参加生产队分配后，其标准按生产队全劳动力中较高的吃粮水平确定。1972年以后下乡知识青年口粮按每人每月17.5公斤标准由国家供应一年，一年以后参加生产队分配，分配标准凡正常出勤的，不低于全劳动力口粮标准。所在社队口粮水平达不到每年190—210公斤者，国家统一从返销粮中补供。食油和肉食品按当地城镇居民标准，由国家供应补差。布匹、棉花等物品按当地社员标准由国家供给，另在下乡时供给蚊帐一顶，棉絮一床。

1972年以前，下乡知识青年患病、受伤一般就近治疗，需要到县以上医院治疗的，由公社审批并介绍。所需医药费用一般自付，个别花费过大自付有困难者，参照国家对待贫下中农社员的政策酌情减免。1973年开始，知识青年参加农村合作医疗，按当地社员标准每人每年投资10元，从专项医药补助费中开支，严重病、伤者，经县级领导机关批准，持当地医院证明到城市就医，自付医药费有困难的酌情补助。

知识青年下乡后，完全丧失劳动能力并且农村没有亲属依靠者，经医生证明、群众讨论，安置和动员两地县(市)革命委员会审批，允许回迁城镇。因患病或负伤不能参加一般生产者，由所在社队给予照顾，安排做力所能及的工作；确实不能适应任何生产劳动并且农村无亲属依靠的由本人申请并取得指定的县以上医院的证明,经群众评议通过报公社审查后,由县知青办公室同意并与原所在县(市)知青办公室和公安部门共同审查批准,迁回城镇。

下乡知识青年中属于父母年老多病或死亡,弟妹年幼生活不能自理需下乡子女回城照顾,以及属于独生子女或多子女但父母身边无人照顾等特殊困难范围者,从在乡知识青年中迁回一人。

1973 年,云南省全省知识青年上山下乡工作会议制定了《中共云南省委关于贯彻执行"中共中央转发国务院知识青年上山下乡工作会议的报告"的意见》,规定城镇中学的毕业生的安置仍以上山下乡为主,凡年满 17 周岁的城镇青年一般都动员下乡(少数民族尽量安置到本民族所在地区插队),其中因病残不能参加劳动的,独生子女及多子女已下乡或在城镇以外地区工作,其父母身边只有一个子女的;中国籍的外国人子女;家庭有特殊困难必须有一个子女在家照顾的,可以照顾留城、直接从事矿山井下、野外勘探、森林采伐的生产单位,补充减员或按国家计划增加工人时,可由本行业退休职工的子女顶替或者从本单位职工子女中招收。

1975 年 4 月 25 日,州革命委员会召开全州知识青年上山下乡工作会议。会议之前,州革委组织再教育检查团,分赴各地对再教育工作作了一次全面检查。会议指出:"知识青年上山下乡光荣,送子务农光荣,已开始形成社会主义新风尚。从 1968 年以来,全州已有 4 000 余名知青到农村插队落户,有 6 500 多名知青回乡参加社会主义建设。其中有 30 多名县团以上领导干部带头送子务农,许多部门和单位较好地解决了知青的生产、生活和学习等方面的实际问题,不少单位和驻军选派了带队干部,从而保证了知青工作的健康发展。"会议强调:"凡年满 17 周岁的城镇应届初、高中毕业生和历届毕业、自动离校、休学的学生,只要符合条件的,都要动员上山下乡。"在安置上,"坚持插队为主,适当集中的原则,有条件的可以试办知青点或知青队。要为下乡知青建好住房,解决好口粮、生产工具和炊事用具等实际问题。"会议以后,又动员大批知青到农村插队落户。

1977 年 12 月 12 日,中共楚雄州委根据中央指示,决定从 1978 年 1 月 1 日起,停止动员城镇知青上山下乡。对已下乡知青,按有关政策妥善安排就业。1969 年至 1978 年全州共有 9 842 名城镇知青下乡,其中 1969 年 3 057 人,1970 年 1 709 人,1971 年 353 人,1972 年 292 人,1973 年 369 人,1974 年 850 人,1975 年 892 人,1976 年 989 人,1977 年 903 人,1978 年 428 人。在 9 842 名下乡知识青年中,来自州内各城镇的 8 910 人,上海市的 895 人,昆明市的 30 人,北京及外地州转来的 7 人。下乡知识青年分布在全州 11 个县(包括禄劝县),103 个公社(镇),463 个生产大队,1 328 个生产队。按有关政策规定,1973 年至 1978 年全州城镇共有 2 278 名知识青年照顾留城,其中独生子女 256 人,多子女但父母身边只有一个子女的 1 213 人,病残不能参加劳动的 102 人,家庭特殊困难的 454 人,因其他原因经批准留城的 267 人。此外,因病残和家庭有特殊困难,经批准从农村迁回城镇 61 人。

1971 年开始陆续安排下乡知识青年回城就业,到 1980 年底,除参军、升学、死亡以及个别在农村成家留在农村者外,全州下乡知识青年基本回城安排了工作,其中进厂当工人的

8 221人;参军657人;考入大专院校和各种专业学校继续学习的611人;吸收到国家机关工作的211人。到1980年春,知识青年上山下乡工作结束,州、县知识青年再教育办公室亦随之撤销。

(第七篇第三章《文化大革命》,第153—155页)

下乡知识青年安置

"文革"爆发后,国民经济遭到破坏,厂矿企业招工有限,大、中专学校一度停止招生,使一批中学毕业生提前进入社会;新中国建立前后出生的人也陆续达到劳动年龄,因而城镇待业青年骤增。由于正常的就业渠道受阻,1969年开始动员大量城镇知识青年下乡到人民公社生产队插队落户。到1978年12月停止动员知识青年下乡为止,州境内先后到农村插队落户的城镇知识青年共有9 842人(含禄劝县),其中州内各城镇8 910人,上海市895人,昆明市30人,北京及外地州转来7人。

1971年开始对下乡劳动两年以上(1975年改为一年以上)的知识青年逐步安置就业。到1980年,全州从下乡知识青年中共计招用固定工8 221人,并有211人被录用为干部,657人应征参军,611人被各类学校招生录取,50人迁到州外,12人安家留队,61人因个人或家庭困难被批准迁回城镇落户,19人死亡。至此,全州下乡插队落户的知识青年基本得到安置就业。

(第十篇第一章《劳动力管理》,第324页)

楚雄州知识青年下乡后招工、招干、参军、招生等情况统计表　　单位:人

年份＼项目	合计	招工人数	招干人数	参军人数	招生人数	病残迁回城镇人数	家庭特殊困难迁回城镇人数	迁到州外人数	留队人数	死亡人数
合计	9 842	8 221	211	657	611	47	14	50	12	19
1969	10	0	0	0	3	0	0	2	3	2
1970	125	99	0	1	7	0	1	4	9	4
1971	867	602	168	10	71	10	0	4	0	2
1972	1 096	892	1	194	4	0	4	1	0	0
1973	134	15	7	79	28	0	2	0	0	3
1974	417	225	5	29	124	15	3	14	0	2
1975	849	649	4	50	116	10	3	14	0	3
1976	443	345	0	61	22	7	0	6	0	2
1977	1 735	1 653	26	26	18	5	1	5	0	1
1978	2 830	2 443	0	193	194	0	0	0	0	0
1979	866	838	0	14	14	0	0	0	0	0
1980	470	460	0	0	10	0	0	0	0	0

注:1970年招工人数99人系临时抽出工作,1971年正式招收。

(第十篇第一章《劳动力管理》,第325页)

《楚雄市志》

楚雄市地方志编纂委员会编,天津人民出版社 1993 年

上山下乡　响应毛泽东主席关于"知识青年到农村去"的号召,749 名城镇高、初中毕业生于(1969 年)2 月 9 日离城,作为第一批上山下乡、到农村插队落户的知识青年,接受贫下中农的再教育。县革委为此设置知识青年安置办公室(简称"知青办")。至 1977 年结束这项工作时为止,安置知识青年上山下乡共 2 569 人,其中女知识青年 1 229 人。一段时间以后,知识青年即陆续回城,至 1980 年,除继续升学或应征参军者外,基本都安排了工作。

(《大事·中华人民共和国》,第 48 页)

(1977 年)11 月,恢复大学、中等专业学校招生文化考试制度,楚雄近千名知识青年踊跃报考。

(《大事·中华人民共和国》,第 55 页)

知识青年安置

1969 年根据中央指示,知识青年下放农村,县成立知识青年上山下乡安置办公室。1969—1977 年,共有知识青年 2 804 人,除 302 人照顾留城外,下放农村 2 502 人,分散到全县 17 个公社插队插场。首批每人发给安家费 100—190 元。而后又增加生活福利待遇,每人一次拨给建房费 190 元,农具家具费 55 元;生活补助费第一年每人 100 元,第二年 50 元,第三年 30 元;医疗费每人每年 10 元,学习费 10 元,特需费 7 元;第一年口粮由国家供应,第二年起按上山下乡知识青年所得工分,参加集体分配口粮、实物和现金。

1971 年在国家招工中,开始分批招收知识青年;同时增加了知识青年下乡的待遇。分系统分单位在有条件的队、场建立知青户,为知青户建房,并派有专职的带队干部。

1978 年以后,上级通知应届毕业生不再下放农村当农民,已下放的知识青年适时安排就业。到 1980 年,上山下乡知识青年全部安置就业完毕。

另外,1964 年曾下放居民 55 户、214 人到农村从事农业生产,政府发给安家费共 2.6 万元。这批居民,也在 1978 年后陆续安置回城。　(第十六篇第二章《劳动》,第 602 页)

1950 年,人民政府留用各类学校全部教师,同时吸收一批中学毕业生任教,由于数量不足,到牟定招收 20 名。1951 年,接收云南革命大学分配来的一批人员为教师。此后,每年从楚雄师范学校、昆明师范学校等学校,统分少量毕业生和高中生任教;在农村,则招收部分知识青年为公办或民办教师。1970 年以后,逐步将民办教师转为公办教师。

(第十七篇第四章《教师》,第 629 页)

《鹿城志》

中共楚雄市鹿城镇委员会、楚雄市鹿城镇人民政府编，云南人民出版社 1995 年

(1969 年)2 月,749 名城镇高、初中毕业生上山下乡,到农村插队落户,接受贫下中农再教育。至 1977 年为止,楚雄县安置知识青年上山下乡共 2 569 人。　(《大事记》,第 17 页)

(1977 年)8 月,鹿城知青 33 人(含 1976 年 12 人)分别到子午公社等生产队插队落户,次年城镇知青插队落户工作停止。　　　　　　　(《大事记》,第 20 页)

11 月,恢复大学、中专招生统一文化考试,择优录取。知青踊跃报考。

(《大事记》,第 21 页)

1965 年以后,实行知识青年上山下乡插队落户,至 1977 年,鹿城镇百余名城镇初、高中学生定点到子午插队落户,接受贫下中农的再教育。到 1980 年,上山下乡的城镇知青通过招工、参军等全部回城安排了工作。城郊农村知识青年,毕业高考未录取者,统一回乡参加农业生产。城镇闲散劳力,自 1971 年起,鹿城镇通过举办集体企业的形式,分别招收到企业工作。据统计,1969—1977 年,鹿城城区共有知识青年 2 804 人,除 302 人照顾留城外,下放到农村 2 502 人。至 1980 年,绝大部分知识青年工作就业。

(第六篇第二章《民政》,第 285 页)

《元谋县志》

元谋县志编纂委员会编纂,云南人民出版社 1993 年

(1969 年)3 月 25 日,首批中学毕业生中城镇户籍的知识青年到生产队落户,接受贫下中农的再教育。　　　　　　　　　　　　　　(《大事记》,第 23 页)

1971 年恢复招工制度,采用群众推荐、民主评议、社队领导审查、劳动部门批准的办法,商业系统率先在农村招收复员退伍军人,回乡和下乡知识青年 108 人。

(第二编第二章《行政》,第 99 页)

1979 年调整招工政策,招收城市下乡知识青年和城镇新增劳动力,凡招收工人一律实行德、智、体考核。到部门后实行岗位训练。　　(第二编第二章《行政》,第 100 页)

《武定县志》

武定县志编纂委员会编,天津人民出版社 1990 年

(1969 年)1 月,20 名初高中毕业知识青年到高桥、环州、九厂、近城、猫街、田心公社农村插队。4 月,上海知识青年 29 人也到武安安家落户。至 1972 年,先后共有下乡知青 8 批,363 名。1974 年起,逐步安排工作。 (《大事记》,第 30 页)

《南华县志》

南华县志编纂委员会编纂,云南人民出版社 1995 年

(1969 年)4 月 20 日(止),全县共安置上山下乡知识青年 527 人(其中上海知青 484 人,多在文笔、徐营、雨露、沙桥、一街几个公社插队落户,1971 年后陆续招工招干,绝大部分安排了工作;1989 年,还有 8 人在南华县级机关工作,1 人在农村安家落户)。 (《纪事》,第 66 页)

"文化大革命"中,贫农下中农协会组织办政治夜校,开展"大批判",各级贫协组织对学校、供销合作社、卫生院、乡村合作医疗、信用社实行"贫管",成立了各种贫下中农管理委员会;县人民医院和供销社、学校进驻贫下中农代表,实行"监督管理";对上山下乡和回乡知识青年进行再"教育"。1979 年后停止活动。 (卷三第一章《党农群团》,第 442 页)

1972 年,为省桥工团、省林业局、燃料二厂、省公路工程一团等招收知识青年 118 人(其中女 18 人)。1975 年,在农村招收轮换工 200 人,招收经过一年以上劳动锻炼的知识青年 69 人。 (卷三第六章《人事劳动》,第 519 页)

《大姚县志》

云南省大姚县地方志编纂委员会编纂,云南大学出版社 1999 年

(1968 年)12 月,贯彻毛泽东主席"知识青年到农村去,接受贫下中农再教育,很有必要"的指示,县革委成立"大姚县城镇居民知识青年安置办公室"。 (《大事记》,第 35 页)

(1969 年)2 月,城镇知识青年 169 名到农村集体插队落户。至 1978 年,插队落户知青共达 579 人,县投资 30 余万元新建知识青年住房 2 100 平方米。1979 年,根据中央指示和

省委《全省知识青年上山下乡工作会议纪要》精神,插队知青全部返城安置就业。

(《大事记》,第 36 页)

第十四节　知识青年上山下乡

1968 年 12 月 22 日,《人民日报》发表了中共中央主席毛泽东"关于知识青年到农村去,接受贫下中农的再教育,很有必要"的指示。大姚县革命委员会成立了知识青年上山下乡领导小组及办公室,开展知识青年上山下乡的教育、发动和安置工作。1969 年 1 月至 1979 年,历时 11 年,累计有 579 名城镇知青分别安插到金碧、六苴、盐丰、仓街、赵家店、三岔河、龙街等 10 个公社(镇)的 34 个大队 87 个生产队落户。其中,县革委在赵家店小双沟、盐丰磨石江成立知识青年生产队,两个知青队先后有知青 159 人,实行集体食宿,评工记分,按劳分配。为加强知青下乡的领导,教会知青农活,县革命委员会先后选派有农事活动经验的 29 名干部,分别到知青队、知青点加强领导和带帮工作。为解决知识青年上山下乡的食宿及生产工具困难,省州县各级政府每年从财政拨出专款,11 年共拨付知青专款 31 万元。

随着社会发展,形势需要,1970 年后,上山下乡知青每年经贫下中农评议,政治思想、劳动和纪律好的参加招工、招干、参军,以及送到大、中专院校学习。至 1979 年,全县共安置下乡知青 576 人,其中,招工、招干 479 人;到大、中专院校及技校学习 70 人,参军 27 人。

1979 年 12 月,根据中央、省、州不再动员城镇知识青年上山下乡的指示精神,县委决定撤销县知识青年领导小组及办公室。　　　　　　　　(第二篇第四章《政事》,第 121 页)

"文化大革命"初期,大、中专院校一度停止招生,大量的农村中学毕业生回乡劳动,506 名城镇"知青",171 户城镇居民,436 人到农村插队落户,县级企事业单位停止招工。……1973 年,根据中央分批分期吸收知识青年参加工作的精神,对城镇到农村插队的"知青"进行回收安置。截至 1979 年,506 名"知青"得到安置,招工、招干 479 人,应征参军 27 人。同时,从原下放农村的城镇青年中招收 305 人。　　(第三篇第三章《人民政府》,第 158 页)

《永仁县志》

云南省永仁地方志编纂委员会编纂,云南人民出版社 1995 年

(1969 年)3 月 27 日,根据毛泽东"知识青年到农村去,接受贫下中农的再教育很有必要"的指示,境内首批 36 名城镇知识青年下乡插队落户,接受贫下中农再教育。至 1977 年,全县下乡插队知青共 8 批 203 人。县革委成立知青上山下乡领导小组及其办公室,专管知青上山下乡工作。　　　　　　　　　　　　　　　(《大事记》,第 25—26 页)

《双柏县志》

双柏县地方志编纂委员会编纂，云南人民出版社 1996 年

(1973 年)9 月 25 日，双柏县知识青年上山下乡工作领导小组成立，下设办公室，办理知识青年安置工作。 （《大事记》，第 32 页）

知识青年上山下乡

1968 年，毛泽东主席发出"知识青年到农村去，接受贫下中农再教育，很有必要"的指示。次年，掀起知识青年（简称知青）上山下乡热潮，先后两批共 24 人，其中男 13 人，女 11 人，分别插入法脿公社烂泥大队和大庄公社麻栗树大队落户，每人发给安置费 180 元。1973 年 9 月，成立双柏县知青上山下乡工作领导小组，下设办公室，负责城镇高中、初中毕业的知青上山下乡安置工作。1973—1977 年，共安置知青 118 人，分别到拉自摩、黑普村、麦地山 3 个知青点，每人发给安置费 452 元和部分生产、生活用具。对病残或家庭有特殊困难的 100 名知青，经批准后，发给照顾证，留城镇待业。1978 年，国务院规定，县和县以下城镇知青不再列入上山下乡范围；已下乡插队落户的知青，除参军或升学外，通过招工等途径，逐步安排到企事业单位工作。同年末，下乡插队知青，全部得到妥善安排。 （第十七编第一章《劳动管理》，第 432—433 页）

《姚安县志》

云南省姚安县志编纂委员会编纂，云南人民出版社 1996 年

(1968 年)9 月，部分城镇居民下放农村。北京、上海知青先后至姚，分赴坝区各社队"接受贫下中农再教育"。 （《大事记》，第 19 页）

1966—1968 年"文化大革命"前期，"停课闹革命"，中止招生。1968 年底，经县革命委员会批准，对 1966 年读满 3 年的 3 个班，读满两年的 3 个班，读满 1 年的 4 个班的学生，发给"学龄期满证明书"。这些"毕业生"，属非农业人口者上山下乡插队当"知青"，属农业人口者，回乡参加生产。 （卷十五第二章《基础教育》，第 585 页）

《大理白族自治州志（卷一）》

大理白族自治州地方志编纂委员会编纂，云南人民出版社 1998 年

中华人民共和国建立后，特殊人口群的境内迁移活动较大的有四次：……第四次是"文

化大革命"期间的知识青年上山下乡造成的人口迁移。州内在"文化大革命"后期的上山下乡运动,从时间上看大体可分为两个阶段:一是 1969 年起上山下乡知识青年的迁入,一直到 1977 年恢复全国高等学校招生考试之后才算停止。省外来大理州"安家落户"的知识青年有上海、四川、河南等地,州外的有昆明等地,州内的主要是市、镇知识青年。他们多是应在 1966、1967、1968 年毕业的高初中学生,故下乡时间较为整齐,基本集中在 60 年代末 70 年代初。城镇上山下乡知识青年人数累计达 13 811 人。其中由上海迁入的知识青年 924 人;二是 1977 年后上山下乡知识青年逐步升学、安置返城,一直到 1982 年才告一段落。

(人口志第三章《人口变动》,第 412—413 页)

《大理白族自治州志(卷五)》

大理白族自治州地方志编纂委员会编纂,云南人民出版社 2000 年

1964 年 11 月,成立大理州安置城市下乡青年领导小组,负责城市青年和闲散劳动力到国营农场、集体农场和农村生产队的安置管理工作。1969 年 1 月,大理州革命委员会成立知识青年上山下乡安置办公室,隶属州革委生产组文卫组。1970 年 6 月,成立"再教育办公室",隶属州革命委员会政工组,1972 年 2 月后,改属大理州文教局。1973 年 9 月,成立大理州革命委员会知识青年"上山下乡工作办公室"。1980 年 6 月,撤销大理州革命委员会知青办公室,改由大理州劳动局培训就业科负责该项工作。

(劳动人事志第三章《劳动就业》,第 392 页)

大理州 1969—1979 年下乡知识青年安置经费合计 638.86 万元,其中:1969 年 100.3 万元,1970 年 73.4 万元,1971 年 12.2 万元,1972 年 20 万元,1973 年 49.3 万元,1974 年 110.2 万元,1975 年 145 万元,1976 年 39.5 万元,1977 年 64.2 万元,1978 年 20 万元,1979 年 4.1 万元。

(劳动人事志第三章《劳动就业》,第 393 页)

知识青年

1969 年开始,动员知识青年到农村,接受贫下中农再教育。家居农村初中、高中毕业生(包括 66 级、67 级、68 级毕业生),一律回生产队参加生产劳动。家居城镇初、高中毕业生,除病残、家庭特殊困难、独生子女以外,都要统一安排到农村插队落户。年龄不满 16 周岁,缓下农村。

1969—1978 年,每年城镇高、初中毕业生约有 1 400 人左右不能升学,10 年全州共安置城镇知识青年下乡 13 811 人,其中:上海知识青年 924 人。全州 13 个县(市),除安置本县(市)知识青年外,还接收安置上海、四川、河南、昆明等省、市以及在大理州范围的中央、省属

企业、州属单位职工子女。这些知识青年,分散安置在94个公社,437个大队,1 689个生产队,61个茶场,15个知青点、队。建房2 160间,建房面积28 450平方米。1979年,知识青年上山下乡政策调整。矿山、林区、小集镇的非农业户口中学毕业生,不再列入上山下乡范围。具有安排就业能力的城市,也可以自行安置,不组织上山下乡。至此,全州各县(市)基本上都停止对1979年城镇应届高、初中毕业生上山下乡的动员、组织工作。

1971年7月开始,按国家计划每年陆续安排一部分招工指标,从经过两年以上锻炼的上山下乡知识青年中招收职工。由贫下中农推荐、县革委批准。1971—1979年,共招收下乡知青9 748人到企事业单位工作。历年升学、参军、病退、外迁及其他原因等减少3 376人。除已在农村结婚的16人外,其余的671人,1980—1981年逐步转回城镇,分别安排在全民和集体所有制单位,或给予就业补助费,当个体经营户。

在吸收安置下乡知识青年的同时,对城镇中的高小毕业学生、复员退伍军人、留城知青和闲散劳动力,亦按当年招工指标情况和"先城镇,后农村"的招工原则,安排招收一定数量的固定工和临时工,1966—1979年,一般每年招收安置500—1 200人。有些年度,招收人数还要更多一些,达1 800多人。对城镇闲散劳动力,包括下乡知青的就业安置,基本上是依靠全民所有制单位和县以上集体所有制单位招收安置。

1969—1979年大理州城镇知识青年下乡人数统计表　　　　单位:人

年份	合计	下关市	大理	漾濞	祥云	宾川	弥渡	南涧	巍山	永平	云龙	洱源	剑川	鹤庆
合计	13 811	911	2 066	1 070	968	2 257	773	228	1 216	494	779	1 347	534	1 168
1969	4 673	14	784	324	427	1 238	214	46	317	77	97	428	81	626
其中:上海知青	924			257	223							199		245
1970	24		2		1	12			7					2
1971	634	89	59		20	9	100		12	43	228	17	56	1
1972	832		391	97	82	100			43		20	60		39
1973	564		103		49	45	42	13	30	28	42	69	69	74
1974	2 023	278	204	164	59	128	111	30	246	180	158	269	112	84
1975	1 692	152	168	210	87	236	80	33	158	59	80	186	130	113
1976	753	25	82	38	56	141	58	25	115	41	34	45	34	59
1977	1 768	194	209	162	144	232	111	29	178	52	76	237	40	104
1978	808	159	64	75	43	116	57	5	110	14	44	36	12	26
1979	40													40

(劳动人事志第三章《劳动就业》,第394—395页)

"文化大革命"期间,实行知识青年上山下乡政策,招收工人来源和对象,各年度也有差别。……1971—1972年,改为招收经过两年以上锻炼的下乡知青和家居城镇的应届中学毕业生。1973 年以后,不再招应届中学毕业生,改为招经过两年以上劳动锻炼的上山下乡知识青年,经过县以上知识青年工作部门批准不下乡或照顾回城的知识青年,以及城镇高小毕业超龄学生,复员退伍军人,矿山林区职工子女和经省批准招收的农村劳动力。

1978 年起,全州招工实行考试,德、智、体全面考核、择优录用的办法。招工的来源和对象,按当年需要安置就业的人员情况确定,招工的主要对象是:经批准照顾留城的中学毕业生,经过两年以上劳动锻炼的下乡知青;城镇应届初中毕业生;粮户关系在城镇的其他待业青年;经省批准招收的农村劳动力。

1958—1988 年大理州全民所有制单位招工择年统计表　　　　单位:人

年　份	合　计	其　中		备　　注
		中央省	州县属	
......				
1971	7 023	2 304	4 719	其中:招插队知青 2 329 人,农村 3 367 人。
......				
1979	3 198	545	2 653	下乡知青 1 321 人,城镇 1 576 人,农村 301 人。
1981	1 478	1 025	453	下乡知青 5 人,城镇 1 282 人,农村 191 人。
......				

（劳动人事志第三章《劳动就业》,第 398 页）

1970 年以后,除临时性用工外,全民所有制单位新招工人,包括上山下乡知识青年、留城知青、城镇应届高、初中毕业生,其他城镇劳动力和农村劳动力,全部按固定工招收。

（劳动人事志第三章《劳动就业》,第 399 页）

《大理白族自治州志(卷八)》

大理白族自治州地方志编纂委员会编纂,云南人民出版社 2000 年

1968 年冬,各地中学先后成立领导机构"革命委员会"。1969 年春,中学在校学生全部作为知识青年上山下乡,接受贫下中农再教育。　　（教育志第四章《中学教育》,第 148 页）

《洱源县志》

洱源县志编纂委员会编纂,云南人民出版社 1996 年

1971 年 2 月以后,全县开始陆续回收知识青年,大量下乡知青和回乡知青逐步被安排

工作。截至 1980 年底,县内的下乡知青全部安排完毕。1971 年 2 月至 1980 年 12 月,全县共招工 1 152 人,其中知青有 912 人,均安排为全民所有制职工。

(卷二十五《劳动人事·工人》,第 553 页)

《宾川县志》

宾川县志编纂委员会编纂,云南人民出版社 1997 年

(1971 年)5 月,300 多名四川知识青年到太和、宾居华侨农场插队落户,"接受贫下中农再教育"。

(《大事记》,第 21 页)

"文革"时期,根据省、州革委会下达招工任务,县革委具体组织招收城市上山下乡知识青年,招工政策规定参加劳动锻炼两年以上表现好的先招,招工办法是按照指标实行群众推荐,县革委批准。

(劳动人事志第二章《劳动》,第 743 页)

《弥渡县志》

弥渡县志编纂委员会编,四川辞书出版社 1993 年

(1969 年)成立弥渡县革命委员会上山下乡办公室,负责知识青年、城市居民上山下乡安置工作。先后安排县属高、初中毕业生 772 人、下放弥城镇居民 306 户,1 203 人。接待路过的上海知青 2 678 人。

(《大事记》,第 45 页)

1968 年,中学教师下放"五·七"干校劳动,66、67、68 届初中生上山、下乡、回队生产。

(卷十四第二章《中等教育》,第 587 页)

《巍山彝族回族自治县志》

巍山彝族回族自治县志编纂委员会编纂,云南人民出版社 1993 年

(1969 年)1 月 26 日,全县初、高中"老三届"(1966 届至 1968 届)281 名城镇知识青年上山下乡,到农村插队落户,接受贫下中农的"再教育"。1971 年开始给予安排工作,1978 年终止。

(《大事记》,第 26 页)

1969 年 1 月,根据 1968 年 12 月毛主席"知识青年到农村去,接受贫下中农的再教育,

很有必要"的指示,县革委决定,凡高初中毕业生(全县 961 人,包括城镇 200 多人)全部上山下乡,转回到原社队 680 人,到农村插队落户 281 人,并由县文教局组成知识青年工作办公室,安置下乡知青,一部分到生产队插队落户,一部分组成青年队和集体户。1971 年后,逐步推荐部分城镇下乡知青到工业、财贸、文教战线工作。

(政治活动志第九章《"文化大革命"》,第 617 页)

知识青年安置

1969—1978 年,全县有回乡和上山下乡知识青年 2 694 人,包括外省市、昆明、下关等地828 人。分布在 8 个公社 166 个生产队,其中有 1 个知青点,1 个青年队,106 个集体户。国家为知青建盖住房 276 间,计 2 238 平方米。1969—1980 年,拨知青专用经费 221 982 元。从 1970 年开始,逐步安排上山下乡知识青年参加各项工作,至 1983 年底,已全部安排工作或入学、参军,仅有 1 人在农村结婚安家。　　　　(政务志第二章《劳动人事》,第 637 页)

《永平县志》

永平县志编纂委员会编纂,云南人民出版社 1994 年

(1968 年)12 月,成立永平县知识青年上山下乡安置办公室,安排首批知识青年到农村插队落户,其中有外地知青,也有本地知青。　　　　　　　　　　(《大事记》,第 23 页)

在(1968—1978 年)10 年内,全县共接收下乡知识青年 586 人,其中,下关等地知青有300 人。1978 年后,党中央、国务院在就业方面采取了一系列重要措施:首先,停止执行知识青年上山下乡政策;其次,利用各种途径,全面安置知青就业。此间,下关等地知青多数回原籍安置就业,县内知青被保送清华大学就读 2 人,云南大学 2 人,重庆大学 1 人,也有的被保送到昆明师范学院等高等院校就读,还有的则通过参军或考入技校后就业,而更多的则通过国家机关、厂矿、企事业单位吸收就业,在短时期内平稳渡过了这一就业高峰。

(卷十三第三章《工人》,第 435 页)

《鹤庆县志》

鹤庆县志编纂委员会编纂,云南人民出版社 1991 年

(1969 年)4 月,上海知识青年 245 人和本县知识青年到农村插队落户。至 1980 年 10月,在本县上山下乡的知识青年总计 1 203 人,其中 1 193 人由县劳动人事部门先后安排了工作;为"知青"专项拨款总计 438 176 元。　　　　　　　　　　(《大事记》,第 28 页)

1954—1988 年干部吸收录用情况表 单位:人

年份	合计	从工人中吸收	从农民中吸收	从退伍军人中吸收	从知识青年和待业青年中吸收	从集体单位转来	其它方面吸收
1954	54		19		26	6	3
1955	7	2			3	2	
1956	57	3	17		5	32	
1958	9	9					
1959	15			15			
1960	112	58	9	4			41
1965	71	20	31	14		1	5
1971	52	4	8	15	14		11
1972	76	57	12		6	1	
1973	200		22	15	48		115
1974	35	6		4			25
1975	2	2					
1976	8			8			
1977	15	2	4	4	5		
1978	58	10	18	1	4		25
1979	94	28	32				34
1980	95	13	6			2	74
1981	151	25	106	2		2	16
1982	69	34	27				8
1983	66	30	21		9		6
1984	166	66	98		2		
1985	48	13	20	5	10		
1986	51	5	15		27		4
1987	56	2	32		21		1
1988	32	1	30		1		

(第三编第九章《劳动人事》,第535—536页)

从 1969 年开始,曾经动员和组织城镇知识青年上山下乡从事劳动锻炼。同年,本县首批下乡知青有 626 人。1970 年,县成立知识青年再教育办公室,1971 年为知识青年上山下乡办公室,1977 年成立知识青年工作领导小组等机构负责知青上山下乡组织领导工作,至 1980 年 10 月撤销。城镇知青上山下乡结束时止,全县安置到农村的知青共 1 203 人,其中:上海知青 245 人,昆明知青 2 人,本县知青社会青年 956 人。

本县安置上山下乡知青的主要形式有两种:一是插队落户,将城镇户口转为农业人口,直接安插到生产队当社员;二是办知青农场、林场。1969—1980 年,共有 8 个公社(镇),49

个生产大队、166 个生产队接收安置了知青。下到农村的知青先后组织起 221 个集体户；全县共拨知青专项经费 438 175.46 元,有 83 个生产队出劳力、物资,国家补助建房费 120 699.40元,为下乡知青建住房共 72 幢 489 间。

至 1980 年,通过升学、招工、招干、参军等渠道,全县在乡知识青年 1 193 人已作了安置。

(第三编第九章《劳动人事》,第 538 页)

1969 年首届下乡知青去留情况表

人数合计	上大、中专	当干部工人	参军	病退转迁	顶替回城	家庭照顾回城	劳改	死亡	继续留乡
626	70	438	7	45	2	32	3	2	27

(第三编第九章《劳动人事》,第 539 页)

《大理市志》

大理市史志编纂委员会编纂,中华书局 1998 年

(1971 年)12 月,从民办教师、代课教师,下乡、回乡知青中吸收了 218 名为中小学公办教师。
(《大事记》,第 32 页)

从 1969 年到 1974 年,大理县共有 1.2 万多名知识青年奔赴农村。
(群团篇第三章《青年组织》,第 639 页)

下关市 1971—1976 年,共吸收干部 217 人,其中工人 21 人,农民 27 人,复员军人 37 人,知识青年 127 人。
(劳动人事篇第三章《干部管理》,第 745 页)

1958—1964 年,由于大办民办小学,从农村吸收一部分初中毕业生和高小毕业生担任小学民办教师。1969 年以后,抽调了一部分下、回乡的初、高中毕业生担任民办教师。
(教育篇第三章《教师》,第 771 页)

《祥云县志》

祥云县志编纂委员会编,中华书局 1996 年

(1969 年)3 月,祥云县革命委员会知识青年安置办公室成立。上海知识青年到县内"插队落户"。
(《大事记》,第 32 页)

1968 年,响应中央"知识青年到农村去,接受贫下中农再教育"的号召,12 月,县内两所中学 906 名学生全部作为肄业期满给予毕业,安置到农村参加生产劳动,其中高中生 138 人,初中生 768 人。农村籍学生作为回乡知青落回本户,城镇籍学生作为上山下乡知青,根据本人意见分别安插到全县部分生产队落户。1969—1970 年,先后两批共接收上海知识青年 225 人,分别安置在祥城、下川两个坝区农业生产队落户。1972—1977 年,分两批接收安置滇西电力局、下关汽车运输总站等单位知识青年共 139 人。1971 年,县内 3 所中学及小学附设初中班学生开始毕业,安置工作逐年进行,到 1976 年的 6 年间共安排县内知识青年到农村 9 741 人,其中回乡 185 人,上山下乡 556 人。为加强对上山下乡知识青年安置的领导及管理工作,1969 年,县成立知青安置办公室。1973 年,成立知青领导组,公社、大队也同时设立相应的领导组。知识青年到农村由各级帮助解决住房及生产工具短缺等问题,1972—1976 年的 5 年间,县财政共开支安置费 13.61 万元。知青参加劳动和社员一样记给同等工分,参加收益分配,吃粮标准达不到农村中上等水平由生产队补足。为进一步加强对下乡知青的管理工作,全县通过建立知青点、办果园等办法将部分分散的插队知青相对集中,由大队抽干部带队集体吃住、劳动。此外,每年县安置办及领导组均定期下乡检查了解情况,发现问题及时解决。上山下乡青年在农村锻炼两年后,经过贫下中农推荐,逐年通过参军、招工、招干走向就业单位,外地知青多半回原籍就业。至 1980 年知青办公室撤销时,全部上山下乡知识青年均得到妥善的就业安置,少部分农村籍回乡知青也通过不同渠道安置在国家和集体企事业单位。 (卷二十第三章《就业安置》,第 590 页)

《南涧彝族自治县志》

南涧县志编纂委员会编,四川辞书出版社 1993 年

1969 年,县成立知识青年上山下乡办公室,办理知识青年上山下乡插队落户的有关工作。1969—1978 年,全县先后动员知识青年 7 批共 228 人,分别到得胜、浪沧、无量、碧溪乡插队落户。1979 年开始,对上山下乡的知识青年逐年安置就业,到 1981 年,通过招工、招干、升学、参军等途径完全作了安置。 (第四编第七章《劳动人事》,第 430 页)

《南涧彝族自治县志(1978—2005)》

南涧彝族自治县地方志编纂委员会编纂,云南人民出版社 2009 年

1980—1988 年,共核拨城镇待业人员安置经费 20.3 万元,其中:知青扫尾经费 1 000 元、周转金贷款 13 万元、业务费 3 000 元、开办费 1 500 元、培训费 7 500 元、劳动服务公司基建补助费 3 万元、贷款 2 万元、周转金 1 万元。 (第二十七篇第四章《劳动管理》,第 607 页)

1978 年前,全县先后动员知识青年 7 批 228 人,分别到得胜、浪沧、无量、碧溪乡插队落户。1979 年开始,对上山下乡知识青年逐年安置就业,至 1981 年,通过招工、招干、升学、参军等途径全部实现安置。 (第二十七篇第四章《劳动管理》,第 608 页)

《漾濞彝族自治县志》

漾濞彝族自治县地方志编纂委员会编纂,云南人民出版社 2000 年

(1968 年)12 月,漾濞中学六三、六四、六五 3 级 6 班学生一起毕业,回乡或下乡"接受再教育",此后该校停止招生 3 年。 (《大事记》,第 24 页)

(1969 年)4 月 19 日,上海知识青年 272 人,到漾濞平坡、东风、淮安公社插队落户,接受贫下中农的"再教育"。 (《大事记》,第 24 页)

据不完全统计,1951—1993 年全县共安置就业 3 616 人,其中省州属单位 999 人、上海知青 254 人、本县知青 813 人、合同制工人 668 人,使用临时工 2 358 人。

(第十八编第二章《劳动工资》,第 542 页)

1970 年后,为适应"小学不出村、初中不出大队、高中不出公社"目标,盲目发展小学和附设初中班,造成教师严重不足,附设初中班抽小学骨干教师充顶,小学教师靠招用大量的民办和代课教师填补,教学质量普遍下降。为解决师资不足问题,免试吸收待业青年 39 人,西洱河会战民工 20 人,宾川县下乡知青 40 人,漾濞中学"社来社去"班毕业生 30 人为公办教师,还将部分民办教师转为公办。 (第二十一编第六章《师资》,第 601 页)

《云龙县志》

云南省云龙县志编纂委员会编纂,农业出版社 1992 年

第一节　知识青年安置

1968 年至 1979 年,全县共动员组织城镇知识青年 527 人到农村,接受贫下中农的再教育,加上州级机关来县插队落户的知识青年 265 人,全县共有 792 名下乡知识青年。随着时间的推移,客观情况发生变化,知识青年继续在农村,困难越来越多,国家及时采取措施,认真妥善地做好知识青年的安置工作,采取招工招干、回城安置的办法解决知识青年的就业问题。个别不具备招工招干条件的,采取恢复城镇户口,发给适当的补助金,解决就业困难。对极个别

长期患病的知识青年,给其创造医疗条件,使之得到治疗。通过各种渠道进行妥善安置,789人安排到机关、企事业单位就业,有2人回城落户,并给困难较大的一人发补助金;一人因患病由劳动部门包干长期住院治疗。 （第十九编第三章《劳动就业管理》,第407页）

《德宏自治州志·综合卷》

德宏傣族景颇族自治州志编纂委员会编,德宏民族出版社1994年

同月(1956年2月),昆明青年志愿垦荒队第三批218人到德宏,分别补充到芒市、盈江、陇川三个军垦农场。 （《大事记》,第41页）

(1969年)11月,昆明16 000名"知识青年"到德宏农村安家落户,接受贫下中农"再教育"。接着,上海、北京、成都等地13 782名知识青年又安置到德宏农垦系统。

（《大事记》,第56页）

1959—1961年,从湖南省移民11 653人;1969—1971年,北京、上海、昆明知青迁入12 959人,两项共增24 612人。 （篇三第二章《人口构成》,第241页）

《德宏州志·经济卷(下册)》

德宏傣族景颇族自治州志编纂委员会编,德宏民族出版社1997年

城镇青年就业经费支出

德宏从1969年起开始有此项开支。是年国家决定城镇中学毕业生下到农村插队落户。全州1969—1971年的三年中,除安置本地城镇的中学毕业生外,还接收安置了北京、上海、四川、昆明等地的知识青年15 137人。1972年后实行就近安置,1979年停止下乡。十年中德宏共下乡安置18 821人,支出经费614.27万元。下乡知青先后通过参军、升学、招工、招干、病退等渠道全部回城镇就业,经费开支即停止。 （篇一第三章《财政支出》,第61页）

《陇川县志》

云南省陇川县志编纂委员会编著,云南民族出版社2005年

(1969年)5月,311名北京知识青年抵国营陇川农场接受再教育。

（《大事记》,第28页）

（1970 年）12 月 22—27 日，召开全县知识青年活学活用毛泽东思想积极分子代表会。县革委授予迭撒、拉相和麻栗坝水库直属排 3 个知青先进集体和张方琼等 4 名先进个人称号。 　　　　　　　　　　　　　　　　　　　（《大事记》，第 29 页）

（1971 年）3 月 7 日，1 296 名四川成都知识青年抵云建三师十团（陇川农场）接受再教育。 　　　　　　　　　　　　　　　　　　　　　（《大事记》，第 29 页）

（1973 年）10 月，"陇川县革命委员会知识青年上山下乡办公室"成立，1976 年 7 月改称"中共陇川县委知识青年上山下乡工作领导小组办公室"，归政府系列。 　　　　　　　　　　　　　　　　　　　　　（《大事记》，第 30 页）

（1974 年）3 月 21—25 日，召开全县第三次知青先代会，有知识青年、贫下中农和家长代表 226 人参加。会议学习中央有关指示，总结交流经验。 　　　　（《大事记》，第 30 页）

1956 年 1 月，昆明青年志愿垦荒队 97 人迁入陇川丙寅建立青年集体农庄。 　　　　　　　　　　　　　　　　　（《地理》第五章《人口》，第 83 页）

1970 年起，按上级下达的招工指标，招收插队知识青年和本地青年补充职工队伍，至 1977 年，共招收固定职工 949 人。其中：城镇 229 人，农村 720 人，当地少数民族 218 人。 　　　　　　　　　　　　　　　　（《政治》第七章《人事劳动》，第 196 页）

本地知青到农村插队落户 455 人，历年招工、招干、招生和参军 338 人，到 1978 年还有 117 人。1970—1980 年共招用本地知青 115 人。 　　　（《政治》第七章《人事劳动》，第 196 页）

《盈江县志》

盈江县志编纂委员会编，云南民族出版社 1997 年

（1956 年）1 月 15 日，昆明青年志愿垦荒队员 99 名到屯中建立盈江青年农庄，98 名到平原建立莲山青年农庄。1957 年 12 月 15 日，二农庄并迁岸坎，1958 年 3 月并入莲山县农场，8 月纳入农垦系列为国营莲山青年农场。 　　（《记事·中华人民共和国时期》，第 23 页）

（1969 年）3 月，3 500 名昆明市知识青年到盈江县农村插队落户，至 1975 年绝大部分返城。 　　　　　　　　　　　　　　（《记事·中华人民共和国时期》，第 30 页）

5月—1971年7月,北京市、上海市、成都市知识青年2023名,分批到盈江农场插队落户,至1979年绝大多数返城。 　　　　　　　　　　　　　　　　　　　　(《记事·中华人民共和国时期》,第30页)

(1971年)4月19日夜1时,生产建设兵团13团2营4连1上海知识青年看小说入睡,煤油灯倒泼失火,焚毁全幢草房,10名成都女知识青年被焚身亡。

(《记事·中华人民共和国时期》,第31页)

知识青年上山下乡

1969年1月,昆明市到盈江县插队落户的知识青年共3500人,安置在全县17个公社75个大队。北京、上海、成都的知识青年共2023人,全部安置在国营盈江农场。从1973年始,政府陆续安排知识青年回城工作,到1979年已基本安置完毕,只有20多人留在县内的机关、学校、商店工作。

1971—1978年,盈江本县上山下乡知识青年686人。除升学98人,参军23人,招干19人,病照2人,转点5人外,到1979年底均已回城安排了工作。

(卷二十四第四章《社会管理·侨务》,第549页)

《畹町市志》

云南省畹町市志编纂委员会编纂,云南民族出版社1995年

同年(1969年),根据中共中央主席毛泽东关于"知识青年到农村去,接受贫下中农再教育"的指示,畹町接收安置了知识青年69人,其中城镇下乡的58人(畹町的35人,昆明的23人),农村学生回乡11人。 　　　　　　　　　　　　　　　　(《大事记》,第14页)

1970年在农村招收固定职工32人中,属畹町镇2人,施甸县30人;1971年在农村招收的14名职工中,属畹町镇11人(知青),施甸县3人;1972年在农村招收的61人中,属畹町镇26人(含知青17人)、施甸县7人、保山21人、其它地区7人。

(卷六第三章《劳动人事》,第299页)

1969年至1978年,全镇下乡知识青年共323人,其中畹町278人,昆明市到畹町插队落户的27人,保山等地转入插队的18人。这些知识青年皆先后陆续返城参加招工、升学或入伍。 　　　　　　　　　　　　　　　　　　(卷六第三章《劳动人事》,第300页)

第五节 知 青
一、接 收 安 置

1968年12月25日至1969年3月7日,先后有在潞西中学、国营遮放农场农业中学、保山第一中学等校读书的畹町城镇和农村居民子女43人,以及到畹町投亲靠友的知识青年4人先后下乡插队或回乡参加农业生产劳动,"接受贫下中农再教育"。1969年8月至12月,先后有23名昆明知识青年来畹町农村插队落户,加上本地知青,当年镇共安置知识青年70人,其中下乡知青59人,回乡知青11人。1969年至1978年,全镇先后接收安置知识青年346人,其中昆明知青26人,保山知青6人,潞西知青3人,外地零星迁入知青5人,本地知青306人;男137人,女209人;初中生167人,高中、中专生179人;下乡241人,回乡105人;曼棒公社接收安置188人,混板公社接收安置140人,城关公社接收安置18人。从生产队接收安置的人数看,最多的是曼棒公社回环生产队44人,其次是团结生产队36人,再次是混板公社的混板、华我生产队,分别为35人;最少的是曼棒公社南帕冷生产队和混板公社索阳生产队,各为5人。在生产队知识青年人数最多的年份是1975年,共164人。

1969—1978年知识青年人数统计表　　　　　　　单位:人

年份	被接收安置知青累计数	年终实有知青人数			年份	被接收安置知青累计数	年终实有知青人数		
		合计	其 中				合计	其 中	
			下乡	回乡				下乡	回乡
1969	70	70	59	11	1974	170	83	56	27
1970	77	77	62	15	1975	246	164	113	51
1971	111	59	40	19	1976	269	154	98	56
1972	112	40	23	17	1977	311	144	89	55
1973	127	52			1978	346	115	38	77

10年间,接收安置知识青年费用开支共9.7403万元,其中安置费9.3999万元,接待费0.2103万元,知青会议、培训、宣传费0.13万元。另外,由国家补助,生产队备料、投工,知青家长所在单位支持,建成知青住房625平方米。

知识青年安置费统计表　　　　　　　单位:万元

年份	合计	其 中			年份	合计	其 中		
		安置费	接待费	其它			安置费	接待费	其它
1969	1.0885	0.8782	0.2103		1975	2.4972	2.4972		
1970	0.0915	0.0915			1976	0.5769	0.4969		0.08
1971	0.342	0.342			1977	1.4188	1.3688		0.05
1973	0.8423	0.8423			1978	0.8295	0.8295		
1974	2.0535	2.0535			合计	9.7402	9.3999	0.2103	0.13

二、管 理 教 育

1969年1月,随着接收安置知青工作的开展,镇革命委员会成立"知识青年再教育办公室"。开初,"再教办"设在镇革委生产指挥组,由文教卫生组(生产组下设二级组)的一名干部兼理事务,中共畹町镇核心领导小组的一名副组长分管知青再教育工作。1970年1月,"再教办"改设于镇革委政工组,指定分管干部1人,与学校组(政工组下设二级组)合署办公。1973年,为加强对知青工作的领导,成立了"畹町镇知识青年再教育领导小组",由中共畹町镇委一名副书记任组长,镇革委一名副主任任副组长,政工组宣传组和学校组负责人、生产组文卫组负责人、畹町中学校长等为领导小组成员;同时,"再教办"与学校组分开办公,并配有专职干部1人,专门办理知青工作业务。1975年11月,"畹町镇革命委员会知识青年再教育办公室"改称为"畹町镇革命委员会知识青年上山下乡工作办公室"。1976年8月,调整充实领导小组,增补一名镇委常委任副组长,并将领导小组成员增至9人。同时,城关公社和两个农村公社的领导小组也作了调整充实,由一名公社副职领导任组长,增补知识青年代表为领导小组成员;城关公社领导小组由3人组成,两个农村公社领导小组分别由5人组成。生产队配备了"三员",即政治指导员、生产辅导员、生活管理员,做到对知青的思想教育有人抓,生产生活有人管。

1973年开始,对下乡知识青年的安置,采取相对集中、建立集体户的办法。知青集体户选出户长、副户长,生产队指派副队长或贫协组长参加知青管理。1975年,党政机关和商业部门,对口向本机关单位子女集中的集体户派出带队干部。党政机关先后向华我知识青年集体户派出带队干部5人,商业局向回环集体户派出带队干部2人。全镇先后建立知青集体户10户,即回环、团结、曼另、曼棒、回龙、弄弄、广董、混板、华我、曼满等生产队的知青集体户。

在知识青年上山下乡的10年间,从中央到地方各级党委,都曾先后派出知青工作检查团,分赴各地检查知青工作。1970年12月,根据中央指示,云南省革委组织了"上山下乡知识青年工作检查团",并分为若干分团、检查组分赴各地进行检查。到畹町检查知青工作的是"保山分团畹町、瑞丽检查组"。检查内容为:一查各级领导对知青上山下乡政策的认识和态度;二查知识青年"活学活用毛泽东思想"及思想政治工作的开展情况;三查打击破坏知识青年上山下乡的阶级敌人和处理违法乱纪的情况;四查组织领导和"再教育"机构的落实情况;五查政策落实和对知青生产、生活、思想教育的管理情况。

1976年8月,根据省革委指示,镇里组织了由镇委领导、分管知青工作的干部、带队干部、中学领导和知青代表组成的调查组,深入社队调查知青工作情况。同年12月,省委、省革委组织慰问团,和上海慰问团混合编队,抵达畹町慰问知识青年。1977年元旦,镇里组织慰问团,到农村慰问知识青年和带队干部。

至1978年底,全镇先后接收安置的346名知识青年中,有8人加入了中国共产党,91人加入了中国共产主义青年团;11人进过社队领导班子;20人当过"赤脚医生",22人任过农村小学代课教师,25人参加过生产队科技小组,4人做过生产队的拖拉机手,33人出席过省、地(州)、镇召开的先进集体、先进个人代表会;15人进入高等院校深造,57人进入高中、

中专学习,140 人被招工招干。 （卷六第三章《劳动人事》,第 306—308 页）

《梁河县志》

梁河县志编纂委员会编纂,云南人民出版社 1993 年

(1969 年)2 月 6 日至 5 月底,昆明十六中和二十中的知识青年,先后有 1 094 人到本县的 5 个公社、22 个大队、155 个生产队插队落户,"接受贫下中农的再教育"。本年知青下乡费用 198 649 元。1971 年后,这批知青先后被"三招一参"回昆明或在梁河参加工作。

（《大事记》,第 42 页）

《怒江傈僳族自治州志》

怒江傈僳族自治州地方志办公室编,民族出版社 2006 年

是年(1969 年),开始实行知识青年上山下乡,"到农村安家落户"。后陆续以招工、招干、升学、就业等方式回城,至 1980 年大部分已返回城镇。 （《大事记》,第 29 页）

"文化大革命"期间,全州反革命案件除了几起特务案件外,基本上是把群众在"文化大革命"运动中抵制造反派的错误做法诬为反革命的案件。反革命的罪行繁多,什么"呼喊反动口号","污损领袖画像"罪,"恶毒攻击无产阶级司令部"、"破坏无产阶级文化大革命运动"、"破坏知识青年上山下乡"、"书写张贴反动标语"等等。这些案件均以反革命定罪。这类案件在"文化大革命"中全州共有 793 件。粉碎林彪、江青反革命集团后,这些案件基本上作为人民内部矛盾予以平反纠正处理。 （第九编第三章《审判》,第 481 页）

"文化大革命"期间,主要从上山下乡的城镇知识青年、农村复员退伍军人中录用。招干方法:贫下中农推荐,基层革命委员会和组织、人事部门审查,州、县革委会批准。1978 年后,干部来源主要从大批的大中专毕业生和一部分军人转业干部中吸收,不足部分再从城镇待业青年和农村回乡知识青年中招收。 （第十二编第二章《人事管理》,第 603—604 页）

《兰坪白族普米族自治县志》

兰坪县志编纂委员会编纂,云南民族出版社 2003 年

(1969 年)11 月,根据云南省革委《疏散下放城市人口的紧急通知》,全县将 1966 年、

1967 年、1968 年二届初中毕业生和一部分职工家属、城镇人口共 478 人下放农村"安家落户"。

(《大事记》,第 26 页)

1968 年,县革委成立知识青年再教育办公室,组织领导知识青年上山下乡工作。1969 年,县内首批城镇知识青年 43 人(应届初中毕业生 31 人和历届初中毕业生 12 人)被安置在兔峨公社的兔峨大队和果力大队插队落户。1970—1976 年,先后有 176 人城镇知青安置在兔峨公社拉马登大队、营盘公社的沧东、白羊、恩棋 3 个大队,石登公社的拉竹河、谷川 2 个大队和县良种场。1977—1978 年,有城镇知青 53 人安排到县良种场。这些知青一般在农村 2 年后,根据其表现和升学、就业的要求,经当地贫下中农评议和推荐而升学、参军或到机关厂矿就业。尚未得到就业的知青,从 1982 年开始按云南省委有关规定,安排到行政机关和企事业单位就业。

(卷二十二第一章《劳动》,第 735 页)

《迪庆藏族自治州志》

迪庆藏族自治州地方志编纂委员会编,云南民族出版社 2003 年

知青工作　迪庆州的知识青年(主要是高中、初中毕业生)上山下乡始于 1969 年,但人数不多。这一工作先由州革委政工组、组织组管理。

1973 年,中共中央发出〔1973〕21 号文件后,知青工作无人问津的状况从根本上得到扭转,迪庆州成立了以李文明为组长,李玉芳、和即中为副组长的知青工作领导小组,下设办公室,负责日常工作。与此同时,各县知青领导小组、办公室陆续成立,直到公社、大队、小队都有干部分管知青工作。此后,知识青年上山下乡的越来越多。截至 1973 年 8 月,全州已有上山下乡知识青年 2 257 人,其中 27 人入了党,174 人加入了青年团,先后有 142 人被选拔到县、公社和大队担任领导职务。

1974 年 10 月,全州召开上山下乡知识青年先进代表会议,对成绩突出的知青、贫下中农、家长分别给予表彰。

1979 年后,根据中共中央中发〔1978〕74 号文件,不再动员知识青年上山下乡。

1981 年 4 月 23 日,知青办公室正式撤销。

(《政务志·迪庆藏族自治州人民政府》,第 390—391 页)

1966—1976 年,动员城镇知识青年"上山下乡",职工的补充来源重点放在农业人口上。10 年间向社会招收职工 1 040 人,其中,农村为 661 人,占招工总数的 63.5%;从"知青"中招收 252 人,占招工总数的 24.2%。　(《劳动人事和社会保险志·劳动管理》,第 518 页)

"文革"期间,共招收职工 957 人,其中从农村招收 601 人,"上山下乡"知识青年中招收

525 人,省属森工企业单位在迪庆州招收 561 人,从"五七干校"抽调学员 64 名当工人。1977 年末,全州职工人数为 9 207 人,工资总额 440.6 万元,人均年工资 478.5 元。

(《劳动人事和社会保险志·劳动管理》,第 522 页)

1968—1973 年,州内许多知识青年"上山下乡",到农村进行劳动锻炼。1973 年,成立迪庆州知识青年上山下乡工作领导小组,开始由政府机关管理上山下乡的知青工作。到 1978 年,全州已有 4 个知青工作领导机构,工作人员 15 人。知青经费从 1973 年起,每人一次性补贴 490 元,县级掌握 270 元,建房补助 200 元,生活补助费 190 元,农具家具费 55 元,学习材料费 10 元,医药费 10 元,其他费 7 元。到 1978 年,全州上山下乡知青有 401 人,分布在三县的 11 个公社和 16 个生产大队 28 个生产队。其中党员 4 名,团员 24 名;推荐上大学 12 名,上高中、中专读书 46 名;招工 248 名,招干 4 名,参军 10 名,因病回城 2 名,其他原因回城 19 名。到 1979 年,全州上山下乡知识青年全部离开农村。1978—1979 年,面向知青招工招干 163 名,占同期招工总数 317 名的 51.4%,占农村中招工招干人数的 48.6%。

迪庆州 1969—1979 年城镇知识青年上山下乡情况表　　　　单位:人

年　度	插 队 人 数				减 少 人 数						
	合计	维西	中甸	德钦	合计	招工	招生	招干	征兵	病退	其他
1963—1973	54	54	—	—	—	—	—	—	—	—	—
1973	26	—	—	—	—	—	—	—	—	—	—
1974	47	8	30	9	—	—	—	—	—	—	—
1975	81	31	28	22	31	29	—	—	—	1	—
1976	88	37	33	18	14	6	4	1	1	—	2
1977	64	9	35	20	80	52	10	—	3	—	15
1978	41	4	29	8	201	148	43	2	6	—	2
1979	—	—	—	—	15	13	—	—	—	1	—

(《劳动人事和社会保险志·劳动就业》,第 530 页)

1975 年,昆明师范学院在迪庆与州师范学校共同开门办学,招收州内三县初中文化程度以上公办、民办教师和知识青年共 100 名,分文史班、数理班进行教学,学制两年,称"昆明师范学院迪庆普通班"。　　　　(《教育志·职业技术教育》,第 1070 页)

《中甸县志》

云南省中甸县志编纂委员会编,云南民族出版社 1997 年

第三节　知识青年上山下乡

1969 年,动员知识青年"上山下乡接受贫下中农再教育",陆续安置非农业户口的中学

毕业生到农村插队落户,1973年,在大中甸公社的东方红、大兴、红星、达拉、先峰、星火、东风,金江公社的下所邑、木师扎,虎跳江公社的里仁松园等十一个生产队开办集体知青户,至1978年共拨支安置经费81 087元,各生产队投工投料共折款10 600元,修建土木结构住房18幢,109间,共615平方米;购置家具、农具1 042件,价值6 600元;支付生活医疗、学习资料费24 000元,先后安置169人。1979年后,下乡知青通过升学、参军、招工、招干等渠道全部返城安置。　　　　　　　　　　　　　　　（第十篇第五章《民政管理》,第383页）

1967—1977年,从农村少数民族积极分子,城镇下乡插队知识青年和复员退伍回乡军人中零星录用干部321人。

1978年,为适应现代化建设需要,干部招收实行"德、智、体全面考试,择优录用"制度,每年招收名额按计划严格控制,面向社会公开招收,志愿报名,从严考核,对边远山区和少数民族则适当照顾。至1981年,从城乡知识青年、工农骨干和退伍军人中录用干部471人。
　　　　　　　　　　　　　　　　　　（第十一篇第一章《干部来源》,第387页）

1968年动员城镇知识青年"上山下乡"参加农业生产,先后到农村"插队落户"413人。1976年陆续返城,有的升学、参军,有的吸收为干部、工人。1979年始,录用干部、工人实行面向社会、公开招收、全面考核、择优录用制度,优先吸收下乡返城知青和城镇复员退伍军人;与此同时,企业实行退休工人子女顶替政策。　（第十一篇第五章《劳动就业》,第400页）

《维西傈僳族自治县志》

维西傈僳族自治县志编纂委员会编,云南民族出版社1999年

本年(1969年),开始实行知识青年上山下乡,至1977年,全县共有189名城镇知青"到农村安家落户"。后陆续以招工、招干、升学、就业等方式回城,至1979年全部返回。
　　　　　　　　　　　　　　　　　　　　　　　　（《大事记》,第37页）

知识青年下乡与安置

县内于1969年开始执行知识青年上山下乡的指示,当年下到农村的知识青年共281人,其中城镇知青40人,分配到4个公社所属的10个生产队插队落户;其余241人为回乡知青。到1979年,累计全县有189名城镇知识青年到农村插队,其中151人通过招工招干安排到国家机关、事业或企业单位工作,15人继续升学读书,8人参加集体建筑队,10人回城自谋职业,5人离县返回父母的原籍。　　　（第十六编第一章《人事制度》,第618页）

西藏自治区

《西藏自治区·教育志》

西藏教育志编纂委员会编，中国藏学出版社 2005 年

1978—1979 年，自治区公安局每年招收 100 名学员到中央政法干校西藏班学习，招收对象为应届初中毕业生或相当于初中文化程度的上山下乡知识青年。

（第二篇第三章《职业技术教育与培训》，第 111 页）

1979 年 2 月，自治区革委会提出，在农牧区，扫盲师资可聘请当地知青、中小学师生和区文书、生产队会计、记工员、技术员等；在厂矿、机关，可聘请有一定文化水平的干部、职工担任。

（第二篇第四章《成人教育》，第 117 页）

1979 年，教育部规定：农林院校优先录取农林科技积极分子和五七学校、农业中学、林区高中毕业生以及上山下乡、回乡知识青年，医科院校优先录取赤脚医生，师范院校优先录取公、民办教师。

（第五篇第二章《招生》，第 212 页）

1975 年，自治区革委会决定在山南地区招收 70 名农业、畜牧学员，到地区农牧学校进行系统的学习和技能培训。由所在社队推荐，县委审批。招收对象为贫下中农（牧）和社队基层干部、回乡军人、知识青年。学员除政治条件合格外，还应具有一定藏文文化程度，有培养前途，年龄 16—30 周岁，男、女不限。

……

1979 年，自治区招生委员会规定：全区高中、中专、技工学校的招生，实行统一考试，按先高中、后中专、再技工学校分批择优录取的办法进行。中等专业学校一般招收初中毕业生或具有初中毕业文化程度的青年，年龄为 15—18 周岁；高中毕业生报考中专，年龄不超过 22 周岁。技工学校限招城镇户口的初、高中毕业生。具有同等文化程度的城镇待业青年和上山下乡知识青年，也可报名，年龄不超过 22 周岁。

（第五篇第二章《招生》，第 217 页）

1986 年，补充规定：职工大学、职工业余大学的脱产班招收具有两年以上工龄的在职在编干部。普通高等学校、教育学院、教师进修学院举办的教师本、专科班招收两年以上工龄的在职教师和教育行政干部。符合上述有关条件，生活能自理，能坚持学习的残疾人也可以报考。知识青年、个体劳动者，凡符合报考条件的，经乡政府审查批准，可以报考广播电视大学、函授大学、刊授大学。

（第五篇第二章《招生》，第 221 页）

1976 年，国务院转发国家计委《关于 1976 年高等院校毕业生分配问题的请示报告》，确

定：分配给西藏应届毕业生 500 名，其中师范学院毕业生 126 名。6 月，自治区常委组织部决定将 126 名师范毕业生全部分配给教育部门。1977 年，扎木师校从下乡知识青年高中生中招收 35 名，学习三年后，分配到各初中任教。 （第七篇第二章《队伍建设》，第 273 页）

《西藏自治区志·广播电影电视志》

西藏广播电影电视志编纂委员会编，中国藏学出版社，2005

1971 年开始，西藏广播事业局（台）接受大批转业退伍军人和下乡知识青年，各地（市）、县广播部门也补充了一批职工，职工队伍不断扩大。（第五篇第三章《职工队伍》，第 163 页）

《西藏自治区志·粮食志》

西藏自治区地方志编纂委员会编，中国藏学出版社 2007 年

（1975 年）在各场（团）劳动锻炼的知识青年的粮食供应，按定量标准将粮票交给所在场（团），由场（团）供应。 （第二篇第三章《特种供应》，第 54 页）

《西藏自治区志·金融志》

西藏自治区地方志编纂委员会编，中国藏学出版社 2008 年

1965 年，人行区分行经自治区党委批准，在内地招收一批高中毕业的知识青年，在咸阳西藏民族学院进行银行专业培训一年，进藏后充实到全区基层银行。

（第九篇第一章《职工教育》，第 463 页）

《西藏自治区·民政志》

西藏自治区民政志编纂委员会编，中国藏学出版社 2010 年

1973 年 11 月 9 日，自治区党委、自治区革命委员会发出《关于 1973 年冬季征兵命令》，决定 1973 年冬季征集农村家庭劳动力比较充裕，出身于工人、贫下中农（牧）和上山下乡知识青年经过两年劳动锻炼，表现好的男性青年。

......

1977 年 12 月 22 日，自治区党委发出《1978 年春季征兵命令》。决定 1978 年春季在区

内征集人民武装警察、消防民警。征集的对象,只限于男性,主要是征集农牧区家庭劳动力比较充裕、出身贫下中农的青年,上山下乡劳动锻炼满1年以上的知识青年和年龄、政治、身体符合应征条件的1977年度的应届毕业生。

......

1980年12月21日,自治区人民政府、西藏军区发出《1981年冬季征兵命令》。征集对象为:农村家庭劳动力比较充裕,具有小学以上文化程度的青年和上山下乡知识青年;城市征集1980年汉族高中和藏族初中应届毕业生。

(第四篇第一章《征兵与退伍军人安置》,第318页)

(1981年)上山下乡知识青年入伍的复退军人,由入伍地按城镇入伍的退伍军人进行安置。

(第四篇第一章《征兵与退伍军人安置》,第326页)

1978年10月21日,中共中央批转《全国民政工作会议记要》,提出:要在党委统一领导下,做好常年困难户的扶持工作,加强对困难户的政治思想教育,充分激发他们自力更生的积极性;社队根据被扶持对象的不同情况,订出具体扶持规划,逐年实施;各有关部门采取有效措施,对困难户进行帮助。11月28日,全区民政、知青工作会议在拉萨召开。会议提出要着重抓好以扶贫为中心的社会救济工作,结合做好优抚对象的普查和群众优待、国家补助等各项民政工作,调动一切积极因素,为加快全区国民经济的发展速度,作出新的更大的贡献。会后,自治区党委批转《全区民政、知青工作会议纪要》。 (第五篇第三章《扶贫》,第423—424页)

1974年1月16日,自治区党委、自治区革命委员会在机构编制调整方案中批准设立西藏自治区民政局,编制为36人,内设办公室、民政处、优抚处、安置处,安置处对外挂"西藏自治区复员退伍军人安置办公室"和"西藏自治区知识青年上山下乡安置办公室"牌子。

1976年初,自治区革命委员会决定成立自治区地名领导小组,领导小组下设办公室。2月28日,自治区党委批转自治区编制委员会《关于自治区直属机关的机构和编制意见的报告》,同意自治区民政局内设办公室、社会救济处、优抚处、安置处。自治区复员退伍军人安置办公室、自治区知识青年上山下乡安置办公室由自治区民政局对外分别挂牌,由新成立的自治区革命委员会政法办公室归口领导。自治区民政局行政编制为42人(含自治区知识青年上山下乡安置办公室增编6人)。

(第九篇第一章《机构》,第597页)

1976年2月25日,自治区党委批转自治区编制委员会《关于地(市)、县(区)、区办事处、镇的机构设置和编制意见的报告》,规定:各地(市)分别设立民政局、复员退伍军人安置办公室(设在民政局)、知识青年上山下乡安置办公室(设在民政局),人员编制在地(市)控制数内自行确定。

(第九篇第一章《机构》,第605页)

（1979 年）2 月 20 日，自治区党委批转《全区民政、知青工作会议纪要》，并作出明确批示。

（《大事记》，第 645 页）

《西藏自治区·财政志》

《西藏自治区·财政志》编纂委员会编，中国藏学出版社 2011 年

（1976 年）从农牧区招收的农牧民子女和入学时工龄未满 5 年的国家职工（包括学徒）、退伍军人、民办小学教师、赤脚医生、回乡知识青年，由学校发给伙食费每人每月 17 元，津贴每人每月 5 元（其中服装费 3 元、零用金 2 元）。农牧民子女、民办小学教师、赤脚医生、回乡知识青年等，发给一次性入学装备费 60 元（发实物）。

（第二篇第二章《文教科学卫生事业费支出》，第 232 页）

《西藏自治区·政务志》

西藏自治区人民政府办公厅编，中国藏学出版社 2007 年

1968 年，毛泽东主席发出了"知识青年到农村去，接受贫下中农再教育"的指示后，自治区革委会立即发出"关于中学毕业生分配安置问题的通知"，各地革委会和有关单位、部门贯彻执行。1969 年 8 月 11 日，自治区革委会针对各地贯彻执行中所提出的问题，做出了关于知识青年上山下乡的补充规定：城镇初、高中毕业生和其他知识青年，从通知出发到达接受单位期间，每人每天发给生活费 0.45 元，衣食补助费包干 50 元，布票 10 公尺，棉絮票 3 公斤。回原籍农村的知识青年，发给路费。到 1974 年 11 月，300 多名知识青年和 1 600 多名支边青年，上山下乡走与工农相结合的道路。

1974 年 11 月 25 日，自治区革委会批转知识青年上山下乡领导小组《关于知识青年上山下乡意见的请示》，提出了统筹解决知识青年上山下乡的意见：凡年满 17 周岁的应届高中毕业生和升学的初中毕业生，以及社会青年，都要动员上山下乡；知识青年上山下乡，原则就地安置，一般不跨地区；知识青年上山下乡可采取三种形式：第一，到人民公社插队落户；第二，建立以上山下乡知识青年为主，由带队干部和贫下中农（牧）参加集体所有制农场；第三，到国营农、林、茶场（所）、果园和专署农建师。

1975 年 9 月人民解放军六十八军退伍战士倪惠康、李德祥到列麦公社插队落户的消息报道以后，江苏省介绍 100 名知识分子来自治区插队落户，其他省市自治区的个人或集体也不断来信要求进藏插队落户。对此西藏革委会做出决定，凡要求进藏插队落户的，均向当地的省、市、自治区或部队申请，经省、市、自治区和所在部队的大军区审查批准，并征得自治区知青办公室、复员退伍军人安置办公室同意即可进藏。自愿要求进藏工作的技术人员、革命

干部、革命知识分子,由所在省、市、自治区审查同意后与自治区组织、劳动部门联系商调。

1978年,自治区的知青工作重点抓了下乡青年的管理教育和调查研究,统筹解决他们的实际问题。3月间,自治区召开了地区(市)民政局局长、知青办和有关单位负责人会议,传达贯彻省、市、自治区知青办负责人座谈会精神,研究部署了迎接全国知青工作会议的准备工作,落实了专题调查任务。随后,自治区和各专区(市)知青办共组织了12个调查组,走访了30多个县(区),109个知青点,详细调查了下乡青年在生活、住宿、劳动、分配、学习等方面的情况,广泛征求了知识青年、贫下中农牧、基层干部、农场职工、带队干部、知青家长和各方面的意见。在各地调查研究的基础上,草拟了《西藏自治区知青工作情况的调查报告》等文件。

1978年4月12日,自治区革委会批转了自治区知青办、财政局《关于我区城镇知识青年上山下乡安置费标准的请示报告》。对从1977年起,自治区城镇知识青年(包括内地进藏知青)下乡补助标准、医疗、探亲、安置经费的管理和使用办法等提出具体执行意见。

1978年10月30日,自治区知青领导小组向自治区革委会提出《关于不再动员城镇中学毕业生上山下乡的请示报告》。报告指出,几年来,自治区先后有6 713名知识青年上山下乡。除陆续升学、参军和招工的以外,继续在农村牧区劳动锻炼知识青年尚有550多人(不含青年筑路队)。根据中央指示精神和自治区具体情况,经与计划、劳动部门研究,1978年城镇中学毕业生,不再组织上山下乡,直接通过征兵、招工和其他办法给予安排。但在征兵、招工时,要注意优先照顾现还在农牧区锻炼的上山下乡知识青年。11月11日,自治区革委会批转了自治区知青领导小组这一报告。

在知青安置工作中,自治区广开门路、多种形式安置知识青年:除了农村牧区分散插队和安排到国营农场两种形式,1975年组建了知青筑路队;在基层企事业单位建立知青事业;把分散插队有困难的知青,调到县、社举办的集体所有制农场或采取亦工亦农的办法,暂时安排到学校、医院、农机站等事业单位;昌都专区还试办了一个集体所有制的知青队。

中共十一大政治报告和五届人大政府工作报告中指出,要努力把知识青年培养成为建设社会主义现代化强国的生力军。各地在贯彻落实中,(1)大力培养,使用下乡青年。通过给下乡青年一定的时间复习功课,提高他们的科学文化水平;举办藏语文学习班和农机、卫生、教师训练班或送有关单位培训;选派下乡青年参加各种大型会议以及到内地参观;把优秀的青年提拔到领导岗位。(2)抓典型,树标兵,介绍知青进行科研的成果与经验,及时表彰一些先进人物。(3)从生活上关心下乡青年。1978年元旦、春节期间,自治区组成了慰问知青总团,各专区(市)组成了慰问知青分团,对广大下乡青年进行了普遍的慰问活动。

根据中共中央"对现有大专毕业生要合理使用"的指示,经区党委批准,自治区于1978年9月底以前,将插队的115名工农兵大学生,按所学专业分配了工作;在乡的500余名知识青年(含国营农场、企事业单位、不含青年筑路队),除日喀则专区外,基本上都安排了工作;青年筑路队员正式吸收为筑路工人的1 200名,剩余的约800名在1979年的劳动指标内全部解决。

1979年1月,自治区知青办向国务院知青办提出了《我区传达贯彻全国知青工作会议的情况报告》,汇报了自治区传达贯彻全国知青工作会议的基本情况,报告认为:根据《国务院关于知识青年上山下乡若干问题的试行规定》,"有安置条件的城市,也可以不动员知识青年上山下乡",这是完全符合自治区实际情况的。提出要认真贯彻执行全国知青工作会议精神,妥善处理好知识青年上山下乡的善后工作。《报告》提出,自治区除1978年已下乡的1000余名外,不再动员知识青年上山下乡;在乡的五百余名知青,在1978、1979两年的招工指标内,基本上全部予以安排,如有本人要求继续留在农村牧区的给予支持,并解决好其具体问题;对于按知青对待的插队落户复退军人及其家属,采取安(安排工作)、转(转到国营农场或集体所有制单位)、退(因高山气候不适应或家庭有困难本人要求的退回原籍)的办法解决;对于按知青对待的2000名青年筑路队队员,一切事宜交自治区交通局处理。

(第三篇第三章《和平解放至自治区革命委员会时期人民政权施政》,第573—575页)

1973年4月19日,民政局下设办公室、民政处、优抚处、安置处。安置处对外挂"西藏自治区复员退伍军人安置办公室"和"西藏自治区知识青年上山下乡安置办公室"牌子。

(第四篇第三章《民政管理》,第796页)

(1969年)9月27日,西藏首批知识青年上山下乡插队落户。拉萨中学首批132名知识青年分别到达孜县、城关区、堆龙德庆等县安家落户。　　　　(《大事记》,第1288页)

(1974年)11月5日,自治区知识青年上山下乡领导小组向自治区革委会提出了《关于知识青年上山下乡工作意见的指示报告》。　　　　(《大事记》,第1290页)

(1978年)10月30日,自治区知青领导小组向自治区革委会提出《关于不再动员城镇中学毕业生上山下乡的请示报告》。　　　　(《大事记》,第1292页)

《拉萨市志》

拉萨市地方志编纂委员会编,中国藏学出版社2007年

1965—1980年,拉萨的人口迁移一直保持着比较稳定的规模。这一时期人口迁移的主要因素有:1.1965年后,国家每年从内地抽调少部分行政干部、科技人员、医生、教师进藏支援拉萨建设。2.1976年后,一些大学毕业生、复员退伍军人和知识青年自愿报名赴拉萨参加工作。……

(社会卷第二十七篇第二章《人口变动》,第1257页)

《拉萨市城关区志》

拉萨市城关区地方志编纂委员会编，中国藏学出版社 2010 年

80 年代，通过招生、招干、招工、征兵、优先招收退休职工子女和优先安置返回城镇的下乡知识青年，解决大部分待业人员的劳动就业问题。

（第五篇第一章《人事劳动》，第 159—160 页）

《堆龙德庆县志》

堆龙德庆县地方志编纂委员会编，中国藏学出版社 2010 年

(1969 年)9 月 27 日，拉萨市中学 150 余名知识青年到堆龙德庆县农牧区"插队落户当农民"，接受贫下中农(牧)再教育。后相继考上学校和参加工作，到 1977 年，全部离县。

（《大事记》，第 837 页）

《昌都地区志(下册)》

西藏昌都地区地方志编纂委员会编，方志出版社 2005 年

20 世纪 70 年代，动员知识青年上山下乡的插队补助费、插入国营农场补助费、知青工作业务费以及知青就业费累计支出为 36.73 万元。

（《经济·财政》第十一篇第三章《支出》，第 403 页）

1953 年至 2000 年昌都地区行政各项经费支出费　　单位:万元

年　份	合　计	行政经费	公检法支出	抚恤和社会支出	价格补贴	城镇青年下乡就业支出	其他支出
				……			
1971	414.7	374.9		13.1		0.1	26.6
1972	525.83	480.5		17.5		0.03	27.8
1973	689.9	591.8		31.1			67
1974	637	569.7		18.7			48.6
1975	727.4	625.7		29.6		2.5	69.6
1971—1975	2 994.83	2 642.6		110		2.63	239.6

年　份	合　计	行政经费	公检法支出	抚恤和社会支出	价格补贴	城镇青年下乡就业支出	其他支出
1976	772.8	621.8		58.4		12.6	80
1977	806.6	652.4		39.7		17.1	97.4
1978	978.7	697.9		79.5		3.8	197.5
1979	1 829.3	899.4		422.6		0.6	506.7
1980	2 151.7	1 015.6		383.7			752.4
1976—1980	6 539.1	3 887.1		983.9		34.1	1 634
·······							
合　计	192 778.13	107 455.6	18 964.5	13 124.5	6 693	36.73	46 503.8

（《经济·财政》第十一篇第三章《支出》，第 403—405 页）

1976 年至 1978 年，按照"优先招收退休职工子女和安置城镇下乡知识青年"的精神，地区共招收退休职工子女 85 人，安置下乡知识青年 200 人。1979 年，应届初、高中毕业生不再实行上山下乡，通过招工、征兵等途径解决就业安排 102 人。

（《政治·劳动人事》第六篇第二章《劳动管理》，第 562 页）

1975 年，地、县相继成立知识青年上山下乡办公室（简称知青办），组织协调城镇初、高中毕业生及内地省、市来昌都的知识青年到农村插队落户、参加农业生产等各项工作。1975 年至 1976 年，有 505 名知识青年上山下乡，其中区外知识青年 105 人。分别安置在地区苗圃场 103 人，加卡农业试验场 40 人，扎木筑路队 231 人，波密县插队落户 3 人，江达县插队落户 2 人，昌都县羊达知青点安排 126 人。1977 年，地区各系统安排知识青年下乡 200 人。1978 年，地区共安排知识青年下乡 209 人。1979 年，组织动员上山下乡知识青年 122 人，至 1979 年底，地区累计有 1 059 名知青上山下乡，参加农牧业生产劳动。1980 年后，通过招工、招干、招兵、招生全部返城安置。

（《政治·劳动人事》第六篇第二章《劳动管理》，第 562 页）

"文化大革命"期间，采用推荐与选拔相结合的办法，接收知识青年。1985 年从四川招聘 50 名教师，实际进藏人数为 48 名。1987 年面向农牧区招收了 15 名藏文教师。民办代课教师通过考试，符合条件者转为公办教师。

（《文化·教育》第一篇第八章《教师队伍》，第 744 页）

20 世纪 70 年代以来,中学师资的培训,采用以下几种方式:

1. 自行培养:1977 年,扎木师校招收下乡知识青年中的高中生 35 名,学习 3 年后,分配到各初级中学任教。……　　　　　　(《文化·教育》第一篇第八章《教师队伍》,第 748—749 页)

(1975 年)2 月 17 日,地区知识青年上山下乡领导小组成立。

4 月 13 日,地区革委会批转知识青年上山下乡领导小组《关于知识青年上山下乡工作意见的请示报告》。规定今后凡是招工、招干、征兵等必须要从经过两年以上劳动锻炼的知识青年中挑选。　　　　　　　　　　　　　　　　　　　　(《大事记》,第 1279 页)

(1976 年)9 月 2 日,昌都地区 144 名初、高中应届毕业生到昌都县羊达公社插队锻炼。

　　　　　　　　　　　　　　　　　　　　　　　　　　(《大事记》,第 1280 页)

《昌都县志》
西藏自治区昌都县地方志编纂委员会编,四川出版集团巴蜀书社 2010 年

在"文化大革命"期间,采用推荐与选拔相结合的办法,接收知识青年和退伍军人补充教师队伍。　　　　　　　　　　　　　　　　　(第十六篇第五章《教育》,第 700 页)

《贡觉县志》
西藏自治区贡觉县地方志编纂委员会编,四川出版集团巴蜀书社 2010 年

知识青年安置
20 世纪 70 年代末,全县安置下乡知青共计 33 人,主要安置在各个乡的事业单位和机关单位,下乡知青的安置,进一步改善了乡领导班子年龄、文化和知识结构。

城镇待业青年安置工作,坚持"介绍就业,组织就业,自谋就业"三结合的就业方针。县计委帮助待业青年开办商店、小食店,自力更生,自谋职业。还通过集体企业、全民集体招工,考试升学、报名参军等渠道每年安置部分城镇待业青年就业。企业招工、报名参军是解决城镇待业青年就业的主要渠道。

对城镇劳动就业的管理,主要实行登记建卡,此项工作从 1982 年 3 月开始,限于城镇非农业户口待业人员,年龄在 16—25 周岁,具有劳动力而要求就业的初、高中毕业生及其他要求就业的适龄城镇待业青年进行登记建卡。待业人员参加招工、征兵、招生考试被录取后,由原待业登记单位办理注销登记手续,及时建立人事档案,转到有关单位,有效地掌握待业青年的就业实际情况。　　　　　　　　　　　(第五篇第一章《人事劳动》,第 323 页)

《桑日县志》

桑日县地方志编纂委员会编,中国藏学出版社2008年

20世纪80年代中期,县人事部门从应届初中毕业生,部队退伍军人、回乡知青中招聘一批干部到乡(镇)工作,加强基层干部队伍和基层工作。

(第四篇第三章《人事　劳动》,第170页)

同月(1976年9月),沈阳市和山南知识青年共30人到桑日农村安家落户。

(《大事记》,第682页)

《日喀则地区志》

日喀则地区志编纂委员会编,中国藏学出版社2011年

1976年—1978年,按照优先招收一批退休职工子女和安置城镇下乡知识青年的文件精神,共招收退休职工子女307人,城镇下乡知识青年42人。

(第六篇第六章《劳动就业及保护》,第433—434页)

1968年12月,为响应国家提出的"知识青年到农村去,接受贫下中农再教育"号召,有140名初、高中毕业生到日喀则地区农村接受再教育。其中:拉孜县24人,昂仁县19人,谢通门县24人,南木林县15人,白朗县18人,仁布县21人,萨迦县19人。通过一段时间劳动锻炼后,有的进城就业,有的推荐升学、参军。1979年,按规定返城知识青年全部安排工作。1980年后,日喀则地区不存在下乡知青安置。

(第六篇第六章《劳动就业及保护》,第435页)

跋：我们都是"志愿者"

金大陆　金光耀

历经四个春秋——并非自然的春秋，平昔的春秋——而是如同当年知青辛勤劳作般的春秋。《中国新方志知识青年上山下乡史料辑录》（六卷本），煌煌然地问世了。

自上海市知识青年历史文化研究会在沈国明、阮显忠、张刚等主导者的运筹下开展工作，我们作为参与其间的专业工作者，深感其标树的知青史和知青博物馆建设的研究方向，不仅关涉这一代人持久的记忆和话题，更是当代中国史研究的重要构成。

然而，检阅以往的研究，除了张化、郑谦、顾洪章、刘小萌、定宜庄及潘鸣啸等，所奉献的开辟之作，继续在这块园地里立为学术标杆以外，多年以来，似乎少有出脱的后来者，或确有成效，或卓有建树地推进这项研究（知青群体的回忆录层见叠出，确实催促学术界思考这一问题）。即便有年轻的学人，意识到知青（即父辈）的经历与共和国的历程同频共振，进入这个切口，可开掘出丰厚的学术宝藏。但真正投身进去，因史料累积和理论建设之缺失，行前仍较为困难。

其间，究竟存在着怎样的问题呢？

毋庸讳言，人文社会科学的底座是历史学。这就是说，包括知青研究在内，若是没有历史学的准备和出发，即没有知青人口史、知青运动及政策演变史、知青社会生活史等方向的梳理和建树，以及知青劳作与工分、知青案件、事件与事故、知青婚恋与生育、知青疾病等专题的探究，怎么可能还原知青运动的本相，并做出有说服力的解释呢！

况且，从史料学的要求来说，一般的片断回忆和口述记录，确实可在某些细节、场景等方面，提供很有吸引力的信息。但就整体而言，若是没有较大规模的方志利用、档案开掘和民间史料的搜求整理，即没有来自"深部和细部"的史料支撑，也是难以建构具有学术价值的论述。

缘此，当我们完成编辑《知青研究文集》的任务后，就根据上海知青研究的特点，提议上海市知识青年历史文化研究会上马两项体量巨大的基础性工程：《中国新方志知识青年上山下乡史料辑录》和《上海知青在江西（黑龙江、内蒙、吉林、安徽、贵州、云南）档案史料选编》，以求从历史学的奠基的意义上，为全面提升中国知青研究的品质，汇聚中国知青研究的队伍，作出一份贡献。经阮显忠会长、张刚副会长，包括朱政惠教授在内的专家团队的论证，终于 2010 年拍板成立了工作领导小组。

我们当即表态：以志愿者的身份全程投入。

这是为什么？在当今研究机构的学术考评制度面前，编选史料的工作早已弃之如敝屣（考评为最低分值）。但一个学术方向的确立，一个学科群的建设，没有基础资料的积累怎能持久而坚实呢！没有人来承当开垦之劳苦，汇聚之烦难又何以可能呢！所以，想到编辑《辑录》的功效，将会吸引一批新生代学人，顺畅地进入知青研究的行列；将会催生一批以史料为根据的知青研究成果，来共同建设这块园地，确是实实在在的"功德"。

而后，阮显忠、张刚等一起拜会了上海通志馆馆长朱敏彦教授，希望利用这座全国收藏量最多的省级方志馆开展工作。朱教授不仅答应支持，后经申请协商，还共同出资出力完成此项浩大的工程。

接着，张刚联络了五十多位已退休的知青，在近五年的日子里，奔波劳碌，埋头苦干。完完全全、心心念念地将我们两位主编的"功德"融化了——我们为学术而"功德"的贡献，被一种更平凡、更朴实的奉献融化了——没有这批知青们每一页的翻阅；每一段的查寻；每一句的摘录；每一字的校正，哪会有今天的收获和成功呢！

培训的时候，我们说这是"牛耕地"、"马拉车"的活。知青们说，你们扶好犁，拉好缰，我们努力往前拉。说得大家热泪盈眶。

查阅的时候，我们轮流在现场值班，解答各种疑难。知青们成群结队，起早搭黑，从大场、从莘庄、从虹桥、从北新泾……为尽早赶赴浦东的上海通志馆，以退休之身躯去填咽上班族的公交，继而，在昏暗、逼仄的库房里，埋头工作。从严寒料峭一直坚持到春暖花开。

复制的时候，我们坐镇辨析、查对。知青们弯腰屈背，登高爬下，库房里数千本的方志，不知被搬移过多少回。难怪通志馆工作人员说，建馆以来从未见过如此规模地利用方志，往后也未必会有，堪称"空前绝后"。

回查的时候，我们整理文稿，开出单子。知青们则四处奔波，八方寻求，填补了许多疏漏。还有北京的知青到国家图书馆补查了上海缺少的方志。

核对的时候，我们做出样板，知青们连续加班，赢得了交稿的时间。

编制目录和索引的时候，我们数轮讨论拿出方案，十多位来自出版界、文化界的知青自告奋勇，参与工作。

还有曹勇庆室主任所带领的出版社团队，以一当十，不辞辛苦地做了很大的贡献。

每当我们向知青们表达敬意（已非谢意），知青们总是说：能为这一工程添砖加瓦而感到光荣，因为这是我们自己的事情。

此在的"自己的事情"——不是自己的私事——是自己曾经历过的一代人的生命史。所以，心甘情愿地将个人的时间、精力和智力，投入到这项无功利的工作中去。其实，这种默默的"个人的承担"，正是以志愿的精神，以担当的态度，指向了"公共的承担"，那就是为了这一代人的经历,为了这一代人的经历所书写的历史。

立正在这个意义上说,五十多位知青在退休以后,历经四个年头的春秋,参与这项史料《辑录》的工程,不正是为了知青一代人的春秋吗——不仅为了知青一代人曾经的春秋;更为了知青一代人(与共和国同时代)作为集体记忆和学术研究之对象的春秋。

二〇一四年九月
于上海社会科学院历史研究所

鸣　谢

　　本书编委会主任阮显忠、朱敏彦，副主任张刚、周树安及编委会全体同仁，向关心、支持本书编辑出版的中共中央宣传部原副部长龚心瀚，上海市人大常委会原副主任周禹鹏，上海市社会科学界联合会党组书记、专职副主席沈国明等表示衷心感谢！向下列支持帮助本书编辑出版和做出重要贡献的单位和志愿者表示衷心感谢！

中国国家图书馆　上海市社会科学界联合会　上海图书馆
上海社会科学院历史研究所　复旦大学历史系　上海青年管理干部学院
北京知青网　上海知青网　上海人民出版社　上海书店出版社

曹孝富	胡国成	印金娣	孙文君	陈丽丽	陈健华	张雪君	孙世滨	方玉毅
娄鲜静	郑素萍	徐雪宝	奚秀敏	朱学海	杨虹娇	孟庆铭	邱蓓	刘素贞
张明	周梅娟	林渌依	卢宝祥	周雪明	葛长根	徐鸿玉	侯丽萍	郑洁
黄耀明	陆林芳	沈秀芳	顾子渊	奚玲珠	吴美芳	顾新华	徐爱玲	唐德弟
陆海元	顾治安	顾炳林	刘宝芬	张春红	孙佳英	赵秀琳	戴静怡	耿丹薇
徐轶铖	任如玉	肖华英	严未来	卢珍	杨波	陈李萍	杜美玲	桂琳
王玲	施小梅	季佳丽	娄昱菁	金晓琴	丁莹	顾奇文	丁佳晖	曹轶平
毕晓敏	朱文静	陈菊弟						

季佳丽	陈晓芸	朱怡迪	陈李萍	鲁静雯	桂琳	黄冰燕	杜美玲	沈倩芸
施小梅	王玲	凤佳妮	王婷婷	黄冰燕	郁蕴菁	曹轶平	徐轶铖	汤圆圆
丁莹	胡佩云	金晓琴	娄昱菁	张文秦	乔凤	倪珊	董荷芸	张小玲
李越	李小琳	卞松年	任如玉	肖华英	陈伟英	丁佳晖	顾奇文	周珍妮
严未来	卢珍	杨波	任园	卢洁洲	胡云芳	沈怡晴	何怡	樊佳慧

姜成武	高希莹	刘锡恩	王永琴	李淑满	张光前	朱玉玺	张静洁	杨鹏云
刘炳春	姜国财	张华	张玉英	卢玉阁	吴乃东	郑资荣	孟广琳	魏方超
周元	蒲兰山（网名）	陆岩	敫海	王红旗	刘铮杰	李宝昌	李云红
周女士	清茶（网名）	陈平	聂新元	邵迅生